中国司法改革历程

高一飞 等著

湖南师范大学出版社

·长沙·

图书在版编目（CIP）数据

中国司法改革历程／高一飞等著. —长沙：湖南师范大学出版社，2022.9
ISBN 978 - 7 - 5648 - 4589 - 6

Ⅰ.①中…　Ⅱ.①高…　Ⅲ.①司法制度—体制改革—研究—中国　Ⅳ.①D926.04

中国版本图书馆 CIP 数据核字（2022）第 100894 号

中国司法改革历程

高一飞　等著

◇出 版 人：吴真文
◇策划组稿：吴真文
◇责任编辑：孙雪姣
◇责任校对：李　航
◇出版发行：湖南师范大学出版社
　　　　　　地址/长沙市岳麓山　邮编/410081
　　　　　　电话/0731 - 88873071　88873070　传真/0731 - 88872636
　　　　　　网址/https：//press. hunnu. edu. cn
◇经销：新华书店
◇印刷：湖南雅嘉彩色印刷有限公司
◇开本：787 mm×1092 mm　1/16
◇印张：34. 5
◇字数：666 千字
◇版次：2022 年 9 月第 1 版
◇印次：2022 年 9 月第 1 次印刷
◇书号：ISBN 978 - 7 - 5648 - 4589 - 6
◇定价：128. 00 元

如有印装质量问题，请与承印厂调换。

代序：司法改革及其关联概念辨析

　　研究司法改革及其发展历程，需要厘清司法和司法改革的含义，并对司法改革及其关联概念如司法体制改革、政法领域改革、法治领域改革、司法体制综合配套改革、司法责任制综合配套改革等进行比较与辨析。

一、狭义司法与广义司法

　　"司法"一词，存在广义与狭义之分。在我国的重要文件和立法中，司法至少存在三种含义：有时候是指人民法院的审判；有时候是指人民法院的审判和检察院的执法司法；有的时候是指侦查、起诉、审判和执行等。① 但司法都与诉讼办案行为有关，并不包括公安机关、检察机关、人民法院、司法行政机关的行政权，② 如公安机关的行政权，司法机关的行政立法权、行政执法权和公共服务职能，就不属于司法的范围。1978 年 12 月22 日通过的《中国共产党第十一届中央委员会第三次全体会议公报》中，有"检察机关和司法机关要保持应有的独立性"的表述，这里的司法机关与检察机关并提，指的是审判机关。1999年国务院新闻办公室发布的《中国人权发展 50 年》指出："公安、司法机关依法打击犯罪，保护公民的合法权利不受侵犯。"2006 年国务院办公厅发布的《保护知识产权行动纲要（2006—

---

① 宋方青、周宇骏：《"司法机关"的中国语义》，《法制与社会发展》2018 年第 1 期，第 59 页。
② 陈光中：《刑事诉讼中公安机关定位问题之探讨——对〈刑事诉讼法修正案（草案）〉规定司法机关包括公安机关之质疑》，《政法论坛》2012 年第 1 期，第 7 页。

2007 年）》（国办发〔2006〕22 号）中提出："公安、司法机关要进一步加大打击力度，加强知识产权刑事司法保护。"以上两个文件将公安与司法机关并提，显然，司法机关不包括公安机关，指的是检察院和法院。我国刑法第 94 条规定："司法工作人员，是指有侦查、检察、审判、监管职责的工作人员。"这里的司法，包括了所有从事诉讼活动的执法司法，是从广义角度对"司法"一词进行的立法解释。

在习近平总书记的表述中，存在狭义司法与广义司法之分。习近平总书记指出："新闻媒体要加强对执法司法工作的监督，但对执法司法部门的正确行动，要予以支持。"① 这里的司法是狭义司法，即司法是与执法并提的。他还要求"努力让人民群众在每一个司法案件中都能感受到公平正义"②，这里的"司法案件"，显然是广义司法，是指所有的诉讼办案行为。

习近平总书记在不同的场合对狭义司法规律和广义司法规律都有深刻论述。从狭义的司法规律来看，习近平在 2014 年 1 月 7 日中央政法工作会议上明确指出："司法活动具有特殊的性质和规律，司法权是对案件事实和法律的判断权和裁决权。"③ 这次讲话是对狭义司法权本质的高度概括总结。之所以说这里的司法规律是狭义的，理由是：在"判断权和裁决权"一词中，用的"和"而不是"或者"，"判断权"和"裁决权"兼备，合称为"裁判权"。这是指审判专有的、居中的决定权，一般的决定权中都有一定的判断权，但并不包括裁判权。司法裁判权与体育裁判权相类似，习近平总书记指出："法律本来应该具有定纷止争的功能，司法审判本来应该具有终局性的作用。"④ 在这里，习近平总书记甚至用了"司法审判"一词，从汉语的同义重申用法来理解，他所说的"司法"就是指的审判。

从广义的司法规律来看，习近平总书记指出："完善司法制度、深化司法体制改革，要遵循司法活动的客观规律，体现权责统一、权力制约、公开公正、尊重程序的要求。"⑤ 十六字司法规律是拥有"侦查、检察、审判、监管职责"的机关应当共同遵守的执法司法规律。从这一段讲话的背景来看，他是在"完善司法制度、深化司法体制改革，要遵循司法活动的客观规律"的语境下表述的，此处司

---

① 中共中央文献研究室编：《习近平关于全面依法治国论述摘编》，中央文献出版社 2015 年版，第 75 页。

② 习近平：《习近平谈治国理政》（第一卷），外文出版社 2014 年版，第 145 页。

③ 中共中央文献研究室编：《习近平关于全面依法治国论述摘编》，中央文献出版社 2015 年版，第 102 页。

④ 中共中央文献研究室编：《习近平关于全面依法治国论述摘编》，中央文献出版社 2015 年版，第 67 页。

⑤ 习近平：《习近平谈治国理政》（第二卷），外文出版社 2017 年版，第 131 – 132 页。

法制度、司法体制中的司法，显然是指广义司法。

对习近平总书记关于司法规律的两次论断，张文显教授曾经认为，习近平总书记将司法权界定为"判断权和裁决权"的表述是对侦查、起诉、执行等工作中根本规律的概括，而"权责统一、权力制约、公开公正、尊重程序"这十六字是对司法根本规律基础上延伸出来的基本规律。① 即他不认为习近平总书记存在狭义司法规律和广义司法规律之分，两次关于司法规律的论述是根本规律和基本规律的关系。最近，张文显教授修正了自己的观点："在某些特定语境中，习近平同志也把司法机关限定于审判机关。"② 他认为习近平总书记所说的"司法权是对案件事实和法律的判断权和裁决权"这一句话谈的就是审判规律，这里的司法权就是审判权。

习近平总书记在不同的场合，针对狭义司法规律和广义司法规律作了不同的概括，需要我们作出不同的解读。③ 根据广义的司法规律推进司法改革，需要加强对所有政法单位的执法司法权的监督，让权力在阳光下运行，通过程序公正实现实体公正；根据狭义司法规律推进人民法院改革，需要体现以审判为中心，体现审判中立、控辩平衡或者平等对待当事人双方。

二、司法改革与司法体制改革

司法改革和司法体制改革是党中央大会文件中提出的一个重要概念。1997 年 9 月 12 日，中国共产党十五大报告中提出："推进司法改革，从制度上保证司法机关依法独立公正地行使审判权和检察权，建立冤案、错案责任追究制度。加强执法和司法队伍建设。"此处使用的就是"司法改革"一词。

从 2002 年开始，中央文件开始使用"司法体制改革"一词。2002 年 11 月 8 日，党的十六大报告中提出要"推进司法体制改革"。为落实十六大精神，2003 年 4 月中央政法委向中央提出了《关于进一步推进司法体制改革的建议的请示》。同年 5 月，党中央成立了中央司法体制改革领导小组。2007 年 10 月 15 日，党的十七大报告提出了"深化司法体制改革"的要求。

为了落实党的十七大的总体要求，中央司法体制改革领导小组于 2008 年 5 月

---

① 张文显：《习近平法治思想研究（下）——习近平全面依法治国的核心观点》，《法制与社会发展》2016 年第 4 期，第 16 页。
② 张文显：《习近平法治思想的理论体系》，《法制与社会发展》2021 年第 1 期，第 45 页。
③ 高一飞、蒋稳：《习近平司法规律观初探》，《党政研究》2018 年第 4 期，第 57 页。

出台并实施了《中央政法委员会关于深化司法体制和工作机制改革若干问题的意见》，该意见要求以加强权力监督制约为重点，解决司法中体制性、机制性、保障性障碍，建设公正高效权威的社会主义司法制度。在这一文件中，司法体制与司法工作机制并提，司法体制改革与司法改革并非两个完全重合的概念，司法改革包括司法体制改革、司法工作机制改革两个部分。在这一特定语境下，司法体制改革并非司法改革的同义词。

2013 年 11 月 12 日，中国共产党十八届三中全会通过的《中共中央关于全面深化改革若干重大问题的决定》要求"深化司法体制改革"，启动了新时代司法体制改革。司法改革是全面深化政治体制改革的一部分，因为"司法体制是政治体制的重要组成部分。这些年来，群众对司法不公的意见比较集中，司法公信力不足很大程度上与司法体制和工作机制不合理有关"①。2014 年 10 月 23 日，十八届四中全会通过的《中共中央关于全面推进依法治国若干重大问题的决定》提出"必须完善司法管理体制和司法权力运行机制"，并没有直接提到"司法体制改革"一词。2015 年 3 月 24 日，习近平总书记指出："党的十八届三中、四中全会提出的司法体制改革任务，都是看准了的事情，都是必须改的，要坚定不移落实到位。"② 在习近平总书记的讲话中，将十八届四中全会提出的"司法管理体制和司法权力运行机制"内容概括表述为"司法体制改革"。同时，2013 年 11 月 9 日，习近平在《关于〈中共中央关于全面深化改革若干重大问题的决定〉的说明》中又指出"司法改革是这次全面深化改革的重点之一"③，因此，他也将司法体制改革简称为"司法改革"。司法体制改革就是司法改革的同义词，是司法管理体制和司法权力运行机制改革的总称。

在确定名称之后，我们需要探究党的重要文件中司法改革的具体内容。据统计，自从中国共产党的十三大首次提出"司法机关"这个概念之后，直到十八大，"司法改革""司法公正""司法职权"等概念开始频繁出现在党代会的报告中（十四大除外）。这一段时间内，党代会报告在谈到司法机关时，都特指法院和检察院，"司法权"则是指"审判权"和"检察权"。④ 司法改革也是指检察机关和

---

① 中共中央文献研究室：《十八大以来重要文献选编》（上），中央文献出版社 2014 年版，第 504－505 页。
② 习近平：《习近平谈治国理政》（第二卷），外文出版社 2017 年版，第 132 页。
③ 习近平：《论坚持全面依法治国》，中央文献出版社 2020 年版，第 33 页。
④ 薛爱昌：《当代中国的"司法"概念——基于宪法文本和政策文本的实证分析》，《政治与法律》2018 年第 7 期，第 83 页。

人民法院的改革。

但是，这种情况在党的十八届三中全会《中共中央关于全面深化改革若干重大问题的决定》中发生了变化，在这一文件的"完善人权司法保障制度"部分，提到要"进一步规范查封、扣押、冻结、处理涉案财物的司法程序""健全社区矫正制度""健全国家司法救助制度，完善法律援助制度"等，涉及公、检、法、司的工作都被纳入司法改革的范围。党的第十八届四中全会通过的《中共中央关于全面推进依法治国若干重大问题的决定》在提到"优化司法职权配置"时，其具体内容是："健全公安机关、检察机关、审判机关、司法行政机关各司其职，侦查权、检察权、审判权、执行权相互配合、相互制约的体制机制。"在"保障人民群众参与司法"这一部分提到，要"在司法调解、司法听证、涉诉信访等司法活动中保障人民群众参与"，也是指的大司法观下的司法改革。

2017 年 7 月 10 日，习近平总书记在十九大召开前最后一次全国司法体制改革推进会作出的书面指示指出："全国政法机关要按照党中央要求，坚定不移推进司法体制改革，坚定不移走中国特色社会主义法治道路。""要全面落实司法责任制，深入推进以审判为中心的刑事诉讼制度改革，开展综合配套改革试点，提升改革整体效能。要统筹推进公安改革、国家安全机关改革、司法行政改革。"[1] 将司法改革确定为包括公、检、法、司、安在内的所有政法机关的执法司法改革。

三、司法体制改革与政法领域改革

"政法"一词，顾名思义，是"政治法律"的简称，但又"不仅是政治与法律的简称，而且还意味着政治与法律的这样一种关系：即政治与法律相比，政治占统帅地位，法律服从于政治并为政治服务，法律是政治实行的工具"[2]。这一表述说明了政法与法律密不可分，也说明了政治与法律哪一个处于优先地位，是政治在前，法律在后，法律为政治服务。

在 1949 年 9 月 27 日通过的《中华人民共和国中央人民政府组织法》第十八条规定，政务院设政治法律委员会。将"政治法律"简称"政法"，首次出现在 1949 年 9 月 22 日董必武的报告中，该报告提到了"政法、财经、文教等委员

---

① 《坚定不移推进司法体制改革　坚定不移走中国特色社会主义法治道路》，《人民日报》2017 年 07 月 11 日，第 1 版。

② 吴允：《政法一词辨析》，《现代法学》1989 年第 1 期，第 27 页。

会"。① 关于政法事务的含义，1949 年 10 月 21 日，政务院政法委员会第一次会议召开时，主持会议的董必武指出："政法委员会的任务是负责指导内务部、公安部、司法部、法制委员会、民族事务委员会的工作，并受毛泽东主席和周恩来总理的委托，指导与联系最高人民法院、最高人民检察署和人民监察委员会。"② 因此，中华人民共和国成立初期，民族、监察、立法、民政事务也属于政法事务，但后来逐渐剥离，不再属于"政法"的范畴。中华人民共和国成立以来，"政法概念所指的事务始终未变的就是审判、检察、公安、国家安全和监狱"。③ 可见，政法工作是指公安、国安、检察、审判、司法行政机关从事的政治法律工作。

当前，要理解"政法"一词，可以直接根据《中国共产党政法工作条例》的三个关键词"政法工作""党委政法委员会""政法单位"来理解。《条例》第三条规定："政法工作是党和国家工作的重要组成部分，是党领导政法单位依法履行专政职能、管理职能、服务职能的重要方式和途径"，"党委政法委员会是党委领导和管理政法工作的职能部门"，"政法单位是党领导下从事政法工作的专门力量，主要包括审判机关、检察机关、公安机关、国家安全机关、司法行政机关等单位"。《条例》第五条④规定了政法工作的主要任务包括七类工作。这些规定表明：政法工作的内容是党对政法单位的领导职能以及政法单位自身的三大职能即专政职能、管理职能、服务职能；政法工作的主体是党组织及政法单位；政法工作的任务则包括推进平安中国、法治中国建设等七类具体内容。

从词义来看，政法单位可以解释为具有政治机关性质的法律机关。20 世纪 80 年代，有人主张在党政领域要改变观念，要变"政法"理论和观念为"法政"理论和观念，让法律在前、政治在后。⑤ 质疑"政法机关首先是政治机关"，但这显然是错误的。

"政法"一词深刻体现了政治和法律的关系。法律本质上是一种政治措施；法

---

① 董必武：《董必武法学文集》，法律出版社 2001 年版，第 21 页。
② 中共中央文献研究室编：《彭真年谱》（第二卷），中央文献出版社 2012 年版，第 69 页。
③ 侯猛：《新中国政法话语的流变》，《学术月刊》2020 年第 2 期，第 122 页。
④ 第五条规定："政法工作的主要任务是：在以习近平同志为核心的党中央坚强领导下开展工作，推进平安中国、法治中国建设，推动政法领域全面深化改革，加强过硬队伍建设，深化智能化建设，严格执法、公正司法，履行维护国家政治安全、确保社会大局稳定、促进社会公平正义、保障人民安居乐业的主要职责，创造安全的政治环境、稳定的社会环境、公正的法治环境、优质的服务环境，增强人民群众获得感、幸福感、安全感。"
⑤ 吴允：《政法一词辨析》，《现代法学》1989 年第 1 期，第 28 页。

治与政治存在共生性，政治为法治提供依托和方向。① 习近平总书记指出："党和法的关系是政治和法治关系的集中反映。法治当中有政治，没有脱离政治的法治。西方法学家也认为公法只是一种复杂的政治话语形态，公法领域内的争论只是政治争论的延伸。每一种法治形态背后都有一套政治理论，每一种法治模式当中都有一种政治逻辑，每一条法治道路底下都有一种政治立场。"② 法治背后存在政治理论、政治逻辑、政治立场，这是习近平对政治与法律关系的深刻判断。

在单位的性质上，政法单位首先是政治机关。各政法单位的领导人分别强调："公安机关首先是政治机关"③"检察机关首先是政治机关"④"人民法院首先是政治机关"⑤"司法行政机关首先是政治机关"⑥。以上判断当然是正确的，政法单位"首先是政治机关"，理由有二：一是我国所有的党政机关都首先是政治机关，习近平总书记指出："中央和国家机关首先是政治机关，必须旗帜鲜明讲政治，坚定不移加强党的全面领导，坚持不懈推进党的政治建设。"⑦ 二是政法机关履行特殊的政治职能。政法单位的政治机关性质体现在专政职能上，它们是行使人民民主专政职能的机关，司法行政机关的政治机关性质还体现在它是党的全面依法治国委员会的秘书机构，统筹全面依法治国。当然，政法单位其次是法律机关，政法单位三大职能都需要通过行使执法司法职能、进行与法律事务相关的管理、提供与法律相关的服务来实现。

在《中国共产党政法工作条例》出台之前，习近平总书记一般用"政法机关"来称呼广义的司法机关。他说："政法机关要完成党和人民赋予的光荣使命，必须严格执法、公正司法。""有的政法机关和干警执法随意性大。""这些问题，不仅严重败坏政法机关形象，而且严重损害党和政府形象。"⑧ 同时，司法改革的主体也是政法机关。习近平表示："全国政法机关要继续深化司法体制改革。"⑨ 政法机

---

① 赵忠龙：《法治与政治辩证统一》，《理论导报》2015 年第 10 期，第 40 – 41 页。
② 中共中央文献研究室编：《习近平关于社会主义政治建设论述摘编》，中央文献出版社 2017 年版，第 98 页。
③ 赵克志：《突出政治建设锻造公安铁军　忠实履行好新时代职责使命》，《人民日报》2019 年 6 月 19 日，第 6 版。
④ 姜洪：《张军：围绕"三个表率"抓好最高检机关党的建设》，《检察日报》2018 年 7 月 17 日，第 1 版。
⑤ 孙航：《周强：强化政治机关意识　加强法院党建工作》，《人民法院报》2020 年 6 月 25 日，第 1 版。
⑥ 袁曙宏：《坚定不移把司法部建设成为牢固树立"四个意识"的政治机关》，《中国司法》2019 年第 1 期，第 10 页。
⑦ 《习近平对推进中央和国家机关党的政治建设作出重要指示》，《紫光阁》2018 年第 8 期，第 1 页。
⑧ 中共中央文献研究室编：《十八大以来重要文献选编》（上），中央文献出版社 2014 年版，第 717 页。
⑨ 《习近平就政法工作作出重要指示》，《人民日报》2015 年 01 月 21 日，第 1 版。

关的执法司法是司法体制改革的对象和内容。

综上所述，狭义的司法只包括审判职能，这一词语在司法改革文件中一般不使用；广义的司法只包括政法单位侦查、检察、审判、监管职责，这就是司法改革的对象。而"政法"则包括政法单位所有的专政职能、管理职能、服务职能，这些职能又体现在具体的政法工作任务之中。

政法与司法职能有别，但二者又密不可分，相互关联。司法的目的就是践行党全心全意为人民服务的宗旨；司法需要建设一支政治过硬、业务过硬、责任过硬、纪律过硬、作风过硬的司法队伍，要加强司法队伍的思想政治建设和信念教育、加强职业道德与职业纪律教育、加强司法能力建设、注重职业保障，司法队伍建设的目标和路径都是政治与法律的结合；要实现公正司法，必须把加强党的全面领导、推进党的政治建设作为前提和保障。

2018 年 7 月 24 日，十九大以后首次全面深化司法体制改革推进会在深圳召开。这次会议首次提出了"政法领域改革"的概念，会议还要求加快构建系统完备、科学规范、运行高效的政法工作体系：党领导政法工作体系、司法机构职能体系、司法权运行体系、诉讼制度体系、维护安全稳定工作机制体系、司法公共服务体系、职业制度体系。[①] 七大体系首次从各个方面对政法领域改革目标进行全面概括，此后政法领域改革的具体内容都是这七大体系的分解和细化。

2018 年 8 月 24 日，习近平总书记在中央全面依法治国委员会第一次会议并发表重要讲话，提出了"推进法治领域改革"[②] 的要求，其中包括政法领域改革的执法司法改革的要求，但还没有明确提出"政法领域改革"的概念。

2019 年 1 月 13 日实施的《中国共产党政法工作条例》第五条指出，政法工作的主要任务之一是"推动政法领域全面深化改革"，首次在党中央的文件中使用了"政法领域改革"一词。值得注意的是，在《条例》的第十、十二、二十、二十一条共四次使用了"政法改革"一词。可见，中国共产党的党内法规还将政法领域改革简称为"政法改革"，学者也开始使用"政法改革"一词。[③]

2019 年中央政法工作会议 1 月 15 日至 16 日在北京召开，习近平总书记出席会

---

① 刘子阳、唐荣：《坚持以习近平新时代中国特色社会主义思想为指引　奋力开创新时代司法体制改革新局面》，《人民日报》2018 年 7 月 25 日，第 1 版。
② 习近平：《习近平谈治国理政》（第三卷），外文出版社 2020 年版，第 286 页。
③ 黄文艺：《迈向政法改革新时代》，《法制与社会发展》2019 年第 2 期，第 2 页。

议并发表重要讲话，提出"加快推进政法领域全面深化改革"①，首次肯定了政法领域改革的提法，并为政法领域改革提出了更加明确的方向和目标。

2019 年 1 月 23 日，中央全面深化改革委员会第六次会议提出："推进政法领域改革，要坚持党的绝对领导，加强统筹谋划和协调推进。"② 在这次会议上，《关于政法领域全面深化改革的实施意见》通过，这是第一份对政法领域改革进行全面部署的文件，其中明确了政法领域 100 项新的改革任务。中央政法委和各政法单位根据该《意见》各自分担了改革的任务，并分别制订了自己的实施计划和方案。2022 年 1 月 15 日，习近平总书记对政法工作作出指示，要求"全面深化政法改革"，这里，他首次使用了"政法改革"这一简称。③

关于政法领域改革与司法改革的关系，黄文艺教授认为：司法改革是政法领域改革的一部分。他说："提出'政法改革'命题，并不是取代或否定原有的'司法改革'。事实上，司法改革依然是政法改革的重头戏。"④ 黄文艺教授的论述准确把握了政法领域改革与司法改革的种属关系。

《中国共产党政法工作条例》第六条规定政法工作应当遵循的原则之一是"坚持改革创新，建设和完善中国特色社会主义司法制度和政法工作运行体制机制"；第十条规定县级以上地方党委应当落实的领导责任包括"组织实施党中央关于政法改革方案，推动完善社会主义司法制度和政法工作运行体制机制"。以上表述中，司法制度和政法工作运行体制并提，特别是第十条，还将二者统一在"政法改革"的概念之下。党的文件明确了政法领域改革包括了司法改革和"政法工作运行体制"改革。

与司法改革相比，政法领域改革内涵更加丰富。司法改革中所称的司法主体包括公安机关⑤、检察机关、审判机关、司法行政机关，而政法领域改革在主体上除了上述机关以外，还包括了对政法工作行使领导权的党组织；司法体制改革中涉及的权力运行体制机制的改革，针对的是侦查权、检察权、审判权、执行权等广义司法权，而政法领域改革中涉及的权力包括党对政法工作的领导和监督权，

---

① 习近平：《论坚持全面依法治国》，中央文献出版社 2020 年版，第 248 页。

② 《对标重要领域和关键环节改革　继续啃硬骨头确保干一件成一件》，《人民日报》2019 年 01 月 24 日，第 1 版。

③ 《为建设更高水平的平安中国、法治中国提供有力保障——习近平总书记对政法工作作出的重要指示引发热烈反响》，《人民日报》2022 年 1 月 16 日，第 1 版。

④ 黄文艺：《迈向政法改革新时代》，《法制与社会发展》2019 年第 2 期，第 2 页。

⑤ 约定俗成地，我们一般称的公安机关还包括行使侦查权的国家安全机关、军队保卫机关等机关。

政法单位的司法权、行政权和公共服务职能，还包括司法行政机关统筹全面依法治国的职能；从涉及的法治环节来看，司法改革涉及执法、司法环节，而政法领域改革扩展到政法工作的立法、执法、司法、推动守法所有环节。

表 0-1 司法和政法范围之别

涉及的主体	司法职能	政法职能
党组织	无	党领导政法工作
公安机关	侦查权	侦查权、行政权，党组、纪检、政治部及其他部门的管理、服务职能
检察机关	检察权	检察权，党组、纪检、政治部及其他部门的管理、服务职能
人民法院	审判权、执行权	审判权、执行权，党组、纪检、政治部及其他部门的管理、服务职能
司法行政机关	刑罚执行权	统筹协调全面依法治国，刑罚执行权、行政权（行政立法权、行政执法权、公共服务职能），党组、纪检、政治部及其他部门的管理、服务职能

"政法领域改革"的提出，并不是要取代或否定原有的司法改革。司法和政法的含义有别，但是，对于人民检察院、人民法院而言，它们没有行政权，其全部工作都是广义的司法工作（公共服务职能也是为司法职能服务的附属性职能，属于司法体制综合配套职能），它们内部进行的政法领域改革就是司法改革。正因为如此，在政法领域概念提出后，最高人民法院院长周强同志仍然要求"推动新发展阶段司法改革取得更大进展"①，即人民法院的改革都属于司法改革。

四、法治领域改革和政法领域改革

"法治领域改革"一词，至今在党的大会文件中没有出现过。最早由习近平总书记 2014 年 10 月 23 日在党的十八届四中全会第二次全体会议上的讲话中提出，他说：要"坚定不移推进法治领域改革，坚决破除束缚全面推进依法治国的体制机制障碍。解决法治领域的突出问题，根本途径在于改革"，"法治领域改革涉及的主要是公检法司等国家政权机关和强力部门，社会关注度高，改革难度大，更

---

① 蔡长春、赵婕：《周强主持召开最高人民法院党组会议　强调深入推进新发展阶段司法改革》，《法治日报》2021 年 1 月 4 日，第 1 版。

需要自我革新的胸襟"①。习近平总书记对法治领域改革提出了基本要求。

2018 年 8 月 24 日，习近平总书记在中央全面依法治国委员会第一次会议上的讲话中明确了法治领域改革的具体内容，他指出："当前，立法、执法、司法、守法等方面都存在不少薄弱环节，法治领域改革面临许多难啃的硬骨头，迫切需要从党中央层面加强统筹协调。""解决好立法、执法、司法、守法等领域的突出矛盾和问题，必须坚定不移推进法治领域改革。"② 2020 年 11 月 16 日中央全面依法治国工作会议上，习近平总书记重申了上述讲话内容。③ 习近平总书记明确了法治领域改革的基本范畴是"立法、执法、司法、守法等领域等方面"。法治领域改革"包括法治领导体制改革、宪法实施体制改革、立法体制改革、行政执法体制改革、司法体制及其综合配套改革、法学教育体制改革，还包括治理变革，政党治理、国家治理、社会治理、网络治理体制机制的改革"④。法治领域的改革内容宏大，是一个系统工程。

十八大以来党的重要文件对法治领域改革进行了部署。十八届三中全会将"完善和发展中国特色社会主义制度、推进国家治理体系和治理能力现代化"确定为全面深化改革的总目标，推出的 336 项重大改革举措与法治领域改革密切相关，如深化行政执法体制改革，深化司法体制改革，改革司法管理制度，探索建立与行政区划适当分离的司法管辖制度，建立符合职业特点的司法人员管理制度，完善司法人员分类管理制度和职业保障制度，完善人权司法保障制度。党的十八届四中全会推出了 180 多项法治领域改革措施，如健全党领导依法治国的制度和工作机制；健全宪法实施监督机制和程序；完善立法体系，健全人大主导立法工作的体制机制，改进政府立法制度建设；建立权责统一权威高效的依法行政体制，推行政府权力清单制度；确保依法独立公正行使审判权和检察权；最高人民法院设立巡回法庭；探索建立跨行政区划的人民法院和人民检察院；建立立案登记制度；探索建立检察机关提起公益诉讼制度；推进以审判为中心的诉讼制度改革等。

党的十九大将"坚持全面依法治国"确立为新时代坚持和发展中国特色社会主义基本方略，法治领域改革的措施有：提出成立中央全面依法治国领导小组，

---

① 习近平：《习近平谈治国理政》（第二卷），外文出版社 2017 年版，第 123 页。
② 习近平：《习近平谈治国理政》（第三卷），外文出版社 2020 年版，第 286 页。
③ 习近平：《论坚持全面依法治国》，中国文献出版社 2020 年版，第 5 页。
④ 王丽惠：《新时代的中国法治改革——中国法治现代化 2018 年智库论坛综述》，《法治现代化研究》2019 年第 1 期，第 190 页。

加强对法治中国建设的统一领导；推进合宪性审查工作；健全人大组织制度和工作制度，推进科学立法、民主立法、依法立法；建设法治政府，推进依法行政，深化机构和行政体制改革，赋予省级及以下政府更多自主权；深化司法体制综合配套改革，全面落实司法责任制。党的十九大根据新时代推进国家现代化的新"两步走"的战略，提出了法治发展"两步走"战略：从 2020 年到 2035 年，人民平等参与、平等发展权利得到充分保障，法治国家、法治政府、法治社会基本建成，各方面制度更加完善，国家治理体系和治理能力现代化基本实现；从 2035 年到 21 世纪中叶，建成社会主义现代化强国，全面提升政治文明，实现国家治理体系和治理能力现代化。

党的十九届二中全会在我们党的历史上第一次以全会形式专题研究宪法修改问题，审议通过了《中共中央关于修改宪法部分内容的建议》；十三届全国人大一次会议审议通过了第五个宪法修正案，完善了现行宪法有关国家制度规定；党的十九届三中全会通过的《中共中央关于深化党和国家机构改革的决定》和《深化党和国家机构改革方案》提出组建中央全面依法治国委员会，再次对深化行政执法体制改革、深化司法体制改革等也提出了明确要求；党的十九届四中全会对健全保证宪法全面实施体制机制、完善立法体制机制、健全社会公平正义法治保障制度、加强对法律实施的监督提出了新的要求；党的十九届五中全会审议通过的《中共中央关于制定国民经济和社会发展第十四个五年规划和二〇三五年远景目标的建议》提出要坚持法治国家、法治政府、法治社会一体建设，完善以宪法为核心的中国特色社会主义法律体系，完善监察权、审判权、检察权运行和监督机制，促进司法公正，推进法治中国建设。可以看出，法治改革的范围涉及全面依法治国的方方面面，习近平法治思想中十一个坚持①所涵盖的全部内容。

政法工作涉及立法、执法、司法、守法四大方面，另外还涉及公共服务工作，政法领域改革也涉及这些方面。因此，政法领域改革是涉及法治各环节的全方位的改革。② 从立法环节看，地级市以上的司法行政机关已行使行政立法权，司法部承担着有关法律和行政法规草案起草、立法协调、备案审查、解释等立法性职权。从执法环节看，公安机关、国家安全机关、司法行政机关都承担行政执法职能，

---

① 习近平：《坚定不移走中国特色社会主义法治道路　为全面建设社会主义现代化国家提供有力法治保障》，《求是》2021 年第 5 期，第 1－15 页。
② 黄文艺：《新时代政法改革论纲》，《中国法学》2019 年第 4 期，第 8 页。

司法行政机关还承担着综合协调行政执法、指导行政复议应诉等职能。从司法环节看，人民法院行使审判权，当然是司法机关；检察院行使检察权，检察权是国家的法律监督权，具有执法和司法的双重属性。从守法环节看，政法机关通过法治宣传教育、社会治理、推动法律服务体系建设、指导非诉讼纠纷解决机制建设等职能推动"全民守法"。习近平总书记指出："政法机关承担着大量公共服务职能，要努力提供普惠均等、便捷高效、智能精准的公共服务。"[①] 2021 年 6 月，《中央宣传部、司法部关于开展法治宣传教育的第八个五年规划（2021 – 2025年)》要求"在立法、执法、司法过程中开展实时普法"，每一个政法单位都有普法的义务。

可以看出，政法领域改革是法治领域改革的一部分，涉及了立法、执法、司法、守法各环节中政法机关所承担的职能。

五、司法体制改革与司法体制综合配套改革

十九大以后的司法改革形成了新的重点。在十九大报告中关于司法改革的全部内容只有一句话："深化司法体制综合配套改革，全面落实司法责任制。"2019年 7 月 28 日，习近平总书记在其主持召开的中央全面深化改革领导小组第三十八次会议上指出，在上海市率先开展司法体制综合配套改革试点要"在综合配套、整体推进上下功夫"[②]。2019 年 10 月 31 日，党的十九届四中全会通过的《中共中央关于坚持和完善中国特色社会主义制度推进国家治理体系和治理能力现代化若干重大问题的决定》重申了"深化司法体制综合配套改革"的要求。

关于司法体制综合配套改革的含义，存在广义说与狭义说两种意见。广义说认为司法体制综合配套改革是"司法改革"在当前的另一称谓。"深化司法体制综合配套改革必须从广义上理解……不局限于司法责任制改革。"[③] 在广义说看来，司法体制综合配套改革是司法体制改革的同义词。狭义说认为司法体制综合配套改革是司法体制基础性改革以外的改革，"司法责任制等四项基础性改革举措属于体制层面的改革，与之相对应的是综合配套措施改革"。[④] 这一观点将所有的司法改革措施分为两部分：司法体制基础性措施改革和司法体制综合配套改革。

---

① 习近平：《论坚持全面依法治国》，中国文献出版社 2020 年版，第 248 – 249 页。
② 《加强领导总结经验运用规律　站在更高起点谋划和推进改革》，《人民日报》2017 年 8 月 30 日，第 1版。
③ 陈卫东：《司法体制综合配套改革若干问题研究》，《法学》2020 年第 5 期，第 3 页。
④ 郭志远：《司法体制综合配套改革：回顾、反思与完善》，《法学杂志》2020 年第 2 期，第 108 页。

狭义说是符合中央文献精神的。从十九大报告中关于司法改革的表述内容可以看出，综合配套改革是与全面落实司法责任制并提的。足见，在十八大期间完成的以司法责任制为核心的四项基础性改革只是综合配套措施的配套对象，并不包括在综合配套改革措施本身的范围之内，"深化司法体制综合配套改革，全面落实司法责任制"是指"司法责任制、人员分类管理、健全职业保障制度、省以下地方法院检察院人财物统一管理"等四项基础性措施已经基本完成，但其中的司法责任制这一基础性改革措施还要全面落实，同时对基础性措施以外的综合性、配套性改革措施要全面展开。

中央《关于全面深化改革若干重大问题的决定》提出，全面深化改革"必须更加注重改革的系统性、整体性、协同性"。因此，将基础性措施与综合配套措施共同推进，这是全面深化改革的基本特征。从语义来看，"综合配套"是与"基础性"相对而言的，"综合"一词强调的是内容的广泛性，"配套"一词强调了综合配套改革与基础性改革的主从关系。但又要看到，四项基础性改革只是基础性改革的主要内容，如"总揽全局、协调各方的党领导政法工作体系"，它虽然没有包括在四项基础性改革措施中，但显然不属于综合配套改革措施，而是基础性改革措施的内容。司法改革应当包括司法体制基础性改革和司法体制综合配套改革两个部分。当然，司法体制综合配套改革中的措施又可以分类，如司法责任制综合配套改革就是其内容之一。司法改革的内在体系可以表现为以下结构：

司法改革＝司法体制改革＝司法体制的基础性改革（包括四项基础性改革措施＋其他基础性改革措施）＋司法体制综合配套改革（司法责任制综合配套改革＋其他综合配套改革）。

六、司法责任制综合配套改革与司法体制综合配套改革

深化司法责任制综合配套改革，首先要区分"司法责任制综合配套改革"与"司法体制综合配套改革"的关系。习近平总书记 2020 年 2 月 5 日在中央全面依法治国委员会第三次会议上讲话中指出："司法责任制综合配套改革是司法体制改革的重要内容，事关司法公正高效权威。要抓好改革任务落地见效，真正'让审理者裁判、由裁判者负责'，提高司法公信力。""要加强对法律实施的监督，深化司法体制综合配套改革。"[①] 习近平总书记在这次讲话中同时使用了司法体制改革、

---

① 习近平：《论坚持全面依法治国》，中央文献出版社 2020 年版，第 274 页。

司法体制综合配套改革、司法责任制综合配套改革三个词语，分析他的讲话全文，可以发现这三个词语的逻辑关系是：司法体制改革包括司法体制基础性改革和司法体制综合配套改革，司法责任制综合配套改革是司法体制综合配套改革的一部分，所以，"司法责任制综合配套改革是司法体制改革的重要内容"。"让审理者裁判、由裁判者负责"是司法责任制的通俗表达，要落实司法责任制这一基础性改革措施，就要推进司法责任制综合配套改革措施。

近年来，党中央和最高政法单位密集出台了一系列措施落实习近平总书记要求推进司法责任制综合配套改革的指示。2020 年 5 月，中央全面依法治国委员会第三次会议审议通过了《关于深化司法责任制综合配套改革的意见》，其具体内容是"聚焦司法责任制落实的关键环节，进一步健全完善员额管理、权力运行、履职保障、案件繁简分流等制度机制"①。为了贯彻落实中央的要求，2020 年 8 月 4日，最高人民法院发布实施了《关于深化司法责任制综合配套改革的实施意见》，提出 5 大方面 28 项配套举措。

习近平总书记指出：司法改革"要紧紧牵住司法责任制这个'牛鼻子'"②，强调了司法责任制是司法改革的牛鼻子，司法责任制综合配套改革则是司法体制综合配套改革的牛鼻子。在众多的司法体制综合配套改革措施中，从司法责任制综合配套改革抓起，体现了当前司法体制综合配套改革的重点和主要内容。由于司法责任制是牵一发而动全身的，所以，司法责任制综合配套改革的很多内容不仅仅是为司法责任制服务的，也是其他司法体制基础性改革措施共同需要的配套措施。

结语

新时代以来，包括司法改革在内的政法领域改革发生历史性变革、取得历史性成就，这一变化是以习近平法治思想作为根本遵循和行动指南的结果。厘清习近平关于司法改革、政法领域改革论述主要话语的含义，有利于了解政法领域改革的历史脉络和未来走向，有利于理解政法领域改革的原则、策略和措施，有利于我们确定改革的具体内容。法治领域改革、政法领域改革、司法体制改革三者

---

① 《郭声琨在中央司法体制改革领导小组会议强调推进政法领域全面深化改革走深走实》，《人民日报》2020 年 05 月 31 日，第 4 版。
② 习近平：《习近平谈治国理政》（第二卷），外文出版社 2017 年版，第 131 页。

存在种属关系；司法体制改革是司法体制基础性改革和司法体制综合配套改革的上位概念；司法责任制综合配套改革为司法体制综合配套改革的一部分。

政法领域改革是一场深刻变革，是法治领域改革的一部分；司法改革是政法领域改革的一部分，是全面依法治国的重要内容。"必须以科学的理论为指导，加强理论思维，不断从理论和实践的结合上取得新成果。"① 在未来的司法改革理论研究中，应当进一步总结好、领悟好习近平司法改革的话语体系，将习近平法治思想运用好，更好地指导司法改革的各项工作。本书将以习近平法治思想为指南，以广义的司法改革为研究对象，研究中国改革开放以来司法改革的历程，以期为未来的司法改革提供历史资料和理论参考。

---

① 习近平：《论坚持全面依法治国》，中央文献出版社 2020 年 12 月版，第 6 页。

第一章　中国司法改革变迁及其时代特征

第二章　人民法院改革

第三章　检察改革

第四章　公安机关司法改革

第五章 │ 司法行政机关司法改革

1978 年，党的十一届三中全会作出党和国家工作重点转移到经济建设上来，实行改革开放这一关系国家命运的决定，揭开了中国社会主义改革开放的序幕。同时十一届三中全会指出："为了保障人民民主，必须加强社会主义法制，使民主制度化、法律化，使这种制度和法律具有稳定性、连续性和极大的权威，做到有法可依，有法必依，执法必严，违法必究。从现在起，应当把立法工作摆到全国人民代表大会及其常务委员会的重要议程上来。检察机关和司法机关要保持应有的独立性；要忠实于法律和制度，忠实于人民利益，忠实于事实真相；要保证人民在自己的法律面前人人平等，不允许任何人有超于法律之上的特权。"① 我国法制建设在党的十一届三中全会以后重新走上正轨，开始了司法改革的新征程。

十一届三中全会以后，我国在大力发展经济的同时，制定和修订了一系列基本法律，不断推进我国司法制度的建设与完善。可以说，改革开放的 40 年，也是司法改革的 40 年。习近平总书记指出："历史和现实都告诉我们，一场社会革命要取得最终胜利，往往需要一个漫长的历史过程。只有回看走过的路、比较别人的路、远眺前行的路，弄清楚我们从哪儿来、往哪儿去，很多问题才能看得深、把得准。"② 总结梳理司法改革的理论与实践，合理评价改革得失，展望十九大后司法改革的未来，这对于推进司法改革，意义重大。

一、恢复重建中的司法改革（1978—1997 年）

这一阶段的司法改革以 1978 年十一届三中全会为开端，直至 1997 年十五次全国代表大会之前。

---

① 中共中央文献研究室编：《三中全会以来重要文献选编》，人民出版社 1982 年版，第 11 页。
② 《以时不我待只争朝夕的精神投入工作 开创新时代中国特色社会主义事业新局面》，《人民日报》2018 年 1 月 6 日，第 1 版。

"文革"期间，造反派鼓吹"砸烂公检法"。1966年12月，最高人民检察院、最高人民法院、内务部的军代表和公安部领导小组联合向中共中央、中央文化革命小组上报《关于撤销高检院、内务部、内务办3个单位，公安部、高法院留下少数人的请示报告》，1968年12月，中央批准了该报告。自此，最高人民检察院、地方各级检察院相继被撤销，检察制度遭到彻底破坏，检察工作被迫停止。法院虽被保留，但其审判职能由公安机关的军管会下属的"审判组"履行，大批法院干部被下放或调离审判岗位，实际上使法院沦为公安机关的附庸。

1987年，中国共产党第十三次全国代表大会对法制建设提出了具体要求：应当加强立法工作，改善执法活动，保障司法机关依法独立行使职权；法制建设又必须保障建设和改革的秩序，使改革的成果得以巩固。

1988年7月第十四次全国法院工作会议提出了六项改革措施：一是改善执法活动，认真执行公开审判制度，改进合议庭工作机制；二是改革现行法院人事制度，制定法官法，建立法官制度；三是改革法院干部教育培训管理体制，建立一个多层次、正规化的法院干部教育培训体系；四是改革和加强法院系统的司法行政工作，加强法庭建设，解决法院办案经费不足的困难；五是加强基层建设，加强建设、调整和充实人民法庭，加强对人民调解委员会的业务指导；六是积极开展同外国法院的司法协助。这次工作会议从制度保障和提高人员素养两方面为法院司法改革创造条件，审判工作向正规化和规范化发展。法院进行了一系列内部改革。

（一）进行机构恢复与重建

1978年《宪法》对检察机关的职权和领导关系等作了原则规定，以《宪法》为依据，检察机关得以恢复与重建。1979年，第五届全国人民代表大会常务委员会第十一次会议决定恢复撤销长达20年的司法部，主管全国的司法行政工作。到1980年年底，从中央到地方都恢复了司法行政机关。1979年12月，司法部发出《关于律师工作的通知》，1980年8月26日，第五届全国人大常委会第十五次会议通议了《律师暂行条例》，这是我国关于律师制度的第一部法规。

司法部、最高人民法院于1982年8月6日出台并实施了《关于司法厅（局）主管的部分任务移交给高级人民法院主管的通知》，将司法部主管的审批地方各级人民法院、各类专门人民法院的设置、变更、撤销，拟定人民法院的办公机构、人员编制，协同法院建立各项审判制度，任免助理审判员以及管理人民法院的物资装备（如囚车、枪支、司法人员服装等）、司法业务费等有关司法行政工作事项，移交最高人民法院管理。

（二）制定与实施基本法律

据统计，从 1979 年到 1983 年 3 月第五届全国人大任期结束，除 2 件宪法修改和 1982 年新宪法外，共通过法律 35 件，其中新制定法律 33 件，修改法律 2 件。此外，还通过了法律问题的决定 28 件。1983 年到 1987 年年底第六届全国人大任期内，共通过 42 件法律，其中新制定法律 37 件，修改法律 5 件。此外，还通过了法律问题的决定 23 件。1988 年到 1992 年第七届全国人大任期内，除宪法修改 1 件外，共通过 49 件法律，其中新制定法律 44 件，修改法律 5 件。此外，还通过了法律问题的决定 38 件。①

徒法不足以自行，法律的实施是法制建设的关键。中共中央于 1979 年 9 月 9 日施行的《关于坚决保证刑法、刑事诉讼法切实实施的指示》指出，各部法律能否严格执行，是衡量我国是否实行社会主义法治的重要标志。

（三）创设严打程序和下放死刑复核权

严打从 1983 年开始，是一连串严厉打击严重刑事犯罪的运动的简称。共有三次严打运动：1983 年严打、1996 年严打和 2001 年 4 月开始的"新世纪严打"。1983 年的那次严打内容包括在实体上的从重，在程序上的从快。

实体上的从重体现在作为严打两个重要法律文件之一的《关于严惩严重危害社会治安的犯罪分子的决定》（1983 年 9 月 2 日第六届全国人民代表大会常务委员会通过）中。该文件规定：原来没有死刑的"严重危害社会治安的犯罪"，"可以在刑法规定的最高刑以上处刑，直至判处死刑"。严打的另一个特征是程序上从快。1983 年 9 月 2 日全国人民代表大会常务委员会通过了《关于迅速审判严重危害社会治安的犯罪分子的程序的决定》。体现为越重越快，违背了"繁案精审、简案快办"的规律，对可能判处死刑案件反而采用了超快审理、简化诉讼权利的做法，违背了司法规律。

1980 年 2 月 12 日，第五届全国人大常委会第十三次会议批准，在 1980 年内，对现行的杀人、强奸、抢劫、放火等犯有严重罪行应当判处死刑的案件，最高人民法院可以授权省、自治区、直辖市高级人民法院核准。1981 年 6 月 10 日，全国人大常委会通过《关于死刑案件核准问题的决定》延长了下放的期限，"在一九八一年至一九八三年内，对犯有杀人、抢劫、强奸、爆炸、放火、投毒、决水和破坏交通、电力等设备的罪行，由省、自治区、直辖市高级人民法院终审判决死刑的，或者中级人民法院一审判决死刑，被告人不上诉，经高级人民法院核准的，

---

① 陈斯喜：《新中国立法 60 年回顾与展望》，《法治论丛》2010 年第 2 期，第 2 页。

以及高级人民法院一审判决死刑，被告人不上诉的，都不必报最高人民法院核准"。部分死刑复核权虽然下放到了各省高级人民法院，但各省高级人民法院在复核死刑时，也纠正了一些冤错案件和不当量刑，仍然坚持了"少杀""慎杀"的原则，总体办案质量是好的，绝大多数判决是经得起历史检验的。但个别法院工作疏忽，酿成了一些错杀案件，产生了不良社会影响。

（四）设立专门法院和对法院内部权力分设

第一，恢复与设立专门法院。1978 年中央军委颁发《关于军队编制的调整方案》，决定重建解放军军事法院和各大单位的军事法院。根据 1984 年 11 月全国人民代表大会常务委员会《关于在沿海港口城市设立海事法院的决定》和最高人民法院《关于设立海事法院几个问题的决定》的规定，我国在上海、天津、广州、青岛、大连和武汉等市设立了海事法院。

第二，完善法庭设置。1981 年起，法院专设了经济审判庭。此外，我国对于不符合法律规定的"专业法庭"和不利于独立审判的人民法庭进行了调整和撤并。①

第三，审执分立、立审分立、审监分立的体制和机制改革。审执分立，是指人民法院内部将审判工作与执行工作分开，审判员负责审判，执行员负责执行。1995 年最高人民法院设立了执行工作办公室。执行工作办公室成立后，积极开展了制度建设、队伍培训、集中清理执行积案、立法调研等宏观指导工作及个案的监督协调工作，推动了执行工作的健康发展。② 最高人民法院于 1997 年 4 月 21 日起实施了《关于人民法院立案工作的暂行规定》，该规定要求各类案件的立案受理由法院专门的立案机构办理。1997 年，为加强人民法院内部审判监督活动，最高人民法院设置了审判监督庭。

（五）改革经济检察机制并调整检察权

加强经济检察工作。1978 年开始我国进入了改革开放时期，经济迅速增长的同时，经济犯罪频发。1982 年 4 月 10 日，邓小平同志在中共中央政治局讨论《中共中央、国务院关于打击经济领域中严重犯罪活动的决定》的会议上，明确指出要坚决打击经济犯罪活动。中国共产党第十二届中央委员会第三次全体会议于 1984 年 10 月 20 日通过的《中共中央关于经济体制改革的决定》中强调："检察院要加强对经济犯罪行为的检察工作。"该决定对这一时期的检察工作提出了具体

---

① 肖扬：《肖扬法治文集》，法律出版社 2012 年版，第 571 页。
② 执行办公室于 2008 年 11 月改为执行局。

要求。

1996 年 3 月 17 日，第八届全国人民代表大会第四次会议通过的《中华人民共和国刑事诉讼法》修正案调整了检察权，取消了检察机关的免予起诉权，废除了检察机关的定罪权。

（六）本阶段司法改革的特征

机构的恢复与重建，解决了机构不全无法有效开展法制工作的困境；加强立法工作并强调法律的落实，实现了司法作为解决社会纠纷手段应有的功能，保证了经济建设有一个健康良好的环境；法院内部改革，优化了法院内部结构，提高了办案质效；加强经济检察工作，维护了良好的经济建设环境；检察权调整，明确了检察机关工作方式，突出了法律监督职能。

十一届三中全会要求"检察机关和司法机关要保持应有的独立性"①，其实质是要求司法机关独立公正行使权力。中央虽然提出了要保持司法机关的独立性，但是这一阶段法制建设的侧重点明确，各种法律的颁布以及法院改革均是为了适应经济社会的发展，司法机关独立行使权力没有受到应有的重视，监督制约机制不够健全。严打中的快速审判程序和死刑复核权下放，导致了非理性程序的出现，容易产生冤假错案。后来证明为错杀而平反的滕兴善案、聂树斌案、呼格案，都是严打过程中制造的冤案。这一阶段的司法改革，主要是机制性改革，没有触及体制问题以及司法深层次问题，也没有建立完善的内外部监督制约机制，司法不公、冤假错案、司法腐败现象时有发生。

二、第一轮司法改革（1997—2007 年）

这轮司法改革的时间跨度为 1997 年党的十五大召开之后，至 2007 年党的十七大召开之前。1997 年 9 月 12 日，中国共产党第十五次全国代表大会上提出："推进司法改革，从制度上保证司法机关依法独立公正地行使审判权和检察权，建立冤案、错案责任追究制度。加强执法和司法队伍建设。"② 为贯彻十五大的精神，1999 年 10 月 20 日，最高人民法院出台并实施了《人民法院五年改革纲要》（简称"法院改革一五纲要"），对人民法院的组织体系、审判工作机制、法官队伍建设、经费管理体制等方面提出了具体的改革要求。2000 年 1 月 10 日，最高人民检察院第九届检察委员会第五十二次会议通过的《检察改革三年实施意见》（"检察改革

---

① 中共中央文献研究室编：《三中全会以来重要文献选编（上）》，人民出版社 1982 年版，第 11 页。
② 江泽民：《高举邓小平理论伟大旗帜，把建设有中国特色社会主义事业全面推向二十一世纪——在中国共产党第十五次全国代表大会上的报告（1997 年 9 月 12 日）》，《求是》1997 年第 18 期，第 16 页。

第一个三年改革意见")提出了六项改革目标：强化法律监督的职能和作用；加强上级检察机关对下级检察机关的领导；全面建立主诉、主办检察官办案责任制；改革检察机关干部人事制度；改革检察机关内、外部监督制约机制；改革检察机关经费管理机制。

2002年11月8日，党的第十六大要求从制度上保证审判机关和检察机关依法独立公正地行使审判权和检察权。改革司法机关的工作机制和人财物管理体制，逐步实现司法审判和检察同司法行政事务相分离。[①] 为落实十六大精神，2003年4月中央政法委向中央提出了《关于进一步推进司法体制改革的建议的请示》。

为落实十六大精神与党中央决策，2005年8月24日，最高人民检察院实施了《关于进一步深化检察改革的三年实施意见》（"检察改革第二个三年改革意见"），明确了在2008年以前应当完成改革和完善对诉讼活动的法律监督制度、完善检察机关接受监督和内部制约的制度、创新检察工作机制规范执法行为和完善检察机关组织体系、改革和完善检察干部管理体制、改革和完善检察机关经费保障体制这六个方面共36项具体的改革任务。2005年10月26日，最高人民法院印发并实施了《人民法院第二个五年改革纲要（2004—2008）》（简称"法院改革'二五'纲要"），明确了实现司法公正、提高司法效率、维护司法权威的改革目标。要求改革和完善诉讼程序制度；改革和完善执行体制和工作机制；改革和完善审判组织和审判机构；改革和完善司法审判管理和司法政务管理制度；完善对审判权、执行权、管理权的监督机制；等等。

时任最高人民法院院长肖扬认为，我国司法根本问题是司法的地方化、行政化和非职业化。[②] 这"三化"严重制约了司法机关独立公正行使权力。所以，这一时期的改革主要是针对这"三化"展开。

（一）进行法官检察官职业化建设

要保证法官检察官独立公正行使审判权检察权，首先就要加强法官检察官队伍建设，提高法官检察官整体素质，努力建设一支政治立场坚定、业务熟练精通、作风清正廉明的司法队伍，实现法官检察官职业化。

为了解决法官检察官非职业化问题，全国人大常委会于2001年6月30日修改了《法官法》《检察官法》，修改后的《法官法》《检察官法》明确了采用严格考

---

① 江泽民：《全面建设小康社会，开创中国特色社会主义事业新局面——在中国共产党第十六次全国代表大会上的报告》，《求是》2002第22期，第13页。

② 肖扬：《法院、法官与司法改革》，《法学家》2003年第1期，第8页。

核的办法，按照德才兼备的标准，从通过司法考试并且具备法官检察官条件的人员中择优挑选初任法官、检察官。最高人民法院、最高人民检察院、司法部于2002年1月1日起施行了《国家司法考试实施办法（试行）》，我国正式确立了司法考试制度，为实现法官检察官职业化建设提供了保障。通过严格法官检察官的职业准入，强化法官检察官的职业意识，培养法官检察官的职业道德，加强法官检察官的职业修养，为司法改革做好了人才储备工作。

（二）人民法院审判制度改革

第一，改革审判方式。最高人民法院于1998年7月11日起施行的《关于民事经济审判方式改革问题的若干规定》，细化了当事人举证、法庭调查搜集证据的规定，要求做好庭前准备相关工作，明确了庭审顺序、方式以及证据审查等问题。通过审判方式改革，确立了民事案件谁主张谁举证、刑事案件由公诉人承担举证责任的原则，法官从调查取证的义务中脱离出来，保障了法官审判的公正性。

第二，建立"法官依法独立判案责任制"。由于这一轮改革针对的是司法的地方化、行政化和非职业化。法院改革的设计者们在通过统一司法考试努力解决非职业化的同时，《法院改革"二五"纲要》第26条规定："建立法官依法独立判案责任制""逐步实现合议庭、独任法官负责制"，试图从法院层级独立走向"审判庭独立"。在此基础上，最高法院于2002年7月出台并实施了《关于人民法院合议庭工作的若干规定》，该规定要求除重大、复杂、疑难案件提交审判委员会讨论外，其他案件由合议庭自行解决。

第三，死刑核准权收归最高人民法院。最高人民法院于2007年1月1日起施行的《关于统一行使死刑案件核准权有关问题的决定》规定，死刑除由最高人民法院判决的以外，各高级人民法院和解放军军事法院依法判决和裁定的，应当报请最高人民法院核准。

第四，完善人民陪审员制度。十届全国人大常委会第十一次会议于2004年8月28日实施了《关于完善人民陪审员制度的决定》，最高人民法院和司法部于2004年12月13日联合出台并实施了《关于人民陪审员选任、培训、考核工作的实施意见》，最高人民法院2005年1月6日实施了《关于人民陪审员管理办法（试行）》，新的规范为人民陪审员在法庭审判中起到更客观公正的作用打下了良好的基础。人民陪审员制度既是一项重要的司法制度，也是一项重要的民主制度。

（三）检察体制机制改革

第一，实行主诉检察官办案责任制。1999年5月27日施行了《关于试行主诉检察官办案责任制的工作方案》，到2004年12月，全国90%以上的检察机关都实行了主诉（办）检察官制度。① 主诉检察官办案责任制改变了我国检察机关办案机制，增强了检察官对于个案办理的独立性和责任心，提升了案件办理质效。

第二，改革检察机关内、外部监督制约机制。检察机关是法律监督机关，必须解决"谁来监督监督者"的问题。检察机关必须高度重视对自身的监督，不仅要自觉接受外部监督，而且要切实强化内部监督，防止权力的滥用和腐败。

首先，1998 年 10 月 21 日，最高人民检察院颁布实施了《关于完善人民检察院侦查工作内部制约机制的若干规定》，最高人民检察院于 2004 年 6 月 24 日重新颁布并实施了《关于人民检察院办理直接受理立案侦查案件实行内部制约的若干规定》，对内部监督进行了规范。

其次，实行人民监督员制度。2003 年 10 月，最高人民检察院实施了《关于人民检察院直接受理侦查案件实行人民监督员制度的规定（试行）》，决定在 10 个省（区、市）开展人民监督员试点工作。根据最高人民检察院的统一部署，截至 2004 年 2 月，已有 10 个省级院、105 个地市级院、510 个县级院共计 625 个检察院进行了人民监督员试点工作。从机关、企事业单位、社会团体等选聘人民监督员 4925 名。②

最后，推行检务公开制度。最高人民检察院于 1998 年 10 月实施了《关于在全国检察机关实行"检务公开"的决定》，高检院于 1999 年 1 月 4 日实施了《人民检察院"检务公开"具体实施办法》，要求检察机关深化检务公开；1999 年 4 月 6 日，高检院实施了《关于建立检察工作情况通报制度的通知》，要求各省级检察院建立新闻发言人制度；2001 年 3 月 5 日，最高人民检察院公诉厅实施了《人民检察院办理不起诉案件公开审查规则（试行）》，要求对存在较大争议且在当地有较大社会影响的不起诉案件公开审查；最高人民检察院于 2006 年 6 月实施了《关于进一步深化人民检察院"检务公开"的意见》，进一步拓宽了检务范围公开渠道，完善了定期通报和新闻发言人制度。

第三，检察引导侦查。2000 年 8 月最高人民检察院在"全国检察机关公诉改革会议"上提出建立加强检察机关与公安机关工作联系，实现公诉工作引导侦查，使证据依法得到巩固。③ 检察引导侦查在全国各地的检察院都得到了推广和适用。2001 年 1—11 月，全国检察机关就介入侦查 4 万余件 7 万多人，参加重大案件的讨

---

① 邓思清：《主诉（办）检察官制度改革回顾及启示》，《人民检察》2013 年第 14 期，第 27 页。

② 孙谦：《司法改革报告——中国的检察院、法院改革》，法律出版社 2004 年版，第 30 页。

③ 王松苗：《公诉改革：能否两全其美？——关于公诉工作改革重心的采访与思考》，《人民检察》2000 年第 10 期，第 4 页。

论 31570 件 59685 人。①

第四，地方性检察改革措施。其一，2000 年，在湖北省武汉市江汉区检察院、南京市玄武区检察院等地试点暂缓起诉。2004 年最高人民检察院以没有法律依据为由决定将暂缓起诉制度的探索工作暂缓实行。此后，暂缓起诉制度的探索基本处于停滞状态。② 其二，中国式辩诉交易。我国现行的刑事诉讼法并没有规定辩诉交易制度，但是在司法实践中却存在着类似于辩诉交易的司法操作。2002 年 4 月，黑龙江省牡丹江市铁路运输法院以"辩诉交易"的方式审理了一起被称为我国"辩诉交易第一案"的故意伤害案件，控辩双方就自愿认罪及从轻处罚协商达成一致，申请法庭对其协议予以确认，被追诉人也与被害人就附带民事赔偿问题达成和解。③"辩诉交易"并没有在全国范围内推广，其本质是后来的刑事和解制度。

（四）本阶段司法改革的特征

通过这一轮改革，司法制度更加符合司法规律；提高了司法工作能力；进一步保障了公民诉讼权利，促进了司法公正，实现了社会和谐稳定。中央这次部署使中国司法改革走向整体统筹、有序推进的阶段。

这一时期司法改革的目标并没有全部实现，具体表现在：

法院检察院在招录法官检察官时并没有按照法律规定严格执行学历要求；部分法院检察院招录了大量的非审判检察人员占用了人事编制；对于已经进入法院检察院但不符合《法官法》《检察官法》学历要求、资格要求的人员，又没有为其转岗或者退出法院检察院的相应配套政策和措施。

对审判方式进行了改革，但是没有完善的监督措施去规范审判行为。法院改革"一五"纲要和"二五"纲要都只是对司法监督作了倡导性规定，仍缺乏落实监督的有效措施。由于没有完备的监督机制，法官依法独立判案责任制在各地推行时，独立审判有些已经演变成专断和滥权，出现了严重的司法腐败。

主诉检察官制度由于检察院领导不愿放权、部分地区检察队伍专业素质不高、配套措施不健全等原因，在十多年的实践中，处于被虚置状态，仅少数检察院因"案多人少"的压力或领导刻意试点等原因有所保留。④ 尽管检察权内外部制约机

---

① 明扬：《侦查监督：检警合作促严打》，《人民日报》2002 年 2 月 6 日，第 10 版。

② 直到 2010 年最高人民检察院出台《最高人民检察院关于深入推进社会矛盾化解、社会管理创新、公正廉洁执法的实施意见的通知》《"十二五"时期检察工作发展规划纲要》等文件，才使得曾经一度暂缓的暂缓起诉制度改革试点工作重新启动。

③ 张景义、李文广、赵炳松、权伍琦：《聚焦国内"辩诉交易"第一案》，《人民法院报》2002 年 8 月 8 日，第 1 版。

④ 徐昕、黄艳好、汪小棠：《中国司法改革年度报告（2013）》，《政法论坛》2014 年第 2 期，第 96 页。

制初步建立，但由于在检察机关内部没有法定的专门的业务监督部门，导致内部监督制约机制具有一定的随意性和不稳定性，滥用职权、越权办案的现象时有出现，执法随意性始终存在。人民监督员的选任以及管理方式不合理、监督范围有限、监督程序运作不够顺畅、监督效力和程序刚性不足等问题，使得人民监督员并没有发挥好监督作用。检察引导侦查制度在实践中也遇到了一些问题，如指导侦查的案件范围没有限定，遭遇公安机关的抵触情绪，提出的侦查指导意见如不适当或公安机关不采纳正确的指导侦查意见时如何处理没有明确，等等。

三、第二轮司法改革（2007—2013 年）

第二轮司法改革以 2007 年十七大为开启标志，直至 2013 年十八届三中全会之前。

2007 年 10 月 15 日，胡锦涛同志在中国共产党第十七次全国代表大会上要求"深化司法体制改革"[①] 2008 年 5 月出台并实施了《中央政法委员会关于深化司法体制和工作机制改革若干问题的意见》。为落实中央司法改革任务，2009 年 3 月 1 日，最高人民检察院实施了《关于深化检察改革 2009 — 2012 年工作规划》（检察改革第三个三年改革意见），提出了五个方面的要求：优化检察职权配置，完善法律监督的范围、程序和措施；健全对检察权行使的监督制约；完善检察工作中贯彻落实宽严相济刑事政策的制度和措施；改革和完善检察组织体系和干部管理制度；改革和完善政法经费保障体制。最高人民法院于 2009 年 3 月 17 日印发并实施了《人民法院第三个五年改革纲要（2009—2013）》（简称"法院改革'三五'纲要"）。

（一）改革法院内部权力运行模式

法院改革"三五"纲要第 10 条要求"建立对非法干预人民法院依法独立办案行为的责任追究制度"。第 7 条要求"改革和完善上下级人民法院之间的关系""构建科学的审级关系"。对于法院内部的审判委员会和庭长院长审批制度，"三五"纲要第 5 条要求"完善审判委员会讨论案件的范围和程序，规范审判委员会的职责和管理工作"，并"完善合议庭制度，加强合议庭和主审法官的职责"。另外，对于审判独立的保障性措施，也作了规定，如第 19 条"完善人民法院编制与职务序列制度"，第 20 条"改革和完善法官工资福利和任职保障制度"及第 22—

---

① 胡锦涛：《高举中国特色社会主义伟大旗帜　为夺取全面建设小康社会新胜利而奋斗——在中国共产党第十七次全国代表大会上的报告》，《求是》2007 年第 21 期，第 13 页。

24 条"加强人民法院经费保障"。这一系列措施为解决法院内外部行政化问题提供了制度基础。

（二）全面推行司法公开

阳光是最好的防腐剂，司法公开对于防止司法腐败的意义不言而喻。最高人民法院于 2009 年 12 月 8 日颁布并实施了《关于司法公开的六项规定》，在"三五"纲要的基础上增加了立案公开和审务公开。最高人民法院首度发布《人民法院工作年度报告（2009）》，开展"司法公开宣传月"活动，下发《司法公开示范法院标准》，公布 100 个"司法公开示范法院"，以促进司法公开。地方法院也积极落实司法公开。

最高人民检察院于 2006 年 6 月 26 日专门出台了《关于进一步深化人民检察院"检务公开"的意见》，该文件扩展了检务公开制度的方式，完善了定期通报和新闻发言人制度。此后电子检务的建设在全国各级、各地迅速推开，截至 2007 年，全国 32 个省的 347 个地市级检察院已经完成了检察院内部局域网的全覆盖。① 最高人民检察院于 2012 年 1 月 11 日实施了《人民检察院刑事申诉案件公开审查程序规定》，该规定要求检察机关办理申诉案件程序透明化，接受社会监督。最高人民法院、最高人民检察院通过出台一系列文件，明确了司法公开的内容，让司法权力在阳光下运行，为加强对司法权的监督提供了前提条件。

（三）拓宽监督渠道

社会监督。最高人民法院于 2009 年 4 月 13 日实施了《最高人民法院关于进一步加强民意沟通工作的意见》，该意见要求加强民意收集，方便群众发表意见和建议。

舆论监督。2009 年 10 月 12 日，最高人民法院实施了《最高人民法院特约监督员工作条例（试行）》，进一步健全和完善人民法院外部监督机制。同年 12 月 8 日，最高人民法院实施了《关于人民法院接受新闻媒体舆论监督的若干规定》，人民法院对新闻媒体的开放程度和接受监督的主动性有了质的飞跃。在规范媒体与司法关系方面，这一文件"为这一关系给出了全新的阐释，可谓开创了媒体与司法良性互动的新纪元"②。

检察机关内部监督。2011 年，最高人民检察院实施了《关于强化上级人民检察院对下级人民检察院执法办案活动监督的若干意见》，加强了检察机关的内部监

---

① 高一飞：《检务公开现状评估与完善建议》，《国家检察官学院学报》2016 年第 4 期，第 74 页。
② 蒋惠岭、龙飞：《展望媒体与司法良性互动新纪元》，《人民法院报》2010 年 1 月 8 日，第 5 版。

督，明确了检察机关上下级的办案规则。2011 年 12 月，最高人民检察院实施了《关于加强检察机关内部监督工作的意见》，体现了检察机关不断加强自我监督的决心，增强了内部监督的规范性和可操作性。

（四）规范司法行为

一是加强反腐倡廉建设。最高人民法院于 2008 年 6 月 5 日出台并实施了《人民法院监察工作条例》；同年 12 月 5 日出台并实施了《关于进一步加强人民法院反腐倡廉建设的意见》，将反腐倡廉提升到法院工作的重心。在此基础上，2009 年 1 月 8 日，最高人民法院向社会公布了"五个严禁"规定。① 人民法院工作人员凡违反上述规定，依纪依法追究法律责任直至刑事责任；从事审判执行工作的，一律调离审判执行岗位。

二是最高人民法院通过量刑规范化改革，规范了自由裁量权，解决了适用法律失衡问题。最高人民法院、最高人民检察院、公安部、国家安全部、司法部于 2010 年 9 月 13 日实施了《关于规范量刑程序若干问题的意见（试行）》的通知。2010 年 10 月 1 日最高人民法院实施了《人民法院量刑程序指导意见》。该指导意见规定，对于公诉案件，人民检察院可以提出量刑建议，促进同案同判，保障司法统一。

三是深化民事行政执行体制改革，分离执行实施权和审查权，隔离审判执行与委托拍卖，打破一人负责到底的传统执行模式。为了杜绝权力寻租的可能性，司法拍卖改革的关键点就在于要实行执行权与委托权两权分离，用制度建设和技术改革，将权力锁进笼子里。最高人民法院自 2012 年 1 月 1 日起施行了《关于人民法院委托评估、拍卖工作的若干规定》，通过统一管理机构、职责、委托方式、场所等，实现审判执行与委托拍卖彻底隔离。

四是深入推进执法规范化建设，全国 70% 的执法办案场所完成了规范化改造。2008 年公安部实施了《关于大力加强公安机关执法规范化建设的指导意见》（公通字〔2008〕49 号）。按照公安部 2010 年 10 月 25 日实施的《公安机关执法办案场所设置规范》要求，各地公安机关以派出所为重点，全面推进、限时完成执法办案场所的办案区、办公区、接待区和生活区的功能分区改造工作，到 2011 年年底，全国有 70% 多的执法办案场所完成了改造任务，有效改善了规范执法的环境，减少了执法安全事故隐患。② 执法办案场所规范化改造是积极顺应社会主义民主法

---

① 即严禁接受案件当事人及相关人员的请客送礼；严禁违反规定与律师进行不正当交往；严禁插手过问他人办理的案件；严禁在委托评估拍卖等活动中徇私舞弊；严禁泄露审判工作秘密。

② 苏海萍：《公安执法规范化取得成效　70%办案场所完成改造》，中国新闻网 2011 年 11 月 14 日报道。

制发展的要求，通过场所规范化改造进而规范了执法人员行为，有助于司法公正的实现。

五是发布指导案例，指导法律实施。2011年12月，最高人民法院继2010年印发并实施《关于案例指导工作的规定》后，发布了第一批指导性案例。

（五）本阶段司法改革的特征

2008年年底启动的这一轮司法改革确定60项改革任务，2009年完成17项，2010年基本完成30项，至2011年年底60项改革任务中的绝大部分已经完成。2011年，法院、检察院、公安和司法行政部门等根据中央政法委《关于深化司法体制和工作机制改革若干问题的意见》确定的司法改革整体规划，继续有条不紊地推进改革，贯彻落实先前的改革举措，完成新安排的改革任务。[①] 2013年，最高人民法院已经完成中央部署的司法改革任务12项，完成"法院改革'三五'纲要"确定的司法改革任务113项。[②] 同年，全国检察机关紧紧围绕党和国家工作大局，忠实履行宪法和法律赋予的职责，着力强化法律监督、强化自身监督、强化队伍建设，各项检察工作取得新进展。[③] 本轮司法改革的任务按时完成，并体现在修订完善的相关法律中，这一轮司法改革建立了较为完善的监督和制约机制，为党的十八大全面推进司法改革准备了条件。

第二轮司法改革以解决司法监督问题、防止司法腐败为中心，存在历史局限性。在保障司法机关独立办案和化解司法行政化、地方化、政治化等体制性弊病的关键问题上不可能有突破。[④] 这一阶段的重点在于权力制约与监督，司法行政化、地方化以及司法效率不高等问题需要留待以后解决。但是，先"以加强权力制约和监督为重点"，在建立了严密的监督与制约机制之后再实行独立行使检察权和审判权的措施，是一种明智的选择。

四、第三轮司法改革（2013年起）

这轮司法改革的时间跨度为2013年11月十八届三中全会至今。

2013年11月12日，中国共产党十八届三中全会全体会议通过的《中共中央

---

① 徐昕、卢荣荣、黄艳好：《中国司法改革年度报告（2011）》，《政法论坛》2012年第2期，第114页。

② 王胜俊：《最高人民法院工作报告——二〇〇三年三月十日在第十二届全国人民代表大会第一次会议上》，《人民日报》2013年3月22日，第2版。

③ 曹建明：《最高人民检察院工作报告——2013年3月10日在第十二届全国人民代表大会第一次会议上》，《中华人民共和国最高人民检察院公报》2013年第3期，第1页。

④ 徐昕：《中国司法改革的现实与未来——兼谈2009、2010、2011民间司法改革年度报告》，《哈尔滨工业大学学报（社会科学版）》2012年第3期，第7页。

关于全面深化改革若干重大问题的决定》强调了"深化司法体制改革，加快建设公正高效权威的社会主义司法制度，维护人民权益，让人民群众在每一个司法案件中都感受到公平正义"①。十八届三中全会对司法改革提出了新要求，标志着我国第三轮司法改革的全面启动。

《中共中央关于全面推进依法治国若干重大问题的决定》在"保证公正司法，提高司法公信力"的要求下，提出了完善确保依法独立公正行使审判权和检察权的制度、优化司法职权配置、推进严格司法、保障人民群众参与司法、加强人权司法保障、加强对司法活动的监督这些具体任务。② 党中央对司法改革的重视达到了前所未有的程度。

为贯彻党的十八大和十八届三中、四中全会精神，进一步深化人民法院各项改革，最高人民法院于 2015 年 2 月 4 日印发了《关于全面深化人民法院改革的意见——人民法院第四个五年改革纲要（2014—2018）》（简称"法院改革'四五'纲要"），纲要紧紧围绕让人民群众在每一个司法案件中感受到公平正义的目标，解决影响司法公正和制约司法能力的深层次问题，确保人民法院依法独立公正行使审判权。最高人民检察院于 2015 年 2 月 16 日印发了《关于深化检察改革的意见（2013—2017 年工作规划）》（检察改革第四个三年改革意见），明确了人民检察院六个方面的改革任务。

随后，以司法责任制、员额制、司法人员职业保障、推动省以下地方法院检察院人财物进行统一管理四项的司法体制改革，以审判为中心的刑事诉讼制度改革等为重点的诉讼制度改革等同步向纵深推进。

（一）以司法责任制为核心的四项基础性改革

第一，司法责任制改革。最高人民法院于 2015 年 9 月 21 日出台的《关于完善人民法院司法责任制的若干意见》以及最高人民检察院于 2015 年 9 月 28 日出台的《关于完善人民检察院司法责任制的若干意见》贯彻了中央关于深化司法体制改革的总体部署，以明晰的审判、检察组织权限和审判、检察人员职责为基础，以有效的审判、检察管理和监督制度为保障，能够实现人民法院检察院依法独立公正行使权力。2016 年，司法责任制改革在全国司法改革试点法院全面推开。

第二，员额制改革。《中共中央关于全面推进依法治国若干重大问题的决定》强调，"完善主审法官、合议庭、主任检察官、主办侦查员办案责任制，落实谁办

---

① 《中共中央关于全面深化改革若干重大问题的决定》，《人民日报》2013 年 11 月 16 日，第 1 版。
② 《中共中央关于全面推进依法治国若干重大问题的决定》，《人民日报》2014 年 10 月 29 日，第 1 版。

案谁负责。实行办案质量终身负责制和错案责任倒查问责制"。① 中共中央办公厅、国务院办公厅于 2015 年 4 月 9 日实施的《关于贯彻落实党的十八届四中全会决定进一步深化司法体制和社会体制改革的实施方案》对十八届三中、四中全会提出的各项改革措施作了细化规定，强调建立办案质量终身负责制和错案责任倒查问责制。员额制改革实现了法官检察官对案件的终身负责，能够提高法官检察官的工作积极性，增强办案责任感。

截至 2017 年 9 月，"全国法院从原来的 211990 名法官中遴选产生 120138 名员额法官。最高人民法院坚持'从严掌握、宁缺毋滥'的选人导向，遴选产生 367 名员额法官，占中央政法专项编制的 27.8%。通过这项改革，实现了 85% 以上法院人员向办案一线集中，资源配置更加合理，审判质效持续提升。2017 年 1 至 9 月，全国法院院、庭长人均办案量同比增长 32.3%"②。截至 2017 年 11 月，全国检察机关遴选出员额内检察官 84444 名，占中央政法专项编制的 32.78%。基层检察院 85% 以上的人力资源配置到办案一线，办案力量增加 20% 以上。③ 员额制改革的有效推进为包括司法责任制在内的综合性改革提供了前提条件。

2015 年 9 月 16 日，中央全面深化改革领导小组第十六次会议审议通过了《法官、检察官职务序列改革试点方案》《法官、检察官工资制度改革试点方案》，为司法人员分类管理提供了制度保障，加快了专业化、职业化法官检察官队伍建设的步伐。实行司法人员分类管理，更加明确了各类司法人员的权限，畅通了司法人员职业发展渠道，优化了人员结构，提升了司法队伍正规化、专业化、职业化水平。积极开展法官助理、书记员职务序列改革，能够充实审判辅助力量。④ 检察官、检察辅助人员、司法行政人员分类管理格局基本形成。⑤

第三，健全司法人员职业保障机制。2016 年 7 月 21 日，中共中央办公厅、国务院办公厅施行的《保护司法人员依法履行法定职责规定》明确了法官、检察官依法办理案件不受行政机关、社会团体和个人的干涉，依法履行法定职责受法律保护等相关权利。对干扰阻碍司法活动，恐吓、威胁、报复陷害、侮辱诽谤、暴力伤害法官、检察官及其近亲属的行为，应当依法严厉惩处。司法人员职业保障

---

① 《中共中央关于全面推进依法治国若干重大问题的决定》，《人民日报》2014 年 10 月 29 日，第 1 版。

② 周强：《最高人民法院关于人民法院全面深化司法改革情况的报告》，《人民法院报》2017 年 11 月 2 日，第 1 版。

③ 周强：《最高人民法院关于人民法院全面深化司法改革情况的报告》，《人民法院报》2017 年 11 月 2 日，第 1 版。

④ 周强：《最高人民法院工作报告》，《人民日报》2018 年 3 月 26 日，第 2 版。

⑤ 曹建明：《最高人民检察院工作报告》，《人民日报》2018 年 3 月 26 日，第 3 版。

机制的健全免除了办案人员的后顾之忧。

第四，推动省以下地方法院、检察院人财物进行统一管理。推动省以下地方法院、检察院人财物进行统一管理是党中央针对我国实际提出的有针对性的解决对策。在推动省以下地方法院、检察院人财物统一管理改革时，应立足于我国经济社会发展不平衡、不同地方司法保障水平差别大的现状，各省区市在推进财物省级统一管理上可以从实际出发，因地制宜，不强求步调一致。省级以下人财物统一管理，从根源上解决了法院、检察院对本级政府的依赖，保障了法院、检察院依法行使职权的独立性。

（二）完善确保依法独立公正行使审判权和检察权的制度

中央政法委员会于 2015 年 3 月 30 日起施行的《司法机关内部人员过问案件的记录和责任追究规定》，旨在防止司法机关内部人员干预办案，确保公正廉洁司法。该规定明确了内部司法人员过问案件的记录、存储、报送、查看和处理等程序，制定了刚性的惩罚措施，并明确了办案人员如实记录司法机关内部人员过问案件的情况，受法律和组织保护。司法机关严格落实文件要求，在切实保障内部司法人员依法履职的基础上，严厉打击内部司法人员违法违规干预司法个案的行为。

防止领导干部插手、干预司法活动的规定。中共中央办公厅、国务院办公厅于 2015 年 3 月 30 日实施了《领导干部干预司法活动、插手具体案件处理的记录、通报和责任追究规定》。最高人民检察院于 2015 年 6 月 1 日实施了关于《检察机关贯彻执行〈领导干部干预司法活动、插手具体案件处理的记录、通报和责任追究规定〉和〈司法机关内部人员过问案件的记录和责任追究规定〉的实施办法（试行）》。最高人民法院于 2015 年 8 月 20 日实施了《人民法院落实〈领导干部干预司法活动、插手具体案件处理的记录、通报和责任追究规定〉的实施办法》。上述文件确保了审判权、检察权依法独立公正行使，为维护司法权威、保障司法权力依法独立公正行使创造了良好的政治环境。

（三）优化职权配置

为优化职权配置，十八届四中全会提出，推动实行审判权和执行权相分离的体制改革试点；统一刑罚执行体制；探索实行法院、检察院司法行政事务管理权和审判权、检察权相分离；变立案审查制为立案登记制。① 优化司法职权配置的本质就是要健全司法权力运行机制，这不仅涉及部门内部之间的权力划分，同时也

---

① 《中共中央关于全面推进依法治国若干重大问题的决定》，《人民日报》2014 年 10 月 29 日，第 1 版。

涉及部门与部门之间的权力划分与制约。在今天已经完成的改革有：

第一，变立案审查制为立案登记制。最高人民法院"四五"纲要再次强调要变立案审查制为立案登记制，加大立案信息的网上公开力度。2015年5月1日起实施了《关于人民法院推行立案登记制改革的意见》，意见要求坚持有案必立、有诉必理。对符合法律规定条件的案件，法院必须依法受理。2018年最高人民法院工作报告显示，人民法院已经做到了有案必立、有诉必理，当场登记立案率超过95%。①"告状难"问题成为历史。

第二，完成职务犯罪侦查权转隶。2016年12月25日，第十二届全国人民代表大会常务委员会第二十五次会议通过了《全国人民代表大会常务委员会关于在北京市、山西省、浙江省开展国家监察体制改革试点工作的决定》。在试点一年成功经验的基础上，十二届全国人大常委会第三十次会议于2017年10月31日审议通过了《全国人民代表大会常务委员会关于在全国各地推开国家监察体制改革试点工作的决定（草案）》。自此，监察体制改革全面推开试点，全国检察机关与监察委紧密配合，将职务犯罪侦查权转隶到监察委。曹建明在2018年工作报告中指出，到2018年3月，"四级检察院反贪、反渎和预防部门职能、机构及44151名检察人员已全部按时完成转隶"②。

第三，捕诉合一与内设机构改革。捕诉合一改革。捕诉一体化办案模式在未成年人刑事案件中曾经有过试点。2018年7月25日，最高人民检察院检察长张军在大检察官研讨班开幕时提出："要以检察机关内设机构改革为突破口，通过重组办案机构，要以案件类别划分、实行捕诉合一。"③ 此后，捕诉合一已经成为检察机关的改革重点。2018年8月初，历次改革的排头兵上海首先通过了《上海市检察机关"捕诉合一"办案规程（试行）》，试行期限为一年，职务犯罪案件、未成年人刑事案件参照上述规定办理，另有特殊规定的除外。这是首个省级层面的地方性"捕诉合一"司法改革文件。检察机关全面推行捕诉合一已是大势所趋。

内设机构改革。内设机构改革形式上表现为机构的增减和重新排列组合，背后反映的则是对司法权性质和运行规律的认识。2016年8月，中编办和最高人民检察院联合下发并实施了《省以下人民检察院内设机构改革试点方案》，2018年最高人民检察院工作报告指出："1854个检察院开展内设机构改革，一线办案力量普

---

① 周强：《最高人民法院工作报告》，《人民日报》2018年3月26日，第2版。

② 曹建明：《最高人民检察院工作报告》，《人民日报》2018年3月26日，第3版。

③ 张军：《解决三个不平衡，要重组办案机构实行捕诉合一》，澎湃新闻2018年7月25日报道。

遍增长 20% 以上。"① 合理的内设机构设置，能够使检察机关的办案机制更加科学合理。2018 年 7 月，中央编委、最高法院联合下发并实施了《关于积极推进省以下法院内设机构改革工作的通知》（法发〔2018〕8 号），法院内设机构是接下来法院改革的重点。

（四）保障人民群众参与司法

第一，完善人民陪审员制度。《中共中央关于全面推进依法治国若干重大问题的决定》中对完善人民陪审员制度作出了规定："保障公民陪审权利，扩大参审范围，完善随机抽选方式，提高人民陪审制度公信度，逐步实行人民陪审员不再审理法律适用问题，只参与审理事实认定问题。"2015 年 4 月，第十二届全国人大常委会第十四次会议通过了《关于授权在部分地区开展人民陪审员制度改革试点工作的决定》，该决定要求在 50 个法院实行人民陪审员制度改革试点，为人民陪审员制度改革的推进积累实践经验。最高人民法院、司法部联合发布《人民陪审员制度改革试点方案》《人民陪审员制度改革试点工作实施办法》，为人民陪审员制度改革的适用提供具体的操作规范。2017 年 4 月 24 日，第十二届全国人民代表大会常务委员会第二十七次会议通过了《关于延长人民陪审员制度改革试点期限的决定》，对人民陪审员制度改革试点延期一年。2018 年 4 月 27 日，第十三届全国人民代表大会常务委员会第二次会议正式通过《中华人民共和国人民陪审员法》。

第二，完善人民监督员制度。人民监督员制度是加强民主监督、制约检察机关执法活动的重要制度。2014 年 9 月 4 日，最高人民检察院实施了《人民监督员监督范围和监督程序改革试点工作方案》，该工作方案确定了北京等 10 个省（区、市）为试点地区。同年 9 月 10 日，最高人民检察院、司法部印发并实施了《关于人民监督员选任管理方式改革试点工作的意见》。中央全面深化改革领导小组于 2015 年 2 月 27 日审议通过了《深化人民监督员制度改革方案》，2015 年 3 月 7 日最高人民检察院与司法部颁布并实施了该方案。最高人民检察院、司法部于 2016 年 7 月 5 日联合下发并实施了《人民监督员选任管理办法》，对人民监督员的职责、任职条件、选任程序、任期、名额、考核管理、免职情形作出规定。2016 年 7 月 13 日，最高人民检察院出台并实施了《关于人民监督员监督工作的规定》。

（五）加强人权司法保障

十八届三中全会强调，完善人权司法保障制度，进一步规范查封、扣押、冻结、处理涉案财物的司法程序。健全错案防止、纠正、责任追究机制，严禁刑讯

---

① 曹建明：《最高人民检察院工作报告》，《人民日报》2018 年 3 月 26 日，第 3 版。

逼供、体罚虐待，严格实行非法证据排除规则。健全国家司法救助制度，完善法律援助制度。① 会议指出了完善人权保障机制的具体方面，下面也将以此为依据进行阐述。

第一，规范查封、扣押、冻结、处理涉案财物的司法程序。《中共中央关于全面推进依法治国若干重大问题的决定》提出，切实解决执行难，制定强制执行法，规范查封、扣押、冻结、处理涉案财物的司法程序。② 2015 年 2 月，中央全面深化改革领导小组会议、中央政治局常委会议审议通过《关于全面深化公安改革若干重大问题的框架意见》。最高人民检察院从 2014 年起连续 4 年开展规范司法行为专项整治活动，坚决纠正违法扣押冻结涉案财物等突出问题。③ 完善查封、扣押、冻结、处理涉案财物的司法程序，不仅是提高案件质量的重要体现，而且能够保护当事人合法权益，削弱了犯罪分子的再犯能力，增强了办案的社会效果和法律效果。

第二，健全错案防止、纠正、责任追究机制。《中共中央关于全面深化改革若干重大问题的决定》明确要求"健全错案防止、纠正、责任追究机制"④。十八届四中全会再次强调了这一要求，习近平总书记在该两次会议上也重申了健全错案防止、纠正、责任追究机制对于人权保障的重要作用。公安部于 2013 年 6 月 5 日发布的《关于进一步加强和改进刑事执法办案工作切实防止发生冤假错案的通知》要求深化错案预防机制制度建设，完善执法制度和办案标准，从源头上防止冤假错案的发生。最高人民检察院于 2013 年 9 月实施了《关于切实履行检察职能防止和纠正冤假错案的若干意见》，该意见要求严把事实关、程序关和法律适用关，健全检察环节错案发现、纠正、防范和责任追究机制。司法部于 2014 年 7 月 18 日实施了《关于进一步发挥司法鉴定制度作用防止冤假错案的意见》，该意见要求全面加强司法鉴定管理，进一步规范司法鉴定活动。最高人民法院于 2014 年 7 月 31 日发布的《关于建立健全防范刑事冤假错案工作机制的意见》规定对定罪证据不足的案件应当依法宣告被告人无罪，确保无罪的人不受刑事追究。一系列文件的出台要求相关部门做好本职工作，在每一个诉讼环节严把质量关，将冤假错案的发生率降到最低。2013 年至 2017 年 9 月，人民法院共依法宣告 4032 名被告人

---

① 《中共中央关于全面深化改革若干重大问题的决定》，《人民日报》2013 年 11 月 16 日，第 1 版。
② 《中共中央关于全面推进依法治国若干重大问题的决定》，《人民日报》2014 年 10 月 29 日，第 1 版。
③ 曹建明：《最高人民检察院工作报告》，《人民日报》2018 年 3 月 26 日，第 3 版。
④ 《中共中央关于全面深化改革若干重大问题的决定》，《人民日报》2013 年 11 月 16 日，第 1 版。

无罪。①

第三，严格实行非法证据排除规则。非法证据排除规则能否有效适用与人权保障的程度具有紧密的联系，非法取证本身就是对人权尊严的严重践踏，必须通过严格实行非法证据排除规则来保障人权。最高人民法院、最高人民检察院、公安部、国家安全部、司法部于 2017 年 6 月 27 日实施了《关于办理刑事案件严格排除非法证据若干问题的规定》，进一步明确了刑事诉讼各环节非法证据的认定标准和排除程序，明确了非法证据排除规则适用的对象，明确了非法获取的证人证言、被害人陈述以及实物证据的排除规则和当庭裁决原则。此外，最高人民法院于 2018 年 1 月 1 日实施了《人民法院办理刑事案件排除非法证据规程（试行）》，该规程针对非法证据排除程序适用中存在的启动难、证明难、认定难、排除难等问题，明确人民法院审查和排除非法证据的具体规则和程序。

第四，完善法律援助制度。改革开放提高了我国的整体经济水平，但是局部地区经济发展不平衡也严重减缓了我国现代化进程。在刑事案件中，因经济能力限制犯罪嫌疑人、被告人诉讼权利的情况普遍存在。2017 年 10 月 11 日，最高人民法院、司法部实施了《关于开展刑事案件律师辩护全覆盖试点工作的办法》，该办法要求在北京、上海、浙江、安徽、河南、广东、四川、陕西等八省（市）开展刑事辩护全覆盖试点工作。试点工作办法扩大了案件的适用范围，细化了法律援助机构与法院之间的衔接程序，加强了对援助律师的权利保障，完善了对全覆盖援助的保障措施。党中央立足于我国经济与司法现状，提出完善法律援助制度以及不断提高法律援助工作水平的意见，在程序上保障犯罪嫌疑人、被告人的诉讼权利，是我国人权保障机制进一步完善的重要途径，也是改革不断释放红利的重要标志。

（六）其他司法改革

第一，以审判为中心的刑事诉讼制度改革。2014 年 10 月，《中共中央关于全面推进依法治国若干重大问题决定》提出要"推进以审判为中心的诉讼制度改革"。"两高三部"在 2016 年 10 月实施了《关于推进以审判为中心的刑事诉讼制度改革的意见》，最高人民法院在 2017 年 2 月实施了《关于全面推进以审判为中心的刑事诉讼制度改革的实施意见》。最高人民法院自 2017 年 6 月起施行了三项规程：《人民法院办理刑事案件庭前会议规程（试行）》《人民法院办理刑事案件排

---

① 周强：《最高人民法院关于人民法院全面深化司法改革情况的报告》，《人民法院报》2017 年 11 月 2 日，第 1 版。

除非法证据规程（试行）》和《人民法院办理刑事案件第一审普通程序法庭调查规程（试行）》。其在全国 18 个中级人民法院及其辖区部分基层法院开展试点工作，在总结试点经验的基础上，2018 年 1 月 1 日修订并实施了新的三项规程。三项规程有助于解决庭审虚化、非法证据排除难、疑罪从无难等问题，有助于提高刑事审判的质量、效率和公信力。

第二，繁简分流程序、刑事速裁程序和认罪认罚制度。最高人民法院于 2016 年 9 月 12 日实施的《关于进一步推进案件繁简分流优化司法资源配置的若干意见》。2014 年 8 月 26 日，最高人民法院、最高人民检察院会同公安部、司法部实施的《关于在部分地区开展刑事案件速裁程序试点工作的办法》明确了试点地区以及要求试点地区按照该办法制定实施细则。2016 年 9 月 3 日，全国人民代表大会常务委员会通过了《关于授权最高人民法院、最高人民检察院在部分地区开展刑事案件认罪认罚从宽制度试点工作的决定》。最高人民法院、最高人民检察院、公安部、国家安全部、司法部于 2016 年 11 月 16 日实施了《关于在部分地区开展刑事案件认罪认罚从宽制度试点工作的办法》。该办法第 12 条、16 条、17 条、19 条补充了刑事速裁程序的内容，将刑事速裁程序纳入认罪认罚程序中统一进行试点。2018 年 10 月 26 日修订的刑事诉讼法增加了"刑事速裁程序"和"认罪认罚从宽"的内容，把前述改革的成果用立法的形式固定下来。

第三，智慧法院和智慧检务建设。2016 年 1 月 29 日，最高人民法院信息化建设工作领导小组举行 2016 年第一次全体会议，最高人民法院院长、信息化建设工作领导小组组长周强主持会议并讲话，首次提出建设立足于时代发展前沿的"智慧法院"。[1] 2016 年 2 月 22 日，最高人民法院研究通过了《人民法院信息化建设五年发展规划（2016—2020）》和《最高人民法院信息化建设五年发展规划（2016—2020）》。2016 年 7 月 28 日，最高人民法院印发并实施了《关于全面推进人民法院电子卷宗随案同步生成和深度应用的指导意见》。2018 年 4 月 28 日，最高人民法院院长周强在全国法院第五次网络安全和信息化工作会议上指出："人民法院信息化 3.0 版主体框架已经确立，以网络化、阳光化、智能化为特征的智慧法院初步形成。"[2] 智慧法院建设实现了人民法院全业务网上办理、全流程依法公开、全方位智能服务。

---

① 周强：《坚持需求和问题导向　破解难题补齐短板　推进人民法院信息化建设转型升级》，《人民法院报》2016 年 1 月 30 日，第 3 版。

② 罗书臻：《深入推进智慧法院建设　促进审判体系和审判能力现代化》，《人民法院报》2018 年 4 月 28 日，第 1 版。

2016 年 9 月 1 日，最高人民检察院实施了《"十三五"时期检察工作发展规划纲要》，该纲要要求加快建立智慧检务五大体系：检察信息感知体系、高效网络传输体系、智能信息服务体系、智慧检务应用体系、科技强检管理体系。按照电子检务工程规划，到 2017 年年底，我国建成了覆盖全国四级检察机关的司法办案平台、检察办公平台、队伍管理平台、检务保障平台、检察决策支持平台、检务公开和服务平台，实现对检察工作全面全程规范化、网络化、智能化的管理。[①]

第四，司法公开稳步推进。在最高人民法院的推动下，全国各级法院重点建设了审判流程、裁判文书、执行信息三大公开平台。首先是审判流程公开。2014 年 11 月 13 日，中国审判流程信息公开网正式开通。目前，全国已有 25 个省份基本建成统一的审判流程信息公开平台。其次是裁判文书公开。至 2017 年 9 月中旬，中国裁判文书网公开裁判文书超过 3393 万篇，访问量突破 105 亿人次，单日最高访问量达 5000 万人次，超过 17.5 亿的访问量来自海外，访问范围覆盖 210 多个国家和地区。[②] 最后，执行信息公开。最高人民法院将全国法院失信被执行人名单信息公布与查询、被执行人信息查询、执行案件流程信息公开、执行裁判文书公开等信息平台进行了有机整合。

第五，基本解决"执行难"问题。针对当前群众呼吁强烈的执行难问题，2016 年 1 月，最高人民法院与国家发展和改革委员会等 44 家单位联合签署《关于对失信被执行人实施联合惩戒的合作备忘录》。此外，最高人民法院于 2016 年 4 月 29 日实施了《关于落实"用两到三年时间基本解决执行难问题"的工作纲要》，该工作纲要确定"基本解决执行难"的总体目标是实现"四个基本"，即被执行人规避执行、抗拒执行和外界干预执行现象基本得到遏制，人民法院消极执行、选择性执行、乱执行的情形基本消除，无财产可供执行案件终结本次执行的程序标准和实质标准把握不严、恢复执行等相关配套机制应用不畅的问题基本解决，有财产可供执行案件在法定期限内基本执行完毕。为破解查人找物难题，最高人民法院与国家发改委、公安部、国家工商总局、中国人民银行、证监会等 10 多个部门建立网络执行查控系统。2016 年至 2018 年 9 月，全国法院共受理执行案件 1884 万件，执结 1693.8 万件（含终本案件），执行到位金额 4.07 万亿元，同比分别增

[①] 曹建明：《最高人民检察院工作报告》，《人民日报》2018 年 3 月 26 日，第 3 版。
[②] 孙莹：《最高人民法院院长周强：深化司法公开 提升司法公信力》，央广网 2017 年 9 月 21 日报道。

长 105%、120% 和 76%。① 人民法院为解决"执行难"问题交出了一份漂亮的成绩单。

（七）本阶段司法改革的特征

党的十八届三中、四中全会对司法体制改革进行了系统规划和周密部署，确定了 9 大改革领域、129 项改革任务，制定了具体的施工图和时间表。② 截至 2017 年 9 月，党的十八届三中、四中全会确定由最高人民法院牵头的 18 项改革任务已经完成，《最高人民法院关于全面深化人民法院改革的意见》提出的 65 项改革举措已全面推开，审判质量效率、队伍能力素质和司法公信力进一步提高，人民群众的获得感不断增强。③ 至 2017 年 9 月，中央部署由最高人民检察院承担的 29 项改革任务已基本完成或结项；检察改革规划提出的 91 项具体改革举措中，82 项已出台改革意见或结项。④ 目前司法改革已经保质保量完成了阶段性任务。

在以司法责任制为核心的四项基础性改革（即员额制、司法人员职业保障、司法责任制与推动省以下地方法院、检察院人财物进行统一管理）、优化司法职权配置、人权司法保障、执行难问题基本解决、建设智慧法院等方面都取得了前所未有的成绩。司法改革总体上呈现良好发展趋势，但是也出现了一些问题。如司法理念、司法能力、工作机制等与新时代形势发展和人民群众需求相比仍有不小差距；司法体制改革仍需进一步深化，一些关联度高、相互配套的改革举措推进不同步，改革的系统性、整体性、协同性有待进一步增强；⑤ 监督机制尚待进一步健全，司法作风不正、司法行为不规范问题仍然存在，反腐败斗争形势依然严峻复杂；⑥ 等等。这些问题也是责任主体在将来的司法改革过程中亟待解决的。

五、司法改革的基本经验

从 1978 年十一届三中全会提出"发展社会主义民主，健全社会主义法制"到 1997 年党的十五大报告提出"推进司法改革"，2002 年党的十六大报告提出"推

---

① 周强：《最高人民法院关于人民法院解决"执行难"工作情况的报告——2018 年 10 月 24 日在第十三届全国人民代表大会常务委员会第六次会议上》，《中华人民共和国全国人民代表大会常务委员会公报》2018 年第 6 期，第 980 页。

② 革言：《以改革之策为民之实　以制度之变夯公正之基》，《人民法院报》2018 年 3 月 16 日，第 1 版。

③ 周强：《最高人民法院关于人民法院全面深化司法改革情况的报告》，《人民法院报》2017 年 11 月 2 日，第 1 版。

④ 曹建明：《最高人民检察院关于人民检察院全面深化司法改革情况的报告（摘要）》，《检察日报》2017 年 11 月 3 日，第 2 版。

⑤ 周强：《最高人民法院工作报告》，《人民日报》2018 年 3 月 26 日，第 2 版。

⑥ 曹建明：《最高人民检察院工作报告》，《人民日报》2018 年 3 月 26 日，第 3 版。

进司法体制改革"，2007年党的十七大报告提出"深化司法体制改革"，2012年党的十八大报告提出"进一步深化司法体制改革，坚持和完善中国特色社会主义司法制度"，再到2017年党的十九大报告提出"深化司法体制综合配套改革，全面落实司法责任制"，我国的司法改革从具体司法工作制度上升到司法体制，改革从"摸着石头过河"的底层探索逐步转向中央顶层设计与基层创新相结合的模式，触及了司法制度的深层次问题。十八届三中全会以来新一轮司法改革的成功经验，主要有以下三个方面：

（一）顶层设计与摸着石头过河相结合

2012年12月31日，习近平总书记在十八届中共中央政治局第二次集体学习时指出："摸着石头过河，是富有中国特色、符合中国国情的改革方法。摸着石头过河就是摸规律，从实践中获得真知。摸着石头过河和加强顶层设计是辩证统一的。"① 顶层设计依赖于摸着石头过河获取的经验，也必须在摸着石头过河的实践中推进。顶层设计与摸着石头过河相结合的改革方式才能推动司法改革取得最终胜利。

恢复重建中的司法改革，缺乏中央顶层设计，多体现为地方法院、检察院的自我探索。十一届三中全会之后，改革开放顺利开展，但同时犯罪率攀升，不利于社会稳定。针对这一现状，我国创设严打程序和下放死刑复核权，在特殊时期确实起到了维护社会稳定的作用。法院系统为了应对新型诉讼，设立了专门法院并重新分设了法院内部权力。检察系统为了打击经济犯罪进行了经济检察体制改革，调整了检察权。这一阶段的司法改革摸索出了一些办案经验，能够指导法院检察院开展工作。但是由于缺乏中央顶层设计，法院检察院改革有所局限，相应的配套机制不够完善，并没有实现司法机关独立公正行使权力的改革目标。

十五大虽然提出了要推进司法改革，但是中央并没有进一步部署，而是由最高人民法院出台法院改革"一五"纲要以及最高人民检察院出台检察改革第一个三年改革意见，全面部署法院检察院的改革任务。在第一轮司法改革中，为了应对民商案件激增的压力，各地方法院开始了审判方式改革，由原来的法院主导证据调查到当事人"谁主张谁举证"，减轻了法院的审判压力。法院积极探索民商案件审判方式改革，进而将审判方式改革推及刑事、行政领域，为三大诉讼机制改革提供了宝贵经验。检察机关实行的主诉检察官办案责任制经历了试点到全面推广的过程，总结了检察机关的办案规律，能够提升办案质效。十六大之后，党中

---

① 习近平：《习近平谈治国理政》（第一卷），外文出版社2014年版，第67-68页。

央虽然成立了中央司法体制改革领导小组，但中央政法委作为领导机构的力度不足以实现司法改革的顶层设计，没能解决部门之间权力纠纷，没有触及深层次的体制性问题。

在第二轮司法改革中，中央政法委将重心放在了解决影响司法公正、制约司法能力的体制性、机制性问题，并明确了各机关的任务。为此，最高人民法院出台了法院改革"四五"纲要，最高人民检察院出台了检察改革第四个三年改革意见。与第一轮司法改革不同的是，这轮改革涉及了体制机制改革，但与第一轮司法改革相同的是，仍然体现了中央号召、中央政法委规划、中央发文、中央政法各部门落实的模式，尚不属于典型的顶层设计。① 在具体改革过程中，中央政法委注重协调各部门落实相关政策，没有强力要求解决司法行政化、地方化、政治化等体制性问题。

在第三轮司法改革中，十八届三中、四中全会对司法改革做出了整体部署，由习近平总书记领导的深改组作为领导单位，强化了中央对于司法改革顶层设计的力度。同时，这一轮司法改革注重发挥地方积极性。司法责任制改革、监察体制改革、人民监督员制度改革等都经历过试点到全国推广的过程。中央统一部署改革方针，地方通过试点总结经验，再由中央统一出台文件向全国推广。目前以司法责任制为核心的四项改革、职务犯罪侦查权转隶任务已经基本完成。党的十九大报告中要求深化司法体制综合配套改革，在此之前中央深改组就已经审议通过了《关于上海市开展司法体制综合配套改革试点的框架意见》。十九大之后，各地方按照中央顶层设计积极发挥探索精神，总结试点经验，再由中央统一立法推广。可见十九大后的司法改革仍然遵循了顶层设计与摸着石头过河的改革路径。

实践证明，司法改革既要保证顶层设计的合法性、规范性，又要在合法性的前提下积极鼓励摸着石头过河的探索性和主动性。

（二）司法改革应当全面推进

在第一轮司法改革中，建立了法官依法独立判案责任制，明确了除重大、复杂、疑难案件提交审判委员会讨论外，其他案件由合议庭自行解决，赋予了承办法官应有的权力。在第二轮司法改革中，十七大提出，"保证审判机关、检察机关依法独立公正地行使审判权、检察权"，这就要求解决法院内外部行政化问题。法院改革"三五"纲要虽然提出了保障审判独立的一系列措施，但是并没有考虑摆

---

① 胡云腾：《从摸着石头过河到顶层设计——对三中全会〈决定〉有关司法改革规定的解读》，《中国法律·中英文版》2004 年第 2 期，第 4 页。

脱人事和财政地方化的问题，法官办案仍然受制于审判委员会。这轮改革并没有实现独立行使司法权，也没有解决司法行政化、地方化等体制性问题。

第三轮司法改革吸取了前两轮司法改革的经验教训。为了确保依法独立公正行使审判权和检察权，出台了《司法机关内部人员过问案件的记录和责任追究规定》《领导干部干预司法活动、插手具体案件处理的记录、通报和责任追究规定》等规定。同时，最高人民法院、最高人民检察院印发了《关于建立法官、检察官惩戒制度的意见（试行）》，体现了司法人员权力与责任的统一。推进以审判为中心的刑事诉讼制度改革，必然需要配套的案件繁简分流程序，科学调配和高效运用审判资源，依法快速审理简单案件，严格规范审理复杂案件，实现简案快审、繁案精审。在第三轮司法改革中，司法责任制是牛鼻子，司法责任制能否落实关系到司法改革的成效。十九大报告提出"深化司法体制综合配套改革"，说明只有全面综合的改革，才能保证司法改革的顺利进行。

（三）体制改革与机制改革应同步进行

司法体制是司法机关和司法人员的组织制度，司法机制是指司法活动应当遵循的具体步骤和规则。体制改革是机制改革的基础，没有好的司法体制，再完善的机制也会被弃而不用。司法体制与机制改革应当同时进行，不能顾此失彼。但第一轮和第二轮司法改革多停留在机制改革，并没有触及司法体制改革，因此也并没有完全实现司法改革的目标。

其实，中央早已经认识到体制改革与机制改革并举的重要性。早在 2004 年，中共中央转发了《中央司法体制改革领导小组关于司法体制和工作机制改革的初步意见》，提出了改革和完善诉讼制度、诉讼收费制度、检察监督体制等 10 个方面的 35 项改革任务。但由于当时司法改革由政法委主导的中央司法体制改革领导小组指导，政法委为协调部门关系，保证改革顺利发展，不可能大规模涉及体制改革。

要保证法院、检察院独立行使职权，势必涉及体制改革，但前两轮司法改革并没有达到预期效果。十八届三中、四中全会通过的改革决定开启了司法改革多层面齐头并进、深入推进的局面。十八届三中、四中全会以及党的十九大对司法改革提出的改革措施包含了体制改革与机制改革，首先进行的是以体制改革为内容的四项基础性改革，在此基础上，再推动以审判为中心的诉讼制度、立案登记制、繁简分流等诉讼机制的改革，主次、先后有序，体制机制改革并行，使改革能够按计划、有步骤顺利推进。

六、司法改革的未来展望

2017 年 10 月 17 日，党的十九大报告指出，要"深化司法体制综合配套改革，全面落实司法责任制，努力让人民群众在每一个司法案件中感受到公平正义"①。深化司法体制综合配套改革的意义在于：它明确了在司法体制改革的主体框架已经确立之后，司法体制改革面临的主要任务是进行内外部"精装修"，要在"综合配套，整体推进"上下工夫。② 综合配套改革是事关司法体制改革全局和成败的重大举措，是党中央要求司法体制改革落地见效、全面决胜的集结号和动员令，对于建设公正高效权威的社会主义司法制度，推进国家治理体系和治理能力现代化，具有十分重要的意义。

2018 年 7 月 24 日，党的十九大后第一次全面深化司法体制改革推进会在深圳召开。中共中央政治局委员、中央政法委书记郭声琨在会议上强调，要准确把握新时代、新阶段、新任务，科学谋划、统筹推进司法体制改革，加快构建总揽全局、协调各方的党领导政法工作体系，系统完备、科学合理的司法机构职能体系，权责统一、规范有序的司法权运行体系，多元精细、公正高效的诉讼制度体系，联动融合、实战实用的维护安全稳定工作机制体系，普惠均等、便民利民的司法公共服务体系，约束有力、激励有效的职业制度体系，为维护社会稳定、促进公平正义、服务人民群众提供完备体制机制保障。这次推进会在充分分析十八大以来的司法成绩后，立足于已有的改革成绩，提出了今后司法改革构建"七个体系"的具体要求，为接下来的改革工作指出了方向。

（一）深化司法体制改革和现代科技应用结合

破除体制机制障碍的根本途径要依靠改革，而突破传统手段的局限则要依靠科技，两者的融合必将激发更大的创造力。我们在司法改革中需要进一步加强信息化、大数据、人工智能与司法体制改革的深度融合，找准技术与制度的契合点，加快推进司法体制改革的进程。

（二）开展落实司法责任制综合配套改革试点

2017 年 8 月 29 日，中央深改组审议通过了《关于上海市开展司法体制综合配套改革试点的框架意见》，一个月后，上海市委召开推进会，正式启动上海司法体

---

① 习近平：《决胜全面建成小康社会　夺取新时代中国特色社会主义伟大胜利》，《人民日报》2017 年 10 月 28 日，第 1 版。

② 刘传稿：《在新起点上深化司法体制综合配套改革——访中国社会科学院法学研究所研究员熊秋红》，《人民检察》2017 年第 21 期，第 43 页。

制综合配套改革。该框架意见从规范权力运行、深化科技应用、完善分类管理、维护司法权威等 4 个方面提出了 25 项改革举措。上海又把 25 项改革举措细化分解为 117 项具体改革任务，明确 2019 年全面完成改革。上海是全国唯一开展司法体制综合配套改革试点的地区。可见，司法体制综合配套改革试点刚刚在一个地区试点，在其他地方推开还需要时间。

（三）统筹推进公安改革、国家安全机关改革、司法行政改革

习近平总书记提出了统筹推进公安改革、国家安全机关改革、司法行政改革的要求。十八大以来，我们先从难点改起，首先推进了以人民检察院、人民法院司法责任制为"牛鼻子"的四项基础性改革，但公安改革、国家安全机关改革、司法行政改革也需要统筹推进，在改革中还要认真进行顶层设计，并制订具体实施方案。

小结

经历 40 年的改革历程，我国司法改革逐渐走上了一条既遵循司法规律又符合中国国情的改革之路。中国司法改革在十九大以后又进入了一个新的阶段。2018 年全面深化司法体制改革推进会强调，要统筹推进司法机构改革、司法体制综合配套改革和政法各单位改革"三项任务"。① 中央深刻认识到，只有同时推进体制改革与机制改革，司法改革才能蹄疾步稳。

党的十八大以来，以习近平同志为核心的党中央提出了全面深化改革，建设法治国家的战略目标。伟大事业需要伟大斗争，对于处于社会变革时期的中国而言，我们要在新起点上，充分发挥中国特色社会主义司法制度的优越性，全面深化司法改革，在改革过程中继续学习、贯彻新时代中国特色社会主义司法改革思想，为铺展更为壮丽的司法改革的历史画卷提供理论基础，争取早日夺取司法改革的伟大胜利。

---

① 《新时代全面深化司法体制改革"一二三四五"总体战略公布》，澎湃新闻 2018 年 7 月 25 日报道。

第二章
人民法院改革

第一节　人民法院司法改革的历程

2018 年是改革开放 40 周年，连续 40 年的经济建设，我国实现了经济体制转型，迈向了小康社会。经济上的改革开放推动了社会主义民主法治的进程，改革开放 40 年，也是我国法治重新起步并快速持续发展的 40 年，更是司法改革逐渐推开、稳步推进的 40 年。人民法院司法改革，是司法改革的重中之重。

回顾 40 年的改革历程，总结梳理法院司法改革的理论与实践，合理评价改革得失，展望十九大后人民法院改革的未来，对于进一步深入推进人民法院司法改革，具有重大意义。

一、恢复重建中的法院司法改革（1978—1996 年）

这一阶段的人民法院司法改革以十一届三中全会为开端，直至 1997 年十五次全国代表大会之前。

"文革"期间，"砸烂公检法"使法院沦为公安机关的附庸。1978 年十一届三中全会后，国家的重心转移到经济建设上来，特别是正处于社会转型时期的 80 年代，社会矛盾逐渐凸显，对作为纠纷解决专业机构的司法机关提出了更高的要求，法院的组织机构与审判职能开始恢复与重建。为了应对经济发展所带来的经济纠纷及犯罪，审判方式改革也成为必然趋势。

（一）法院内部管理改革

1982 年以前，人民法院的内部设置、物资装备、业务经费等均由司法部统一管理审批，使人民法院办案受制于司法部，而且降低了人民法院的办案效率。因此，司法部、最高人民法院于 1982 年 8 月 6 日发布了《关于司法厅（局）主管的部分任务移交给高级人民法院主管的通知》，该通知将司法部主管的审批人民法院的设置、变更、撤销，拟定人民法院办公机构、人员编制，协同法院建立各项审判制度，任免助理审判员，管理法院的物资装备、司法业务费等有关司法行政工作事项，移交最高人民法院管理。各地司法厅（局）管理的同类工作也移交各地人民法院管理。通过职能的再分配，法院的独立性得以增强，办事效率得以提高。

1988 年 7 月第十四次全国法院工作会议强调，要在党的十三大提出的关于社会主义初级阶段的理论、路线和方针的指导下，通过全面开展审判工作，充分发挥审判机关的职能作用，为建立社会主义商品经济新秩序服务。这次会议提出了六项改革措施：一是改善执法活动；二是改革现行法院人事制度；三是改革法院干部教育培训管理体制；四是改革和加强法院系统的司法行政工作；五是加强基层建设；六是积极开展同外国法院的司法协助。

（二）完善法院和法庭建制

人民法院相继恢复和设立了专门法院。1978 年 1 月 18 日，中央军委颁发《关于军队编制的调整方案》，决定重建解放军军事法院和各大单位的军事法院。10 月，总政治部向全军政治机关发出通知，中国人民解放军军事法院"定于 1978 年 10 月 20 日开始办公"，军事法院得以恢复。1980 年 7 月 25 日，根据司法部、铁道部联合实施的《关于筹建各级铁路法院有关编制的通知》，铁路法院恢复设立。[①]

1981 年起，针对新型的经济类纠纷，我国法院专设了经济审判庭。1991 年 4 月 9 日，《中华人民共和国民事诉讼法》通过，人民法院根据民事诉讼法在机构改革中调整了民事审判格局，完善了刑事、民事、行政三大体系；开展执行工作体制改革；原属交通部管理的六家海事法院全部纳入了司法管理体制。法院内部职能分工与机构设置逐步完善，奠定了后续体制改革的基础。

（三）法院内部分权改革

随着改革开放的深入，人民群众的维权意识日益增强，人民法院受理的案件迅速增多，为适用时代的需要，各地法院相继进行了立审分离、审执分离、审监分离的体制和机制改革。

根据当时民事诉讼法中"基层人民法院、中级人民法院根据工作需要，可以设立执行机构"的规定，1995 年最高人民法院设立了执行工作办公室。执行工作办公室于 2008 年 11 月改为执行局。根据最高人民法院于 1997 年 4 月 21 日起实施

---

① 肖扬：《肖扬法治文集》，法律出版社 2012 年版，第 571 页。

的《关于人民法院立案工作的暂行规定》，法院内部设立立案庭。1997 年，为加强人民法院内部审判监督活动，最高人民法院和地方各级人民法院设置了审判监督庭。

经过上述改革，法院逐渐形成了"统一立案、分类审判、集中执行、专门监督"的工作体制。

（四）总结与反思

法院机构的恢复与重建，实现了法院内部行政事务由法院自己管理，解决了机构不全、职能错位、无法有效开展法制工作的困境。法院内部机构改革，优化了法院内部结构，提高了办案质效。

但是，这一阶段法院只是进行了工作机制改革，没有触及体制问题以及司法深层次问题，也没有建立完善的内外部监督制约机制，无法保障法院独立公正行使职权。此外，虽然民事案件已经实现了立审分离，但是各基层法院这一时期对行政案件、刑事自诉案件仍然立审不分。由于以上原因，司法不公、执法不严以及司法腐败现象时有发生。

二、第一轮司法改革中的法院改革（1997—2007 年）

这轮司法改革的时间跨度为自 1997 年十五大召开，至 2007 年十七大召开之前。

1997 年 9 月 12 日，江泽民同志在中国共产党第十五次人民代表大会报告中首次提出"依法治国，建设社会主义法治国家"的重要治国理念，同时提出，"推进司法改革，从制度上保证司法机关依法独立公正地行使审判权和检察权，建立冤案、错案责任追究制度。加强执法和司法队伍建设"。[①] 为贯彻十五大精神，最高人民法院于 1999 年 10 月 20 日实施了《人民法院五年改革纲要》（简称"法院改革'一五'纲要"）。该纲要对法院的组织体系、审判工作机制、法官队伍建设、经费管理体制等方面提出了具体的改革要求。

2002 年 11 月 8 日，江泽民同志在中国共产党十六大报告中提出："推进司法体制改革。按照公正司法和严格执法的要求，完善司法机关的机构设置、职权划分和管理制度，进一步健全权责明确、相互配合、相互制约、高效运行的司法体制。从制度上保证审判机关和检察机关依法独立公正地行使审判权和检察权。改

---

① 江泽民：《高举邓小平理论伟大旗帜，把建设有中国特色社会主义事业全面推向二十一世纪——在中国共产党第十五次全国代表大会上的报告（1997 年 9 月 12 日）》，《求是》1997 年第 18 期，第 16 页。

革司法机关的工作机制和人财物管理体制，逐步实现司法审判和检察同司法行政事务相分离。"①

2005年10月26日，最高人民法院实施《人民法院第二个五年改革纲要（2004—2008）》（简称"法院改革'二五'纲要"），明确了实现司法公正、提高司法效率、维护司法权威的改革目标。中共中央2006年5月实施《关于进一步加强人民法院、人民检察院工作的决定》，明确了"公正与效率"的法院工作主题。

（一）法官职业化建设

全国人大常委会于2001年6月30日修改了《法官法》，修改后的《法官法》明确了从通过司法考试并且具备法官条件的人员中择优挑选初任法官。最高人民法院于2002年7月18日颁布实施《关于加强法官队伍职业化建设的若干意见》，提出了法官队伍职业化建设的基本内容。自1979年起，我国法官队伍学历逐步提高，变化的具体数字如下：

截至1979年年底，全国法院干部有95255人，其中具有大专以上学历的只有7000余人，仅占干部总数的7.3%。②

截至1987年年底，大专以上学历法官的比例为17.1%。③

截至1997年年底，全国法院工作人员共28万余人。其中法官17万余人，书记员5万余人，法警2万余人，法官中具有大专以上文化水平的已占80%以上。④

截至2007年年底，全国共有法官189413人，其中本科以上学历占65.1%，研究生以上学历占3.29%。⑤

尽管这轮司法改革中的法官本科学历所占比例不到1/3，但是既定的法官任职基本要求对后来法官队伍的发展产生了持续的作用。在这轮司法改革后8年的2015年3月，法官队伍中具有大学本科以上学历成为法官群体的基本特征（占97.85%）。⑥ 最高人民法院于2011年6月22日发布并实施《全国法院人才队伍建设规划纲要（2010—2020年）》提出，到2020年，全国法院具有大学本科及以上

---

① 江泽民：《全面建设小康社会，开创中国特色社会主义事业新局面——在中国共产党第十六次全国代表大会上的报告》，《求是》2002第22期，第13页。

② 人民法院年鉴编辑部：《人民法院年鉴（1988）》，人民法院出版社1992年版，第936页。

③ 任建新：《最高人民法院工作报告——1993年3月22日在第八届全国人民代表大会第一次会议上》，《中华人民共和国最高人民法院公报》1993年第2期，第58页。

④ 袁春湘：《人民法院工作30年》，《法制资讯》2008年第10期，第56-61页。

⑤ 《全国政协委员、北京市人民检察院副检察长甄贞在"两会"上发言——实行分类管理，促进法官检察官队伍建设》，北京市人民检察院官网2009年3月10日发布。

⑥ 胡昌明：《中国法官职业满意度考察——以2660份问卷为样本的分析》，《中国法律评论》2015年第4期，第203页。

学历的各类人员占法院人员总数的85%以上。根据前述数字，这个目标早已提前、超额完成。

（二）审判方式改革

1991年《中华人民共和国民事诉讼法》确立了谁主张谁举证的证据规则，强化了当事人的举证责任，对原有的庭审方式和诉讼制度提出了挑战。1996年修改后的《刑事诉讼法》确立了"控辩式"的庭审方式，法官处于中立地位。民事和刑事举证质证模式的变革倒逼审判方式改革，加快了审判方式改革步伐。1996年7月，全国法院审判方式改革工作会议在北京召开，要求推进以刑事审判方式改革为重点，全面改革和完善民事、经济、行政审判方式，并进行了具体工作部署。

最高人民法院于1998年7月11日起施行的《关于民事经济审判方式改革问题的若干规定》，法庭审理从法官积极主动调查转变为控辩双方或当事人双方对抗、法官居中裁判；法院认定事实的标准从客观真实转变为以证据为中心的法律真实；证据的正当性又促进了举证时效、审判时效、判决效力等方面的改革。① 审判方式改革打破了以往先定后审的传统，举证、质证、辩论、认证都在法庭上进行，增强了审判的透明度。

（三）建立法官依法独立判案责任制

这一轮改革针对的是司法的地方化、行政化和非职业化。法院改革"二五"纲要第24条规定："审判委员会委员可以自行组成或者与其他法官组成合议庭，审理重大、疑难、复杂或者具有普遍法律适用意义的案件。"在此基础上，2002年7月，最高人民法院实施了《关于人民法院合议庭工作的若干规定》，该规定明确了除重大、复杂、疑难案件提交审判委员会讨论外，其他案件由合议庭自行解决。

（四）死刑核准权收归最高人民法院

1983年9月2日，全国人大常委会通过的《关于修改〈中华人民共和国人民法院组织法〉的决定》规定："死刑案件除由最高人民法院判决的以外，应当报请最高人民法院核准。杀人、强奸、抢劫、爆炸以及其他严重危害公共安全和社会治安判处死刑的案件的核准权，最高人民法院在必要的时候，得授权省、自治区、直辖市的高级人民法院行使。"最高人民法院于同年9月7日实施《关于授权高级人民法院和解放军军事法院核准部分死刑案件的通知》，授权各省、自治区、直辖市高级人民法院和解放军军事法院核准杀人、强奸、抢劫、爆炸等严重危害公共安全和社会治安犯罪的死刑案件。因为个别法院在死刑案件事实、证据上把关不

---

① 王运声、张庆申：《人民法院改革取得突破性进展》，《人民法院报》2002年8月26日，第4版。

严，酿成了多起错杀案件，在社会上造成了极为恶劣的影响，动摇了人民对法治的信心。

因此，最高人民法院于 2007 年 1 月 1 日起实施的《关于统一行使死刑案件核准权有关问题的决定》规定，死刑除由最高人民法院判决的以外，各高级人民法院和解放军军事法院依法判决和裁定的，应当报请最高人民法院核准。死刑核准权收归最高院行使后，确保了死刑复核案件的质量和效率，取得了很好的法律效果和社会效果。

（五）完善人民陪审员制度

为了保障公民依法参加审判活动，促进司法公正，最高人民法院于 2003 年向全国人大常委会提交了改革和完善人民陪审制度的议案。第十届全国人大常委会第十一次会议于 2004 年 8 月 28 日实施了《关于完善人民陪审员制度的决定》，《决定》具体有以下四方面的内容：人民陪审员由各级人大常委会任命；人民陪审员参与的案件类型；人民陪审员独立行使表决权；随机抽取确定参审的人民陪审员。为了贯彻落实上述决定，最高人民法院和司法部于 2004 年 12 月 13 日联合出台并实施了《关于人民陪审员选任、培训、考核工作的实施意见》，最高人民法院于 2005 年 1 月 6 日起颁布实施了《关于人民陪审员管理办法（试行）》。以上文件确立了我国陪审制的基本运行规则。

（六）总结与反思

这一阶段法院审判方式改革取得了较大成效，转变了过去由法院承担证据调查的审判模式，将举证责任分配给诉讼双方，将法官从繁重的调查取证工作中解放出来，专注于案件审理。通过制定《法官法》以及推进司法考试，明确法官的任职条件，为实现法官职业化提供了法律和制度保障。但是，这一时期解决"三化"问题的目标并没有实现。截至 2007 年年底，全国法官本科以上学历终究只达到 65.1%。

另外，由于这一时期注重法官学历而忽视了法律素养以及道德的培育和考核，司法队伍出现了高学历、低业务能力以及一些司法人员道德低下的问题。而司法公开、程序制约等监督机制未能同步推进，使独立判案的权力难以受到制约，导致了严重的司法腐败。2002 年，武汉市中级人民法院的 13 名法官和 44 名律师涉案，被当作司法系统典型的"腐败窝案"而震惊中国司法界。[1] 2004 年，湖南省高级人民法院院长吴振汉因涉嫌受贿被"双规"。湖南省高级人民法院共有 11 人

---

① 《武汉中院两任院长前腐后继　继任者边反腐边违纪》，新浪网 2006 年 10 月 13 日报道。

存在严重违法问题。① 2005 年 3 月，阜阳中院副院长朱亚、执行庭长王春友、经二庭长董炳绪被纪委"双规"，此后不久，经一庭庭长陈和平和执行庭一位工作人员也被"双规"。② 2006 年 6 月至 10 月，深圳市中级人民法院先后有 5 名法官被"双规"或逮捕，其中包括 1 名副院长、3 名庭长、1 名已退休法官，另外还有多名法官、律师涉案被查，成为轰动一时的深圳中院腐败窝案。③ 没有制约的司法权力必然走向腐败，司法人员在办案过程中收受贿赂，枉法裁判，司法机关成了权钱交易的市场，严重损害了司法公正。

三、第二轮司法改革中的法院改革（2008—2013 年）

这一轮司法改革着重解决上一阶段遗留的司法腐败问题。为了落实党的十七大的总体要求，中央司法体制改革领导小组于 2008 年 5 月出台并实施了《中央政法委员会关于深化司法体制和工作机制改革若干问题的意见》。为落实中央司法改革任务，最高人民法院于 2009 年 3 月 17 日印发并实施了《人民法院第三个五年改革纲要（2009—2013）》（简称"改革法院'三五'纲要"），该纲要明确了五方面的改革任务，涉及法院审判、执行、人事管理、经费保障等各个层面。

针对过去两个"纲要"对司法道德和司法监督的忽视而引起的司法腐败问题，法院改革"三五"纲要指导思想中就指出要"以加强权力制约和监督为重点"，具体的条文有："改革和完善刑事审判制度""改革和完善人民法院接受外部制约与监督机制""完善法官招录培养体制""完善法官行为规范""完善人民法院反腐倡廉长效工作机制""加强和完善审判与执行公开制度""建立健全民意沟通表达机制""完善涉诉信访工作机制"，内容都相当详细。在这一阶段，人民法院进行了多项改革。

（一）防止内部和外部的行政化

在第一轮改革基本解决非职业化的问题之后，法院"三化"问题仍遗留下行政化、地方化，而地方化往往是由于行政化所导致的，所以当时在"三化"中要重点解决的是行政化问题。行政化既表现为外部的权力干预，即党政机关对个案的"非法干预"；也表现为内部的行政化办案模式，具体表现为法院内部的庭长和院长判前批示、审判委员会不参加审理但却可以决定案件。

针对当地党政机关对个案的"非法干预"，法院改革"三五"纲要提出建立对

---

① 《湖南省高院原院长吴振汉涉嫌受贿被依法逮捕》，新浪网 2005 年 2 月 1 日报道。
② 田晨：《惊看阜阳法官群体腐败案》，《廉政瞭望》2005 年第 7 期，第 17 页。
③ 田加刚、龙良卿：《深圳法院系统掀起反腐风暴》，《民主与法制时报》2006 年 11 月 6 日，第 A01 版。

非法干预人民法院依法独立办案行为的责任追究制度。对于上级法院的判前请示制度，法院改革"三五"纲要要求改革和完善上下级人民法院之间的关系；构建科学的审级关系。对于法院内部的审判委员会和庭长院长审批制度，法院改革"三五"纲要要求完善审判委员会讨论案件的范围和程序，规范审判委员会的职责和管理工作；完善合议庭制度，加强合议庭和主审法官的职责。

（二）深化司法公开改革

法院改革"二五"纲要提出了进一步落实依法公开审判原则，提出了司法公开的新措施，"司法公开"一词首次在官方文件中出现。

最高人民法院于 2009 年 12 月 8 日颁布并实施了《关于司法公开的六项规定》。此后，最高人民法院又出台了《关于推进司法公开三大平台建设的若干意见》《关于人民法院在互联网公布裁判文书的规定》《关于人民法院执行流程公开的若干意见》等规范性文件，形成了对司法公开工作的顶层设计和总体布局。通过这一系列文件的出台，人民法院的司法公开工作进入有序推进阶段，推动了法院工作运行透明化，有助于实现司法公正。

（三）拓宽监督渠道

在法律监督方面。最高人民检察院和最高人民法院于 2011 年 5 月联合发布并实施了《关于对民事审判活动和行政诉讼实行法律监督的若干意见（试行）》。同年，最高人民法院、最高人民检察院联合出台了《关于在部分地方开展民事执行活动法律监督试点工作的通知》，在部分地区对民事执行的法律监督进行了试点探索。

在社会监督方面。最高人民法院于 2009 年 4 月 13 日实施的《最高人民法院关于进一步加强民意沟通工作的意见》要求进一步促进制定司法解释、司法指导意见等过程中征求民意工作的制度化、规范化；探索设立法院开放日；探索建立基层司法服务网络；选任基层干部群众担任特邀调解员、执行联络员；加强网络民意收集；方便群众发表意见和建议。2009 年 10 月 12 日，最高人民法院实施了《最高人民法院特约监督员工作条例（试行）》，同年 12 月 8 日，最高人民法院实施了《关于人民法院接受新闻媒体舆论监督的若干规定》。

（四）规范司法行为

规范司法行为指的是使国家司法机关及司法人员运用法律处理案件的具体活动，按照既定规范、标准的要求进行操作，达到规定的标准。[1] 为了规范司法行

---

[1] 陈卫东、杜磊：《司法改革背景下规范司法行为的进路》，《学习与探索》2015 年第 11 期，第 58 页。

为，最高人民法院推动了以下改革。

一是加强反腐倡廉建设。最高人民法院于 2008 年 6 月 5 日出台并实施的《人民法院监察工作条例》，同年 12 月 5 日出台并实施的《关于进一步加强人民法院反腐倡廉建设的意见》，将反腐倡廉提升到法院工作的重心。

二是最高人民法院通过量刑规范化改革。2010 年 9 月 13 日，最高人民法院、最高人民检察院、公安部、国家安全部、司法部印发并实施了《关于规范量刑程序若干问题的意见（试行）》，最高人民法院于 2010 年 10 月 1 日施行的《最高人民法院人民法院量刑程序指导意见》规定，对于公诉案件，人民检察院可以提出量刑建议，量刑建议一般应当具有一定的幅度；建立相对独立的量刑程序。地方司法机关结合当地具体情况，制定了涉及更多罪名的"量刑意见"或"刑罚适用规范"。量刑规范化改革有助于解决当时刑事司法实践中的量刑偏差问题，促进同案同判，保障司法统一。

三是深化民事行政执行体制改革。最高人民法院自 2012 年 1 月 1 日起实施的《关于人民法院委托评估、拍卖工作的若干规定》要求实现审判执行与委托拍卖彻底隔离。最高人民法院明确界定执行审查权和执行实施权，并分别由不同的内设机构或者人员行使，优化执行工作分工，实施以节点控制为特征的流程管理制度。

四是发布指导案例，指导法律实施。2011 年 12 月，最高人民法院继 2010 年印发并实施《关于案例指导工作的规定》后，发布了第一批指导性案例，包括民事和刑事案例各 2 个，对于发展完善中国特色案例指导制度，更好地促进法律的正确实施，维护社会公平正义，具有积极作用。① 所有公开的案例，皆可产生比照效应，有利于司法统一，实现司法公正。

（五）总结与反思

司法公开、拓宽司法监督渠道以及规范司法行为，加强了权力的监督与制约，规范了司法人员行为，能够有效防止司法腐败，维护司法公正。针对严重的司法腐败现状，建立起完备的司法监督制约机制，是当时最紧迫的任务，也是人民群众最期待、最希望解决的问题，这一轮司法改革取得了突出的成绩，既解决了当务之急，也为十八大以后的全面司法改革打下了扎实的基础。

当然，在以监督制约机制为重点的改革中，去行政化、地方化的改革成效不大。法院改革"三五"纲要规定了人事编制和财政经费保障，但并没有实现"人财物"统管和去地方化。审判委员会决定案件的范围简单概括为"重大、疑难、

---

① 中国法学会：《中国法治建设年度报告（2011）》，《法制日报》2012 年 7 月 18 日，第 10 版。

复杂"，范围过大。虽然抽象地提到"完善合议庭制度，加强合议庭和主审法官的职责"，但是没有明文要求取消庭长、院长的案件审批权。在削除法院行政化方面虽然没有达到预期效果，但"司法机关独立办案意味着保证法官的自主性及其自由裁量权，如果法院理性不足，缺乏合格的法官与公正的程序，司法的公正受到普遍的质疑，司法的独立性的增强可能造成法官擅权，专横腐败的灾难性后果"。[①] 所以，先"以加强权力制约和监督为重点"，在建立了严密的监督与制约机制之后再推行审判独立的措施，也不失为一种明智的选择。

四、第三轮司法改革中的法院改革（2013 年起）

为了落实《中共中央关于全面深化改革若干重大问题的决定》《中共中央关于全面推进依法治国若干重大问题的决定》的要求，最高人民法院于 2015 年 2 月 4 日发布并实施了《关于全面深化人民法院改革的意见——人民法院第四个五年改革纲要（2014—2018）》（简称为"法院改革'四五'纲要"）。

随后，司法责任制等四项基础性改革，以审判为中心的刑事诉讼制度改革等为重点的诉讼制度改革，以立案登记制改革等为代表的便民利民改革同步向纵深推进。

（一）设立巡回法庭与专门法院

巡回法庭是最高人民法院的派出机构和组成部分，不是一个独立的审级，也不是独立的法院，在工作方式上也不能简单等同于传统意义上的巡回审判。[②] 党的十八届四中全会审议通过的《中共中央关于全面推进依法治国若干重大问题的决定》提出："最高人民法院设立巡回法庭，审理跨行政区域重大行政和民商事案件。"

2014 年 12 月 2 日，中央全面深化改革领导小组审议通过了《最高人民法院设立巡回法庭试点方案》，同意最高人民法院设立第一、第二巡回法庭。2015 年 1 月 28 日，最高法院审判委员会第 1640 次会议审议通过了《关于巡回法庭审理案件若干问题的规定》。2015 年 1 月 28 日，最高人民法院第一巡回法庭在深圳市正式揭牌成立。2015 年 1 月 31 日，最高人民法院第二巡回法庭在沈阳市挂牌成立。在法院改革"四五"纲要中，最高人民法院再次提出要设立巡回法庭。2016 年 12 月 19 日最高人民法院审判委员会第 1704 次会议审议通过最高人民法院关于修改《最高人民法院关于巡回法庭审理案件若干问题的规定》的决定，增设了第三、四、五、

---

① 龙宗智、李常青：《论司法独立与司法受制》，《法学》1998 年第 12 期，第 35 页。
② 贺小荣：《依法治国背景下司法改革的路径选择》，《人民法院报》2014 年 10 月 31 日，第 5 版。

六巡回法庭，并于 2016 年年底相继挂牌办公。

为维护网络安全、化解涉网纠纷、促进互联网和经济社会深度融合等提供司法保障，2017 年 6 月 26 日，中央深改组通过了《关于设立杭州互联网法院的方案》，方案明确了杭州互联网法院的设立目标和发展方向。杭州互联网法院于 2017 年 8 月 18 日正式揭牌。习近平总书记于 2018 年 7 月 6 日主持召开的中央全面深化改革委员会第三次会议审议通过了《关于增设北京互联网法院、广州互联网法院的方案》。2018 年 9 月 9 日，北京互联网法院挂牌成立，广州互联网法院也于 2018 年 9 月挂牌收案。最高人民法院于 2018 年 9 月 7 日实施的《关于互联网法院审理案件若干问题的规定》明确了互联网法院的管辖范围、上诉机制和诉讼平台建设，并制定了在线诉讼规则。

知识产权法院是在《中共中央关于全面深化改革若干重大问题的决定》中所提出的为了加强知识产权运用和保护，健全技术创新激励机制而设立的审判机构。2014 年 8 月 31 日，十二届全国人大常委会第十次会议表决通过了在北京、上海、广州设立知识产权法院的决定。此后，北京、广州、上海知识产权法院相继挂牌成立。最高人民法院实施了《关于北京、上海、广州知识产权法院案件管辖的规定》《关于知识产权法院案件管辖等有关问题的通知》《关于知识产权法院技术调查官参与诉讼活动若干问题的暂行规定》，明确了知识产权法院案件管辖、诉讼问题以及法院审理技术类案件时的技术事实查明问题，建立起了当前我国知识产权法院特殊诉讼制度的基本框架。

（二）司法责任制改革

党的十八届三中、四中全会决定中明确提出司法责任制改革。2015 年 9 月 21 日，最高人民法院实施的《关于完善人民法院司法责任制的若干意见》。为实现十八届四中全会提出的"让审理者裁判，由裁判者负责"这一改革目标，最高人民法院做出了努力。

其一，挑选优秀办案人员进入员额。《人民法院第四个五年改革纲要（2014—2018）》第 49 条提出建立法官员额制的具体方案。2017 年 11 月 1 日，周强院长在《最高人民法院关于人民法院全面深化司法改革情况的报告》中指出："通过员额制改革，全国法院从原来的 211990 名法官中遴选产生 120138 名员额法官。通过这项改革，实现了 85％以上法院人员向办案一线集中。"[1]

---

[1]　周强：《最高人民法院关于人民法院全面深化司法改革情况的报告》，《人民法院报》2017 年 11 月 2 日，第 1 版。

其二，保障司法人员独立行使权力。最高人民法院于 2015 年 8 月 20 日起实施的《人民法院落实〈领导干部干预司法活动、插手具体案件处理的记录、通报和责任追究规定〉的实施办法》细化了人民法院内部关于领导干部干预司法行为的记录、报送和处理细则。

（三）以审判为中心的刑事诉讼制度改革

2014 年 10 月，《中共中央关于全面推进依法治国若干重大问题决定》提出要"推进以审判为中心的诉讼制度改革"，各地相继进行了改革试点。"两高三部"在 2016 年 10 月联合印发并实施的《关于推进以审判为中心的刑事诉讼制度改革的意见》以及最高人民法院在 2017 年 2 月实施的《关于全面推进以审判为中心的刑事诉讼制度改革的实施意见》中明确提出了具体的改革实施步骤。

最高人民法院自 2017 年 6 月起实施了三项规程：《人民法院办理刑事案件庭前会议规程（试行）》《人民法院办理刑事案件排除非法证据规程（试行）》《人民法院办理刑事案件第一审普通程序法庭调查规程（试行）》。在全国 18 个中级人民法院及其辖区部分基层法院开展试点工作，在总结试点的基础上，2018 年 1 月 1 日修订并实施新的三项规程。

（四）推进案件繁简分流和刑事速裁程序改革

繁简分流体现了对司法规律的尊重，旨在实现繁案精审、简案快办。最高人民法院于 2016 年 9 月 12 日实施的《关于进一步推进案件繁简分流优化司法资源配置的若干意见》提出推进立案环节案件的甄别分流，完善送达程序与送达方式，发挥民事案件快速审判程序的优势，创新刑事速裁工作机制，等等。

2014 年 6 月 27 日，十二届全国人大常委会第九次会议通过决定，授权最高人民法院、最高人民检察院在北京等 18 个城市开展刑事案件速裁程序试点工作。最高人民法院、最高人民检察院会同公安部、司法部于 2014 年 8 月 26 日实施了《关于在部分地区开展刑事案件速裁程序试点工作的办法》，该办法明确了试点地区以及要求试点地区按照该办法制定实施细则。

2016 年 9 月 3 日，全国人民代表大会常务委员会做出了关于授权最高人民法院、最高人民检察院在部分地区开展刑事案件认罪认罚从宽制度试点工作的决定。最高人民法院、最高人民检察院、公安部、国家安全部、司法部于 2016 年 11 月 16 日印发并实施了《关于在部分地区开展刑事案件认罪认罚从宽制度试点工作的办法》。该办法将刑事速裁程序的范围扩大到基层人民法院管辖的事实清楚、证据充分、当事人对适用法律没有争议、被告人认罪认罚并同意适用速裁程序的三年有期徒刑以下刑罚案件。2018 年刑事诉讼法草案增加了"速裁程序"的内容，将前述改革的成果用立法的形式固定下来。

（五）其他司法改革

此外，这一轮司法改革还有其他一些重要内容：

一是变立案审查制为立案登记制。《中共中央关于全面推进依法治国若干重大问题的决定》中规定了立案登记制，2015 年 5 月 1 日最高人民法院实施了《关于人民法院推行立案登记制改革的意见》。2018 年最高人民法院工作报告显示，人民法院已经做到了有案必立、有诉必理，当场登记立案率超过 95%。[①] "告状难"问题成为历史。

二是人权司法保障机制建设取得积极成果。首先，规范了查封、扣押、冻结、处理涉案财物的司法程序。2014 年起连续 4 年开展规范司法行为的专项整治。[②] 其次，健全了错案防止、纠正、责任追究机制。十八大以来，人民法院再审改判刑事案件 6747 件，其中依法纠正呼格吉勒图案、聂树斌案等重大冤错案件 39 件 78 人，并依法予以国家赔偿。[③] 再次，完善了法律援助制度，提出了刑事辩护全覆盖的新目标。最高人民法院、司法部于 2017 年 10 月 11 日实施了《关于开展刑事案件律师辩护全覆盖试点工作的办法》，开展刑事辩护全覆盖试点工作。

三是司法公开稳步推进。司法公开是法治文明发展的必然要求，也是司法体制改革的重要内容。在最高人民法院的推动下，全国各级法院重点建设了审判流程、庭审活动、裁判文书、执行信息四大公开平台。截至 2018 年 12 月 31 日，中国审判流程信息公开网公布司法解释文件 252 条、业务文件 231 条、案例 111 条、开庭公告 1436223 条；中国庭审公开网累计直播案件 2452 件，全国法院累计直播案件 2332742 件；中国裁判文书网发布裁判文书 62231200 篇，访问总量达 21702808624，其中，最高人民法院公开裁判文书 11300 份；中国执行信息公开网显示，截至 2019 年 1 月 7 日，2018 年全国新收执行案件数量 7509031 件、已结案件数量 6838924 件、公布失信被执行人名单 12910742 例、限制乘坐飞机 17626666 人次、限制乘坐火车 5488750 人次、网络拍卖总量 275190 件。

四是基本解决"执行难"问题。最高人民法院于 2016 年 4 月 29 日实施的《关于落实"用两到三年时间基本解决执行难问题"的工作纲要》提出要以信息化建设为抓手，完善执行体制机制，努力实现执行工作领域的深刻变革，用两到三年时间基本解决执行难问题。2018 年 12 月 12 日国务院新闻办公室发表《改革开

[①] 周强：《最高人民法院工作报告》，《人民日报》2018 年 3 月 26 日，第 2 版。
[②] 曹建明：《最高人民检察院工作报告》，《人民日报》2018 年 3 月 26 日，第 3 版。
[③] 曹建明：《最高人民检察院工作报告》，《人民日报》2018 年 3 月 26 日，第 3 版。

放 40 年中国人权事业的发展进步》白皮书，指出："2016 年至 2018 年 9 月，全国法院共受理执行案件 1884 万件，执结 1693.8 万件（含终本案件），执行到位金额 4.07 万亿元。"执行难问题的解决已经取得显著成效。

（六）总结与反思

党的十八大以来，最高人民法院和各级法院，围绕中心、服务大局，坚持司法为民、公正司法，深化改革，促进社会公平正义，为依法治国和平安中国建设作出了重要贡献，发挥了重要作用。截至 2017 年 9 月，党的十八届三中、四中全会确定由最高人民法院牵头的 18 项改革任务已经完成，《最高人民法院关于全面深化人民法院改革的意见》中的 65 项改革举措已全面推开。①

党的十八大以来，党和国家在司法管理体制方面出台了一系列改革举措，为司法机关和司法人员依法独立、公正地行使职权提供了制度保障。但是，我们也应当看到，人民法院改革仍然需要深化。司法责任制改革明确了入额法官的办案职责，但是与其相关的配套性改革措施仍不完善，法官独立办案后的监督机制仍不健全、法官履职保障机制和待遇仍然没有到位、案多人少和人案不均的问题没有完全解决等；在以审判为中心的诉讼制度改革中，人民法院三项规程的全面试点时间一年期满后，在各地的实施效果有待观察；十九大提出的司法体制综合配套改革还刚刚起步；等等。这些问题亟待在将来的司法改革中解决。

小结

2017 年 8 月 29 日，中央深改组通过了《关于上海市开展司法体制综合配套改革试点的框架意见》。2017 年 10 月 18 日，党的十九大报告指出：要"深化司法体制综合配套改革，全面落实司法责任制，努力让人民群众在每一个司法案件中感受到公平正义"。该报告明确了十九大后司法改革的主要任务是深化司法体制综合配套改革和全面落实司法责任制。

2018 年 7 月 24 日，中央政法委书记郭声琨在十九大后第一次全面深化司法体制改革推进会上强调，推进司法体制改革，要加快构建七大体系，即：总揽全局、协调各方的党领导政法工作体系，系统完备、科学合理的司法机构职能体系，权责统一、规范有序的司法权运行体系，多元精细、公正高效的诉讼制度体系，联动融合、实战实用的维护安全稳定工作机制体系，普惠均等、便民利民的司法公

---

① 周强：《最高人民法院关于人民法院全面深化司法改革情况的报告》，《人民法院报》2017 年 11 月 2 日，第 1 版。

共服务体系，约束有力、激励有效的职业制度体系，为维护社会稳定、促进公平正义、服务人民群众提供完备体制机制保障。"七大体系"是对司法体制综合配套改革的具体解读、任务分解，为以后的司法改革确立了方向和目标。

人民法院在中国的司法改革中承担着重要历史使命。在未来，人民法院应当坚持正确的改革原则和改革方法，为完成司法改革的伟大任务作出新的贡献。

第二节　司法公开改革

人民法院司法公开的价值得到了最高法院领导的高度评价，也为世人所公认。司法公开的全面推进，是落实习近平总书记 2020 年 11 月 16 日在中央全面依法治国工作会议上"加快构建规范高效的制约监督体系"要求的重要机制，是人民法院坚定责任意识、鲜明人民立场的重要体现，其出发点和根本目的是加强司法制约监督，努力让人民群众在每一个司法案件中感受到公平正义。司法公开早在1954 年就被我国以"审判公开原则"初步确立，我国三大诉讼法中也都明确规定了"审判公开原则"。但随着人们权利意识的提升，科学技术的迅猛发展，传统审判公开原则下的公开内容不再满足时代的需求，为此，最高人民法院将推进司法公开改革作为重要工作，将司法公开作为司法改革的前沿性任务，展开了一系列实践探索，以推进我国法治建设进程，保障人民群众诉讼知情权、监督权、参与权的有序实现。

一、人民法院司法公开的历程

为了落实宪法和法律中关于审判公开的规定，切实保障公民知情权的实现，最高人民法院先后制定了一系列司法公开文件。司法公开改革，大致经历了六个阶段，虽然出现过反右和"文革"时期的波折，整体趋势体现了司法公开广度和深度的不断增强。

（一）初步确立时期（1949—1957 年）

中华人民共和国成立初期，审判公开原则就作为一项重要的司法原则在一系列法律规范中被明确规定，"审判公开原则"首次出现在官方文件中是 1950 年出台的《东北人民政府司法部关于诉讼程序的几个问题》，该文件在"人民法院的诉讼程序必须注意的几个基本事项"中明确规定了"每个人都可以到庭旁听审判"

的"审判公开原则",同时也列举了几种特殊情况下可以不被公开的情形,如有关国家军事、外交、财政、经济等机密事项,或有关当事人名誉以及对劳动人民无教育意义之事件等。

1954 年,《中华人民共和国宪法》正式将"审判公开原则"确定为一项宪法原则,同年颁布的《人民法院组织法》第七条规定:"人民法院审理案件,除法律规定的特别情况外,一律公开进行。"该规定是对宪法"审判公开原则"的落实。在最高人民法院第二任院长董必武的推动下,部分人民法院开始实行公开审判制度,以镇反和贯彻婚姻法为重点,召开公开宣判大会。一些农村地区的法院开始实行就地审判,公开说理。1956 年,全国人大常委会对我国司法公开案例做出了基本要求,即《关于不公开进行审理的案件的决定》,明确规定了涉及国家机密、隐私和未成人犯罪的案件,一般都不公开审理,该决定奠定了我国审判公开例外的基础。

（二）废弃与异化时期（1957—1978 年）

中华人民共和国成立后,关于法制建设出现了两种观点:一种是以学术界和司法界为代表的专业人员,认为中华人民共和国的法制建设应当在批判民国法律的同时合理利用其中有用的部分;另一种是以政务界为代表的政务人员,他们认为应该完全摒弃旧法制定新法。在两种不同观点的碰撞和影响之下,非理性的审判方式逐步渗透进审判公开中,1957 年反右斗争掀起,经"大跃进运动"直至反右运动,群众路线扭曲畸形发展,审判逐渐成了一种群众运动,"公开审判"异化成为了"群审"。① 群众性的批判代替正式审判制度,严重违反了司法所应具有的独立性。

"文化大革命"期间,全国司法活动基本停滞,多以"群众专政""群审""群判"取代正规的审判。② 直到"文革"结束,逐步恢复法制,公开审判原则才又被重新提起、受到重视并逐步推进落实。

（三）庭审公开时期（1978—2004 年）

1978 年《宪法》恢复了审判公开制度,该《宪法》第四十一条规定:"人民法院审判案件,除法律规定的特别情况外,一律公开进行。"接着,1979 年《刑事诉讼法》第八条规定:"人民法院审判案件,除本法另有规定的以外,一律公开进行。"此后,1982 年 10 月 1 日实施的我国第一部《民事诉讼法（试行）》第八条

---

① 鲁一蒙:《当代中国司法公开的制度与实践》,黑龙江大学 2015 年硕士学位论文,第 25 页。

② 倪寿明:《司法公开问题研究》,中国政法大学 2011 年博士学位论文,第 31 页。

规定："人民法院审判民事案件，依照法律规定实行两审终审、公开审判、合议和回避制度。"1990年10月1日起施行的中华人民共和国第一部《行政诉讼法》第四十五条规定："人民法院公开审理行政案件，但涉及国家秘密、个人隐私和法律另有规定的除外。"

审判公开制度是宪法的一项重要规定，是审判制度的重要基石。虽然三大诉讼法都规定了"公开审判原则"，但是对于公开审判的具体内容规定得非常简要。

赋予公民对庭审的旁听权，是人民法院司法公开的最初形态。最高人民法院制定、1980年1月1日实施的《人民法院法庭规则（试行）》规定："公民可以凭人民法院发出的旁听证进入法庭旁听。""公开审判的案件，允许新闻记者采访。记者凭人民法院发出的采访证进入法庭，可以记录、录音、录像、摄影和转播。""公开审判的涉外案件，外国人要求旁听的，或者外国新闻记者要求采访的，可向主管部门提出，经人民法院许可，凭人民法院发出的旁听证或者采访进入法庭。"公民旁听需要旁听证、记者旁听需要采访证、外国人旁听需要旁听证或者采访，体现了旁听权上的授权制和不平等。

最高人民法院1993年12月1日发布、1994年4月1日起实行的《中华人民共和国人民法院法庭规则》规定："公开审理的案件，公民可以旁听；根据法庭场所和参加旁听人数等情况，需要时，持人民法院发出的旁听证进入法庭。"改授权旁听为"自由旁听"，将"记者凭人民法院发出的采访证进入法庭"的规定修改为"新闻记者旁听应遵守本规则"。从此，公民无需持人民法院发出的旁听证、记者无需凭人民法院发出的采访证就可以进入法庭。还规定"外国人或者外国记者旁听，应当遵守本规则"，实现了普通公民、记者、外国人或者外国记者在旁听权上的平等旁听。从此，中国法庭旁听权可以称为"自由平等旁听权"。

保障公民旁听权，也成了当时重要的司法公开改革措施。1998年6月，北京市第一中级人民法院向社会公开承诺："凡年满18周岁的公民均可以凭有效证件旁听法院依法公开开庭审理的案件，新闻记者在文责自负的前提下可采访报道法院公开审理的案件"，并发出首张旁听证。同年7月11日，北京一中院与中央电视台合作实现了庭审过程的现场直播。这是中国法院首次敞开大门，让百姓和媒体现场旁听庭审，从此按下了全国法院司法公开改革的启动键，全国法院也陆续推出司法公开举措，积极探索司法公开之路。

1999年3月8日实施的最高人民法院《关于严格执行公开审判制度的若干规定》再次确认了公开的具体内容可以旁听、可以报道。另外，专门就公开审判问题进行规范，要求人民法院公开审判的三大公开内容即"公开开庭，公开举证、质证，公开宣判""依法公开审理案件，经人民法院许可，新闻记者可以记录、录音、录像、摄影、转播庭审实况"。但该《规定》的审判公开范围局限于"庭审公开"，与1993年《人民法院法庭规则》一致，在审判公开的落实方面仅仅是对公民旁听权的细化。

只有庭审公开的司法制度无法满足公民司法知情权、监督权的行使，为全面落实审判公开原则，1999年10月20日，《人民法院五年改革纲要（1999—2003）》进一步规定了审判公开的内容，提出"通过裁判文书，不仅记录裁判过程，而且公开裁判理由，使裁判文书成为向社会公众展示司法公正形象的载体，进行法制教育的生动教材"。这一规定在庭审公开的基础上，增加了裁判文书公开的内容，进一步丰富了审判公开的内涵。但在当时的司法实践中，裁判文书的公开并未得到贯彻落实，司法公开的范围主要还是停留在原来的庭审公开上。

（四）多元公开时期（2004—2009年）

《人民法院第二个五年改革纲要》（2004—2008）规定：要"提高人民法院审判工作、执行工作和其他工作的透明度"。在内容上确立了执行公开规则，同时将把人民法院所有"其他工作"推向公开透明纳入了改革规划。另外，这一规定首次出现了"司法公开"一词，提出要"采取司法公开的新措施"，为由庭审公开走向人民法院全面司法公开提供了政策依据。

为了落实上述法院改革"二五"纲要，2006年11月29日，最高人民法院发布了《人民法院新闻发布制度》，2006年12月31日，最高人民法院颁布了《关于人民法院执行公开的若干规定》，将执行公开确立为人民法院司法公开的重要方面。

2007年6月4日，最高法院发布了《关于加强人民法院审判公开工作的若干意见》，这是继1999年最高法院《关于严格执行公开审判制度的若干规定》后第二个由最高法院就审判公开问题出台的司法解释。《关于加强人民法院审判公开工作的若干意见》一改过去严肃的公文文风，生动地指出："司法公正应是'看得见的公正'，司法高效应为'能感受的高效'，司法权威则是'被认同的权威'，审判公开是实现这一目标的重要保证。"该意见还要求坚持依法公开、及时公开、全面公开三原则，"应当公开审理的，必须公开审理"。在中国司法改革举步维艰的大背景下，以公开审判这一程序问题为改革切入点以促进司法公正，无疑是容易产生效果的明智之举。

公开审判的基础是庭审公开，庭审公开的重要内容是允许旁听。对于旁听制度，《关于加强人民法院审判公开工作的若干意见》作出了这样的规定："依法公开审理的案件，我国公民可以持有效证件旁听，人民法院应当妥善安排好旁听工作。"持有效证件旁听公开审理的案件成为一般原则，另外还要求有选择、有计划地组织安排人民群众、人大代表及政协委员旁听案件审理。

《关于加强人民法院审判公开工作的若干意见》确定的审判公开，除了庭审公开外，还涉及立案、审判、执行等各个诉讼环节；要求各高级法院规范辖区内法院裁判文书的公开；该意见中的"三项审判公开方面的便民措施"是今天"立案公开"和"审务公开"的雏形；"规范听证工作的原则性意见"实际上是"听证公开"的雏形。因此，《关于加强人民法院审判公开工作的若干意见》将立案公开、庭审公开、裁判文书公开、听证公开确立为审判公开的主要形式。

另外，《关于加强人民法院审判公开工作的若干意见》还对旁听人员记录庭审的权利作出了新规定。

1994 年《法庭规则》规定："新闻记者旁听应遵守本规则。未经审判长或者独任审判员许可，不得在庭审过程中录音、录像、摄影。"许可主体是"审判长或独任审判员"。

1999 年《关于严格执行公开审判制度的若干规定》第 11 条规定："依法公开审理案件，经人民法院许可，新闻记者可以记录、录音、录像、摄影、转播庭审实况。"许可主体是人民法院，但许可范围也发生了变化，即从"录音、录像、摄影"扩大到了"记录、录音、录像、摄影、转播庭审实况"。这一规定存在的问题是：公民用纸和笔进行记录是世界各国公民旁听的一项自然权利，对此进行批准限制使立法的合理性存疑；许可主体的变化，加大了对新闻记者采访权的限制。对于某些影响重大的"敏感"案件，法院往往通过开庭之前的"审批"，将新闻记者直接关在法庭的门外。

2007 年《关于加强人民法院审判公开工作的若干意见》对旁听人员对法庭的记录、录音、录像、摄影等提出了新要求。一方面要求"有条件的人民法院对于庭审活动和相关重要审判活动可以录音、录像，建立审判工作的声像档案，当事人可以按规定查阅和复制"。另一方面，要求"对于通过电视、互联网等媒体对人民法院公开审理案件进行直播、录播的，由高级人民法院批准后进行"。审批主体上提为高级人民法院，显示了最高人民法院对于直播庭审问题的慎重态度和程序限制。但《若干意见》是否替代《若干规定》不明，新文件对于旁听人员并不"进行直播、录播"前提下的"记录、录音、录像、摄影"并未进行规定，是否废除了公民和记者经过批准以后的记录、录音、录像、摄影权利也不明确。

当然，上述关于旁听人员记录权的规则，在此后的文件中发生了重大变化。

2010 年《最高人民法院关于人民法院直播录播庭审活动的规定》要求："人民法院进行网络庭审直播、录播的，由审判庭向本院有关部门提出申请。有关部门审核后，报主管副院长批准。必要时，报上级人民法院审核。"

2010 年 8 月 16 日最高人民法院印发《关于庭审活动录音录像的若干规定》（现已失效）只是规定了人民法院自己的录音录像活动，对于其他诉讼参与人和旁听人员的录音录像没有进行规定。

2016 年 5 月 1 日修订的《中华人民共和国法庭规则》规定"有新闻媒体旁听或报道庭审活动时，旁听区可以设置专门的媒体记者席"；同时规定普通旁听人员不得"对庭审活动进行录音、录像、拍照或使用移动通信工具等传播庭审活动"；还规定"媒体记者经许可实施上述活动"，但"应当在指定的时间及区域进行，不得影响或干扰庭审活动"。但这一规则并不禁止普通的"记录"行为，是重大的进步。

2017 年 3 月 1 日起实施的《最高人民法院关于人民法院庭审录音录像的若干规定》第十五条规定："未经人民法院许可，任何人不得对庭审活动进行录音录像。"对于旁听人员能否在庭审时进行记录，修改后的《法庭规则》没有明确作出规定。

1979 年《法庭规则》第八条规定："公开审判的案件，允许新闻记者采访。记者凭人民法院发出的采访证进入法庭，可以记录、录音、录像、摄影和转播。"这导致实践中对于庭上是否可以记录的问题存在不同认识，有的人认为，旁听人员不得记录，甚至出现过个别法院撕毁记录的情况。修改后的《法庭规则》虽然没有明确作出规定，但是"法无明文禁止即允许"，实际上是没有禁止旁听人员作法庭记录。[①] 主要理由在于：一是法庭记录是旁听权的正当延伸。公民在旁听时作必要的记录，是准确地了解、监督法庭审判活动的基础。换言之，允许公民旁听而禁止记录只是一种形式公开，不是实质公开。二是法庭记录不会干扰庭审。与录音、录像、摄影等活动不同，记录一般都是静悄悄的，很难对审判活动造成干扰，也不会影响法庭秩序。三是法庭记录不会影响审判独立。法庭记录是旁听人员的个人行为，难以庭后拿出来混淆视听或造成舆论压力，影响法官独立审判。

（五）全面公开时期（2009—2014 年）

2009 年 3 月 25 日《人民法院第三个五年改革纲要（2009—2013）》提出了

---

① 李少平主编：《〈中华人民共和国人民法院法庭规则〉条文理解与适用》，人民法院出版社 2016 版，第 275 页。

"庭审公开、执行公开、听证公开、裁判文书公开"，将法院信息公开确立为四个方面，这是对人民法院司法公开范围的再一次突破，人民法院"六大公开"呼之欲出。

2009年12月8日，最高人民法院颁布《关于司法公开的六项规定》，以"保障人民群众对人民法院工作的知情权、参与权、表达权和监督权"作为依据，以"司法公开"的提法代替了原来的"审判公开"，重申了司法公开应当遵循依法公开、及时公开、全面公开的原则，首次将司法公开确定为立案公开、庭审公开、执行公开、听证公开、文书公开、审务公开六大内容，中国的司法公开进入全面公开时代。同时，最高人民法院发布了《司法公开示范法院标准》，其中附上了"第一批司法公开示范法院名单"，司法公开制度的落实情况正式被纳入人民法院的工作考评体系，并同时确定了"司法公开示范法院标准"具体的打分考评办法。可以说，《关于司法公开的六项规定》把我国司法公开进程带入了一个新的历史时期，是具有标志性意义的文件。

《关于司法公开的六项规定》是司法公开的纲领性文献，为了落实这一文件提出的六大公开，最高人民法院出台了一系列文件和措施。

为了保障立案公开，2009年12月25日，最高人民法院颁布了《关于进一步加强人民法院"立案信访窗口"建设的若干意见（试行）》。

为了保障和规范司法信息的发布，2010年9月6日，最高人民法院发布实施了《关于进一步加强人民法院宣传工作的若干意见》。为了给司法公开提供实施保障，2010年9月最高人民法院成立了司法公开工作领导小组，并向全国法院下发了《关于开展司法公开宣传月活动的工作方案》的通知，决定2010年10月在全国法院系统开展司法公开宣传月活动。①

为了实现裁判文书公开的庭审公开，2010年8月16日，最高人民法院颁布实施了《关于庭审活动录音录像的若干规定》，就庭审活动录音录像问题作了规定。2010年11月21日，最高人民法院颁布实施了《关于人民法院在互联网公布裁判文书的规定》和《关于人民法院直播录播庭审活动的规定》，对人民法院在互联网公布裁判文书和进行庭审直播录播进行了规范。2013年7月，最高人民法院开通中国裁判文书网，2013年11月27日，全国法院司法公开工作推进会在改革开放的前沿——广东省深圳市召开。最高人民法院院长周强宣布，审判流程公开、裁

---

① 龙飞：《全国法院10月将开展"司法公开宣传月"活动》，法律信息网2010年9月25日转自人民法院报。

判文书公开、执行信息公开三大平台开通。

最高人民法院六项司法公开是中国司法机关的创举，这使司法公开的内容更加明确具体，具有可操作性，这在全世界都具有开创性和标本意义。

2012 年 10 月，党的十八大报告提出要"推进权力运行公开化、规范化，完善党务公开、政务公开、司法公开和各领域办事公开制度"。十八大报告为司法公开赋予了新的时代内涵，即不仅包括法院司法信息的公开，而且用这个词来概括所有与诉讼相关的执法司法信息的公开。

2013 年 11 月 12 日，党的十八届三中全会通过《中共中央关于全面深化改革若干重大问题的决定》，进一步提出"推进审判公开、检务公开，录制并保留全程庭审资料"。这一报告在十八大报告已经使用了"司法公开"的背景下，没有将"司法公开、检务公开"并提，而是将"审判公开、检务公开"并提，可见其认可并解释了十八大报告中广义司法公开的提法，认为司法公开包括了"审判公开、检务公开"等内容。十二届全国人民代表大会第二次会议上，时任最高人民检察院检察长曹建明提出"要深化司法公开，推进阳光检察"，将检务公开（阳光检察）称为司法公开的一部分。这一阶段的司法公开不断被赋予新内容，已经从原来的庭审公开扩大为六大内容的司法公开，再扩大为包括检务公开、狱务公开等内容的最广义的司法公开。

阳光是最好的"防腐剂"。为贯彻党的十八届三中全会精神，进一步深化司法公开，2013 年 11 月 21 日，最高人民法院出台了《最高人民法院关于推进司法公开三大平台建设的若干意见》，旨在全面推进审判流程公开、裁判文书公开、执行信息公开三大平台建设。自此，人民法院司法公开工作驶入快车道。不仅大力借助广播电视、报纸杂志等传统媒体和公民旁听审判的传统形式，更加注重利用信息技术在全国范围内建成审判流程公开、庭审活动公开、裁判文书公开、执行信息公开四大公开平台，形成传统媒体和政务网站、白皮书、新闻发布会、12368 诉讼服务热线、微博微信新媒体等多样化的司法公开新格局。各级人民法院不断更新司法公开理念，完善司法公开平台，创新司法公开举措，不断拓展司法公开的广度和深度，增强公开的质量和效果，满足人民群众多元化的司法需求，有效促进司法公正，提升了司法透明度和司法公信力。

（六）阳光司法时期（2014 年起）

2014 年 10 月 29 日，十八届四中全会《中共中央关于全面推进依法治国若干重大问题的决定》指出："构建开放、动态、透明、便民的阳光司法机制，推进审判公开、检务公开、警务公开、狱务公开，依法及时公开执法司法依据、程序、流程、结果和生效法律文书，杜绝暗箱操作。加强法律文书释法说理，建立生效法律文书统一上网和公开查询制度。"把构建阳光司法（司法公开）机制作为依法治国的重要内容，而这里的司法公开包括审判公开、检务公开、警务公开、狱务公开四大公开。

由此也可以看出，十八大以后的"审判公开"，实为法院司法公开的另一种表述，目的在于用"司法公开"一词统括四大与诉讼有关的执法司法公开。这一表述符合我国大"司法"概念的约定俗成的理解，又能够简约概括与诉讼有关的执法司法信息公开，可以说是合理借用了法院系统的发明，但又不得不让法院系统对这一词的使用让位：在一般情况下，以后法院的信息公开就只能用过去曾经被认为含义狭窄的"审判公开"来称谓。应当明确的是，十八届四中全会以后的审判公开，就是法院的司法公开。

司法公开的发明权属于最高法院，在很长一段时间内，司法公开即意指法院的司法公开。我们可以在特定语境下将人民法院的信息公开称为司法公开，而在其他情况下，司法公开则包括审判公开、检务公开、警务公开、狱务公开四大公开。

在审判公开平台方面。2014 年 11 月，中国审判流程信息公开网正式开通；2014 年 2 月，最高人民法院"网上申诉信访平台"正式开通；2015 年 2 月 15 日，最高人民法院全国法院减刑、假释、暂予监外执行信息网开通；2015 年 12 月 15 日，中国裁判文书网全面改版升级；2016 年 8 月 1 日，全国企业破产重整案件信息网正式开通；2016 年 9 月，最高人民法院在对中国庭审直播网全面升级的基础上，正式开通全国统一的中国庭审公开网，与 2013 年开通的审判流程公开、裁判文书公开、执行信息公开三大平台一起，形成了最高人民法院司法公开四大平台。

在审判公开规范方面。最高法 2014 年印发《关于人民法院执行流程公开的若干意见》，从此产生了首个规范流程公开的文件；2015 年印发《关于人民法院在审判执行活动中主动接受案件当事人监督的若干规定》，全面规范执行公开。2016 年 5 月 1 日，新修订的《中华人民共和国法庭规则》确立了新的人民法院庭审旁听与公开规则。2016 年 7 月 26 日，最高人民法院印发《关于企业破产案件信息公开的规定（试行）》，规范企业破产案件信息公开工作。2016 年 8 月 30 日，最高人民法院发布了修订后的《关于人民法院在互联网公布裁判文书的规定》，在 2013 年规范的基础上详细列举了应当公开的裁判文书类型和程序。2017 年 2 月，最高人民法院发布修订后的《关于人民法院庭审录音录像的若干规定》，要求对庭审活动进行全程录音录像。2018 年 9 月 1 日实施的最高人民法院《关于人民法院通过互联网公开审判流程信息的规定》，实现了庭审诉讼笔录、审录音录像、电子卷宗通过互联网向当事人及其辩护人和代理人公开。

2018 年 11 月 20 日，最高人民法院发布《关于进一步深化司法公开的意见》，为人民法院进一步深化司法公开提出了新的要求。为了推动开放、动态、透明、便民的阳光司法机制更加成熟定型，该意见提出了 31 条具体举措。概括起来，包括三大方面：一是建立完善司法公开内容动态调整制度，推进司法公开规范化标准化建设，全方位拓展司法公开范围；二是健全司法公开形式，畅通当事人和律师获取司法信息渠道；三是全面推进其他司法公开工作，包括加强人民法院白皮书工作，加强人民法院政务网站建设管理，深化司法公开四大平台建设，发挥现代信息技术作用，增强司法公开平台服务群众和对外宣传功能，加强与新闻媒体良性互动，加强法院自有媒体建设和新闻宣传工作，巩固拓展司法公开平台载体，促进规范管理与功能优化。

互联网和新媒体技术的进步，为司法公开的发展带来了机遇和挑战。2019 年 2 月，最高人民法院出台的《关于深化人民法院司法体制综合配套改革的意见——人民法院第五个五年改革纲要（2019—2023）》提出要完善审判流程、庭审活动、裁判文书、执行信息公开四大平台，促进司法公开平台从单向披露转为多向互动，要求拓宽司法公开路径、优化司法资源配置和加强司法公开改革建设的科技运用。

二、人民法院司法公开的成绩

拓展司法公开的深度和广度，人民法院从以下方面作了努力：

一是多维度拓展司法公开的广度。最高人民法院定期发布《最高人民法院公报》《最高人民法院工作报告》《人民法院工作年度报告（中英文）》，并发布中国知识产权司法保护状况白皮书、海事审判白皮书、环境资源审判白皮书、行政审判白皮书、司法改革白皮书、司法公开白皮书等，面向国内外公开司法文件、重大案件和法院工作情况。司法案例研究院成立，并开通中国司法案例网，运用大数据技术和互联网，汇集发布大量中外案例，智能生成具有公众认可度的典型案例，推动形成清晰明确的社会指引。中国司法案例网通过热点直击、案例方法、案例论坛等栏目，引领广大法律职业共同体成员，参与司法案例收集、生成、研究和交流，努力构建案例研究新平台。各级人民法院通过建设法院政务网站、法院微博微信、移动新闻客户端、院长信箱、代表委员联络平台、主题开放日活动等，进一步深化司法公开。

二是创新法院政务网站形式。各级人民法院均在官方网站建立审判流程信息公开、庭审直播公开、裁判文书公开、执行信息公开平台的链接，方便人民群众从一个入口登录享受多项公开服务。2014 年 12 月 31 日，最高人民法院政务网站全面改版，开通诉讼服务网，方便当事人咨询查询、预约立案、网上阅卷、联系法官。各级人民法院将法院政务网站作为司法公开最重要的平台，积极打造集司法公开、诉讼服务、司法监督、互动联络等功能于一体的综合性法院政务网站。2015 年 12 月 15 日，最高人民法院开通英文网站。

三是探索司法互动沟通的多样化。为全面收集人民群众对司法工作的意见、了解公众司法需求、扩大司法民主，最高人民法院先后开通了民意沟通电子邮箱，开设了"大法官留言"栏目，搭建了全国人大代表、政协委员联络沟通平台等，广泛收集意见建议，及时作出回复。截至 2016 年 8 月，最高人民法院收到人大代表、政协委员意见建议 2.3 万条，"大法官留言"栏目共收到留言 7.2 万条，均予以及时回复。最高人民法院在官方网站开通征求意见专栏，将最高人民法院拟出台的司法解释、指导意见、改革方案的征求意见稿，向社会公布，为公众参与司法、监督司法提供了有效渠道。

在具体的公开形式上，我们可以从以下四个方面进行分析：

（一）推进审判流程公开

公开审判流程是司法机关在审判阶段向诉讼当事人公开案件进展情况的最直接的方式。2014 年 11 月，中国审判流程信息公开网正式开通，现已成为全国法院案件审判流程信息的集中汇聚和统一发布平台，为全国法院审判案件的当事人提供"一站式"公开服务。案件当事人及其诉讼代理人自案件受理之日起，可以凭有效证件号码随时登录查询、下载相关案件的流程信息、材料等，程序性诉讼文书可以通过网络电子送达。普通公众可通过该网直接查询最高人民法院机构设置、法官名录、诉讼指南、开庭公告等信息。

我国审判流程公开改革的内容主要体现在以下几个方面：

立案作为法院面向当事人和公众的第一个窗口，公开内容和功能不断拓展和升级，由单一的立案咨询公开延伸至全方位的诉讼服务。全国各级人民法院普遍设立诉讼服务中心，配备电子触摸屏、电子公告栏，设置文书样本台、人工导诉台，提供诉讼指南、诉讼风险告知书等，为当事人和公众提供立案信息和诉讼服务。

2014 年 2 月，最高人民法院正式开通"网上申诉信访平台"，开通在线受理申诉、接受投诉、申诉指南、法律法规指引等多项功能，实现申诉信访工作信息公开，减轻了人民群众申诉信访负担，提升了申诉信访案件受理效率，推进了信息公开。

推进听证公开是保障人民群众参与司法活动、监督司法工作的重要举措，各级人民法院针对涉及国家赔偿、管辖权异议、缓刑、再审、减刑假释、执行异议等案件深化听证公开，扩大听证主体，完善听证程序，增强公开性和透明性。

2015 年 2 月 15 日，最高人民法院开通全国法院减刑、假释、暂予监外执行信息网，发布《关于减刑、假释案件审理程序的规定》，确保减刑、假释、暂予监外执行案件公开公正。

2016 年 7 月 26 日，最高人民法院印发《关于企业破产案件信息公开的规定（试行）》，同年 8 月 1 日，全国企业破产重整案件信息网正式开通。

2018 年 3 月 4 日，最高人民法院发布了《关于人民法院通过互联网公开审判流程信息的规定》，规定从 2018 年 9 月 1 日起实施。根据这一规定，今后，包括案件基本情况、审判组织情况、案件进展情况等审判流程信息将全面通过互联网对当事人公开。除涉及国家秘密以及法律、司法解释规定应当保密或者限制获取的审判流程信息以外，人民法院审判刑事、民事、行政、国家赔偿案件过程中产生的程序性信息、处理诉讼事项的流程信息、诉讼文书、笔录等四大类审判流程信息，均应当通过互联网向参加诉讼的当事人及其法定代理人、诉讼代理人、辩护人公开。这一规定推进了中国诉讼档案的公开，第十条规定："庭审、质证、证据交换、庭前会议、调查取证、勘验、询问、宣判等诉讼活动的笔录，应当通过互联网向当事人及其法定代理人、诉讼代理人、辩护人公开。"第十一条规定："当事人及其法定代理人、诉讼代理人、辩护人申请查阅庭审录音录像、电子卷宗的，人民法院可以通过中国审判流程信息公开网或者其他诉讼服务平台提供查阅，并设置必要的安全保护措施。"上述规定实现了庭审诉讼笔录、审录音录像、电子卷宗向当事人及其辩护人和代理人公开。公开内容由节点信息向实体材料进一步延伸，促进了审判流程信息公开的实质化。

可以说，审判流程信息公开成绩显著。截至 2018 年 12 月底，中国审判流程信息公开网公开案件 4609074 件，公开率为 99.43%，公开信息项数量 229377909 条，网站访问量 34530649 次，共推送短信 18145449 条，全国法院共发布公众栏目信息数量 1536570 个。

（二）推进庭审活动网上公开

庭审公开是人民群众了解司法审判、获取司法认知的最直接途径和方式。随着近年来信息化技术的发展和互联网的广泛应用，庭审公开方式不断创新，对象不断扩大，影响不断增强。除了常规的庭审旁听公开外，网络庭审直播是庭审公开的最高形式。最高人民法院院长周强指出："庭审视频公开是互联网时代司法公开最集中最彻底的方式，也是阳光司法的更高形态。"深刻论述了庭审直播的本质和特征。庭审直播是旁听场所的无限有序开放。"让庭审在想来多少就来多少的民众面前进行"，这是一句英国谚语，也是先贤们对庭审公开的历史梦想。在科技不发达的时代，这面临着场地限制与旁听人员数量过大的矛盾、场地的闹市效果与审判的庄严肃穆要求的矛盾。而在今天，网络直播的便捷经济，彻底解决了以上两大问题，最大限度实现了庭审旁听权。

2013 年 12 月 11 日，中国法院庭审直播网开通。中国法院网开通网络直播专栏，对全国各级法院的重点案件进行图文直播。各级人民法院高度重视大案要案审判公开，通过微博、互联网直播等方式，依法公开审理"加百利轮"海难救助再审案、乔丹商标争议行政纠纷系列案等一批社会关注的重大案件，取得良好效果。

2016 年 5 月 1 日，新修订的《中华人民共和国法庭规则》第十一条规定："依法公开进行的庭审活动，具有下列情形之一的，人民法院可以通过电视、互联网或其他公共媒体进行图文、音频、视频直播或录播：（一）公众关注度较高；（二）社会影响较大；（三）法治宣传教育意义较强。"

2016 年 9 月，最高人民法院在对中国庭审直播网全面升级的基础上，正式开通"中国庭审公开网"，实现了各级人民法院庭审视频的统一汇集和权威发布。

2017 年 2 月，最高人民法院发布的《关于人民法院庭审录音录像的若干规定》中明确规定："人民法院开庭审判案件，应当对庭审活动进行全程录音录像。"除法定的几种情形之外，录音录像活动不得中止，这也为推进庭审录音录像公开提供了前提条件。

截至 2020 年 12 月 4 日上午，江苏省南京环境资源法庭公开开庭审理公益诉讼起诉人江苏省南京市人民检察院诉王玉林生态破坏民事公益诉讼一案。该案庭审在中国庭审公开网全程直播，标志着中国庭审公开网公开庭审总量突破 1000 万场。自 2016 年 9 月中国庭审公开网正式上线运行至 2020 年 12 月 4 日，全国已有 3500 多家法院接入庭审公开网，访问量 300 多亿次，成为全世界最大体量的庭审互联网公开平台。①

推进庭审活动公开，社会公众可以实时选择观看全国法院正在直播的案件、点播观看庭审录像、获取庭审直播统计信息，还可以通过微博、微信进行收藏和

---

① 孙航：《中国庭审公开网公开庭审总量突破 1000 万场》，《人民法院报》2020 年 12 月 4 日，第 1 版。

分享，真正实现了庭审信息的全面覆盖、实时互联和深度公开。而庭审直播将庭审录音录像向全社会公开，民众可以随时查阅，长久保存，开创了诉讼档案公开的新境界；庭审视频将审判的全过程生动地展现于大众和媒体，为监督制约司法权力提供了重要的平台、可靠的线索、丰富的材料。

（三）推进裁判文书公开

裁判文书是人民法院审判工作的最终产品，是承载全部诉讼活动、实现定纷止争、体现司法水平的重要载体。推进裁判文书的依法及时全面公开，是推动司法能力提升、保障司法公正的重要举措。目前，全国各级人民法院均在中国裁判文书公开网上传裁判文书，实现了全国法院全覆盖、案件类型全覆盖和办案法官全覆盖。

2013 年 7 月 1 日，最高人民法院开通中国裁判文书网，建立全国统一的裁判文书公开平台，并率先在该网公布本院的裁判文书。2013 年 11 月 13 日，《关于人民法院在互联网公布裁判文书的规定》由最高人民法院审判委员会第 1595 次会议通过，自 2014 年 1 月 1 日起施行。该规定要求各级人民法院在互联网公布裁判文书，应当遵循依法、及时、规范、真实的原则，并且对其在中国裁判文书网公布的裁判文书质量负责。

2015 年 12 月 15 日，中国裁判文书网全面改版升级，增加了一键智能查询、关联文书查询、个性化服务等功能，实现少数民族语言裁判文书的公开，开通蒙、藏、维、朝鲜和哈萨克等 5 种民族语言文书的浏览和下载功能，更好地满足了人民群众的多样化需求。2016 年 8 月 30 日，中国裁判文书网 App 手机客户端正式上线。网络平台具有公开性、群体性、及时性的特征，通过互联网平台公开案件的案号、立案日期、当事人、涉案财物处理情况、终结性裁判文书等司法信息，已成为司法公开发展的必然趋势。

2016 年 8 月 30 日，最高人民法院发布了修订后的《关于人民法院在互联网公布裁判文书的规定》，详细列举了应当公开的裁判文书类型，包括各种判决书、裁定书、决定书、驳回申诉通知书、支付令、行政调解书、民事公益诉讼调解书，以及其他有中止、终结诉讼程序作用或者对当事人实体权益有影响、对当事人程序权益有重大影响的裁判文书。要求涉及个人隐私的裁判文书也应当在隐去涉及个人隐私的内容后上网公开。根据该规定，裁判文书公开不再要求是生效的裁判文书，也就是说一审裁判文书也要求全面公开，不因当事人上诉、检察院抗诉而不上网公开。当然，为避免人们误以为未生效的裁判文书已经生效，要求一审裁判文书在二审裁判文书生效后再上网公开。该规定进一步明确和完善了裁判文书不公开的例外情形，更好地平衡了司法公开与诉讼参与人隐私保护之间的关系，还从制度上进一步健全了裁判文书公开机制。

截至 2020 年 8 月 30 日 18 时，中国裁判文书网文书总量突破 1 亿篇，访问总量近 480 亿次。2020 年 9 月 1 日，中国裁判文书网访问方式进行了升级，访问用户需通过手机号码验证的方式进行注册，注册登录后，可以照常进行文书查询、下载等操作。①

（四）推进执行信息公开

执行信息公开是人民法院司法公开的重要内容，也是推进法院执行工作、破解"执行难"、促进社会诚信体系建设的重要手段。2013 年 10 月 1 日，《最高人民法院关于公布失信被执行人名单信息的若干规定》开始实行；2013 年 10 月 24 日，最高人民法院失信被执行人名单库开通；2013 年 11 月 5 日，最高人民法院通报全国法院公布第一批失信被执行人名单信息。通过公布失信被执行人名单，执行公开中最重要的信息得以公开。

2013 年 11 月 21 日，最高人民法院发布《关于推进司法公开三大平台建设的若干意见》，执行信息公开被提上法院重点工作日程。各级人民法院不断推进执行信息公开平台建设，加强执行信息的综合利用，有效推动解决"执行难"。最高法 2014 年发布《关于人民法院执行流程公开的若干意见》，2015 年发布《关于人民法院在审判执行活动中主动接受案件当事人监督的若干规定》，以上两个文件明确了人民法院执行流程信息应该以公开为原则、不公开为例外，对于案件执行信息的关键节点人民法院应当主动告知当事人。

2014 年 11 月，最高人民法院将被执行人信息、全国法院失信被执行人名单、执行案件流程信息、执行裁判文书四项公开信息予以整合，统一纳入"中国执行信息公开网"，实现全国法院执行案件信息、失信被执行人信息、终结本次执行案件信息、网络司法拍卖信息等内容统一、及时、自动公开。

当事人可通过中国执行信息公开网查询未执结案件的基本信息、失信被执行人名单信息和执行裁判文书信息，还可以通过自己的姓名、身份证号码、执行案号登录查询案件的流程信息，包括执行立案、执行人员、执行程序变更、执行措施、执行财产处置、执行裁决、执行款项分配、暂缓执行、中止执行、执行结案等信息，在线了解执行案件进展情况。社会公众可以从执行信息公开网上方便地

---

① 罗沙：《中国裁判文书网文书总量突破 1 亿篇》，新华网 2020 年 9 月 2 日报道。

查询到执行案件立案标准、启动程序、执行收费标准和依据、执行费缓减免的条件和程序、执行风险提示、悬赏公告、拍卖公告等。

2016 年 9 月 14 日，最高人民法院"中国执行"微信公众号正式上线，开通执行信息查询、执行规范发布、法律法规解读、执行文书公开等功能，方便社会公众随时随地获取执行工作信息和享受司法服务。截至 2018 年年底，执行信息公开平台累计公布失信被执行人 1288 万人次。

经过四十多年的发展，司法公开的内容从庭审阶段拓展到立案、分案、审理、裁判、结案、执行等各环节，实现公开活动贯穿整个审判流程，完整反映诉讼活动全貌。司法公开的对象由主要向当事人公开拓展为向所有诉讼参与人及社会公众公开。

中国的执法司法机关与其他国家相比，体现了更多的主动性和积极性。如在庭审公开方面，英国和美国的联邦司法系统主张法院庭审要公开举行，但是法院要与媒体保持距离来保障司法的独立性，虽然允许媒体代表到场报道，但是一般并不会主动发布庭审现场的图文信息和录音录像。中国法院通过自己的审判管理人员专门组织庭审直播，有的案件在庭审中通过微博直播现场发布书记员的庭审记录和部分现场录像，有的直接通过视频全面直播。这种直播与西方国家允许媒体记者发布庭审现场信息的方式相比，更加及时、全面、准确、权威，如法院在适当延时的情况下，经现场审查把关，可通过微博发布书记员的现场记录，这是任何记者的记录都无法相比的。

中国的司法公开，与我国政法机关司法为民理念和党的群众路线紧密相连。在中国这样一个大国，要实现全面司法公正，是一个大的系统工程。监督司法权力，防止司法腐败和司法不公，既要通过将司法权力关进笼子、又要通过将司法权力放在阳光下运行来实现，而相对于权力运行机制改革而言，司法公开改革触及的利益和问题相对间接，但收效最快。司法公开是司法权力运行机制改革的前提和基础，将司法公开作为司法改革的前沿性任务，是明智且务实之举。

中国的司法公开，和高速前进的中国改革开放事业一样，充分体现了中国特色和制度优势。以庭审直播为例，由官方坚定有序推进，在短短的四年内就直播1000 万场，成为我国司法公开的重要方式。而 300 多亿次的观看记录，反映出民众对庭审直播的高度关注，也体现了司法公开以人民为中心、与时俱进满足人民的期待和要求。在国际上，中国司法公开的成绩是中国对世界人权事业和司法文明的贡献，其经验值得域外国家和地区借鉴。

三、人民法院司法公开改革的展望

目前，我国构建阳光司法机制还有很多事情要做，主要体现在以下几个方面：

（一）以电子信息形式公开应当成为司法机关的新义务

习近平同志在 2015 年 4 月 1 日下午主持召开中央全面深化改革领导小组第十一次会议上指出："改革方案通过后，能公开的要向社会原原本本发布，以利社会共同监督落实。"但是，在向社会公开的方式上，要意识到电子形式的公开是政府（广义政府）信息公开的新义务。遗憾的是，近年来最高人民法院颁布的关于司法改革、司法公开白皮书却无法在官方网站及其他网站查到。如 2017 年 2 月 27 日，最高人民法院发布《中国法院的司法改革（2013—2016）》《中国法院的司法公开（2013—2016）》（白皮书），但是为了纸质出版物营利，发布一个多月后在网上依然无法查到，从最高法院工作人员私人途径获取后，被再三要求"不要上网"，一个大国的最高法院，为了出版物畅销这一己私利，居然对重要文件的网络发布无故延迟，只能令人叹息。

国际性文件早就注意到了公共信息以电子形式公开义务的重要性，如《亚特兰大知情权宣言》在会议结论之"5"中指出："新技术为信息公开提供了极大的潜在便利，但在获取和管理数据上的诸多限制不利于许多人受益于新技术。"2008 年，联合国经济和社会事务部所发布的电子政务调查报告——《联合国电子政务 2008 调查：从电子政务到互联治理》（United Nations E-Government Survey 2008：From E-Government to Connected Governance）中特别强调了"连接性治理"（Connected Governance）的概念，并将其视作电子政府的一个重要的发展趋势。到 2009 年 6 月止，各国政府首脑和高级部长在联合国的讨论会上呼吁采取行动加快电子政府的进程。到 2009 年 10 月，50 多个国家承诺用共计 26000 亿美元用于电子政府建设，以使得日常信息能够相对自由地流通。

早在 2002 年，我国就颁布了《国家信息化领导小组关于我国电子政务建设指导意见》（中办发〔2002〕17 号文）和《国家电子政务总体框架》等一系列推动电子政务发展的政策规划。我们应当看到的是，纸质文件公开与网络公开的效果存在天壤之别。在现代信息爆炸的社会，非网络形式的公开，在一些情况下与不公开没有任何区别（如只是贴在公共机构门口的一份公告）。所以，司法机关以电子网络形式公开司法信息应当成为不可打折扣的责任和义务。

传统的审判公开原则已经无法满足公众对司法运作过程透明度的要求，而司法必须以民众为基础，反映民众最广泛的意愿。一个国家的司法如果不能得到民众最广泛的信赖，司法便会被扭曲，成为一种异化的力量。要想司法得到民众的信赖和获得广泛的民众基础，就必须使司法体制及其运作具有"透明度"，而司法"透明"的实现依赖于一套完备的司法公开评估体系。我国应当通过建立一套切实有效的量化评估指标，运用科学规范的评估方法，对一个地区或国家的法院司法公开状况进行定性、定量、定位分析评价，而得出一种动态相对数，再根据评估得出的数据进行考核评价和奖惩，以促进我国以电子形式推进司法公开改革的进程。

（二）要通过建设智慧法院提高司法信息公开的广度和深度

2016 年 7 月 15 日，在最高人民法院信息化建设工作领导小组 2016 年第二次全体会议上，周强院长强调，加快建设人民法院信息化 3.0 版，加快建设"智慧法院"，推进审判体系和审判能力现代化。2016 年是全面建设人民法院信息化 3.0 版的第一年，最高人民法院狠抓《人民法院信息化建设五年发展规划》的贯彻落实，已经取得了较大的成效。2016 年 11 月 16 至 18 日，第三届世界互联网大会在中华人民共和国浙江省乌镇举行，在大会的"智慧法院暨网络法治论坛"上达成了"乌镇共识"，"乌镇共识"第二条指出："司法信息化的基本宗旨是保障人民权利与提升人民福祉。"2017 年最高人民法院在其发布的《关于加快建设智慧法院的意见》中明确"推进'互联网 + 阳光司法'，促进法院工作透明便民"，要求打造"互联网 +"诉讼服务体系，构建多渠道权威信息发布平台。司法公开是智慧法院建设的重要目的，但在各地司法公开实践中，智慧法院建设中信息技术的优势远未得到充分发挥。

自《最高人民法院关于推进司法公开三大平台建设的若干意见》公布并实施以来，全国各高级人民法院已全面建成审判流程公开、庭审公开、裁判文书公开、执行信息公开四大平台，并实现与全国统一公开平台的对接。司法信息在网络公开中的一个重要、权威的方式是通过门户网站公开，但最高人民法院审监庭建立的"全国法院减刑、假释、暂予监外执行信息网"就没有另成一体，没有统一的文件进行规范，建设缓慢，此外，由于没有法律规范统一要求门户网站的建设标准，各法院的门户网站建设参差不齐。各级法院应加强门户网站建设，对拟公开信息进行分类或者在官网上设置不同的栏目、板块，减少用户检索难度；官网中的每个板块、栏目都应及时更新，保证信息的充实性、准确性与实效性；官网维护应尽量在晚上进行，错开访问高峰期，降低用户无法登录官网的概率。在阳光司法机制建设中，要充分利用现代网络技术加大司法公开的力度，进一步完善法院司法公开平台建设。今后时机成熟之时，要为上述平台出台统一的司法文件进行规范；在实施上可以整合诸多平台资源，提升司法资源使用效率，将高科技产品引入司法执法活动，在庭审、执行等司法环节实行同步录音录像，实现部分司法过程全程公开，让司法运行更加透明。

（三）要从人民主体地位的高度保障公民司法知情权

司法为什么要公开？因为只有司法公开才能让正义以看得见的方式实现，才能让人民群众在每一个司法案件中都感受到公平正义；只有司法公开，才能实现人民对司法案件的参与、监督、评判，提高司法公信力。知情权是其他民主权利的前提和基础，而我国的司法是人民司法、民主司法，所以和其他国家事务一样，人民对司法也享有知情权、参与权、表达权、监督权。通过信息化建设，司法公开正在不断以新的形式和载体，让人民群众在每一个司法案件中都感受到公平正义，维护司法公正、提升司法公信。

习近平总书记要求"以公开促公正、以透明保廉洁，增强主动公开、主动接受监督的意识"。"公开"与"透明"不是简单的重复。公开是指主动公开，透明是指人民群众对司法机关由外向里观察的公开，公开与透明体现的是人民主体地位和人民要求公开的权利。公开司法信息应当坚持"公开为原则，不公开为例外"的基本准则，除涉及国家秘密、商业秘密及个人隐私的信息外，应当主动、全面公开司法执法信息，如，人民法院公开法官的姓名、照片、学历、生平经历、职业经历、工作时间等信息。此外，我们也应当认识到的是，"公开为原则，不公开为例外"不等于选择性公开，人为地"屏蔽"负面消息显然与该原则的宗旨不符。今后，人民法院在宣扬正面信息时，也应主动公开负面信息，如法院审判人员和工作人员违法违纪处理情况。

司法机关在主动公开之外，还应当"主动接受监督"，对没有公开但是人民群众提出公开的合理要求的，应当认真审查、慎重作出是否公开的决定。既要有主动公开，也要接受依申请的公开。主动接受监督的一个前提是，人民法院的信息应当全面、充分，否则人民群众依然需要向信息发布机关索取信息，结果是主动监督变成了被动监督。如，人民法院通过裁判文书网发布判决书时偏重事实论述，弱化证据分析与论证，导致人民群众在看完判决文书后，并不明白判决理由。因此，应当尽可能地向社会公开全面、充分的司法信息，让公开的信息直接发挥答疑解惑的作用。

（四）通过出台信息公开法完善权利救济机制

承认当事人有接受公开审判的权利，就必须承认其拥有公开审判权的救济权，即必须在制度上保证当事人因为公开审判权的行使或不行使而要求获得救济的权利。"一种无法诉诸法律保护的权利，实际上就不是法律权利。"当这项权利受到执法机关的侵犯时，实现公众尤其是特定对象的司法信息知情权则更多地依赖司法者的自律能力，而司法公开权利的救济仍存在以下两个方面的问题：第一，诸多规制司法公开的规范性文件效力等级偏低，部分拟公开的执法信息规定得模糊，规范性文件不能发挥强制性的作用；第二，规范性文件没有将行政复议、行政诉讼列为权利救济途径，权利救济成效不明显。今后一段时期，我国应抓紧时间整合现有的涉及司法信息公开的规范性文件，逐步出台统一的《信息公开法》，提高法律位阶，提升强制力。《信息公开法》应将人民法院的信息列为信息公开范围，并规定可以对上述机关不公开司法执法信息的行为可以提起行政复议或行政诉讼，增强公民知情权的可救济性。

小结

经过多年来的切实努力，我国在推进司法公开方面取得了重要成效。司法公开的观念深入人心，司法公开的制度逐步健全，司法公开的场所显著改善，司法公开的举措不断创新，司法公开的成效越来越好，但同时我们也应当看到我国司法公开存在相关规定的法律位阶不高、缺乏相应的保障救济措施、司法公开体系不完善等问题。司法公开只有进行时，没有完成时。下一步，最高人民法院将继续全面深化司法公开，依托信息技术推动立案、庭审、执行、听证、文书、审务等各方面的司法公开，推动司法依据、程序、流程、结果和生效法律文书全面公开，推动司法公开平台整合、技术创新、深度应用、整体推进，推动司法公开规范化、制度化、信息化，不断完善公开机制，拓宽公开渠道，创新公开方式，建设开放、动态、透明、便民的阳光司法，为全面推进依法治国、建设社会主义法治国家作出更大贡献。

第三节　人民法院司法责任制改革

人民法院作为法定的审判机关，"依照法律规定独立行使审判权，不受行政机关、社会团体和个人的干涉"①。但在实践中，法院独立审判权无法得到有效保证，

---

① 《宪法》第126条规定："人民法院依照法律规定独立行使审判权，不受行政机关、社会团体和个人的干涉。"

案件公正审理受到严重干扰。对此，十七大部署着手推进司法体制改革，十八届三中全会正式开启新一轮司法体制改革的浪潮。随后，周强院长在全国高级法院院长座谈会上，指出"要按照全国司法体制改革推进会部署，抓紧全面推开司法责任制改革，确保改革政策落实到位、改革红利释放充分、改革效果明显提升"。现阶段，正是人民法院推进司法责任制改革的关键时期，我们应在厘清司法责任制改革的基本内容、总结改革实践经验的基础上，稳步推进改革工作。

一、法院司法责任制的发展历程

自十一届三中全会至 1996 年党的十五大召开，我国人民法院处于恢复重建阶段。"文革"期间，造反派宣传"砸烂公检法"，法院秩序遭到破坏，法庭审判工作遭到干扰。十一届三中全会后，人民法院才得以恢复重建，此后掀开了人民法院司法责任制改革的新篇章。

（一）第一轮司法改革中的法院司法责任制改革（1997—2007 年）

从人民法院司法改革历程来看，司法责任制在我国并非突然出现的新事物，而是从错案追究制、审判责任制、法官责任制演变而来。从 20 世纪 80 年代开始，我国一些地方开始试行错案责任追究制，虽然一直存有争议，但呼应了实践的需求。

1997 年 9 月 12 日，中共十五大报告中要求："推进司法改革，从制度上保证司法机关依法独立公正地行使审判权和检察权，建立冤案、错案责任追究制度。加强执法和司法队伍建设。"[①] 随后，最高人民法院 1998 年发布了《人民法院审判人员违法审判责任追究办法（试行）》《人民法院审判纪律处分办法（试行）》两个文件。为贯彻十五大精神，最高人民法院于 1999 年 10 月 20 日实施了《人民法院五年改革纲要》。2005 年 10 月 26 日的《人民法院第二个五年改革纲要（2004—2008）》出台。2006 年 5 月，中共中央决定实施《关于进一步加强人民法院、人民检察院工作的决定》。在这一阶段，人民法院为落实司法责任制，采取以下改革措施：

其一，变革审判方式与法官独立判案责任。1996 年修改后的《刑事诉讼法》改变了过去庭审中以法官调查证据为主的做法，确立了"控辩式"的庭审方式，法官处于中立地位。民事和刑事举证质证模式的变革倒逼审判方式改革，加快了

---

① 江泽民：《高举邓小平理论伟大旗帜，把建设有中国特色社会主义事业全面推向二十一世纪——在中国共产党第十五次全国代表大会上的报告（1997 年 9 月 12 日）》，《求是》1997 年第 18 期，第 16 页。

审判方式改革步伐。人民法院"二五"纲要第 24 条规定："审判委员会委员可以自行组成或者与其他法官组成合议庭，审理重大、疑难、复杂或者具有普遍法律适用意义的案件。"试图通过审判委员会亲自审案，改变审判委员会只判不审的现状。第 26 条规定，要"建立法官依法独立判案责任制""逐步实现合议庭、独任法官负责制"，试图从法院层级独立走向"审判庭独立"。在此基础上，2002 年 7 月，最高人民法院实施了《关于人民法院合议庭工作的若干规定》，该规定明确了除重大、复杂、疑难案件提交审判委员会讨论外，其他案件由合议庭自行解决；在明确院长、庭长指导、监督作用的同时，合议庭的职能进一步强化。

其二，完善人民陪审员制度。2004 年 8 月 28 日第十届全国人大常委会第十一次会议通过了《关于完善人民陪审员制度的决定》，最高人民法院和司法部于 2004 年 12 月 13 日联合出台并实施了《关于人民陪审员选任、培训、考核工作的实施意见》，最高人民法院于 2005 年 1 月 6 日起颁布实施了《关于人民陪审员管理办法（试行）》。以上文件确立了我国陪审制的基本运行规则。

（二）第二轮司法改革中的法院司法责任制改革（2008—2013 年）

中共十七大后，司法体制改革的呼声愈发激烈，我国法院司法责任制改革进入第二阶段。十七大提出了深化司法体制改革这一目标，并提出了具体的改革要求。

为了落实党的十七大的总体要求，中央司法体制改革领导小组于 2008 年 5 月出台并实施了《中央政法委员会关于深化司法体制和工作机制改革若干问题的意见》，要求建设公正高效权威的社会主义司法制度。为落实中央司法改革任务，最高人民法院于 2009 年 3 月 17 日印发并实施了《人民法院第三个五年改革纲要（2009—2013）》。

党的十八大以来，随着一些冤假错案的密集曝光，建立健全错案责任追究制度的呼声也日益高涨，党的十八届三中全会提出完善主审法官、合议庭办案责任制，让审理者裁判，由裁判者负责。十八届四中全会审议通过的《中共中央关于全面推进依法治国若干重大问题的决定》也作出了重要部署——"完善主审法官、合议庭、主任检察官、主办侦查员办案责任制，落实谁办案谁负责""明确各类司法人员工作职责、工作流程、工作标准，实行办案质量终身负责制和错案责任倒查问责制，确保案件处理经得起法律和历史检验"。① 至此，司法体制改革已全面进入人们的视线，而作为这一改革的重要组成部分之一的法院司法责任制改革也

---

① 《中共中央关于全面推进依法治国若干重大问题的决定》，《中国法学》2014 年第 6 期，第 13 页。

成了由上到下、从中央到地方之社会公众所关心的热点问题。人们关心这场改革能否改变现今的司法环境,能否改变法院系统中现行的审判机制,能否真正达到"让审理者裁判,裁判者负责"的理想状态。

面对社会的关心和质疑,最高人民法院先后出台《人民法院第四个五年改革纲要(2014—2018)》《最高人民法院关于完善人民法院司法责任制的若干意见》等文件规范,并积极采用多试点的方式,稳步推进法院司法责任制改革,以稳妥的方式全面落实中央的要求,力求科学把握法院司法责任制的落实。

(三)第三轮司法改革中的法院司法责任制改革(2013 年起)

党的十八届三中全会通过的《中共中央关于全面深化改革若干重大问题的决定》提出"改革审判委员会制度,完善主审法官、合议庭办案责任制,让审理者裁判、由裁判者负责"。直接阐明了人民法院司法责任制的内涵和司法责任制改革的重大意义。党的十八届四中全会通过的《中共中央关于全面推进依法治国若干重大问题的决定》要求"明确各类司法人员工作职责、工作流程、工作标准,实行办案质量终身负责制和错案责任倒查问责制"。对改革的实施提出了更为全面、具体的要求。2018 年 2 月 28 日第十九届中央委员会第三次全体会议通过的《关于深化党和国家机构改革的决定》强调,要"深化司法体制改革,优化司法职权配置,全面落实司法责任制,完善法官、检察官员额制,推进以审判为中心的诉讼制度改革,推进法院、检察院内设机构改革,提高司法公信力,更好维护社会公平正义,努力让人民群众在每一个司法案件中感受到公平正义"。并对党和国家机构改革重要部分的司法机构改革展开部署。随着中央及有关部门一系列司法责任制改革文件的出台,各地也根据地方实际制定相关配套措施。

其一,建立符合职业特点的司法人员管理制度。2014 年 6 月 6 日,中央全面深化改革领导小组第三次会议审议通过《关于司法体制改革试点若干问题的框架意见》将完善司法人员分类管理规定为"司法体制改革的基础性、制度性措施",提出建立法官、检察官员额制。十八届三中全会通过的《中共中央关于全面深化改革若干重大问题的决定》提出要"建立符合职业特点的司法人员管理制度"。2014 年 10 月,十八届四中全会公布《中共中央关于全面推进依法治国若干重大问题的决定》,将"推进法治专门队伍正规化、专业化、职业化,提高职业素养和专业水平"作为建设高素质法治专门队伍的一项重要内容。2015 年 2 月,最高人民法院公布《人民法院第四个五年改革纲要(2014—2018)》提出要建立法官员额制度,遴选素质高、业务强、经验丰富、廉洁奉公、办案公正的法官入额,是推进人员分类管理改革的总抓手。员额制改革的有效推进为包括司法责任制在内的综合性改革提供了前提条件。

其二，保证依法独立公正行使审判权。十八届三中全会《报告》指出："要确保依法独立公正行使审判权检察权，健全司法权力运行机制，完善人权司法保障制度。"任何机关或个人不能改变司法机关的裁判，更不得代替司法机关作出判断处理。十八届四中全会《全面推进依法治国若干重大问题的决定》提出，要"完善确保依法独立公正行使审判权和检察权的制度，建立领导干部干预司法活动、插手具体案件处理的记录、通报和责任追究制度，建立健全司法人员履行法定职责保护机制"。2015 年 3 月 30 日，中共中央办公厅、国务院办公厅印发《领导干部干预司法活动、插手具体案件处理的记录、通报和责任追究规定》，中央政法委同日印发《司法机关内部人员过问案件的记录和责任追究规定》，提出解决违法干预司法活动的具体办法。这两个规定的出台，从内、外两方面排除领导干部及其他机关、个人对办案人员的干涉，建立起防止司法干预的"防火墙"。2017 年 2 月 7 日，最高人民法院印发《人民法院落实〈保护司法人员依法履行法定职责规定〉的实施办法》，规定要"健全完善法官、审判辅助人员依法履行法定职责保护机制，确保人民法院依法独立公正行使审判权"。

其三，明确权责一致。权责一致要求司法人员有权不滥用，用权要负责。十八届三中、四中全会展开详细部署，随后在《关于贯彻落实党的十八届四中全会决定进一步深化司法体制和社会体制改革的实施方案》对全会提出的各项改革措施作了细化规定，强调建立办案质量终身负责制和错案责任倒查问责制。2017 年 3 月 28 日，最高人民检察院印发了《关于完善检察官权力清单的指导意见》，落实"谁办案谁负责、谁决定谁负责"；2017 年 4 月 12 日，最高人民法院制订《关于落实司法责任制完善审判监督管理机制的意见（试行）》，明确规定必须严格落实司法责任制改革要求，除审判委员会讨论决定的案件外，院庭长对其未直接参加审理案件的裁判文书不再进行审核签发，也不得以口头指示、旁听合议、文书送阅等方式变相审批案件。2017 年 8 月 1 日，《最高人民法院司法责任制实施意见（试行）》实施，再次重申"让审理者裁判，由裁判者负责"，并从多方面确立了审判机构内部人员的分工和责任。2017 年 11 月 1 日，第十二届全国人民代表大会常务委员会第三十次会议上，周强院长指出，为"落实改革要求，完善办案质量终身负责制和错案责任倒查问责制，按照有权必有责、有责要担当、失责必追究的原则，明确法官对其履行审判职责的行为承担责任，在职责范围内对办案质量终身负责。会同最高人民检察院建立完善法官、检察官惩戒制度，在省一级设立法官、检察官惩戒委员会，就法官、检察官违法办案责任作出专业认定，严格依法追究法官违法审判责任"①。2018 年 11 月 28 日，最高人民法院发布《关于健全完善人民法院主审法官会议工作机制的指导意见（试行）》，旨在"全面落实司法责任制，准确适用法律，统一裁判标准，提高审判质效"。2018 年 12 月 4 日，最高人民法院《关于进一步全面落实司法责任制的实施意见》及时看到了"当前部分地方改革落实不到位、配套不完善、推进不系统等突出问题"，要求全面落实司法责任制。2019 年 8 月 2 日最高人民法院发布《关于健全完善人民法院审判委员会工作机制的意见》，将审判委员会讨论决定的事项限定在宏观问题及个案中"重大、疑难、复杂案件的法律适用"问题，进一步加强了独任法官和合议庭的责任。

其四，深化司法责任制综合配套改革。2019 年 2 月 27 日，最高人民法院发布《关于深化人民法院司法体制综合配套改革的意见——人民法院第五个五年改革纲要（2019—2023）》，将综合配套改革的具体措施分为 10 个方面，其中"（五）健全以司法责任制为核心的审判权力运行体系"对司法责任制提出了新的要求，具体包括：健全审判权力运行机制、健全院长庭长办案常态化机制、完善审判委员会制度、完善审判监督管理机制、加强审判流程标准化建设、完善统一法律适用机制、强化司法履职保障机制、健全完善法官惩戒制度等八个方面。2020 年 3 月，中共中央办公厅印发《关于深化司法责任制综合配套改革的意见》，就进一步深化司法责任制综合配套改革作出部署。为确保党中央关于司法体制改革的重大决策部署和该意见提出的各项任务举措在人民法院不折不扣落到实处，最高人民法院于 2020 年 7 月 31 日发布《关于深化司法责任制综合配套改革的实施意见》（自 2020 年 8 月 4 日起实施），围绕加强法院政治建设、健全审判监督管理、强化廉政风险防控、推进人事制度改革、优化司法资源配置等 5 大方面提出 28 项配套举措。

二、对法院司法责任制改革的反思

经过不同阶段的法院司法责任制改革，人民法院在独立行使裁判权、人员管理等方面均得到提升，案件办理质量、司法公信力等均得以提升。但改革并非一帆风顺，法院司法责任制改革仍存在许多不足，这需要我们在接下来的改革进程中加以完善。

第一，入额法官的工作压力剧增。根据法院司法责任制改革的要求，推进法官员额制改革，法官拥有更多权力、待遇也得以提升，充分调动法官积极性，并

---

① 周强：《最高人民法院关于人民法院全面深化司法改革情况的报告》，《人民法院报》2017 年 11 月 2 日，第 1 版。

初步建立起以员额法官为主的审判团队，专门负责案件审判工作。然而，在我国的司法实践中，法官员额制并未实现其改革成效。以 2015 年河北省的数据来看，该省法院全年共受理案件 865438 件（其中旧存 159418 件，新收 706020 件），审结案件 733248 件；2016 年受理案件 1046151 件（其中旧存 132190 件，新收 913961 件），审结案件 947147 件；2017 年上半年受理案件 618306 件（其中旧存 99004 件，新收 519302 件），审结案件 430143 件。通过对这两年半来全省法院案件办理数量的比对，不难发现，案件的数量呈现大幅度上升的趋势，但是按照员额制改革后的法官数量来计算人均工作量，将远远超出改革之前的人平均办案数量。各院员额制改革基本按照 34% ~ 35% 的比例遴选法官入额，这样入额法官的工作量几乎要达到原来的 1.5 ~ 2 倍，其直接后果就是案件的单位审理时间被大大压缩，入额法官呈现"二加五""白加黑"的办案趋势，法官的办案压力直线上升。此外，由于各地经济发展水平的不同以及案件性质不同，各地员额法官和承办不同类型案件的法官的办案压力极不平衡。以承德地区为例，承德共计有 12 家法院（其中 11 家基层法院），共有编制 1139 人，司法改革之前共计 687 人办案，司改后入员法官 379 人。自 2016 年 11 月起，全省法院全面推进员额制改革，直至 2017 年 6 月底，共计收案 59668 件，其中刑事案件 3188 件、民事案件 36049 件、行政案件 1321 件、赔偿案件 28 件、执行案件 17336 件、其他类型 1746 件，入额法官人均办案数为 157.44 件每人，具体到各院，最高的达 239.03 件每人，最低的为 84.29 件每人，较为悬殊。而办理各类案件的法官人均办案数也极不平衡，按照 2017 年上半年的统计，审结案件数量最高的民事审判员已结案 178 件，而刑事审判员结案最低的仅为个位数，在此并不否认刑事案件的案情复杂性和责任重大性远超民事案件，但是单纯从数量角度而言，不同类型案件的承办法官的办案压力悬殊的，这样很容易造成法官之间心态失衡，影响正常审判工作。

第二，极大地挫伤了未能进入员额的原一线法官们的工作积极性。对于原法官们，可能会有极少部分无法胜任改革后的审判工作，但是绝大多数法官都是奋斗在审判一线十余载甚至数十载的精英法官。而又不可能将所有的精英都纳入改革后的审判一线中，或者由于政策性原因，或者是出于资深法官的"高风亮节"态度，大部分法官最终未能进入员额序列，进而引发薪酬待遇、职级提升等方面急速与入额法官拉开差距，极易造成严重心理落差，极大地影响审判团队的组建，严重的甚至已经影响到法院审判工作的顺利进行。

第三，审判团队的组建也存在着一定的问题。按照改革的原有计划，借鉴西方发达国家的审判经验，正常运转的审判团队最少应采取"1 + 1 + N"的模式，即以一个法官搭配一名法官助理再搭配若干名书记员为基本组合进行审判活动,对于复杂案件需要合议的,则视情况由若干基本审判团队组成合议庭进行审理。但在现实情况中,这种情况几乎很难达到预期的效果,法院的人员编制是固定的,法院干警人数也是有限的,而且随着编制压缩、内设机构改革等政策的实施,人员编制的进一步减少已成为定局,"案多人少"的矛盾越发突出,使得审判团队的组建困难重重。入额法官是审判活动的中心,是审判团队的核心力量,但是对于审判团队而言,法官助理与书记员的组合才是法官有序审理案件的关键。对于每个法院而言,缺乏足够的司法辅助人员是不容忽视的客观现实,看似按照34% ~ 35%比例人员的法官数额已经考虑到辅助人员的配置,但是法院作为综合机关,还是有大量的人员被其他工作所占用,加之进入司法辅助序列的原法官的工作积极性等问题,使得根本达不到一名法官配备一名法官助理的程度。书记员更是处于稀缺状态,常常是一个庭室仅有一两名书记员,根本达不到"1 + 1 + N"的原定效果,严重影响审判效率。

第四,未来员额制法官的选拔须进一步规范。法官首次入员的选拔采用如下方式:院长为自然入额法官。现任法院副院长、审判委员会委员、庭长、副庭长、审判员通过考核的方式遴选进入员额;符合入额条件的助理审判员通过"考核 + 考试"方式遴选进入员额,权重分别为:考核占60%,考试占40%。这样主要是为了考虑与原有的法官选任制度相衔接,尽可能地减少人员变动的影响,而对今后的员额选拔将采用"系统遴选、公开招录、内部选任"等方式分别从下级法院、社会公众和本级法院内部人员招录选任。虽然考虑了员额法官补充的各个方面,但是这些选拔方式也存在着较大的不可确定性。首先,对于下级法院的遴选,应该考虑到各院的实际情况,可能会造成基层法院审判力量的流失,影响法院整体布局;其次,面对社会招录员额法官,可能会对法院的内部运行产生一定的冲击,在旧有的法官选任制度下,每一位法官都是经历书记员—助理审判员—审判员的过程后选任出来的,具有较强的实际操作能力,而面向社会招录的法律人才更多的是具有较强的理论功底,在实际微操上还存在着一定的不足,应当妥善考虑;最后,对于内部选任,也必须考虑干警的积极性和工作实际,注意协调好原法官和新录法官助理之间的关系,妥善选拔,不能因为选任而影响法院工作的正常运转。

第五,法官助理的工作责任仍须进一步规范。法官助理是员额法官的有力补充,同时他们的职责履行程度也关系到团队审判活动能否有序进行。法官助理的职责有着明文的规定,但是在实践中,对于法官助理的使用往往进入到了一个误区——投入到大量的文书制作工作中去，甚至因为书记员的短缺而承担起记录之类的职责。这样既加重了法官助理的工作压力，又没能够将法官助理的实际作用完全发挥出来，没能从根本上协助法官办理案件，发挥审判团队的作用。

第六，对于法官独立行使审判权的监督问题有待加强。在法院司法责任制改革后，法官的审判权力得到了极大的加强，可以独立签发法律文书，不再经过审批，减少了行政干预，但是这样也造成了监督机制的落后，旧有的监督体制已不能满足现实的需要。司改改变了监督模式，新模式的落脚点在完善体制的外部监督，这种监督也考虑到了中立性和专业性的元素，是一大进步，但也存在着一定的不足。首先，外部监督的参与者虽然具有一定的中立性和专业性，但无论是谁，都存在一定的个人倾向，即使是律师也不能在保证专业性的同时，维持中立性的状态，所以对于外部监督的监控存在一定的空白；其次，社会舆论的监督虽然更加广泛，能够引起更多公众的注意，但是由于人的盲从性，很有可能被不法分子利用，造成"司法绑架"的情况出现，严重干预审判独立；最后，对于人民法院的内部监督存在一定的缺失，在司改中充分考虑了审委会、审判监督部门、纪检监察部门的作用，但是仍然存在死角，在法官独立审判、作出裁决到错误后果被发现追究期间，存在着反应盲区，容易造成较为严重的法律后果，影响司法公正和社会公信。

第七，法官惩戒制度仍需要进一步完善。本次法院司法责任制改革中，建立了终身追责和责任倒查的机制，也明确了一定的错案认定体系，但是责任的认定标准仍然不能满足日益发展的审判需要，法官的惩戒制度也存在一定的偏差——法官的惩戒立法欠缺，惩戒事由规定不尽合理、范围模糊，惩戒程序不规范，惩戒措施"行政化严重"。诚然，固定的担责标准并不可能出现在司法领域，不能说是案件造成后果、达到什么程度就对应什么惩罚，但也要将人的因素降到最低。法官的惩戒并不是单纯的惩罚，最关键的在于"警戒"，是为了让犯错法官或后来人不再出现错误，甚者是对法官的另类保护，是一把特殊的"保护伞"，但现在的法官惩戒把大多数的目光集中到了"惩"上，忽视对法官的保护。

第八，法官的履职保障机制仍然存在不足。本次法院司法责任制改革，大大提高了法官的薪酬待遇，建立了相对独立的晋升体系，极大地促进了法官的工作积极性，但是仍然存在不足。首先，对于法官人身安全的保护仍没有较大涉及，如前文所述，近些年法官人身受到侵害的案例屡见不鲜，但是对于法官的安全保护机制并没能有效建立起来，仍然存在空白；其次，法官的薪酬待遇分配存在一定问题，现有的员额工资增长部分是按照法官等级或者说原有的行政级别进行的，但是这样，一线员额法官的新增工资就远少于处于领导岗位的员额法官，会造成极大的失衡；再次，应考虑法官的心理落差问题，同样是法律职业，律师的收入远远超过法官，甚至可以说，一个法院的法官的收入比不过一个律师的收入，这也造成法官的辞职潮的出现，严重影响法院的人才储备；最后，法官的独立晋升体系虽然建立起来，但与外部的衔接仍然存在问题，法官等级对应的行政等级在其他行政单位并没有得到很好的落实，体现出来的就是在人员交流或全体公务员都享有的级别待遇上，仍然按照旧有的行政级别对待，这样有可能造成一个严重后果——在法院中工作数十年，已经晋升为对应处级干部的法官等级，但在外部行政单位交流和待遇享受上可能仍按照入员之前的级别对待，甚至影响到退休的待遇，这极大地造成法官的焦虑情绪。此外，对于非法官人员的待遇问题，也应进行考虑。

三、人民法院司法责任制改革的未来展望

党的十九大提出了"深化司法体制综合配套改革，全面落实司法责任制"的战略部署，明确了下一阶段司法体制改革的方向和重点，对司法责任制改革提出了新的要求，也提供了新的契机。全面落实司法责任制，关键是要建立健全与新型审判权力运行机制相适应的审判监督管理制度体系，处理好放权与监督的关系，重点是要健全完善司法责任制相关配套制度，进一步夯实队伍基础、细化制度内容、强化科技支撑。

一是要完善管理监督体系，形成监督合力。人民法院内部有不同监督主体和机制，各种监督形式有待进一步明确职责、加强配合、形成合力。第一，院庭长应当履行好审判监督管理职责，可以根据职责权限，审批程序性事项，宏观把控审判流程、审理进度、案件质效等情况。第二，审判管理部门应当注重分析审判质效数据，研判审判运行态势，加强案件质量评查，督促通报审理进度，健全审判瑕疵（案件质量一般差错）认定追究机制等，进一步提高审判质量效率。第三，审务督察部门应当对审判执行环节的廉政风险点加强评估、预防、督察，加强与监察委员会、法官惩戒委员会制度的协调衔接。第四，审判团队和合议庭应当加强自我管理、互相监督，合议庭原则上应当随机产生相对固定的审判团队和合议庭，人员应当定期交流调整。第五，专业法官会议、审判委员会应当积极发挥作用。各地应当结合实际，进一步完善专业法官会议制度，对召集程序、议事方式、结果运用等作出明确规定，把专业法官会议用好用足。各级人民法院审判委员会应当更加注重总结审判经验，合理限定讨论案件的范围，加强对涉及国家利益、

社会稳定等重大复杂案件的把关。第六，人民法院应当不断深化司法公开，主动将司法全过程、全要素依法向当事人和社会公开，利用阳光司法机制强化监督、促进公正。

二是要改进管理监督方式，细化管理监督内容。在案件量大幅激增的总体形势下，过去依靠人工审查、手工统计、经验管理、逐案审批的手段已无法满足实践需要和改革要求。信息化和大数据技术的发展，为建立精细化、标准化、智能化的审判管理监督机制提供了有利条件。新型的审判管理监督模式，应当以电子卷宗随案同步生成和覆盖案件办理全流程的网上审判体系为基础，以实时智能化审判全流程监督管理为保障，以管理监督行为全程留痕为要求，以司法大数据分析为支持，实现节点可查询、进程可监控、风险可预估、全程可追溯。同时，司法大数据和智能审判辅助系统的建设，为加强对实体裁判的管理监督，统一法律适用，防止"类案不同判"创造了更大可能。类案强制检索报告机制已在最高人民法院和部分高级人民法院探索实行，承办法官或法官助理可以依托办案平台、档案系统、中国裁判文书网、法信等系统，对相关类案进行检索，了解相关裁判尺度，有效提高了法律适用的统一性。

三是要健全司法责任制配套制度，增强改革协同配套和系统集成。司法责任制改革涉及审判资源配置，涵盖审判权运行各个领域和主要环节，牵涉司法管理体制，可谓"牵一发而动全身"，必须以综合配套的思路解决一些改革配套举措不完善、工作衔接不到位、系统集成能力不强的突出问题。比如要完善与内设机构改革、专业化审判要求相配套的审判团队、审判庭运行机制，与放权相配套的审判监督管理机制，与案件繁简分流、院庭长办案等相配套的分案机制，与法官管理和审判管理相配套的审判业绩评价机制，与国家监察体制改革相配套的法官惩戒制度，等等。

四是要夯实司法责任制人员基础，加强法官队伍正规化、专业化、职业化建设。高素质的法官队伍，是全面落实司法责任制的基础和保障。目前，司法人员分类管理改革已基本到位，但关于法官的遴选、考核、监督、保障、交流等配套政策仍有待进一步完善。基于正规化要求，需要着力完善职业道德评价机制，建立健全法官统一职业培训制度，完善法官利益回避和廉政纪律制度，确保素质与职责相匹配。基于专业化要求，需要突出对办案能力、司法业绩、职业操守等专业素养的考查，建立常态化员额遴选、员额动态调整机制和退出机制，科学安排入额考试考核，完善司法人员权力清单和履职指引制度，完善以错案评鉴为核心的司法责任认定和追究机制，确保放权与监督相统一。基于职业化要求，需要继续健全与司法特点相适应的法官职业保障体系，切实加强对司法人员依法履职的保护，确保责任与保障相适应。

五是要以智慧法院建设为支撑，进一步挖掘司法责任制改革内生潜力。借助日新月异的科技手段，加快智慧法院建设，有助于理念思路提升、体制机制创新、司法行为规范、改革难题破解。司法体制改革的需求引领信息化建设，信息化建设又为司法体制改革的深化提供支持保障。全面落实司法责任制，应当依托信息化加强审判流程再造，实现电子卷宗随案同步生成和深度运用，全面支持网上办案、全程留痕，有效保障司法公正；应当依托信息化提高审判管理水平，构建全流程审判监督管理机制，实现审判工作精细化管理；应当依托信息化加强智能辅助办案，提高系统对海量案件案情理解深度学习能力，开发应用法律文书自动生成、智能纠错、类案推送、庭审语音同步转录等功能，切实满足司法人员对智能审判服务的需求；应当依托信息化系统支持司法人员分类管理、人案结合绩效评查、改革成效数据评估，促进司法责任制改革；等等。

六是要以司法责任制改革督察和第三方评估为动力，进一步抓好司法责任制改革精准落地。习近平总书记在十九届中央深改组第二次会议上强调，要拿出实实在在的举措克服形式主义问题。全面落实司法责任制，尤其要坚决防止改革流于表面、措施形式主义、文件基本空转。我们要继续用好督察这个抓落实的重要方法，督促政策落实到位，推动改革落地见效。

小结

改革是崭新事业，必须"狠抓制度执行，扎牢制度篱笆"，在实践中"真正让铁规发力、让禁令生威"。[1] 全国各地法院认真贯彻司法责任制改革的总体目标，推进各项改革措施落地落实，改革工作取得阶段性成效。截至 2017 年 11 月，由最高人民法院牵头的 18 项改革任务已经完成，《最高人民法院关于全面深化人民法院改革的意见》提出的 65 项改革举措已全面推开。

党的十九大报告要求："深化司法体制综合配套改革，全面落实司法责任制，努力让人民群众在每一个司法案件中感受到公平正义。"[2] 目前全面深化司法责任制改革工作正处于攻坚克难的关键时刻。在深入学习贯彻党的十九大精神的基础上，人民法院应进一步深化对改革的认识，让改革措施落地见效，应加强政策解

---

① 中共中央文献研究室编：《习近平关于全面依法治国论述摘编》，中央文献出版社 2015 年版，第 76 页。

② 习近平：《决胜全面建成小康社会　夺取新时代中国特色社会主义伟大胜利》，《人民日报》2017 年 10 月 28 日，第 1 版。

读和改革宣传,深化司法体制综合配套改革,全面落实司法责任制,切实把中央部署的各项改革举措落到实处。

第四节　专业法官会议制度

在我国,专业法官会议是由审判长联席会议(有的地方称法官联席会议)逐渐发展而来的一种新的会议制度①,完整的官方定义见于最高人民法院《关于审判权运行机制改革试点方案》(法〔2013〕227号),其第5条规定:"对于案件审理过程中发现的重要法律适用问题或者其他重大疑难复杂问题,独任法官或者审判长可以提请院、庭长召集专业法官会议或者审判长联席会议讨论,其结论应当记录在卷,供合议庭参考。"

在西方国家没有类似的机构可以相提并论。欧洲各国基本上都设有负责司法机构行政管理工作的委员会,有的称"司法委员会",有的则称"司法官委员会"。这一机构主要是作为政府和法院之间的中间人,以某种方式或在某些方面保障司法机构的独立。目前,欧洲存在这样一种趋势,即原来一直依赖行政部门对法院和法官进行行政管理和司法预算管理的国家,正在陆续改革这种模式,建立司法委员会承担这些职责,② 该委员会完全没有案件咨询的职能。在英国,司法委员会的本质就是设立在议会的最高审判机构,是英国最高法院的前身。而在美国,联邦最高法院、参议院和众议院、美国律师协会都设立有叫作"司法委员会"的机构,但是都不是法官办案的咨询机构,在法院是行政管理机构,在参议院和众议院是司法政策制定机构,在律师协会则为监督与联络法院的机构。

可以说,专业法官会议是中国特色的法院内部向办案法官提供咨询意见的专门机构,是在走向审判独立的特殊过程中,因对法官独立办案能力担心而产生的一种特殊组织。

专业法官会议是人民法院总结审判权运行机制改革试点成功经验形成的一种统一法律适用机制,具有现实合理性和必要性。③ 就其产生的原因,2015年9月

---

① 孙海龙等著:《审判权运行机制改革》,法律出版社2015年版,第150页。

② 〔荷〕威姆·沃尔曼斯:《司法委员会的职能与组织》,王晓芳译,《法律适用》2004年第2期,第71页。

③ 李少平:《深刻把握司法责任制内涵全面、准确抓好〈意见〉的贯彻落实》,《人民法院报》2015年9月25日,第2版。

21 日《最高人民法院关于完善人民法院司法责任制的若干意见》作了深刻的表述："建立健全符合司法规律的审判权力运行机制，增强法官审理案件的亲历性，确保法官依法独立公正履行审判职责。"在确保法官独立行使职权的同时，又要体现法院的集体智慧，加强同行监督和庭院长监督，防止裁判不公。其功能主要表现在：讨论重大、疑难、复杂案件，提供参考性意见；促进法官能力培养，降低法官职业风险；过滤审委会案件讨论，推进审委会制度改革；统一裁判尺度，总结审判经验；规范审判权运行机制，促进司法责任制落实。

专业法官会议是由审判长（法官）联席会议发展而来的、通过专业法官集体讨论案件而为合议庭或案件承办人提供参考性意见的议事咨询机构。我国专业法官会议脱胎于 2000 年产生的审判长联席会议，其改革和发展经历了三个时期。

一、地方法院进行的自发探索（2000—2013 年）

早在 1999 年 10 月，最高人民法院发布《人民法院第一个五年改革纲要》，提出"建立符合审判工作特点和规律的审判管理机制"。2000 年 7 月，最高人民法院颁布实施《人民法院审判长选任办法（试行）》，部分法院尝试由审判长组成会议进行研讨案件。2000 年 7 月 18 日，广东省高级人民法院发布《广东省法院民事审判方式改革指导意见（试行）》，提出：建立审判长联席会议或集体讨论案件制度。这是最早在法院系统提出建立审判长联席会议的记载。此后，审判长联席会议制度在部分法院已经开始尝试。2001 年 1 月，最高人民法院刑一庭在《刑事审判参考》上刊登一则审判长会议意见[1]，要求全国法院都可尝试推行"审判长会议"，这标志着审判长联席会议制度的正式产生。此后，审判长联席会议的运用逐渐广泛起来。[2]

2002 年，厦门市思明区法院审判长联席会议负责研究审判、执行工作中重大、疑难、复杂及新类型案件的个案法律适用问题，提供咨询意见供审判组织参考。同年，成都市高新区法院法官会议由具备审判职务的法官组成，开展案件审判经验交流，即对复杂、疑难、重大、新类型案件进行研讨，也对拟提交审委会的案件进行讨论，比较松散，缺少相应的规则，有点类似于学术组织的性质。

2004 年，北京市房山法院针对"同案异判"的情况，召开法官联席会议，统

---

① 最高人民法院刑一庭：《关于已满 14 周岁未满 16 周岁的人绑架并杀害被害人的行为如何适用法律问题的研究意见》，《刑事审判参考》2001 年第 1 期，第 25 页。

② 张闰婷：《专业法官会议机制的脉络梳理和路径探索——基于"群体决策支持系统"理论的视角》，《山东审判》2016 年第 3 期，第 44 页。

一裁判尺度。随后，很多法院也相继设立了审判长联席会议制度，如杭州中院、成都中院、徐州中院、上海黄浦法院等。

2004 年 10 月 26 日，"法院改革'二五'纲要"强调改革和完善审判组织与审判机构，提出了在审判委员会中设立专业委员会的要求，从最高人民法院到各中级人民法院在审判委员会中设立刑事专业委员会和民事行政专业委员会，对专业委员会成员结构也进行改革，确保资深法官能够进入审判委员会。但此时的专业委员会带有审判组织的性质，履行审判职能。

随着审判长联席会议制度在全国各地法院迅速推广，它逐步取代庭务会制度，主要研讨重大疑难复杂案件以及法律适用问题等，其决议的效力对合议庭具有参考作用。此时，审判长联席会议已经有些比较明确的规则，比如议事范围、意见的效力等。如在 2006 年 9 月，北京市朝阳区法院率先出台《法官会议制度规定》，明确了参会人员、提议召集程序、研讨的业务范围、形成决议的方式及效力，虽然其称谓为"法官会议"，但其本身是分层级的会议，包含法官大会、法官联席会议、庭内法官会议，其规则及运行的状况为专业法官会议的正式推行提供了很好的参考价值。

2009 年 12 月 14 日，《最高人民法院关于进一步加强合议庭职责的若干规定》要求，除提交审判委员会讨论的案件外，对于重大、疑难、复杂或者新类型案件，合议庭事实认定或法律适用分歧案件等五类案件可以由审判长提请院长或者庭长决定组织相关审判人员共同讨论，形成讨论意见供合议庭参考。该规定明确了案件的讨论类型，提请、召集程序以及讨论意见的效力等，为今后建立专业法官会议并设置相应规则奠定了基础。

从当时法官会议规则制定的情况以及部分法院实践情况来看，法官会议从审判长联席会议逐渐延伸，并形成了一些规则，比如，参会人员、讨论案件类型、提请召集程序、意见的效力等，为试点之后推行专业法官会议提供了实践经验。

二、最高法院组织的统一试点（2013—2015 年）

2013 年 10 月 25 日，最高人民法院下发《关于审判权运行机制改革试点方案》，明确就部分案件提请、召集专业法官会议，选择 9 家法院开展试点工作。该试点方案对裁判文书的签发机制也进行改革，并且要落实办案责任制，保障合议庭或独任法官依法行使裁判权。为了保障办案责任制的落实，在第 5 条规定了"专业法官会议或者审判长联席会议"：

"（重大疑难复杂问题的处理）对于案件审理过程中发现的重要法律适用问题

或者其他重大疑难复杂问题，独任法官或者审判长可以提请院长、庭长召集专业法官会议或者审判长联席会议讨论，其结论应当记录在卷，供合议庭参考。"

试点之后，地方很多法院按照该试点方案的要求和精神推行专业法官会议制度，很多法院都出台了相应的规则或制度，以便更好地指导专业法官会议实践。

在《关于审判权运行机制改革试点方案》出台之后，2014 年 1 月 15 日，试点法院之一的重庆市第四中级人民法院通过《专业法官会议规则（试行）》，建立刑事、民事、行政专业法官会议；2014 年 6 月 24 日，重庆市江北区人民法院印发《专业法官会议议事规则（试行）》，建立刑事、民事、商事、立案行政执行专业法官会议等。除了 9 家试点法院外，部分其他法院也在自行尝试推行这一制度，如 2013 年年底，广东珠海横琴新区人民法院实行法官会议制度，取消了传统的业务庭建制，法官会议在人员组成方面是由全体法官构成的，法官会议具有管理职能，比如分配案件、合议庭设置等，同时也进行案件研讨等。

2014 年 10 月 23 日，十八届四中全会通过《中共中央关于全面推进依法治国若干重大问题的决定》，提出完善司法管理体制和司法权力运行机制，完善确保依法独立公正行使审判权的制度，实行办案质量终身负责制，这些都体现了尊重审判权的权力运行规律。① 正是在这样背景下，2015 年 2 月 26 日，最高人民法院发布《关于全面深化人民法院改革的意见》，提出了"完善主审法官会议、专业法官会议机制"，继《关于审判权运行机制改革的试点方案》之后，最高院再次把专业法官会议的推行提上重大议程，全国统一的专业法官会议制度呼之欲出。

三、司法责任制背景下的全面推广（2015—2018 年）

建立健全符合司法规律的审判权力运行机制，就是要落实审判责任制，做到让审理者裁判，由裁判者负责；此外，还应健全院、庭长审判监督机制，明确院、庭长审判监督职责，健全内部制约监督机制。为此，2015 年 9 月 21 日，最高人民法院公布了《最高人民法院关于完善人民法院司法责任制的若干意见》第 8 条提出：

"人民法院可以分别建立由民事、刑事、行政等审判领域法官组成的专业法官会议，为合议庭正确理解和适用法律提供咨询意见。合议庭认为所审理的案件因重大、疑难、复杂而存在法律适用标准不统一的，可以将法律适用问题提交专业

---

① 冀祥德：《全面深化司法体制改革的两个支点》，《北京联合大学学报（人文社会科学版）》2015 年第 3 期，第 60 页。

法官会议研究讨论。专业法官会议的讨论意见供合议庭复议时参考，采纳与否由合议庭决定，讨论记录应当入卷备查。"

至此，专业法官会议制度有了十分明确的方向，也相应明确了一些会议规则，比如讨论案件的范围、意见的效力等。

《最高人民法院关于完善人民法院司法责任制的若干意见》推行之后，专业法官会议在全国各地大范围开展起来。如，2016年3月，陕西省高级人民法院制定了《专业法官会议规则》；2016年4月19日，重庆市渝北区人民法院印发《专业法官会议工作规则（试行）》；2016年11月8日，四川省自贡市中级人民法院印发《专业法官会议工作规则（试行）》；等等。推行专业法官会议的这些法院，都制定了相应的规则。"地方法院对该项制度的实践及其成效和问题，成为准确定位专业法官会议制度、科学评估审判权运行机制状况的注脚。"①

2017年4月12日，最高人民法院发布《关于落实司法责任制完善审判监督管理机制的意见（试行）》，其第六条规定："各级人民法院应当充分发挥专业法官会议、审判委员会总结审判经验、统一裁判标准的作用，在完善类案参考、裁判指引等工作机制基础上，建立类案及关联案件强制检索机制，确保类案裁判标准统一、法律适用统一。院庭长应当通过特定类型个案监督、参加专业法官会议或者审判委员会、查看案件评查结果、分析改判发回案件、听取辖区法院意见、处理各类信访投诉等方式，及时发现并处理裁判标准、法律适用等方面不统一的问题。"该文件进一步明确了专业法官会议在审判监督中的职能。

四、统一规则阶段（2018年起）

为全面推进司法责任制改革，准确应用法律，提高审判质量，最高人民法院在充分调研和征求意见的基础上，于2018年11月28日印发了《关于健全完善人民法院主审法官会议工作机制的指导意见（试行）》。

《关于健全完善人民法院主审法官会议工作机制的指导意见（试行）》对于参会人员范围、讨论意见的效力、提请召开的程序、发言顺序、议事规则以及归口管理机制等都做出了明确的规定。但是"关于在召开专业法官会议时的人员出席比例以及是否有必要指定专人负责会务组织工作"②，该指导意见没有给出明确的规定，也即说明各地在具体实施的过程中，可以结合自身现状，因地制宜，制定

---

① 冯之东：《司法改革背景下的专业法官会议制度研究》，《甘肃政法学院学报》2017年第1期，第82页。
② 王珊珊：《健全完善主审法官会议机制 提升司法裁判质量》，《人民法院报》2018年12月25日，第3版。

相应细则，灵活设置相应的工作运行机制。该指导意见第八条规定："审理案件的合议庭或者独任法官独立决定是否采纳主审法官会议讨论形成的意见，并对案件最终处理结果负责，真正贯彻落实了让审理者裁判，让裁判者负责的司法改革精神。"

2019 年 8 月，最高人民法院发布《关于健全完善人民法院审判委员会工作机制的意见》，其中第 11 条规定："拟提请审判委员会讨论决定的案件，应当有专业（主审）法官会议研究讨论的意见。专业（主审）法官会议意见与合议庭或者独任法官意见不一致的，院长、副院长、庭长可以按照审判监督管理权限要求合议庭或者独任法官复议；经复议仍未采纳专业（主审）法官会议意见的，应当按程序报请审判委员会讨论决定。"该规定进一步明确了专业法官会议在司法责任制改革的重要作用，同时为合议庭准确适用法律，提高审判效率，减少冤假错案指明了方向。

2019 年 7 月，浙江省丽水市莲都区人民法院关于专业法官会议的工作机制被最高人民法院评定为示范性案例①，对全国其他地区开展相应工作提供了示范与参考。

同年 8 月，天津市津南区人民法院审议通过《专业法官会议工作规则（试行）》，结合自身实际，针对《关于健全完善人民法院主审法官会议工作机制的指导意见（试行）》进一步细化和完善，包括"定期对专业法官会议的召开、意见采纳与否、会议记录留痕归档等情况开展随机抽查和重点核查；及时整理、印发对于形成裁判规则、统一法律适用标准、交流审判经验和指导司法实践具有重要意义的会议纪要；对所讨论的案件具有指导意义的，可依程序提请审判委员会讨论发布参考性案例或总结裁判经验，并向上级法院推荐作为指导性案例或参考性案例等等"。与此同时，各地法院纷纷制定适合自身的规定和措施，更好地发挥专业法官会议在助力案件裁判中的作用。

五、2021 年专业法官会议制度的特点

2015 年印发的《最高人民法院关于完善人民法院司法责任制的若干意见》（简称 2015 年《若干意见》），明确人民法院可以建立专业法官会议，为审判组织正确理解和适用法律提供咨询意见。2018 年 12 月，最高人民法院印发《关于健全完善人民法院主审法官会议工作机制的指导意见（试行）》［以下简称 2018 年《指

---

① 《创新建立执行专业法官会议制度　推动执行领域法律适用标准统一》，《人民法院报》2019 年 7 月 28 日，第 4 版。

导意见（试行）》]。为落实 2020 年 7 月印发的《最高人民法院关于深化司法责任制综合配套改革的实施意见》"类案检索初步过滤、专业法官会议研究咨询、审判委员会讨论决定"的要求，最高人民法院于 2021 年 1 月 12 日发布实施了《关于完善人民法院专业法官会议工作机制的指导意见》（以下简称 2021 年《指导意见》），优化调整了 2015 年《责任制意见》和 2018 年《试行意见》部分规定。2021 年《指导意见》印发后，2018 年《指导意见（试行）》同时废止，其他文件的部分内容被修改完善，更加全面规范了专业法官会议工作机制。

意见的名称发生了变化。从 2018 年《指导意见（试行）》规范对象"主审法官会议"改回了 2015 年《若干意见》的"专业法官会议"。专业法官会议机制在以前有很多的名称，但是，"专业法官会议"的名称得到最广泛的认可，也反映了这一机制的实质和主要参加主体，对其"正名"很有必要。特别是，2021 年《指导意见》规定"各级人民法院根据本院法官规模、内设机构设置、所涉议题类型、监督管理需要等，在审判专业领域、审判庭、审判团队内部组织召开专业法官会议，必要时可以跨审判专业领域、审判庭、审判团队召开"，包括了过去的审判长联席会议、庭长联调会议、主审法官会议等形式，"专业法官会议"的称谓最具有概括性和周延性。

在这一文件的实质内容上，体现了专业法官会议的以下几个特点：

（一）咨询性

早在 2015 年《若干意见》第 8 条就指出：专业法官会议"为合议庭正确理解和适用法律提供咨询意见。""专业法官会议的讨论意见供合议庭复议时参考，采纳与否由合议庭决定。"2018 年《指导意见（试行）》第 8 条规定："审理案件的合议庭或者独任法官独立决定是否采纳主审法官会议讨论形成的意见，并对案件最终处理结果负责。"以上两个文件都指明了其咨询机构的性质。

而 2021 年《指导意见》第 1 条就明确指出："专业法官会议是人民法院向审判组织和院庭长（含审判委员会专职委员，下同）履行法定职责提供咨询意见的内部工作机制。"第 11 条规定："专业法官会议讨论形成的意见供审判组织和院庭长参考。"我国的专业法官会议，是中国特色的法院内部专业咨询机构，以提供参考性意见为直接目的，又起到了间接监督的作用。

（二）保密性

与正在推进的审判委员会改革意见公开相反，专业法官会议的意见是不对外公开的。理由在于，审判委员会是有裁决权的审判组织之一，公开其意见，体现了"让审理者裁判、由裁判者负责"的监督机制。2019 年 8 月 2 日，最高人民法院《关于健全完善人民法院审判委员会工作机制的意见》从两个方面确立了审判委员会的公开机制：一是审判委员会的决定及理由公开，重申了新修订的《人民法院组织法》第 39 条第 3 款的规定，明确要求除法律规定不予公开的情形之外，审判委员会讨论案件的决定及其理由应当在裁判文书中公开。二是建立了邀请人大代表、政协委员、专家学者等列席审判委员会的工作机制，实际上是向特定社会民众的公开。

而专业法官会议只是一个咨询机构，公开其意见会影响裁判的权威性，即裁判后当事人及社会各界可能根据与裁判意见相反的咨询意见作为理由拒不服从裁判、评论裁判的合理性，影响司法公信力。2021 年《指导意见》第 13 条规定："参加、列席专业法官会议的人员和会务人员应当严格遵守保密工作纪律，不得向无关人员泄露会议议题、案件信息和讨论情况等审判工作秘密；因泄密造成严重后果的，依纪依法追究纪律责任直至刑事责任。"涉诉上访仍然频繁，社会和媒体高度关注法院裁判的背景下，公开专业法官的咨询性意见，可能造成舆论审判、影响审判秩序。

（三）枢纽性

2015 年《若干意见》和 2018 年《指导意见（试行）》没有涉及专业法官会议与审判委员会讨论案件的关系。2019 年 8 月 2 日最高人民法院《关于健全完善人民法院审判委员会工作机制的意见》第 11 条要求；"拟提请审判委员会讨论决定的案件，应当有专业（主审）法官会议研究讨论的意见。"将专业法官会议讨论作为提请审判委员会讨论决定的必经程序，旨在更多体现"让审理者裁判"，为审判委员会过滤案件。

2018 年《指导意见（试行）》第 12 条规定："拟提交审判委员会讨论决定的案件，应当由专业法官会议先行讨论。但存在下列情形之一的，可以直接提交审判委员会讨论决定：（一）依法应当由审判委员会讨论决定，但独任庭、合议庭与院庭长之间不存在分歧的；（二）专业法官会议组成人员与审判委员会委员重合度较高，先行讨论必要性不大的；（三）确因其他特殊事由无法或者不宜召开专业法官会议讨论，由院长决定提交审判委员会讨论决定的。"这一文件作了明确而折中的处理，即对于特定案件可以不经专业法官会议讨论作为审判委员会的前提，其他案件则仍然以将专业法官会议作为审判委员会讨论案件的前置程序。

（四）专业性

2015 年《若干意见》规定，专业法官会议由"法官组成"；2018 年《指导意见（试行）》第 3 条规定："主审法官会议由本院员额法官组成。参加会议的法官地位、权责平等。根据会议讨论议题，可以邀请专家学者、人大代表、政协委员等其他相关专业人员参加会议并发表意见。"2021年《指导意见》规定："专业法官会议由法官组成。……专业法官会议主持人可以根据议题性质和实际需要，邀请法官助理、综合业务部门工作人员等其他人员列席会议并参与讨论。"

2021年《指导意见》没有再规定可以邀请本院以外的人员参加，但对于其他人员并没有限制范围，"其他人员"可以包括人民陪审员、专家学者或具有专门知识的人员。但应当强调的是，专业法官会议的主要任务不是监督，而是提供专业咨询，对于不熟悉所讨论问题的人员不应当邀请，这与人民陪审员可以依靠朴素经验参与案件审判的要求是完全不同的。由于专业法官会议以讨论待决案件为主，涉及审判工作秘密，列席人员也应当严格遵守保密纪律。

（五）广泛性

2015年《若干意见》规定："合议庭认为所审理的案件因重大、疑难、复杂而存在法律适用标准不统一的，可以将法律适用问题提交专业法官会议研究讨论。"将专业法官会议讨论的案件范围限制于法律适用问题。

2018年《指导意见（试行）》第4条除了列举了法律适用问题的具体内容之外，还将"属于新类型、疑难、复杂、社会影响重大的""合议庭成员意见分歧较大的""持少数意见的承办法官认为需要提请讨论的"等可能属于事实问题的讨论也纳入专业法官会议的讨论范围，没有要求只讨论"法律适用问题"。

2021年《指导意见》第4条规定了专业法官会议讨论案件的范围是"法律适用问题或者与事实认定高度关联的证据规则适用问题，必要时也可以讨论其他事项"，"其他事项"实际上包括了事实问题。

三个文件的变化历程，体现了规范制定者尊重裁判亲历性的努力。但是，也应当看到的是，专业法官会议毕竟只是咨询性机构，并不是裁判机构，原则上对审判相关的问题都应当可以讨论。另外，从认识规律来看，即使是对已有证据和事实问题的分析和判断，也需要逻辑规则和司法经验。在重大疑难复杂案件中，依靠参加专业法官会议的人员的讨论，可以在逻辑和经验上发挥集体智慧，有助于审判法官认识事实和证据。

（六）程序性

2015年《若干意见》没有规定专业法官会议研究讨论案件的程序。2018年《指导意见试行》要求：参加会议的法官可以按照法官等级和资历由低到高的顺序依次发表意见，也可以根据案情由熟悉案件所涉专业知识的法官先发表意见，但主持人应当最后发表意见；会议结束时，主持人应当总结归纳讨论情况，形成讨论意见，记入会议纪要。会议纪要应当按照规定在案卷和办案平台上全程留痕。

2021 年《指导意见》全面规定了专业法官会议的程序，增加或者补充了以下内容：确定主持人的要求，规定根据参加会议人员的情况分别由院长或其委托的副院长、审判委员会专职委员、庭长、资深法官主持；主持人应当在会前审查会议材料并决定是否召开专业法官会议；应当在会议召开前就基本案情、争议焦点、评议意见及其他参考材料等简明扼要准备报告，并在报告中明确拟提交讨论的焦点问题；案件涉及统一法律适用问题的，应当说明类案检索情况，确有必要的应当制作类案检索报告；全体参加人员应当在会前认真阅读会议材料，掌握议题相关情况，针对提交讨论的问题做好发言准备；主持人应当指定专人负责会务工作。

2021 年《指导意见》还详细规定了专业法官会议组织讨论的具体规则：（一）独任庭或者合议庭作简要介绍；（二）参加人员就有关问题进行询问；（三）列席人员发言；（四）参加人员按照法官等级等由低到高的顺序发表明确意见，法官等级相同的，由晋升现等级时间较短者先发表意见；（五）主持人视情况组织后续轮次讨论；（六）主持人最后发表意见。主持人总结归纳讨论情况，形成讨论意见。这样的组织讨论规则，体现了司法机构的会议不同于一般会议的特点：针对性，即会议是在充分了解讨论对象的基础上进行的；民主性，即根据参会人员地位的主次，发言顺序为：从次要的人到重要的人，最后由主持人发表意见并进行总结；充分性，即参加人员就有关问题进行询问，讨论可以有多个轮次。

专业法官会议的意见虽然仅供参考、咨询之用，但在整个审判权力运行过程中，有着重要的枢纽作用，是推动审判组织复议、院庭长监督、审判委员会讨论的关键节点。2021 年《指导意见》要求确保会议全程留痕、内容入卷备查。这不仅有利于提升主持人、参加人员的责任意识和发言质量，也有利于会议成果转化。

小结

专业法官会议制度作为司法改革的一项重要辅助性制度，有其存在的必要性和合理性。专业法官会议作为我国法院内部组成的一部分，其不仅为合议庭审判案件提供咨询意见，而且对我国全面深化司法改革起到重要的推动作用。随着社会的不断发展和科技的不断进步，案件也会随之变得复杂，这就相应地对法官自身的知识储备和业务能力提出了更高的要求。

在审判实践中，由于不同地区的经济发展水平不同，不同的法官也存在着知识的差异和业务能力的不同，再加之个人不同的价值观念，在审判案件和适用法律方面可能会出现不同的理解，从而导致"同案不同判"现象的发生。专业法官会议的成立，可以集全体法官的智慧，解决争议焦点，弥补独任法官或者合议庭因知识能力等不足而可能出现的审判错误。由于专业法官会议的决定仅具有参考性，不具有强制执行力，故在解决了案件疑难问题的同时，最大限度地保障了承办法官审理案件时的独立性，一定程度上避免了"审者不判，判者不审"的问题。

作为中国特有的审判权运行机制，从 2000 年运行至今，专业法官会议制度在实践中不断进步与完善。"作为审判权运行机制中的一项重要制度，专业法官会议不仅可以为法官搭建沟通交流的平台，还可以发掘类案的规律和特点，总结审理同类案件的裁判规则，从源头上减少'同案不同判'现象发生，使裁判结果更能获得当事人和社会的认同，从而提升司法公信力。"[1] 尽管专业法官会议目前在会议运行机制、人员选任等方面仍然存在很多问题，但是任何一项制度的发展完善都需要一个过程，来慢慢地适应它所生存的土壤。随着我国司法改革的不断发展，专业法官会议制度会更加完善。

第五节　法院类案检索机制

随着司法责任制改革的深化，法官拥有了更大的自主判断权和自由裁量权，"让审理者裁判，由裁判者负责"的改革要求正在逐步落实。但是，随着法官自主判断权和自由裁量权的增强，如何对法官进行监督，在最大限度上统一裁判尺度、实现类案类判，便成为下一步司法责任制改革的重点和难点。

为了实现类案类判，我们首先实行了案例指导制度。案例指导制度对统一裁判尺度、实现类案类判起到了一定的作用。但是，在案例指导制度中，最高人民法院对指导性案例的产生具有最终的确认权，这导致指导性案例的挑选程序相当复杂、指导性案例的数量稀少，案例指导制度实现类案类判的作用非常有限。大数据和人工智能在司法领域的迅猛发展，让海量的司法案例应用于指导审判实践成为可能，类案检索机制为类案类判提供了新的角度和手段。

2017 年 8 月 1 日，最高人民法院印发《最高人民法院司法责任制实施意见（试行）》第 39 条规定：承办法官在审理案件时，"均应……制作类案与关联案件

---

① 孙坎：《浅析专业法官会议制度》，《河南法制报》2020 年 5 月 21 日，第 15 版。

检索报告",标志着类案检索机制的产生。因为用了"均应"二字,制作类案检索报告是强制性义务,因而,类案检索机制也被称为类案强制检索机制。但这一文件只适用于最高人民法院,并不要求各级法院适用类案强制检索。

2017年10月26日,中共中央办公厅印发《关于加强法官检察官正规化专业化职业化建设全面落实司法责任制的意见》,要求各级人民法院和检察院要"完善智能辅助办案系统的类案推送、结果比对、数据分析、办案瑕疵提示等功能",进一步强调了大数据技术对规范法官自由裁量权的作用。

2018年12月4日,最高人民法院印发《关于进一步全面落实司法责任制的实施意见》提出,要求"各级人民法院应当在完善类案参考、裁判指引等工作机制基础上,建立类案及关联案件强制检索机制"。这个文件把类案参考、裁判指引工作机制与类案检索机制联系起来,将三者统一于法律统一适用机制中。

2019年2月27日,最高人民法院印发《最高人民法院关于深化人民法院司法体制综合配套改革的意见》,提出要"完善类案和新类型案件强制检索报告工作机制"。首次对各级人民法院在审理新类型案件时进行强制检索作出了规定。

2019年10月11日,最高人民法院发布实施《最高人民法院关于建立法律适用分歧解决机制的实施办法》,要求"严格落实全面推进'类案和新类型案件强制检索'制度",规定了对裁判尺度不统一、法律适用存在分歧的案件应如何解决的具体操作程序,对类案检索结果的运用进行了细化。

2020年7月31日,最高人民法院发布实施《关于统一法律适用加强类案检索的指导意见(试行)》,对类案检索的适用范围、检索主体及平台、检索范围和方法、类案识别和比对、检索报告或说明、结果运用、法官回应、法律分歧解决、审判案例数据库建设等予以明确。

2020年9月14日,最高人民法院发布实施的《关于完善统一法律适用标准工作机制的意见》指出,法官应当或者可以参照类案进行裁判;检索到的类案存在法律适用标准不统一的,依照法律适用分歧解决机制予以解决。

人民法院类案检索机制从最初提出至今已经三年多,最高人民法院和各级法院密集出台了实施规范。由于要求最高法院对所有案件强制进行类案检索、各级法院对新类型案件进行类案强制检索,裁判中已经有了大量类案检索的实践,迫切需要我们对这一机制的设计和实施进行检视与反思。

一、类案检索机制的原理与成效

类案检索,是指法官通过在线检索、查阅相关资料等方式发现与待决案件在案件基本事实和法律适用方面相类似的案例，为待决案件裁判提供参考。

（一）类案检索的原理与方法

根据《最高人民法院司法责任制实施意见（试行）》的规定，适用类案检索机制的第一步是确定检索类案的案件和检索范围。《关于统一法律适用加强类案检索的指导意见（试行）》第2条、第4条规定："人民法院办理案件具有下列情形之一，应当进行类案检索：（一）拟提交专业（主审）法官会议或者审判委员会讨论的；（二）缺乏明确裁判规则或者尚未形成统一裁判规则的；（三）院长、庭长根据审判监督管理权限要求进行类案检索的；（四）其他需要进行类案检索的。"类案检索范围一般包括："（一）最高人民法院发布的指导性案例；（二）最高人民法院发布的典型案例及裁判生效的案件；（三）本省（自治区、直辖市）高级人民法院发布的参考性案例及裁判生效的案件；（四）上一级人民法院及本院裁判生效的案件。除指导性案例以外，优先检索近三年的案例或者案件；已经在前一顺位中检索到类案的，可以不再进行检索。"

在检索类案前，法官需要确定待办案件的争议焦点，带着问题进行检索。"案件的争议焦点，既是当事人具有实体法和诉讼法意义的冲突焦点之所在，也是法官进行推理和判决所要解决的问题核心。"[①]《关于统一法律适用加强类案检索的指导意见（试行）》第5条规定："类案检索可以采用关键词检索、法条关联案件检索、案例关联检索等方法。"这需要法官根据检索目标确定。在确定了待办案件的争议焦点后，法官便可进行检索，在实践中，检索分为手动检索和自动推送。

手动检索，即法官手动输入检索的关键词进行检索，法官需要将待办案件的争议焦点转换为相应的关键词，如一个案件中的争议焦点为被告人在乘坐公交车时殴打驾驶员是否构成以危险方法危害公共安全罪，法官便可以将此争议焦点转换为"乘客殴打公交车驾驶员"，系统便会将相关的类案进行呈现。

自动推送，是指法官不必自己总结案件的争议焦点，只需将相关的法律文书上传至系统或在系统内输入案情的描述，系统便会自动提取案件的相关标签，并将提取的标签与系统内已经标签化的裁判文书进行比对，根据比对结果自动推送类似案件。如输入"被告人乘坐公交车，因购票问题与驾驶员发生争执，继而殴打驾驶员，致使车辆失控碰撞上护栏"的案情描述，系统便会自动推送类似的案件。

由于各种因素的影响，系统检索推送的案例不一定准确，也不一定符合法官

---

① 邹碧华：《要件审判九步法》，法律出版社2010年版，第116页。

的需求，因此，对案例进行筛选至为重要。在进行筛选时，法官没有必要通篇阅读案例，可以直接找到案例中关键词所在的部分进行识别，如果符合要求，再对案例的全文进行综合分析，决定是否参考。此外，法官应尽量选取案情、诉讼请求与待办案件关联度较高的案例。

（二）类案检索报告的制作

《关于统一法律适用加强类案检索的指导意见（试行）》第7、8条规定："对本意见规定的应当进行类案检索的案件，承办法官应当在合议庭评议、专业（主审）法官会议讨论及审理报告中对类案检索情况予以说明，或者制作专门的类案检索报告，并随案归档备查。""类案检索说明或者报告应当客观、全面、准确，包括检索主体、时间、平台、方法、结果，类案裁判要点以及待决案件争议焦点等内容，并对是否参照或者参考类案等结果运用情况予以分析说明。"

类案检索报告是记录检索过程及结果的客观反映，也是法官对案例进行筛选和分析的总结梳理。在内容上，类案检索报告应当包括以下几个部分：待办案件的争议焦点、法官采用的检索方式、参考案例概览等部分。参考案例概览要包含裁判文书名称、案号、审理法院、审理法官、案由、裁判日期、案情摘要、裁判要点等案件的基本信息。在形式上，类案检索报告应当包括封面、目录、案例原文等部分，对于《关于统一法律适用加强类案检索的指导意见（试行）》提到的"类案检索报告"，综合各地的试点，可以概括为下表：

表2-1　类案检索报告

报告提纲	具体内容
裁判文书名称与案号	具体内容
审理法院与法官	具体内容
案由与裁判日期	具体内容
案情摘要	具体内容
裁判要点	具体内容

《最高人民法院司法责任制实施意见（试行）》和《关于统一法律适用加强类案检索的指导意见（试行）》对类案检索报告的制作只是做了简单的规定，考虑到实践中法官的工作量，可以依据不同情形对类案检索报告的制作进行不同处理。根据《最高人民法院司法责任制实施意见（试行）》的规定，"法官拟作出的裁判结果与同类生效案件裁判尺度一致的，法官只需在合议庭评议中作出说明后即可制作、签署裁判文书"，因此，对于裁判结果与同类生效案件裁判尺度一致的，法官在制作检索报告时可以简略一些。如果情况相反，法官应作出更为详尽的类案

检索报告，重点包括归纳参考案例的裁判思路、所适用的裁判规则以及裁判结果，法官对这些案例进行回应和说明等，以便于专业法官会议和审委会开展讨论。

（三）类案检索结果的运用方法

《关于统一法律适用加强类案检索的指导意见（试行）》第9条规定："检索到的类案为指导性案例的，人民法院应当参照作出裁判，但与新的法律、行政法规、司法解释相冲突或者为新的指导性案例所取代的除外。检索到其他类案的，人民法院可以作为作出裁判的参考。"

在技术上，法官应当如何参照或者参考呢？根据实践中的情况，在对案例进行筛选，确定参照或参考的案例后，法官需要采用归纳推理的方式对确定的案例进行分析，找出这些案例中的裁判思路、裁判规则以及裁判结果。然后，法官就可以运用演绎推理的方法，将其涵摄到待办案件事实中实现类案类判。

类案检索机制的工作原理，其实就是大数据和人工智能技术在司法领域的运用原理。通过对司法大数据进行整理、加工以及深度挖掘，可以发现隐藏在司法大数据下具有规律性的各种情形，为我们在处理新的情形提供参考。随着智慧法院建设步伐的加快，法院对司法大数据有了更加强大的数据收集分析能力和运算能力，为司法大数据的深度运用提供了基础。

类案检索系统主要依托知识图谱技术和自然语义处理技术将司法大数据结构化。"知识图谱是结构化的语义知识库，用于以符号形式描述物理世界中的概念及其相互关系。"[1] 知识图谱强调的是两个事物之间的关系，运用到法律中，就是用符号形式描绘出案件情节与裁判结果之间的关系。目前，知识图谱对司法大数据的构建主要存在两种路径。

一是从抽象到具体，即事先按照一定的法律逻辑构建出系统的案件知识图谱，然后再从海量的司法大数据中将相应的情节提取出来充实到已经构建出的知识图谱中。具体操作上，以刑法为例，一般都是先构建总则的概念模型，然后再构建分则的概念模型，以罪名为纲，以各罪的构成要件和量刑情节为目。在总则和分则的概念模型分别构建完成后，两者需要进行有效的衔接，以形成完整的知识图谱架构。这些模型的构建可以参考刑法教科书中对刑法知识进行总结的思维导图。

二是从具体到抽象，即让人工智能自主地对海量司法大数据进行深度学习，自动将案件的知识图谱构建出来。这种方式对技术的要求较高，相比第一种方式

---

[1] 刘峤、李杨、段宏、刘瑶、秦志光：《知识图谱构建技术综述》，《计算机研究与发展》2016年第3期，第584页。

难度更大，因此大部分的案件知识图谱都是由第一种方式构建的。

案件知识图谱的构建只是第一步，要想人工智能准确地识别案件，还需要利用自然语义处理技术将裁判文书中的情节进行提取。"情节提取实际上就是将裁判文书中半结构化、非结构化的数据进行提取整合，形成结构化的标签。"① 但由于目前自然语义处理技术尚不成熟，因此需要人工将裁判文书中的情节进行标注，即人工"贴标签"，将裁判文书中的信息整合成结构化数据。

案件情节提取完成后，司法大数据就成了人工智能可以识别的结构化数据，人工智能在识别已经结构化的司法大数据后，就可以对这些司法大数据进行深度学习，得出一个高置信度的算法。类案检索系统就是基于该高置信度的算法进行类案检索与推送的。

类案检索系统是类案检索机制得以运行的技术支撑，法官在进行类案检索时离不开以大数据、人工智能技术为支撑的类案检索系统。现有的类案检索系统大致可分为两类：在中央机构，主要是中国裁判文书网、法信、智审、类案智能推送系统等平台；在地方机构，主要是各省法院自己研发的类案检索系统，如：重庆高院的智能专审平台、安徽高院的类案指引项目、贵州高院的类案检索系统、海南高院的量刑规范化辅助办案系统，等等。

另外，《关于统一法律适用加强类案检索的指导意见（试行）》第11条还规定："检索到的类案存在法律适用不一致的，人民法院可以综合法院层级、裁判时间、是否经审判委员会讨论等因素，依照《最高人民法院关于建立法律适用分歧解决机制的实施办法》等规定，通过法律适用分歧解决机制予以解决。"2019年10月28日，最高人民法院《关于建立法律适用分歧解决机制的实施办法》规定，"最高人民法院审判委员会（以下简称审委会）是最高人民法院法律适用分歧解决工作的领导和决策机构"。各级人民法院对适用法律不一致的，可以按法定程序逐级提交最高人民法院审判委员会解决。

《指导意见（试行）》的出台，对长期以来关于检索的效力问题提供了原则性方案。

（四）类案检索机制的实施效果

类案检索机制的实施效果和类案检索机制的功能息息相关；换句话说，类案检索机制的实施效果，其实就是类案检索机制的功能在实践中得到了多少的体现。我们在中国裁判文书网用"类案"一词进行搜索，发现有9685篇文书提到了类

---

① 王禄生：《司法大数据与人工智能开发的技术障碍》，《中国法律评论》2018年第2期，第49页。

案，有 405 篇文书提到了"类案检索"。（搜索时间为 2020 年 10 月 14 日 22 时，检索时裁判文书网的裁判文书数量为 103579933 篇。）可见，在公开的裁判文书中就已经能够说明类案检索发挥了重要作用，当然，还有可能存在大量包括了类案检索结果的裁判文书没有上网，或者在裁判文书中没有提及曾经进行过类案检索的情况。

类案检索机制弥补了案例指导制度的不足，但就功能而言，两者具有一致性。具体来说，类案检索机制实现了以下功能：

第一，统一裁判尺度。类案检索系统所具有的强大数据挖掘能力为法官了解各类案件的裁判尺度提供了极大的便利。"类案检索和推送，可以让法官在可检索范围内最大限度地了解各类案件的裁判尺度"[1]，了解各类案件的裁判尺度后，法官便可以提炼出各类案件的审判经验，归纳出各类案件的规范处理标准。对于应当进行检索的案件，检索结果对法官的影响是强制性的，可以防止法官作出与同类案件裁判尺度相差过大的裁判，有效地统一了案件的裁判尺度，从法院内部管理方面约束了法官同案不同判的权力。

第二，提高审判质效。类案检索机制的实施提高了法官的办案效率。以最高法院的智审系统为例，据报道，"智审系统已经帮助河北三级法院法官办理案件超过 76 万件，生成各类文书 510 余万件，全省日平均在线应用人数近 4000 人，单日文书生成量达 7 万余份，为法官减少 30% 的案头工作和 20% 的事务性工作"[2]。办案效率的提高，将法官从繁重的事务性工作中解放出来，有利于法官将更多的精力放到对案件本身的研究和裁判上，从而提高案件的审判质量。

第三，增强裁判公信力。类案检索的结果虽然不能直接决定法官的裁判结果，但是法官可以在裁判文书中引用类案检索结果。如果法官要改变同类案件的裁判尺度或形成新的裁判尺度，则须进行充分的论证。通过引用类似案件，法官可以增强裁判文书的说理性，说理性强的裁判文书，会让当事人心服口服，裁判的公信力便也得到了增强。

二、类案检索机制的实施困境

在取得巨大成绩的同时，类案检索机制也存在多方面的现实困境。

（一）裁判文书数据存在问题

可靠的裁判文书数据是类案检索机制运行的基础。"人工智能和大数据战略必

---

① 魏新璋、方帅：《类案检索机制的检视与完善》，《中国应用法学》2018 年第 5 期，第 75 页。
② 魏新璋、方帅：《类案检索机制的检视与完善》，《中国应用法学》2018 年第 5 期，第 75 页。

须建立在数据的可测量、可搜集、可报告、可分析的基础之上。"① 然而，当前的裁判文书数据却存在不少问题。

第一，裁判文书数据不全面。裁判文书网是当前各种类案检索系统的基础数据库，数据规模看似庞大，但数据并不全面。中国裁判文书网建立于 2013 年。随着裁判文书网的建立，裁判文书上网公开的工作快速发展，很多裁判文书都在网上公开，但受各种因素的影响，还有不少的裁判文书并未上网公开。这会导致检索推送的类案数量过少，少量的案例根本不足以形成这一类案件的裁判尺度，法官无法在检索推送的类案中找到裁判的依据。为了解决这个问题，有的系统对类案数量设定了阈值，如将检索推送的类案数量固定为 10 件，当检索推送的类案数量不足 10 件时，系统会自动将类案数量补足到 10 件。这一设计虽然在一定程度上弥补了类案数量失衡的不足，但是也带来了新的问题。系统自动补足时，这些充当补足的类案，与待办案件的关联性更让人怀疑，补足的类案明显有一种"凑数"的嫌疑。

第二，部分裁判文书数据质量不佳。有一部分裁判文书在质量上存在问题，主要是标识性信息写作错误、内容表达多样化。文书标识性信息错误指的是"裁判文书的标题、案号、时间、地点、法院级别、审判程序、文书类型等信息存在错误"，文书内容的表达多样化问题指的是，对于本应当规范用词的裁判文书，"在案情陈述、裁判依据、裁判结果等方面存在文字表达上的差异"②。这些质量不佳的裁判文书，混在整体的裁判文书数据中，导致系统或者识别不出正确的类案，或者识别出来但检索推送的结果不能运用。

（二）人工智能没有被深度运用

类案检索机制在实践中遇到的困境很大程度上可以归因于当前的大数据和人工智能技术尚不成熟。当前的大数据和人工智能技术还处在发展的初级阶段，类案检索系统主要依托的知识图谱技术和自然语义处理技术存在瓶颈，初级智能化的案件分析和类案检索，制约了类案检索机制在实践中的发展。知识图谱的构建和裁判文书信息数据的结构化，需要大量既懂法律又懂技术的复合型人才，进行繁重的人工建模及标注工作。目前，既懂法律又懂技术的跨界人才稀缺，而人工建模及标注的工作繁重且成本巨大。因此，人工建模及标注都过于简陋，很多法律细节或者未被标注或者未被准确地标注，由此便造成了检索推送的类案"类似

---

① 徐骏：《智慧法院的法理审思》，《法学》2017 年第 3 期，第 58 页。
② 马超、于晓虹、何海波：《大数据分析：中国司法裁判文书上网公开报告》，《中国法律评论》2016 年第 4 期，第 241 页。

但无用"的结果。人工智能没有被深度运用导致了以下两个方面的问题：

一是检索推送的类案来源不明确。检索推送的类案中，有的案例并没有清晰的来源，只有裁判要点和评析，一些细节性和客观性的信息缺失，且文书的作者及其所在法院均未标明；还有一些案例层次不清，检索推送的案例中既有一审判决，也有二审和再审判决，但是在同一案件的一审、二审或者再审的裁判文书并不一起推送的情况下，一审判决是否被维持并不清楚，二审或者再审是否改变了一审的裁判理由也不清楚，影响了案件的参考价值。

二是检索推送的类案内容不精准。具体而言，一些检索推送的类案，其实并未达到类案的标准，仅仅是援引了同一法条，或者仅仅是在裁判文书中出现了并无实质意义的相同词句，系统就将其判定为类案。还有一些检索推送的类案，虽然案件事实或者争议焦点与法官的待办案件类似，但是案例中的法律难点或者技术细节却与法官的待办案件相差甚远，并没有参考价值。

在面对新类型案件或疑难复杂案件时，法官对检索推送类案的精准程度有着更高的要求。然而，检索推送的类案来源不清、内容不准，加之疑难复杂案件的案件事实或相关的法律问题过于复杂，类案检索系统很难对其进行准确的识别和推送，导致法官找不到与其待办案件类似的案例。这样，类案检索出现了简单案件不需要、复杂案件不好用的现状。

（三）检索规则不健全

类案检索机制作为一种新创设的制度，还处在探索阶段，各种规则尚不健全。检索规则的不健全，使法官在进行类案检索时不知所措，加深了类案检索机制在实践中遇到的困境。检索规则的不健全，主要体现在以下几个方面：

第一，缺少具体的操作规程。《最高人民法院司法责任制实施意见（试行）》和《关于统一法律适用加强类案检索的指导意见（试行）》只是对法官进行类案检索后如何运用检索结果做了具体的规定，但却未明确规定法官该如何进行类案检索，法官在进行类案检索时并不清楚到底该怎样进行操作。

第二，缺少统一的类案检索系统。当前，类案检索系统可谓"百花齐放"，最高法院和一些地方法院都拥有各自的类案检索系统，每种类案检索系统都有着各自的裁判文书数据库、类案识别标准、算法，技术含量也高低不齐，因此，类案识别的结果各不相同。以上问题看似是技术问题而不是法律规范，却是法规规范能够付诸实践的基础。

（四）类案识别标准不合理

类案识别标准划分不够合理，致使类案检索系统检索推送的类案不精准、推送结果无法运用。2015 年 6 月 2 日发布实施的《〈最高人民法院关于案例指导工作的规定〉实施细则》第 9 条规定："各级人民法院正在审理的案件，在基本案情和法律适用方面，与最高人民法院发布的指导性案例相类似的，应当参照相关指导性案例的裁判要点作出裁判。"最高人民法院文件给出了类案的识别标准——基本案情和法律适用类似的案件即为类案。

但是理论界对这个标准并不认同，学者们纷纷提出自己认为的类案识别标准，比较有代表性的有"关键事实说""法律关系说""主要事实特征说""综合分析说"等。"关键事实说"认为："案件的'关键事实'更具有可操作性。案件的'关键事实'，就是与案件争议点直接相关的案件事实。"[①] "法律关系说"认为："待决案件与指导性案例之间的对比要点宜以案件法律关系为框架体系，形成以具体行为、法律关系主体、客体以及内容（权利与义务）为要点的相似性对比标准。"[②] "主要事实特征说"认为："如果指导性案例与待决案件的主要事实特征相同，而不同的事实特征并不重要，不足以改变裁判的方向或影响裁判的结果，那么，先例与待决案件就具有相同性或类似性。"[③] "综合分析说"认为："类似案例应当具备关键事实类似、具体的法律关系类似、案件的争议点类似、案件所争议的法律问题类似等几个特点。"[④]

从类案检索的技术要求和可行性来看，"要素提取说"是最可取的方式。"要素式审判法的要义在于法院审判时，紧紧围绕案件的要素予以展开，非要素的部分从简从略。"[⑤] "关键事实说""法律关系说""主要事实特征说"限于法律上的抽象争议，难以落实到可以操作的具体设计和操作程序，而"综合分析说"过于笼统，难以提炼成检索的指标。要素提取说符合技术规则和审判规律，也符合前述最高法院的"基本案情和法律适用类似"标准。同时，要素式审判已经是各级法院比较成熟的审判方法。

（五）类案检索结果不公开

裁判文书说理不足是当今司法裁判中律师和当事人反映最为强烈的重大问题，实践中各地法院已经有了通过公开类案检索结果说理的实践。如"余金平交通肇

———————————

① 张骐：《再论类似案件的判断与指导性案例的使用——以当代中国法官对指导性案例的使用经验为契口》，《法制与社会发展》2015 年第 5 期，第 140 页。

② 雷槟硕：《指导性案例适用的阿基米德支点——事实要点相识性判断研究》，《法制与社会发展》2018 年第 2 期，第 93 页。

③ 冯文生：《审判案例指导中的"参照"问题研究》，《清华法学》2011 年第 3 期，第 100 页。

④ 王利明：《我国案例指导制度若干问题研究》，《法学》2012 年第 1 期，第 78 页。

⑤ 汤维建：《如何理解要素式审判法》，《中国审判》2016 年第 4 期，第 35 页。

事二审刑事判决书"① 指出："合议庭经检索北京市类案确认，交通肇事逃逸类案件的类案裁判规则是交通肇事致人死亡，负事故全部责任而逃逸的，不适用缓刑；交通运输肇事后逃逸，具有自首、积极赔偿等情节而予以从轻处罚的，慎重适用缓刑。余某交通肇事案只是个案而非类案，具体判决不能代表类案裁判规则。"在这一引起全国舆情的案件中，人民法院主动将检索结果公开，以增加裁判的说服力。法院类案检索结果公开，是司法公开的重大创新，应当认真对待。

2017 年《最高人民法院司法责任制实施意见（试行）》没有要求在裁判文书中提及类案检索问题，2020 年《关于统一法律适用加强类案检索的指导意见（试行）》则要求：在诉辩双方将类案作为诉辩理由时，人民法院根据诉辩理由的类别而"应当"或者"可以"在裁判文书中作出回应。其第 10 条指出："公诉机关、案件当事人及其辩护人、诉讼代理人等提交指导性案例作为控（诉）辩理由的，人民法院应当在裁判文书说理中回应是否参照并说明理由；提交其他类案作为控（诉）辩理由的，人民法院可以通过释明等方式予以回应。"这一规定相对于 2017 年《最高人民法院司法责任制实施意见（试行）》是一个重大的进步，但这一规定没有要求法院公开自己主动进行类案检索的结果。对于实践中有的法院公开自己进行检索的结果的做法，《关于统一法律适用加强类案检索的指导意见（试行）》并没有吸纳，这是令人费解的。

三、类案检索机制的实施策略

类案检索机制在实践中所遇到的困境，究其本质，是当前类案检索机制并没有抓住法官使用类案检索时的实际需求所致。完善类案检索机制，需要从其本质出发，从类案检索机制的本质属性和预设功能入手，构建切实满足法官实际需求、符合司法实践的类案检索机制，才能全面、充分发挥类案检索机制的功能。

（一）优化裁判文书数据库

"案例作为司法经验和智慧的结晶，是审判案件的重要参考依据和法学研究的实践素材。"② 没有全面且可靠的裁判文书数据库，类案检索机制便如无本之木、无源之水。优化裁判文书数据库，需要解决裁判文书数据不全面的问题。诉讼档案电子化的进程还应再加快，要尽可能地将裁判文书的年限向前推进。裁判文书公开的广度也要进一步地加强，裁判文书公开"是满足当事人和社会公众知情权

---

① 北京市第一中级人民法院刑事判决书（2019）京 01 刑终 628 号。
② 《周强在最高人民法院司法案例工作推进会上强调加强案例研究 提升司法能力和水平》，中国法院网 2017 年 7 月 29 日讯。

的需要，是实现程序正义的需要，是提高司法公信力的需要"①。因此，只要不违反相关法律的例外规定，裁判文书就应该及时、规范地在网上公开。

解决裁判文书数据的质量问题也很重要。裁判文书的制作、审查以及公开程序要更加严格，避免一些诸如错字、病句等低级错误的发生。要统一裁判文书的表达方式，规范法官在书写裁判文书时对案情陈述、裁判依据、裁判结果等方面的表达。此外，还需要提高裁判文书的说理能力。说理部分是一份裁判文书中最精华的部分，它既是对整个案情的归纳，也集中体现了法官所运用的裁判方法，可以说，一份裁判文书质量的高低就取决于其说理部分质量的高低。说理能力强的裁判文书主要表现在其说理部分的争议焦点突出，裁判要点表述清晰，法律适用准确，法官在参考说理能力强的裁判文书时会感到很实用。

《关于完善统一法律适用标准工作机制的意见》要求"完善类案智能化推送和审判支持系统，加强类案同判规则数据库和优秀案例分析数据库建设"。《指导意见（试行）》要求："各高级人民法院应当充分运用现代信息技术，建立审判案例数据库，为全国统一、权威的审判案例数据库建设奠定坚实基础。"优化裁判文书数据库，可以将海量无序的裁判文书数据，改进为全面、有序、高质量的数据，将大大提高类案识别的准确度和推送结果的可使用性。

（二）改进技术应用手段

虽然大数据和人工智能目前还不够成熟，但随着时间的推移，它们肯定会取得重大的突破，那么目前所面临的问题可能就不再是问题，这需要等待技术的进一步发展，也需要法院系统自身努力，充分运用现有技术成果。

类案检索系统是为了满足法官需求而出现的产品，一件产品的完善关键在于重视用户的有效反馈，然而目前的类案检索系统明显不重视法官的使用反馈意见。应该在现有的技术条件下，根据法官对类案精确度的反馈意见，及时对检索推送的类案结果进行调整、修改。建议设置反馈评价机制，让法官在查看检索推送的类案后，对该结果进行评价，开发者可以根据一定数量的法官反馈意见，对检索推送的类案进行调整，这样才能够保证法官可以获取更精准的类案。

人工建模与标注过于简陋，是因为模型和标注都是由专业的技术人员完成，他们并不清楚法官真正需要的是什么类型的类案。因此现在急需具备法律和科技知识的综合性人才。这种综合性人才应该是司法与技术的连接者、法律与技术的

---

① 高一飞、丁海龙：《刑事诉讼档案公开的限度、程序和条件》，《天津法学》2017年第3期，第17页。

跨界者、研发运用的反馈者。[①]

《关于完善统一法律适用标准工作机制的意见》要求强化对统一法律适用标准的科技支撑和人才保障。要求"各级人民法院应当充分利用中国裁判文书网、'法信'、中国应用法学数字化服务系统等平台，加强案例分析与应用，提高法官熟练运用信息化手段开展类案检索和案例研究的能力"。《指导意见（试行）》要求："各级人民法院应当积极推进类案检索工作，加强技术研发和应用培训，提升类案推送的智能化、精准化水平。"这一方向是正确的，要通过不断改进技术研发和加强应用培训，最大限度地发挥类案检索机制的功能。

（三）完善检索规则

第一，制定全国统一的类案检索操作规程。出台专门的司法解释对类案检索机制进行进一步的规范迫在眉睫。如统一规定法官在开始进行类案检索前的条件和标准、法官对其参考案例的说明标准等。除此之外，还应该设置对法官的预警标准，如果法官裁判的案件结果与类似案件的判决结果偏离太大，超过了统一的标准，系统应当及时提醒法官。

第二，建立一套统一的类案检索系统。虽然最高人民法院研发的"类案智能推送系统"未来可能会在全国范围内铺开，但现在这套系统还在试点当中，何时能够将其推行到全国各级法院仍未可知。当务之急应该是再研发一套全国统一的类案检索系统，摆脱全国各地法院各自为政的混乱局面，这个系统应该统一设计、统一使用、统一监督、统一反馈，并具有优质的裁判文书数据库和较高的智能化水平，能够确保法官检索到的类案同一且类案的匹配度较高。

（四）确立类案识别的标准

当前理论界和实务界对类案标准的划分，争议很大，都有其合理性。但类案检索系统所依赖的类案识别标准，检索推送的类案结果并不精准，不能满足法官的实际需求。正如世界上找不到两片完全相同的树叶，世界上也不可能找到两个完全相同的案件。但是，司法实践中各种类似的案件还是存在的，类似的程度越高，两个案件的关联点就会越多。

两个案件相似，应该得到类似的处理，亦即裁判结果相似，那么这两个案件的大前提和小前提也应该是相似的。因此，划分类案的标准便可以从两个案件的大前提和小前提入手。在识别两个案件是否为类案时，可以将两个案件的大前提

---

① 陈琨：《类案推送嵌入"智慧法院"办案场景的原理和路径》，《中国应用法学》2018 年第 4 期，第 97 页。

和小前提细化为若干个类型化的要素，然后对这些类型化的要素进行一一比对，寻找差异和共同点。如前所述，这种方法来源于要素式审判法，最高人民法院应当在以后的司法文件中要求：类案检索须以类型化要素作为识别类案的标准。这可防止类案检索成为应付式的形式主义，甚至于成为法官把类案检索结果作为滥用自由裁量权的理由。

（五）公开类案检索结果

类案检索机制是法院统一法律适用标准、实行内部监督的重要机制，但是，在实施中没有充分发挥其提升司法公信力的功能。2018 年 6 月 13 日，最高人民法院发布实施的《关于加强和规范裁判文书释法说理的指导意见》第十三条规定："除依据法律法规、司法解释的规定外，法官可以运用下列论据论证裁判理由，以提高裁判结论的正当性和可接受性：最高人民法院发布的指导性案例；最高人民法院发布的非司法解释类审判业务规范性文件；公理、情理、经验法则、交易惯例、民间规约、职业伦理；立法说明等立法材料；采取历史、体系、比较等法律解释方法时使用的材料；法理及通行学术观点；与法律、司法解释等规范性法律文件不相冲突的其他论据。"根据这个文件，法律法规、司法文件、伦理道德、学术理论都可以作为裁判文书说理的依据。"以严密的逻辑和情理使案件裁判结论不仅在当事人之间呈现法律的公正价值立场，而且能够使社会大众对裁判及背后法律的公正性得以理解。"[1] 对于通过法定程序制作、具有强烈说服力的类案检索结果，应当一律纳入裁判文书说理的范围。

在目前裁判文书说理不足、司法监督制约机制还不健全的背景下，中央政法委领导特别强调"推行类案强制检索报告制度，建立法律适用分歧解决机制"[2]。2020 年 9 月 14 日，最高人民法院《关于完善统一法律适用标准工作机制的意见》提出了统一法律适用标准的多种工作机制，但这些机制中适宜对外公开的不多。对类案检索结果的公开，可以为统一法律适用标准工作的开展向社会提供评价样本；作为一种内部监督制约机制，将其与社会监督充分结合，将检索报告的内容在裁判文书中公开，可以发挥内部监督和社会监督的双重作用；类案检索结果的公开，也能倒逼人民法院规范检索程序、创新类案检索机制。为此，我们建议，人民法院根据《关于统一法律适用加强类案检索的指导意见（试行）》等司法文件的要求进行了类案检索的，应当在裁判文书中公开类案检索报告的主要内容。

---

① 王利明：《我国案例指导制度若干问题研究》，《法学》2012 年第 1 期，第 73 页。

② 陈一新：《强化制约监督　杜绝执法司法不公不廉》，中国长安网 2020 年 8 月 30 日报道。

小结

类案检索机制的功能是否能够充分发挥，除了法律和技术上合理的制度设计，还需要厘清类案检索机制背后的司法逻辑，认识到类案裁判的条件和局限。

其一，"类案类判"并非同案同判。顾名思义，"类案类判"指的是"类似案件类似处理"，与之相关联的一个概念是"同案同判"，"当一人身处诉讼之中时，当遇到某些案件与自己所面对的案件有相同或类似的情节时，往往要求法官按照已决案件被给予自己同样的对待"①。然而，现实当中并没有完全相同的两个案件，"所谓'同案不同判''类案不同判'，只是民众对裁判不公的一个形象说法，其实质是法律适用不统一的问题"②。在学术界，所谓同案同判，其实是类案类判的一种夸张说法，其目的是强调司法的公正与平等，其本意就是类案类判。现实中并不存在完全相同的案件、完全相同的判决，我们不应当过分责难法学家们在同案同判这个词语上使用的修辞方法，更不能曲解其本意。在司法实践中，类似案件被类似处理的规则往往被机械化，"人们往往会基于判决结果之间的比较，而不是根据判决结果与具体法律规范条文的比附来提出对某个特定判决的质疑"③。这种机械化的期望和要求是不合理的，法官不可能做到相同案件相同判决，对此应当有一个清醒的认识。

其二，类案检索只能起到辅助的作用。科技发展对法律具有重大促进作用，利用前沿技术促进司法改革，堪称中国司法的"技术革命"。在这种环境下，类案检索机制便有了发展的肥沃土壤。当然，也有人质疑科技对法律究竟有多大的促进作用，"'同案'对于'同判'只有在形式平等的原则下，才有可能是合乎司法逻辑的。这种看法必须以法律规范体系完美无缺为前提，并假定由机械主义的司法来运作该规则体系，因此'同案同判'只是一个虚构的法治神话"④。所谓科技的发展并不能代替司法裁判，当然是有道理的，因为科技对司法裁判来说仅仅是一种辅助手段，其作用是供法官"参照"或者"参考"，它辅助法官对类似案件作出类似处理，但并不能代替法官对案件的审理。类案检索机制是必要的，却是有局限的，这也是常识，道理不言自明，纠缠于这个问题，是没有必要的。但是，

---

① 陈景辉：《同案同判：法律义务还是道德要求》，《中国法学》2013 年第 3 期，第 46 – 61 页。

② 刘树德、胡继先：《〈关于统一法律适用加强类案检索的指导意见（试行）〉的理解与适用》，《人民司法》2020 年第 25 期，第 38 页。

③ 孙海波：《类似案件应类似审判吗？》，《法制与社会发展》2019 年第 3 期，第 139 页。

④ 周少华：《同案同判：一个虚构的法治神话》，《法学》2015 年第 11 期，第 131 – 140 页。

任何法治进步都是各种体制机制发挥合力的结果，不能因为类案检索机制的局限而否认其作用。

虽然在当前的弱人工智能时代，类案检索机制有着这样或那样的问题，并不能充分满足法官的需求，但是，基于大数据和人工智能技术在数据检索和分析方面所具有的无可比拟的优势，其对提升法官裁判效率及统一裁判尺度作用巨大。随着时间的推移，类案检索机制会越来越完善，将会在统一裁判尺度、促进司法公正方面发挥更大的作用。

第六节　人民陪审制改革

陪审制度作为一项极具鲜明特征的司法制度，被多国以立法形式确定为司法审判体系的重要组成部分。陪审制度经过长期的实践与发展，逐渐形成了当前最主要的两种陪审制度模式：陪审团制度、陪审员参审制度。

陪审团制度是英美司法体系下诞生的产物，该模式注重审判过程中"事实审"与"法律审"的分离，由陪审团对案件事实负责并进行裁决，法官则进行法律上的适用。在刑事案件中，陪审团只对是否有罪作出裁判，在裁判有罪后，再由职业法官进行量刑。[1] 然而，较之陪审团制度，参审制度有着截然相反的模式特点，其要求职业法官和非职业法官共同组合，对案件的审理行使一致的权利，均须对案件事实的认定以及法律的适用负责。采用该模式的主要有法国、德国等大陆法系国家。

中国现行的人民陪审员制度实际上是在参审制度的基础之上建立起来的，但是又不同于其他国家的参审制度，其不同之处在于 7 人合议庭中事实问题与法律问题的决定权相分离。中国式的陪审制度，是中国传统文化、政治体制、社会环境等多方面因素共同作用的结果。

一、我国人民陪审员制度的历程

以时间为线索对人民陪审员制度进行梳理和总结，深入挖掘历史进程中制度演化所带来的经验教训，有利于从历史经验和教训中找寻人民陪审员制度的未来

---

① 高一飞：《陪审团的价值预设与实践障碍》，《北方法学》2018 年第 4 期，第 103 页。

改革之路。

（一）中华人民共和国成立前的人民陪审员制度（1932—1948 年）

早在 20 世纪 30 年代，从中国共产党领导下的中央政府适用陪审制度起，现代意义上的中国人民陪审员制度才算得上是真正开始。[①] 通过学习借鉴当时苏联的陪审制度经验[②]，在将其改造的基础上，在民主地区尝试允许陪审员参与到审判活动中来，服务于当时区域民主政权建设。

1932 年颁布的《中华苏维埃共和国裁判部暂行组织及裁判条例》对陪审制度作出详细规定并广泛应用于当时苏维埃地区审判活动。这一条例施行之后，因其实践的可行性与有用性，得到其他革命根据地司法审判工作的广泛认可和适用。红色政权也相继发布各项关于人民陪审制的条例、指示以及训令等规范性文件（如表 2－2 所示）。[③]

表 2－2　1931 年至 1949 年间规范人民陪审制的文件

规范性文件	发布机关	发布时间
《处理反革命案件和建立司法机关的暂时程序》	中华苏维埃中央民主政府	1931 年 12 月
《裁判部的暂行组织及其裁判条例》	中华苏维埃共和国中央执行委员会	1932 年 6 月
《中华苏维埃共和国军事裁判所暂行组织条例》	中华苏维埃共和国中央执行委员会	1932 年 2 月
《山东省陪审暂行办法》	山东革命根据地	1946 年 4 月
《晋察冀边区陪审制暂行办法》	晋察冀边区政府	1940 年 5 月
《晋西北陪审暂行办法》	晋西北革命根据地	1942 年 4 月
《苏中区处理诉讼案件暂行办法》		1944 年
《陕甘宁边区自治宪法草案》	陕甘宁边区政府	1946 年 10 月
《陕甘宁边区人民法庭办事规则》	陕甘宁边区政府	
《陕甘宁边区人民法庭组织条例》	陕甘宁边区政府	
《淮海区人民代表陪审条例（草案）》		

在共产党政权领导下的陪审制度，是人民民主与群众路线的产物。当时中国

[①]　钟莉：《价值·规则·实践：人民陪审员制度研究》，上海人民出版社 2011 年版，第 27 页。

[②]　张希坡主编：《革命根据地法制史》，法律出版社 1994 年版，第 298 页。

[③]　马小红、张岩涛：《中国法律史研究的时代图景（1949—1966）——马列主义方法论在法律史研究中的表达与实践》，《政法论丛》2018 年第 2 期，第 132 页。

基本国情决定革命要走"农村包围城市，武装夺取政权"之路，因此，农村地区人民群众对革命的广泛支持是根据地建设的重心所在。而陪审制度天然具有推进人民民主的功能和作用，是当时稳固政权、获得民心的重要政治工具之一。人民群众以陪审员的身份参与到案件审判活动中来，切实参与到地区政治和法制建设中，并监督审判权力的行使。一个阶级同另一阶级矛盾斗争并取而代之是社会变革的方式之一，阶级矛盾必然带来社会动荡与秩序混乱。在这一时期，人民陪审制有助于保护自身发展利益而参与地方性管理、稳定地方发展，并在此基础之上达到从其他统治集团手中夺取政权的目的，人民陪审员制度发挥了间接辅助夺取政权的作用。

从抗日战争到解放战争时期，人民陪审制度在红色政权地区广泛适用，并获得人民群众的普遍认可和欢迎。

（二）改革开放前的人民陪审员制度（1949—1978 年）

1949 年中华人民共和国成立之后，国家正式在法律层面就人民陪审员制度颁布了相关法律法规。1954 年 9 月 20 日第一届全国人民代表大会第一次会议通过的我国第一部《宪法》以根本法的形式确立了人民陪审员制度，规定"人民法院审判案件依照法律实行人民陪审员制度"①，为人民陪审员制度的建立提供了宪法依据。随后，1954 年 9 月 21 日颁布的《人民法院组织法》进一步对人民陪审员参与陪审的案件范围作出了明确划分，规定人民陪审员制度仅适用于人民法院审理的第一审案件，但是简单的民事案件、轻微的刑事案件和法律另有规定的案件除外。② 与此同时，第 9 条第 2 款③更是强调除三种例外情况，其他人民法院一审案件都需有人民陪审员参与，这一法律要求使得人民陪审制度在中华人民共和国各地区法院司法审判中全面而广泛地铺展开来。司法部与最高人民法院针对制度实施过程中存在的问题作出了《关于人民陪审员名额、任期、产生办法的指示》等一系列批复和指示，不断完善人民陪审员制度总体运行框架。中华人民共和国成立初期的五十年代是我国人民陪审员制度繁荣发展的辉煌时期。④

1966 年至 1976 年的十年"文化大革命"期间，国家法制建设遭受严重破坏，

---

① 《中华人民共和国宪法》（1954 年）第 75 条。

② 《中华人民共和国人民法院组织法》（1954 年）第 8 条。

③ 《中华人民共和国人民法院组织法》（1954 年）第 9 条第 2 款规定："人民法院审判第一审案件，由审判员和人民陪审员组成合议庭进行，但是简单的民事案件、轻微的刑事案件和法律另有规定的案件除外。"

④ 李昌道、董茂云：《陪审制度比较研究》，《比较法研究》2003 年第 1 期，第 57 页。

包括人民陪审员制度在内的司法体制的发展更是被中止甚至于面临消失的危险。当时，出现了以实行群众路线之名，以政治思维审判案件，让左派群众参与到右派分子的讨论批评中等不正常现象。这种斗争式的人民陪审制不仅没能进一步完善与发展人民陪审员制度，而且摧毁了初具形态的人民陪审员制度模式。

（三）改革开放初期的人民陪审员制度（1978—1996 年）

1978 年"文化大革命"风波彻底停息后，国家政治和社会生活逐渐步入正轨，中国迫切需要恢复全面有效的法律制度来维护国家和社会稳定有序运行。作为司法审判体制中重要组成部分的人民陪审员制度，得以再次被 1978 年《宪法》确认，使其重新回归到司法审判的正常工作中来。但在此之后，随着 1982 年《宪法》的修改，人民陪审员制度进入到了另一发展方向。

1978 年《宪法》重新确立人民陪审员制度后，国家相继颁布《人民法院组织法》《刑事诉讼法》等法律法规，延续了人民陪审员制度的旧有规定。但在人民陪审员制度有序开展之际，1982 年《宪法》删除了有关人民陪审员制度的内容，只在第 2 条第 3 款中原则性地规定人民参与国家管理的方式①，至今经过多次修订后的《宪法》也并未将人民陪审员制度有关规定重新写入其中。虽然 1982 年《宪法》修改后，人民陪审员制度转变成选择性适用制度，但从当时的法律规范上看，在加强社会主义法制体系建设的背景之下，与人民陪审员制度有关的法律法规却有所丰富，共制定了 11 部中央法规（如表 2-3 所示）、4 部地方性规范、3 份地方性司法文件以及 1 份地方工作文件等。

1982 年修改《宪法》后，人民陪审员制度不再被规定为宪法上的原则要求。1983 年，修订后的《人民法院组织法》中关于人民陪审员的规定也发生了重大改变，该法删除了 1979 年《人民法院组织法》第 9 条关于在人民法院一审案件中实行人民陪审员制度的规定，并对第 10 条第 2 款进行了修改。该法第 10 条第 2 款规定②表明人民陪审员制度已经不再是人民法院一审案件必须普遍适用的审判基本原则，人民法院可以根据案件具体情况确定合议庭的审判人员构成以及是否由合议庭审理。人民陪审员制度从人民法院强制适用到可选择性适用，在国家立法层面展现出了该制度实践发展的没落与衰退。

---

① 《中华人民共和国宪法》（1982 年）第 2 条第 3 款："人民依照法律规定，通过各种途径和形式，管理国家事务，管理经济和文化事业，管理社会事务。"

② 《中华人民共和国人民法院组织法》（1983 年）第 10 条第 2 款："人民法院审判第一审案件，由审判员组成合议庭或者由审判员和人民陪审员组成合议庭进行；简单的民事案件、轻微的刑事案件和法律另有规定的案件，可以由审判员一人独任审判。"

表 2－3　1978 年到 1997 年规范人民陪审员制度的中央法规

法律名称	发布时间	相关条文
《宪法》	1978 年 3 月	第四十条：……人民法院审判案件，依照法律的规定实行群众代表陪审的制度。对于重大的反革命案件和刑事案件，要发动群众讨论和提出处理意见。
《刑事诉讼法》	1979 年 7 月	第九条：人民法院审判案件，依照本法实行人民陪审员陪审的制度。
《人民法院法庭规则（试行）》	1979 年 12 月	第二条：人民法院审判案件由审判员和人民陪审员或者若干审判员组成合议庭进行……
《司法部关于人民陪审员可否担任辩护人的答复》	1981 年 3 月	为了避免在群众中引起误解，人民陪审员一般不宜担任辩护人。如果人民陪审员确系被告人的近亲属或监护人，而又必须为被告人辩护时，可以作为特殊情况，允许他以个人身份担任辩护人出庭辩护。
《最高人民法院关于定期宣判的案件人民陪审员因故不能参加宣判时可否由审判员开庭宣判问题的批复》	1981 年 8 月	当合议庭组成人员中某一人民陪审员因故不能参加宣判时，可由审判员和其他人民陪审员开庭宣判；人民陪审员都因故不能参加宣判时，可由审判员独自开庭宣判。判决书仍应由合议庭全体组成人员署名。
《宪法》	1982 年 12 月	第二条：……人民依照法律规定，通过各种途径和形式，管理国家事务，管理经济和文化事业，管理社会事务。
《民事诉讼法（试行）》	1982 年 3 月	第三十五条：人民法院审判第一审民事案件，由审判员，陪审员共同组成合议庭或者由审判员组成合议庭。合议庭的成员，必须是单数……
《司法部关于司法助理员不宜担任人民陪审员的复函》	1984 年 3 月	司法助理员是管理、指导人民调解委员会工作的司法行政工作人员，经常参与调解疑难纠纷，如果兼任人民陪审员审理案件，容易引起群众的误解，故不宜担任人民陪审员。
《人民法院组织法》	1986 年 12 月	第十条：人民法院审判案件，实行合议制。人民法院审判第一审案件，由审判员组成合议庭或者由审判员和人民陪审员组成合议庭进行；简单的民事案件、轻微的刑事案件和法律另有规定的案件，可以由审判员一人独任审判。

（续表）

法律名称	发布时间	相关条文
《行政诉讼法》	1989 年 4 月	第四十六条：人民法院审理行政案件，由审判员组成合议庭，或者由审判员、陪审员组成合议庭。合议庭的成员，应当是三人以上的单数。
《民事诉讼法》	1991 年 4 月	第四十条：人民法院审理第一审民事案件，由审判员、陪审员共同组成合议庭或者由审判员组成合议庭。合议庭的成员人数，必须是单数。

（四）第一轮司法改革中的人民陪审员制度（1997—2007 年）

这一轮司法改革的时间跨度从 1997 年党的十五大提出推进司法改革开始，至 2007 年党的十七大召开之前结束。1998 年，李鹏委员长在最高人民法院和最高人民检察院工作报告会上就已经指出了人民陪审员制度对于促进司法公正的重要性。在此之后，国家也越来越重视人民陪审员制度作用的发挥，在实践中不断对其加以完善。为贯彻落实十五大提出的改革要求，最高人民法院于 1999 年发布《人民法院五年改革纲要》，提出了完善人民陪审员制度的要求，人民陪审员制度在沉寂多年后终得苏醒。

2004 年《全国人民代表大会常务委员会关于完善人民陪审员制度的决定》（本小节下称《决定》）通过审议，这是人民陪审员制度第一部单行立法。《决定》的颁布与实施标志着人民陪审员制度进入了一个新的发展时期[1]，并对我国未来人民陪审员制度的改革方向作出了指引，同时也是司法审判制度变革的一大突破点。《决定》详细规定了人民陪审员参与审理的案件范围、担任陪审员的条件、任命程序、权利义务以及日常管理方式、补助经费等，为人民陪审员制度的重新发展提供了法律基础。

首先，《决定》明确规定了人民陪审员参审案件范围，规定了由人民陪审员与法官共同组成合议庭审判的两种情形。[2] 根据该条规定，适用人民陪审员制度的案件范围被限缩在两大类案件类型中，在此范围之外的案件无需人民陪审员参与。

其次，《决定》明确规定了担任人民陪审员所应具备条件。《决定》第 4 条规

---

[1] 陈永辉：《中国特色人民陪审员制度是公正高效权威的社会主义司法制度的重要组成部分》，《人民法院报》2007 年 9 月 4 日，第 1 版。

[2] 《全国人民代表大会常务委员会关于完善人民陪审员制度的决定》2005 年第 2 条：人民法院审判下列第一审案件，由人民陪审员和法官组成合议庭进行，适用简易程序审理的案件和法律另有规定的案件除外：（一）社会影响较大的刑事、民事、行政案件；（二）刑事案件被告人、民事案件原告或者被告、行政案件原告申请由人民陪审员参加合议庭审判的案件。

定了包括年满二十三岁、一般应当具有大学专科以上文化程度在内的五点应具备的条件。① 该条规定对人民陪审员的学历提出了更高的要求，有利于人民陪审员素质的提升。

再次，《决定》对人民陪审员的权利和义务进行了明确的规定，主要集中在第1、2、11、13 条规定，其中直接规定人民陪审员除不得担任审判长以外，和法官享有同等的权利。② 还特别规定了人民陪审员对于案件审理过程中出现的事实认定问题和法律适用问题均享有表决的权利。③ 这极大地提高了人民陪审员的地位和作用的发挥。

最后，《决定》明确规定了具体案件中人民陪审员的选择程序，规定了陪审员选择确定了随机抽取原则。④ 即人民法院在选择具体人民陪审员组成合议庭时，须通过在人民陪审员名单中随机抽取的方式确定人选，以保证人民陪审员选择的程序公正性和机会平等性。

为更好地执行《决定》，2004 年最高人民法院和司法部发布了《关于人民陪审员选任、培训、考核工作的实施意见》，对人民陪审员制度的实施提供了更加具体化的指导意见。2004 年《人民法院第二个五年改革纲要》出台，其将制度改革的重心转向了"人民陪审员的管理"上。2005 年，肖扬院长在《最高人民法院工作报告》中指出"司法工作正面临着庭审不够规范、法律适用不够准确、法官缺乏职业道德、司法腐败以及执行失范四个问题"⑤。而"完善人民陪审员制度可以有效解决上述出现的前三个问题"⑥。可见，运用人民陪审员制度解决司法工作中的问题成为大家的共识，也被寄予厚望。

---

① 《全国人民代表大会常务委员会关于完善人民陪审员制度的决定》2005 年第 4 条：公民担任人民陪审员，应当具备下列条件：（一）拥护中华人民共和国宪法；（二）年满二十三周岁；（三）品行良好、公道正派；（四）身体健康。担任人民陪审员，一般应当具有大学专科以上文化程度。

② 《全国人民代表大会常务委员会关于完善人民陪审员制度的决定》2005 年第 1 条：人民陪审员依照本决定产生，依法参加人民法院的审判活动，除不得担任审判长外，同法官有同等权利。

③ 《全国人民代表大会常务委员会关于完善人民陪审员制度的决定》2005 年第 11 条第 1 款："人民陪审员参加合议庭审判案件，对事实认定、法律适用独立行使表决权。"

④ 《全国人民代表大会常务委员会关于完善人民陪审员制度的决定》2005 年第 14 条："基层人民法院审判案件依法应当由人民陪审员参加合议庭审判的，应当在人民陪审员名单中随机抽取确定。中级人民法院、高级人民法院审判案件依法应当由人民陪审员参加合议庭审判的，在其所在城市的基层人民法院的人民陪审员名单中随机抽取确定。"

⑤ 肖扬：《最高人民法院工作报告——2005 年 3 月 9 日在第十届全国人民代表大会第三次会议上》，《中华人民共和国最高人民法院公报》2005 年第 4 期，第 7－13 页。

⑥ 《关于〈关于完善人民陪审员制度的决定（草案）〉的说明——2004 年 4 月 2 日在第十届全国人民代表大会常务委员会第八次会议上》，《中华人民共和国全国人民代表大会常务委员会公报》2004 年第 6 期，第 463－466 页。

此外，为进一步推进人民陪审员制度的适用，最高人民法院和相关部门在这一阶段相继发布了 3 项司法解释、3 项部门规章、2 项地方性法规、1 项地方性规范文件、8 项地方司法文件以及 2 项地方工作文件。这些法规规章和地方文件极大地丰富了人民陪审员制度相关法律体系发展。

（五）第二轮司法改革中的人民陪审员制度（2007—2013 年）

第二轮司法改革始于 2007 年中共十七大的顺利召开。胡锦涛同志在党的十七大上指出，要"深化司法体制改革，建设公正高效权威的社会主义司法制度"[①]。为此，2009 年最高人民法院发布了《人民法院第三个五年改革纲要》，进一步细化了本次人民法院司法改革的重点和方向，其中还从任职资格、参审范围以及参审规范三个方面对人民陪审员制度提出了完善要求。

在这一阶段中，人民陪审员制度的有些规定发生了变化。一方面，2004 年制定的《关于完善人民陪审员制度的决定》中规定的人民陪审员参审案件包括社会影响大和当事人申请这两类，在 2010 年发布的《关于人民陪审员参加审判活动若干问题的规定》中却取消了当事人申请这一适用情形。另一方面，2010 年发布的《关于人民陪审员工作若干问题的答复》在人民陪审员的选任程序上增加了电脑随机遴选的规定，推动选任程序更加科学、公平、公正。这一阶段的人民陪审员制度的实践也有了很大的发展，参照历年最高人民法院工作报告中所列相关数据（如表 2 - 4 所示），分析可见，2005 至 2013 年人民陪审员以及参审案件的数量逐年大幅增加，2013 年人民陪审员的数量达 123000 名，参审案件的数量达到 1695000 件，占一审普通程序案件比例达 7 成以上。数据表明，与域外日益收缩的陪审制适用不同，我国人民陪审员制度在案件中的适用量急速增长。最高人民法院发布的《关于人民陪审员决定执行和人民陪审员工作情况的报告》指出：人民陪审员制度在司法审判中适用的增长，是其本质属性的体现。而这一时期司法改革着重解决的恰是司法行为不规范、司法监督缺位以及司法腐败严重等问题。同时，在对国家审判权力制约监督的同时，也在一定程度上促进了人民民主的深入人心，是对当时改革重心从法制建设转向法治建设大背景的体现。[②] 总之，这一阶段虽然未有法律法规就人民陪审员制度对其进行进一步完善和调整，但人民陪审员制度在人民法院上的增加适用，将为之后的制度改革提供实践依据与经验。

---

① 中共中央文献研究室编：《十七大以来重要文献选编（下）》，中央文献出版社 2013 年版，第 24 页。
② 谢天星：《从法制到法治的递进和速度》，《中国审判》2013 年第 7 期，第 63 页。

表2-4　2005年至2013年人民陪审员和参审案件情况

报告年度	反映的年度	人民陪审员人数（人）	审案数量（件）	占一审普通程序案件比例	较上一年案件数量相比	该年度地方一审案件审结总量（件）	该年度案件审结总量（件）
2006	2005年01月至2005年12月	69745	164630	—	上升16.53%	5139888	7943745
2007	2006年01月至2006年12月	48211	339965	—	上升106.50%	5178838	8108675
2008	2003年01月至2007年12月	55681（2005年1月起）	1210000（2005年1月起）	—	—	26000000（五年）	31804451（五年）
2009	2008年01月至2008年12月	55681	505412	—	上升34.05%	—	9847083
2010	2009年01月至2009年12月	77000	632000	—	上升25.05%	6685000	10551749
2011	2010年01月至2010年12月	—	912177	—	上升44.33%	—	11010046
2012	2011年01月至2011年12月	83000	1116000	46.5%	上升22.34%	7601000	11489515
2013	2008年01月至2012年12月	85000（2012年）	1487000（2012年）	—	上升33.14%	35992000（五年）	55308863（五年）

注：数据主要来源于2005年至2013年《最高人民法院工作报告》以及2012年《中国的司法改革白皮书》（2012年10月）。

（六）第三轮司法改革中的人民陪审员制度（2013年起）

为贯彻《中共中央关于全面深化改革若干重大问题的决定》关于人民陪审员制度改革要求，2015年《关于授权在部分地区开展人民陪审员制度改革试点工作的决定》发布并实施，该决定要求在全国50个法院进行人民陪审员制度改革试点工作。人民陪审员制度试点改革在原有期限延长一年后正式结束，2018年4月27日《中华人民共和国人民陪审员法》正式通过，标志着人民陪审员制度迎来了又一全新发展机遇期。

为贯彻落实《人民陪审员法》中有关制度要求，最高人民法院和司法部于

2019 年 5 月发布了《人民陪审员培训、考核、奖惩工作办法》，最高人民法院同步发布了《最高人民法院关于适用〈中华人民共和国人民陪审员法〉若干问题的解释》。

新发布的《人民陪审员法》就制度适用的案件范围、人民陪审员权利义务、选任程序以及管理方式等方面进行了一般性规定。但较人民陪审员制度改革之前的规范要求相比，现行的人民陪审员制度内容在三个方面有着突出改变。

首先，在担任陪审员的条件方面。年龄要求上升为年满二十八周岁，但在学历上下降至高中以上文化程度。① 就学历问题，在 2021 年 4 月 22 日北京大学法学院和南方周末联合举办的"人民陪审员法制定 3 周年暨 7 人合议庭实施情况研讨会"中，学者陈永生认为下一步应将人民陪审员的学历标准下调至初中以上，以充分展现陪审制的司法民主属性。②

其次，在人民陪审员制度适用的案件类型上，被划分为三个大类。分别为：第一审刑事、民事、行政案件存在该法所规定的三种情形之一的，由人民陪审员和法官组成合议庭审理；符合该法第 16 条四种情形之一的，由人民陪审员和法官组成七人合议庭进行；公诉机关以及行政主体以外的当事人申请由人民陪审员参与案件审理的。第三类申请适用案件类型是旧有制度规则的延续。

最后，当人民陪审员所参与案件在合议庭人数不同时，其所享有的审判权力也不同。在参加 3 人合议庭时，对事实认定、法律适用独立发表意见，行使表决权，而在参加 7 人合议庭时，对事实认定，独立发表意见，并与法官共同表决；对法律适用，可以发表意见，但不参加表决。对陪审员审判权限的立法，何兵教授有不同见解，其认为当下人民陪审员制度应学习北欧将事实与法律问题同权的做法，让陪审员与法官之间平权。③ 现在制度所采用的权力配置模式是立法者出于担忧实践而采取的折中做法，④ 其所存在的实质性问题是今后制度改革的核心。

《人民陪审员培训、考核、奖惩工作办法》是对人民陪审员制度中有关培训、考核、奖惩等工作内容的细化，具体为：人民陪审员具体的培训方式、时间、主

---

① 《人民陪审员法》（2018 年）第 5 条："公民担任人民陪审员，应当具备下列条件：（一）拥护中华人民共和国宪法；（二）年满二十八周岁；（三）遵纪守法、品行良好、公道正派；（四）具有正常履行职责的身体条件。担任人民陪审员，一般应当具有高中以上文化程度。"

② 杜茂林、赵梓惟：《人民陪审员法实施 3 年　还有哪些做法待改进?》，《南方周末》2021 年 4 月 22 日，第 1 版。

③ 杜茂林、赵梓惟：《人民陪审员法实施 3 年　还有哪些做法待改进?》，《南方周末》2021 年 4 月 22 日，第 1 版。

④ 陆华清：《论裁判权的配置方式——评人民陪审制度设计》，《重庆理工大学学报（社会科学）》2021 年第 1 期，第 100 页。

体；人民陪审员考核的内容、方式以及显著成绩或者其他突出事迹认定；人民陪审员职务的免除、惩戒等。《人民陪审员培训、考核、奖惩工作办法》的出台针对人民陪审员队伍壮大而产生的问题加强了可操作性规范的完善，为《人民陪审员法》有效实施提供保障。①

《最高人民法院关于适用〈中华人民共和国人民陪审员法〉若干问题的解释》条文内容部分主要围绕五个方面展开，包括对当事人的告知程序和义务、人民陪审员不参加审判的案件范围、参加庭审活动规则以及合议庭评议规则和对履职活动的进一步规范。②《最高人民法院关于适用〈中华人民共和国人民陪审员法〉若干问题的解释》的实施行为为《人民陪审员法》更有效服务于司法审判工作进而实现立法意图提供了支持。

2018 年 10 月 26 日，修改后的《人民法院组织法》发布实施。其中第 30 条与第 34 条同人民陪审员参与审理直接相关。第 30 条规定，在案件由合议庭审理时，合议庭由法官或者由法官和人民陪审员组成，成员为 3 人以上单数。这一规定维持了 1983 年《人民法院组织法》修改之后的选择性适用人民陪审制度规则，人民法院可以依据具体情况具体适用程序类型。第 34 条"人民陪审员依照法律规定参加合议庭审理案件"，属于概括性规定，人民陪审员参与审理的具体要求以现行法律要求为准。

这一时期，随着国家对人民陪审员制度重视程度的提高，在规范层面，从 2003 年开始，相继颁布实施了 3 部中央法规、7 项司法解释、1 项部门规章、4 项地方规范性文件以及 8 项地方司法文件和 6 项地方工作文件。就人民陪审员制度实践层面，参照历年最高人民法院工作报告中所列相关数据（如表 2 - 5 所示），分析可见，我国人民陪审员数量一直处于稳步增长中，而人民陪审员参审案件数量一直稳步增长，直至 2020 年出现负增长。这与近年来的人民陪审员制度改革有着密切联系，为了解决实践中出现的有的人民陪审员不愿意参审，有的则变成了"驻庭陪审员"和"编外法官"，全国人大要求设定人民陪审员参审案件的上限，并对《人民陪审员法》中的规定进行了修订，规定人民应当结合本辖区实际情况，合理确定每名人民陪审员年度参加审判案件的数量上限，并向社会公告。这样才能更加完善和健全人民陪审员制度，发挥人民陪审员制度的积极作用。

---

① 最高人民法院政治部法官管理部：《〈人民陪审员培训、考核、奖惩工作办法〉的理解与适用》，《人民司法》2020 年第 4 期，第 27 页。

② 最高人民法院政治部法官管理部：《〈人民陪审员培训、考核、奖惩工作办法〉的理解与适用》，《人民司法》2020 年第 4 期，第 27 页。

表 2-5 2014 年至 2020 年人民陪审员和参审案件情况①

报告年度	反映的年度	人民陪审员人数（人）	审案数量（件）	占一审普通程序案件比例	较上一年案件数量相比	该年度地方一审案件审结总量（件）	该年度案件审结总量（件）
2014	2013 年 1 月至 2013 年 12 月	123000	1695000	73.2%	上升 13.99%	8717364	12956716
2015	2014 年 1 月至 2014 年 12 月	210000	2196000	78.2%	上升 29.56%	9442804	13806882
2016	2015 年 1 月至 2015 年 12 月	—	2846000	—	上升 29.60%	10993000	16728135
2017	2016 年 1 月至 2016 年 12 月	220000	3063000	77.2%	上升 7.62%	12385000	19792151
2018	2013 年 1 月至 2017 年 12 月		3157000 （2017 年）		上升 3.07%	54920000 （五年）	86063692 （五年）
2019	2018 年 1 月至 2018 年 12 月		—	—	—	14187000	25199883
2020	2019 年 1 月至 2019 年 12 月	300000	3407000	—	—	—	29056481
2021	2020 年 1 月至 2019 年 12 月	336000	2478000	—	下降 27.28%	15407000	28740773

二、人民陪审员制度的中国价值

2016 年最高人民法院院长周强在工作报告中指出，完善人民陪审员制度，充分发挥人民陪审员作用，对于推进司法民主、促进司法公正、提高司法公信力具有重要意义。2018 年出台的《人民陪审员法》第 1 条便直接表明了人民陪审员制度的价值。②

（一）推进司法民主

"民主是对深深期望得到体面对待的人的回应。民主是人类出自天然本性的期望，期望人人对他们各自的命运都有发言权。"③ 但是，在现代社会的代议制民主

---

① 数据主要来源于 2014 年至 2015 年《最高人民法院工作报告》。

② 《人民陪审员法》（2018 年）第 1 条："为了保障公民依法参加审判活动，促进司法公正，提升司法公信，制定本法。"

③ 刘军宁编：《民主与民主化》，商务印书馆 1999 年版，第 42 页。

制度之下，不是每个人都有直接处理国家事务的机会，陪审员作为普通公民直接参与国家审判活动，则是一种例外。

托克维尔曾经对美国的陪审制度给予高度评价，他认为这种制度教导所有人尊重判决的事实，养成权利观念。它教导人们要做事公道，每个人在陪审邻人的时候，总会想到也会轮到邻人陪审自己。它教导每个人要对自己的行为负责，因为每个人都可能决定别人的命运，而别人也可能决定自己的命运。在谈到陪审制度的政治作用时，托克维尔把有陪审员参加的法庭看成是免费的学校。"这个学校向人民传授治国的艺术，培养公民的守法精神。"① 陪审制是一项重要的政治制度，具有独特的价值。"陪审制度以迫使人们去做与己无关的其他事情的办法去克服个人的自私自利，而这种自私自利则是社会的积垢。""经常同上层阶级最有教养和最有知识的人士接触，学习运用法律的技术，并依靠律师的帮助、法官的指点甚至良心的责问，而使自己精通了法律。"②

陪审团制度通过人民分享司法审判权，以权力制约权力，保障公民自由。陪审员在达成一致意见时，其评议过程是一种典型的直接民主而不是间接民主，是参与式民主而不是代议制民主的决策过程。③ 现代民主政治的根本特征就是一切权力属于人民。但现代国家由于地域辽阔、人口众多、政治与经济相分离等原因，现代民主都是间接民主或代议制民主，即人民不直接地、经常地行使自己的权力，而是选举自己的代表直接管理国家和社会公共事务。这意味着政治权力的所有者与政治权力的行使主体之间存在某种分离。这种分离可能失控，即政治权力不是按照权力所有者的整体意志，而是凭着权力行使者的意志和情绪运行，以致出现政治异化，即政治权力在运行中发生异变，权力的行使不利于权力所有者或者偏袒部分所有者。国家正是权力的行使者，为防止政治权力失控，需要建立各项制度或机制，以制约权力行使者，有效地保障人民的自由权。

我国是社会主义人民民主国家，人民是国家的主人，也是国家权力的行使者。人民通过权力赋予的形式，使国家享有管理和治理国家事务的权力。人民作为陪审员参与人民法院的司法审判活动，是人民直接行使管理国家权利的方式之一。④ 人民有了这样参与人民法院司法审判活动的机会，并根据自己的理解和分析就案件相关问题阐述自己的观点和看法，是公民表达自身意愿想法的途径，是国家与

---

① ［法］托克维尔：《论美国的民主》（上卷），董果良译，商务印书馆 1997 年版，第 316－317 页。
② ［法］托克维尔：《论美国的民主》（上卷），董果良译，商务印书馆 1997 年版，第 316－317 页。
③ 郭光东：《陪审团的历史与价值》，华东政法大学 2004 年博士学位论文，第 2 页。
④ 高一飞：《陪审团的价值预设与实践障碍》，《北方法学》2018 年第 4 期，第 103 页。

社会沟通的桥梁,[1] 是人民民主原则在司法审判领域的体现,是实现人民参与国家治理的重要形式。

(二) 促进司法公正

司法公正既包括实体公正又包括对应的程序公正,在司法审判中,人民法院应当保证每一具体案件适用公正的法律程序、相应的法律规范以及获得公正合理的裁决。而人民陪审员依法参与到人民法院案件审判中,以监督参与者的身份,起到了维护与促进司法公正的作用。

人民陪审员制度促进司法公正具体表现为以下四个方面。

第一,陪审员能促进独立审判。在有陪审员参与的情况下,法庭更加能抵制其他机关和个人的非法干涉,法院因陪审员对责任的分担而得以更加独立地办案。同时,陪审团审判也使责任分散,由所有民众承担审判的后果,不满审判的个人或者机关往往对参与审判的陪审员无可奈何。

第二,陪审员能补充法官的职业化思维。现代社会法律关系纷繁复杂,法律规范在制定时不会就每一具体情况进行详细规范和列举,只制定能普遍适用于所有法律关系的条文内容,因此便给予了法官在司法审判中(尤其是民事案件中)较大的自由裁量权。而人民陪审员制度是精英司法的有益补充,可避免法官的职业定性思维。[2] 人民陪审员以普通民众日常生活下形成的问题思考模式去衡量某一具体案件,打破法官过多依靠审判经验而产生的固化思维,促使其在法律规定的判决幅度内作出真正合乎情、理、法的裁决。裁决需要合法,还要合乎社会主义主流价值观,才能为人民群众所接受和认可,才能发挥司法审判结果所带来的教育指导作用。

第三,陪审员能监督职业法官。陪审员来自民众,与法官一起审理案件,对于可能存在的人情案、金钱案、权力案等可以亲自观察、现场监督。

(三) 提高司法公信

人民对于司法审判不信任源于公众透过案件审判暴露出的问题,怀疑法院审判过程背后是否与暗箱操作、权力滥用或者受贿包庇等不法行为存在联系,从而降低对法院审判工作的信任。陪审制度在最大限度上保留了司法中的道德因素,在法律与道德中间架起了直接的桥梁。[3] 人民陪审员制度契合了"司法"与"社会"间因断层交流而急需建立实质交流关系的需求,其使案件审判得以反映公众

---

① 钟莉:《价值·规则·实践:人民陪审员制度研究》,上海人民出版社 2011 年版,第 61 页。
② 施鹏鹏:《人民陪审员制度:宪法民主精神的载体》,《人民法院报》2020 年 12 月 7 日,第 2 版。
③ 高一飞:《陪审团的价值预设与实践障碍》,《北方法学》2018 年第 4 期,第 115 页。

意志，更具人性化。① 人民陪审员更容易作出符合大众传统价值观的裁决，更容易得到人民的认可与信任，从而提高司法公信力。

三、人民陪审员制度的问题

《人民陪审员法》的颁布也促使人民陪审员制度的改革完善进入了下一个新的阶段，不同于域外逐渐停滞的陪审制适用，我国的人民陪审制的适用正在快速增长，但实践中也发现了不少的问题。

（一）当事人要求陪审员审判权利难以得到保障

在对当事人要求陪审员审判权利的保障方面，我国在立法上明确规定了当事人有要求陪审员审判的权利。《人民陪审员法》第 17 条规定刑事案件的被告人有申请人民陪审员审判的权利。② 对于案件是否需要适用陪审制，立法上规定应当适用陪审制和依申请适用陪审制两种确认方式，当事人可以对《人民陪审员法》第 15 条③、第 16 条④规定以外的一审案件提出要求陪审员参与审判的申请，由人民法院最终决定是否适用。在最高人民法院关于适用《中华人民共和国人民陪审员法》若干问题的解释中也进一步明确了对当事人申请陪审员权利的告知义务，"对于人民陪审员法第 15 条、第 16 条规定之外的第一审普通程序案件，人民法院应当告知刑事案件被告人、民事案件原告和被告、行政案件原告，在收到通知五日内有权申请由人民陪审员参加合议庭审判案件"。以上规定也带来了当事人要求陪审员审判权利难以得到保障的问题。

首先，我国当事人享有不充分的程序选择权。美国法律中将当事人接受陪审团审判的权利视为刑事被告人基本的宪法权利，可以选择适用或者放弃这项权利从而选择对自己最有利的程序方式。⑤ 与之不同，我国在《人民陪审员法》中规定了当事人的申请权，但是，对于法律做出的原则性规定的解释，当事人没有救济权；对于法官自由裁量决定是否适用陪审员参加审判，当事人必须服从。在《人

① 施鹏鹏：《人民陪审员制度：宪法民主精神的载体》，《人民法院报》2020 年 12 月 7 日，第 2 版。

② 《人民陪审员法》（2018 年）第 17 条："第一审刑事案件被告人、民事案件原告或者被告、行政案件原告申请由人民陪审员参加合议庭审判的，人民法院可以决定由人民陪审员和法官组成合议庭审判。"

③ 《人民陪审员法》（2018 年）第 15 条："人民法院审判第一审刑事、民事、行政案件，有下列情形之一的，由人民陪审员和法官组成合议庭进行：（一）涉及群体利益、公共利益的；（二）人民群众广泛关注或者其他社会影响较大的；（三）案情复杂或者有其他情形，需要由人民陪审员参加审判的。"

④ 《人民陪审员法》（2018 年）第 16 条：人民法院审判下列第一审案件，由人民陪审员和法官组成七人合议庭进行："（一）可能判处十年以上有期徒刑、无期徒刑、死刑，社会影响重大的刑事案件；（二）根据民事诉讼法、行政诉讼法提起的公益诉讼案件；（三）涉及征地拆迁、生态环境保护、食品药品安全，社会影响重大的案件；（四）其他社会影响重大的案件。"

⑤ 施鹏鹏：《"新职权主义"与中国刑事诉讼改革的基本路径》，《比较法研究》2020 年第 2 期，第 72 页。

民陪审员法》第 15 条、第 16 条规定中法定人民陪审员参审案件范围采用了"其他社会影响较大的""案情复杂或者有其他情形""其他社会影响重大的案件"等描述，由法官进行解释。一旦法官做出不适用陪审制度的决定，当事人要求陪审员审判的权利很难得到实现。

其次，当事人很少申请适用陪审员参加的审判。由于对当事人要求陪审员审判的权利只是笼统地在立法上规定了申请权，没有更加确切的保障措施，导致庭审中当事人对这一权利的了解不多、认识不足，主动申请陪审员陪审的当事人并不多，使权利的设定没有达到预期效果。

最后，由于法律规定人民陪审员只能参与一审案件，在二审和再审过程中可能会推翻之前对事实审的判定，导致陪审员的作用并没有在案件中得到发挥。

（二）人民陪审员选任的广泛性和代表性难以保障

我国陪审制度的初衷就是要选出能够真正代表人民群众的人民陪审员，充分保障人民群众参与司法的权利。《人民陪审员法》对人民陪审员的选任规定了"一升一降"和"三次随机"。① 同时，考虑到部分地方选任上的实际困难，仍然部分保留个人申请和组织推荐产生人民陪审员的方式，《人民陪审员法》中规定，人民陪审员的选任要保证 80% 以上的陪审员是随机抽选方式产生的，通过个人申请和组织推荐的方式选出的陪审员在陪审员总额中不得超过 20%。② 虽然新一轮改革为陪审制度的发展提供了很多新的制度和思路，但实际上，将制度落实的过程中，仍然存在很多困难和问题。

一方面，在很多地广人稀的地区，人民陪审员分布于各个乡镇，之前人民陪审员的选取多是采取就近、便民原则，很难将人民陪审员选择覆盖本地区的所有社区。

另一方面，由于人民陪审员，通过随机抽取的方式所选任的人民陪审员一般都有固定的职业，多出自党政机关或者是事业单位，自身事务本身就很繁忙，因此出现了选任报名时积极参与，陪审时以各种理由推脱、迟延到庭或拒不到庭的现象。③ 这种情况严重影响了审判程序的顺利进行，法院也不能做出强制陪审员出庭的决定，同时也很难在短时间内进行临时抽取。这种现象不仅破坏了案件审理

---

① "一升一降"中的"一升"是指将人民陪审员的参选年龄由 23 周岁提升至 28 周岁；"一降"是指对人民陪审员的学历要求由原来的大专以上学历，下降到高中以上学历。"三次随机"，是指随机抽选人民陪审员候选人、随机抽选确定人民陪审员人选、随机抽取人民陪审员参与审理个案。

② 《最高人民法院 司法部人民陪审员培训、考核、奖惩工作办法》（法发〔2019〕12 号）。

③ 万紫千：《年龄学历"一升一降" 选任程序"两个随机"——人民陪审员制度改革试点工作综述》，《人民法院报》2018 年 4 月 26 日，第 4 版。

的正常秩序，也打击了法院对随机抽选实施的积极性。

长此以往，为了保证案件审理程序的顺利开展，固定联系时间充裕能按时参加庭审的人民陪审员和法官较熟悉的人民陪审员成了实践中多数情况下的解决方式，而其他的陪审员成了"名存实亡"的存在。这也使得一案一随机的制度不断虚化，导致意在保障陪审广泛性和代表性而设立的随机抽取制度变为法官和"特定人员"的搭配，同时还会进一步导致为了弥补人手不足成为"驻庭陪审员""编外法官"现象。

另外，现有的选任制度仍存在条件过高的问题，导致很多学历不足但参审意愿强烈的人民群众被拒之门外，人民陪审员需要的是能够广泛而充分地代表人民群众的心声，表达朴素的社会观念。对此，有学者认为："人民陪审员不需要太高学历，只要具备语言沟通和表达能力即可。"①

（三）人民陪审员参审作用没有得到充分发挥

为解决"陪而不审，审而不议"问题，《人民陪审员法》合理界定人民陪审员参审范围，妥善区分事实审和法律审，同时加大审判长对人民陪审员的指引、提示力度。人民陪审员在参审中的一些问题虽然得到改善，但实践过程中"陪而不审、审而不议"问题依旧存在。

首先，存在"陪而不审，审而不议"的问题。《人民陪审员法》虽然明确规定公民有依法担任人民陪审员的权利和义务，如果确定了作为人民陪审员候选人，那就意味着承担了相应的义务。但在实践过程中依旧存在"陪而不审，审而不议"的问题，主要有以下几点原因：第一，对人民陪审员违背义务的后果缺乏规定。很多陪审员并没有深刻理解陪审义务，只是将陪审看作一种工作以及一种社会荣誉的象征，并没有认识到自己作为人民群众的代表而应承担的责任和义务，积极报名，消极参审，虽然到场参审，却消极地履行义务，且不需要承担相应责任。第二，人民陪审员主观信心不强以及对人民陪审制度的认识不足。由于人民陪审员来自各个行业，陪审工作并不是陪审员的专业领域和主位工作，所以在案件庭审过程中，陪审员在具有专业法律知识的法官面前，具有强烈的依附感，不敢发表自己的言论，在合议案件的过程中，只是对法官的审判意见进行简单附和。

其次，事实审和法律审的区分存在困难。《人民陪审员法》对 3 人合议庭中人民陪审员的事实审和法律审职权；7 人陪审合议庭中的陪审员则从之前的"同职同

---

① 党振兴：《人民陪审员制度的现实困境与完善路径》，《西南石油大学学报（社会科学版）》2020 年第 4 期，第 74 页。

权"转变为"同职同权"与"分职分权"并行的参审模式。事实审主要是通过运用证据规则对案件的起因、地点、行为人等因素进行判断来还原案件的审查过程，不仅仅是对原被告事实陈述的审理也包括对证据证明力的审理。而法律审解决的主要是案件审判过程中的法律适用的问题。

事实上，在刑事审判的过程中，事实审和法律审是难以严格分离的，比如在判断行为人的行为是否构成正当防卫的问题上，不仅需要通过证据来证明行为人主观并没有想要伤害的故意，而是出于防卫的心理，同时还需要刑法的法学理论来区分正当防卫的界限，所以往往事实认定是伴随法律分析和法律评价一起的，即使人民陪审员仅对事实问题作出认定也需要符合法律上的诉讼程序和证据规则，而法律的适用也是基于正确事实认定的基础上。学者在调研中发现：由于陪审员对法的理论和实务并没有足够的了解，导致在复杂案件的事实认定方面举步维艰；为了提高办案质量和效率，职业法官在庭审过程中对人民陪审员"过限引导""不当引导"使人民陪审员在事实审中的作用减损。[1]

最后，对于法官指示问题上，我国陪审员指示制度，兼采大陆法系国家问题制度和英美国家陪审团指示制度，审判前通过问题列表方式指示，审判中通过口头方式进行法律指示，评议前同时向陪审员展示问题列表和进行口头指示；既有问题列表这样的书面指示，也有口头指示。我们已经形成了具有中国特色的陪审员指示制度。但在实践过程中，仍然存在以下的几点问题：其一，因为相关规定缺乏，对指示不当的救济措施不能对法官的职权进行充分约束而导致法官的自由裁量权扩大。其二，由于指示效力无强制性不能充分约束人民陪审员。某学者在对A市法院的调查中发现，受访的法官认为陪审员愿意接受指示制度的仅占51.61%，"指而不从"的现象也导致指示效用难以发挥。[2] 其三，《人民陪审员法》第20条规定中主要将法律指引适用于评议案件过程中，评议时间过于滞后同时也由于合议庭的私密要求缺乏对法官指引的有效监督，容易出现不公平指引的现象。[3] 其四，我国兼采问题列表与法官指示相结合的做法，充分考虑了陪审员作为外行人对法律不理解可能带来的审判困难，这符合我国公民参与司法不够发达

---

① 刘仁琦：《人民陪审员参审职权改革的实体与程序基础——以庭审实质化的推进为切入点》，《法学》2020年第6期，第97页。

② 唐红、匡佐民：《陪审何以实质化：审判长指示陪审员制度系统建构之进路——以〈人民陪审员法〉第20条规定为视角展开》，《山东法官培训学院学报》2019年第4期，第170页。

③ 《人民陪审员法》（2018年）第20条："审判长应当履行与案件审判相关的指引、提示义务，但不得妨碍人民陪审员对案件的独立判断。合议庭评议案件，审判长应当对本案中涉及的事实认定、证据规则、法律规定等事项及应当注意的问题，向人民陪审员进行必要的解释和说明。"

的现实，值得肯定和坚持。但是，庭审中只规定"应当提示人民陪审员围绕案件争议焦点进行发问"，没有规定陪审员对法律问题不清楚时是否可以指示；立法中"不得妨碍人民陪审员对案件的独立判断"的内容在立法和司法解释中并无具体保障性措施。

四、人民陪审员制度的改革展望

新时代下，人民陪审制度应当符合中国国情，要看其是否行得通、真管用、有效率。习近平总书记指出："衡量一个社会制度是否科学、是否先进，主要看是否符合国情、是否有效管用、是否得到人民拥护。"[1] 针对改革中已经出现的问题，我国的人民陪审制应当对照这三个标准进行如下的改革。

（一）保障当事人由陪审员参审法庭审判的权利

陪审团审判的权利（The right to trial by jury）是一项重要的程序权利。在英国如果被指控者答辩无罪，接着，除非控方选择不提供证据，必须选任陪审团来审判案件，有关陪审团的法律主要包括在《1974年陪审团法》中。在美国，自从最高法院在丹肯诉路易斯安那案（Duncan v. Louisiana）[2] 中作出判决，认定第十四条修正案正当程序条款合并该条后，陪审团审判权就开始适用于各州和联邦的诉。第六修正案文本上说是"所有的刑事诉讼"，但陪审团审判权从未被解释为适用于所有的刑事案件，最高法院沿用轻微/严重犯罪的区分为适用陪审团审判权的重要分界线。[3] 在确定何时犯罪是陪审团审判意义上的"轻微"时，最高法院从调查犯罪的性质转向"社会认为犯罪所具有的严重程度的客观表现"。[4] "轻微"关键的客观表现是，对该罪授权的最高刑罚是否超过6个月。也就是说，在超过6个月刑罚的情况下，被告人有要求陪审团的权利，当然，这一权利是可以放弃的。

另外，在美国，由于陪审团有对死刑量刑情节的决定权，被告人有权选择陪审团来决定死刑的量刑事实。美国联邦最高法院在2002年的瑞恩案中[5]确立了一项规则，即"死刑被告人有权要求陪审团（而非法官）对加重情节的事实是否存在进行认定"；在2016年的赫斯特案[6]中，认定"佛罗里达州的死刑裁判制度允许法官（而非陪审团）对加重情节是否存在之事实进行认定的做法，违反了宪法第

① 习近平：《论坚持全面依法治国》，中央文献出版社2020年版，第265页。
② 391U. S. 145（1968）.
③ Duncan v. Louisiana, 391 U. S. 145, 159-62（1968）.
④ Frank v. United States, 395 U. S 147, 148（1969）.
⑤ Ring v. Arizona, 536 U. S. 584（2002）.
⑥ Hurst v. Florida, 577 U. S. （2016）.

六修正案，这种做法是不允许的"。

在法国，重罪案件由陪审员参加审理实际上是不能选择、不能放弃的。因为传统，法国重罪法庭一般情况下由 3 名（审判长以及两名陪审员）组成。重罪按照陪审团由 9 名陪审员和 3 名法官组成。上诉陪审团由 12 名陪审员和 3 名法官组成。2011 年 8 月 10 日的改革将"9＋3"的参审团改为"6＋3"，核心目的是减少司法资源损耗。依此改革，自 2012 年 1 月 1 日起，一审参审员的人数为 6 名，上诉审为 9 名（新《刑事诉讼法典》第 296 条）。① 可以说，法官在保障当事人适用陪审员参审的法庭的规则是：当事人不能选择和放弃，法官没有裁量权，从立法上保障了陪审的权利。

我们可以结合国外的一些制度来完善对这一权利的保障措施，赋予当事人的陪审员审判权。

首先，要进一步提高当事人要求陪审权利在法律体系中的地位。可以借鉴英美法，将当事人申请陪审员参审的权利规定在《宪法》中，切实保护当事人的程序选择权。在《人民陪审员法》中增加特定案件类型必须适用陪审团审判，除非当事人放弃这一权利，以此保障当事人可以充分选择有利于自己的审判程序。

其次，在一审适用陪审制度的案件上诉时可以借鉴法国方式：由另一个陪审法庭来审理上诉案件。西方法治国家处理有陪审员参与的一审案件与二审审理案件关系的问题上，主要有以下两种方式：一种是英美等国家坚持的"事实审一次性"规定，使二审以上的审判没有事实审理的权力，维护了陪审团裁决的绝对效力。另一种方式则是规定由另一个陪审法庭来审理上诉案件，并且规定人数上要等于或大于一审陪审合议庭的人数。② 结合我国国情和陪审制度目前所面临的诸多问题，可以引入第二种方式，保障当事人选择陪审员审判的权利不因二审审判而推翻。

（二）完善陪审员的选任机制

在完善陪审员的选任机制方面可以从以下几方面出发：

第一，要细化陪审员选择中常住人口的确认机制。我国存在广大的农村地区，外出农民工户籍仍在农村，但工作在所在乡镇地域外。根据国家统计局发布的《2019 年农民工监测调查报告》中显示：2019 年农民工总量达到 29077 万人，外出

---

① 新《刑事诉讼法典》第 296 条：重罪法庭一审审理案件时，审判陪审团由 9 名陪审员组成，作为上诉审理案件时，审判陪审团由 12 名陪审员组成。该资料由施鹏鹏教授翻译并提供给作者。

② 卞建林、孙卫华：《通向司法民主：人民陪审员法的功能定位及其优化路径》，《浙江工商大学学报》2019 年第 4 期，第 44 页。

农民工 17425 万人，其中跨省流动农民工达到 7508 万人。① 在我国城乡二元户籍制度的背景下，存在的问题是，我国城镇实行常住人口登记，农村没有常住人口登记制度。为了实现"从辖区内的常住居民名单中随机抽选"的目的，一方面要充分发挥基层群众自治制度的优势，借助农村基层组织的力量确认常年居住在本辖区内的农村居民名单，避免农村地区人民代表大会常务委员会将在外地打工、常住打工地的人员任命为当地陪审员候选人；另一方面，要充分利用城镇常住人口登记制度，将常年在外务工的农民工登记进入当地常住居民名单，让农民工有机会成为打工地城市的陪审员。

第二，坚持以本人同意为前提确定陪审员名单。我国陪审员选任充分尊重候选人的自愿性。根据《人民陪审员法》第9条及《人民陪审员选任办法》第16条规定，我国随机抽选方式需要征求候选人意见，组织推荐方式须以征得公民本人同意为前提，故我国人民陪审员的选任方式，充分尊重人民的意志，保障了公民担任陪审员的自愿性。这与英美两国将担任陪审员作为公民的强制义务的做法截然不同，符合我国国情。在我国，人民陪审员"工陪矛盾"较为明显，拒绝担任人民陪审员的比例较高。② 可以想象，在我国公民参与国家事务积极性不高的社会背景下，如果不经本人自荐或者本人同意，把参加陪审作为公民强制性义务，必然导致陪审员参与审判的现实障碍。因此，我国现有的陪审员挑选方式才是行得通、有效率的方式，如果照搬英美国家的方式，必然造成行不通、效率低的形式主义后果。

第三，根据案情选择专业人员参审。在一些专业性较强的案件中，比如医疗类案件，在审判过程中往往涉及要对一些专业性较强的行为做出事实认定，而选择有医疗类专业知识背景的人来担任陪审员，他们可以运用专业知识来更好地帮助法官还原案情的事实，以弥补法官由于对专业技术认识的不足而导致的判断偏差。③ 这类专业性较强的案件包括很多，例如专门法院的案件审理以及普通法院中涉及医疗、网络、工程技术等案件。在专业陪审员的选任上仍需制定相关规定来注意如何运用随机抽取方式，可以根据案情对专业型人员的需要，选择相关专业的人民陪审员参审，但不应采取固定指派的方式，专业陪审员的选任和参审也要遵守随机抽取的方式。

第四，适当放宽陪审员的年龄限制和学历条件。使群众可以更广泛地参与司

---

① 国家统计局：《2019年农民工监测调查报告》（2020年4月30日）。

② 张璁、王比学：《人民陪审员公信度提高》，《人民日报》2016年7月1日，第3版。

③ 廖永安、蒋凤鸣：《人民陪审制功能定位的再思考》，《人民法院报》2020年3月19日，第5版。

法审判活动，提高我国选择人民陪审员的广泛性和代表性，可以借鉴英国、美国两国有益经验，结合我国国情，从两个方面进行完善。一方面，降低担任陪审员的年龄，将最低年龄降低至 18 周岁。同时规定最高年龄原则上为 75 周岁，但对于超过最高年龄的对陪审工作有经验、有热心且能充分发挥作用，经体检认定其身体状况良好的，可根据当地客观实际酌情调整年龄上限。通过降低年龄和对最高年龄作原则性规定的方式，扩大了参选人员范围，丰富了参选人员类型。另一方面，取消文化学历要求的限制。文化学历要求成为我国目前阻碍文化层次较低群体参选人民陪审员的障碍，取消学历限制具有合理性和科学性。

第五，应制定科学的任期和更替比例。提高人民陪审员的广泛性和代表性也体现在让更多的人民群众参与到陪审制度中。另外，因为法官员额制改革后"案多人少"使法院趋向于扩大陪审人员规模，[1] 目前陪审制度规定的人民陪审员任期为 5 年，对此，可以适当缩短任期，制定合适的更替比例。

（三）完善陪审员的管理机制

最高人民法院以及司法部出台的《人民陪审员培训、考核、奖惩工作办法》，对人民陪审员的管理做出进一步的细化规定，但在落实人民陪审员制度的同时也要结合法院所在地的地方特点，制定相应的选任和管理办法，综合考虑参选人员的文化程度、知识水平、特长优势，进一步完善随机抽取的方式，在保障司法公正的同时也能高效完成结案任务。对于人民陪审员在管理机制上的相关问题，《人民陪审员培训、考核、奖惩工作办法》中做出了明确的指示性规定，但也应该按照地方的不同，进行进一步的细化管理，地方法院应该抓紧制定配套的落实方式。

首先，要加大对人民陪审员的培训力度。为防止陪审员因为"不知法"而出现的消极陪审现象，应建立全面的人民陪审员体系，不仅要提高陪审员的责任意识，还要在庭审前让陪审员了解学习基础的司法程序流程和法律知识进行。在学习形式上应该采取案例交流、庭审观摩等线上线下多种方式，在学习时间上应该灵活安排在人民陪审员任期中的各个阶段。在培训过程中要注意发挥指导案例的作用，由于在区分事实审和法律审问题上没有明确的界限，所以指导案例对人民陪审员了解职权范围和认定事实十分重要，在培训过程中应当适当增加对优秀指导案例的解读。

其次，要完善考核评议机制，增设人民陪审员工作的评议信息记录。对人民陪审员履职过程中参与案件审理和对接的情况进行登记，真实反映履职状态，方

---

① 杨艺红：《人民陪审员参审职权改革：实证分析与路径选择》，《时代法学》2019 年第 5 期，第 75 页。

便奖惩工作的开展。

最后，制定适当的退出机制。一方面，对于任期届满以及不积极履行职责的人民陪审员及时办理免除手续，通过对人民陪审员的考核评议、定期抽查等方式，及时清理队伍中的"问题人员"，保障人民陪审制度的有效运行。另一方面，对陪审人员的选任和退出都要做好社会公示程序，保障人民群众的切身利益。

（四）完善法官对陪审员的指示制度

对于目前法官指示机制的相关问题，在立足我国国情的同时结合英美陪审团制度的经验[①]提出以下几点改善办法：

1. 增加庭审前和庭审中的口头指示

在我国，开庭前"应当制作事实认定问题清单"，没有明确规定可以再进行口头法律指示；而在庭审中，法官"应当提示人民陪审员围绕案件争议焦点进行发问"，可以认为这仅仅是一个法庭指挥条款，并不包括法律指示。为了让陪审员在庭审前后的任何时间都有机会听到法官的法律指示，我国应当明确规定法官在庭审前、庭审中有口头法律指示的权力，当然，这也是法官的责任和义务。

首先，开庭前指示除了现在已经规定的陪审员问题列表之外，还应当规定，针对陪审员就问题列表提出的问题，还可以进行口头法律指示。事实上，在实践中，陪审员就问题列表中不清楚的问题，一般会提出问题，法官也会进行回答，立法应当肯定实践中的这一做法。

其次，在庭审过程中，法官可以根据所审理的案件的情况，就实体法和审判程序以及证据等与案件相关的法律规则，向人民陪审员作出指示。如，当辩方提出证据排除的申请时，法官应当根据刑事诉讼法和相关司法解释，说明"证据能力先行调查"原则的程序和制度。

对于在法庭上的法律指示，可以由法官根据陪审员提问情况主动作出，也可以根据陪审员的要求回答有关法律问题。但是，庭审中的法律指示应当在法庭公开发出，让诉讼各方都能了解，以避免法官对陪审员进行不当引导，影响其独立审判。

2. 对法律指示记录在案并允许异议

陪审团指示的受众主要有3个：陪审员、律师、上诉法院。在英美国家，陪审员需要依据法律认定独立案件事实，律师通过举证让法官向陪审员提供对自己有利的法律指示，上诉法院需要审查错误的法律指示是否对有罪裁定造成实质影响。

[①] 高一飞、陈人豪：《英美陪审团指示制度及其借鉴意义》，《光华法学》2021年第1期，第1-18页。

但是，在我国，人民陪审员的立法与司法解释并不允许律师了解陪审员指示的内容。我国学者建议通过限定指示的内容为陪审员指示设定边界，保障人民陪审员独立参与审判。① 法官对人民陪审员的指示错误应当根据故意的指示错误、过失的指示错误和无指示的错误三种情形进行审查并评估。② 还有人提出，我国当前的法官指示不能进行模糊立法，而应当将法律条文和证据规则作为法官指示的内容。③ 学者对法官指引责任的上述研究中，只是针对指示内容进行了阐述，并没有从发现法官指示错误的角度进行研究。

实际上，法官有很多微妙的方法对陪审员独立裁判进行影响，特别是法官作出口头指示时，律师有能力和动力发现和判断这样的影响。所以，我国应当学习英美国家的做法，规定：律师在场时应当公开进行法律指示，无论律师是否在场，法官指示内容都应当记录在案供律师查阅；错误的指示应当成为上诉和改判理由；对于法官故意发布错误指示、影响陪审员独立裁判的，应当承担司法责任。

（五）对陪审团一致裁决原则功能的谨慎借鉴

目前实行陪审制的国家所适用的裁决规则主要有多数裁决规则（包括简单多数裁决规则和绝大多数裁决规则）和一致裁决原则。简单多数裁决规则通常是指超过半数裁决者同意即可通过的表决规则，在刑事陪审团中实施这一裁决规则的国家很少，主要代表有比利时、苏格兰。一致裁决，可以说是陪审团制度中最古老的一种裁决规则，其通常也被称为一票否决制，是指对一个事项的裁决必须经过全体成员的同意方能通过，任何一票的反对都将导致裁决事项无法通过，陪审团一致裁决曾经被认为是司法正义中"上帝声音最可靠的显示"。

"进行文明相互学习借鉴，要坚持从本国本民族实际出发，坚持取长补短、择善而从，讲求兼收并蓄，但兼收并蓄不是囫囵吞枣、莫衷一是，而是要去粗取精、去伪存真。"④ 我们对陪审团制度不能照搬，但是，陪审团一致裁决原则在特定案件中具有独到功能：在我国还存在死刑冤案的情况下，在判处死刑时要求一致裁决，能够体现"慎杀"和对司法人权的特殊程序保障。在我国历史上，治国理念深受儒家思想影响。儒家也提出过要征得绝大多数人的同意才能使用死刑的理念，如孟子提出"左右皆曰可杀，勿听；国人皆曰可杀，然后察之；见可杀焉，然后

---

① 唐力：《法官释法：陪审员认定事实的制度保障》，《比较法研究》2017 年第 6 期，第 1 页。

② 刘梅湘、孙明泽：《刑事陪审团指示制度研究——论中国刑事诉讼人民陪审员指示的完善》，《重庆大学学报（社会科学版）》2019 年第 2 期，第 134 页。

③ 步洋洋：《中国式陪审制度的溯源与重构》，《中国刑事法杂志》2018 年第 5 期，第 88 页。

④ 习近平：《习近平在纪念孔子诞辰 2565 周年国际学术研讨会暨国际儒学联合会第五届会员大会开幕会上的讲话》，《人民日报》2014 年 9 月 25 日，第 2 版。

杀之。故曰，国人杀之也。如此，然后可以为民父母"。可见，人民同意成了孟子认为可以处死刑的理由，"从某种意义上说，儒家观念始终试图在现实与人文之间建立某种平衡，在死刑问题上能够明显地看出这一点"①。在死刑问题上，一致裁决确实可以说是"上帝的声音"的体现。因此，我国可以考虑在死刑案件中采用一致裁决制度。

我国对死刑案件的审判非常慎重，主要是通过多重审级监督、自动启动复核程序、由最高人民法院统一行使核准权等方式来体现慎之又慎。但在裁决的表决形式上，采用的是简单多数决定制。这样，当一个案件的合议庭是3、5、7人时，只要过半数就可以进行裁判。意味着一个案件只要有2/3、3/5、4/7的人同意就可以作出裁判；换句话说，在只有67%、60%或者57%的可能性的情况下就可以作出有罪并处以死刑的判决，在其他的案件里也许可以认为这是正确的判决，但对于一个人的生命而言，是非常轻率的决定。②

对于死刑案件，将来可以考虑发挥一致裁决的作用：无论是否有陪审员参加，对于死刑的判决与复核，都应当是一致裁决；如果不能作出一致裁决的，不能判处或者核准死刑。因不能达成一致裁决而不判处或者核准死刑的，可以考虑发回重审或者强制改判成死刑以外。

小结

我国陪审制度虽然已经有很久的历史，但根深蒂固的法官主导意识已经深入人心，想真正地解决人民陪审员"陪而不审"以及"编外法官"等问题，还需要提高全社会的法律意识，不仅要让人民陪审员意识到自己的责任，还需要增加人民群众对陪审员的认同感，明确人民陪审制度是保障司法公正的有效举措，只有人民群众真正理解了人民陪审员工作的性质，才能有效发挥出设立人民陪审员的作用。为此，在日常普法活动中，需要加大对人民陪审员的宣传力度，营造良好的社会氛围。在自媒体发达的当今社会，可以通过多重平台向人民群众进行普法教育，鼓励相关媒体多宣传人民陪审制度，提高人民群众的对该制度的认知，激发群众参审热情，让更多人参与到陪审活动中来。

①　时延安：《死刑、宪法与国家学说——论死刑废除的理论路径选择》，《环球法律评论》2017年第6期，第32页。
②　高一飞：《"群众的感觉"与死刑司法中的人道关怀》，引自卞建林主编：《中国诉讼法判解（第7卷）》，中国人民公安大学出版社2009年版，第296页。

第七节　以审判为中心的诉讼制度改革

"审判中心"是现代刑事司法的重要理念，也是各国孜孜追求的法治目标。这种理念源于何处，它历经怎样的神秘过程，这是探索法治发展的重要议题。我国学者早就看到："德日韩等现代法治国家都历经了'审判中心'的确立过程，特别是审判中心主义这一术语就源于日本的诉讼理论。"① 更有学者直接指出："中国现在使用的审判中心主义一词就来源于日本刑事诉讼。"② 由此可知，学术界已经意识到该词发源于日本，并传入我国。

同时，还有学者进一步认识到："在欧美的诉讼法论著和法律文本中搜罗不到审判中心这一术语，但欧美特别强调法官及法庭的重心功能。"③ 陈光中教授也指出："审判中心这一概念在西方发达国家的法律法规中无处可寻，英文表述中也没有审判中心的专门术语。"④ 这说明在学术考察范围内，欧美法律术语中并没有"Trial-centered"或者"Trial-centralism"一词。如德国只有主程序（Hauptverfahren），美国只有程序化审判（Procedure during Trial）等强调审判程序中心地位的类似术语。

一、只存在于东亚地区的概念

那么，欧美法国家为何有此理念却没有此术语呢？欧美刑事诉讼的发展历程、法典文本设计、相关制度安排以及司法实践表明，"审判中心"的理念在他们的诉讼过程中是理所当然之事。松尾浩也教授在论及起诉状一本主义时也提出："起诉状一本主义是日本法中产生的概念，很难找到相对应的外语。如果把起诉状一本主义的基本原理译成英文，可为'the principle of unitary information'（乔治教授），美国法之所以没有该用语，是因为起诉一本主义在美国是理所当然的事情。"⑤ 同理，我们也可以得出相似的结论，在欧美刑事诉讼法中，"审判中心"是理所当然的事，根本不需要再造一个类似"审判中心"的宏观术语。相反，恰恰是侦查主

---

① 卞建林、谢澍：《以审判为中心：域外经验与本土建构》，《思想战线》2016年第4期，第112页。
② 张建伟：《审判中心主义的实质内涵与实现途径》，《中外法学》2015年第4期，第872页。
③ 王新环：《以审判为中心与司法最终处理原则》，《中国律师》2015年第12期，第84页。
④ 陈光中、步洋洋：《审判中心与相关诉讼制度改革初探》，《政法论坛》2015年第2期，第120页。
⑤ ［日］松尾浩也：《刑事诉讼法（下）》，弘文堂1999年版，第362页。

导审判、庭审流于形式的东亚地区急切渴望审判能够成为中心。因此，在法律移植和学术交流的过程中，为了让这一欧美国家看来"理所当然的事情"被本国国民与政治家所理解，需要结合本国文化和文字进行造词，这样造出来的这个词就是"审判中心"，当然，其表述的形式可以是"公判中心""一审中心""庭审中心""以审判为中心""审判中心主义""公判集中主义"。在东亚地区，对欧美国家诉讼制度移植的事件最初发生在日本，因而体现其本质特征的"审判中心"的词语也最初由日本学者发明。

当然，这里有必要说明为什么"审判中心"在欧美国家是理所当然的事情？

这首先需要我们回顾欧美刑事诉讼的发展历程。众所周知，欧洲的刑事诉讼模式大约历经了弹劾诉讼（罗马帝国灭亡到 13 世纪）—纠问诉讼与对抗式诉讼（13 世纪到 19 世纪）—职权主义与当事人主义（19 世纪以后）的发展历程。① 大约在 12 世纪，欧陆法国家在刑事诉讼中就产生了不告不理、法官居中裁判的弹劾诉讼模式（procédure accusatoire）。这是早期资产阶级法学家总结人类诉讼史，并根据当时的案件情况进行的理论升华，可以说是"审判中心"理念的最初样态。

13 世纪左右，欧洲进入封建时代，传统弹劾诉讼模式在不同政治体制的国家发生了新变化。集中表现为以法国为代表的纠问式诉讼（procédure inquisitoire）和以英国为代表的对抗式诉讼（Adversary System）。1776 年美国建国，众所周知，在法律传统上，美国法律来源于英国普通法系，刑事诉讼虽有自己的特色，但整体上属于英美法系的对抗式诉讼模式。

在对抗式诉讼模式下，控辩双方可以平等搜集证据，案件的事实认定及证据调查需在法庭上进行，审判仍处中心地位。但是，在纠问诉讼模式下，法院既是控诉主体也是裁判主体，预审成为刑事诉讼的中心，庭审已经被虚置。我国学者将对抗式诉讼模式和纠问诉讼模式分别称为"以侦查为中心的模式"和"以审判为中心的模式"。② 因此，在这段时期（13 世纪至 19 世纪），两大法系的刑事诉讼理念形成了巨大反差。即，"审判中心"的理念在欧陆法国家已经被架空，但在英美法国家得到了渐进发展。

19 世纪后，欧洲国家相继爆发了资产阶级民主革命，这对刑事诉讼的发展产生了至关重要的影响。特别是大陆法系的刑事诉讼理念开始从"侦查中心"走向"审判中心"。如，法国最先建立了弹劾审判与预审制度相结合的混合程序

---

① 孙锐：《中西方刑事诉讼模式理论之比较》，《湖北社会科学》2011 年第 11 期，第 154 页。

② 何家弘：《从侦查中心转向审判中心——中国刑事诉讼制度的改良》，《中国高校社会科学》2015 年第 2 期，第 131 页。

（procédure mixte），形成了侦、控、审相对分立的诉讼体制。以上变化的原因：一是"审判中心"的理念开始与分权制衡理论及审判独立原则融合；二是两大诉讼模式在"审判中心"的思想源流上形成了交汇。正如日本学者所言："作为与职权主义相对的概念，当事人主义是法国大革命在近代刑事诉讼中产生的理想化目标。虽说该经验来自于英国刑事诉讼法，但是思想来源于法国大革命的自由主义和民权主义。"① 林钰雄教授更为有力地指出："审判中心的理念是19世纪时融合欧陆法并参酌英国普通法而改革的时代产物。"② 当时的"审判中心"理念，体现在基本确立了以直接、言词、公开审理为原则，强调法庭调查及出示的证据是判决的唯一基础，并在不同诉讼模式下采用了陪审员参审制或陪审团制。因此，近代欧美国家进入资本主义后，其刑事诉讼在本质上理所当然是以审判为中心的。

与此同时，日本于1868年开始明治维新，进入了全面学习西方近代法律制度的新时代。1871年12月至1873年10月，日本岩仓具视使团（100人）对欧美12个先进国家进行了长达22个月的访问。③ 1880年日本效仿法国制定了《治罪法》，1890年参照德国制定了《明治刑事诉讼法》，1922年以德国法为主、英美法系为辅制定了《大正刑事诉讼法》。日本考察并学习西方刑事诉讼制度的这段历史，刚好也是欧美法治国家"审判中心"理念形成的关键时期。特别是《大正刑事诉讼法》，深受西方"当事人主义""直接审理主义""弹劾主义"等近代刑事诉讼理论的影响。④ 因此，当亚洲绝大部分地区还处在封建社会向近代社会过渡时，日本法学界已经意识到"审判中心"是近代西方刑事诉讼的基本特征，并在20世纪20年代对这一现象进行了理论总结，产生了"审判中心主义"一词，后来传播到韩国和我国台湾地区。⑤

概言之，在欧美实质上已经形成"审判中心"的诉讼的时候，亚洲国家仍然是以侦、控、审合一的行政与司法不分的审判模式。对于新引进的欧美刑事诉讼的本质差别需要概括性、原则性的名词来进行区分。日本学者起初引进该理念也只是对西方近代刑事诉讼的抽象化概括。从这个意义上来看，"审判中心"一词，

---

① ［日］小野清一郎：《刑事诉讼法讲义全订（第3版）》，有斐阁1933年版，第143页。

② 林钰雄：《改革侦查程序之新视野——从欧洲趋势看"台湾法"走势》，《月旦法学杂志》2008年第157期，第203页。

③ 柴松霞：《论日本明治时期出洋考察对法律变革的影响》，引自里赞主编：《法律史评论（第7卷）》，法律出版社2015年版，第146页。

④ 汪振林：《日本刑事诉讼模式变迁研究》，四川大学出版社2011年版，第101页。

⑤ 高一飞：《"审判中心"的观念史》，《国家检察官学院学报》2018年第4期，第123页。

只是对具备控审分离、审判独立、直接言词原则、庭审实质化等特征的近代刑事诉讼本来样态的描述，并没有在这种刑事诉讼模式上增加什么新内容。

我国"审判中心"的理念形成在时间起点上可能稍晚。改革开放后，我国民主法制建设得到了新发展，学术探讨和法律移植的步伐不断加快。1985 年，陈光中等 6 位学者赴日专门考察了日本的侦查程序、起诉程序、审判程序以及证据制度。① 学者们的广泛活动与探讨，特别是系列冤假错案的发生，促使了"审判中心"的理念得到重视。并且，在发展的过程中，法律界围绕审判中心主义的话题展开了多次研讨，形成了不同时期、不同认识的"审判中心"用语。

二、作为批判对象的审判中心（1993—1996 年）

20 世纪 80 年代中期到 90 年代中期，我国开始了审判方式的启蒙改革。这段时期的改革主要是改变超职权主义的庭审模式，强调当事人的举证、质证和开庭辩论，充分发挥庭审的功能，② 试图通过改革庭审方式来树立法官权威，摆脱司法"泛行政化"的思维。我国学者也将当时改革者的话语提炼为：证在法庭，辩在法庭，判在法庭。③ 这一主张，率先在改革话语中触及了"审判中心"的理念，同时也奠定了我国庭审改革的基本思路。

不过，该主张并不等同于学术上的审判中心主义，其主旨是庭审方式本身的改革，更接近于之后的庭审中心主义，且这一主张并没有得到有效落实。另外，这一时期相关文件如 1991 年 12 月 12 日《关于进一步加强人民法院参与社会治安综合治理工作的意见》等提到"以审判工作为中心"，显然这是指相对于法院自身其他工作而言，审判是法院的中心工作。这一名词，相对于三个阶段要体现"审判中心"这一观念而言，角度和比较的因素完全不同。虽然有"审判"和"中心"两个名词，但与我们现在讨论的"审判中心"没有本质联系。

虽然改革者提出了相当有价值的观点，但在学术界又呈现另一番景象。周士敏教授旗帜鲜明地提出，"审判中心说"不适合我国的诉讼模式，应当坚持"阶段诉讼说"，并进行了大量批判性分析。④ 他主要从三个方面对"审判中心说"的观

---

① 陈光中、徐益初、严端、王舜华、肖贤富、傅宽芝：《日本的刑事诉讼法——赴日考察报告》，《法学研究》1985 年第 6 期，第 88－94 页。

② 公丕祥：《司法改革 30 年——从审判方式改革向体制性改革的发展》，《法制日报》2008 年 11 月 24 日，第 4 版。

③ 蒋惠岭：《重提"庭审中心主义"》，《人民法院报》2014 年 4 月 18 日，第 5 版。

④ 周士敏：《刑事诉讼法学发展的必由之路——由审判中心说到诉讼阶段说》，《中央检察官学院学报》1993 年第 2 期，第 49 页。

点进行了否定。第一，在认识基点上，他认为"审判中心说"是狭义刑事诉讼概念下的产物，实质是实现国家刑罚权，这会导致侦查、起诉、执行等审判前或者审判后的活动都不是单独的诉讼程序。第二，在制度缺陷上，他认为"审判中心说"会忽视警察和检察的作用，忽视程序意义，公安机关有较多强制处分权，检察机关有起诉裁量权都会导致"审判中心"难以实现。而且，对于审判前的违法行为，法院只能事后以程序违法和证据无效为由加以制止，难以保护法制和保障人权。第三，他还对"审判重心说""审判决定说""实体核心说"等有关"审判中心"的概念进行了分析，最终得出"审判中心说"必然被"诉讼阶段论"取而代之的观点。

可见，周士敏教授发表了我国第一篇以"审判中心"为标题的文章，但其结论是否定审判中心的。

上述观点，立足于传统审判中心主义的理论，进行了许多经验性分析，率先将"审判中心"一词以学术语言表达出来，具有重要的理论价值。不过以侦查、起诉的重要性来否定审判，这在认识论上就存在一定问题。"审判中心"并不是否定其他诉讼阶段的工作，核心要义在于各个阶段要各司其职，防止违法侦查和滥用起诉裁量权，每一道程序都要面向审判，服务审判。而且，从现代各国刑事诉讼的发展趋势以及各个诉讼阶段的深层次关系来看，审判的司法裁判功能始终居于中心地位。

综上，从改革话语的最先触及再到学者的大肆抨击，"审判中心"的理念在变革声与批判声中应运而生。虽然个别学者对该理念存在偏见，但是其顺应了改革者的要求，为之后的学术研究以及修法活动提供了思想源泉和批判靶子。

三、为审判中心探寻中国道路（1996—2012 年）

1996 年，我国刑事诉讼法进行了第一次修订，提高了犯罪嫌疑人和被告人的地位，确立了刑事被害人为当事人，重点改革了庭审制度和案卷移送制度，吸收了无罪推定的思想，使刑事诉讼的构造不断朝当事人主义模式靠拢。在此背景下，徐静村[①]、孙长永[②]、陈瑞华[③]等学者对"诉讼阶段论"进行了批评，从理论上论证了"审判中心"理念的基本范畴和意义。

---

① 徐静村主编：《刑事诉讼法学（上）》，法律出版社 1997 年版，第 247 页。
② 孙长永：《审判中心主义及其对刑事程序的影响》，《现代法学》1999 年第 4 期，第 93 – 97 页。
③ 陈瑞华：《刑事诉讼的前沿问题》，中国人民大学出版社 2000 年版，第 66 – 67 页。

其中，孙长永教授从理论高度系统介绍了审判中心主义的概念、依据、影响以及在我国的实现路径。他认为审判中心主义就是：（1）审判是决定被告人有罪无罪最重要的阶段，未经审判，任何人不得被认为是罪犯。（2）一审程序是审判的核心。其还指出，我国要全面贯彻"审判中心"的理念就应当实现法院独立审判，废除检察院对法院的审判监督，严格选择传闻证据，建立预审法官制度。① 孙长永教授的这篇文章除了提到了十多年后由党的十八届四中全会确立的以审判为中心的诉讼制度的主要内容外，还提到了侦查阶段要以审判为中心的主要表现是法院对强制措施和侦查行为进行司法审查。

从学者们的论述来看，此时的"审判中心"理念已经得到了有效检讨，学者不仅认识到"审判中心"的有益价值，也认识到当前推行中存在的问题并给出了相应解决方案。学者还认识到实现"审判中心"的关键是确立一审为中心，为之后的理论深入和庭审实质化改革提供了学术指导，为"审判中心"理念的正本清源和有效贯彻做好了理论先导。

不过，几年后，就有孙长永教授的博士生李长城对中国如何推行审判中心进行了批判性反思，认为学术界过分强调"审判中心"的思想，会导致认识片面化。为了克服这种认识误区，必须实现"审判中心"向"整体中心"，"一元论"向"多元论"转变。他认为，"审判中心"理念存在固有缺陷：一是大量案件辩诉交易、程序简化或者不起诉，根本不需要启动审判；二是侦查、起诉不是审判的准备阶段，具有独立决定案件终结的功能；三是庭前程序过度膨胀，"审判中心"其实已经前移。他也提出，我国要确立审判的中心地位就必须对侦查权进行司法审查，赋予律师调查取证权，建立科学的证据开示制度以及详细的裁判理由说明制度。② 该观点确实抓住了问题之症，并提出了有力对策，但是"整体论"或者"多元论"的观点值得商榷。无论辩诉交易，还是不起诉，并非就与"审判中心"的理念相对立，这是诉讼效率要求的权宜做法。这些前置性措施的目的是其他案件能够实现平等对抗，发挥审判的决定性作用。虽然这些程序有可能与"审判中心"的理念存在紧张关系，但只要规范好、限制好这些程序，就能最大限度地展现审判在诉讼程序中的中心地位。

此外，对于"审判中心"难以实现的原因，龙宗智教授认为主要集中在三个

---

① 孙长永：《审判中心主义及其对刑事程序的影响》，《现代法学》1999 年第 4 期，第 93 页。

② 李长城：《对审判中心主义的再思考》，引自《中国法学会刑事诉讼法学研究会 2007 年年会论文集》，第 139－142 页。

方面：一是侦查构造的双重性，且线性构造呈加强趋势，导致侦查决定审判；二是庭审弱化，庭下强化，法官不能独立，行政化色彩严；三是审级体制对一审重视不够，纵向关系浓厚。针对以上问题，他还提出了四个方面的对策：一是区分案件性质和任务，分步推进；二是要限制审前活动，阻断侦审关系，强化证据法则，强化控辩审三角结构；三是发挥庭审对事实认定的决定性作用；四是重视一审，实现一审中心。① 学者的观点具有很强的实际意义，尤其是从难到易、分步推进的路径具有可操作性，既秉承了"审判中心"的规则根基也考虑了司法实际。可以说，之后的许多改革都与上述主张有着密不可分的关系。

以上论述从理论、问题、对策等多个视角对"审判中心"的理念进行了反思，为实现该理念给出了学术愿景并提供了具体对策。仅从问题意识以及实现路径来看，都具有积极价值。尤其是龙宗智教授对如何实现"审判中心"给出了充足的建设性意见。可以说，"审判中心"的理念又发展到了一个新的高度，学术思想对立法和司法提出了更高期待。

四、庭审中心主义的实践（2012—2014 年）

庭审中心主义的理念由来已久，自 20 世纪 90 年代被提出后，我国学术界就展开了不同程度的探讨。1996 年，我国《刑事诉讼法》修订时重点回应了这个问题，将原来的全案移送改为部分移送，以防止法官形成预断。但是，基于当时的改革条件，此次修法的效果并不理想，有些地方甚至变相恢复了全案移送制度。究其原因，主要是司法权威性不足，庭前公诉审查仅为程序性审查以及缺乏有效的庭前准备程序。

2012 年，我国《刑事诉讼法》修改时调整了思路，一方面恢复了案卷移送制度，另一方面又完善了相关配套措施。如，新增庭前会议制度、非法证据排除制度，强化证人、鉴定人出庭作证制度。对于 2012 年修法，学界的认识也存在差异，有人认为恢复案卷制度会导致"未审先判"，② 有人认为这是发挥庭前功能的重要方式，两者不存在必然联系，并举出德国的例证。③ 综合来看，两次修法各有利弊。1996 年修法，确立了对抗式诉讼模式的重大目标，在理论上具有合理性，但是没有吸收对抗式诉讼的精髓，没有充分考虑我国的司法实际。2012 年修法，出

---

① 龙宗智：《论建立以一审庭审为中心的事实认定机制》，《中国法学》2010 年第 2 期，第 151 页。

② 程雷：《审判公开背景下刑事庭审实质化的进路》，《法律适用》2014 年第 12 期，第 3 页。

③ 刘静坤：《"庭审中心主义"改革的历程和路径探索》，《法制资讯》2014 年第 6 期，58–59 页。

台了几项重要措施，强化了庭前准备程序，但本质上只是用部分与审判中心相关的制度触及了庭审中心主义。

在此基础上，最高人民法院因势利导，于 2013 年 10 月 9 日发布了《关于建立健全防范刑事冤假错案工作机制的意见》，指出了庭审中心主义对于防范冤假错案的重要性。该意见第 11 条规定："审判案件应当以庭审为中心。事实证据调查在法庭，定罪量刑辩论在法庭，裁判结果形成于法庭。"2013 年 10 月 14 日召开的第六次全国刑事审判工作会议文件采用了相同的提法，并在同一语段中增加了"全面落实直接言词原则、严格执行非法证据排除制度"的要求。应该说，这一提法是对传统刑事审判方式改革的进一步提升，学界将其概括为庭审中心主义。如果说当年的"证在法庭、辩在法庭、判在法庭"是庭审中心主义的 1.0 初级版，那么现如今的"事实证据调查在法庭，定罪量刑辩论在法庭，裁判结果形成于法庭"就是庭审中心主义的 2.0 升级版。[①] 毋庸置疑，庭审中心主义已成为指导我国当下刑事司法改革的价值目标和基本理念。

基于此，学者也迅速回应，重点阐述了庭审中心主义概念下的相关原则、产生原因以及实现方式。顾永忠教授认为，庭审中心主义产生的现实原因是当前还不具备提出审判中心主义的客观基础和法律依据，直接原因是系列冤假错案的纠正和十八大以来司法改革以及相关指导性文件的出台为其提供了思想支撑和法律依据。在实现方式上，他提出了三个基本观点：一是在一审中推进审判中心；二是适用案件范围为重大复杂，被告人不认罪的案件；三是保障被告人获得律师帮助的权利。在概念内涵上，他认为，审判中心主义与庭审中心主义既有联系又有区别，前者注重的是外部关系，后者注重的是内部关系，前者的覆盖面更广，后者是前者正当性和权威性得以实现的主要途径；并得出结论："庭审中心主义的确立和巩固，为审判中心主义奠定了基础。从长远的观点看，庭审中心主义势必走向审判中心主义。"[②] 学者从我国司法现状出发，解释了庭审中心主义提出的原因以及审判中心主义欠缺的条件，并认识到了两者概念上的异同以及发展上的渐进关系。不仅从学术上澄清了改革中的相关话语，也对我国如何实现的问题给出了可行性方案，实现了学术与政策的有效衔接，是贯彻"审判中心"理念最关键的一步。

---

① 秦策、许克军：《庭审中心主义的理念阐释与实现路径》，《江苏行政学院学报》2015 年第 4 期，第 125 页。

② 顾永忠：《试论庭审中心主义》，《法律适用》2014 年第 12 期，第 7 页。

五、构建以审判为中心的诉讼制度（2014 年起）

2014 年 10 月 28 日，习近平总书记在十八届四中全会上作的《中共中央关于全面推进依法治国若干重大问题决定》的说明中指出："推进以审判为中心的诉讼制度改革，目的是促使办案人员树立办案必须经得起法律检验的理念，确保侦查、审查起诉的案件事实证据经得起法律检验，保证庭审在查明事实、认定证据、保护诉权、公正裁判中发挥决定性作用。这项改革有利于促使办案人员增强责任意识，通过法庭审判的程序公正实现案件裁判的实体公正，有效防范冤假错案产生。"[①] 深入推进以审判为中心的刑事诉讼制度改革，就是优化刑事司法职权配置，将公检法互相配合、互相制约的原则落到实处，充分发挥审判特别是庭审的作用，尊重审判程序，确保案件处理质量和司法公正。在党的文件中充分肯定审判的中心地位，代表了执政者改革司法痼疾的意志与决心。从这次改革的意义而言，如果说落实庭审中心是"审判中心"理念最为关键的一步，那么通过党的文件决定全面推进以审判为中心的诉讼制度改革应当是决定性的一步。

不过，也有学者对以审判为中心的诉讼制度改革提出了不同声音。张建伟教授从改革的目的直接指出，"以审判为中心"其实等同于庭审实质化，在之前的庭审改革中就已经存在，并不是学术味较浓的审判中心主义。[②] 还有学者也同样指出，该理念其实是改革决策层针对冤假错案、办案质量不高、司法公信力低下等问题，为了推进严格司法而提出的统括性术语，与学者提炼的审判中心主义的理论术语存在一定区别。这种区别主要表现在，"以审判为中心"没有司法体制和诉讼模式的转变，只是技术层面的微观调控。因此，这种变动是有限的、温和的，仍是对原有制度的进一步落实，既没有涉及刑事诉讼法的修改，也没有预设对刑事诉讼构造或者诉讼程序的大调整。[③] 这对轰轰烈烈的以审判为中心的诉讼制度改革进行了"冷思考"，进一步反思了此次改革的目的及其限度，有利于防止"审判中心"的理念出现"过左"或者"过右"的问题。

综上，我国"审判中心"的理念在改革领域曾有三次重大变化。即，庭审中心主义的初级版、庭审中心主义的升级版、以审判为中心的诉讼制度改革。"审判

---

① 习近平：《关于〈中共中央关于全面推进依法治国若干重大问题的决定〉的说明》，《人民日报》2014 年 10 月 29 日，第 2 版。

② 张建伟：《审判中心主义的实质内涵与实现途径》，《中外法学》2015 年第 4 期，第 863 页。

③ 樊传明：《审判中心论的话语体系分歧及其解决》，《法学研究》2017 年第 5 期，第 203 页。

中心"的基本路径已经确立，即以一审为中心，以庭审实质化为当前最重要的推进方向。在学术上，从以阶段论为由对其否定到形成肯定审判中心的学术共识，从理论反思到给出实现方案再到学术与政策的逐渐融合，学术思想越加成熟，更为理性。为了更加直观地了解这一变化，下表2-6、表2-7分别对"审判中心"的相关术语以及相关政策进行了统计。

表2-6 知网数据库有关"审判中心"的使用情况统计（1993—2017）①

项目	时间				
	1993年及以前	1994—2000年	2000—2009年	2010—2014年	2015—2017年
审判中心	1	3	57	65	458
庭审中心	0	0	17	25	127
以审判为中心	0	0	30	54	1449
总计（总数/年份）	1/1	3/7	104/10	144/5	2034/3

从表2-6来看，"审判中心"一词作为学术命题被提出是在1993年。自此之后到2000年的7年间，学术界仍以该词为研究对象，对之前的学术观点进行了有力回应和正本清源。同时，从仅有的学术成果也可以看出，庭审方式改革（20世纪90年代）和刑事诉讼法修改（1996年）并没有完成"审判中心"理念的全面学术化并上升为政策指导，而只是该理念由萌芽到觉醒再到提出学术愿景的初级阶段。

从2000年开始，随着司法改革的步伐不断迈进，有关"审判中心"的研究开始步入新阶段。研究主体开始大众化，研究领域开始精细化，学术成果更为丰硕。学者更加注重理论反思和塑造中国版的"审判中心模式"。尤其是2012年《刑事诉讼法》再次修订以及2013年最高人民法院出台了防范刑事冤假错案的工作机制后，学术界、实务界对这一理念的探讨热情开始高涨，学术成果开始朝批量化、规模化的态势发展。更值得提出的是，十八届四中全会后，以审判为中心的诉讼制度改革成了我国刑事诉讼的当然话语。截至2017年，有关"审判中心"的学术成果已达2000余篇，这一变化可以说是空前的，也是现象级的。

基于以上时间脉络和具体数据，也反映出各个阶段的研究成果与学术倡导、司法改革遥相呼应，前后相接。"审判中心"的成果从无到有、从有到多、从多到优的过程不仅生动展现了其在我国发展的基本脉络，也进一步印证了前文观点及结

---

① 表2的数据来源于知网数据库，包括所有期刊、硕博论文中关键词、摘要以及文中直接出现的内容。

论的客观性。

表 2 - 7　有关"审判中心"政策性文件的统计（1991—2018 年）

时间	文件	内容	理念
1991 年 12 月 12 日	《关于进一步加强人民法院参与社会治安综合治理工作的意见》	以审判工作为中心	以审判工作为中心
1999 年 10 月 20 日	《人民法院五年改革纲要（1999—2003）》	以加强审判工作为中心	
2002 年 12 月 22 日	《第十八次全国法院工作会议报告（摘要）》	审判是中心	
2007 年 3 月 7 日	《关于进一步发挥诉讼调解在构建社会主义和谐社会中积极作用的若干意见》	以审判工作为中心	
2009 年 3 月 17 日	《人民法院五年改革纲要（2009—2013）》	以审判和执行工作为中心	
2011 年 1 月 28 日	《关于新形势下进一步加强人民法院基层基础建设的若干意见》	以审判工作为中心	
2013 年 10 月 9 日	《关于建立健全防范刑事冤假错案工作机制的意见》	以庭审为中心	以庭审为中心
2014 年 12 月 4 日	《关于加强新时期人民法院刑事审判工作的意见》	突出庭审的中心地位	
2014 年 10 月 23 日	《中共中央关于全面推进依法治国若干重大问题的决定》	以审判为中心	以审判为中心
2015 年 2 月 4 日	《最高人民法院关于全面深化人民法院改革的意见——人民法院第四个五年改革纲要（2014—2018）》	突出审判在诉讼制度中的中心地位	
2016 年 10 月 11 日	最高人民法院、最高人民检察院、公安部、国家安全部、司法部《关于推进以审判为中心的刑事诉讼制度改革的意见》	以审判为中心	
2017 年 2 月 21 日	最高人民法院《关于全面推进以审判为中心的刑事诉讼制度改革的实施意见》		
2017 年 6 月 16 日	最高人民法院《人民法院办理刑事案件庭前会议规程（试行）》《人民法院办理刑事案件排除非法证据规程（试行）》《人民法院办理刑事案件第一审普通程序法庭调查规程（试行）》		
2018 年 1 月 1 日	对上述"三项规程"进行了修订		

从表 2 - 7 可知，"审判中心"的政策性话语可分为，以审判工作为中心（1991—2011 年）、以庭审为中心（2013—2014 年）和以审判为中心（2014 年至

今）。可以看出，作为学术话语的审判中心主义或者庭审中心主义并没有出现在政策性文件中。在相当长的时间内，最高人民法院都是高呼"以审判工作为中心"。此处的"中心"一方面是相对法院自身的其他工作，如社会治安、信访调解；另一方面是相对立案、侦查、起诉、执行等诉讼程序而言，并且针对的范围较广，不只是刑事诉讼，还包括民事、行政诉讼。

2013 年，最高人民法院为了防范冤假错案，提出以庭审为中心。这既是对先前改革的正面回应，也指导了我国当下的刑事司法改革。2014 年，在《决定》的指引下，最高人民法院相继出台多个规范性文件以及在多种场合都提及以审判为中心的诉讼制度改革。可以说，"审判中心"的理念已是我国司法改革的基本遵循，已经也必将是我国刑事诉讼未来集中攻克的方向。当然，这一政策演变史不仅与前文的论述相呼应，也与前文勾勒的基本趋势相符合，更加直观地说明了"审判中心"理念在我国刑事政策领域的来龙去脉。

六、以审判为中心诉讼制度改革的展望

"审判中心"一词是日本学术界对西方刑事诉讼理念的概括与总结。从日本传入东亚其他地区，该词不仅在词语构成上遵循了汉字文化圈的表达习惯，在理念流传中也保持了一贯性和连续性。作为东亚地区特有的诉讼概念，主流学说①也认为，侦查、起诉都是审判的准备阶段，事实认定与定罪量刑都要形成于法庭，审判才是决定被告人有罪无罪的最终阶段。当然，东亚地区对"审判中心"的理解既来自于西方的启发，也考虑了本地区的诉讼文化和司法实际，是去粗取精、博采众长的结果。尽管与西方法治国家的当然理念、实质做法还存在差距，但在长达百年的理念探索中，从日本原产到其他地区的深加工、再处理，其已经在东亚地区产生了深刻影响。因此，有必要对该理念的形成原因、实际效果、发展趋势进行归纳，为我国以审判为中心的诉讼制度改革查找不足，提供参考。

（一）审判中心在东亚地区的产生原因

"审判中心"为何能被东亚地区所接受，主要原因在于东亚各地有着共同的司法遭遇（冤假错案），存在着共同的法文化传统和类似的诉讼方式。

东亚地区都深受儒家文化"礼""仁""和"等思想的影响，家长制观念浓

---

① ［日］青柳文雄：《公判中心主义的课题》，《法曹时报》1960 年第 4 号。［韩］李相暾：《调书主义与公判中心主义》，《考试界》2005 年第 6 期。樊崇义：《解读"以审判为中心"的诉讼制度改革》，《中国司法》2015 年第 2 期，第 22－27 页。

厚，强调义务本位，注重社会权威。① 这种法文化传统已经深深根植于东亚的刑事司法，官署信赖根深蒂固，审判权很难对侦诉结果保持客观、中立。当然，这种法文化传统与国家的政治体制、职能安排也不无关系。在相当长的时期内，东亚地区的司法权与行政权并没有严格区分，司法的行政化色彩浓厚，审判也难以抵御外部因素的干预。这种特殊的文化背景也就容易引发金钱案、人情案、关系案。要建立现代刑事诉讼制度，就必须从源头上对这种法文化传统进行针对性反思，确保审判能够公正、独立，而"审判中心"的理念恰好能弥补这一阙如，是改进东亚地区传统法文化基础的正当性根据。

同时，东亚地区同属传统职权主义的诉讼模式。法官在审判中居于主导地位，但是法官往往对警察或者检察官所做的侦查笔录过度信赖。在这种审判模式的引导下，被告人的权利（辩护权）实质被削弱，庭审往往只是侦查或者起诉的确认场所。并且，东亚地区长期存在重实体、重口供的司法陋习，审判并不能对侦查和起诉进行有效制约，也没有监督和制约的动力，最终造成案件"一错到底"。"审判中心"的理念产生及其贯彻，与冤假错案的推动具有密切关系。如，日本的"木村事件""东电白领被害事件"，中国台湾地区的"王迎先案""江国庆案"，中国大陆以"聂树斌案"为标志的系列冤假错案，在当地都引起了执政者、学术界以及民众广泛而深刻的讨论，直接或者间接促成了相关规定的出台。这是"审判中心"理念得以重视的直接原因，也是该理念立于东亚地区的现实根据。

在上述原因的作用下，东亚地区的政治家和学者们都认识到，"审判中心"的建立必然会牵一发而动全身，引起侦查程序、起诉程序的规范化发展，从而树立审判的权威性和终局地位，最终实现个案正义和司法公正。可以说，"审判中心"是各地司法改革抓一点而及全部的抓手，推进审判中心的诉讼制度改革，实际上就是进行全部刑事诉讼制度的改革。也正因为这样，在我国，"审判中心"是在中国共产党的文件中作为司法改革的重要政治策略而提出来的一项制度。

（二）审判中心在东亚地区的实施效果

在东亚法治近代化的百年实践中，日本最先学习西方并完成了制度转型。"审判中心"一词首次出现在新闻报道中，再到日本学者的理论化，并不断上升为立法规定和刑事政策。20 世纪中后期，"审判中心"及其理念相继被东亚其他地区援用，并作为司法改革目标在逐步推进，出台了系列政策规定，使各地的刑事诉讼

---

① 方旭：《东亚法律文化的历史发展及特性》，《湘潭师范学院学报（社会科学版）》2009 年第 6 期，第 27 页。

不断朝着当事人主义的方向发展。那么，在这样的转型过程中，"审判中心"的理念究竟对东亚地区的刑事诉讼产生了何种作用？我们可以从下两个方面做出评价：

第一，侦查权走向法治化。

正如前文所述，日本及中国台湾地区的学者主张建立弹劾式侦查，以破除完全依靠自白为中心的讯问式侦查，将侦查定位为起诉和审判的准备活动。[①] 韩国学者也认为，侦查中的强制处分是为法院将来顺利审判而为之必要结果，并严格受到法官令状主义的司法审查。[②] 中国台湾地区学者还提出，犯罪嫌疑人并非侦查机关的讯问客体，其与侦查机关处于平等地位，享有充分的辩护权、沉默权等防御性权利。[③] 以上主张，实质是以规范侦查权为核心，促使侦查逐步向审判靠拢，尽量避免"带病证据"进入审判环节，确保侦查结果经得起审判的检验。

从立法表现来看，上述三地都规定了令状主义、沉默权制度、法律援助辩护和审讯录音录像制度，对侦查权进行了有效规制，为构建正常化的侦审关系提供了制度保障。从司法实践来看，上述三地无罪率远低于欧美发达国家。换言之，侦查结论绝大部分得到法官采纳。但是，这些地区并没有人（当事人及其辩护律师）认为庭审是走过场。[④] 当然，这也说明，欧美高标准的无罪率并不是东亚地区贯彻"审判中心"理念的可行做法。东亚地区的诉讼体制决定了侦查在审判中的前提性作用不会动摇，侦查服务于审判的关系只会加强，侦查质量的实质性提高才是破除"侦查决定论"的最好诠释，也只有这样才能推进"审判中心"的理念不断向前。

于我国而言，在规范侦查程序，提高侦查质量上也付出了艰辛努力。关于审判中心的各个规范性文件都对侦查工作提出了新的要求，完善了证据收集程序、侦查人员作证程序和非法证据排除规则。十八届四中全会以来，各级法院纠正了一系列冤假错案，对违法侦查、刑讯逼供者的严厉追责也倒逼侦查人员行为更加规范。这些改变，保障了犯罪嫌疑人侦查程序中的权利，强化了侦查人员的证据意识；这些措施，是以审判为中心的诉讼制度改革的当然内容和重要成果。

第二，诉讼机制更加完善。

"审判中心"是一个综合概念，贯彻刑事诉讼的全部，需要庭审以外的诉讼机

---

① ［日］三井诚：《侦查之构造》，《法学教室》1999 年第 157 期，第 89 页。
② 金柄权：《韩国刑事诉讼制度简介（上）》，《诉讼法论丛》2000 年第 4 卷，第 252 页。
③ 陈运财：《侦讯之法律性质及其规范》，《东海大学法学研究》1999 年第 11 期，第 148 页
④ 钟朝阳：《"以审判为中心"新解及司改路径的调整》，《中国人民公安大学学报（社会科学版）》2018 年第 1 期，第 84 页。

制来共同完善。从日、韩两国和中国台湾地区来说，在多次刑事诉讼法的修订中已经建立了传闻法则、自白任意性原则、非法证据排除规则，形成了较为发达的证据规则体系。为了防止法官提前接触证据、形成预断，还规定了起诉状一本主义。三地早就致力于案件分流建设，根据案件类型建立了较为科学的简易程序和协商性司法机制。以上种种措施，都是构建审判中心主义的当然条件。可以说，没有发达的证据规则、恰当的起诉方式、案件的合理分流，就不可能有实质化的审判。

日、韩两国和我国台湾地区三地已经形成了集中审理、口头辩论和直接言词原则的庭审规则。三地也已经或者正在推行参审制，进一步推动了庭审实质化的步伐。近年，为了摆脱过度依赖于犯罪嫌疑人、被告人的口供和书面言词证据，日本还加大了证人的保护力度和强制出庭作证的法定刑。① 轰动一时的"江歌案"② 中，证人刘鑫以视频连线的方式出庭作证，有利于帮助法庭查明犯罪事实和促进庭审活动的实质化。以上变化，紧紧围绕"审判中心"的理念展开，从而不断内化到庭审活动和法官心中，增强了审判的公平性和独立性。

就我国来说，最高人民法院围绕以审判为中心的诉讼制度改革已经制定了多个诉讼规则。不仅对侦查机关、起诉阶段提出了新的要求，在审判阶段，对庭前会议、庭审程序和证据排除形成了"三个规程"，以审判为中心的诉讼制度改革推动形成了符合司法规律的诉讼规则体系。但是，我们也应认识到，我国在贯彻"审判中心"理念的基础性工作上还存在巨大潜能。在 2014 年 10 月党的十八届四中全会决定实施以审判为中心的诉讼制度改革之后，具体落实的规则迟迟不能出台，直到 2016 年 10 月才出台"两高三部"的指导性意见，2017 年 2 月才出台人民法院的实施意见，公安部、最高人民检察院至今没有出台实施意见。可以认为，"审判中心"在侦查、起诉机关遇到了一定的困难。

"审判中心"理念的倡导已经改变了东亚地区传统的刑事诉讼模式，侦查、起诉以及审判之间的关系更趋合理，更加符合司法规律。但是，东亚地区由于域情体制、法治发展水平不一，"审判中心"的践行程度和实施效果也必然存在差异。无论是学习欧美，还是东亚各地区互相借鉴，都要不忘本来，吸收外来，将他国的经验与本国的实践结合起来进行改革。

---

① 闻志强：《日本〈刑事诉讼法〉2016 年修改动态》，《国家检察官学院学报》2016 年第 6 期，第 165 – 166 页。

② 2017 年 12 月 11 日至 18 日，东京地方法院公开开庭审理了被告人陈世峰犯故意杀人罪、恐吓罪一案。该案由 3 名法官与 6 名裁判员共同组成合议庭。2017 年 12 月 20 日，被告人陈世峰被判处有期徒刑 20 年。

（三）我国借鉴东亚审判中心改革中的问题

"审判中心"已是东亚地区刑事司法改革的共同目标，各地已经形成政策与学术的有效对话。但是，在我国的审判中心改革中，如何借鉴东亚其他地区的经验，这是一个艰难的话题，在此，我们选择其中的两个问题加以论述。

第一，案卷移送主义与起诉状一本主义的关系。日、韩两国已经在立法上明确规定了起诉状一本主义。问题的重点在于起诉状一本主义是否现实有效，案卷移送主义是否还有存在的余地。

从日本 2004 年修法的情况来看，其实已经将起诉状一本主义置于一端，强化了庭前证据开示和庭前准备程序。① 因为起诉状一本主义也存在固有弊端，法官很难抓住争议焦点，被告一方由于庭前不能充分了解证据也会导致庭审中断、拖延，未能一气呵成地进行集中审理。② 对于此，我国最高人民法院于 2017 年 11 月 27 日颁布《人民法院办理刑事案件庭前会议规程（试行）》，也是为了保证法庭持续集中审理、提高审判的质量与效果而作出的新变化，但是并没有采纳起诉状一本主义。

那么，在起诉状一本主义发生变化的背景下，大陆以及台湾地区应当如何改革案卷移送主义是亟待解决的问题。我国在 1996 年和 2012 年《刑事诉讼法》修订时也对此作出了庭后移送和回归庭前移送的立法尝试。我国有些学者认为，要彻底解决法庭审判流于形式的问题，就必须废止案卷移送制度，避免法官在开庭前接触、查阅任何案卷笔录和证据材料，从而彻底割断侦查与法庭审判程序。③ 台湾地区学者进一步提出，案卷移送的问题不是制度本身而是移送的内容，应当以证据清单的形式（非实体证据）进行移送并告知被告人及其辩护人，以保证后续程序开启的正当性和被告防御权的周延性。④ 但是应当看到的是，我国 1996 年《刑事诉讼法》曾经试验过这一做法，最后却沦落为案卷复印主义。在东亚地区，因为没有引进陪审团，专业的法官对于开庭前预先看到过的材料能够理性对待，不会形成预断，而预先阅卷又有能够为指挥庭审作准备的特殊作用，案卷移送与否对案件是否形成庭审中心和避免庭审走过场，影响不大。权衡利弊，在我国，案卷移送制度应当维持 2012 年刑事诉讼法确立的全案移送的现状。

第二，如何改革现有的侦、控、审关系。确立审判的中心地位，重点在于建

---

① 顾永忠：《试论庭审中心主义》，《法律适用》2014 年第 12 期，第 9 页。

② 姚莉、詹建虹：《公诉设计应充分考虑与审判制度衔接》，《检察日报》2018 年 3 月 14 日，第 4 版。

③ 陈瑞华：《案卷移送制度的演变与反思》，《政法论坛》2012 年第 5 期，第 24 页。

④ 柯耀程：《起诉卷证并不并送的迷思》，《军法专刊》2017 年第 4 期，第 55－56 页。

立合理的刑事诉讼构造。三地都实行司法组织上的审检分立和诉讼职能上的控审分离，以防止法检联手，确保法官中立和诉辩之间的分庭抗礼。但是，司法实践中也存在控审错位，检察官过分运用起诉裁量权，法官超出公诉事实裁判或者任意变更罪名的情形。① 鉴于上述侦诉、诉审关系，在"审判中心"的强力指引下，侦查由司法警察进行（特殊犯罪除外），检察官仅做证据审查和筛选，② 检警之间保持一种良性互动的关系。检察官在坚守应有的客观义务之上，重点致力于起诉裁量权的合理运用和提高庭审举证、质证的能力。

就我国来说，刑事诉讼遵循的是公、检、法三机关"分工负责、互相配合、互相制约"的宪法原则。长期以来，我国在诉讼格局上采用的是流水作业的阶段论，公、检、法各管一段，除检察能对侦查、审判进行有限制约外，审判与侦查并无直接联系。基于这样的职权安排，也就必须对"审判中心"与三机关"分工负责、互相配合、互相制约"的关系进行梳理。但问题是，三机关关系中出现的问题，是不是"分工负责、互相配合、互相制约"这一提法本身造成的呢？对其是否应当废除或者修改呢？

为了实现以审判为中心，有的人主张要彻底废除"分工负责、互相配合、互相制约"原则。这种观点认为："'分工负责、互相配合、互相制约'原则与程序正义之间存在一种水火不容、此消彼长的矛盾关系。因此，要想使刑事诉讼法真正地成为宪法的保障法，使程序正义在刑事诉讼活动中占据一席之地，就不能不彻底摒弃分工负责、互相配合、互相制约原则。"③ 一些体现程序正义与法治精神的程序规则、证据规则与司法制度的构建或完善必须以废除分工负责、互相配合、互相制约原则为基本前提。有的人主张废止互相配合的表述，修改为"分工负责、互相制约"原则，认为：科学的配合关系主要体现在权力分工问题上，搞好本职工作，即为配合。只要具备了"分工负责"也就具备了"互相配合"，因此，无须在原则中对它进行专门表述。④

我认为不应当废除或者修改配合与制约原则，因为这一原则从整体上抽象地反映了公检法三家关系的本质特征，而且具有极大的概括性，也经得起时间的考

---

① ［日］井上正仁、［日］酒卷匡：《刑事诉讼法的争点》，有斐阁2013年版，第130－131页。

② 陈运财：《检警关系定位问题之研究——从贯彻检察官控诉原则的立场》，《月旦法学杂志》2004年第108期，第76－77页。

③ 王超：《分工负责、互相配合、互相制约原则之反思——以程序正义为视角》，《法商研究》2005年第2期，第24页。

④ 左卫民：《健全分工负责、互相配合、互相制约原则的思考》，《法制与社会发展》2016年第2期，第25页。

验，在任何时代都可以注入新的内容，进行新的诠释。"以审判为中心"不会改变"分工负责、互相配合、互相制约"的诉讼流程和原则，而是要对该原则下的内容进行重新解读。

对这一原则诟病最多的是"相互配合"这一内容。其实，这一规定是非常重要的，因为公检法三家的关系非常特殊，在刑事诉讼中，其工作对象相同，程序前后衔接；公检两家还存在利益一致、工作紧密配合、互相协调的大控方关系。所以，这里的配合事实上存在两种不同而积极的含义。这里的配合不是可有可无的，它是对三家关系的必要的、适当的概括。①

2016 年 10 月 10 日，最高人民法院、最高人民检察院、公安部、国家安全部、司法部联合印发《关于推进以审判为中心的刑事诉讼制度改革的意见》。意见第 1 条就重申："人民法院、人民检察院和公安机关办理刑事案件，应当分工负责，互相配合，互相制约，保证准确、及时地查明犯罪事实，正确应用法律，惩罚犯罪分子，保障无罪的人不受刑事追究。"这进一步说明，配合与制约原则与以审判为中心的机制并不矛盾，而是审判为中心诉讼机制的一部分。

我国应当牢牢把握自己的司法实际，重点从职权配置、侦控审关系进行改革，逐步促进具体诉讼机制的整体性完善。其中，最根本的两个方面在于：一是从外部破除"侦查中心"，包括加强法官对侦查、起诉的引导和制约，加强犯罪嫌疑人获得律师帮助的权利，摒除对口供或者案卷笔录的直接采用；二是从内部打造"庭审中心"，以证据规则和参审制为突破口，确保诉讼证据出示在法庭、案件事实查明在法庭、诉辩意见发表在法庭、裁判结果形成在法庭。

小结

中国大陆是通过从日本和中国台湾引进"审判中心"一词并推进以审判为中心的诉讼制度改革的，但这不意味着我们应当亦步亦趋走他人的路。党的十八届四中全会所设计的关于"审判中心"的设计是我们看准了的事，《中共中央关于全面推进依法治国若干重大问题的决定》中确立的三个阶段要以审判阶段为中心、要体现证据裁判原则、要实现庭审实质化是改革的基本方向。我们应当在这样的顶层设计之下，进一步探索未来的改革道路。

---

① 高一飞：《刑事司法研究中的话语误解》，《中国法律评论》2017 年第 2 期，第 175 页。

第八节　简易速裁程序与认罪认罚从宽制度改革

一、刑事简易速裁程序改革

刑事简易程序是相对于普通程序而言的审判程序，它是指在普通程序的基础上对诉讼程序进行简化了的程序。根据其简化程度和审判方式的差别，刑事简易程序可以分为三种形式：第一，庭审内容简化式。即减少了普通程序中的某些内容。在这种情况下，法院根据检察官的请求以及被告人的同意以简易的方法调查事实并作出裁判。第二，庭审环节简化式。它既对庭审程序不是省略，也不是一般的简化，而是对庭审程序的某一个环节全部予以省略。在实践中的具体表现是刑事诉讼中的速裁程序，在这一程序中，由于被告人认罪认罚，对犯罪和量刑的事实与证据没有异议，庭审完全省略法庭调查和法庭辩论阶段，在开头程序进行完毕后直接进行量刑程序。第三，庭审程序省略式。它是指在案件的审理过程中，完全不进入正式的庭审程序，只要被告人认罪就可以直接根据起诉书作出裁判。庭审过程完全被省略。其典型的表现是德国、法国、意大利、美国都有的处罚令程序。

（一）1983 年非理性速决程序："严打程序"

在 1979 年《刑事诉讼法》颁布以前，我国没有刑事诉讼法，在刑事司法过程中也没有完整的刑事诉讼程序，因而也就谈不上普通程序与简易程序之分。1979 年《刑事诉讼法》规定一些简单轻微的刑事案件可以由法官独任审判，但没有设立专门的简易程序。1983 年 9 月 2 日，全国人民代表大会常务委员会通过了《关于迅速审判严重危害社会治安的犯罪分子的程序的决定》（以下简称"九二决定"）。针对一些严重危害社会治安和公共安全的刑事犯罪案件，建立了一种与法定程序不同的"速决程序"，实践中又被称为"从重从快程序""严打程序"。对此，陈瑞华教授认为："尽管没有人明确对此加以定性，但这一'速决程序'实际上就是中国的刑事简易程序。"[1] 因此我们可以把它看作我国当代刑事简易程序的最初形态。该决定只有两条，第 1 条规定："对杀人、强奸、抢劫、爆炸等严重危

---

① 陈瑞华：《刑事诉讼的前沿问题》，中国人民大学出版社 2000 年版，第 418 页。

害公共安全应当判处死刑的犯罪分子，主要犯罪事实清楚，证据确凿，民愤极大的，应当及时交付审判，可以不受刑事诉讼法第 110 条规定的关于起诉书副本送达被告人期限以及各项传票、通知书送达期限的限制。"第 2 条规定："前条所列犯罪分子的上诉期限和人民检察院的抗诉期限，由刑事诉讼法第 131 条规定的 10 日改为 3 日。"

"九二决定"导致了公、检、法、政法委联合办案，有的地方甚至还要求律师配合严打，在整个刑事诉讼中，公、检、法各机关联合起来对被告人进行所谓的审判，被告人成了刑事诉讼的客体，处于被控诉被审判的地位。在严打中，"九二决定"把"主要犯罪事实清楚""证据确凿"和"应当判处死刑"作为开庭审判的条件。案件尚未移交法院审判，就已确认"应当判处死刑"，未审先判，交付审判成了一种形式，只不过是办个手续而已。在审判程序中，控、辩、审三方的关系实际上变成了两方，即控审共同组成一方，被告人成为一方，这样的审判实际上与纠问式审判没有实质区别。①

严打程序也违背了繁简分离的诉讼规律。因为"九二决定"适用的对象是严重危害公共安全应当判处死刑的犯罪分子。一些重大复杂的刑事案件，被告人可能被判处最严厉的刑罚，对这样的案件应当花费更多的时间，诉讼程序也应当更加复杂、谨慎。因为一旦错判死刑，对被告人造成的损害以及对国家法制威信的破坏也会更加严重，但是"九二决定"却作了恰恰相反的规定，对这样的大案要案在程序中进行了不合理的简化，违背了简单的案件应当以简易的程序审判，复杂的案件以普通程序进行审判的这一不言自明的基本规律。②

决定中采用了"可以不受刑事诉讼法某某条规定的限制"这样的立法用语，但并没有规定不受限制的程度，把立法权完全交给了司法机关，实际上违背了有法可依的原则，在实践中导致了有一些地方以民愤极大为依据、以领导批示为准绳的做法。司法机关在资源有限的情况下，为了完成严打的任务采用了刑讯逼供、重刑主义的倾向，又由于辩护权和检察机关的监督权被削弱，发现冤假错案及时纠正的机制被破坏，导致很多案件不仅违背了程序正义，侵害了被告人的权利，而且在实体上也出现了枉法裁判的情况。

（二）1996 年正式刑事简易程序的创建

在对 1979 年《刑事诉讼法》进行修正时，1996 年《刑事诉讼法》首创了简易

---

① 高一飞：《刑事简易程序研究》，中国方正出版社 2002 年版，第 54－59 页。
② 高一飞：《刑事简易程序研究》，中国方正出版社 2002 年版，第 54－59 页。

程序，并废止实施十余年的"速决程序"。依 1996 年《刑事诉讼法》第 174 条之规定，简易程序仅适用于轻微刑事案件，其科刑范围原则上以三年以下有期徒刑、拘役、管制、单处罚金为限。至此，我国严格意义上的简易程序正式确立。但由于刑事简易程序适用范围狭窄，随着刑事案件的增多，已难以满足审判实践的需要。

为了进一步简化审判程序，提高诉讼效率，2003 年，最高人民法院、最高人民检察院和司法部又联合制订了《关于适用简易程序审理公诉案件的若干意见》以及《关于适用普通程序审理"被告人认罪案件"的若干意见（试行）》。该意见规定："被告人对被指控的基本犯罪事实无异议，并自愿认罪的第一审公诉案件，一般适用本意见审理。对于指控被告人犯数罪的案件，对被告人认罪的部分，可以适用本意见审理。"该意见出台后的审判实践中，大部分法院简易程序和普通程序简化审的程序适用比例达到 60% 以上，甚至更高，对于缓解司法资源紧张、促进案件分流、提高诉讼效率确实起到了非常重要的作用。①

刑事简易程序的引进，在提高诉讼效率、缩短审理期限方面起到了重要的作用，这是不可否认的。但经过十几年的司法实践，这种简易程序存在的问题也不可忽略。

1. 被告人权利保障极不充分

简易程序是正义与效率较量的产物，但是效率是建立在正义的基础之上的，而非一味追求缩短办案期限和庭审时间。综观各国对简易程序的规定，无不体现出对被告人诉讼权利的行使提供最低限度保障这一立法意旨，均赋予了被告人获悉被指控内容及相关证据的权利、获得律师帮助的权利、简易程序选择权甚至变更权。而 1996 年《刑事诉讼法》却只赋予法院和检察院适用简易程序的建议权和决定权，对被告人的选择权却只字未提。不仅如此，人民法院在审判活动中发现案件不适用简易程序时，有权中止简易程序而转入普通程序重新审理，而被告人却没有变更、放弃或自行要求适用普通程序的权利。

对于普通程序而言，被告人在采取简易程序进行庭审中的诉讼权利更需要辩护人的指导、参与与帮助，这样才能使被告人的诉讼权利得到较好保障。综观世界各国，在简易程序的适用中大都强化了辩护人的作用，有些国家规定在被告人没有请辩护人的情形下，应当为其指定辩护律师，被告人由于经济上的原因请不起律师时，法院应为其提供免费的公派律师。而 1996 年《刑事诉讼法》没有要求

---

① 樊崇义主编：《刑事审判程序改革调研报告》，中国人民公安大学出版社 2008 年版，第 29 页。

简易程序中应当有辩护律师。

2. 公诉人出庭缺位，损害诉讼构造和检察监督

1996 年《刑事诉讼法》第 175 条规定："适用简易程序审理公诉案件，人民检察院可以不派员出席法庭。"法律虽然规定"可以"不出庭，而实际上为了减少工作量以将更多精力放在审查其他案件上，公诉人几乎不出庭，这样必然使得审判人员既是追诉者又是裁判者，在庭审中法官代替公诉人宣读起诉书、出示证据、宣读量刑建议等，使得庭审过程呈现较强的纠问式色彩，庭审由控辩审三方构造变为审辩两方格局，诉讼构造不伦不类，且违背了法官中立和控审分离的基本要求，人民检察院对人民法院审判活动的法律监督缺失，程序公正大打折扣。

3. 由司法解释创立一种新的简易程序，超越了立法权限

尽管司法解释强调其并没有独创新的程序，仅仅是"适用普通程序审理'被告人认罪案件'"，适用的是普通程序。但是，这一在司法实践中被称为"普通程序简化审"的程序本质上仍然是一种新简易程序，这是对《刑事诉讼法》的重大修改，这一修改只能是立法的权限，而不能由司法解释完成。

（三）2012 年范围充分扩大了的简易程序

2012 年修订的《刑事诉讼法》于 2013 年 1 月 1 日起施行，基本上实现了"将该法典修改成为一部符合现代民主法治国家要求、与国际刑事司法准则相衔接、符合中国国情、形式完备的法典"的目标。[①] 2012 年《刑事诉讼法》在以下几个方面对简易程序进行了改革与完善：

1. 扩大了简易程序的适用范围

此版《刑事诉讼法》中"大胆地将简易程序范围充分地扩大，范围的扩大超出了民众甚至是一些专家学者的预期"[②]。依据 2012 年《刑事诉讼法》第 208 条规定："基层人民法院管辖的案件，符合下列条件的，可以适用简易程序审判：（一）案件事实清楚、证据充分的；（二）被告人承认自己所犯罪行，对指控的犯罪事实没有异议的；（三）被告人对适用简易程序没有异议的"之规定，基层法院所受理的所有案件均可以在符合上述条件的前提下适用简易程序。"修正案规定我国适用简易程序的范围几近极致（估计 90% 的案件均可使用）。"[③] 显然，立法将运行多

---

① 陈光中：《刑事诉讼法再修改之基本理念——兼及若干基本原则之修改》，《政法论坛》2004 年第 3 期，第 4 页。

② 陈光中：《刑事诉讼法再修改若干问题之展望》，《法学》2008 年第 6 期，第 12 页。

③ 罗国良：《优先保障法官内心确信，兼顾被告人权利保护——论刑事诉讼法的再修改》，《法律适用》2012 年第 3 期，第 12 页。

年的"普通程序简化审"予以"扶正",维护了法律的统一。

此版《刑事诉讼法》的修改,不仅极大地扩大了简易程序的适用范围,同时也规定了不应当适用简易程序的案件范围,《刑事诉讼法》209 条规定,有下列情形之一的,不适用简易程序:(一)被告人是盲、聋、哑人,或者是尚未完全丧失辨认或者控制自己行为能力的精神病人的;(二)有重大社会影响的;(三)共同犯罪案件中部分被告人不认罪或者对适用简易程序有异议的;(四)其他不宜适用简易程序审理的。2012 年《刑事诉讼法》规定:"人民法院在审理过程中,发现不宜适用简易程序的,应当按照本章第一节或者第二节的规定重新审理。"即将案件由简易程序恢复为普通程序,进行重新审理。

2. 明确了被告人的程序选择权和异议权

《刑事诉讼法》第 211 条规定:"适用简易程序审理案件,审判人员应当询问被告人对指控的犯罪事实的意见,告知被告人适用简易程序审理的法律规定,确认被告人是否同意适用简易程序审理。"作为对被告人不利的程序处分,必须获得被告人有效同意。这不仅是适用简易程序的逻辑前提,也是司法公正的一般要求。[1] 由于对适用简易程序实质上对被告人的部分诉讼权利进行了限制,选择适用简易程序意味着放弃了普通程序中的相关诉讼权利,包括知悉权、与证人当庭对质权等。

"简易程序的选择权其来源实际上是来源于被告人有权选择按正当的普通程序审理案件的权利。因为选择普通程序审理是一种权利,而不是一种义务,因此,被告人对这种权利拥有处分权,他可以放弃普通程序而选择简易程序。"[2] 正当的法律程序承认意志相对自由,尊重当事人的意思自治,允许其通过理性判断选择最有利的诉讼程序,实现利益的最大化。此次修正案赋予被告人适用简易程序的异议权已是一大进步。

3. 明确规定简易程序案件公诉人应出庭

依 1996 年《刑事诉讼法》之规定,允许检察院在人民法院适用简易程序审理的案件不派员出庭支持公诉,在司法实践中,针对用简易程序审理的刑事案件,检察院不派员出庭已成为"惯例"。如果公诉人不出庭,由法官代行控诉职能,宣读起诉书,举证并作出判决,意味着法官身兼控、审二任,违背了"控审分离"的基本要求,导致审判结构异变,同时使庭审中的质证活动无法开展,检察机关

---

① 汪建成:《刑事审判程序的重大变革及其展开》,《法学家》2012 年第 3 期,第 95 页。

② 高一飞:《不能简化的权利——评刑事简易程序中的国际人权标准》,《现代法学》2002 年第 4 期,第 67 页。

对庭审过程的法律监督更无从谈起，这一规定一直被理论界和实务界所批判。

2012 年《刑事诉讼法》规定："适用简易程序审理公诉案件，人民检察院应当派员出席法庭。"这一规定要求适用简易程序的公诉案件，公诉人负有出庭的义务，确保了检察机关对简易程序庭审活动的监督，实现了"控辩平等、法官中立"的诉讼构造，也实现了检察机关对庭审的监督权。

4. 取消了人民检察院适用简易程序的决定权

2012 年《刑事诉讼法》第 208 条第 2 款规定："人民检察院在提起公诉的时候，可以建议人民法院适用简易程序。"2012 年《刑事诉讼法》取消了人民法院在适用简易程序时需经过人民检察院同意的规定，人民法院均可在确认被告人没有异议时，决定适用简易程序，而无需经过人民检察院的同意。这体现了法院审判程序由法院决定的特点，表明了人民法院在审判程序中的裁判者地位，同时也表明了检察机关和辩方是在审判中的地位是平等的。

当然，人民法院虽然有程序决定权，但是检察机关和被告人都可以通过自己的行为促使法院改变人民法院的决定，如双方都可以以提出案件有不符合审理的情形，要求和建议法院适用普通程序；而从被告人一方来看，可以直接通过自己"不认罪"或者"对适用简易程序有异议"的行为，而导致法院不适用简易程序或者在审理中由简易程序改变为普通程序。

5. 明确两种审理方式及其不同审判期限

2012 年《刑事诉讼法》第 210 条第 1 款规定，适用简易程序审理的案件，对可能判处 3 年有期徒刑以下刑罚的，可以组成合议庭进行审判，也可以由审判员一人独任审判；对可能判处的有期徒刑超过 3 年的，应当组成合议庭进行审判。对于审理期限，《刑事诉讼法》第 214 条规定"适用简易程序审理案件，人民法院应当在受理后二十日以内审结；对可能判处的有期徒刑超过三年的，可以延长至一个半月"，明确了审理期限充分体现了简易程序的立法目的。

（四）刑事速裁程序进一步简化了诉讼程序

刑事速裁程序程序是指对于被追诉人自愿认罪认罚的案件，法院在审理时省略了法庭调查和法庭辩论环节，直接按照检察机关指控的犯罪事实、罪名和提出的量刑建议进行裁决的审理方式。刑事速裁程序适用的条件有二：一是案件已经达到了"事实清楚，证据确实、充分"的证明标准，二是被追诉人自愿认罪、认罚。不同于实体法意义上的"认罪""认罚"，刑事速裁程序中的"认罪"是指认可检察机关指控的犯罪事实，承认自己的行为构成犯罪，同意检察机关指控的罪名，即"认罪"＝"认事实"＋"承认构罪"＋"认罪名"。刑事速裁程序中的

"认罚"是指同意检察机关提出的量刑建议。与其他诉讼程序相比，刑事速裁程序简化的程度较大，被追诉人让渡的诉讼权利较多，因此其仅限适用于简单轻微刑事案件。我国刑事速裁程序历经了两次改革试点，于2018年10月《刑事诉讼法》修改时正式写入立法。

1. 第一次改革试点：2014年8月至2016年7月

2014年6月27日，第十二届全国人民代表大会第九次会议审议通过了《关于授权最高人民法院、最高人民检察院在部分地区开展刑事案件速裁程序试点工作的决定》，授权最高人民法院、最高人民检察院在北京、天津、上海、重庆等18个城市开展为期两年的刑事速裁程序改革试点。2014年8月22日，最高人民法院、最高人民检察院、公安部、司法部共同出台了《关于在部分地区开展刑事案件速裁程序试点工作的办法》，开启了刑事速裁程序第一次改革试点。

与刑事简易程序相比，第一次改革试点期间的刑事速裁程序主要有以下几个特点：

一是诉讼程序更为简化，办案期限更短。首先，进一步简化了庭审程序。庭审中省略了法庭调查和法庭辩论环节，审判人员在核实被告人对起诉书指控的犯罪事实、量刑建议没有异议，并且自愿适用速裁程序审理的，在听取公诉人、辩护人、诉讼代理人的意见以及被告人的最后陈述以后，可以直接作出裁判。其次，进一步简化了法律文书的制作。司法机关在制作判决书、起诉书、公诉审查报告等法律文书时可以使用格式化法律文书。最后，进一步缩短了办案期限。适用刑事速裁程序办理的案件，检察机关一般应当在8个工作日内作出是否提起公诉的决定，人民法院一般应当在受理后7个工作日内审结。① 与简易程序相比，审查起诉期限缩短了2/3，审判期限缩短了1/2。

二是适用范围狭窄。在案件类型上，仅限适用于危险驾驶、交通肇事、盗窃、诈骗、抢夺、伤害、寻衅滋事、非法拘禁、毒品犯罪、在公共场合实施的扰乱公共秩序等11种类型案件。在罪行轻重上，仅限适用于可能判处1年有期徒刑以下刑罚的简单轻微的刑事案件。此外，《关于在部分地区开展刑事案件速裁程序试点工作的办法》规定了诸多禁止适用的情形，如被追诉人系未成年人的，被追诉人具有累犯等法定从重处罚情节的，等等。

三是更加注重保障被追诉人的诉讼权益。首先，注重保障被追诉人获得律师

① 《刑事速裁程序试点工作座谈会纪要》对有关办案期限的规定作了进一步解释：《关于在部分地区开展刑事案件速裁程序试点工作的办法》对办案期限的规定使用的是"一般应当"，并不是绝对的。试点单位应当尽量在规定的期限内完成各项工作，考虑到社会调查、和解调解等实际工作需要，可以根据案件具体情况作适当延长。

辩护的权利。《关于在部分地区开展刑事案件速裁程序试点工作的办法》提出各试点地方应建立值班律师制度，由法律援助机构在人民法院、看守所派驻法律援助值班律师，只要被追诉人申请法律援助，就应当为其指派法律援助律师。其次，注重保障被追诉人获得及时审判的权利。除了缩短审查起诉和审判环节的办案期限以外，速裁程序还实行当庭宣判，使被追诉人及时获知判决结果，以避免被追诉人因长期等待诉讼结果而遭受心理煎熬。再次，注重保障被追诉人受到从宽处理的权利。对于被告人自愿认罪、退缴赃款赃物、积极赔偿经济损失、赔礼道歉、取得被害人或其近亲属谅解的，人民法院在审理过程中依法可以从宽处罚。最后，注重保障犯罪嫌疑人的隐私权。被告人可以以信息安全为由申请不公开审理，人民检察院、辩护人没有异议的，经本院院长批准，可以不公开审理。

此次改革试点在很大程度上提高了司法机关的办案效率，有效减轻了法官、检察官的办案负担，缓解了案多人少的矛盾，但也暴露出一些问题，主要有以下几点：

第一，刑事速裁程序的适用率低。以重庆市的情况为例，2015 年重庆市 11 个试点检察院中适用率最高的达 26.4%，适用率最低的为 2.4%，平均适用率仅11.5%；11 个试点法院中适用率最高的达 27.9%，适用率最低的为 4.7%，平均适用率仅 14.2%。速裁程序适用率低的原因有三：一是因为适用条件过于严苛。根据《试点办法》的规定，只有盗窃、贩卖毒品等 11 种犯罪案件能适用速裁程序，11 种犯罪行为以外的案件均被拒之门外。再加上《试点办法》规定了被追诉人有法定从重处罚情节等诸多禁止适用刑事速裁程序的情形，而贩卖毒品、盗窃等轻微刑事案件中累犯、再犯较多，导致许多简单轻微刑事案件，即使被追诉人认罪认罚，也不能适用速裁程序。二是因为刑事速裁程序的办案期限太短，司法人员主动适用刑事速裁程序的动力不大。刑事速裁程序虽然简化了办案流程，但是，在"案多人少"的大背景下，有的司法人员手中积压了很多案件，短时间内再去办结速裁案件无疑是在增加办案人员的工作负担。三是因为部分试点单位对刑事速裁程序试点工作不够重视，没有成立专门的刑事速裁办案组，分案时没有对刑事速裁案件进行筛选。

第二，律师辩护率低，值班律师制度没有有效建立。以重庆市 A 区为例，2015 年重庆市 A 区人民法院共审结刑事速裁案件 319 件，涉案 330 人，其中，被告人有辩护律师的共有 15 件 15 人，刑事辩护率仅为 4.5%。2015 年重庆市 11 个试点区县中只有 6 个区县建立了值班律师制度，而即便建立值班律师制度的区县，法律援助机构大多没有向检察院、看守所派驻值班律师，致使值班律师制度流于形式。刑事速裁案件律师辩护率低的原因主要有以下几点：一是因为此次改革试点实行权利性法律帮助，而非强制性法律帮助，即在被追诉人提出申请的情况下才会通知法律援助机构指派律师提供帮助；二是因为刑事速裁案件中被追诉人均认罪认罚，放弃申请法律援助的权利；三是因为为被追诉人指定辩护律师无疑会增加法官、检察官工作量，增加办案时间，因此，法官、检察机关往往不具有通知法律援助机构指派律师为其提供法律帮助的动力。

第三，检察机关派员出庭支持公诉实际作用不大。由于刑事速裁案件中控辩双方对案件事实、罪名、量刑情节、量刑建议等关键问题不存在争议，庭审程序中控辩双方不存在实质性的对抗。再加上刑事速裁程序省略了法庭调查和法庭辩论程序，公诉人不需要举示证据，也不需要与被告人及其辩护人就定罪或者量刑问题进行辩论，在这种情况下，检察机关派员出庭支持公诉，只是为了保持庭审程序中控辩审三方的等腰三角形诉讼构架。实践中，公诉人庭审时说的唯一一句话，通常是法官问公诉人是否有问题需要向被告人发问时回答的"没有"两个字。

2. 第二次改革试点：2016 年 11 月至 2018 年 10 月

2016 年 9 月 3 日，第十二届全国人民代表大会常务委员会第二十二次会议审议通过了《关于授权最高人民法院、最高人民检察院在部分地区开展刑事案件认罪认罚从宽制度试点工作的决定》，授权"两高"在北京、上海、重庆等 18 个城市继续开展认罪认罚从宽制度改革试点，2014 年授权开展的刑事速裁程序改革试点将按照新的试点办法继续试行。2016 年 11 月，最高人民法院、最高人民检察院、公安部、国家安全部、司法部共同出台了《关于在部分地区开展刑事案件认罪认罚从宽制度试点工作的办法》，该试点办法对刑事速裁程序的适用范围、办案期限以及法律帮助等方面重新作出了规定。此次改革试点总结了第一次改革试点中存在的不足，在适用范围、法律帮助等方面进行了完善，可以称之为"刑事速裁程序的第二次改革试点"。

与第一次改革试点相比，第二次改革试点主要有以下几个特点：

一是扩大了刑事速裁程序的适用范围。主要体现在三个方面：一是取消了对案件类型的限制。只要符合刑事速裁程序规定的证据条件和程序条件，原则上均可以适用速裁程序审理。之前，刑事速裁程序只能适用于危险驾驶、交通肇事、盗窃、诈骗、抢夺、伤害、寻衅滋事、非法拘禁、毒品犯罪、行贿犯罪、在公共场所实施的扰乱公共秩序等 11 种犯罪类型。二是扩大了轻微刑事案件的适用范围。从第一次试点时的可能判处 1 年有期徒刑以下刑罚的案件适用，扩展到可能判处 3 年有期徒刑以下刑罚的案件均可以适用。三是删除了原有部分禁止适用条款，如取消了禁止具有累犯、教唆未成年人犯罪等法定从重处罚情节的案件适用刑事速裁程序的规定。适用范围扩大后，基层法院、检察院办理的 60% 左右的刑事案件均可适用刑事速裁程序审理。

二是适当延长了在审查起诉阶段和审判阶段的办案期限。对于可能判处 1 年有期徒刑以下刑罚的，检察机关一般应当在 10 日内作出提起公诉的决定，人民法院一般应当在 10 日内审结，对于可能判处的刑期超过 1 年的，检察机关应当在 15 日内提起公诉，人民法院一般应当在 15 日内审结案件。

三是更加注重保障被追诉人获得律师帮助的权利。与刑事速裁程序改革试点相比，此次改革试点在保障被追诉人获取法律帮助的权利方面，有两个方面的显著进步：一是将权利性法律帮助变为强性型法律帮助，对于自愿认罪认罚的被追诉人，没有辩护人的，人民法院、人民检察院、公安机关应当通知值班律师为其提供法律帮助；二是强调法律帮助的有效性，值班律师应当对被追诉人起到实质性的帮助作用。

四是取消了经被告人申请可以不公开审理的规定，除了涉及国家秘密、个人隐私或者商业秘密的案件以外，刑事速裁程序案件一般应当公开审理。

此次改革试点也存在以下三个方面的变化：

一是新的试点办法取消了禁止未成年犯罪案件适用的规定，导致改革试点之初，一些未成年人犯罪案件适用刑事速裁程序审理。由于不经当庭举证、质证、辩论直接对未成年人被追诉人定罪处刑的审理方式，不利于未成年人被告人诉讼权益的保护，也不利于法庭教育活动的开展；因此，检察机关很快叫停了建议法院对未成年人犯罪案件适用速裁程序审理的做法。

二是审查起诉阶段开始要求制作审查报告。在第一次改革试点时，为激励检察人员适用刑事速裁程序办理，最高人民检察院提出对于建议法院适用刑事速裁程序审理的案件，可以省略公诉审查报告，这很大程度上激发了检察人员适用刑事速裁程序的热情。而此次改革试点中，一些省级检察机关出台文件要求刑事速裁案件也需要写公诉审查报告，如此检察机关在办理刑事速裁程序案件与办理刑事简易程序案件在审查起诉阶段花费的时间差别不大，在某种程度上打击了检察官适用刑事速裁程序办理案件的热情。

三是集中审理方式被不当滥用。司法实践中，速裁程序案件存在两种不同的方式：第一种方式是将多个速裁程序案件集中在一个时间段审理，不改变每个案件庭审程序的完整性；第二种方式是将多个案件集中在一起同时开庭，打破各个案件庭审程序的完整性，法官可以在同一环节就同一个问题向多个案件的被告人同时发问，被告人依次回答，庭审结束时法官同时依次宣读多个案件的判决书。第二种审理方式在诉讼效率上明显优于第一种庭审方式，因为就同样的问题，法官不需要进行多次发问。但是，这种庭审方式会对被告人造成一定程度的心理干预，可能导致其在回答法官提出的问题时"人云亦云"，不利于被告人在庭审中独立思考和自由表达。

3. 入法后的刑事速裁程序

历经四年的改革试点，2018 年 10 月 26 日，第十三届全国人民代表大会常务委员会第六次会议审议通过了《全国人民代表大会常务委员会关于修改〈中华人民共和国刑事诉讼法〉的决定》，刑事速裁程序被正式写入立法。2018 年《刑事诉讼法》关于刑事速裁程序适用范围、办案期限等方面的规定，基本上采纳了第二次改革试点办法的内容，如在适用范围上，适用于基层人民法院管辖的可能判处 3 年有期徒刑以下刑罚的案件。值得一提的是，2018 年《刑事诉讼法》明确了被告人是未成年人的案件不得适用刑事速裁程序审理，这符合保障未成年被告人诉讼权益的立法趋势。

2019 年 10 月 24 日，最高人民法院、最高人民检察院、公安部、国家安全部、司法部共同发布了《关于适用认罪认罚从宽制度的指导意见》。该意见规定，人民法院适用速裁程序审理案件，可以集中开庭，但必须逐案审理，自此多个刑事速裁案件集中在同一庭审开庭的方式被明确禁止。

从刑事速裁程序的第一次改革试点，到最终被写入刑事诉讼法，是一个不断完善的过程，开了我国试点性立法的先河，从总体上说是一次成功的立法，但也不无遗憾，那就是刑事速裁程序仍有进一步简化的空间。如在审查起诉阶段，刑事速裁案件可以省略公诉审查报告的制作，只有适用速裁程序比适用刑事简易程序更为简便，检察官才有适用速裁程序的足够的动力；再如在审判阶段，鉴于速裁程序省略了举证、质证和法庭辩论等庭审环节，检察机关原则上可以不派员出庭支持公诉，需要当庭变更量刑建议或者法官认为确有必要派员出庭的除外。

二、认罪认罚从宽制度改革

2014 年 10 月，党的十八届四中全会审议通过的《关于全面推进依法治国若干重大问题的决定》提出了"完善刑事诉讼中的认罪认罚从宽制度"的改革要求。2016 年 8 月，全国人民代表大会常务委员会授权最高人民法院、最高人民检察院开展了认罪认罚从宽制度改革试点，历经四年改革试点，2018 年 10 月 26 日，《刑事诉讼法》的修改将认罪认罚从宽制度正式写入立法。

（一）认罪认罚从宽制度改革的目的

从全国人民代表大会常务委员会作出的授权决定和"两高三部"共同制定的试点办法来看，认罪认罚从宽制度改革的目的包括"进一步落实宽严相济刑事政策""合理配置司法资源，提高办案效率""促进司法公正"等几个方面。① 但是，这些价值定位之间却存在一定的矛盾，如提高办案效率势必要简化诉讼程序，简化诉讼程序又需要以被追诉人让渡部分诉讼权利为代价，而被追诉人让渡诉讼权利在某种程度上削弱审判程序的公正性，加大了错误追诉的风险；又如在某些诉讼程序中适用认罪认罚从宽制度，虽然起到贯彻宽严相济刑事政策的作用，但可能会因此增加办案负担，这与提高诉讼效率的目的相矛盾。制度设计者确立的改革目的之间并无主次之分，那么，当这些改革目的相互冲突时，又应当如何协调？对此，制度设计者并没有作出明确的解释。

认罪认罚从宽制度改革的主要目的应当界定为"提高诉讼效率、优化办案资源配置"。从认罪认罚从宽制度改革的背景来看，我国正处于经济转轨、社会转型时期，各类社会矛盾增多，刑事案件多发。随着近年来刑法的修订，扒窃、危险驾驶等违法行为相继入刑，犯罪圈在不断扩大，简单轻微刑事案件数量激增。其结果是案件数量呈阶段性上升趋势。② 与之相比，因受各种因素的影响，法官、检察官数量增长缓慢，流失现象严重。在此背景下，《关于全面推进依法治国若干重大问题的决定》中提出了"完善刑事诉讼中的认罪认罚从宽制度"，旨在提高诉讼效率、缓解"案多人少"的矛盾。从整体内容来看，《关于全面推进依法治国若干重大问题的决定》还提出了另一重要的改革要求，即"推进以审判为中心的诉讼制度改革"。其核心内容是"确保庭审在查明事实、认定证据、保护诉权和公正裁判中发挥决定性作用"，即实现庭审的实质化。③ 但是，在当前"案多人少"的情况下，所有案件都实行庭审实质化显然并不现实。考虑到我国司法实际情况，庭审实质化主要适用于少数被追诉人不认罪的疑难复杂案件，对于被追诉人认罪的

---

① 《全国人民代表大会常务委员会关于授权最高人民法院、最高人民检察院在部分地区开展刑事案件认罪认罚从宽制度试点工作的决定》。

② 1998 年至 2002 年期间，全国各级人民法院审结的一审刑事案件共计 283 万件，同比上升 16.5%，2003 年至 2007 年期间，全国各级人民法院审结的一审刑事案件共计 338.5 万件，同比上升 19.61%，2008 年至 2012 年期间，全国各级人民法院审结的一审刑事案件共计 414.1 万件，同比上升 22.3%，2013 年至 2017 年期间，全国各级人民法院审结的一审刑事案件共计 548.9 万件，同比上升 32.6%。参见 1998 年、2003 年、2008 年、2013 年、2018 年的最高人民法院工作报告。

③ 对于以审判为中心的诉讼制度改革的内涵，理论界和实务界均存在很大的争议，而十八届四中全会审议通过的《关于全面推进依法治国若干重大问题的决定》中提到的"以审判为中心的诉讼制度改革"主要是指以庭审为中心，即庭审实质化。

简单刑事案件则主要适用较为简化的诉讼程序审理。所以，推进以审判为中心的诉讼制度改革，必然以刑事案件的繁简分流为前提。从某种意义上讲，完善刑事诉讼中的认罪认罚从宽制度是作为推进以审判为中心的诉讼制度改革的一项配套性措施被提出的。① 从基层司法人员的需求来看，基层法官、检察官适用认罪认罚从宽制度主要目的甚至唯一目的就是通过简化诉讼程序提高诉讼效率，以减轻办案负担。一项诉讼制度如果是以增加检察官、法官的办案负担为条件，该制度在实施的过程中很难具有强大的生命力。从比较法的角度来看，域外类似的诉讼制度（如美国的辩诉交易制度）都是在办案高压下应运而生，制度设计的初衷就是为了提高诉讼效率，减轻司法人员的办案负担。

（二）认罪认罚从宽制度的内涵

解读认罪认罚从宽制度内涵，不应从其字面意思出发，而应结合制度改革的背景、目的等因素。

1. 提高诉讼效率、优化办案资源配置的路径选择

从比较法的视角来看，认罪认罚案件提高诉讼效率的路径共有两种：一是通过使被追诉人认罪、认罚，减少控辩双方在定罪、量刑问题上的争点，进而缩短庭审中的法庭调查和法庭辩论时间，以提高庭审效率；二是在被追诉人认罪、认罚的情况下，通过适用较为简化的诉讼程序，进而提高诉讼效率、优化办案资源配置。前者既可以通过实体法中的认罪从宽制度（如自首、坦白）和认罚从宽制度实现，也可以通过程序法中的认罪、量刑协商制度实现；后者则必须通过速裁程序、简易程序等较为简化的诉讼程序的适用来实现。

我国认罪认罚从宽制度必然是通过第二种路径提高诉讼效率。理由有二：其一，我国的认罪认罚从宽制度是"刑事诉讼中的认罪认罚从宽制度"，其实质上是一种程序法制度，如果通过第一种路径提高诉讼效率，必然是通过认罪协商制度来实现，而我国认罪认罚从宽制度是以被追诉人自愿认罪为前提，控辩双方就定罪问题原本不存在太大的争议，无需通过认罪协商来减少控辩双方的在定罪、量刑上的争点。其二，我国实体法中的认罪从宽制度和认罚从宽制度相对完善，足以满足通过减少控辩双方争点以提高诉讼效率、优化办案资源配置的实践需求。如果认罪认罚从宽制度与实体法中的自首、坦白、认罚从宽等制度的功能和作用相同，则无法体现程序法制度的特殊性和优越性。因此，认罪认罚从宽制度是在被追诉人自愿认罪认罚的情况下，通过简化诉讼程序以达到提高诉讼效率、优化

---

① 熊秋红：《认罪认罚从宽的理论审视与制度完善》，《法学》2016 年第 10 期，第 108 页。

办案资源配置的目的，该制度的落脚点既不是"认罪"，也不是"认罚"，更不是"从宽"，而是"程序从简"。

2. 认罪认罚从宽制度的内在逻辑

"认罪""认罚""从宽""程序从简"是认罪认罚从宽制度中最为重要的四个关键词。四者之间的逻辑关系应当为"'程序从简'是对被追诉人'从宽处罚'的事实依据，'认罪''认罚'是'程序从简'的前提条件"。在我国，被追诉人认罪认罚是简化诉讼程序的必要而不充分条件，简化诉讼程序必然以被追诉人认罪认罚为前提，而被追诉认罪认罚并不必然带来程序简化的结果。《刑事诉讼法》除了规定一些禁止适用简易程序、刑事速裁程序的情形以外，还明确了这些程序的适用必须以被追诉人的同意为前提。尽管程序简化必然要以被追诉人的认罪、认罚为条件，但诉讼程序得以简化的实质原因并非被追诉人认罪、认罚，而是被追诉人同意适用较为简化的诉讼程序审理。对于司法机关而言，简化诉讼程序可以提高诉讼效率、节约司法资源；而对于被追诉人而言，简化诉讼程序意味着放弃部分诉讼权利，不能在庭审中充分进行质证和辩论。[①] 因此，在认罪认罚从宽制度中，之所以对被追诉人从宽处罚，并非因为其认罪、认罚，而是因为其放弃通过正当程序审判的权利，选择适用较为简化的诉讼程序，让渡了质证、辩论等诉讼权利，使司法机关节约了司法资源、提高了诉讼效率。对被追诉人从宽处罚的目的有二：一是对被追诉人让渡部分诉讼权利给司法机关带来节约司法资源的便利的回报；二是为了激励自愿认罪认罚的被追诉人选择适用较为简化的诉讼程序。

3. "认罪"与"认罚"是否同步

认罪、认罚是简化诉讼程序的前提，而每一种诉讼程序对被追诉人认罪认罚的要求并不完全相同，因此，被追诉人是否需要同步认罪、认罚，应根据其选择适用的诉讼程序而定。对于被追诉人选择适用刑事速裁程序审理案件，必须要求其同步认罪、认罚。因为在刑事速裁程序中，被追诉人认罪省略定罪调查环节和定罪辩论环节的事实基础，被追诉人认罚则是省略量刑调查和量刑辩论的事实基础，被追诉人在只认罪不认罚，或者只认罚不认罪的情况下，都不能适用速裁程序。而对于适用刑事简易程序和普通程序简化审的案件，被追诉人只需认罪即可，无需同步认罚，更不需要签署认罪认罚具结书。所以，认罪认罚从宽制度中，"认罪认罚"并不是被追诉人同步认罪、认罚，它包含两种情形：一是被追诉人认罪

---

① 在适用刑事简易程序和普通程序审理的案件中，公诉人可以批量简单举示证据，有时只需要宣读证据名称，被告人不能充分行使质证权。适用刑事速裁程序审理的案件，庭审省略了法庭调查环节和法庭辩论环节，被告人没有机会进行质证、辩论。

且认罚；二是被追诉人只认罪，无需认罚。

4. 认罪认罚从宽制度与自首、坦白之间的关系

许多学者认为，认罪认罚从宽制度与自首制度、坦白制度在内涵、外延上有所重合，[①] 认罪认罚从宽制度涵盖了实体法中的自首、坦白等内容，[②] 本质上是将我国传统刑法制度中的自首、坦白等量刑从宽制度予以程序化、体系化的一种制度设计。[③] 本书不赞同上述观点。理由在于，自首、坦白是实体法制度，而认罪认罚从宽制度则是一种程序法制度，二者在内涵上存在实质性差异，主要体现在两点：一是制度构建的目的不同。自首、坦白的制度旨在激励被追诉人如实供述自己的罪行，使案件证据形成锁链，以破解侦查困境；认罪认罚从宽制度改革旨在通过简化诉讼程序，以提高办案效率，优化办案资源配置，节约司法资源。二是对被追诉人从宽处罚的依据不同。自首、坦白等认罪从宽制度是基于被追诉人如实供述自己的罪行而对其从宽处罚，是基于实体法事实的从宽；而认罪认罚从宽制度则是基于被追诉人选择适用较为简化的诉讼程序而对其从宽处罚，是基于程序法事实的从宽。正因为这些差异，在认罪认罚案件中，认罪认罚从宽制度与自首、坦白制度可以叠加适用。

5. 认罪认罚从宽制度与美国辩诉交易制度的区别

我国的认罪认罚从宽制度与美国的辩诉交易制度均属于协商性司法，均存在量刑协商，但是二者之间存在实质性的区别。首先，证明标准不同。我国的认罪认罚从宽制度的适用以案件已经达到"事实清楚，证据确实、充分"的证明标准为前提，而美国的辩诉交易制度的适用则不要求案件已经达到定罪标准。其次，协商内容不同。我国认罪认罚从宽制度以被追诉人自愿认罪，"认罪"不可以用于协商，可以用于协商的只有"认罚""从宽""程序从简"，在量刑协商中，控方协商的"筹码"是从宽量刑建议的权，想要获得的是被追诉人认罚和同意适用较为简化的诉讼程序；[④] 辩方协商的"筹码"是程序选择的权利，想要获得的是在"自首""坦白"之外，享受额外的从宽量刑，在美国的辩诉交易制度中"认罪"可以用于协商，且控方主要想获得的是被追诉人的有罪供述和庭审中的认罪答辩。再次，从宽幅度不同。我国认罪认罚从宽制度只能给予被追诉人在量刑方面的减

---

① 黄京平：《认罪认罚从宽制度的若干实体法问题》，《中国法学》2017 年第 5 期，第 184 页。

② 叶青：《认罪认罚从宽制度的若干程序展开》，《法治研究》2018 年第 1 期，第 52 页。

③ 万毅：《悔罪者方从宽：认罪认罚从宽制度的实质解释——基于规范实务操作的角度》，《人民检察》2018 年第 21 期，第 37 页。

④ 使被追诉人同意适用较为简化的诉讼程序是控方在量刑协商中的最终目的，如果被追诉人只是认罪和认罚，不同意简化诉讼程序，协商结果对控方而言则没有太大意义。

让，而美国辩诉交易制度则包括罪数的减少、罪名的减轻和量刑的减让等三个方面的从宽内容。最后，法律后果不同。我国对于被追诉人认罪认罚的案件，法官可以通过适用刑事简易程序或者刑事速裁程序审理，但法官仍然要对其定罪、量刑方面的事实和证据进行实质性审查；而在美国辩诉交易制度中，被追诉人作有罪答辩的，法院则不再对定罪方面的证据和事实进行审理，直接进入量刑程序。

（三）认罪认罚从宽制度的改革历程

我国认罪认罚从宽制度改革共经历了刑事速裁程序改革试点阶段、认罪认罚从宽制度改革试点阶段和入法后的认罪认罚从宽制度等三个阶段。

1. 刑事速裁程序改革试点阶段

2014 年 6 月 27 日，第十二届全国人民代表大会第九次会议审议通过了《关于授权最高人民法院、最高人民检察院在部分地区开展刑事案件速裁程序试点工作的决定》，2014 年 8 月 26 日，最高人民法院、最高人民检察院、公安部、司法部联合出台了《关于在部分地区开展刑事案件速裁程序试点工作的办法》。刑事速裁程序改革试点早于十八届四中全会《关于全面推进依法治国若干重大问题的决定》中提出"完善刑事诉讼中的认罪认罚从宽制度"。但是，我国认罪认罚从宽制度改革却始于刑事速裁程序改革试点，一是因为速裁程序是我国第一个以被追诉人同步认罪、认罚为条件的刑事诉讼程序，量刑协商程序始于刑事速裁程序改革试点；二是因为刑事速裁程序在很大程度上简化了办案流程，节约了司法资源，有效提高了办案效率，使法官、检察官切实感受到程序简化带来的实惠，从而出现了法官、检察官通过量刑上的优惠激励符合条件的案件中的被追诉人选择适用刑事速裁程序的做法。最高人民法院、最高人民检察院、公安部、司法部于 2015 年 4 月13 日印发的《刑事速裁程序试点工作座谈会纪要》中将刑事速裁程序称之为"完善认罪认罚从宽制度的具体举措"。

在此次改革试点期间，刑事速裁程序的适用范围较为狭窄，仅限适用于可能判处 1 年有期徒刑以下刑罚的案件。为了使尽量多的案件能够适用刑事速裁程序，许多试点法院、检察院采取给予被追诉人较大从宽幅度的方式，以使尽量多的被追诉人判处 1 年有期徒刑以下刑罚，使案件符合刑事速裁程序的适用条件，以此扩大速裁程序的适用范围。因此，刑事速裁程序案件中的大多数被追诉人的确获得了量刑上的优惠，在从宽幅度上盗窃案件和贩卖毒品案件体现得最为明显。

在该阶段，认罪认罚从宽制度改革存在两点问题：一是适用范围较为狭窄，仅限于刑事速裁程序案件；二是值班律师制度未能有效建立，被追诉人认罪认罚的自愿性、理性未能得到有效保障，诉讼效率与程序公正之间未能得到有效的平衡，这也加大了错误追诉的风险。

2. 认罪认罚从宽制度改革试点阶段

2016 年 9 月 3 日，全国人民代表大会常务委员会决定授权最高人民法院、最高人民检察院在北京、天津、上海、重庆等 18 个城市开展刑事案件认罪认罚从宽制度试点工作。2016 年 11 月 16 日，最高人民法院、最高人民检察院、公安部、司法部共同制定了《关于在部分地区开展认罪认罚从宽制度试点工作的办法》。此次改革试点是在总结刑事速裁程序改革试点经验的基础上，对十八届四中全会提出的"完善刑事诉讼中的认罪认罚从宽制度"这一改革部署的进一步贯彻落实。该阶段属于对认罪认罚从宽制度改革的全面推进阶段，与刑事速裁程序改革试点阶段相比，该阶段的主要特点主要体现在以下几个方面：

一是阐释了认罪认罚从宽制度的内涵。该试点办法规定："犯罪嫌疑人、被告人自愿如实供述自己的罪行，对指控的犯罪事实没有异议，同意量刑建议，签署具结书的，可以依法从宽处理。""从宽处理"既包括实体法意义上的从宽处理，如不起诉、撤销案件和量刑减让，又包括程序法意义上的从宽处理，如不批准逮捕。

二是扩大了认罪认罚从宽制度的适用范围。在适用的程序范围上，除刑事速裁程序案件可以适用以外，认罪认罚从宽制度还可以适用于刑事简易程序案件、普通程序案件和拟作微罪不起诉的刑事案件。在适用的诉讼阶段。认罪认罚从宽制度不仅可以适用于审查起诉阶段和审判阶段，还可以适用于侦查阶段。在侦查过程中，侦查机关应当告知犯罪嫌疑人享有的诉讼权利和认罪认罚可能导致的法律后果，听取犯罪嫌疑人及其值班律师的意见。在审查逮捕环节，犯罪嫌疑人认罪认罚的情况还被作为判断其社会危险性的重要考量因素。

三是强调保障被追诉人认罪认罚的自愿性和真实性。一方面，要求保障犯罪嫌疑人、被告人获得有效法律帮助，确保其了解认罪认罚的性质和法律后果，自愿认罪认罚。被追诉人自愿认罪认罚，没有辩护人的，公安司法机关应当通知值班律师为其提供法律咨询、程序选择、申请变更强制措施等法律帮助。另一方面，要求法院在审理认罪认罚案件时，审查被追诉人认罪认罚的自愿性和认罪认罚具结书内容的真实性、合法性。

四是明确了提出量刑建议的方式。检察机关适用认罪认罚从宽制度提起公诉时，量刑建议的内容应当具有相对确定刑，但不能过于宽泛，可以选择提出相对明确的量刑幅度，或者提出确定刑期的量刑建议。建议判处财产刑的，一般应当提出确定的数额。在试点过程中，部分检察机关越来越强调确定刑量刑建议在认罪认罚案件中的适用比率，倡导实行量刑建议精准化。

在此阶段，认罪认罚从宽制度在适用中存在的问题主要有两点：

一是认罪认罚从宽制度在部分案件的适用中增加了司法人员的工作负担。认罪认罚从宽制度在刑事速裁程序案件的适用中，有效提高了诉讼效率，节约了司法资源；而在刑事简易程序案件、普通程序案件和微罪不起诉案件的适用中，非但没有提高诉讼效率，与原有（适用认罪认罚从宽制度前的）诉讼程序相比，反而增加了一些办案环节（即律师参与下的量刑协商程序），实际上加重了检察人员的办案负担。其主要原因有二：一是错将"认罪认罚"界定为被追诉人同步认罪、认罚；二是在刑事简易程序案件和普通程序简化审案件采取了"协商从宽"的模式，增加了律师参与下的量刑协商环节。

二是值班律师制度流于形式，大多数被追诉人未能获得有效的法律帮助。在该阶段，虽然各地陆续建立了值班律师制度，对于没有律师的被追诉人，检察机关均通知值班律师为其提供法律帮助，从形式上保障了被追诉人获得法律帮助的权利。但是，由于值班律师的补贴标准低，无法吸引辩护经验丰富的律师从事值班律师工作，法律援助中心指派律师值班的人次少，远不能满足司法实际需求。另外，制度设计者虽然赋予了值班律师提供法律帮助的职责，但没有赋予其履行职责所必要的诉讼权利，公安司法机关也没有为值班律师履职提供必要的便利条件，再加上值班律师本身不具有监督制约法官、检察官的动力，最终导致值班律师从认罪认罚从宽制度的"参与者"演变成"见证者"。有学者评价称值班律师实际只是起到了"为检察机关认罪、量刑协商的合法性背书"的作用。[①]

3. 入法后的认罪认罚从宽制度

2018 年 10 月 26 日，第十三届全国人民代表大会常务委员会第六次会议审议通过了《全国人民代表大会常务委员会关于修改〈中华人民共和国刑事诉讼法〉的决定》，认罪认罚从宽制度与刑事速裁程序一同被写入《刑事诉讼法》。此次《刑事诉讼法》的修改吸收了认罪认罚从宽制度改革的成果，在认罪认罚从宽制度的内涵、适用范围、值班律师制度等方面的规定与认罪认罚从宽制度改革试点工作办法中的规定出入不大，值得一提的主要有两点：

一是明确了认罪认罚案件量刑建议的裁判拘束力，即对于认罪认罚案件，人民法院依法作出判决时，一般应当采纳人民检察院指控的罪名和量刑建议。同时刑事诉讼法还规定了三种例外情形：一是可能影响公正审判的，[②] 二是量刑建议明显不当的，三是被告人、辩护人对量刑建议提出异议的。第一种情形和第三种情

---

①　闵春雷：《认罪认罚案件中的有效辩护》，《当代法学》2017 年第 4 期，第 33 - 34 页。

②　"可能影响公正审判"包括五种情形：一是被告人的行为不构成犯罪或者不应当追究其刑事责任的；二是被告人违背意愿认罪认罚的；三是被告人否认指控的犯罪事实的；四是起诉指控的罪名与审理认定的罪名不一致的；五是其他可能影响公正审判的情形。

形均为排除适用认罪认罚从宽制度的情形，因此，在认罪认罚案件中，实质上构成法官拒不采纳检察官提出的量刑建议的例外情形主要是第二种情形，即检察机关提出的量刑建议明显不当。"一般应当采纳"是指以采纳检察机关的量刑建议为原则，以不采纳为例外，该规定体现了对控辩双方合意的尊重，也消除了"可以从宽"的不确定性。量刑建议"明显不当"包含两种情形：一是明显偏重，二是明显偏轻，对于稍微偏重的情形或者稍微偏轻的情形则不属于量刑建议明显不当。

二是明确规定检察机关应当就定罪和量刑问题听取值班律师的意见，并为值班律师提前了解案情提供必要的便利。实践中，值班律师了解案情的途径无外乎三种：一是听检察官简要介绍案情，二是会见犯罪嫌疑人，三是查阅证据材料。

2019年10月24日，最高人民法院、最高人民检察院、公安部、国家安全部、司法部共同发布了《关于适用认罪认罚从宽制度的指导意见》，主要有两点值得强调：一是明确规定了值班律师享有会见、阅卷等诉讼权利；二是强调检察机关应当以提出确定刑量刑建议为原则，以提出幅度刑量刑建议为例外，即实行量刑建议精准化；三是明确了被追诉人反悔和撤回认罪认罚的权利，并规定了司法机关在面对起诉前反悔和审判时反悔的处理方式。

在该阶段，认罪认罚从宽制度在适用中存在的问题主要有以下两点：

一是值班律师制度仍旧会流于形式。尽管2018年《刑事诉讼法》和《关于适用认罪认罚从宽制度的指导意见》赋予了值班律师会见、阅卷等履行值班律师职责所必要的诉讼权利，但是值班律师补贴标准低、值班人次少的问题仍然没有得到有效解决，在补贴标准低廉、需要提供法律帮助的被追诉人人数较多的情况下，值班律师不具有通过阅卷、会见等方式深入了解案情的动力。

二是量刑建议精准化将导致公诉权的过分扩张。在新修订的《刑事诉讼法》已经赋予认罪认罚案件量刑建议一定的裁判拘束力的情况下，量刑建议精准化将导致检察机关以求刑权之名、行量刑权之实，法官虽有量刑权之名却行量刑核实权之实。认罪认罚案件刑事辩护的重心也将彻底前移至审查起诉阶段，检察机关在认罪认罚案件中的主导地位也将从审前阶段延伸至审判阶段，这与审判中心主义原则相背离。

最高司法机关对值班律师制度存在的问题很快有了警觉。2020年8月20日，最高人民法院、最高人民检察院、公安部、国家安全部、司法部发布了《法律援助值班律师工作办法》，其中第6条规定了值班律师六项基本工作职责：提供法律咨询；提供程序选择建议；帮助犯罪嫌疑人、被告人申请变更强制措施；对案件处理提出意见；帮助犯罪嫌疑人、被告人及其近亲属申请法律援助；法律法规规定的其他事项。同时，强调值班律师在认罪认罚案件中的职责：向犯罪嫌疑人、被告人释明认罪认罚的性质和法律规定；对人民检察院指控罪名、量刑建议、诉讼程序适用等事项提出意见；犯罪嫌疑人签署认罪认罚具结书时在场。值班律师在提供法律帮助过程中有三项较为重要的权利会见权、阅卷权、提出意见权。特别是提出意见权，体现了值班律师的辩护作用。在审查起诉阶段，犯罪嫌疑人认罪认罚的，值班律师可以就相关事项向人民检察院提出意见，值班律师对前款事项提出意见的，人民检察院应当记录在案并附卷；未采纳值班律师意见的，应当说明理由。《法律援助值班律师工作办法》还从提供服务层面、质量监督层面予以规定。在提供服务层面，《法律援助值班律师工作办法》要求值班律师应当尽职尽责完成其工作职责，要求司法机关、司法行政机关及法律援助机构予以积极的支持与配合；法律援助机构应当建立值班律师准入和退出机制，建立值班律师培训制度与服务质量考核评估制度，保障值班律师的工作质量。《法律援助值班律师工作办法》明确了强化值班律师的统筹管理。司法行政机关可在省、市范围内统筹调配律师资源或建立政府购买值班律师服务机制；司法行政机关可会同相关部门建立值班律师工作会商机制，协调解决相关问题；同时，加强对值班律师的监督管理，完善奖惩制度，共同保障值班律师工作有序、高效地开展。

对于量刑建议精准化导致公诉权力扩张的问题，最高司法机关也采取了一系列措施加以解决。2021 年 7 月 1 日，最高人民法院、最高人民检察院发布实施《关于常见犯罪的量刑指导意见（试行）》，以限制常见犯罪量刑的自由裁量权。此后，最高人民检察院又发布《人民检察院办理认罪认罚案件开展量刑建议工作的指导意见》和《人民检察院办理认罪认罚案件控辩协商同步录音录像规定》，以规范检察机关适用认罪认罚的程序。

检察环节认罪认罚从宽制度适用率从 2019 年 1 月的 20.9%，提升到 2020 年、2021 年的 85% 以上，制度适用逐渐平稳、成熟。

小结

从 2014 年至今，认罪认罚从宽制度改革已经开展近 8 年之久，设计者对该制度进行不断的完善，但许多问题未能从根本上解决，其根源在于制度设计者没有科学定位认罪认罚从宽制度改革的目的，没有准确界定认罪认罚从宽制度的内涵。从"贯彻宽严相济刑事政策"到"促进犯罪嫌疑人、被告人真诚悔罪、改过自新"，再到"推进国家治理能力和治理体系的现代化"，制度设计者赋予了认罪认罚从宽制度太多的价值目标，"提高办案效率、优化办案资源配置"这一价值目标并未凸显，未被视为主要价值目标，再加上制度设计时受其他价值目标的干扰，不免会出现在制度适用中增加办案环节和加重办案负担的问题。现行立法将"认罪""认罚""从宽"均界定为实体法概念，① 将三者之间的关系界定为"认罪、认罚是对被追诉人从宽处理的条件，从宽处理是认罪、认罚的结果"。其实这貌似正确的内涵界定很难做到逻辑自洽：认罪认罚从宽制度的适用是以被追诉人自愿认罪为前提，自首、坦白等实体法制度已经实现了激励被追诉人认罪的作用；从理论上讲，在认罪认罚从宽制度中，"认罚"是因"从宽"是果，事实上"从宽"是因"认罚"是果，被追诉人之所以同意检察机关提出的量刑建议，是因为经过"讨价还价"后检察官给予一定的从宽许诺。因此，认罪认罚从宽制度事实上起不到激励被追诉人认罪认罚的作用。事实上，在认罪认罚从宽制度中，被追诉人唯一可以用于协商的筹码就是放弃适用正当程序审理的权利，而检察官可以用于协商的筹码是量刑上优惠。因此，在认罪认罚案件中，被追诉人从宽处罚的对价就是同意适用较为简化的诉讼程序。唯有在科学界定认罪认罚从宽制度的改革目的、准确界定认罪认罚从宽制度的内涵的前提下，才能推进认罪认罚从宽制度的良性发展。

第九节　人民法院审判管理制度改革

审判管理制度是人民法院审判和管理工作的重要组成部分，是中国特色社会主义司法制度的重要特征之一。长期以来，审判管理制度对保障我国审判工作顺利进行，维护司法公平正义作出了重要贡献。但是，审判管理制度在我国的确立、发展和完善并非一帆风顺，该制度经过几十年的探索、实践和改革，有较多的实践经验和理论创新成果值得总结。因此，回顾改革开放以来我国人民法院审判管理制度历史沿革，总结其经验和成果，对我国审判管理制度的进一步发展和完善具有重要的现实意义。

一、审判管理制度概述

人民法院作为审判机关承担着繁重的审判任务，需要通过审判管理提高审判

---

① 依照 2018 年《刑事诉讼法》第 15 条的规定，在认罪认罚从宽制度中，"认罪"是指被追诉人自愿如实供述自己的罪行，承认指控的犯罪事实，"认罚"是指愿意接受处罚，"从宽"是指从宽处理，三者均为实体法概念。

效率和案件质量。正是这种管理，才能有效组织大体量且日趋复杂和多样化的案件审判，同时在主观与客观条件尚嫌不足的情况下，通过制度修补以实现司法公正。①

（一）审判管理的内涵

关于审判管理，世界各国的表述不尽相同，我国称为"审判管理"，西方国家多称"案件管理"，也有称"司法管理"。由于法系和司法体制不尽相同，我国法院审判管理的内涵与外延与世界各国肯定存在较多的差异。② 正如达马斯卡所述："一个国家的法律秩序同司法制度不是孤立存在的，而是与这个国家的社会经济组织形式、政府的特性密切联系的。"③ 在我国，审判管理有广义和狭义之分。广义的审判管理包括内在于审判权运行过程中的各种管理行为和外在于审判权运行过程中的各种管理活动；狭义的审判管理是指近些年来发展起来的外在于审判过程的各种专门管理活动。本书所述的审判管理，是指狭义审判管理。

对于如何定义审判管理，如何界定审判管理的内涵及外延等，我国的法学理论界和司法实务界并没有一致的认识。如有学者认为，审判管理就是对审判活动的组织、协调和监督，是保证审判有序进行、保障司法公正与效率的必要活动和制度安排。④ 也有学者认为，所谓审判管理，就是法院针对审判工作开展的领导、指导、监督、制约、评价、奖惩等管理活动。⑤ 还有论者认为，审判管理是围绕案件审判展开的，以审判决策、程序控制、质量督查、行为激励等为主要内容的管理制度体系及其管理实践活动。⑥ 归纳起来，学者及实务界对审判管理制度的界定有"行为说""过程说""程序控制说""事务辅助说""职能说""体系说""体制说"等多种理论学说。⑦ 这些学说从不同角度对审判管理进行界定，具有一定的

---

① 龙宗智、孙海龙：《加强和改善审判监督管理》，《现代法学》2019 年第 2 期，第 35 页。
② 杨凯：《审判管理理论体系的法理架构与体制机制创新》，《中国法学》2014 年第 3 期，第 212 页。
③ ［美］米尔伊安·R. 达玛什卡：《司法和国家权力的多种面孔——比较视野下的法律程序》，郑戈译，中国政法大学出版社 2004 年版，第 21 页。
④ 龙宗智：《审判管理：功效、局限及界限把握》，《法学研究》2011 年第 4 期，第 21 页。
⑤ 李卫国：《大数据与审判管理的科学化》，《江汉大学学报（社会科学版）》，2018 年第 4 期，第 15 页。
⑥ 公丕祥：《当代中国的审判管理——以江苏法院为视域的思考与探索》，法律出版社 2012 年版，第 2 页。
⑦ "行为说"学者认为，审判管理是法院围绕审判业务开展的一系列管理行为；"过程说"认为，审判管理就是法院的一种处理司法实务的一种过程，主要体现对整个审判的总体把控；"程序控制说"认为，审判管理就是一种对于法院内部处理案件的一种程序调控；"事务辅助说"认为，审判管理就是一种辅助审判工作的服务型方式；"职能说"认为，审判管理本身就是法院的一项重要职能工作；"体系说"认为，审判管理就是一种法院工作体系中一项重要工作体系；"运行机制说"认为，审判管理就是一种与审判工作并行的内部工作机制。上诉观点参见杨孙艺：《法院审判管理制度研究》，广西师范大学 2016 年硕士学位论文，第 3 页。

合理性，同时也反映了审判管理内涵的丰富性和界定的困难性。

2010年8月，时任最高人民法院院长的王胜俊在全国大法官"创新和加强审判管理，确保司法公正高效"专题研讨班上指出："审判管理，就是人民法院通过组织、领导、指导、评价、监督、制约等方法，对审判工作进行合理安排，对司法过程进行严格规范，对审判质效进行科学考评，对司法资源进行有效整合，确保司法公正、廉洁、高效。"[①] 上述讲话全面地概括了审判管理的概念及内涵。

（二）审判管理的特征

其一，案件管理的目的是服务和保障审判。人民法院的中心工作是审判，因此所有的管理都应该为了更好地服务和保障审判的顺利进行。管理就是通过"管"这个手段理顺案件审理中的各种关系，保障和推动审判工作的健康发展。由于每一个法官、每一个合议庭更多的是关注一个个具体的案件，而对整个法院如何应对案件的受理、分配、流程的监管、质量的考评、整体的分析等顾及不足，因此需要通过案件管理合理调配案件，提高法官审理案件的积极性；通过案件流程的监管、质量的考评等措施提高案件的办理效率和质量；通过案件总结为法官提供案例指导等。

其二，管理视角多维性。从广度上分析，有宏观管理、中观管理、微观管理；从对象上来说，包括对人员的分类管理、对案件质效管理、人案配比管理、履职保障管理；从时间上来说，包括日常管理、季度管理、年度管理等。

其三，案件管理的主体一般为人民法院内设的审判管理办公室。人民法院对案件管理经历了一个从分散管理到集中管理的过程。分散管理时期，人民法院对案件的管理主体呈现出多元化特点。首先，审判活动由法院内多个主体参与，从承办法官、合议庭、副庭长、庭长、副院长、院长至审委会，各主体都可以参加到审判活动当中，并对案件的实体裁判产生不同的影响。其次，法院内部实行科层化的管理，同一案件在同一审法院内往往要经历多个主体和多个层级的复合评价，才能形成最终的裁判意见。[②] 再次，案件的协调和监督部门往往是政工科、研究室、党政办等部门。直到1999年，人民法院实行第一个五年改革计划时，人民法院内部经过职能整合后才开始设立审判管理办公室，统一行使案件管理权。见下表：

[①] 王胜俊：《创新和加强审判管理 确保司法公正高效——在全国大法官专题研讨班上的讲话》，《人民司法》2010年第17期，第4—8页。

[②] 顾培东：《人民法院内部审判运行机制的构建》，《法学研究》2011年第4期，第5页。

表 2 - 8　基层人民法院机构（1978—2018 年）人民法院审判管理机构设置情况

时间	1978—1998 年	1999—2015 年	2016—2018 年
审判管理职能机构	政工科、党政办、研究室	审判管理办公室	审判管理办公室

其四，案件管理的内容范围具有动态性。如前所述，案件管理的内涵和外延与一国的政治、经济、文化等有很深的关联性，同时，一个国家不同时期的案件管理的内涵及外延也会不同，因此，案件管理的内容具有动态性，并不是一成不变的。最高人民法院把审判管理办公室的职能界定为主要负责最高人民法院受理案件的流程管理、质量评查，监督检查法定审限执行情况，督办重要案件，承担审判委员会事务管理、司法公开、审判经验总结等工作。这里用了"主要"和"等"技术化的词语，也充分考虑到了案件管理内容范围的动态性特点。

从 1978 年党的十一届三中全会起，审判管理制度在我国经了一个相当长的历史发展时期，审判管理从粗放型管理转变到精细化管理，从静态的管理转变为动态的管理，从点的管理转变为面的管理，从流程管理到质效一体管理，从滞后调研分析到系统同步可视化管理等。[①] 审判管理改革的终极目标是司法公正和效率，次级目标是压缩审判管理权的运行空间，使其在一个合理的范围内运转。审判管理的根本方法在于理顺审判管理权与审判权之间的关系，实现两权之间的平衡。审判管理的基本路径是在遵循司法规律的同时兼顾中国的司法实际。[②] 人民法院的案件管理大致可以划分为以下几个阶段：改革开放初期的行政化强势管理；人民法院第一个五年改革时期的去行政化弱势管理；人民法院第二个五年改革时期的技术考评管理；人民法院第三个五年改革时期的专业化制衡管理；人民法院第四个改革时期的严格规范管理的过程。

二、行政化强势管理时期（1978—1998 年）

我国法院管理历来存在明显的行政化倾向。自古以来，司法权从属于行政权，有时甚至与之混同，诉讼活动由行政长官兼理。司法职能没有发育成熟，更没有从行政职能中分化出来。[③] 民主革命时期，出于战争年代特殊需要，为保持高度统

---

① 潘玉清：《信息化背景下的审判管理研究》，山东大学 2017 年硕士学位论文，第 5 页。

② 崔永东：《审判管理的目标、方法与路径》，《河北法学》2015 年第 3 期，第 28 页。

③ 奴隶制社会，国王掌握着最高司法权。封建社会，朝廷设大理寺和司寇，辅佐皇帝处理案件；地方则是行政兼理司法；皇帝独揽司法大权，重要案件"取自上裁"。参见谢佑平编：《刑事司法权力的配置与运行研究》，中国人民公安大学出版社 2006 年版，第 45 - 50 页。

一领导，在司法领域推行了行政管理模式。① 中华人民共和国成立后，与计划经济体制相适应，司法管理体制照搬了苏联的行政管理模式。在如此体制下，人民法院形成了行政化管理传统，并且这种行政化传统一直延续下来，后逐渐变为"院庭长批案制"。此时，人民法院的管理基本沿用党政机关的管理模式，院长之下设立若干中层部门，实行院长、庭长、法官及其他工作人员三级纵向管理，一级管一级，层层请示，层层汇报。法官被当作一般行政管理对象，审判第一线的法官不仅在日常事务性管理中要服从上级，而且在审判活动中受到上级的直接干预和制约。人民法院在管理上突出的特点就是管理权混同，审判管理行政化。行政管理权与审判管理权几乎完全合一，行政权凌驾于审判权之上，审判管理并未按照其自身规律的要求进行，而是照搬行政管理模式。

十年动乱使得我国刚刚建立不久的司法机构和体系遭受了严重破坏，法院系统近乎瘫痪。粉碎"四人帮"后，以党的十一届三中全会为标志，我国拉开了改革开放的序幕，对内开始了整顿和重建，1979 年，中央决策层开始了重建被"文化大革命"打破的司法体系，此后的近二十年时间里，我国法院系统的机构、职能、队伍等各项工作逐渐得到了恢复和重建。不过这一时期也还没有严格意义上的审判管理，仍是行政管理与审判管理混同。审判管理的主要机构为政工部门和党政部门，对审判事务的管理分散在各个行政事务机构，并未建立起集中统一的审判管理机构。

20 世纪 80 年代以后，我们国家的法治工作逐步朝向正轨。1982 年《宪法》第 123 条明确规定："中华人民共和国人民法院是国家的审判机关。"第 128 条规定："最高人民法院对全国人民代表大会和全国人民代表大会常务委员会负责。地方各级人民法院对产生它的国家权力机关负责。"人民法院作为单独的国家机关地位得到确认。人民法院的管理也逐步独立化、系统化。20 世纪 90 年代以后，国家政治体制改革进一步深化，"依法治国，建设社会主义法治国家"的目标得到确立。司法改革的步伐加大，人民法院的组织结构、管理方式也发生了很大的变化。法院系统内部逐步认识到自身工作的专业性、程序性等特点，认识到不能再像以前习惯的那样，以行政管理的方法对待法院管理。经过摸索，人们逐步将人民法

---

① 1937 年 9 月，陕甘宁边区政府决定各县政府内设承审员，负责司法工作。边区各县成立裁判委员会，由县长、县委书记、保安科长、保安大队长、裁判员组成。1943 年 3 月，边区政府颁布《陕甘宁边区司法处组织条例（草案）》，边区所辖各县，除延安设地方法院外，各县均设立司法处，受理辖区内第一审民刑案件，县长兼任司法处长。

院的管理具体区别为审判管理、政务管理、队伍管理等相关方面，根据各方面不同的特点，用不同的方式进行管理。审判管理逐渐成为人民法院工作的重心，审判管理改革逐步推开。① 总的来讲，随着法院独立地位的确立，审判管理开始沿着正确的轨道改革和探索。

20 世纪 90 年代初期开始，加强法院内部管理被提上日程。1991 年，任建新院长在全国高级人民法院院长会议上提出："如果我们还不认真研究和推行科学管理，那么，落后的管理和审判工作发展的矛盾就会更加突出，就会成为我们法院工作前进的一个滞后因素。"② 审判管理由此受到重视。1996 年 11 月，全国法院立案工作座谈会召开，会后不少法院又进一步将告诉申诉庭细化为立案庭和审判监督庭，立案庭不仅统一立案，还被赋予排定案件、审前准备、审限跟踪等审判管理性职能，负责对审判活动各个环节实施全方位组织、协调、监督与控制。至此，法院审判流程管理开始呈现一种全新模式——大立案模式。1997 年，最高人民法院发布《最高人民法院关于人民法院立案工作的暂行规定》，确立立案与审判分开的原则。根据该规定，审判程序与审前准备程序分离，立案工作不再是审判庭工作的一部分，而是在申诉审判庭内专门设立立案庭或者单独设立立案庭，成为负责人民法院立案工作的专门机构。同年，最高法还在大立案基础上实行了审判流程管理。上海、北京等地法院在借鉴"大立案"模式的基础上，提出了对案件全程跟踪、即时催办、督办的流程管理制度，有效地避免了超审限案件的发生，一定程度上解决了"暗箱操作"的问题。最高人民法院于 1998 年 8 月出台了《人民法院审判人员违法审判责任追究办法（试行）》《人民法院审判纪律处分办法（试行）》，进一步强化了审判人员的责任，进一步加大了案件质量管理的力度。

这一时期的管理通常采用的是传统审判管理模式。这种模式的特点可以概括为"机构缺位、职能分割、职责分散、资源调度分立"。其基本特征具体表现在：

管理主体：多头管理，没有一个专门的审判管理机构协调处理审判管理事务，无法对诸多审判管理事项进行统筹规划和系统安排。审判管理工作由院庭长、审委会、审监庭、研究室、立案、审判业务庭等多个部门分别行使，管理职责分工不明，信息分散。

管理目标：审判管理目标不明确，管理内容不具体、不特定。尤其是各审判

---

① 王冬青：《人民法院审判管理机制研究》，苏州大学 2008 年硕士学位论文，第 5 - 7 页。
② 《人民法院年鉴》编辑部：《人民法院年鉴（1991）》，人民法院出版社 1994 年版，第 52 页。

庭，审判工作与审判管理工作职能交叉，审判权和审判管理权未完全分离。

管理手段：院、庭长对审判工作的管理和监督，主要通过审判委员会、全院办公会、庭务会议、裁判文书签发以及日常的管理来完成。庭长与法官既进行审判活动，又负责事无巨细的管理工作，其结果是审判工作冲淡了管理工作，管理职能得不到有效体现。立案庭负责登记或输入立案信息、庭前调解，有的地方还包括排期、交换证据，缺乏统一规范。审监庭负责卷宗评查，其评查和检查不全面，评查的标准不统一、不规范；并且，由于其不具有直接管理的职能，评查结果缺乏说服力和权威性。司法统计只管统计，无法有效利用统计结果，无法充分发挥服务决策的功能。法院流程管理、质量评查、司法统计部门，各行其是，缺乏有效沟通和协调，难以对全院的审判工作进行有效的规范和管理。此外，缺乏完善的审判管理考核考评机制，审判管理信息化水平较低。

管理效果：各部门之间缺乏沟通、协调，形成了审判管理条块分割的局面，阻碍了作为审判管理基础的信息流通，切断了审判执行工作流程之间的衔接，破坏了相关业务部门之间的协调与配合，管理效果不能得到较好体现。

总体而言，这一阶段我国审判管理呈现出强行政化特点，这是当时特定历史条件使然。强势的行政化管理一定程度上有利于资源集中调配，有利于上级对下级的监督等。但是，强势的行政化管理也容易导致管理权对审判权过度干预、降低审判效率、削弱审判力量、影响司法公正等。同时，这一时期的变革和进步，为以后的审判管理机制改革奠定了基础。

三、行政化弱势管理时期（1999—2003 年）

1999 年 10 月，最高人民法院发布《人民法院第一个五年改革纲要（1999—2003）》，明确指出，"审判工作的行政管理模式，不适应审判工作的特点和规律，严重影响人民法院职能作用的充分发挥"，并提出"建立符合审判工作特点和规律的审判管理机制"。随即，各地、各级人民法院更加大力开展审判管理方式改革，种种管理手段、管理模式纷纷涌现。

法院改革"一五"纲要重点要解决的是审判管理去行政化问题，旨在建立符合审判工作特点和规律的审判管理机制。审判管理行政化导致审判机构行政化设置、审判人员行政化管理、实体裁判行政化审批、审判管理无序化等问题，各地法院均面临着"审者不判、判者不审"、法官人人主审案件导致质量参差不齐、庭长集行政与审判管理于一体包办一切等深层矛盾和问题。为此，地方法院依据法院改革"一五"纲要纷纷开展审判管理改革，推行审判长、独任审判员选任制，强化庭审功能，"一步到庭"，"还权于审判组织"等一系列措施，结束了多年来"院庭长批案制"这一行政化管理模式。如 2002 年河北省泊头法院尝试"精审判"管理模式改革；深圳市罗湖区推行以法官为中心、以流程管理为手段的法院管理新体制；等等。① 自 2003 年开始，全国法院系统都陆续探索建立以审判质量效率指标体系为核心的审判管理机制，建立了审判管理机构，主要通过对质效指标的动态管理，保障审判权运行公开、透明、公正。

从总体上看，法院改革"一五"纲要主要改革内容包括三个方面：一是审判组织改革；二是规范流程管理改革；三是开展案件质量评查。在审判组织改革方面，主要是从发挥合议庭作用入手，建立主审法官和审判长选任制度。在规范审判流程管理改革方面，主要是通过"大立案"模式，实行立审分离。立案庭被赋予了立案、分案、排期、庭前准备、审限管理等职能，对案件流程管理负责。② 从案件管理的角度来看，立审分离其实质是将实体审判权和流程控制权实行相对分离。以往这两种权力由审判部门控制，集中于办案法官手中。审判流程管理改革打破了这种高度集中的权力格局，将案件实体裁判权交给办案法官，案件审理流程控制权掌握在立案庭等专门机构手中，从而实现案件审理的权力制约，从制度上保障公正审判和执行。审判流程管理制度的初步确立，标志审判管理改革正式成为法院管理改革的一项重要内容，从隐性转向显性，从后台步入前台。③ 在案件质量评查方面，通过阅卷评查检查办案质量成为人民法院案件监督的重要方式，之后逐渐成为审判管理的基本手段，对法院的审判管理产生了深远的影响。

但是，此次改革"司法去行政化"特征愈加凸显，甚至有将"去行政化"等

---

① 2002 年河北省泊头法院尝试"精审判"管理模式改革，具体做法是实行"专职审判长负责"。泊头法院管理体制改革的显著特点是打破传统的司法行政体制，以权力横向分工和纵向分节为维度建立起"蜂窝状立体透明结构"的权力构造模型。此外，深圳罗湖法院实行了"3122"审判集团制模式。2002 年，深圳市罗湖区推行以法官为中心、以流程管理为手段的法院管理新体制。主要做法包括：一是创新法官组合形式，实行"3122"审判集团制，即 3 名法官、1 名速裁法官、2 名法官助理和 2 名书记员组成相对独立的工作实体；二是以速裁法官为核心优化审判流程，速裁法官与法官助理共同负责审判辅助事务，并负责管理法官助理、预审、速裁、庭前调解等工作；三是将审判程序划分为立案、庭前准备、庭审裁判、庭后整理等环节以优化审判流程。从深圳市罗湖区法院的主要做法来看，其主要特点在于以审判为中心创新人员组合形式。这种新型审判集团，以审判与审判辅助工作相分离为基础，形成了主要包括法官、法官助理和书记员在内相对独立的闭合系统，而法官助理的设立除了承担审判辅助工作外，还充当着法官与当事人之间的"隔离带""防火墙"角色，有助于防止司法腐败。此外，速裁法官的设立，不仅使审判辅助工作能够协调有序地进行，而且通过预审、速裁、调解等，有助于减轻庭审负担、提高庭审效率和提前化解纠纷，提高了庭审的针对性，为案件庭审的实质审查奠定了基础。以上内容参见梁平：《"管理——审判"二元架构下法院内部机构设置与权力运行研究》，《法学论坛》2017 年第 3 期，第 156 – 157 页。

② 王亦天：《审判管理改革的理论思考与实践路径》，陕西师范大学 2017 年硕士学位论文，第 23 – 24 页。

③ 孙海龙：《实现审判信息对称——审判管理性质及功能的再认识》，《人民法院报》2010 年 8 月 25 日，第 5 版。

同于"去管理"之势,"重审判轻管理"倾向日益突出。① 同时,司法实践领域出现了一些问题:审判程序、司法技术未得到充分重视,案结事不了;院庭长审判管理职责不清,审判管理功能边缘化;案件裁判社会效果不好,审判质量下降等。归根到底,就在于此次改革虽建立了新的审判权运行方式,但这种建构功效是单向的,未建立新的审判管理权运行方式,导致审判管理权缺位。② 因此,此次改革虽在弱化审判管理行政化上取得积极成效,但却未能正确认识和界定审判管理的功能,无法建立符合审判特点和规律的审判管理制度。

四、技术性考评管理时期(2004—2008 年)

2004 年,最高法院《人民法院第二个五年改革纲要(2004—2008)》出台,强调"改革和完善审判组织和审判机构,实现审与判的有机统一;改革和完善司法审判管理和司法政务管理制度,为人民法院履行审判职责提供充分支持和服务"。首次将改革和完善审判管理制度作为一项独立改革任务提出,涉及案件管理的主要内容有:对审判流程管理改革既有成果的深化巩固、健全案件质量评查机制和审判绩效评估制度。此阶段,改革者对审判管理认识日益深化,审判管理和司法政务管理区分愈加明显。针对审判质量下降而产生的,从弱势管理上"回归"、在强势管理上"回避"的"技术性考评管理模式"开始盛行。

为加强审判管理,提升司法效能,各级法院纷纷进行了审判管理模式的改革和探索,并设置了相关绩效考核指标。以湖南法院、江苏法院最为典型。2004 年起,湖南法院探索审判管理机制,创设了案件评查、绩效评估、社会评价"三位一体"的绩效评估体系。③ 2006 年起,江苏法院探索"绩效管理",确立了以流程管理、审判质效评估、案件评查等为职责的审判管理机制。④ 自 2008 年以来,最高人民法院下发了《关于开展案件质量评估工作的指导意见(试行)》,确定北京、上海、江苏、吉林、内蒙古等 11 个高级法院率先开展案件质量评估试点工作,后在全国普遍试行。

法院改革"二五"纲要从更为深远、开阔的视角将改革和完善审判管理制度

---

① 检索"中国知网"1999 年至 2003 年之间的文章,探讨"审判管理"的共有 60 篇,其中论述"去行政化管理"的有 23 篇,论述"大立案"的有 17 篇。

② 刘玉顺等:《规范审判组织与审判机构关系 优化审判权与审判管理权配置》,《人民日报》2009 年 2 月 25 日,第 10 版。

③ 王银胜、梁建军、傅召平:《"六个严格"定基调——湖南法院审判管理工作系列报道之一》,中国法院网 2007 年 10 月 11 日报道。

④ 江苏省高级人民法院审判管理办公室:《关于审判管理改革的认识与探索——以江苏法院审判管理改革实践为蓝本》,《法律适用》2008 年第 10 期,第 19 页。

作为一项独立的任务提出，其改革的主要举措包括：对案件的审批权从合议庭向院长、庭长回归；建立案件质量评估体系；深化案件质量评查制度；建立法官审判绩效管理制度等。在此阶段，"绩效评估""绩效管理"等技术性考评管理模式甚为流行。[①] 强化案件质量管理成为审判管理改革的中心工作，初步确立了以统一评估指标体系为导向，审判流程管理、案件质量评查、审判绩效管理"三维一体"的审判管理工作格局。

但是，上述改革也引发了一些负面效应，如片面追求评估指标和业绩名次，追求所谓的"数字业绩"；管理人员与审判人员关系紧张，工作难以持续开展；审判人员压力加大，个别人员为片面追求"目标"，甚至采取"变通"手法"逼迫"当事人接受调解方案。[②] 审判活动不同于"机器化大生产"，法官的积极性、主动性得不到真正充分发挥，由此产生的"司法产品"也必然缺乏应有的人性化。

五、专业化制衡管理时期（2009—2013 年）

2009 年 3 月，《人民法院第三个五年改革纲要（2009—2013）》出台，提出"改革和完善审判管理制度，健全权责明确、相互配合、高效运转的审判管理工作机制""规范审判管理部门的职能和工作程序"。这是对审判管理改革认识的再深化。此后出现的审判管理改革呈现出"专门机构、制衡审判"的显著特点。

2010 年 11 月，最高人民法院成立审判管理办公室，统筹兼顾审判管理、司法人事管理、司法政务管理。地方各级人民法院紧随其后进行了机构设置改革。2011 年 1 月，最高人民法院下发了《关于加强人民法院审判管理工作的若干意见》，进一步提出要在全国法院建立起一套"科学、完备、有效"的审判管理体系。

在此期间，成都中院进行的"两权改革"声名鹊起。该模式的核心是解决还权审判组织后院、庭长的审判管理权边缘化，特点是着力构建审判权与审判管理权的有效运行与制约机制。以河南高院为代表的重在监督审判权行使的"评查问责制度"也独树一帜。从案件管理方面来看，这一轮改革任务主要是通过健全审判管理制度、完善审判信息系统、开展专项审判监督活动、编发有关信息载体等手段，完成个案质量评查、类案审判指导、审判整体运行分析、审判绩效评估等任务，以达到服务领导决策、服务法官审判、优化审判职权配置和提高审判质效

---

① 检索"中国知网"2004 年至 2008 年之间的文章，探讨"审判管理"的文章共有 472 篇，其中论述"绩效评估"的有 157 篇，论述"绩效管理"的有 128 篇。

② 胡夏冰：《审判管理制度改革：回顾与展望》，《法律适用》2008 年第 10 期，第 13 - 15 页。

的目的，对内提高审判力，对外提升公信力。①

　　人民法院"三五"改革期间，全国开始推动省级以下法院人财物统一管理。改革审判委员会制度，建立主审法官、合议庭责任制，从审判体制、审判机制和审判公开三个方面进一步深化审判管理改革。这期间的审判管理主要以创新为动力，明确审判管理的职责、原则等基本问题，从最高人民法院到地方法院普遍建立审判管理专门机构，整合审判管理职能，统一评估体系，深化审判体制、机制改革，完善审判公开措施。② 实践中，全国法院科学、完备、有效的审判管理体系框架已经形成。2011 年，各级人民法院积极整合职能资源，设立专门审判管理机构，对审判工作实行集中管理。截至 2012 年 8 月底，31 个高级人民法院成立了专门的审判管理机构，设立审判管理机构的中、基层法院达到 1369 个，占全国法院总数的 39.3%，另有部分基层法院由审监庭承担审判管理职能。专门审判管理机构的建立，奠定了人民法院审判管理体系的基础，保障了各项审判管理工作有序开展。最高人民法院先后下发《关于加强人民法院审判管理工作的若干意见》《关于加强基层人民法院审判质量管理工作的指导意见》《关于开展案件质量评估工作的指导意见》等文件，着力加强审判管理制度建设。地方各级人民法院从审判管理工作需要出发，纷纷制定适合本地区实际的规章制度，进一步建立健全审判管理的制度体系，有效地保障了审判管理工作的规范化、制度化、科学化。

　　但是，这个时期的改革也存在着一些仍需进一步完善的方面，比如虽然审判管理开始专业化，但影响审判权公正运行的机制性瓶颈仍未得到根本解决，管理方式的创新性也不足；还有一线法官的职业保障不足，使得一线法官的职业尊荣感缺失等。

六、严格、规范管理时期（2014—2018 年）

　　2015 年 2 月 26 日，最高人民法院发布了《关于全面深化人民法院改革的意见——人民法院第四个五年改革纲要（2014—2018）》，提出了要"健全审判管理制度，发挥审判管理在提升审判质效、规范司法行为、严格诉讼程序、统一裁判尺度等方面的保障、促进和服务作用，强化审判流程节点管控，进一步改善案件质量评估工作"。这一时期的审判管理及案件管理制度体现了"严格""规范"的特点。

---

　　① 孙海龙：《实现审判信息对称——审判管理性质及功能的再认识》，《人民法院报》2010 年 8 月 25 日，第 5 版。

　　② 王亦天：《审判管理改革的理论思考与实践路径》，陕西师范大学 2017 年硕士学位论文，第 24 页。

梳理人民法院前三个"五年改革纲要"可以发现，三个文件始终围绕着审判权运行机制改革这一个核心问题，改革的重点是破解"多层级、多主体、复合式、行政化"的审判权运行模式，着眼于理顺审判权、审判监督权、审判管理权三权之间的关系，通过重构审判权与审判监督权、审判管理权之间关系和审判权运行的"主体要件、运行机制、体制保障"三个核心要件，意图确保审判权高效运行。在审判权运行的监督管理上，三个纲要文件也各有侧重，《人民法院第一个五年改革纲要（1999—2003）》重点建立审判流程制度，《人民法院第二个五年改革纲要（2004—2008）》重点提出了建立审判管理组织和管理制度，《人民法院第三个五年改革纲要（2009—2013）》提出建立系统完善的审判管理机制。通过循序渐进的改革和实践，法院在审判管理和案件管理上取得了巨大的进步。

进入新时代以后，人民群众对司法工作的严格、规范、公正的需求日益增加，党的十八届四中全会通过的《中共中央关于全面推进依法治国若干问题的决定》中及时回应了人民的需要，提出了要"严格司法"和"公正司法"，习近平总书记更是发出了"努力让人民群众在每一个司法案件中都感受到公平正义"的时代最强音。为此，《关于全面深化人民法院改革的意见——人民法院第四个五年改革纲要（2014—2018）》把"规范司法行为""严格诉讼程序""统一裁判尺度""完善案件质量评估"作为审判管理和案件管理的重点。以"案件质量评估"为手段，以"司法责任制"为保障，通过管人促进管案，严把"案件质量"关，满足人民群众对司法的期待和需求。

经过改革，我国已经初步建成具有中国特色的社会主义审判权力运行体系，审判管理制度也更加科学、完备和有效，审判工作正逐步向有序、健康的方向发展，审判质效和司法公信力明显增强。

七、信息化管理的未来展望（2019 年起）

信息化与智能化将成为未来案件管理的趋势。当今时代，信息技术与人类社会的交融引发了数据的爆发增长、海量集聚，大数据已经成为各个国家基础性战略资源，并正日益影响到社会的各个领域。伴随着大数据的来临，人民法院的审判管理和案件管理也必将与大数据深度融合，实行信息化和智能化管理，从而使得审判管理和案件管理方式发生革命性的变革。

2014 年 6 月至 2016 年 3 月，最高人民法院相继上线人民法院数据集中管理平台、国家司法审判信息系统（天平工程）及中国法律应用数字网络平台（法信平台），法院信息化水平从 1.0 版向 3.0 版跨越式发展。2016 年 1 月 29 日，在最高人民法院信息化建设工作领导小组全体会议上，周强院长首次提出智慧法院概念，尔后，《国家信息化发展战略纲要》《"十三五"国家信息化发展战略纲要》《新一代人工智能发展规划》《人民法院信息化建设五年发展规划》等纲领性文件将"智慧法院"列为重要建设事项之一。与此同时，四级法院也掀起了智慧法院建设的热潮。法院信息化与智慧法院是一组相关联的概念，信息化是人民法院组织、管理和建设的运行载体，智慧法院是人民法院工作的一种形态。人民法院以打造智慧法院为目标，将信息化建设成果引入司法领域，以信息技术为代表的工具理性与以审判管理为代表的价值理性在司法实践的碰撞中，解放了法院的司法生产力。①

2016 年 2 月 22 日上午，最高人民法院召开专题会议，研究通过了《人民法院信息化建设五年发展规划（2016—2020）》和《最高人民法院信息化建设五年发展规划（2016—2020）》。根据这两部规划，人民法院信息化建设乃是以大数据分析为核心，以提高司法审判能力和司法管理水平为目标，以智慧法院、科技法庭的实现等为结果。这将大幅度提高法院的审判效率，实现法院管理科学化，进一步提升司法公信力，并最终实现审判体系和审判能力的现代化转型。② 2016 年 11 月，在第三届世界互联网大会"智慧法院暨网络法治论坛"上，最高人民法院院长周强就明确指出，"智慧法院"建设的方向之一，就是在法院工作全面信息化的基础之上，实现对信息化过程中产生的海量司法数据进行开发、整理、分析和应用。截至 2017 年 11 月，"人民法院专网已贯通至全国 3523 家法院和 9277 个派出法庭，实现全国法院干警一张网办案、办公。国家司法审判信息资源库汇聚了六类信息资源，已经成为全世界最大的司法审判信息资源库：审判执行数据方面目前已汇集全国法院 1. 22 亿案件数据、800 余万份电子档案和 600 余万份电子卷宗；司法人事数据方面汇聚了全国法院 24 万余条司法人事类数据。最高人民法院还深入挖掘分析海量信息资源，服务科学决策：实现了 136 张司法统计报表的自动生成；实现电子卷宗跨部门、跨地域网上调阅，推进电子卷宗数据在立案、审理等环节的深度应用"③。2018 年 3 月 9 日在第十三届全国人民代表大会第一次会议上，周强在所作的《最高人民法院工作报告》中专门就 2018 年法院系统的工作建议作了汇报和展望，强调要"加强信息化、人工智能与法院工作的深度融合，完善智能审判支持、庭审语音识别、电子卷宗随案生成等智能辅助办案系统。建设世界一流

---

① 高一飞、高建：《智慧法院的审判管理改革》，《法律适用》2018 年第 1 期，第 58 页。
② 刘雁鹏：《审判管理信息化：路径、效果和展望》，《中国应用法学》2017 年第 4 期，第 85 - 86 页。
③ 罗书臻：《学习贯彻十九大精神　推进智慧法院建设》，《人民法院报》2017 年 11 月 18 日，第 4 版。

的司法大数据研究院，深度运用审判信息，促进社会治理。将社会主义司法体制优越性与现代科技紧密结合起来，努力创造更高水平的社会主义司法文明"[①]。

已经没有任何一种力量可以阻挡大数据和信息化发展之势，信息化和智能化为审判管理及案件管理带来了诸多的便利。信息化技术的迅猛发展及智慧法院的建设，对审判管理方式变革产生了深刻影响，使得管理主体多元化，管理方式数据化，管理目标更加人性化。信息化技术在推进审判方式变革的同时，也推动着审判管理理念和方式的变革，审判管理信息化势在必行。其一，信息化和智能化有助于审判管理和案件管理更加精细。相对于信息化和智能化来讲，传统的管理方式基本上属于粗放型管理，对影响审判质量的具体环节缺乏深入研究和有效防范，对审判效率的管理也多放任自流。而信息化和智能化有助于案件办理流程、进展情况、裁判文书等信息的及时反馈，从而提升管理的精细化程度。其二，信息化和智能化有助于审判管理和案件管理更加科学和准确。信息化和智能化可以实现每个案件在各个审判程序、审判节点的公开和透明，有利于关联案件和类案的搜索、查询，有助于采用更加丰富多样的评价标准对审判绩效进行评价，使得管理更加精准、科学、合理。其三，信息化和智能化有利于审判管理和案件管理的系统化。虽然审判管理办公室主要负责审判管理和案件管理，但是现实生活中，审判管理和案件管理只依靠一个部门是不可能的，往往需要办公室、研究室、立案庭等多个部门合作联动才行。信息化和智能化可以促使审判管理和案件管理各方面的信息汇聚和综合，提高管理的系统化水平。[②] 因此，信息化技术和智慧法院也大幅度地提高了司法效益和质量，使得审判管理更加科学，司法公信力得以提升，司法便民得以落实。

法院信息化建设是司法的一场重要革命，审判管理信息化则是未来法院信息化建设的重要一环。随着技术的完善和创新，在不久的将来，智能管理和审判系统将会为法官创造极大的便利，当前司法所面临的案多人少、同类案不同判等问题也将在一定程度上予以解决。在看到法院信息化建设带来的重大利好的同时，也应当注意，随着人工智能的发展，智能审判系统将会提供更加科学、精细的审判意见。如果法官过度依赖信息系统的判断，自身怠于思考，放弃了对案件事实和法律事实的判断，智审系统则会代替法官作出司法判决，人工智能可能会全面

取代人类作出重大决断。① 因此，信息化和智慧法院是一把双刃剑，需要理性地因势利导、趋利避害，实现良性发展。

未来，审判管理的信息化建设需要做好以下几个方面的工作：

（一）信息技术：重点辐射向全面覆盖发展

智慧法院建设应抓住问题导向与需求导向两个重点，根据审判管理需要研发信息技术，切实解决有碍审判管理质效提高的问题。从有关地区智慧法院建设情况分析，信息化建设在庭审等重要司法活动中已经取得实质性突破，与审判相关的辅助性工作的信息化却明显不足，比如：全国绝大多数法院无法通过内网访问、检索国家市场监督管理总局企业信用信息公示系统、商标查询系统和国家知识产权局专利检索系统，需要工作人员单独配置外网电脑或前往办公场所查询。网络时代，信息技术手段可批量解决的工作任务却遗留给一线审判人员人工完成，信息技术的普惠作用未充分释放。在推进信息化建设过程中，人民法院可以系统梳理涉及审判管理的工作节点，逐一攻关，实现全流程信息化覆盖。

智慧法院建设的初级目标是解放司法工作人员的手与脑，信息技术在审判管理活动中得以运用。显然，部分地区在线运行的信息化系统宣传效应大于工作实效，以网上立案系统为例，系统上线以来，部分地区网上立案数一直保持"0"，其中不乏当事人不了解、不会网上立案的原因，但主要原因仍是司法工作人员观念未转变，不愿打破现场立案的既定工作模式，对当事人宣传力度不够，对系统自主学习不足。

无论是信息技术开发程度不足，还是信息技术尚未融入审判管理活动，归根结底仍是技术开发与司法需求脱节，技术开发应当回归提供优质司法服务的价值本真。

（二）建设方式："各自为战"向"团队协作"发展

智慧法院是最高人民法院统筹建设、地方各级法院积极参与的重大项目，先行先试地区分享建设经验帮助建设缓慢地区实现跨越式发展是"全国一盘棋"的题中应有之义；申言之，信息化建设缓慢的地区应站在巨人的肩膀上继续前行，而非从零开始。目前，智慧法院的部分项目存在重复建设问题，研发的数据平台/系统功能相似，不值得提倡。以电子卷宗随案生成系统为例，河北省、江苏省、青海省相继开发了电子卷宗随案生成与深度应用系统，纸质卷宗自动扫描成可复制、可粘贴的电子文档，为审判人员摘录证据材料创造了便利；但是，重复建设

---

① 刘雁鹏：《审判管理信息化：路径、效果和展望》，《中国应用法学》2017 年第 4 期，第 96 页。

浪费了原本紧张的司法资源。今后，试点取得重大突破的法院，应当尝试提升系统的兼容性、开放端口，允许其他地区的法院同步运行平台/系统，降低建设成本。

（三）数据管理：数据保管向数据维护发展

"数据的过分关联是个人信息最大的威胁"，数据平台汇聚的个人信息为不法人员寻找特定的作案对象提供了帮助；与此同时，数据平台主要外包给数据服务商建设与运营，数据存在泄露风险。"棱镜门"事件是大数据存在泄漏隐患的典型案例。智慧法院维护数据安全可以从两方面入手：一是维护数据存储空间安全。维护司法数据与数据传输介质的安全，提升系统安全指数，防止黑客、病毒攻击司法数据平台。二是明确数据使用者的保护义务。部分数据平台采取模糊化或匿名化的方式保护个人隐私，但实践证明这两类数据保护方式是失效的。在条件允许的情况下，数据使用者可以通过搜集更多的数据或对数据进行交叉比对，发现被隐藏的信息。数据使用者应当为自己的行为负责，明确责任承担主体与责任承担方式，才能形成威慑力。

小结

经过 40 多年持续不断的改革和探索，中国特色的审判管理制度已经基本形成，人民法院的管理更加科学合理，案件质效明显提高，队伍配备更加合理，司法公信力持续提升。纵观我国审判管理的发展历程可以发现，问题是动力，改革是出路，组织是保障。然而建立科学、完善、有效的现代化审判管理制度，是一项庞大的工程，需要久久为功。未来，还需在党的统一领导和部署下，不断巩固改革成果，继续探索前行。

第十节　人民法院执行权改革

自中华人民共和国成立以来，为适应因经济社会的发展而引起的执行理念和环境的变化，不断进行着民事执行权的改革和完善。综观中国整个民事执行体制及机关的改革，审执分离是改革的中心。但是，在历史发展的不同阶段，执行体制改革呈现不同特点，可以进行阶段划分。

一、执行权行使主体的纵向变迁

（一）"审执分离"理念确定（1949—1978 年）

在这一阶段，执行工作实行专人负责制，设专门的执行人员。具体而言，1950 年 7 月的《人民法院组织法暂行大纲（草案初稿）》第 30 条规定，"县市人民法院应设执法员若干人，负责法院生效裁判的执行。案件较简单的县市，人民法院只设审判员一人并兼执法员工作"。1951 年 5 月，由中共中央人民政府颁布的《人民法院暂行组织条例》第 12 条、第 19 条、第 20 条规定，县级、省级人民法院以及中央及大行政区直辖市人民法院管辖的事件为刑事、民事案件的执行事项，但并没有规定专门负责执行的人员。1953 年，由最高人民法院华北分院发布的《关于各级人民法院执行判决的指示》规定，各级人民法院，特别是初审法院应指定专人负责执行工作。此外，由第一届全国人民代表大会通过的 1954 年《人民法院组织法》第 38 条明确规定："地方各级人民法院设执行员，办理民事案件判决和裁定的执行事项，办理刑事案件判决和裁定中关于财产部分的执行事项。""法院组织法确定了'审执分开'的原则，是我国多年来司法工作实践的经验总结。"根据这一规定，全国各地中级人民法院、基层人民法院普遍配备了专职的执行人员，建立起执行员制度。"在司法改革以前，全国大部分人民法院是采取这种'审执分开'的办法，设立讼事科，也有设立执行科，或执行组的。虽然这些执行组织的组织形式和领导关系并不完全一样，但都是根据'审执分开'的原则，专门负责执行工作的机构。"[①] 但是，由于 1954 年《人民法院组织法》未规定法院设置执行机构，因此，法院在中华人民共和国成立初期设置的执行机构，相继撤销。又由于 1950 年代后期民事案件明显下降，且绝大多数以调解方式结案，执行任务不大，因此实际上实行的是审执合一机制。[②] 此后，执行工作实行审执合一的执行体制，由审判庭兼管执行工作。20 世纪 50 年代末后，随着法制建设的削弱，法院不再设置执行员制度。并且，在计划经济体制下，大多数民事纠纷主要以行政手段解决。因此，在很长一段时期内，法院的审判工作只有刑事审判和民事审判两大类。在刑事案件中，具有财产给付内容的判决极少，并在少数民事案件中，婚姻家庭纠纷又占整个民事案件的 80% 以上，以财产为执行标的的案件数量并不多。在这种情形下，执行工作不可能被放在与审判工作同等重要的位置。民事执行工作依附

① 江浩：《民事执行中几个问题的研究》，《政法研究》1957 年第 1 期，第 28 页。
② "当代中国"丛书编辑部：《当代中国的审判工作（下）》，当代中国出版社 1993 年版，第 279 页。

于民事审判工作，实行审执合一的"谁承办谁负责执行"制度。尽管该时期民事执行工作依附于民事审判工作，实质上采取"谁审判谁负责执行"模式。不过，在法律层面实现人员上的"审执分立"，在理念上无疑具有划时代意义，也为后来"审执分离"改革奠定基础。

（二）审判员与执行员的并立（1979—1991 年）

1979 年至 1991 年，在执行工作领域实行了审执分离的执行体制，设立了专门的执行机关。随着改革开放的不断深化，商品经济得到迅速发展，争讼大量出现。法院为解决这些纠纷，作出了具有给付内容的大量判决和裁定，需要通过执行程序来实现。此时，审执合一的民事执行体制已不能适应经济和社会发展的需求。1979 年《人民法院组织法》恢复了 1954 年《人民法院组织法》规定，其第 41 条规定："地方各级人民法院设执行员，办理民事案件判决和裁定的执行事项，办理刑事案件判决和裁定中关于财产部分的执行事项。"从制度层面再次实现审判工作和执行工作的分离，确立了审执分离的执行体制。1982 年《民事诉讼法（试行）》第四编专门规定了执行程序，且该法第 163 条规定："执行工作由执行员、书记员进行；重大执行措施应当有司法警察参加。"根据这一规定，少数地方法院从 1983 年开始陆续设立执行员，有的开始在民事审判庭或当时的经济审判庭设执行组负责执行工作。① 该阶段主要是打破以往审判员一人负责到底的做法，扭转司法混乱局面。不过，该时期专职执行员仍旧附属于审判庭，其对审判程序的制约功能有限。后来，在专职执行员基础上，开始探索独立的执行庭工作局面。"自 1988 年以来，各地人民法院普遍设立执行机构。""各地人民法院除了实行审执分立机制，健全执行机构以外，还注意力求改善审判和执行两个环节的工作，相互协调配合，以利于案件审结后的执行。"②

（三）由执行员到执行庭的机构分立（1991—1999 年）

1991 年《民事诉讼法》明确规定，执行工作由执行员进行；同时还规定，"基层人民法院、中级人民法院根据需要，可以设立执行机构。执行机构的职责由最高人民法院规定"。这一规定，从法律层面上明确设立执行机关的依据。据此，全国各基层人民法院、中级人民法院一般都建立了专门的执行机构，最高人民法院到 1992 年也建立了执行庭。鉴于"执行难"问题的日益严重，1998 年，最高人民法院出台《关于人民法院执行工作若干问题的规定（试行）》，对设立执行机构

① 童心编著：《民事执行改革研究》，人民法院出版社 2010 年版，第 33 页。
② "当代中国"丛书编辑部：《当代中国的审判工作（下）》，当代中国出版社 1993 年版，第 279－280 页。

的法院范围进行了扩充解释，规定："人民法院根据工作需要，依据有关法律的规定，设立执行机构。"① 此后，全国各级法院逐步实现审执分立，建立了专门的执行机关——执行庭，配备了执行员。执行庭的设立实现了审判与执行分离的历史性跨越。在法院成立专门的执行庭负责执行工作，摒弃了"审执合一"的弊端，符合"审执分离"的原则，是一个历史性的进步。同时，在民事诉讼法中将执行程序单独作为一编，实现执行程序与审判程序分野，是对"审执分离"原则在民事诉讼程序的运用。

（四）由执行庭向执行局的转变（1999—2007 年）

从"庭"向"局"转变，执行体制开始向行政化管理改革。20 世纪 90 年代末，开始探索执行机构设置。1998 年，云南省高级人民法院率先在全国成立执行工作局，统一领导全省执行工作。1999 年 7 月，中共中央关于转发《中共最高人民法院党组关于解决人民法院"执行难"问题的报告》的通知（中发〔1999〕11 号），要求建立统一管理、统一协调的执行工作体制。2000 年，最高人民法院颁布《关于高级人民法院统一管理执行工作若干问题的规定》，其第 1 条规定："高级法院在最高法院的监督和指导下，对本辖区执行工作的整体部署，执行案件的监督和协调，执行力量的调度以及执行装备的使用等，施行统一管理。"之后，最高人民法院又在《关于改革人民法院执行机构有关问题的通知》中指出："为了有利于最高人民法院对地方各级人民法院执行工作的监督、指导，各级人民法院建立的新的执行机构名称应当统一。根据当前执行机构改革的现状和发展趋势，新执行机构可称为执行局。"2001 年，最高人民法院《关于认真贯彻全国法院院长会议精神和全国地方人民法院机构改革座谈会精神积极推进执行工作改革的通知》明确指出："执行工作改革的核心是探索建立新的执行工作管理体制。"实质上，由执行庭向执行局的转变，是理论上就执行权性质认识上的转变。随着理论上就民事执行权性质研究的深入，不少人质疑"执行庭"这一称谓。"传统执行体制模式下简单地将审判机构的名称套用到执行机构中，不能正确反映民事执行权的性质，可谓是执行机构名不符实。"② "执行机构设置为执行庭既不符合民事执行权具有司法权和行政权双重属性的理论，又不适应执行工作统一管理的现实需要。执行庭的设置必须改革，要改得更加科学、合理。"③ 2005 年，中央政法委员会下发《关

---

① 《最高人民法院关于人民法院执行工作若干问题的规定（试行）》第 1 条。
② 童心：《民事执行改革研究》，人民法院出版社 2010 年版，第 27 页。
③ 高执办：《论执行局设置的理论基础》，《人民司法》2001 年第 2 期，第 27 页。

于切实解决人民法院"执行难"问题的通知》之后，要求"积极推进人民法院执行体制和工作体制改革工作，建立统一管理、统一协调、高效运行的执行工作体制，加强上下级执行协作工作，有效抵制地方和部门保护主义，加大解决执行难的工作力度"。以各高级人民法院为单位、统一管理辖区法院执行工作的新体制在全国逐步建立。2007 年修订的《民事诉讼法》将原来的"基层人民法院、中级人民法院根据需要，可以设立执行机构"改为"人民法院根据需要可以设立执行机构"，这也就意味着执行机构的设立不再局限于基层人民法院和中级人民法院，也为最高人民法院执行机构的设立提供法律依据。2008 年中央机构编制委员会办公室研究并报告中央编委批准，同意最高人民法院执行工作办公室更名为执行局。此后，最高人民法院以及各地高级人民法院也在其内部纷纷设立了执行局，在全国范围内形成了较完整的民事执行机构体系。同时，执行局的设立，加强了执行工作的上下级领导与协调，更凸显出执行工作的行政性特点。执行局的设立，与执行工作的特征、规律相符合，从形式上实行了"审执分离"。提升执行工作的法律地位，实质上强化了上级执行机构对下级执行机构的领导，是对执行权配置的一次飞跃。①

（五）执行局内部分化的"审执分离"（2007 年起）

1991 年《民事诉讼法》正式确立执行程序与审判程序的分野。但是，此时对审执分离的理解尚较为粗浅，"分离的目的在于增加一道监督的防线，即通过执行发现生效裁判中的错误，从而起到监督审判人员，防止审判权滥用的目的"②。即实现"权力—权力"之间的相互制约。但是，并未深刻从立法层面认识到执行程序中异议的处理。1991 年《民事诉讼法》第 208 条规定："执行过程中，案外人对执行标的提出异议，执行员应当按照法定程序进行审查。理由不成立的，予以驳回；理由成立的，由院长批准中止执行，如果发现判决、裁定确有错误，按照审判监督程序处理。"该规定仍然将执行程序中实体性争议问题由执行员负责审查，实质上是在执行程序中加入实体审理和裁判的环节。由于这种审判在当事人没有举证质证、陈述辩论基础上作出，不能保证裁判的公正性，且对其判断结论当事人也没有表示异议的机会，因而违背诉权保障的基本原理。③

---

① 孙虹：《从执行庭到执行局——不仅仅一字之别》，《人民法院报》1999 年 3 月 1 日，第 3 版。

② 吴英姿：《审执分离与执行权制约——透过执行异议修正案的解读》，《山东警察学院学报》2008 年第 1 期，第 26 页。

③ 江伟主编：《民事诉讼法》，高等教育出版社 2004 年版，第 490 页。

针对案外人异议程序上的不足，2007 年修改的《民事诉讼法》第 202 条①和第 204 条②，规定执行行为异议和实体上执行救济制度，区分了程序性执行救济和实体性执行救济，完善了执行当事人和案外人的异议权的行使程序。同时，将原来"执行员"审查改为"人民法院"审查，就异议审查上实现人员上的分离，避免原来由执行员"一人包干"，而可能带来自己难以纠正自己错误的局面。"审执分离"不再仅仅体现在执行体制改革上，而是深入到民事执行救济制度上，在具体民事执行程序上遵循"审执分离"原理。立法上就执行异议制度的修正，对司法实践带来较大震动，不少法院都逐步成立执行裁决组和执行实施组，就裁判事项由执行裁决组负责，具体事务性执行工作由执行实施组负责。2011 年发布的《最高人民法院关于执行权合理配置和科学运行的若干意见》明确提出："执行权是人民法院依法采取各类执行措施以及对执行异议、复议、申诉等事项进行审查的权力，包括执行实施权和执行审查权。"

表 2 - 9 "审执分离"体制改革（1949 年起）

阶段	组织上				程序上	
	专职执行员（主要隶属审判庭）	执行庭	执行局	执行裁决性事项处理组织	独立执行程序	执行异议程序独立
1949—1957	▲				●	
1957—1978						
1979—1991	▲					
1991—1999		▲		执行庭内部其他执行法官	●	● 规定案外人异议程序
1999—2007			▲	执行局内部其他执行法官	●	● 规定执行行为异议和实体性异议程序
2007 至今			▲	执行裁决组（庭）	●	● 规定执行行为异议和实体性异议程序

注：▲代表组织上的审执分离；●代表程序上的审执分离。

---

① 2007 年《民事诉讼法》第 202 条：当事人、利害关系人认为执行行为违反法律规定的，可以向负责执行的人民法院提出书面异议。当事人、利害关系人提出书面异议的，人民法院应当自收到书面异议之日起十五日内审查，理由成立的，裁定撤销或者改正；理由不成立的，裁定驳回。当事人、利害关系人对裁定不服的，可以自裁定送达之日起十日内向上一级人民法院申请复议。

② 2007 年《民事诉讼法》第 204 条：执行过程中，案外人对执行标的提出书面异议的，人民法院应当自收到书面异议之日起十五日内审查，理由成立的，裁定中止对该标的的执行；理由不成立的，裁定驳回。案外人、当事人对裁定不服，认为原判决、裁定错误的，依照审判监督程序办理；与原判决、裁定无关的，可以自裁定送达之日起十五日内向人民法院提起诉讼。

我国经历六次审执分离的执行体制改革，前五次改革都集中在组织上的审判机构与执行机构分离，立法上审判程序与执行程序的分离。尤其是 20 世纪 90 年代末，法院系统展开执行体制改革浪潮，以"权力"为中心探索审执分立，建立执行庭或执行局，实现审判权和执行权的完全分离，实质上体现了"权力制约权力"的监督模式。第六次改革实现"审执分离"改革的纵深发展，2007 年修订的《民事诉讼法》以"权利保障"为中心深化"审执分离"，实现执行机构内部执行实施权和执行裁决权的分离，完善执行当事人及案外人异议权的行使及审查程序，并带来执行局内部权力分化，出现执行实施组（庭）、执行裁决组（庭）等分立机构，构建起"权力制约权力"和"权利制约权力"的双重制衡模式，掀起"审执分离"新一波改革浪潮。但是，尽管理论界和实务界就执行工作落实"审执分离"原则已经深入人心，但"审执分离"在执行程序中落实的道路仍旧漫长，如执行程序中基本上仍旧是"一包到底"模式，就执行程序中止、终结等重要事项的处理等都由执行员一人负责，造成这种状况的重要原因是执行程序立法的滞后，无法满足"审执分离"原则要求。对此，未来《强制执行法》需要重点解决。该任务也是"审执分离"执行体制改革的重中之重。

二、执行权权能横向分离的改革模式

尽管 2007 年修订《民事诉讼法》确定了执行程序中裁决权和实施权的分离，但这种横向探索自 1999 年就开始了。1999 年 7 月，中共中央关于转发《中共最高人民法院党组关于解决人民法院"执行难"问题的报告》通知，掀起了执行体制改革的浪潮，各地法院纷纷亮剑，提出不同的改革方案和试点改革。

（一）原"高执办倡导"模式

原"高执办倡导"模式又称执行局高配型，即省高院成立执行局，执行局内设两三个部门。其中执行工作部由执行员组成，专司执行实施权。执行裁判庭由执行法官组成，专司执行裁决权；有的法院还设有执行综合事务办公室处理执行中行政辅助事务。执行局长实行高配，即局长级别是副院级，实践中由法院副院长兼任执行局长的情形较为普遍。执行局在省高院内实行统一管理，其实质是行政权吸收司法权。

这种模式目前在国内是主流，在执行局内实现分权制约，由执行裁判权对执行实施权审查监督。这种以行政权吸收司法权的分权执行机构配置从形式上看也实现了对民事执行权的分权，从执行局的统一领导看也符合执行工作的连续性和效率性，同时仍然保留在法院内，且由于这种改革的力度并不大，法院系统的阻力小。但是，这种模式存在无法克服的"硬伤"。执行裁判庭设在执行局内，受到执行局长行政领导，执行裁决庭独立性受到直接挑战，一旦意见发生相互冲突，难以保证执行裁决的公正。所以由执行裁决权审查监督执行实施权，却又置一个直接行政领导于执行法官之上，监督结果是令人怀疑的。执行局长意志会时常影响到法官的行为，这种分权监督仅是形式上的，有一定效果的，最终无法真正保障执行工作的公正目标。

（二）"绍兴中院"模式

2001年最高人民法院执行工作办公室确立在绍兴市中级法院进行执行管理体制的改革试点。绍兴中院在实践中探索"二次分权"，第一步分权是本级法院内部执行权分为执行裁判权和执行实施权，第二步分权是中院执行局与基层法院执行局间分权，由基层法院执行局行使执行实施权，而把执行裁判权上收到绍兴中院执行局。其目标在于扩大中院的执行力量，同时逐渐取消基层法院的执行局。就试点制订方案和管理规则来看，职权划分已有别于"高执办倡导"模式。具体参见表2－10①：

表2－10　执行管理体制探索的"绍兴中院"模式

绍兴分权	执行裁决权		执行实施权	
主要职权	仲裁类审查、案外人异议、执行主体的变更、追加	以物抵债决定拘留罚款执行中止、终结	涉外案件提级执行	调查、核实财产实施拘留、罚款款物交付建议权
中级法院	有	有	有	有
基层法院	无	有	无	有

由此，绍兴模式特征为：第一，中院与辖区基层院执行工作一体化。将一些相对复杂重要的事项统一由中院执行局办理，如案外人异议、对执行主体的追加或变更、对受理的公正或仲裁类事项审查等。第二，执行监督权直接定位于中院执行裁决处。中院执行裁决处的职责：负责对中院执行工作部执行工作的监督和对基层法院执行工作的监督、请示批复、复议。而基层法院执行裁决科的执行法官却无权审查监督执行员的执行行为。第三，中院和辖区基层院的执行立案仍然由两级法院分别管辖，表现为部分执行职权两级都可以行使，如罚款拘留的决定权和实施权、裁定执行中止或终结、以物抵债、调查核实财产等。第四，中院执行局负责对基层院执行案件实施交叉执行。为克服地方保护主义，由中院指令辖

---

① 浙江省高级人民法院执行局编：《执行改革探索与实践》，人民法院出版社2001年版，第345－351页。

区法院间相互交叉执行。

由于处于试点的开端，"绍兴中院"模式的内涵本质并未在短期内彰显，有必要深入分析。首先，各国的民事机构设置大多数设在初级（基层）法院，即仅在一级法院设立执行机构。绍兴中院强化中院执行局的执行职能，为将来统一推行仅在中级法院设立执行局积累经验。其次，执行监督权集中由中院行使。由上级执行局对下级执行局监督审查，契合当前执行局行政管理的性质，监督效果立竿见影，在一定程度上迅速缓解执行乱和执行难的情况。再次，"绍兴中院"模式是计划将基层院执行机构逐步取消，仅在中院设立执行局，而后不按行政区划设立中院执行局的若干派出机构，有利于抵制地方保护主义。

"绍兴中院"模式虽然有诸多创新之处，但这一模式有两个预设：其一，在执行工作问题上，上下级法院执行局是行政领导关系，实行命令式管理；其二，预设了监督者在理论上一定比被监督者要高明正确。其实，这两点都值得反思。上下级执行局垂直领导关于体现行政权吸收司法权的举措作为改革尝试是可以的，但正如前文所述，对执行法官与执行局局长的上下级关系是无法解决之难题。而上级监督者和下级监督者身份定位把人民法院归于行政化机构，也存在着无法回避的缺陷。一方面，执行裁决处和执行工作部及综合事务部共同在同一执行局内，分权必然不彻底；另一方面，执行机构设置在中院一级值得商榷，或许设置在基层法院更为适当，同时在中院保留一定数量执行力量具体负责本应由中院受理的执行案件。

（三）"长沙中院"模式

针对执行裁决权放在执行局内所导致的行政干扰司法冲突局面，部分地方法院开始新的尝试，出现了2004年"长沙中院"和2005年"成都中院"模式。设执行局专司执行实施权，由执行官组成，而执行法官组建执行裁决监督庭，与民庭、刑庭并列。这样就将上下级裁决监督庭之间理顺为监督关系，而执行局上下级是行政领导关系。执行裁决监督庭从执行局中脱离出来，具有了比较独立的地位，其监督效果更加可信，应该说"长沙模式"比高执办倡导的执行局下设执行裁决庭和执行工作部的模式又进了一步。另外，最高人民法院也在考虑将裁决权从执行局分离出去强化执行系统的内部监督。[①]

具体而言，长沙中院在执行机关职权的分配中对执行事务局的监督包括：第

---

① 赵晋山、黄文艺：《如何为民事执行监督开"处方"》，《人民法院报》2007年8月16日，第5版。

一，对执行局的不作为，对超期执结而执行局未采取有效措施的案件直接决定是否换人或指令其他法院执行。这是直接赋予执行法官有纠正和指挥执行官的权力。第二，当事人对具体执行措施有异议可向执行局申请复议，仍不服的由执行裁决监督庭审查决定。异议解决是先由执行局自我纠错（复议），后由执监庭解决。第三，对执行局的具体措施（查封、冻结）不服的，由执监庭复议作决定。这表明，复议程序可直接作为执行裁决监督庭审查执行局的工作的监督程序。长沙中院在中院范围内建立了法院系统内分权较为彻底、监督较为有效的执行权配置机制。

为了最大限度地保护当事人和案外人的合法权利，2009年长沙中院在原有"长沙模式"的基础上，按照不同权能重新整合成3个执行庭室，分别独立行使执行协调权、实施权和裁判监督权。执行局构建的一整套不敢违规违纪的惩戒机制、不能违规违纪的防范机制、不愿违规违纪的自律机制和不必违规违纪的激励机制既是紧箍咒又是防弹衣。

其中，新创建的执行督办"三色令"是形成合力的"加压阀"。"三色令"规定，当事人反映或本院发现超期或有不作为等情况的，拟发绿色督办令进行催办；各级领导指示督办或当事人反映不作为、乱作为或执行中确定存在不良反应等情况，拟发黄色督办令，限时报结果；经督办后，仍不落实，拟发红色督办令，并限期结案，考核中将扣分。[①]

（四）"重庆高院"模式

"重庆高院"模式为将执行权一分为四模式。[②] 2009年《重庆市高级人民法院关于进一步加强和改进全市法院执行工作的意见》共15条，以分权制衡为核心，旨在全面破解执行难顽疾。具体而言，创新有以下方面：第一，将执行权分为执行启动权、执行实施权、执行裁决权、执行监督权，由不同部门行使，分权制衡。为强化监督，把执行异议、执行复议等执行程序中的裁决权交由审判监督庭行使，并由不同的院领导分管。第二，将执行机构分成执行管理部门、执行实施部门、执行监督部门。在同一内设部门，财产查控权、处分权也由不同合议庭和人员行使。第三，除涉及依法应当保密或者公开后可能发生妨害执行的情况外，每宗执行案件的信息均应向当事人和公众公开，包括案件承办人、流程进度、已查控财

---

① 赵文明、阮占江：《执行法官不敢不能不愿不必违规》，《法制日报》2010年9月29日，第5版。

② 2009年重庆高院原执行局长乌小青及原副院长张弢的审案窝案直接引发重庆法院系统的震荡，很快重庆高院即对民事执行领域进行大规模的整治改革，其中将民事执行权一分为四，分权制衡。执行监督权由审判监督庭具体行使，以此加强执行工作的监督。

产情况、拍卖过程，参与执行分配的条件、财产分配原则、分配方案等。在重庆法院网设置执行信息公告栏，任何人都可浏览。第四，多头监督执行过程，力保执行阳光公正。规定当事人监督、特邀监督员监督、人民陪审员参与执行、社会监督、廉政监察员、执行重点环节和关键节点的监督制约等模式。其中强化当事人监督，申请人对延期两次以上的案件可要求执行法院予以说明并更换承办人，也可申请上一级法院提级执行或指定其他法院执行。被执行人对针对本人实施的执行活动可以通过执行异议、执行申诉、申请国家赔偿等途径来监督和维护自己的合法权益。

此外，重庆市高院还进行司法拍卖改革。根据重庆市高级人民法院颁布的《关于司法拍卖工作的规定（试行）》，2009 年 4 月 1 日起，重庆市法院系统将所有涉诉资产拍卖交由重庆联合产权交易所（以下简称"重交所"）进行，以电子竞价代替现场竞价等方式，彻底打破司法拍卖领域的"潜规则"。具体为法院、拍卖机构和重交所三方分工协作：法院委托拍卖机构负责拍卖，指定重交所提供场所及发布信息，以上两主体受法院监督。具体而言：

法院的执行部门和司法技术部门共同负责监督拍卖活动，审查拍卖机构草拟的拍卖公告、竞买须知、竞买协议书文本、拍卖成交确认书，确定拍卖公告刊登范围和媒体，决定司法拍卖的暂缓、中止与撤回等。法院司法技术部门在司法拍卖中主要负责的事项是具体的外委工作：随机选取拍卖机构，办理委托拍卖相关事项，协调拍卖机构和重交所开展拍卖工作等。法院执行部门主要负责拍卖中有关拍卖标的物状态以及决定拍卖开始和拍卖结束后的重要事项：决定或裁定委托拍卖事项，确定拍卖标的物权属，查明标的物状况和有无瑕疵，移送标的物权属证明及相关材料，确定拍卖的具体方式，通知执行当事人及利害关系人拍卖相关事项，裁定和办理标的物交付，拍卖成交价款管理。拍卖机构在接受法院委托后，主要负责组织拍卖的事项，查看拍卖标的物，熟悉拍卖标的物情况，草拟拍卖公告等法律文书，对拍卖标的物进行展示及接受意向竞买人咨询，主持传统拍卖会或电子竞价活动，出具拍卖成交报告或拍卖流标报告。重交所是拍卖机构进行拍卖的指定地点。重交所在拍卖中主要负责事项为：以拍卖机构名义发布拍卖公告，提供拍卖场地，以拍卖机构名义与意向竞买人签订竞买协议，经委托法院授权代为办理收取竞买保证金手续，负责录音录像并提交委托法院，提供电子竞价报价记录单等给拍卖机构。2010 年 12 月，重庆市高院又出台《关于司法拍卖工作的补充规定（一）》，正式启用司法拍卖互联网竞价系统，报名、拍卖、付款整个过程全部在互联网上进行，竞买人足不出户、鼠标一点就能参与竞买。对此，不少地方法院按照重庆做法启动司法拍卖改革。①

（五）"东莞三院"模式

"东莞三院"模式是东莞市第三人民法院从 2009 年 5 月 1 日起试点并逐步发展完善的执行分权模式，其将执行工作层层分解，分段执行，即所谓"流水线作业，分段集约执行"。具体而言，是将执行过程的工作任务拆分到七个工作小组，分别是综合组、执字组、执委组、执恢组、评估拍卖组、重案组、强制执行组，各个小组承担着不同阶段的执行工作。其中，综合组负责收案、转款和归档；执字组负责被执行人或可供执行财产在东莞第三人民法院所在地塘厦镇的各类执行案件，该组案件最多；执委组负责法院对外委托、接受委托的执行案件，主要是交通事故执行案件、刑事附带民事执行案件；执恢组负责已经中止执行现在恢复执行的案件；评估拍卖组负责执行标的物的评估变价拍卖等；而 2012 年新近成立"重案组"，负责案情复杂、信访投诉较多的执行案件，该组案件数量不多，但难度很大。

在执行监督体系上，东莞第三人民法院制定了详细的执行代管款管理流程和操作细则，对因各种原因延期支付代管款的，按规定须层层上报审批，并从 2012年 8 月 1 日起在该院内网对执行款账目进行公开，执行款到账一个月未支付出去，负责的法官要打报告说明原因。② 而原审监督庭职能扩大而成的审管办负责诸如评估拍卖的监管。

"东莞三院"模式改变了过去执行人员"一人包案到底"的工作方式，将一个案件的执行程序分为多个环节，案件办理自上而下，步步衔接，犹如一条运转有序的流水线，既提高了效率，又保证了队伍廉洁。但是，这一模式存在两个缺陷：其一，有些执行组的出现，如执恢组、重案组，其目的在于啃执行中的"硬骨头"，也可以让执行当事人感觉执行机构对其久执不结的案件高度重视，避免某一执行员长期困于某一执行案件的尴尬。但是，换了一拨人或者换了一个"重案组"的名字，是否就会真的"堪当大任"，还有待观察。如名不副实，则容易变成搪塞当事人的方法。其二，这是一个高度强化行政权的执行模式，其能否有效运作，

---

① 2010 年河南省高级人民法院出台《进一步规范司法拍卖工作的意见（试行）》；2011 年 8 月 25 日，南京市中级人民法院下发《关于司法拍卖、变卖工作的暂行办法》；2011 年广州市中级人民法院出台《关于涉诉资产进入广州产权交易所进行拍卖变卖暂行办法》；2011 年长春市中级人民法院出台《关于司法拍卖工作的规定（试行）》。

② 李金健：《市第三法院试水"分段集约执行"模式——案件"流水作业"提效率保廉洁》，《东莞日报》2012 年 9 月 14 日，第 15 版。

取决于其主管执行工作的法院领导的领导力和执行力，容易出现因人而变的情况，难以实现程序化。

三、对试点改革模式的评论

包括上述五种模式在内的这些有益探索对执行权良好运行是意义重大的。从执行员一人包干，权力集中缺乏监督的传统模式走向分权制约的轨道，这些模式实际上都是在现行体制内做局部调整，当然在一定程度上对执行工作有所帮助，这些逐步积累的量变在合适时机必然会引起质变。

（一）过分强调执行权的分化

上述五种改革模式中，除高执办倡导的执行局内部分化模式和长沙中院提出的执行局外部设置执行裁决庭模式外，其他几种模式都强调执行权的分段执行，打破执行工作的"一包到底"，杜绝执行工作腐败。传统的执行模式是执行员或者由负责执行的审判员个人负责。有关执行的权力全部由执行员或由负责执行的审判员行使（部分地区的执行立案权除外）。一个执行案件经一名执行员或由负责执行的审判员受理后，从执行措施的决定到实施，从执行财产的调查到处分和参与分配，从对被执行人财产的执行到对其债权的执行，从对案外人异议的审查处理到被执行人的变更、追加，从对交付财产的执行到对完成行为的执行，从对执行和解的审查到对执行担保的批准等，均由负责执行的执行员或审判员个人说了算。这既没有基于两审终审的上级法院的监督，又没有来自检察院的抗诉监督①，而在执行机构内部又没有进行适当的分权。由于没有相应的程序和机构对之制约，其在执行中许多决定具有极大的随意性。

但是，进行分段执行随之带来的问题是，执行工作的随意打乱和每个执行人员都需要熟悉执行案情，进而导致执行效率低下。因而，这种有违执行规律的模式改革必然不能持久。实质上，"长沙模式""重庆程序控权"模式虽曾名噪一时，因缺乏制度层面的支持和缺乏，不少改革法院又走上了"执行局内部分权制约"的模式。

（二）执行权多头负责

分段执行还面临着权责不明问题的出现，多头负责带来最终责任主体的不明确，进而加剧执行效率的低下。其实，分段执行带来的弊端在委托拍卖程序中最

---

① 1995年8月10日，最高人民法院作出司法解释，对在执行程序中的裁定检察院提出抗诉的，人民法院不予受理。

为明显。从立法角度，委托拍卖法律依据可以追溯至 1991 年《民事诉讼法》，该法第 226 条规定"可以交有关单位拍卖或变卖"。不过，从立法目的来看，当时采取这种立法模式只是从方便法院拍卖和减轻法院工作量的角度所做的变通，并不意味着排除法院实施拍卖。① 在后来的实践中，由于出现"变价乱"的状况，最高人民法院于 1998 年选择彻底委托拍卖。并且，最高人民法院经历了无数次执行腐败带来的刺痛后，更加坚定以切断执行机关利益链为中心贯彻执行拍卖的社会化。但是，最高人民法院"自上而下"推进民事执行拍卖的社会化变革中，只顾得上"独善其身"而忽视对委托拍卖机构的监督和管理，在搭建拍卖平台的同时没有理顺委托拍卖法律关系中主体间的法律关系，而是"图省事"，套用《拍卖法》相关制度设计，忽视了执行拍卖的特殊性，导致委托执行拍卖乱象丛生。也正是这种弊端的大面积衍生、发酵，从而引发了各地法院司法拍卖改革浪潮，并推动"自下而上"式的改革。如，重庆引入第三方交易平台的模式受到最高人民法院的肯定，在 2012 年年初被作为典型在全国范围内推广。不可否认，重庆法院系统在委托拍卖基础上强化对拍卖公司的监督具有积极意义，但改革使得拍卖程序更加复杂化，过分依赖引入机构或分权实现执行拍卖的公平。殊不知，环节的增加不仅仅是增加时间成本，且增加新一道监督程序，这样下去，可能会出现无以复加、无限循环的"监督怪圈"。

实质上，"分割执行权力、限制执行人员参与程度"的改革思路存在很大的误区：似乎压缩执行人员控制的空间便可杜绝执行领域中的腐败问题，但实质上，腐败问题的根源在于执行机关权力的不受监督和制约。执行机关权力不受监督和制约，一方面体现在我国执行机关的设置上缺乏有效的内部分权制约模式，民事执行案件基本上仍然是承办人"包案到底"，即缺少有效的"权力制约权力"机制；另一方面体现为我国执行过程中忽视了执行当事人、利害关系人对执行程序的有效参与，降低了执行程序的透明度，从而为执行的暗箱操作创造了空间，即缺乏有效的"权利制约权力"。

（三）权力缺乏有效监督制约

上述五种改革模式，共性在于法院内部进行审执分离的体制改革，其中大部分仍旧局限在法院执行局内部的"小修小补"。这种改革的最大特点是，压缩了部分执行员的权力寻租空间，但却无法限制更高级别领导权力滥用。

---

① 马原主编：《民事诉讼法的修改与适用》，人民法院出版社 1991 年版，第 258 页。

（四）忽视执行人员任职条件

上述改革模式中，都忽视一个非常重要的问题，即执行员任职规范。作为当时执行机构的民事执行庭，其基本职责是实施民事强制执行措施，最大限度地将实现债权人在生效法律文书上所确认的权利。效率是其必然要求，主动性、强制性是其国家强制力的必然反映。也就是说，执行人员所行使的主要是执行权中的行政权。这要求执行人员的主要素质应体现在力量和效率方面。但是，由于当时立法对执行人员的资格和任免等事项没有作出明确的规定，大多数法院在安排、任免执行人员时，往往根据《法官法》的规定，按照审判人员的资格和任免程序进行，尤其体现在对执行员的资格审查和任免上。但我们如果要求执行员在具备渊博的法律功底的同时，还要求其身强体壮，难免有些过于求全责备。这样，执行员的法律专业知识上去了，但在力量和效率上，却难免打折扣。法院的执行人员经常遭到围攻殴打的事实，正是当时执行人员审判化、无法在强制执行时实施国家之强制力的反映。

小结

《人民法院执行工作纲要（2019—2023）》提出 2020 年年底前完成"审执分离"体制改革试点工作，也就是要确定"审执分离"改革的基本模式。十八届四中全会提出要"审执分离"体制改革后，也出现有"彻底外分"的声音，不过，随着 2019 年最高人民法院宣布"基本解决执行难"的完成，以及学界主流观点的不支持，"彻底外分"的声音基本上消失，而法院内部"深化内分"模式一直是普遍关注和实践试点的重点。不出意外，组织架构上"审执分离"改革模式应当是在执行裁决庭之外，中级法院设立大执行局模式或者中级法院以下执行机构双重领导模式。

这种模式，一方面可以在组织架构上进一步强化执行力量，以解决"执行难"问题；另一方面，为通过执行救济程序、当事人异议权制约和监督执行实施权运行。这也为《民事强制执行法》确立中执行救济程序的丰富、强化执行当事人参与执行程序确立基础。我国"审执分离"改革必然增强执行当事人等的"权利—权力"的制约功能，这与彻底解决我国"执行难"所迫切需要的增加执行当事人的参与感和信任感是相契合的。目前，执行信息化已经引发"执行模式发生深刻变革"[1]，通过技术变革实现执行权运行环境的优化也将逐步实现。

---

[1] 周强：《最高人民法院工作报告》，《人民日报》2019 年 3 月 20 日，第 2 版。

第三章
检察改革

第一节 检察改革的历程

1949 年中华人民共和国建立后，社会主义司法制度建设正式拉开帷幕。第一届全国人民代表大会第一次会议于 1954 年 9 月 20 日召开，这次会议通过了《中华人民共和国宪法》《中华人民共和国人民检察院组织法》等法律法规，规定了检察院组织体系和基本职能，确立了人民检察院的法律监督地位。此后的 10 年，以这些法律为依据，中国检察制度逐步形成。

但"文化大革命"彻底摧毁了刚刚形成的司法制度，中断了中国法制建设进程。1975 年宪法第二十五条规定"检察机关的职权由各级公安机关行使"，标志着彼时人民检察制度被彻底废除，人民检察制度就此中断。

1978 年 12 月 18 日至 22 日，党的十一届三中全会召开，会议通过的《中国共产党第十一届中央委员会第三次全体会议公报》提出，要"做到有法可依，有法必依，执法必严，违法必究"，"检察机关和司法机关要保持应有的独立性；要忠实于法律和制度，忠实于人民利益，忠实于事实真相；要保证人民在自己的法律面前人人平等，不允许任何人有超于法律之上的特权"。十一届三中全会标志着中国法制建设的重启，确立了发展社会主义民主、健全社会主义法制的基本方针，我国的法制建设重新走上正轨，开始了司法改革的历程。

中华人民共和国成立以来的宪法都规定检察机关是法律监督机关，但是检察机关的体制和机制一直在随着时代的变化而调整，可以说，改革开放的 40 年，也是检察改革的 40 年。

一、恢复重建中的检察改革（1978—1996 年）

这一阶段检察改革以十一届三中全会为开端，直至 1997 年十五次全国代表大会之前。

十一届三中全会确立了"有法可依，有法必依，执法必严，违法必究"法制建设十六字方针，标志着中国社会主义法制建设在经历了一个艰难曲折的过程之后进入了一个新的历史发展时期。检察机关以十一届三中全会确定的改革目标进行改革。检察机关的恢复重建是检察改革的前提，此外，十一届三中全会定下了改革开放的经济建设方针，检察改革的一大目的就是保障经济建设稳步发展。

（一）机构恢复与重建

1978 年 3 月 5 日，中华人民共和国第五届全国人民代表大会第一次会议通过了《中华人民共和国宪法》，对检察机关的职权和领导关系等作了原则规定。以《宪法》为依据，检察机关得以恢复与重建。1978 年 12 月，邓小平同志在中共中央工作会议发表"解放思想，实事求是，团结一致向前看"的讲话，特别要求"加强检察机关和司法机关"。① 1979 年 7 月 1 日第五届全国人民代表大会第二次会议通过并于 1980 年 1 月 1 日起施行的《人民检察院组织法》，第一次将检察机关的性质以专条明确规定为国家的法律监督机关。《人民检察院组织法》规定最高人民检察院可设刑事、经济、法纪、监所、信访检察厅以及其他非业务的综合检察厅。1979 年年底，全国各级检察机关基本上建立起来。1982 年，宪法以国家根本大法的形式确立了检察机关的法律监督性质，也明确了其职权。

为了保证法律监督职能落实到位，检察机关制定了《人民检察院刑事检察工作试行细则》《人民检察院直接受理侦查的刑事案件办案程序（试行）》《人民检察院劳改检察工作细则（试行）》等重要文件，以规范检察工作的基本程序和办理方式。

（二）加强经济检察工作

1982 年 4 月 10 日，邓小平指出："卷进经济犯罪活动的人不是小量的，而是大量的。犯罪的严重情况，不是过去'三反''五反'那个时候能比的。那个时候，贪污一千元以上的是'小老虎'，一万元以上是'大老虎'，现在一抓就往往是很大的'老虎'。"他还强调："这股风来得很猛。如果我们党不严重注意，不坚决刹住这股风，那么，我们的党和国家确实要发生会不会'改变面貌'的问题。

① 邓小平：《邓小平文选》（第二卷），人民出版社 1994 年版，第 141 – 144 页。

这不是危言耸听。"邓小平同志这一讲话突出了经济犯罪动摇国家稳定发展的严重性，也指出了打击经济犯罪的重要性和紧迫性。为解决这一问题，中共中央、国务院于1982年4月13日公布了《关于打击经济领域中严重犯罪活动的决定》。

加强社会主义法制的重要目的之一是促进改革顺利进行，保证改革健康发展，巩固改革的胜利成果。①为了维护正常健康的经济发展秩序，保证改革开放的顺利进行，中国共产党第十二届中央委员会第三次全体会议于1984年10月20日通过的《中共中央关于经济体制改革的决定》强调："国家立法机关要加快经济立法，法院要加强经济案件的审判工作，检察院要加强对经济犯罪行为的检察工作，司法部门要积极为经济建设提供法律服务。"该决定对这一时期的检察工作提出了具体要求。

第九次全国检察工作会议披露："从1988年4月至1992年3月，全国检察机关共受理贪污贿赂案347989件，立案侦查184237件，其中万元以上大案41126件；查办县处级干部3200名，地局级干部163名，省部级干部5名；提起公诉80237名；共追缴赃款赃物折合人民币20.5亿元。"加强对经济犯罪的检察工作，为国家挽回了大量的经济损失，保卫了现代化建设的成果；打击了严重经济犯罪活动的嚣张气焰，维护了社会主义法制的尊严和社会安定。

（三）对检察权进行调整

根据1992年中共十四大关于建立社会主义市场经济体制的目标和"要严格执行宪法和法律，加强执法监督，坚决纠正以言代法、以罚代刑等现象"的具体要求，检察机关强调了服务经济的意识，提出了"严格执法、狠抓办案"的总体工作思路。②针对检察机关执法不严等现象，1996年通过了《中华人民共和国刑事诉讼法》修正案，修正案关于检察权的调整体现在以下几个方面：首先，取消了检察机关免予起诉权。其次，扩大了不起诉范围。根据1996年刑事诉讼法修正案规定，检察机关对于犯罪情节轻微，依照刑法规定不需要判处刑罚或者免除刑罚的，可以作出不起诉决定，不能再作出定罪免予起诉的决定，废除了检察机关的定罪权。再次，限制了检察机关侦查权。修正案规定，检察机关侦查的对象只能是"国家机关工作人员"；侦查的案件范围是利用职权实施的重大犯罪案件，而且只能由省级以上人民检察院决定。最后，加强了刑事诉讼监督职能，调整了法律监督权行使方式。根据修正案规定，人民检察院在刑事诉讼的立案、侦查、审判

---

① 肖扬：《肖扬法治文集》，法律出版社2012年版，第163页。
② 孙谦：《中国的检察改革》，《法学研究》2003年第6期，第13页。

以及执行诸阶段的法律监督作用得到进一步加强。

检察机关的恢复与重建，完善了我国司法系统。《宪法》明确了检察机关的职能定位，指明了检察机关的工作内容，提高了检察机关的办案质效。加强经济检察工作，维护了良好的经济建设环境。检察权调整，明确了检察机关工作方式，突出了法律监督职能。

二、第一轮司法改革中的检察改革（1997—2007 年）

这轮司法改革的时间跨度为 1997 年十五大召开之后，至 2007 年十七大召开之前。1997 年，中国共产党第十五次全国代表大会报告提出："推进司法改革，从制度上保证司法机关依法独立公正地行使审判权和检察权，建立冤案、错案责任追究制度。加强执法和司法队伍建设。"该次会议指出了司法改革过程中，法院检察院具体的改革方向。检察机关开始思考和探索符合检察工作特点的管理体制和工作运行机制，提出了"强化法律监督，维护公平正义"的发展方向。2000 年 1 月 10 日，最高人民检察院第九届检察委员会第 52 次会议通过了《检察改革三年实施意见》。

2002 年中共十六大后，中央成立司法体制改革领导小组，统一领导和部署司法改革。2004 年 12 月 28 日，中共中央转发中央司法体制改革领导小组《关于司法体制和工作机制改革的初步意见》确定了 35 项改革任务，明确涉及检察改革的任务 26 项。① 2005 年 8 月 24 日，最高人民检察院印发并实施了《关于进一步深化检察改革的三年实施意见》（即检察改革第二个三年改革意见）。中央文件以及最高人民检察院的实施意见明确了这一阶段检察改革的具体内容。

（一）检察官职业化建设

恢复重建阶段的检察改革有其改革的侧重点，检察机关办案独立性保障措施并没有落实。十五大会议明确提出了要加强执法队伍建设，这是保证检察官独立公正行使检察权的前提。检察官职业化建设是执法队伍建设的重要组成部分，是落实依法治国方略的要求。检察改革第一个三年改革意见提出了要加强队伍建设，提高人员素质，检察官职业化建设正式开启。

全国人大常委会于 2001 年 6 月 30 日修改了《检察官法》，修改后的《检察官法》明确了采用严格考核的办法，按照德才兼备的标准，从通过司法考试并且具备检察官条件的人员中择优挑选初任检察官。

---

① 徐鹤喃：《制度内生视角下的中国检察改革》，《中国法学》2014 年第 2 期，第 74 页。

（二）实行主诉检察官办案责任制

针对部分检察机关执法主体不明、责任不清、错案追究不力的现象，最高人民检察院于 1999 年 5 月 27 日施行了《关于试行主诉检察官办案责任制的工作方案》，在北京、上海、广州等十地进行主诉（办）检察官制度的试点工作。经过一年多的改革试点工作，2000 年 1 月 10 日最高人民检察院第九届检察委员会第 52 次会议原则通过并于 2000 年 2 月 1 日实施了《关于在审查起诉部门全面推行主诉检察官办案责任制的工作方案》。该工作方案规定，主诉检察官承办案件时，除法律明确规定应当由检察长、检察委员会行使的职权以及检察长、检察委员会认为应当由其行使的职权外，都可以独立行使案件决定权。此外，该工作方案明确了主诉检察官的选任及职责、主诉检察官的考核等具体内容。

2000 年 5 月，最高人民检察院又制定并下发了《关于在民事行政检察部门推行主诉检察官办案责任制的意见》和《关于在检察机关侦查部门开展主办检察官办案责任制试点工作的意见》。全国检察机关积极推进主诉（办）检察官办案责任制。到 2003 年年底，全国 2897 个检察机关实行了主诉（办）检察官制度，任命 12633 名主诉（办）检察官。到 2004 年 12 月，全国已经有 90% 以上的检察机关都实行了主诉（办）检察官制度。[1] 主诉检察官责任制，增强了检察官的独立性和责任心，提升了案件办理质效。

（三）强化法律监督职能

强化人民检察院对诉讼活动的法律监督，是符合司法规律的。健全社会主义法制就必然要求加强对权力运行的制约，强化对执法司法活动的监督。强化检察机关法律监督职能，能够有效保障法律正确统一实施。

加强法律监督取得了很好的效果，贾春旺同志在 2007 年《最高人民检察院工作报告》中指出："对应当立案而不立案的，督促侦查机关立案 16662 件。对应当逮捕而未提请逮捕、应当起诉而未移送起诉的，决定追加逮捕 14858 人、追加起诉 10703 人。对违法减刑、假释、暂予监外执行的，提出纠正意见 2846 人次。最高人民检察院在部分地区组织开展了监外执行罪犯脱管漏管专项检查，监督纠正 6074 名监外执行罪犯的脱管漏管问题，对不再具备监外执行条件的 207 名罪犯督促有关部门予以收监执行。"检察机关加强对诉讼活动的法律监督，规范了整个诉讼活动，也纠正了执法司法人员违法违纪行为，保证了法律的统一适用。

---

① 邓思清：《主诉（办）检察官制度改革回顾及启示》，《人民检察》2013 年第 14 期，第 27 页。

（四）改革检察机关内、外部监督制约机制

检察机关是法律监督机关，必须解决"谁来监督监督者"的问题。要自觉接受外部监督，切实强化内部监督，防止权力滥用和腐败。

第一，加强内部制约机制。1998 年 10 月 21 日，最高人民检察院颁布实施了《关于完善人民检察院侦查工作内部制约机制的若干规定》，实行举报与侦查、侦查与审查决定逮捕、起诉、申诉分别由不同内设机构负责的制度，分管侦查工作的检察长不能同时分管侦查监督和公诉工作，实行立案、逮捕等重要环节备案审查制度，强化了检察机关内部横向和纵向监督。为了应对不断变化的局势，最高人民检察院在总结经验的基础之上，又对该规定做了进一步的修改和补充，于2004 年 6 月 24 日重新颁布并实施了《关于人民检察院办理直接受理立案侦查案件实行内部制约的若干规定》，侦查工作中的各项处理决定分别由不同部门做出，并具体规定了各职能部门之间相互制约的具体程序和期限。这一内部监督制约措施在侦查实践中取得了一定成效，规范了检察人员的行为，有利于减少检察人员在办案过程中的违法违纪现象。

第二，实行人民监督员制度。为有效防止检察机关工作人员滥用职权以作为或不作为方式损害公民合法权益，检察机关设置了相应的制度和程序，保障人民群众参与检察工作，实现检察工作透明化。人民监督员制度是现行法律框架内的一项检察制度改革，人民群众可以通过这一方式在一定范围内约束检察官的行为。最高人民检察院 2003 年 10 月制定了《关于人民检察院直接受理侦查案件实行人民监督员制度的规定（试行）》，决定在天津、河北、内蒙古、辽宁、黑龙江、浙江、福建、山东、湖北和四川 10 个省（区、市）开展人民监督员试点工作。该规定明确了人民监督员的监督范围、监督方式以及监督程序。人民监督员制度规范了民主权利对检察权的监督，从而有利于保障检察权独立公正行使。人民监督员制度既是一项重要的司法制度，也是一项重要的民主制度。

第三，推行检务公开制度。最高人民检察院于 1998 年 10 月 25 日实施了《关于在全国检察机关实行"检务公开"的决定》，2006 年 6 月，最高人民检察院颁布了《关于进一步深化人民检察院"检务公开"的意见》，完善了定期通报和新闻发言人制度，进一步拓宽了检务公开渠道。

（五）检察引导侦查

最高人民检察院于 2000 年 8 月召开了"全国检察机关公诉改革会议"，会议

要求加强检察机关与公安机关工作联系，实现公诉工作引导侦查，使证据依法得到巩固。① 2000 年 9 月，最高人民检察院在"全国检察机关第一次侦查监督会议"上指出，侦查监督工作总方向包括"引导侦查"。最高人民检察院于 2002 年 5 月 15 日至 18 日召开的全国刑事检察工作会议提出了"坚持、巩固和完善'适时介入侦查、引导侦查取证、强化侦查监督'的工作机制"等四项改革措施。② 2003 年 1 月 4 日，最高人民检察院召开了第十一次全国检察工作会议，会议提出建立符合诉讼规律的审查批捕、公诉工作机制。此后，检察引导侦查在全国各地的检察院都得到了推广和适用。

各级检察机关侦查监督部门按照全国检察机关第一次侦查监督工作会议的部署，把工作重心放在引导侦查取证工作上，取得了一定的成绩。通过检察引导侦查，及时制作明确、具体的补查提纲和事项，为公安机关的侦查工作指明方向。

（六）地方性改革措施

暂缓起诉制度。2000 年最高人民检察院审查起诉厅厅长姜伟提出："对未成年人犯罪案件的不起诉条件可适当放宽，在法律允许的范围内，对未成年犯罪嫌疑人扩大适用相对不起诉；探索对未成年犯罪嫌疑人暂缓起诉的做法。"③ 在犯罪日趋严峻的形势下，实行暂缓起诉有利于节约司法资源，提高诉讼效率。最早明确提出暂缓起诉并将其作为改革试点的是湖北省武汉市江汉区检察院。2000 年 12 月，江汉区检察院对两名未满十六周岁的初中生实行了暂缓起诉，在这两名初中生履行了考察义务之后，检察院对他们做出了不起诉的决定，以这个案件为契机，江汉区人民检察院开始了对暂缓起诉制度的改革试点工作。④ 此后，2002 年 8 月，南京市玄武区检察院针对 11 名 15 岁至 17 岁的中学生故意伤害案作出"暂缓起诉"决定，南京市以此为契机被列为全国暂缓起诉制度试点城市。2010 年，最高人民检察院出台《最高人民检察院关于深入推进社会矛盾化解、社会管理创新、公正廉洁执法的实施意见的通知》《"十二五"时期检察工作发展规划纲要》等文件，才使得曾经一度暂缓的暂缓起诉制度改革试点工作重新启动。

修改《检察官法》以及推进司法考试，明确检察官的任职条件。主诉检察官

---

① 王松苗：《公诉改革：能否两全其美？——关于公诉工作改革重心的采访与思索》，《人民检察》2000 年第 10 期，第 4 页。

② 柴春元、张安平：《以改革推动"严打" 在"严打"中深化改革——全国刑事检察工作会议综述》，《人民检察》2002 年第 6 期，第 5 页。

③ 《共绘新蓝图——高检院部分厅、局、室负责人畅谈 2000 年检察工作》，《人民检察》2000 年第 1 期，第 6 页。

④ 杨志：《附条件不起诉制度研究》，西南政法大学 2014 年博士学位论文，第 35 页。

办案责任制改革明确了办案人员职责以及保障措施，有利于保证检察官独立公正行使职权。强化检察机关法律监督职能是检察机关职能定位的内在要求，不仅能够保障诉讼案件办理的公正性，也能为权利受损的当事人提供法律救济。改革检察机关内外部监督制约机制，将检察权的行使置于被制约的法律框架之下，不仅是权力制约的要求，也是保障检察权独立公正行使的需要。检察机关侦查监督部门及时介入重大、复杂、疑难案件，特别是黑恶势力犯罪案件侦查，参加讨论，出席现场勘查，提出建设性意见，协助公安机关确定侦查方向，完善侦查方案，促使公安机关及时全面地收集和保全证据。

这一时期，检察改革的一个特点是存在地方性试点，暂缓起诉制度在实现诉讼经济，保护被害人、犯罪嫌疑人权利，以及恢复犯罪破坏的社区关系中起着重要作用。中国式辩诉交易能够迅速而彻底地处理绝大部分刑事案件，是解决案件积压问题的一条佳径，而且大大降低了诉讼成本。但这些地方性试点只是个别基层检察院的制度创新与探索，无立法依据。最高人民检察院原副检察长张穹强调："改革要依法进行，对暂缓起诉、辩诉交易、社会服务令等法律没有明文规定的问题可以探索、论证，时间成熟时可提出立法建议，但不能用于办案。"①

三、第二轮司法改革中的检察改革（2008—2013 年）

为了落实十七大精神，中央司法体制改革领导小组于 2008 年通过了《中央政法委员会关于深化司法体制和工作机制改革若干问题的意见》，《意见》提出了 60 项改革任务，涵盖优化司法职权配置、落实宽严相济刑事政策、加强政法队伍建设、加强政法经费保障四大领域，其中检察机关牵头完成 7 项。第二轮司法改革的侧重点很明确：结合中国国情，加强司法监督，解决人民群众最不满意的司法腐败问题。

2009 年 2 月 27 日，最高人民检察院制定发布了《2009—2012 年基层人民检察院建设规划》，规划包括 5 方面 40 项深化检察改革的任务。最高人民检察院于2009 年 3 月 1 日印发并实施了《关于深化检察改革 2009 — 2012 年工作规划》（检察改革第三个三年改革意见），同时，该规划也明确了强化法律监督和自身监督是今后一段时期深化检察改革的重点。

（一）优化检察职权配置

一是职务犯罪案件逮捕批准权调整。最高人民检察院于 2009 年 9 月 4 日出台

---

① 宋英辉：《全面认识辩诉交易》，《人民检察》2002 年第 7 期，第 30 页。

并实施了《关于省级以下人民检察院立案侦查的案件由上一级人民检察院审查决定逮捕的规定（试行）》，规范了职务犯罪案件逮捕决定权的主体，细化了逮捕程序。职务犯罪案件逮捕决定权上提一级回应了社会上有关检察机关自己给自己批捕、内部监督不力的质疑。

二是量刑建议改革。2008 年，《中央政法委员会关于深化司法体制和工作机制改革若干问题的意见》要求"规范自由裁量权，将量刑纳入法庭审理程序"。按照中央的统一安排，由最高人民法院牵头落实这一重要司法改革项目，最高人民检察院为协办单位之一。为积极推进人民检察院提起公诉案件的量刑建议工作，促进量刑的公开、公正，2010 年 2 月，最高人民检察院实施了《人民检察院开展量刑建议工作的指导意见（试行）》，明确了量刑建议的原则、适用范围、建议的具体内容等。检察机关的量刑建议改革作为量刑规范化改革的重要内容，是不可忽视的一环。

（二）全面推进检务公开

2006 年 6 月 26 日，最高人民检察院出台了《关于进一步深化人民检察院"检务公开"的意见》，丰富了检务公开制度的方式和途径，规定了对违反检务公开规定的责任追究制度，完善了定期通报和新闻发言人制度。最高人民检察院于 2012 年 1 月 11 日颁布的《人民检察院刑事申诉案件公开审查程序规定》要求检察机关办理申诉案件程序透明化，接受社会监督。这些做法有利于保证办案质量，促进社会矛盾化解，维护申诉人的合法权益，提高执法公信力。

2013 年 1 月 11 日，曹建明在全国检察长会议上强调："要推进检察权运行公开化，更加自觉接受外部监督。推行网上公开、网上查询等措施，进一步完善检务公开制度，除法律规定保密的情况外，要把执法办案的依据、程序、流程和结果及时公之于众，确保检察权在阳光下运行。"2013 年 10 月，中央政法委审议通过了《深化检务公开制度改革试点工作方案》，在全国 5 个试点院全面推进检务公开。最高人民检察院通过出台一系列文件，明确了检务公开的内容，细化了检务公开的程序，指导了检察人员推进检务公开工作，有助于实现让权力在阳光下运行。

（三）拓宽监督渠道

其一，加强法律监督。最高人民检察院于 2011 年发布实施《关于强化上级人民检察院对下级人民检察院执法办案活动监督的若干意见》，2011 年 12 月，最高人民检察院出台《关于加强检察机关内部监督工作的意见》，将内部监督的措施具体化。

其二，加强人大监督和社会监督。2010 年，最高人民检察院出台了《关于进一步做好向全国人大常委会的专项工作报告有关工作的意见》《最高人民检察院与各民主党派中央、全国工商联和无党派人士联络工作办法》等文件①，检察机关接受人大监督和社会监督的工作进一步规范化。

（四）其他改革

其一，深入推进执法规范化建设。《2009—2012 年基层人民检察院建设规划》要求积极推进基层检察院执法规范化、队伍专业化。为实现这一目标，最高人民检察院出台了相应的规范，包括《人民检察院规范化管理指导性标准》和《检察业务工作操作标准（范本）》，并在全国 56 个基层检察院开展试点工作，推动了检察机关的规范化建设。②

其二，队伍专业化建设。为加强检察官职业道德建设，2009 年 9 月 3 日，最高人民检察院第十一届检察委员会第十八次会议通过并实施了《中华人民共和国检察官职业道德基本准则（试行）》，提出了"忠诚、公正、清廉、文明"的检察官职业道德要求。2013 年 5 月 15 日，最高人民检察院出台并实施了《关于加强和改进新形势下检察队伍建设的意见》，提出检察队伍建设的方向是专业化、职业化。最高人民检察院于 2013 年 7 月下发并实施了《关于加快推进检察人才六项重点工程的意见》，提出了"铸才、聚才、育才、扶才、优才、引才"六项思路，改进检察人才的教育培训、选拔任用和互动交流机制。

其三，最高人民检察院以强化法律监督职能和加强对自身执法活动监督制约为重点，推出了一系列改革举措，取得了明显成效。检察改革的成果奠定了下一阶段司法责任制及相关配套措施改革的基础。

四、第三轮司法改革中的检察改革（2013 年起）

2013 年 11 月 12 日，十八届三中全会全体会议通过了《中共中央关于全面深化改革若干重大问题的决定》明确了司法改革的目标，指出了司法改革的具体内容。

为贯彻党中央精神，最高人民检察院于 2015 年 2 月 16 日印发并实施了《关于深化检察改革的意见（2013—2017 年工作规划）》（检察改革第四个三年改革意见），提出了人民检察院应当完善保障依法独立公正行使检察权的体制机制；建立

---

① 徐昕、卢荣荣：《中国司法改革年度报告（2009）》，《政法论坛》2010 年第 3 期，第 18 页。
② 最高人民检察院：《深入推进司法改革 健全中国特色社会主义检察制度》，《求是》2010 年第 8 期，第 19－20 页。

符合职业特点的检察人员管理制度；健全检察权运行机制；健全反腐败法律监督机制；强化法律监督职能；强化对检察权运行的监督制约等六个方面的改革任务。

（一）以司法责任制为核心的四项基础性改革

第一，司法责任制改革。最高人民检察院于 2013 年 12 月 26 日出台了《检察官办案责任制改革试点方案》，包括以下几方面内容，一是主任检察官为办案组织负责人，对案件办理负主要责任；二是要整合内设机构，探索设立相应的主任检察官办公室；三是确定主任检察官职责权限；四是完善监督制约机制；五是落实主任检察官待遇。2014 年以来，全国 31 个省区市和兵团检察机关分 3 批开展试点。2015 年 9 月 28 日，最高人民检察院公布实施《关于完善人民检察院司法责任制的若干意见》，明确了检察机关实行独任检察官或检察官办案组的办案组织形式；明晰了各层级检察人员的职责权限；构建了检察人员司法责任体系，明确了责任追究原则。2017 年 6 月，最高人民检察院正式启动司法责任制改革，10 月起各级检察机关全面推行检察官办案责任制。

第二，员额制和检察人员分类管理改革。一是确立检察官员额制度。首先，挑选优秀的办案人员。最高人民检察院于 2015 年 2 月 16 日印发实施的《关于深化检察改革的意见（2013—2017 年工作规划）》，明确提出要建立检察官员额制度。员额制改革成效关系着司法责任制的落实，要保证员额制改革取得实效就要求入额检察官政治素养、专业素质、办案能力、职业操守过硬，并为入额人员提供制度保障，明确入额办案人员的权力和责任。《最高人民检察院关于人民检察院全面深化司法改革情况的报告》指出，截至 2017 年 11 月，全国检察机关遴选出员额内检察官 84444 名，占中央政法专项编制的 32.78%。二是推行检察人员分类管理。2013 年 3 月 1 日，中共中央组织部、最高人民检察院联合下发了《关于印发〈人民检察院工作人员分类管理制度改革意见〉的通知》，将检察机关政法编制内人员划分为检察官、检察辅助人员、司法行政人员三类。2015 年 9 月 16 日，中央全面深化改革领导小组第十六次会议审议通过了《法官、检察官职务序列改革试点方案》《法官、检察官工资制度改革试点方案》。2017 年 3 月，最高人民检察院出台并实施了《建立健全检察人员职务序列的指导意见》。针对检察人员的不同性质进行管理，并给予合理的保障，能够调动检察人员的工作热情，提升办案质量与效率。

第三，健全检察人员职业保障机制。最高人民检察院于 2015 年 6 月 1 日起施行的关于《检察机关贯彻执行〈领导干部干预司法活动、插手具体案件处理的记录、通报和责任追究规定〉和〈司法机关内部人员过问案件的记录和责任追究规定〉的实施办法（试行）》要求检察机关要严格把握自己职责范围，认真做好干预、过问检察机关司法办案活动记录并及时对干预、过问检察机关司法办案活动线索进行处置。中共中央办公厅、国务院办公厅于 2016 年 7 月 21 日施行了《保护司法人员依法履行法定职责规定》，明确了法官、检察官依法办理案件不受非法干涉，对干扰阻碍司法活动的行为，应当依法严厉惩处。检察人员职业保障机制的健全免除了检察官办案的后顾之忧。

第四，推进省级以下检察院人财物统管。《最高人民检察院关于人民检察院全面深化司法改革情况的报告》指出，政法专项编制收归省级统一管理，根据人均办案量，在全省范围内统一调剂使用。16 个省份实现省级财物统一管理。

（二）强化诉讼监督

一是刑事诉讼监督。为深入贯彻落实党的十八大精神，充分发挥刑事申诉检察职能，更好保障公民合法权益、促进司法公正廉洁、维护社会和谐稳定，2013年 3 月 25 日，最高人民检察院实施了《关于加强和改进刑事申诉检察工作的意见》，提出加强和改进刑事申诉检察工作的总体要求和具体要求。2013 年 10 月，最高人民检察院侦查监督厅实施了《关于侦查监督部门调查核实侦查违法行为的意见（试行）》，对调查核实的范围、原则、方式、期限、调查后的处理等都作了规定。此外，最高人民检察院于 2016 年 1 月 22 日发布并实施了《人民检察院办理羁押必要性审查案件规定（试行）》，明确了羁押必要性审查的申请主体、审查机关、初审程序、审查方式、公开审查、报批程序、审查报告内容和结案方式，继续羁押必要性的判断标准、释放或变更强制措施的具体情形。

二是民事诉讼监督和行政诉讼监督。最高人民检察院于 2013 年 11 月 18 日公布并实施了《人民检察院民事诉讼监督规则（试行）》，该规则对于民事诉讼检察监督的范围、条件等进行了细化。最高人民检察院于 2016 年 4 月 15 日公布并实施了《人民检察院行政诉讼监督规则（试行）》，明确了当事人可以申请监督的具体情形和时限要求，以及行政诉讼检察监督的原则、条件、范围、方式和程序等。

三是检察机关法律监督。检察机关法律监督覆盖刑事、民事以及行政诉讼是我国检察机关的法律地位决定的，也是人权保障对法律监督机关提出的要求。强化检察机关对诉讼活动的法律监督，能够有效防止司法裁判不公正的产生，推动检察机关全面行使监督权，对维护司法公正具有重要意义。

（三）完善人民监督员制度

党的十八届三中全会提出："广泛实行人民监督员制度，拓宽人民群众有序参与司法渠道。"中央办公厅、国务院办公厅印发了《关于深化司法体制和社会体制改革的意见及其贯彻实施分工方案》，对改革人民监督员选任管理方式作出明确部署。根据中央《关于深化司法体制和社会体制改革意见》要求，为进一步推动人民监督员制度的健全和完善，2014 年 9 月 4 日，最高人民检察院印发了《人民监督员监督范围和监督程序改革试点工作方案》，确定了北京等 10 个省（区、市）为试点地区。同年 9 月 10 日，最高人民检察院、司法部印发并实施了《关于人民监督员选任管理方式改革试点工作的意见》。

中央全面深化改革领导小组于 2015 年 2 月 27 日审议通过了《深化人民监督员制度改革方案》，2015 年 3 月 7 日最高人民检察院与司法部颁布并实施了该方案。上述文件的出台，标志着人民监督员制度的改革方向和相关举措基本确定。为落实《深化人民监督员制度改革方案》，最高人民检察院、司法部于 2016 年 7 月 5 日联合下发并实施了《人民监督员选任管理办法》，对人民监督员的职责、任职条件、选任程序、任期、名额、考核管理、免职情形作出规定。2016 年 7 月 13 日，最高人民检察院出台并实施了《关于人民监督员监督工作的规定》，细化了监督范围、监督程序和履职保障等问题，提出建立人民检察院直接受理立案侦查案件台账、人民监督员监督事项告知等制度。2019 年最高人民检察院发布实施的《人民检察院办案活动接受人民监督员监督的规定》，将人民监督员的监督分为"十种方式"，人民监督员的监督对象不再限于检察机关自己侦查的职务犯罪案件的特定环节，而是针对人民检察院除了侦查行为以外的所有办案活动。

（四）捕诉合一与内设机构改革

第一，捕诉合一改革。捕诉一体化办案模式在未成年人刑事案件中曾经有过试点。2012 年 10 月，最高人民检察院出台并实施了《关于进一步加强未成年人刑事检察工作的决定》，明确要求设立未成年人刑事检察独立机构的检察院，一般应实行捕诉合一。2014 年 6 月，吉林省检察院选择长春市南关区检察院等 6 个地方开展"捕诉合一"工作试点。2017 年 4 月 1 日，湖南省长沙市雨花区人民检察院率先推动内设机构精简整合，实行"捕诉合一"办案机制改革。基层检察机关面临案件激增压力，有动力推进捕诉合一办案模式改革。改革取得了较好成效，积累了改革经验。2018 年 3 月，检察系统开始公开讨论"捕诉合一"。至 2019 年，"捕诉合一"改革全部完成。

第二，内设机构改革。有的地方法院检察院内设机构过多，造成司法职能碎片化。最高法院、最高检察院已制定省以下法院、检察院内设机构改革试点方案，要重点推进设区市和县级法院检察院内设机构改革试点，整合基层司法资源，提高办案质量和效率。内设机构改革形式上表现为机构的增减和重新排列组合，背后反映的则是对检察权性质和检察权运行规律的认识，以及对检察职能的优化配置。优化职能配置，必须坚持一类事项原则上由一个部门统筹、一件事情原则上由一个部门负责，这就是大部制改革的实质。

2016 年 8 月，中编办和最高人民检察院联合下发了《省以下人民检察院内设机构改革试点方案》。该试点方案只对改革作出了原则性规定，基层检察院在结合自身实际又遵循司法规律的基础上纷纷出台地方性规范，用以指导改革。如江苏省检察院下发了《基层人民检察院内设机构改革全面试点方案》，全面且详尽地规定了改革的方向、原则、机构与职能设置的方式方法，以及业务和人员管理等；陕西省人民检察院与陕西省编办共同制定下发了《陕西省市、县级人民检察院内设机构改革方案（试行）》，明确了市级院和基层检察院的机构设置。

曹建明在 2018 年《最高人民检察院工作报告》中指出："1854 个检察院开展内设机构改革，一线办案力量普遍增长 20% 以上。"内设机构是接下来检察机关改革的重点，合理的内设机构设置，能够使检察机关的办案机制更加科学合理，提高办案质效。

这一轮检察改革的主要成绩表现在：一是检察机关司法责任制改革基本落实。四大基础性改革顺利完成，通过一系列改革举措的落实和新的办案机制的实施，检察机关在办案中最大限度地保障了当事人的合法权益，检察机关司法公信力得到有效提升。二是诉讼监督取得了较好效果。检察机关依法履行法律监督职能，保障了国家权力的正确行使，促进了公平正义的实现。人民监督员制度改革方面，2014 年深化改革以来，人民监督员共监督案件 9241 件。这次改革解决了过去检察机关自己选任人员监督自己的困境，强化了人民监督员的公正性，也保证了民主监督应有的效果。

2021 年 6 月 15 日，中共中央发布了《关于加强新时代检察机关法律监督工作的意见》。该意见指出，人民检察院是国家的法律监督机关，是保障国家法律统一正确实施的司法机关，是保护国家利益和社会公共利益的重要力量，是国家监督体系的重要组成部分；要求以高度的政治自觉依法履行刑事、民事、行政和公益诉讼等检察职能，实现各项检察工作全面协调充分发展，推动检察机关法律监督与其他各类监督有机贯通、相互协调，全面深化司法体制改革，大力推进检察队伍革命化、正规化、专业化、职业化建设，着力提高法律监督能力水平，为坚持和完善中国特色社会主义制度、推进国家治理体系和治理能力现代化不断作出新贡献。《关于加强新时代检察机关法律监督工作的意见》从以下几个方面对检察机关提出了新的要求：充分发挥法律监督职能作用，为大局服务、为人民司法；全面提升法律监督质量和效果，维护司法公正；加强过硬检察队伍建设，全面落实司法责任制；加强对检察机关法律监督工作的组织保障。

小结

从1978年十一届三中全会开始，检察改革已经走过44个年头，每一轮改革都是针对司法实践而提出的，旨在解决司法难题。《中国共产党第十一届中央委员会第三次全体会议公报》要求"检察机关和司法机关要保持应有的独立性"，将检察机关与司法机关并列并提出了检察机关在司法活动中的独立要求。但是这一时期，为了大力发展经济，法制建设遵循保证经济健康发展的改革标准，检察改革围绕保证经济建设健康发展这一重心展开，检察机关独立行使权力并没有受到应有重视，完善的监督机制也并没有建立起来，司法不公、执法不严以及司法腐败现象时有发生。这也是下一阶段检察改革需要解决的具体问题。

针对前一阶段改革的遗留问题，第一轮司法改革围绕保证检察权独立行使展开。维护司法公正，重要一环就是要保证检察官独立行使职权，并且检察机关要严格执法、廉洁执法。推进检察官职业化建设、实行主诉检察官办案责任制、强化法律监督职能、加强检察机关内外部监督等都是围绕上述目的而展开的。这一阶段的检察改革，内容是探索和建立中国检察制度基本框架，确立检察机关法律监督的范围、途径、手段、制度、主体。检察机关的职务犯罪侦查制度、公诉制度、诉讼监督制度等基本定型并构成了法律监督制度的基本内容。通过这一轮检察改革，检察制度更加符合司法规律，其科学性也得以增强。这一时期检察改革存在最高检引导下级检察机关推进检察改革和地方检察院自行试点两条改革路径。但是地方试点由于没有法律依据，其合法性受到质疑。

十七大报告再次强调建设公正高效权威的社会主义司法制度，司法改革要保障检察机关独立公正行使职权。第一轮司法改革并没有解决司法腐败问题，这也为第二轮检察改革提出了改革任务。为贯彻中央精神，第二轮司法改革开始，最高人民检察院就出台检察机关第三个三年改革意见，指出这一阶段检察机关改革的重点是强化法律监督和自身监督。这一阶段的检察改革呈现出重机制改革轻体制改革的特点。在特定历史阶段需要有这样的侧重，但在强调监督制约机制为重点的改革中，人民检察院组织体系和检察干部管理制度以及改革和完善政法经费保障体制并没有得到落实。这些体制性改革没有落实，无法解决司法地方化和行政化问题，直接影响了检察机关独立行使职权。

第三轮司法改革站在前两轮司法改革的既有成果之上，吸取了第一轮、第二轮检察改革的经验与教训，强调体制与机制改革并举的重要性。党中央对于完善中国特色社会主义检察制度、充分发挥检察机关法律监督作用十分重视，各项检察改革稳步推进，一些涉及检察职权配置、完善法律监督措施的改革文件陆续出台。这一轮改革推进了以司法责任制为核心的四项基础性改革，旨在解决司法地方化与行政化，有利于保障检察机关独立公正行使职权。这一轮司法改革强调改革的全面性，一方面保障检察机关独立行使检察权，另一方面通过法律监督与民主监督，促使检察机关公正行使权力。

第三轮检察改革仍有不足之处。司法责任制改革明确了入额检察官的办案职责，但是与其相关的配套性改革措施不够完善，检察官独立办案后的监督机制仍不健全，检察官履职保障机制和待遇仍然没有到位。进入人民监督员监督程序的案件占全国职务犯罪案件总量比例较小，这在一定程度上表明，"参与式"监督并未收到应有的功效。① 过去，人民监督员的作用主要是监督职务犯罪侦查，现在，职务犯罪侦查权转隶监察委，人民监督员存在的主要基础已经不存在，人民监督员的功能急需调整。检察机关人员以案谋私、以案谋钱等现象时有发生，内部和外部监督机制还需要加强与完善。捕诉合一可能引起审查起诉形式化，这一现象也需要检察机关接下来用制度予以规范。内设机构要精简，但检察业务的精细化、专业化建设也是检察工作的重要方向，如何协调好两者的关系，就成为现实的问题。这些问题也是检察机关在将来的司法改革过程中亟待解决的。

2017 年 10 月 17 日，《中国共产党第十九次全国代表大会报告》指出，要"深化司法体制综合配套改革，全面落实司法责任制，努力让人民群众在每一个司法案件中感受到公平正义"。综合配套改革是事关司法体制改革全局和成败的重大举措，是党中央要求司法体制改革落地见效、全面决胜的关键，具有十分重要的意义。

2018 年 10 月 26 日，第十三届全国人民代表大会常务委员会第六次会议通过的《关于修改〈中华人民共和国刑事诉讼法〉的决定》对检察机关职权配置重新定位，肯定了检察机关职务犯罪侦查权转隶的成果，保留了特定案件的侦查权。同日，第十三届全国人民代表大会常务委员会第六次会议通过的《中华人民共和国人民检察院组织法》对人民监督员的监督范围进行了重新规划，并完善了法律监督措施。上述会议以及法律修改为检察机关接下来的改革指明了工作重点。

第一，开展落实司法责任制综合配套改革试点。党的十九大对"深化司法体制综合配套改革"提出了明确的要求。检察机关将继续推广司法责任制综合配套

---

① 高一飞：《国家监察体制改革背景下人民监督员制度的出路》，《中州学刊》2018 年第 2 期，第 62 页。

改革试点，全面保障司法责任制能够落实、落地、落细。

第二，深化检察改革和现代科技应用结合。2016 年 9 月 1 日，最高人民检察机关发布《"十三五"时期检察工作发展规划纲要》，要求加快建立智慧检务五大体系：检察信息感知体系、高效网络传输体系、智能信息服务体系、智慧检务应用体系、科技强检管理体系。曹建明在 2017 年《最高人民检察院工作报告》中指出，按照电子检务工程规划，到 2017 年年底，建成了覆盖全国四级检察机关的司法办案平台、检察办公平台、队伍管理平台、检务保障平台、检察决策支持平台、检务公开和服务平台，实现对检察工作全面全程规范化、网络化、智能化的管理。2018 年 1 月 3 日，最高人民检察院发布的《最高人民检察院关于深化智慧检务建设的意见》提出：深化智慧检务的建设目标是加强智慧检务理论体系、规划体系、应用体系"三大体系"建设，形成"全业务智慧办案、全要素智慧管理、全方位智慧服务、全领域智慧支撑"的智慧检务总体架构。到 2020 年年底，充分运用新一代信息技术，推进检察工作由信息化向智能化跃升，研发智慧检务的重点应用；到 2025 年年底，全面实现智慧检务的发展目标，以机器换人力，以智能增效能，打造新型检察工作方式和管理方式。

为实现智慧检务的改革目标，检察机关在接下来的改革中需要进一步加强信息化、大数据、人工智能与司法体制改革的深度融合，找准技术与制度的契合点。

第三，依法行使特定侦查权。2018 年《刑事诉讼法》确认："人民检察院在对诉讼活动实行法律监督中发现的司法工作人员利用职权实施的非法拘禁、刑讯逼供、非法搜查等侵犯公民权利、损害司法公正的犯罪，可以由人民检察院立案侦查。对于公安机关管辖的国家机关工作人员利用职权实施的重大犯罪案件，需要由人民检察院直接受理的时候，经省级以上人民检察院决定，可以由人民检察院立案侦查。"修订后的《人民检察院组织法》也再次确认了检察机关的侦查权：依照法律规定对有关刑事案件行使侦查权，包括司法工作人员利用职权实施的非法拘禁、刑讯逼供、非法搜查等侵犯公民权利、损害司法公正的犯罪，国家机关工作人员利用职权实施的重大犯罪案件。司法职务犯罪侦查权的保留，让检察机关的诉讼监督具有了必要的能力和手段。检察机关在诉讼监督中发现了司法工作人员利用职权实施的犯罪，必然已经进行过大量的调查，不需要再移送监察委重复调查，节约了司法资源。

同时根据监察法规定，监察委员会移送起诉的案件，检察机关经审查，认为需要补充核实的，应当退回监察机关补充调查，"必要时可以自行补充侦查"。在职务犯罪侦查权转隶监察委后，《刑事诉讼法》与《人民检察院组织法》的修订保留了检察机关特定类型的侦查权，为检察机关履行法律监督职责提供了条件。在检察机关内部原有的职务侦查机构都转隶后，将来，检察机关的侦查权由哪个部门行使、如何行使，都将是改革的重点。

第四，深化人民监督员制度改革。2018年10月26日，第十三届全国人大常委会第六次会议通过了《中华人民共和国人民检察院组织法修订草案》。此次修法为1979年人民检察院组织法通过后的一次大修，修法亮点集中体现为司法改革成果法律化制度化。修订后的人民检察院组织法对检察机关自觉接受监督、推进规范司法也有了更完善的规定。人民检察院组织法第27条规定："人民监督员依照规定对人民检察院的办案活动实行监督。"这一规定突破了2016年《关于人民监督员监督工作的规定》，将人民监督员监督范围限定在刑事案件的局限，为检察机关在民事、行政检察和公益诉讼等领域进一步拓展人民监督员监督范围留下空间，使人民监督员制度在检察机关工作重心聚焦于检察监督主业的时代背景下焕发新的生命力。

第五，完善法律监督措施。2018年10月26日修订的《人民检察院组织法》对于检察机关的法律监督权进行了细化，并增强了法律监督的操作性。修订后的《人民检察院组织法》确认了检察调查核实权、司法职务犯罪侦查权、补充侦查权，同时，"提出纠正意见""检察建议"等监督方式的法律监督刚性得到了加强，规定有关单位应当及时将采纳纠正意见、检察建议的情况书面回复人民检察院。坚持检察机关法律监督的宪法定位，履行好法律监督职能，是建设中国特色社会主义法治国家的要求，是全面深化改革和全面依法治国的要求，更是检察机关新时代的新使命。

第二节　中国检察机关职权的演变与展望

中华人民共和国成立初期，我国学习苏联，建立了独立于行政机关的检察体制。1949年12月20日经中央人民政府批准后实施的《最高人民检察署试行组织条例》是中华人民共和国建立后颁布的第一个检察法规。同时，中央人民政府于1951年实施了《中央人民政府最高人民检察署暂行组织条例》。以上法律确认检察机关是法律监督机关，行使一般监督权、公诉权以及诉讼监督权。到今天，我国检察制度的发展已经经历了70余年的发展历程。这期间，检察机关的职权也发生了变化。

在司法体制改革和监察体制改革的新形势下，检察机关如何找准定位、实现应有功能，是人民检察院面临的重要问题。我们将回顾检察机关职权的变迁，对新时代检察机关职权的发展趋势提出自己的看法。

一、过渡性检察权的废除与转隶

（一）一般监督权

"一般监督"是来源于苏联检察制度，它是检察机关代表国家对各种机关以及公民是否遵行法律实行检察监督。1922 年《苏俄检察条例》明确了检察机关的"一般监督权"。[①] "一般监督"居于检察机关各项职权之首。[②] 一般监督赋予了检察机关极为宽泛的调查权，有权受理和审查有关单位和个人的检举、控告和申诉，并对相关问题进行调查。在监督程序上，检察机关可根据监督内容启动五种程序：抗议程序、指令程序、建议程序、警告程序以及决定程序。[③] 一般监督不仅覆盖社会方方面面，而且通过赋予权力能够保证监督效果。

苏联确立的集追诉犯罪、诉讼监督、一般监督于一身的检察，使检察权成为严格区别于立法、行政、司法的"第四种权力"。[④] 在各项检察权中，一般监督权覆盖范围广、监督方式独特、监督效果明显。[⑤] 赋予检察机关一般监督权，对于刚刚组建的苏联而言，其在维护社会稳定以及社会主义法制统一，捍卫国家、集体利益方面发挥了极大作用。

中华人民共和国成立初期，我国借鉴苏联"一般监督"的理念，将检察权从"侦查起诉、检举犯罪"扩大至"对政府机关、公务人员和全国国民之严格遵守法律负检察责任"。1949 年 9 月 27 日《中央人民政府组织法》第 28 条规定了最高检察署的监督范围包括政府机关、公务人员和全国国民的活动。1951 年 9 月《中央人民政府最高人民检察署暂行组织条例》第 2 条规定了最高人民检察署是最高检察机关。1954 年 9 月《人民检察院组织法》第 3 条和第 8 条细化了检察权的行使对象以及检察权的行使方式。[⑥] 一系列法律使得一般监督权逐渐具体化以及程序

[①] 甘雷、谢志强：《检察机关"一般监督权"的反思与重构》，《河北法学》2010 年第 4 期，第 191 页。

[②] 徐益初：《实践中探索中国特色的检察制度》，《国家检察官学院学报》2005 年第 1 期，第 155 页。

[③] 甘雷、谢志强：《检察机关"一般监督权"的反思与重构》，《河北法学》2010 年第 4 期，第 191 页。

[④] 王桂五：《列宁法律监督理论研究》，《检察理论研究》1993 年第 3 期，第 14 页。

[⑤] 甘雷、谢志强：《检察机关"一般监督权"的反思与重构》，《河北法学》2010 年第 4 期，第 191 页。

[⑥] 1954 年 9 月《人民检察院组织法》第 3 条："最高人民检察院对于国务院所属各部门、地方各级国家机关、国家机关工作人员和公民是否遵守法律，行使检察权。"

化。① 但从 1957 年下半年开始，受"左"的思想影响，检察制度一时处于名存实亡状态，各方开始批判"一般监督"，致使检察机关这一权力被迫"挂起来，备而待用"。② 一般监督权事实上在实践中没有真正行使过。

1966 年 12 月，中央批准了《关于撤销高检院、内务部、内务办 3 个单位，公安部、高法院留下少数人的请示报告》，1968 年 12 月，各级人民检察院先后被撤销。1975 年 1 月 17 日，全国人民代表大会通过《宪法》修正案，增加《宪法》第 25 条规定："检察机关的职权由各级公安机关行使。"

时任全国人大常委会委员长彭真同志提出："检察院对于国家机关和国家工作人员的监督，只限于违反刑法，需要追究刑事责任的案件。至于一般违反党纪、政纪并不触犯刑法的案件，概由党的纪委检查部门和政府机关去处理。"③ 1982 年《宪法》明确了检察职能的司法化、专业化属性。1982 年《宪法》将检察机关重新定位为"法律监督机关"并延续至今，一般监督职能则转交国家权力机关。④ 由国家权力机关行使一般监督权模式一直延续至国家监察体制改革。

2018 年《监察法》实施以后设立的国家监察机关在职能上与早期检察机关的一般监督职权范围相类似，在组织架构上，独立于其他行政、司法等机关。⑤ 监察机关的监督以公职人员为对象、以贪腐问题的治理为重心。⑥ 取消检察机关一般监督权的做法显然更符合现代国家治理方式的转变和权力相互制衡的制度要求，体现了中国特色政治体制勇于改革、与时俱进的特点。

一般监督权从设立到废除的过程是检察机关从"一般监督"向"法律监督"转变的过程，也是对检察权的认识不断发展、深化的过程。赋予检察机关"一般监督权"，其监督范围包括所有单位和个人的违法行为，这显然是不现实的。此外，监督全国人民代表大会的立法活动，更为不当。⑦ 这些原因导致了检察机关在恢复重建后其"一般监督权"的取消。⑧ 一般监督权经过探索，但没有最终成功，符合政治体制改革的正常规律。

---

① 陈健民主编：《检察院组织法比较研究》，中国检察出版社 1999 年版，第 401 页。
② 甘雷、谢志强：《检察机关"一般监督权"的反思与重构》，《河北法学》2010 年第 4 期，第 192 页。
③ 彭真：《彭真文选》，人民出版社 1991 年版，第 378 页。
④ 秦前红：《全面深化改革背景下检察机关的宪法定位》，《中国法律评论》2017 年第 5 期，第 63 页。
⑤ 洪浩：《刑事诉讼视域下的国家监察机关：定位、性质及其权力配置》，《法学论坛》2019 年第 1 期，第 150 页。
⑥ 洪浩：《刑事诉讼视域下的国家监察机关：定位、性质及其权力配置》，《法学论坛》2019 年第 1 期，第 150 页。
⑦ 张智辉：《检察权研究》，中国检察出版社 2007 年版，第 64 – 65 页。
⑧ 甘雷、谢志强：《检察机关"一般监督权"的反思与重构》，《河北法学》2010 年第 4 期，第 193 页。

检察机关一般监督权的废除符合检察权的性质，即作为由立法派生的权力，不可能也不应当承担监督法律实施的责任，如果承担这样的抽象的法律监督，必然导致其权力无限扩大，并与立法权发生冲突，不符合我国的政治体制。特别是在我们这样一个大国，在党领导下进行的人大立法非常慎重和权威，由法律执行机关同时承担一般监督责任，会有损立法的权威，破坏法制的统一。取消一般监督权，是立法机关作出的明智选择。

（二）免予起诉的权力

免予起诉制度的形成有其历史原因。中华人民共和国成立之初，为尽快解决战争、革命遗留的大量案件，国家积极推行"区别对待、分化瓦解"和"坦白从宽，抗拒从严，立功赎罪，立大功受奖"的"惩办与宽大相结合"的刑事政策，检察机关创设了"免予起诉"制度，即对于已经构成犯罪应当追究刑事责任、但有坦白或立功等情形的被告人，人民检察院认定有罪但是免予刑罚。[1] 此后，在1956年的第三次全国检察工作会议上，彭真同志指出从宽从严由犯罪的具体情节来决定。[2] 司法机关大力号召反革命分子自首，反革命分子占到全部投案自首总人数的83.39%，共有19.5万人，其中1.84万余人做了免予起诉的处理。[3] 可以说，免予起诉制度是特殊时期处理特殊犯罪的产物，带有很强的时代特征和政治痕迹。

1956年4月25日，全国人民代表大会常务委员会通过的《关于处理在押日本侵略中国战争犯罪分子的决定》中规定："对于次要的或者悔罪表现较好的日本战争犯罪分子，可以从宽处理免予起诉。"免予起诉正式进入立法文件。据此，日本1017名战犯先后有35名被免予起诉。[4] 被免予起诉的日本战犯中，许多人被中国政府的革命人道主义所感动，在促进和发展中日两国人民友好关系方面起了积极作用。[5] 1979年《刑事诉讼法》与1979年《人民检察院组织法》也确认了免予起诉制度的合法性。[6] 所谓免予起诉是指人民检察院审查公安机关移送以及自行侦查终结的案件，认为被告人行为已构成犯罪，但依法不需要判处刑罚或者应免除刑

---

[1] 张晓燕：《酌定不起诉制度研究》，天津商业大学2011年硕士学位论文，第15页。

[2] 樊崇义：《迈向理性刑事诉讼法学》，中国人民公安大学出版社2006年版，第433页。

[3] 娄慧玲：《我国裁量不起诉之研究》，苏州大学2010年硕士学位论文，第3页。

[4] 陈光中、［德］汉斯－约格阿尔布莱希特主编：《中德不起诉制度比较研究》，中国检察出版社2002年版，第56－57页。

[5] 周欣：《欧美日本刑事诉讼——特色制度与改革动态》，中国人民公安大学出版社2002年版，第10页。

[6] 1979年《刑事诉讼法》第101条："依照刑法规定不需要判处刑罚或者免除刑罚的，人民检察院可以免予起诉。"1979年《人民检察院组织法》第12条："人民检察院对于公安机关要求起诉的案例，应当进行审查，决定起诉、免予起诉或者不起诉"。

罚，决定不将被告人提交人民法院审判的诉讼活动。① 这实际上是赋予了检察机关定罪权。1991 年 2 月 21 日，最高人民检察院实施了《关于贪污受贿案件免予起诉工作的暂行规定》，细化了贪污贿赂案件免予起诉的条件以及决定程序。

1983 年最高人民检察院工作报告披露：1979 至 1982 年，全国检察机关平均每年批准逮捕的各类刑事案犯为 19.7 万余人，决定起诉的（包括部分未经逮捕而直接起诉的）案犯为 19.7 万余人，免予起诉的为 1.4 万余人，不起诉的为 3000 余人。② 1988 年最高人民检察院工作报告披露：1983 年至 1987 年的五年，检察机关……不批准逮捕 23 万多人，不起诉 2.6 万多件，追捕追诉犯罪分子 7 万多人。③ 1993 年最高人民检察院工作报告披露：五年来（1988—1992 年），对 225625 人作出不批捕决定，对 15388 人作出不起诉决定，追捕漏网的犯罪分子 39029 名，追诉 20664 名。④ 1988 年以及 1993 年最高人民检察院工作报告披露的不起诉案件数或人数包含了免予起诉与不起诉的情况。免予起诉在当时普遍适用，而且认为具有当然的合理性，甚至于检察机关认为没有必要在其工作报告中进行区分。我们只找到了 1993 年以前的数据，1993 年到 1996 年都没有披露独立的不起诉数据。

免予起诉制度确立以后，大批案件在审判前分流，对解决遗留案件、缓解审判压力发挥了十分重要的作用。在 1996 年刑事诉讼法修改之前，免予起诉一直存在。但在 20 世纪 90 年代之后，也受到了众多质疑。⑤ 其原因是多方面的：首先，随着经济社会的不断发展，战争、革命遗留案件大量减少，原有的历史原因消失后，免予起诉制度存在的土壤也已经消失。其次，免予起诉行使了应当由法院行使的定罪权，与审判、控诉分离的原则是明显不符的。再次，由于违背了权力制约的基本规律，滥用免予起诉权的现象突出。大量刑事案件免予起诉，使得检察机关的自由裁量权受到指责和关注。最后，免予起诉制度与控审分离原则相悖，违背司法规律，即检察机关同时进行起诉和定罪，控审不分，权力极易被滥用。陈光中教授概括地指出，免予起诉"分割了法院的定罪权，违反了分工制约的原则，并且缺乏有效的监督制约机制，在实践中容易造成滥用，严重侵害了被追诉者的合法权益"⑥。这指出了免予起诉的本质特征和应当废除的根本理由。立法机

① 周少元：《"免予起诉"的"取消"与"不起诉的改革"》，《人民公安》1996 年第 11 期，第 24 页。
② 黄火青：《最高人民检察院工作报告（1983 年）》。
③ 杨易辰：《最高人民检察院工作报告（1988 年）》。
④ 刘复之：《最高人民检察院工作报告（1993 年）》。
⑤ 洪彦：《论检察机关的自由裁量权》，南京师范大学 2005 年硕士学位论文，第 31 页。
⑥ 陈光中：《内地刑事诉讼制度的新发展》，引自陈兴良主编：《刑事法评论（第 5 卷）》，中国政法大学出版社 2000 年版，第 4 页。

关在 1996 年修改《刑事诉讼法》时充分考虑上述情形，从而决定取消检察机关的免予起诉权。[①]

不起诉与免予起诉都给了检察机关在符合起诉条件时的自由裁量权。但免予起诉实际上赋予了检察机关定罪权，而不起诉决定只赋予了检察机关程序处分权而非实体处分权。[②] 两者性质不同，适用的条件也不同。

废除检察机关免予起诉的定罪职权，是现代刑事诉讼的当然要求。现代社会刑事诉讼的基本特点是控审分离，而在免予起诉中，检察机关集侦查、起诉、监督、定罪（实质上的审判）于一身，成了高高在上的超职权司法机构，违背了司法规律。当今世界上没有任何一个国家存在允许法院以外的机构定罪的先例。废除免予起诉是大势所趋，也是现代司法不言而喻的基本要求。回想 20 多年前发生的关于免予起诉的针锋相对的争论中那些以"中国特色"为由要求保留这一制度的论述，我们更加感到习近平总书记提出司法改革要"坚持符合国情和遵循司法规律相结合"[③] 的特殊意义。与此相适应，1996 年《刑事诉讼法》第 12 条规定了人民法院统一定罪的原则："未经人民法院依法判决，对任何人都不得确定有罪。"这一原则确立了人民法院为唯一定罪机关的地位。不起诉制度的修改，合理调整了检察权，进一步完善了检察制度，压缩了检察机关的权力范围，符合诉讼发展规律，推进了法制进步。

（三）绝大部分职务犯罪侦查权

我国检察机关行使职务犯罪侦查权的合理性也曾遭到理论界的诟病，但直至监察制度改革将职务犯罪侦查权转隶监察委之前，仍由检察机关行使职务犯罪侦查权。

1962 年 11 月，《关于公、检、法三机关受理普通刑事案件的职责范围的试行规定》首次明确检察机关负责"国家机关工作人员、基层干部和企业职工中的贪污、侵吞公共财产、侵犯人身权利等"案件的侦查。[④] 1979 年《刑事诉讼法》规定贪污罪、侵犯公民民主权利罪、渎职罪以及人民检察院认为需要自己直接受理的其他案件由人民检察院立案侦查。检察机关同时承担批捕、公诉以及职务犯罪侦查权。1988 年以前，中国检察机关职务犯罪从立案侦查到侦查终结再到提起公

---

① 周少元：《"免予起诉"的"取消"与"不起诉的改革"》，《人民公安》1996 年第 11 期，第 24 页。

② 陈卫东、李洪江：《论不起诉制度》，《中国法学》1997 年第 1 期，第 89 页。

③ 习近平：《习近平谈治国理政》（第二卷），外文出版社 2017 年版，第 130 页。

④ 何家弘：《论职务犯罪侦查的专业化》，《中国法学》2007 年第 5 期，第 7 页。

诉，都由一个部门的检察人员负责。① 检察机关同时还侦查"人民检察院认为需要自己直接受理的其他案件"，拥有自己确定案件受理范围的自由裁量权，检察机关的自侦案件极易超出职务犯罪的范围。

这种办案模式一直持续到 1988 年。1988 年 11 月召开的全国检察长工作会议，决定把检察机关由原来一个部门负责到底的办案制度，改为侦查和批捕、起诉分开，分别由"自侦"、批捕、起诉三个部门办理的制度。② 全国各地的检察机关从1989 年 8 月起陆续在原来的经济检察部门的基础上相继组建了集受理举报、侦查、预防于一身的反贪污贿赂工作局。1995 年 11 月，最高人民检察院成立了反贪污贿赂总局。1996 年《刑事诉讼法》③、2012 年《刑事诉讼法》④ 关于职能管辖的规定，则进一步明确了检察机关直接侦查案件的范围。在司法实践中，通常将检察机关负责侦查的案件统称为职务犯罪案件。⑤

关于检察机关能否保留职务犯罪侦查权问题，早在 1999 年就有人全面质疑，认为应当废除检察机关职务犯罪侦查权。其理由是：职务犯罪侦查权运行方式不符合刑事诉讼分工负责、互相制约的原则，缺少应有的监督制约；区分公职人员犯罪与普通公民犯罪，既无必要也不符合平等对待原则；公安机关人员拥有丰富的办案经验，且侦查装备精良，侦查技术先进，在打击犯罪的力度上不弱于检察机关。⑥

在 2007 年，我国刑事诉讼法学界就检察制度展开了一场关于职务犯罪侦查权是否应当改由其他机关行使的论战。这场论战源起于最高人民检察院副检察长朱孝清的一篇文章。⑦ 他认为，有些学者"别有用心"，企图以西方三权分立理论为依据否定检察权作为法律监督权的性质，以取消检察机关现有的一些重要职权。

保留检察机关职务犯罪侦查权的观点认为，检察机关的法律监督若没有职务犯罪侦查权的保驾护航，其法律监督必然是软弱的、苍白无力的，《宪法》规定的这种法律监督也就形同虚设了。⑧ 他们基于四个理由认为检察机关保留职务犯罪侦查权有其合理性。⑨ 第一，职务犯罪主要发生在国家行政机关工作人员之中，因此由行政机关行使不合适，而应当由独立于行政机关、专门负责法律监督的检察机

---

① 何家弘：《论职务犯罪侦查的专业化》，《中国法学》2007 年第 5 期，第 7 页。
② 张穹主编：《人民检察院刑事诉讼理论与实务》，法律出版社 1997 年版，第 364 页。
③ 1996 年《刑事诉讼法》第 18 条。
④ 2012 年《刑事诉讼法》第 18 条。
⑤ 卞建林、徐慧君：《论刑事诉讼中检察机关的职权配置》，《中国刑事法杂志》2015 年第 1 期，第 4 页。
⑥ 蔡定剑：《司法改革中检察职能的转变》，《政治与法律》1999 年第 1 期，第 26 页。
⑦ 朱孝清：《中国检察制度的几个问题》，《中国法学》2007 年第 2 期，第 126 页。
⑧ 贾春旺：《加强理论研究 构建中国特色社会主义检察理论体系》，《人民检察》2005 年第 13 期，第 7 页。
⑨ 朱孝清：《中国检察制度的几个问题》，《中国法学》2007 年第 2 期，第 126 页。

关行使。第二，职务犯罪侦查是法律监督的一种方式，在本质上是用法律监督权确保国家公职人员职务活动的合法性。第三，符合国际规则。根据 1990 联合国《关于检察官作用的准则》第 15 条规定，检察机关有权行使职务犯罪侦查权，世界上多数国家检察机关也有侦查权。第四，是公诉职能的当然要求。检察机关的基本职能是追诉犯罪，它应该享有侦查权。

检察机关不应当拥有没有任何第三方监督的侦查权。综观各国检察权，其主要包括公诉权、侦查权和诉讼监督权。自然，我国检察机关享有职务犯罪侦查权也并无不当之处。但问题的关键在于，在我国，如果检察机关自己进行职务犯罪侦查，又自己进行监督，那么，谁来监督"监督者"呢？

党的十六大明确提出推进司法体制改革，旨在让"各种不同的国家机关分别行使各种不同权力，使国家走向文明进步"①。"自侦、自捕、自诉、自监"的办案模式导致检察工作透明度不高，甚至容易诱发执法不严、司法不公、侵犯人权等问题。检察机关既是职务犯罪侦查权的行使机关，又是诉讼监督机关，要求分离侦查权的呼声也日渐高涨。为应对这一问题，人民监督员制度应运而生，但职务犯罪侦查权因其固有的专业性、秘密性、高效性的特征导致该权力不宜也难以接受作为"外行人"的人民监督员的监督，在司法实践中也没有收到预期的监督效果。② 这样一种超职权的侦查权，违背了权力制约的规律。

2018 年 3 月 19 日，《中华人民共和国监察法》第 11 条正式规定监察委员会对职务犯罪进行调查。从此，检察机关职务犯罪侦查权正式转隶监察委员会，全国44151 名检察人员已全部按时完成转隶。③ 检察机关职务犯罪侦查权转隶监察委有利于整合力量打击腐败犯罪，也改变了检察机关"自侦、自捕、自诉、自监"的局面。检察机关积极适应反贪转隶的变化，同时适应了监察委移送职务犯罪案件的公诉工作。张军在 2019 年最高人民检察院工作报告中披露："检察机关受理各级监委移送职务犯罪 16092 人，已起诉 9802 人，不起诉 250 人，退回补充调查1869 人次，不起诉率、退查率同比分别下降 9.5 和 37 个百分点。依法对孙政才、王三运等 32 名原省部级以上人员提起公诉。"④ 目前，检察机关与监察机关的衔接配合顺畅，落实了党中央权力制约与配合的要求。

检察机关职务犯罪侦查权的确立，是时代的产物，也是历史的过渡。检察机

---

① 石少侠：《检察权要论》，中国检察出版社 2006 年版，第 3 页。
② 高一飞：《国家监察体制改革背景下人民监督员制度的出路》，《中州学刊》2018 年第 2 期，第 63 页。
③ 曹建明：《最高人民检察院工作报告》，《人民日报》2018 年 3 月 26 日，第 3 版。
④ 张军：《最高人民检察院工作报告》，《人民日报》2019 年 3 月 20 日，第 2 版。

关职务犯罪侦查权曾经为我国反贪反渎事业作出过应有的贡献。职务犯罪侦查权向监察委转隶，是党中央全面从严格治党的要求。监察委员会既是国家机关，也是党的机关；监察委员会执行党法党规，也执行传统意义上的国家法。监察委员会的体制里，监督的对象包括党员和非党员中的公职人员，在与党的纪检机构合署办公的前提下，监察委员会将纪委纪律检察权、行政机关的行政监察权、原属于检察院反贪局职务犯罪侦查权中的绝大部分（检察机关保留了 14 种司法人员职务犯罪侦查权）调查权集于一身，形成了集中统一、高效权威的反腐败监察体制，这是通过检察机关行使职务犯罪侦查权所不能实现的。

职务犯罪侦查权向监察委转隶，是司法文明不断提高的要求。在检察机关具有职务犯罪侦查权的情况下，检察机关集侦查、批捕、侦查监督、起诉四大权力于一身，不符合权力分开与制约的基本要求。中央纪委的同志也认为："侦查权和批捕权混在一起，实际上把法律监督和执行权都统起来了，既是运动员又是裁判员。"① 不符合权力制约的规律。

二、传统检察权的坚持与发展

刑事公诉、诉讼监督、自侦案件侦查等是检察机关的基本业务。随着职务犯罪侦查权转隶监察委，检察机关仍然保留了 14 种犯罪行为的侦查权。检察机关在新形势下，不断完善传统检察职能，使整个检察机关运作更加科学，更加符合司法规律。

（一）刑事公诉权的发展

刑事公诉权是各国检察机关享有的基本权力，也是我国检察机关的核心职能。1951 年的《中央人民政府最高人民检察署暂行组织条例》第 3 条规定了"提起公诉""对各级审判机关之违法或不当裁判，提起抗诉""检察全国监所及犯人劳动改造机构之违法措施"的权力，确立了公诉权、批捕权和诉讼监督权。这三大权力在后来的法律中得到确认。从中华人民共和国成立至今，检察机关以上三大职能一直没有发生实质性变化。由于"文化大革命"爆发，公诉制度遭到破坏。但从 1978 年恢复重建人民检察院开始，检察公诉权得以恢复。1979 年刑事诉讼法和人民检察院组织法赋予了检察机关公诉权。1996 年、2012 年、2018 年修改的刑事诉讼法以及 2018 年《人民检察院组织法》、2019 年《检察官法》进一步完善了我国公诉制度。公诉权是伴随着检察制度而生的，刑事公诉是检察机关最基本的职

---

① 《传承：我亲历的中央纪委故事》编委会：《传承：我亲历的中央纪委故事》，中国方正出版社 2019 年版，第 204 页。

能。检察机关的公诉职能起着"承前启后"的作用，合理、科学的公诉制度既能制约侦查权也能制约审判权，能够保障整个刑事诉讼的良性发展。

为强化检察机关公诉职能，曹建明指出要结合开展规范司法行为专项整治工作，认真查处和整治公诉环节存在的突出问题，完善公诉权行使的规范体系，严格落实办案责任制，推进检务公开，切实加强公诉环节司法规范化建设。① 随着"以审判为中心"的刑事诉讼制度改革的推进，公诉和批捕在审前程序中的主导地位日益凸显，构建新型诉侦、诉辩和诉审关系迫在眉睫。② 2018 年 3 月，检察系统开始公开讨论"捕诉合一"。截至 2018 年 4 月，全国有 200 家检察院已实行"捕诉合一"，其中省级院两家、市级院 18 家、基层院 180 家。目前，除吉林、北京、江苏、贵州、湖南、湖北、山西、上海等 8 省（市）外，辽宁、内蒙古、西藏、青海等地正在推进，重庆、山东、浙江等地在积极探索。③ 2019 年，张军在最高人民检察院工作报告中再次强调："针对批捕、起诉职能关联性强，分别行使影响办案质量和效率，改为捕诉一体，同一案件批捕、起诉由同一办案组织、同一检察官负责到底。"捕诉合一改革持续推进的过程已经表明，这项改革的全面铺开已成必然。"捕诉合一"的批捕和公诉职能，是检察机关的基本职能和主业。《2018—2022 年检察改革工作规划》要求，一体化之后的公诉、批捕在接下来的五年中要完善速裁程序、简易程序和普通程序相互衔接的多层次诉讼体系，形成"简易案件更加注重效率、疑难案件更加注重精准、敏感案件更加注重效果"的以"三个注重"为基本特征的中国特色刑事公诉模式。

（二）刑事诉讼监督权的发展

对刑事诉讼实行法律监督是人民检察院法律监督的重要内容。1980 年 1 月 1 日起施行的《人民检察院组织法》，第一次将检察机关的性质以专条明确规定为国家的法律监督机关。1982 年宪法以国家根本大法的形式确立了检察机关的法律监督性质，也明确了其职权。④ 1996 年《刑事诉讼法》第 8 条⑤明确了人民检察院依法对刑事诉讼实行法律监督。2000 年 9 月，最高人民检察院在"全国检察机关第一次侦查监督会议"上指出侦查监督工作总方向是"全面履行职责，加强配合，

---

① 王治国、郑赫南：《曹建明：着力提升公诉理念 充分发挥公诉职能 维护国家安全稳定促进严格公正司法》，《检察日报》2015 年 6 月 5 日，第 1 版。

② 季卫华、李强、王胜利：《新时代检察机关的职能优化》，《天津行政学院学报》2018 年第 6 期，第 28 页。

③ 祁彪：《大势所趋："捕诉合一"时代来临》，民主与法制网 2018 年 9 月 28 日报道。

④ 高一飞、陈恋：《检察改革 40 年的回顾与思考》，《四川理工学院学报（社会科学版）》2018 年第 6 期，第 2 - 3 页。

⑤ 1996 年《刑事诉讼法》第 8 条："人民检察院依法对刑事诉讼实行法律监督。"

强化监督，引导侦查"①，初次要求建立以立案监督、侦查监督为主的诉讼监督格局。最高人民检察院于 2002 年 5 月 15 日至 18 日召开的全国刑事检察工作会议提出了"适时介入侦查、引导侦查取证、强化侦查监督"的要求。② 2005 年最高人民检察院实施的《关于进一步深化检察改革的三年实施意见》以及 2009 年实施的《关于深化检察改革 2009—2012 年工作规划》均强调要强化法律监督职能，刑事诉讼监督是检察监督的重要内容。2012 年《刑事诉讼法》新增了刑事诉讼监督相关内容，对监督范围、监督方式、监督效果、监督流程都进行了改革与完善。2015 年最高人民检察院制定的《关于深化检察改革的意见（2013—2017 年工作规划）》明确提出要完善侦查监督机制和刑事审判监督机制。③ 2018 年《刑事诉讼法》将检察机关的监督划分为立案监督、侦查监督、审判监督以及执行监督。2018 年《检察院组织法》第 20 条④进一步细化了检察机关对刑事诉讼进行监督的具体内容。

第一，侦查监督。侦查监督包括对程序中立案、审查逮捕、侦查活动三项侦查职能的全面监督。⑤ 侦查监督既要负责纠正立案以及违法侦查活动，又要审查逮捕，承担制约侦查权、保障人权的重要职责。对公安派出所刑事侦查活动建立监督机制是《关于深化检察改革的意见（2013—2017 年工作规划）》提出完善侦查监督机制之后各地进行的侦查监督改革举措。2015 年以来，最高人民检察院选择山西等 10 省市进行试点，1064 个基层检察院、8370 个公安派出所参与了试点工作。试点以来，检察机关监督公安派出所立案 5243 件，对违法侦查活动提出纠正意见 15162 件次，促进公安派出所办案质量明显提高。⑥ 2016 年最高检发布《关于进一步开展对公安派出所刑事侦查活动监督改革试点工作的通知》，决定在更多地

---

① 高一飞、陈恋：《检察改革 40 年的回顾与思考》，《四川理工学院学报（社会科学版）》2018 年第 6 期，第 6 页。

② 柴春元、张安平：《以改革推动"严打" 在"严打"中深化改革——全国刑事检察工作会议综述》，《人民检察》2002 年第 6 期，第 5 页。

③ 《关于深化检察改革的意见（2013—2017 年工作规划）》提出："完善侦查监督机制。探索建立重大、疑难案件侦查机关听取检察机关意见和建议的制度。建立对公安派出所刑事侦查活动监督机制。完善刑事审判监督机制。加强和规范刑事抗诉工作。健全死刑复核法律监督机制。"

④ 《人民检察院组织法》第 20 条规定：人民检察院行使下列职权：（一）依照法律规定对有关刑事案件行使侦查权；（二）对刑事案件进行审查，批准或者决定是否逮捕犯罪嫌疑人；（三）对刑事案件进行审查，决定是否提起公诉，对决定提起公诉的案件支持公诉；（四）依照法律规定提起公益诉讼；（五）对诉讼活动实行法律监督；（六）对判决、裁定等生效法律文书的执行工作实行法律监督；（七）对监狱、看守所的执法活动实行法律监督；（八）法律规定的其他职权。

⑤ 曹建明：《最高人民检察院关于加强侦查监督、维护司法公正情况的报告》，《检察日报》2016 年 11 月 7 日，第 2 版。

⑥ 徐日丹：《最高检：今年底前全面铺开对公安派出所刑事侦查活动监督工作》，《检察日报》2017 年 3 月 30 日，第 1 版。

区、更长时间以多种不同形式开展试点。① 2017 年 3 月 29 日，最高人民检察院召开会议部署对公安派出所刑事侦查活动监督工作，原试点地区检察院要在试点工作的基础上总结经验，2017 年上半年全面铺开；非试点地区检察院要在 2017 年上半年完成对本地区公安派出所刑事侦查活动的摸底调研，2017 年内全面铺开。② 2018 年 12 月最高人民检察院实施的《2018—2022 年检察改革工作规划》明确了健全侦查监督制度是刑事检察改革任务的重要内容。驻侦检察室的设置，规范了侦查机关的侦查权行使，提高了侦查机关的办案质量和执法水平。

逮捕是一种剥夺人身自由最严厉的强制措施，逮捕的必要性审查直接关系到犯罪嫌疑人的基本人权，是衡量一个国家法治现代化的重要指标。这要求逮捕的批准机关严格审查，既要保证打击犯罪也要保障人权。2013 年以来，最高人民检察院要求加强侦查监督、维护司法公正。各级检察机关要做到对是否应当逮捕存有疑问的案件，犯罪嫌疑人要求当面陈述的，要当面听取犯罪嫌疑人的供述和辩解。天津、上海、湖北等地检察机关已实现审查逮捕阶段每案必讯问。2013 年至 2016 年，检察机关对应当逮捕而未提请批捕、应当起诉而未移送起诉的，追加逮捕 98645 人，追加起诉 108463 人。③ 检察机关通过严格审查逮捕条件，倒逼侦查机关严格执法，提高侦查质量，既能推进刑事诉讼活动顺利进行，也能做好人权保障工作。

第二，审判监督。刑事审判环节直接影响裁判结果走向，庭审是否公平公正，直接关系到被告人合法权益。庭审过程由法官主导，为规范庭审行为，防止法官滥用权力，《刑事诉讼法》第 203 条④赋予了检察机关纠正庭审中违法违规行为的权力。2016 年 10 月 11 日，"两高三部"共同发布了《关于推进以审判为中心的刑事诉讼制度改革的意见》，要求完善人民检察院对刑事审判活动的监督机制。⑤ 2017 年，曹建明强调，要构建以抗诉为核心的审判监督体系，充分发挥抗诉的刚性监督作用，综合运用检察建议等手段，把监督纠正个案与监督纠正普遍性问题结合起来，纠正定罪不当、量刑严重失衡、审判程序违法等问题。⑥ 现有的检察建

---

① 殷泓、靳昊：《我国将探索在部分公安派出所设立驻所检察官（室）》，《光明日报》2016 年 11 月 6 日，第 2 版。

② 彭波：《全国各级检察院年底前全面监督派出所侦查活动》，《人民日报》2017 年 3 月 30 日，第 11 版。

③ 曹建明：《最高人民检察院关于加强侦查监督、维护司法公正情况的报告》，《检察日报》2016 年 11 月 7 日，第 2 版。

④ 《刑事诉讼法》第 203 条："人民检察院发现人民法院审理案件违反法律规定的诉讼程序，有权向人民法院提出纠正意见。"

⑤ 《关于推进以审判为中心的刑事诉讼制度改革的意见》（2016 年 10 月 11 日）。

⑥ 王治国、王地、徐盈雁：《最高检："构建以抗诉为中心的刑事审判监督格局"》，《检察日报》2017 年 1 月 15 日，第 2 版。

议等监督手段在监督审判过程中所起作用不大，为提高监督质效，各地检察机关纷纷进行了试点改革。

其一，设立刑事审判监督部。为提高刑事抗诉质量，强化审判监督效果，2016年6月北京市检察院第一分院（简称一分院）带领辖区内检察院设立了刑事审判监督部。一分院确立了"一审判决全面同步审查，诉判不一案件重点审查，诉判一致案件回头看审查"三位一体的判决审查思路，要求做到抗诉范围全覆盖、监督范围无死角。① 在这样的审判监督思路指导下，刑事审判监督部真正履行了审判监督职责，倒逼人民法院提高庭审质量，确保了法律的正确实施，真正让公民在每一个个案中感受到公平正义。

其二，设立派驻法院检察室。2017年4月20日，湖北省当阳市检察院派驻市法院检察官办公室正式成立，标志着该院推动法律监督职能深入执法司法机关取得重大进展。派驻市法院检察官办公室工作人员由一名院领导和三名检察官组成，参与人民法院的审判和执行活动，支持人民法院依法独立公正行使审判权，并对人民法院的立案活动、调解活动、审判活动、执行活动以及裁判结果进行依法监督。② 2017年6月，山东省东营市垦利区检察院在区法院挂牌成立了派驻法院检察室。公诉、民行、执检等多个部门参与检察室运行，进一步增强了检察机关对法院刑事、民事、行政审判以及执行活动的全面监督和工作的协调配合。③ 多部门合作，助力检察机关将审判监督落到实处。

第三，执行监督。现代刑罚理论认为，刑罚在于执行，刑罚离开了执行则无意义，也不可理解。④ 目前，我国刑罚执行出现了财产刑执行难，减刑假释程序中权钱交易频发等现象，严重损害刑罚执行的公信力，也反映出我国刑罚执行体制面临的问题。⑤ 2019年5月29日，最高人民法院院长周强在全国法院执行工作视频会上强调：要进一步提高公正规范文明执行水平，强化公正执行、善意执行、文明执行理念，健全执行权力运行监督制约机制。⑥ 刑罚执行监督是检察机关的一项重要职责。

为解决刑罚执行难题、加强执行监督，2017年北京市人民检察院组建全国首

① 戴佳、金鑫：《刑事审判监督敢啃"硬骨头"》，《检察日报》2017年11月13日，第2版。
② 邹世军：《成立派驻法院检察官办公室》，《检察日报》2017年4月20日，第2版。
③ 徐鹏：《山东首家派驻法院检察室挂牌成立》，《法制日报》2017年6月29日，第3版。
④ 陈忠林：《意大利刑法纲要》，中国人民大学出版社1999年版，第277页。
⑤ 李豫黔：《关于严格公正执法完善刑罚执行制度的思考》，《中国司法》2015年第10期，第26页。
⑥ 孙航：《周强出席全国法院执行工作视频会强调　坚持不懈构建解决执行难长效机制》，《人民法院报》2019年5月30日，第1版。

家专门管辖刑事执行检察业务的特殊检察院"刑事执行检察院"。刑事执行检察院适应司法责任制改革的形势，以从"办事模式"向"办事模式"和"办案模式"相结合转变为主线，大力加强派出检察院正规化建设和派驻检察室规范化建设，推动刑事执行监督制度化、规范化、程序化、体系化、信息化发展的工作新模式。① 2017 年 11 月，《关于进一步加强刑事执行检察院、清河人民检察院正规化建设的意见》对派出检察机关的机构建设、队伍建设、业务建设等提出要求。刑事执行检察院的设立推动了刑事执行检察工作的创新发展，通过规范化建设，刑事执行检察工作水平和队伍整体素能得到进一步提高。

2018 年，最高人民检察院发布了《检察机关对监狱实行巡回检察试点工作方案》，决定 2018 年 6 月至 2019 年 5 月，山西、辽宁、上海、山东、湖北、海南、四川、宁夏等 8 个省（区、市）检察机关开展对监狱实行巡回检察试点工作。② 检察人员组成若干个检察官办案组，代表本院对监狱刑罚执行和监管改造活动是否合法进行全面检察。办案组采取不定期检察等方式，综合运用巡回检察工作方法措施，依法及时妥善处理巡回检察发现的问题。

财产刑执行检察监督，是刑事执行检察监督的重要组成部分，对于推动法律监督作用的充分发挥具有十分重要的意义。③《中华人民共和国刑法修正案（九）》施行之后，我国大多数刑事案件中都涉及财产刑。④ 财产刑适用广泛，但执行率低，严重损害了司法权威。为发挥检察机关执行监督的作用，2015 年 5 月至 12 月，最高人民检察院在河北、江苏、河南、湖北、广西、四川 6 个省（区）开展财产刑执行检察监督试点工作。按照最高人民检察院要求，试点地区检察机关开展了摸清 2013 年以来的财产刑执行情况、监督纠正财产刑执行活动违法问题等行动，将财产刑执行情况与减刑假释相挂钩、建立财产刑执行检察工作制度和机制等。2016 年 8 月至 12 月，浙江省检察机关根据最高人民检察院的部署，开展了对财产刑执行的专项检察，全省各级检察院在短短 5 个月内监督纠正已执行人数 1675 人，监督纠正已执行金额 1642 万余元。⑤ 张军在 2019 年最高人民检察院工作报告中披露："深化财产刑执行专项监督，提出书面纠正意见 31464 件，同比上升

---

① 谢文英：《北京："刑事执行检察院"1 月底实心集中办公》，《检察日报》2017 年 1 月 2 日，第 3 版。
② 徐盈雁：《8 省区市检察机关开展监狱巡回检察试点工作》，《检察日报》2018 年 6 月 1 日，第 1 版。
③ 李夏：《论财产刑执行的检察监督机制的完善》，《广西政法管理干部学院学报》2007 年第 1 期，第 68 - 70 页。
④ 据统计，《中华人民共和国刑法修正案（九）》施行之后，我国刑法中有 293 个罪名可以单独或者附加适用罚金刑和没收财产刑，占刑法罪名总数（468 个）的 62.6%。
⑤ 徐锦萍：《浙江省检察机关开展专项检察　严查财产刑"老赖"》，新蓝网 2017 年 1 月 5 日报道。

33%，促进执行 28052 件，执结金额 5.5 亿元。"① 通过检察机关的不懈努力，财产刑执行检察监督取得了较好的效果，一定程度上提高了财产刑执行率，规范了执行机关的执行行为。

（三）民事行政检察监督的发展

我国的检察制度来源于苏联，由于苏联检察机关对于民事诉讼有监督权，检察机关的民事诉讼监督是伴随着民事诉讼的出现而同时产生的。同时，我国行政诉讼产生于 20 世纪 90 年代，在行政诉讼产生之时，检察机关也紧跟着建立了行政检察制度。

检察机关对民事活动享有监督权早已有之。中华人民共和国成立初期，我国民事检察监督深受苏联影响。1933 年 12 月 17 日实施的《苏联检察院条例》规定了苏联检察院负有监督各审判机关适用法律是否正确一致的职责，有权对法院的民刑事判决，向上级法院提出抗议，停止该判决的执行。还可以依照监督程序要求复判业已确定的民刑事判决。② 1954 年 8 月 14 日苏联最高苏维埃主席团的命令，要求进一步加强检察机关的司法监督。③ 1955 年苏联颁布的《苏联检察监督条例》详细规定了检察长有权对包括对民事审判活动在内的各方面实行监督的职权。④

我国民事检察制度从设立到完善深受苏联民事检察制度的影响。1949 年 12 月 20 日，经毛泽东主席批准颁布试行的《中央人民政府最高人民检察署试行组织条例》规定了检察署有对各级司法机关之违法判决提起抗议等职权。⑤ 1950 年中央人民政府法制委员会草拟了《中华人民共和国诉讼程序试行通则（草案）》，该草案第 77 条⑥、第 78 条⑦、第 80 条⑧规定了检察机关参与诉讼、调卷、抗诉等具体程序。1951 年《中央人民政府最高人民检察署暂行组织条例》第 3 条规定了检察

---

① 张军：《最高人民检察院工作报告》，《人民日报》2019 年 3 月 20 日，第 2 版。
② 王学成：《民事检察制度研究》，西南政法大学 2003 年博士学位论文，第 62 页。
③ 张寿民：《俄罗斯法律发达史》，法律出版社 2000 年版，第 242 页。
④ 王学成：《民事检察制度研究》，西南政法大学 2003 年博士学位论文，第 63 页。
⑤ 庄永廉：《四部组织法：讲述新中国检察史》，《检察日报》2011 年 12 月 16 日，第 3 版。
⑥ 1950 年《中华人民共和国诉讼程序试行通则（草案）》第 77 条："上级人民法院因人民检察署的抗诉或其他原因，认为有必要时，得命下级人民法院速将审理中的或判决确定的案卷送交审查。人民检察署执行检察职务时，对于所辖区域内下级人民法院审理中或判决确定的案件，认为有必要时，亦得向下级法院调卷审查。下级法院接到前两项的调卷命令或函件后，应速将案卷送交调卷的法院或检察署。案件如在审理中，应即停止审理；如已判决确定，非有停止执行的命令，不停止执行。"
⑦ 1950 年《中华人民共和国诉讼程序试行通则（草案）》第 78 条："上级人民法院或人民检察署调到卷宗后，应速予审查处理。调卷的人民检察署审查结果，对于下级法院审理中的或判决确定的案件，认为有前项情形时，得向上级法院提起抗诉，请予处理。"
⑧ 1950 年《中华人民共和国诉讼程序试行通则（草案）》第 80 条："最高人民检察署认为最高人民法院的确定判决确有重大错误时，亦得向其提起抗诉，请予再审。"

机关有权对各级审判机关之违法或不当裁判，提起抗诉。1954 年全国人民代表大会批准通过的《中华人民共和国人民检察院组织法》第 4 条也再次规定了人民检察院对人民法院的审判活动是否合法进行监督。这部法律从国家法的角度，规定了人民检察机关的民事检察权范围，奠定了民事检察制度的基础。① 1957 年开始的反右斗争和十年"文化大革命"摧毁了新兴的民事检察制度。

1978 年"文化大革命"结束之后，中国检察制度急需重建。受苏联民事诉讼检察监督制度和理论的影响，有学者呼吁在正式制定民事诉讼法时应当落实宪法所规定的法律监督。② 所以，1982 年《中华人民共和国民事诉讼法（试行）》第 12 条规定了人民检察机关有权监督民事审判活动。由于法律并没有明确检察监督的范围、方式以及具体程序，导致这一制度留存于纸面。③ 1982 年 12 月 4 日修订的《中华人民共和国宪法》第 129 条确立了人民检察院法律监督机关的地位，因此，1991 年出台的《民事诉讼法》不仅在原则上确立了检察机关的监督权，并将这一监督权细化为对生效裁判的事后监督。在实践中，检察机关主要依靠民事诉讼当事人申请检察机关抗诉的方式启动检察监督④，缺乏同步监督机制，更没有事后主动监督的程序和机制，民事检察监督在实践中摸索着前进，但由于法律刚性不足、主动监督的责任和要求缺乏，民事监督部门一度成了检察机关最闲的部门，其工作的数量和质量在一定程度上依赖于每一个检察机关的自觉性和积极性。

2007 年第一次《民事诉讼法》修改，进一步强化了人民检察院的民事监督权，明确了人民检察院有权对民事审判活动实行法律监督。具体表现为第 179 条、187 条明确了应当提起抗诉的情形（人民检察院抗诉的条件和人民法院决定再审条件完全一致）；第 188 条明确了接受抗诉的人民法院作出再审裁定的期限；第 189 条、190 条规定了检察机关在抗诉过程中的必要性行为。

此后至 2012 年第二次《民事诉讼法》修改前，最高人民法院以及最高人民检察院等通过司法解释的形式陆续完善了人民检察院的民事监督程序。2009 年，最高人民检察院实施的《关于进一步加强对诉讼活动法律监督工作的意见》对加强人民检察院的诉讼监督工作进行了全面部署。该意见强调，完善民事抗诉案件的申诉审查机制，加大抗诉工作力度，研究检察机关对民事执行工作实施法律监督

---

① 杨立新：《新中国民事行政检察发展前瞻》，《河南省政法管理干部学院学报》1999 年第 2 期，第 5 页。
② 周洪江：《我国民事检察监督制度的变迁——以改革开放 40 年为主线》，《鲁东大学学报（哲学社会科学版）》2018 年第 6 期，第 70 页。
③ 张卫平：《民事诉讼检察监督实施策略研究》，《政法论坛》2015 年第 1 期，第 34 页。
④ 张卫平：《民事诉讼检察监督实施策略研究》，《政法论坛》2015 年第 1 期，第 34 页。

的范围和程序，对适用特别程序、督促程序、公示催告程序和企业破产程序的审判活动，探索采用抗诉等方式进行监督。2011 年 3 月 10 日，最高人民法院、最高人民检察院联合印发了《关于对民事审判活动与行政诉讼实施法律监督的若干意见（试行）》，该意见对我国民事审判监督范围、监督措施、监督效力作了进一步明确，突破了"已经发生法律效力的判决、裁定"的局限，将调解和审判中的违法情形列入了监督范围，并明确除了抗诉外，还可以"再审检察建议"、普通"检察建议"等方式进行监督，从而拓展了检察机关对民事、行政监督的范围和方式。人民法院发现检察监督行为违法违纪的，也可以向人民检察院提出书面建议。根据该意见，检察机关可针对法院的五种执行行为包括超期放款、超期裁定、超期执行、执行已提供保证款物的被执行人以及严重损害国家、社会利益的执行行为等进行监督；同时规定，对于国家机关等特殊的被执行主体，人民法院因受到干扰难以执行的，人民检察院应当向相关国家机关等提出检察建议。

2012 年第二次《民事诉讼法》修改时认可了上述司法解释关于检察监督制度的相关规定，并且从 1982 年以及 2007 年民事诉讼法规定的"人民检察院有权对民事审判活动实行法律监督"扩展到"人民检察院有权对民事诉讼实行法律监督"，从审判的事后监督扩展到覆盖整个诉讼活动的过程监督，并明确规定了人民检察院可以通过检察建议的方式实现过程监督。但该诉讼法关于检察监督的规定仍然过于原则化，没有具体规定执行监督和审判监督程序之外的监督程序，无法适应法律监督的需要。且检察机关提出的意见、发纠正违法通知等方式，由于缺乏保障机制，也难以产生应有的效果。

为细化《民事诉讼法》关于诉讼监督的原则性规定，保障和规范人民检察院依法履行民事检察职责，2013 年 11 月 18 日最高人民检察院实施了《人民检察院民事诉讼监督规则（试行）》。该规则对于检察机关民事诉讼监督的程序、办案规则等进行了细化，便于检察人员行使监督权。

为促进人民法院依法执行，规范人民检察院民事执行法律监督活动，2017 年 1 月 1 日，最高人民法院、最高人民检察院实施了《关于民事执行活动法律监督若干问题的规定》。该规定对民事执行检察监督的原则、管辖、监督情形、监督方式等作了细致规定，回应了近年来民众强烈呼吁解决执行难问题的要求。

2017 年第三次《民事诉讼法》的修改，并没有对民事诉讼的法律监督进行修改，但确立了检察机关在公益诉讼中的法律地位，公益诉讼包括了民事公益诉讼和行政公益诉讼两种类型。

行政检察具有"一手托两家"的功能，承担着监督法院公正司法和促进行政机关依法行政的双重责任。① 1949 年《中国人民政治协商会议共同纲领》第 9 条规定了人民和人民团体有权向人民监察机关或人民司法机关控告任何国家机关和任何公务人员的违法失职行为，但并没有建立相应的行政诉讼制度以落实人民的这项权利。1982 年《中华人民共和国民事诉讼法（试行）》第 3 条规定了人民法院审理行政案件也适用本法规定。可见，人民的权利意识逐渐增强，行政诉讼案件逐渐出现。在没有专门的行政诉讼法的情况下，只能按照民事诉讼的相关规定审理行政诉讼案件。行政诉讼制度的建立迫在眉睫。在《行政诉讼法》发布实施之前，人民法院于 1986 年开始陆续建立了行政审判庭探索审理行政案件。② 与此同时，1987 年，最高人民检察院成立民事行政检察厅，专门办理民事行政诉讼监督案件。③ 1990 年 10 月，中华人民共和国第一部行政诉讼法典施行，该法第 10 条规定了人民检察院有权对行政诉讼实行法律监督，这正式确立了检察机关的行政诉讼监督权。为保障人民检察院依法对民事审判活动和行政诉讼活动实行法律监督，2001 年 9 月 30 日最高人民检察院实施了《人民检察院民事行政抗诉案件办案规则》。该规则对于检察监督统一按照抗诉案件办理程序进行规定，并未区分民事诉讼和行政诉讼。2013 年 3 月，最高人民检察院实施了《关于深入推进民事行政检察工作科学发展的意见》④，这是检察机关贯彻落实修改后民事诉讼法和全国人大常委会审议高检院关于民事行政检察工作情况报告的意见，全面加强和改进新形势下民事行政检察工作的重要举措。

2014 年 10 月，党的十八届四中全会《中共中央关于全面推进依法治国若干重大问题的决定》明确提出"探索建立检察机关提起公益诉讼制度""行政违法行为检察监督""行政强制措施司法监督"等三项行政检察监督的改革举措，拓展了行政检察监督的内容。相应的监督方式也不限于对诉讼活动的监督，而是直接可对拥有行政职权的行政主体在公共行政过程中所发生的行政活动进行监督。⑤ 2015 年 1 月 29 日，最高人民检察院实施了《关于贯彻落实〈中共中央关于全面推进依法治国若干重大问题的决定〉的意见》，要求认真执行修改后的行政诉讼法，加强对行政案件受理、审理、裁判、执行的监督，为行政检察监督确立新的方向。

2015 年 5 月 1 日施行的新修改的《行政诉讼法》第 19 条细化了行政抗诉的条

---

① 贺卫：《新时代"做实行政检察"的实践探索》，《检察日报》2019 年 8 月 20 日，第 3 版。

② 杨解君：《中国特色的行政诉讼：发展与挑战》，《南京大学法律评论》2009 年第 2 期，第 318 页。

③ 刘艺：《中国特色行政检察监督制度的嬗变与重构》，《人民检察》2018 年第 2 期，第 28 页。

④ 王丽丽：《切实尊重民事行政法律监督自身规律》，《检察日报》2013 年 3 月 29 日，第 1 版。

⑤ 朱立红：《检察监督的历史转捩：从行政诉讼监督到行政检察监督——以对行政违法行为的类型化监督为路径》，《上海法学研究》2019 年第 7 卷，第 362 页。

件和程序，扩大了抗诉的范围，增加了再审检察建议和其他检察建议的相关内容。而且第 101 条明确规定了"人民检察院对行政案件受理、审理、裁判、执行的监督，行政诉讼法没有规定的，适用《中华人民共和国民事诉讼法》的相关规定"。可以看出，行政诉讼监督程序仍不完善，必要时行政检察监督需要借助民事检察监督的程序规定才能实现。为了保障和规范人民检察院依法履行行政诉讼监督职责，2016 年 3 月 22 日，最高人民检察院实施了《人民检察院行政诉讼监督规则（试行）》。该规则对行政诉讼监督的原则、范围、对象、方式、手段和程序等内容作出全面规范，为检察机关全面正确落实法律监督提供了操作指南。

2017 年《行政诉讼法》进行了第二次修正，将检察机关提起行政公益诉讼的制度写进了《行政诉讼法》[①]，并确定了检察机关拥有对行政违法行为行使监督权的职能。2018 年 10 月 26 日，第十三届全国人大常委会第六次会议修订通过了《中华人民共和国人民检察院组织法》，该组织法再次明确了检察机关对诉讼活动实行法律监督，对判决、裁定等生效法律文书的执行工作实行法律监督。但对于《中共中央关于全面推进依法治国若干重大问题的决定》提出的"行政违法行为检察监督"和"行政强制措施司法监督"尚未涉及。

在法律不断修改完善的同时，我国民事行政检察工作取得了巨大的实践进展。2016 年，最高人民检察院民事行政检察厅下发了《关于在全国检察机关开展"基层民事行政检察工作推进年"专项活动的通知》，要求构筑夯实符合基层工作实际的案源发现、申诉受理、办案规范、内外协调、社会宣传等各项具体工作机制，切实将活动成果有效转化为补齐基层工作短板、助推基层工作发展的长效机制。构建完善的工作机制，既能发挥检察机关在规范民事诉讼、行政诉讼过程中的监督作用，也能倒逼相关机关规范其诉讼行为。2017 年 3 月 12 日，最高人民检察院工作报告披露："2016 年，强化民事行政诉讼监督。对认为确有错误的民事行政生效裁判、调解书提出抗诉 3282 件、再审检察建议 2851 件，对民事行政审判程序中的违法情形提出检察建议 13254 件，对民事执行活动提出检察建议 20505 件。"[②] 2018 年 3 月 9 日，最高人民法院工作报告披露："2017 年，对认为确有错误的民事行政生效裁判、调解书提出抗诉 2 万余件，人民法院已改判、调解、发回重审、和

---

① 《行政诉讼法》第 25 条第 4 款："人民检察院在履行职责中发现生态环境和资源保护、食品药品安全、国有财产保护、国有土地使用权出让等领域负有监督管理职责的行政机关违法行使职权或者不作为，致使国家利益或者社会公共利益受到侵害的，应当向行政机关提出检察建议，督促其依法履行职责。行政机关不依法履行职责的，人民检察院依法向人民法院提起诉讼。"

② 曹建明：《最高人民检察院工作报告》，《人民日报》2017 年 3 月 20 日，第 4 版。

解撤诉 1.2 万件；提出再审检察建议 2.4 万件，人民法院已采纳 1.6 万件。对审判程序中的违法情形提出检察建议 8.3 万件，对民事执行活动提出检察建议 12.4 万件。"① 2019 年 3 月 12 日，最高人民法院工作报告披露："2018 年，共提出民事抗诉 3933 件，同比上升 25.1%，法院已审结 1982 件，其中改判、发回重审、调解、和解撤诉 1499 件；提出再审检察建议 4087 件，同比上升 32.1%，法院已启动再审程序 2132 件。对认为确有错误的行政判决、裁定提出抗诉 117 件，同比下降 15.8%；提出再审检察建议 90 件，同比上升 50%。"② 检察机关充分发挥民事行政检察职能，维护了司法公正。

民行检察监督成绩显著，但司法实践中仍然存在以下问题。

第一，案源渠道狭窄。目前，检察机关与被监督部门信息共享、配合联动机制还不健全，而且检察机关内部各业务部门之间的线索发现与移送机制也不够完善。③ 这导致民行监督案件来源大多还是依靠当事人及群众举报。狭隘的案源获取渠道导致监督案件数量较少，难以达到民行检察监督的效果。

第二，民行检察监督调查核实权运行不善。民事检察监督能否顺利、有效地实现，必须借助一定的手段和措施，否则，法律赋予的权力便是空洞的。④ 调查核实权是检察机关履行民行监督的抓手，若检察机关无调查核实权，民行检察监督只能是纸面上的监督，难以实现检察监督维护公平正义的职能设定。《民事诉讼法》第 210 条⑤赋予了检察机关监督民事诉讼活动有调查核实权。《人民检察院民事诉讼监督规则（试行）》第 65 条⑥明确了检察机关行使调查核实权的具体情形。2015 年 2 月 4 日，最高人民法院实施的《关于适用〈中华人民共和国民事诉讼法〉的解释》首次肯定了检察机关因行使民事检察监督调查核实权所取得证据的效力问题。但上述规范仍然过于原则化，难以全面、具体指导实践。《人民检察院民事诉讼监督规则（试行）》对检察机关调查核实权的情形设置了兜底条款，导致实践中检察机关拥有较大的自由裁量权。赋予检察机关调查核实权的目的在于了解与

---

① 曹建明：《最高人民检察院工作报告》，《人民日报》2018 年 3 月 26 日，第 3 版。
② 张军：《最高人民检察院工作报告》，《人民日报》2019 年 3 月 20 日，第 2 版。
③ 刘志勇：《基层民行检察及公益诉讼工作问题及对策》，《检察调研与指导》2018 年第 4 期，第 116 页。
④ 常怡主编：《比较民事诉讼法》，中国政法大学出版社 2002 年版，第 200 页。
⑤ 《民事诉讼法》第 210 条："人民检察院因履行法律监督职责提出检察建议或者抗诉的需要，可以向当事人或者案外人调查核实有关情况。"
⑥ 《人民检察院民事诉讼监督规则（试行）》第 65 条：人民检察院因履行法律监督职责提出检察建议或者抗诉的需要，有下列情形之一的，可以向当事人或者案外人调查核实有关情况：（一）民事判决、裁定、调解书可能存在法律规定需要监督的情形，仅通过阅卷及审查现有材料难以认定的；（二）民事审判程序中审判人员可能存在违法行为的；（三）民事执行活动可能存在违法情形的；（四）其他需要调查核实的情形。

生效裁判、审判程序以及执行活动有关的事实和证据，为提出检察建议、抗诉等监督活动提供依据。① 在实践中，部分办案人员存在过度使用调查取证权的情形，可能会出现公权力介入帮助一方当事人的乱象，破坏诉讼平衡。此外，即使检察机关行使调查核实权，由于部门利益等原因容易发生暴力抗拒调查的现象，调查核实工作难以展开。② 行政诉讼监督也存在同样问题。

第三，民行检察监督资源投入不足。职务犯罪侦查权转隶后，检察机关将重心聚焦在公诉业务上，对检察监督工作虽有重视，但是资源投入明显不足。检察机关一般将优质人员以及资源分配到公诉、侦查部门，而将初入检察系统或者临近退休的人员安排到民行监察部门，造成了民行检察队伍总体素质较低，具体表现为证据审查能力弱、释法说理能力弱、调查核实能力弱、出庭诉讼能力弱。③ 缺乏优秀的检察人员以及相应的资源保障，也是民行检察监督效果不佳的原因之一。

民行检察监督作为检察职能的重要内容，其监督效果直接影响检察机关监督职能的整体发挥。为完善检察机关民行检察监督机制，2015 年 6 月 1 日，最高人民检察院实施的《关于深化检察改革的意见（2013—2017 年工作规划）》要求完善民事行政诉讼监督机制，并分别对完善民事诉讼与行政诉讼监督的相关程序作出了指示。2019 年 2 月 15 日，最高人民检察院实施的《2018—2022 年检察改革工作规划》提出健全以"精准化"为导向的民事、行政诉讼监督机制，具体对完善监督手段、办案流程，明确监督标准等作出了细致的要求，旨在增强监督的准确性与提高监督质效。针对民行检察监督存在的具体问题，根据最高人民检察院确定的改革路径，完善民行检察监督机制可以从以下几方面入手。

第一，加强相关部门沟通协作。检察机关既要整合内部资源，发挥检察机关监督的整体优势；又要构建完善的外部协作机制，积极加强与人大、法院、律协等各部门的联系沟通，扩大案源渠道以及检察监督影响的边际效应。④ 同时，加强对民行检察监督的宣传，借助媒体扩大民事行政监督工作在群众中的影响，增强群众举报的积极性。

第二，完善检察机关行使调查核实权的程序。其一，法律关于检察机关行使调查核实权情形进行了兜底规定，虽给予了检察机关部分自由裁量权，但是也符

---

① 买文毅、陈鹏飞：《民事检察调查核实权思考》，《上海政法学院学报（法治论丛）》2016 年第 2 期，第75 页。
② 刘志勇：《基层民行检察及公益诉讼工作问题及对策》，《检察调研与指导》2018 年第 4 期，第 116 页。
③ 程其伟：《当前我国民行检察法律制度研究》，江西财经大学 2018 年硕士学位论文，第 15 页。
④ 曾于生、金湘华：《以大数据促进民事检察精准监督》，《检察日报》2018 年 11 月 12 日，第 3 版。

合立法规律。在实践中，检察机关要依据兜底条款行使调查核实权时应当充分考虑调查事项与监督内容的紧密关系以及调查核实是唯一必要的手段。其二，根据调查事项的影响力决定部门负责人和检察长的审批权限。部门负责人有权决调查核实一般事项的审批；对于社会影响较大、涉及国家秘密、商业秘密或者涉及审判人员有贪污受贿、徇私舞弊、枉法裁判等情形的，应当将审批权限上调至检察长。① 这样的审批权限设定，有助于检察机关合理有度地行使调查取证权。

第三，提高民行检察监督队伍专业能力。检察机关业务以刑事为主，四大检察不能齐头并进，检察人才也以刑事司法人才为主，民事行政检察人才缺乏，这远远不能满足四大检察全面发展的要求。2018 年 7 月 25 日，最高人民检察院检察长张军在深圳举办的大检察官研讨班上提出："适应人民群众司法需求，设立专门的民事检察、行政检察和公益诉讼检察机构或办案组。"② 民事行政检察专业化是检察机关强化监督职能的内在要求。专业化的民事检察监督是实现公平正义、保障司法权威、维护社会稳定不可或缺的力量。目前，检察系统正大力推进内设机构改革，检察机关可以以此为契机建立专门的民事检察组和行政检查组；并配备法学功底深厚、实践能力强的检察人员，并定期开展培训，保证检察人员的素质，做好人员储备工作；同时，为优秀的检察人员配套优质的检察资源，打造一支有能力有担当的民行检察监督队伍；此外，还应当推动互联网、大数据、人工智能、办案辅助系统和民事行政检察工作深度融合，充分发挥信息技术在收集固定证据中的作用，提高检察监督质效。

（四）司法人员职务犯罪侦查权的保留

2018 年 3 月 20 日《中华人民共和国宪法修正案》在宪法层面明确了监察委员会的国家监察机关地位。根据监察制度，人民检察院查处贪污贿赂、失职渎职以及预防职务犯罪等部门的相关职能转隶至监察委员会。但是，仍然保留了原来属于渎职罪一部分的司法人员职务犯罪侦查权。

2018 年《刑事诉讼法》《人民检察院组织法》对监察体制改革的成果通过立法形式予以认可。2018 年《刑事诉讼法》取消了检察机关的大部分职务犯罪侦查权，但该法第 19 条第 2 款的规定中保留了检察机关与法律监督职能联系最为紧密的职务犯罪侦查职能，以监督诉讼中的立案、侦查、审判和执行。③ 朱孝清检察长

---

① 彭志刚、王稳：《民事检察调查权的范围与行使模式》，《天府新论》2014 年第 1 期，第 100 页。

② 姜洪、郑赫南、史兆琨、闫晶晶：《贯彻落实全面深化司法体制改革推进会部署　在转机中推动新时代检察工作创新发展》，《检察日报》2018 年 7 月 26 日，第 1 版。

③ 万毅：《一个尚未完成的机关：底限正义视野下的检察制度》，中国检察出版社 2008 年版，第 53 页。

将这部分侦查权称为"保留的职务犯罪侦查权"。[1] 李奋飞教授将上述法定侦查权称为"新"自侦权,[2] 全面的称法是"司法职务犯罪侦查权"。由于立法的规定非常简单,2018 年 11 月 24 日,最高人民检察院发布并实施了《关于人民检察院立案侦查司法工作人员相关职务犯罪案件若干问题的规定》,对司法人员职务犯罪侦查程序和工作机制进行了规定。

司法职务犯罪侦查权主要有三个特点:一是检察机关在对诉讼活动实行法律监督过程中发现的,是检察机关对其他司法机关和检察机关自身的诉讼监督权的一部分。二是侦查对象只能是司法工作人员,即负有侦查、检察、审判、监管职责的工作人员。三是涉案领域固定,即司法工作人员利用职权实施的侵犯公民权利、损害司法公正的犯罪。检察机关对其他国家机关工作人员犯滥用职权罪、玩忽职守罪或者司法工作人员犯滥用职权罪、玩忽职守罪,但未侵犯公民权利、损害司法公正的,无权侦查,应当由监察机关依法调查处置;人民检察院立案侦查司法人员职务犯罪时,发现犯罪嫌疑人同时涉嫌监察委员会管辖的职务犯罪线索的,应当及时与同级监察委员会沟通,一般应当由监察委员会为主调查,人民检察院予以协助。

司法职务犯罪侦查权的行使程序特殊。在此类案件的具体办理过程中,由设区的市级人民检察院负责刑事检察工作的专门部门负责侦查。最高人民检察院、省级人民检察院发现犯罪线索的,可以自行决定立案侦查,也可以将案件线索交由指定的省级人民检察院、设区的市级人民检察院立案侦查。办案人员认为需要逮捕犯罪嫌疑人的,应当由相应的刑事检察部门审查,报检察长或者检察委员会决定。此外,检察机关拟作撤销案件、不起诉决定的,应当报上一级人民检察院审查批准。

2018 年《刑事诉讼法》对于检察机关与监察机关发生管辖权竞合的案件,处理原则表述为"可以由人民检察院立案侦查",从管辖范围来看,检察机关的侦查权是对监察调查权的必要补充。因此,明确这类案件的侦查主体需要做好两机关的协调衔接工作。检察机关根据 2018 年《刑事诉讼法》赋予的法定侦查权,截至 2019 年 3 月,已有 20 个省区市检察机关立案侦查 71 人。[3] 保留检察机关法定侦查权是维护司法公正的重要制度设计,能够有效防止公权力滥用。

---

① 朱孝清:《检察机关如何行使好保留的职务犯罪侦查权》,《中国刑事法杂志》2019 年第 1 期,第 3 页。
② 李奋飞:《检察机关的"新"自侦权研究》,《中国刑事法杂志》2019 年第 1 期,第 12 - 27 页。
③ 张军:《最高人民检察院工作报告》,《人民日报》2019 年 3 月 20 日,第 2 版。

2018 年《刑事诉讼法》保留了检察机关的法定侦查权，有着重要的意义。

一是有利于保障检察机关诉讼监督职能的实现。检察机关侦查权是检察机关法律监督的保障，能够增强法律监督的权威性和实效性。① 没有侦查权作为后盾的法律监督必然是软弱无力的。职务犯罪侦查权转隶后，检察机关要树立宪法定位的法律监督机关的权威，需要从宪法法律规定中找到有力依据和方式。② 司法职务犯罪侦查权的保留，为检察机关履行诉讼监督职能并实现诉讼监督的目的提供了有力支撑。

二是有利于实现司法资源的合理配置。检察机关作为诉讼监督机关，可以对大部分司法行为同步监督，对司法人员职务犯罪行为进行侦查，也具有天然的条件和优势。特别是检察机关派驻检察室人员可利用其工作便利，及时发现监管场所等特殊场合发生的监管人员侵犯公民权利、损害司法公正的犯罪行为，保障被监管人员的合法权益，维护监管秩序。监察机关与检察机关在职务犯罪侦查中虽有管辖范围之分，但其都是反腐败的重要力量。充分发挥检察机关的资源优势和职能优势，将部分侦查权保留至检察机关，是侦查资源的合理配置。

三、新兴检察权的确立与完善

公益诉讼是指针对侵害国家利益或者社会公共利益的行为，当法律上没有直接利害关系的主体，或者是有直接利害关系的主体但其不愿提起诉讼时，由法律授予没有直接利害关系的特定主体提起的非自利性诉讼。③ 我国公益诉讼制度的建立经历了较为漫长的过程，首先是民事领域的以原告身份提起民事诉讼，再扩大到行政诉讼领域。检察机关提起公益诉讼的确立是我国检察体制的重大变革。

（一）检察机关公益诉讼权的确立过程

检察机关提起公益诉讼制度是党中央的重大部署，是全面推进依法治国、建设法治政府的重要举措。21 世纪初，理论界就对于检察机关提起行政公益诉讼进行了大规模的讨论，2005 年 12 月 3 日，《国务院关于落实科学发展观加强环境保护的决定》明确提出要"研究建立环境民事和行政公诉制度""推动环境公益诉讼"，但是，该意见并没有立即落实。检察机关对于行政机关的监督，一直没有法

---

① 娄力斌：《我国检察机关机动侦查权探究——以新旧刑诉法机动侦查权条款变化为切入点》，《山西省政法管理干部学院学报》2019 年第 1 期，第 33 页。
② 秦前红：《全面深化改革背景下检察机关的宪法定位》，《中国法律评论》2017 年第 5 期，第 67 页。
③ 刘艺：《构建行政公益诉讼的客观诉讼机制》，《法学研究》2018 年第 3 期，第 39 页。

定的途径和桥梁。① 2012 年《民事诉讼法》第 55 条规定了法律规定的机关和有关组织可以向人民法院提起诉讼。但是立法机关认为检察机关不属于这里所说的"法律规定的机关"。② 1997 年，河南省方城县检察院以国有资产流失为由，以民事诉讼原告身份对方城县工商行政管理局提起了民事诉讼，得到了方城县法院的支持。③ 此后，各地检察机关开始了对保护国有资产、保护社会公共利益而主动提起诉讼的探索和实践。④ 但直到 2014 年之前，检察机关仍然没有提起公益诉讼的明确法律授权。

2014 年 10 月 23 日，《中共中央关于全面推进依法治国若干重大问题的决定》提出"探索建立检察机关提起公益诉讼制度"。2015 年 7 月 1 日，《全国人民代表大会常务委员会关于授权最高人民检察院在部分地区开展公益诉讼试点工作的决定》授权最高人民检察院在十三个省、自治区、直辖市开展为期两年的公益诉讼试点工作。2015 年 7 月 2 日，最高人民检察院实施了《检察机关提起公益诉讼改革试点方案》，该试点方案对民事公益诉讼与行政公益诉讼的案件范围、诉讼参加人、诉前程序以及诉讼请求等进行了较为详尽的规定。最高人民法院为贯彻十八届四中全会精神，保障正确审理人民检察院提起的公益诉讼案件，于 2016 年 3 月 1 日实施了《人民法院审理人民检察院提起公益诉讼案件试点工作实施办法》，明确了民事公益诉讼与行政公益诉讼应当提交的材料、审理程序以及管辖等制度和程序。

经过两年试点，检察机关公益诉讼的经验已经比较成熟。2017 年 5 月 23 日，中央全面深化改革领导小组审议通过了《关于检察机关提起公益诉讼试点情况和下一步工作建议的报告》，报告认为："制度设计得到充分检验，正式建立检察机关提起公益诉讼制度的时机已经成熟。"⑤ 2017 年 6 月 27 日《民事诉讼法》第 55 条在 2012 年《民事诉讼法》第 55 条规定的基础之上增加了第 2 款，明确了人民检察院的补充起诉权。同日，该次会议同时对《行政诉讼法》进行了第三次修正，修正后的《行政诉讼法》第 25 条对人民检察院提起行政公益诉讼的范围、前置程序等进行了细致规定。《行政诉讼法》的第二次修改则使得我国行政公益诉讼制度

---

① 杨建顺：《完善对行政机关行使职权的检察监督制度》，《检察日报》2014 年 12 月 22 日，第 3 版。

② 刘艺：《民事公益诉讼制度的运行实践》，《中国检察官》2018 年第 15 期，第 53 页。

③ 柴春元、汪宇堂、罗清成：《河南方城：为检察机关发挥职能维护公益探路》，《检察日报》2015 年 8 月 29 日，第 1 版。

④ 金小白：《检察机关行政公益诉讼的法律问题研究》，西北大学 2018 年硕士学位论文，第 1 页。

⑤ 《认真谋划深入抓好各项改革试点 积极推广成功经验带动面上改革》，《紫光阁》2017 年第 6 期，第 8 页。

真正生根。① 从此，我国公益诉讼制度正式全面实施。

习近平总书记强调："检察官作为公共利益的代表，肩负着重要责任。"② 这一论断为完善检察机关提起公益诉讼制度提供了根本遵循。③《人民检察院组织法》进一步明确检察机关提起公益诉讼的职权，检察机关逐步成为法律意义上的公益诉讼"主心骨"和"国家队"。公益诉讼不是一种独立的诉讼形态，但公益诉讼权是一种独立的检察权。刑事、民事、行政、公益诉讼，合称"四大检察"。

2019 年 1 月 1 日起施行的《人民检察院组织法》第 20 条规定，人民检察院行使的职权中包括"依照法律规定提起公益诉讼"，公益检察权得到确认。2019 年 3 月 12 日检察长张军所作的《最高人民检察院工作报告》中第一次明确提出了检察机关的"四大检察"职能，即刑事检察、民事检察、行政检察和公益诉讼检察。报告两次提到"四大检察"一词：在回顾成绩时提到"刑事、民事、行政、公益诉讼'四大检察'法律监督总体布局有力推进"；在谈"2019 年工作安排"时又指出要"促进地方检察机关内设机构改革落地，加强民事、行政、公益诉讼检察办案力量，把'四大检察'全面协调充分发展落到实处"。2019 年 10 月 1 日起施行的《检察官法》在检察官的职责中增加了"开展公益诉讼"的规定，第一次将"四大检察"写入了法律。

（二）赋予检察机关公益诉讼权的理由

我国由检察机关提起公益诉讼符合我国国情。世界大部分国家都授权政府机关、社会组织或者公民提起行政公益诉讼，但较少有国家由检察机关直接提起行政诉讼。此外，一些国家还由检察官代表政府提起民事公益诉讼。④ 英国公益诉讼被称作"以公法名义保护私权之诉"，英国检察总长可以对任何违法行为——包括侵害公共利益的行政违法行为——启动公益诉讼程序。⑤ 美国的公益诉讼强调公民在法律实施中的作用，注重并保障个人在公益诉讼中的权利。根据判例，美国最终形成了公民以"私人检察长"身份起诉与其并无直接利害关系行政行为的行政公益诉讼制度。德国是联邦制国家，在联邦层面和州层面，均由行政法院设立检察官作为公益代表人参加行政公益诉讼。⑥ 而我国检察机关是法律监督机关，早在

---

① 黄学贤：《行政公益诉讼回顾与展望——基于"一决定三解释"及试点期间相关案例和〈行政诉讼法〉修正案的分析》，《苏州大学学报（哲学社会科学版）》2018 年第 2 期，第 43 页。

② 《习近平致信祝贺第二十二届国际检察官联合会年会暨会员代表大会召开》，《人民日报》2017 年 9 月 12 日，第 1 版。

③ 邵世星：《当前检察机关提起公益诉讼工作面临的问题与对策》，《人民检察》2018 年第 10 期，第 9 页。

④ 刘艺：《检察公益诉讼的司法实践与理论探索》，《国家检察官学院学报》2017 年第 2 期，第 7 页。

⑤ 刘斌：《我国行政公益诉讼原告资格研究》，广西师范大学 2018 年硕士学位论文，第 4 页。

⑥ 胡建淼：《比较行政法——20 国行政法评述》，法律出版社 1998 年版，第 306 页。

20 世纪 90 年代初期，1990 年《行政诉讼法》第 10 条和 1991 年《民事诉讼法》第 14 条明确了检察机关对行政诉讼、民事诉讼活动的法律监督职能，这为检察机关探索公益诉讼提供了空间。

2010 年 12 月 17 日至 18 日，欧洲委员会的威尼斯委员会第 85 届全体大会通过了《关于司法体制独立的欧洲标准报告 第二部分 检察机关》，该委员会认为检察机关为了保护公共利益可以提起私人诉讼。欧洲检察官咨询委员会"刑法领域外的检察机关作用的第 3（2008）号意见"明确规定了刑法领域外的检察机关的任务、职能和组织，并没有共同的国际法律规范和规则。各国对于公益诉讼体制的选择受制于其政治与法律体制、历史传统与现实国情，不可复制。[①] 域外将公益诉讼的提起主体扩大至普通公民以及其他社会组织，主要是其认为个人利益加总而形成的社会利益当然可以通过个人主义方式来实现公共利益的保护。[②] 从我国现有的社会发展状态来看，社会公益受到损害时，难以找到利益代表者，即使有确切的利益被损害者，但是其可能因为不愿意被搭便车而降低提起公益诉讼的积极性。

我国建立检察公益诉讼，是中国特色司法制度的产物，具体原因有：

第一，我国的司法制度和社会基础决定检察机关是行使公益诉权的最佳选择。我国尚未建立典型市民社会形态，单靠公民个人或社会组织提起公益诉讼的方式无法解决深层次问题。我国一般由行政机关代表国家利益并承担保护公共利益的职责，同时其也是公共利益的行使者，这种职能分担难以保障行政机关履行好保护公共利益的职责。与行政机关相比，检察机关是独立于利害关系人的第三方主体，具有相对的独立性，更能客观公正地实现公益保护的目的。[③] 因此，检察机关提起公益诉讼是现有体制下现实而恰当的选择。

第二，检察机关行使公益诉权是履行法律监督职能的重要内容。检察机关是宪法明确规定的法律监督机关，其理所应当包括对刑事、民事以及行政法律的监督。检察监督具有宪法监督性质，是对立法机关监督法律实施职能的延伸，它不同于带有政治属性的人大监督，也不同于行政体系的监察监督，而是具体个案式的常态化监督。[④] 检察机关提起行政公益诉讼是司法治理建设中一次里程碑式进步。

---

① Scott L. Cummings, Louise G. Trubek, Globalizing Public Interest Law, UCLA Journal of International Law & Foreign Affairs, 2009（13）.

② 刘艺：《检察公益诉讼的司法实践与理论探索》，《国家检察官学院学报》2017 年第 2 期，第 8 页。

③ 刘艺：《准确理解和把握公益、诉讼、试点概念的内涵》，《检察日报》2015 年 10 月 23 日，第 3 版。

④ 刘艺：《检察公益诉讼的司法实践与理论探索》，《国家检察官学院学报》2017 年第 2 期，第 10 页。

第三，检察机关行使公益诉权具有现实基础。现目前扩大公益诉讼的主体范围操作难度大，由检察机关作为公益诉讼的起诉机关有很好的现实基础。首先，检察机关职务犯罪侦查权转隶后，其有精力有能力做好公益诉讼。其次，从 20 世纪 90 年代起，检察机关就已经开始探索公益诉讼，积累了丰富的实践经验，与普通公民相比，检察机关提起公益诉讼更加专业，更能起到保障公共利益的目的。最后，检察机关行使公益诉权有强大的司法机关作为后盾，且得到了党中央的大力支持。检察机关能在能动司法背景下积极主动探索实践经验，完善公益诉讼制度。

四、中国检察机关职权的展望

新时代检察职权的最后定型，是历史的产物、时代的选择，是经过了充分论证的顶层设计。我们当然应当充分发挥检察职能，完成检察机关承担的时代使命。为此，要坚持和发展公诉、批捕和诉讼监督等检察机关的传统职能，同时要探索公益诉讼、司法职务犯罪侦查权等新的职权的运行模式和办案机制，使检察职权全面、公正行使。

（一）推动"四大检察"全面协调充分发展

2019 年 1 月 17 日，检察长张军在全国检察长会议上强调："要主动适应形势发展变化，深化内设机构改革，推动'四大检察'全面协调充分发展。"① 在检察机关法律监督格局中，刑事检察一直处于重要地位。检察机关要借助内设机构改革的契机，让偏重刑事的工作格局向刑事、民事、行政、公益诉讼全面发展转变。从总体趋势来讲，"四大检察"全面协调发展就是要通过把弱的做强，短的做长，新的做好，好的做得更好，实现检察工作的总体强大、检察制度的日臻完善。② "四大检察"齐头并进，整体提升，才能最大限度发挥检察机关的法律监督作用。

首先，在捕诉一体的职能设计框架下，强化提前介入引导侦查和不捕案件跟踪监督，树立刑事检察监督权威，着力构建新型检警关系，探索大控方工作格局。其次，在民事检察工作上，突出打击虚假诉讼和民生领域民事诉讼监督两个重点。③ 检察长张军指出，民事检察要在精准监督上下工夫，抗诉一体促进解决一个领域、一个地方、一个时期司法理念、政策、导向的问题，发挥对类案的案例指

---

① 姜洪：《全国检察长会议召开　张军出席会议并作重要讲话》，《检察日报》2019 年 1 月 19 日，第 1 版。
② 常锋：《推动"四大检察"全面协调充分发展的实践路径》，《检察日报》2019 年 6 月 4 日，第 3 版。
③ 常锋：《推动"四大检察"全面协调充分发展的实践路径》，《检察日报》2019 年 6 月 4 日，第 3 版。

导作用。① 再次，在行政检察工作上，要围绕行政诉讼监督展开，抓好典型性、引领性案件的监督。检察机关要在行政监督的过程中，分析行政行为存在的问题，提出有针对性的意见建议；行政机关及时改正，避免进入行政诉讼，同时深入研究行政检察的内涵外延、职权配置与运行规律。② 最后，检察机关与各行政机关搭建共治共享平台，坚持把专项治理、系统治理、综合治理、依法治理、源头治理结合起来，形成多领域、多维度、覆盖面广的公益诉讼保护格局。③ 同时，还应当建设专业化的公益诉讼人才队伍，提高公益诉讼质量。

（二）推动新型公诉工作机制创新发展

刑事公诉职能是检察机关传统也是最为主要的职能，在强调检察机关"四大检察"发力的同时，应当顺应司法改革趋势，不断完善公诉职能，增强公诉职能的生命力。

第一，在以审判为中心的刑事诉讼制度改革中创新公诉职能。庭审实质化是以审判为中心的刑事诉讼制度改革的核心。庭审实质化要求强化控辩双方的对抗性，双方围绕证据进行质证、辩论。控辩双方透彻研究证据规则与证明标准才能发表有针对性的意见。公诉部门需要深入理解客观性证据审查模式，提升证据审查工作的质量和效果，以应对司法改革背景下公诉工作面临的新问题、新挑战。④ 同时应当在刑事诉讼分工与配合原则下，确立公诉在审前程序中的主导地位，强化侦查服务公诉指控，构建"大控方"追诉格局。

第二，顺应多层次诉讼体系改革创新发展。普通程序、简易程序、速裁程序及认罪认罚从宽制度等多层次诉讼体系改革对检察机关的公诉模式提出了新要求。检察机关要建立确保简易案件效率导向、疑难案件精准导向、敏感案件效果导向的公诉模式。一是正确处理侦捕诉关系，发挥检察机关审前主导案件分流的作用。一方面要对重大疑难复杂案件进行证据固定，保证案件符合审判要求；另一方面发挥不起诉的裁量权，对于不需要进入审判环节的案件及时解决。二是根据案件繁简程度建立不同的出庭模式。对于认罪认罚的案件，出庭公诉要讲求效率，要更加简化程序，做到"简者更简"；对重大、疑难、复杂的案件，被告人作无罪答

① 李阳：《张军在政法领导干部专题研讨班上表示　在"三个落实"上用狠劲　推动检察职能全面协调充分发展》，《人民检察》2019 年第 8 期，第 1 页。

② 最高人民检察院：《推动"四大检察"全面协调充分发展——学习贯彻习近平总书记中央政法工作会议重要讲话系列评论之二》，《检察日报》2019 年 1 月 23 日，第 1 版。

③ 常锋：《推动"四大检察"全面协调充分发展的实践路径》，《检察日报》2019 年 6 月 4 日，第 3 版。

④ 王渊：《顺应改革要求推动公诉工作创新发展——司改背景下刑事公诉面临的新问题、新挑战及对策研讨会述要》，《检察日报》2017 年 6 月 19 日，第 3 版。

辩的普通程序案件，出庭公诉要注重效果，体现"繁者更精"。① 三是正确理解处理检律关系，畅通检律沟通协商机制，重视律师意见，保障律师权利。辩护律师及时与公诉机关沟通辩护意见，能够帮助检察机关做出决策，同时也能及时保障犯罪嫌疑人被告人合法权益。

第三，顺应捕诉合一改革的创新发展。在捕诉合一模式下，批捕职能和公诉职能由检察机关同一部门、同一办案人员统一行使。这种模式有利有弊，一方面，公诉人员能够提前了解案情、全程引导、监督侦查。检察机关在批捕阶段对案件进行实质审查，可以统一检察机关内部的办案标准，避免不同部门办案对同一事实认定产生不同决断。另一方面，批捕公诉由同一部门行使，批捕权缺少了权力制约，可能导致权力滥用。检察机关要在捕诉合一改革下创新发展需要采用更加多样化、更加有效管用的方式来强化内部监督制约。推行司法责任制其实就是一种更高层面、更加理性的内部监督制约方式。② 检察机关要严格落实司法责任制，从办案终身负责制出发，强化"谁办案谁负责、谁决定谁负责"意识，对发生问题的案件要按照司法责任制进行严格追责问责。检察人员要强化责任意识，对每一个案件质量严格把关，确保案件经得起时间的检验。

（三）强化检察机关的传统诉讼监督职权

检察机关作为法律监督机关，对刑事、民事、行政进行监督是法律赋予的权力与职责。在大部分职务犯罪侦查权转隶监察委后，检察机关应当聚焦传统诉讼监督职能，使传统诉讼监督成为检察机关新的业务增长点。

其一，创新监督组织。前文已述，为推进诉讼监督工作，北京市设立刑事执行检察院、北京市一分检创设了刑事审判监督部、湖北省当阳市检察院设立派驻法院检察室。专门的监督部专业化的监督人员能够提高监督质量。最高人民检察院可以在多方考量这种监督组之后，总结经验向全国推广。

其二，创新监督方式。习近平总书记强调："要健全权力运行制约和监督体系，让人民监督权力，让权力在阳光下运行，确保国家机关按照法定权限和程序行使权力。"③ 检察机关创新监督方式保障权力在阳光下运行。一是逮捕公开审查。逮捕是剥夺犯罪分子人身自由最彻底的强制措施，必须进行公开审查才能规范批捕机关行使权力，保障犯罪嫌疑人合法权益。积极推行审查逮捕案件公开审查制

---

① 庄永廉、苗生明、黄京平、汪海燕、闵春雷、刘传稿：《如何建立健全与多层次诉讼体系相适应的公诉模式》，《人民检察》2017 年第 1 期，第 48 页。

② 龙建文：《立足司法责任制构建捕诉合一模式》，《检察日报》2018 年 7 月 22 日，第 3 版。

③ 习近平：《习近平谈治国理政》（第一卷），外文出版社 2014 年版，第 388 页。

度，不断提升审查逮捕办案透明度，增强公信力。二是深化监狱巡回检察制度。2019 年 5 月，监狱巡回检察试点结束。最高人民检察院可以在总结试点经验教训的基础之上完善巡回检察制度，并向全国推广。

其三，创新监督方法。2018 年 1 月，最高人民检察院印发了《关于深化智慧检务建设的意见》。该意见提出要升级完善以统一业务应用系统为基础的司法办案平台，强化办案全过程的智能辅助应用。最高人民检察院副检察长张雪樵指出，各级检察机关要下大气力将大数据、人工智能转化为智慧检务的关键核心技术，谋划和打造好智慧检务 4.0 体系，引领和推动检察工作。各级检察机关要切实贯彻落实最高检《检察大数据行动指南（2017－2020）》，推动检察监督深入发展，鼓励各级检察机关研发特色应用，进一步推进人工智能辅助检察监督办案。[①] 为响应最高人民检察院智慧检务号召，2018 年 7 月 5 日，"2018·全国检察机关科技装备展"在北京开幕。各检察院在该次展会上纷纷献出了助力检察工作的高科技。新会区检察院在该次会议上展出了检警数据共享平台。通过共享平台，案件材料电子文档在检警之间实现安全、准确和高效利用。由于平台内的证据材料均以扫描件或电子证据进行保存，检察机关能够有效发现和防止侦办单位删改或隐瞒侦查不规范、不合法等办案细节，实现了解案情和发现违法侦查行为工作一步到位，准确性大大提高。[②] 将现代信息技术用于诉讼监督之中，是智慧检务的重要内容，能够提高检察机关监督的整体水平。将大数据、人工智能转化为检察监督的手段，是未来检察机关智慧检务应当重点关注的。

（四）探索检察机关公益诉讼的运行机制

2018 年 3 月 2 日，最高人民法院、最高人民检察院实施的《关于检察公益诉讼案件适用法律若干问题的解释》明确了人民法院、人民检察院依法行使公益诉权，促进依法行政、严格执法的具体机制。我国公益诉讼制度至此形成了较为完善的规范体系。2018 年 5 月 1 日施行的《中华人民共和国英雄烈士保护法》第 25 条第 2 款规定了检察机关对于对侵害英烈的姓名、肖像、名誉、荣誉，损害社会公共利益的行为可以向人民法院提起诉讼。

2019 年 3 月 12 日，检察长张军在 2019 年最高人民检察院工作报告中披露：2018 年立案办理民事公益诉讼 4393 件、行政公益诉讼 108767 件，对 21 起侵害英烈姓名、肖像、名誉、荣誉，损害社会公共利益的行为，发出公告或当面征询意

---

① 林中明：《以智慧检务推动检察监督深入发展》，《检察日报》2017 年 7 月 1 日，第 1 版。
② 朱仑、韩雪：《谱写江门检察科技强检新篇章》，《江门日报》2019 年 1 月 14 日，第 A04 版。

见，促请英烈近亲属起诉；对未能提起诉讼的，提起民事公益诉讼6件；发出检察建议36件，均获采纳。① 检察机关正确行使公益诉讼诉权，响应了社会各界的呼声及日益强烈的要求，维护了社会公益。

我国公益诉讼发展时间较短，制度设计还有待完善。从检察机关作为公益诉讼提起者的身份来看，在现有法律框架下为更好履行公益诉讼职能，检察机关可以从以下三方面着手。

一是充分发挥诉前程序作用。建立诉前沟通机制，检察机关及时与相关部门沟通了解情况，根据情况发出检察建议同时督促其落实。这种方式既能督促相关机关依法履行职责，同时也能保护公共利益。② 诉前检察建议不能有效落实，检察机关就以诉讼方式推动问题解决。

二是健全人民检察院与行政执法机关工作协调机制。2019年1月2日，最高人民检察院会同生态环境部及国家发展和改革委员会、司法部等部门实施了《关于在检察公益诉讼中加强协作配合依法打好污染防治攻坚战的意见》，该意见完善了公益诉讼案件线索移送机制，要求逐步实现生态环境和资源保护领域相关信息实时共享；探索立案管辖问题，如立案管辖与诉讼管辖适当分离；检察机关在调查取证过程中，要加强与行政执法机关的沟通协调；探索建立生态环境损害公益诉讼先鉴定后交费机制等。检察机关与其他各领域涉及的行政执法单位要建立起工作协调机制和衔接平台，共同实现检察机关行政公益诉讼的最终目的。

三是探索公益诉讼中专家辅助办案机制。最高人民检察院《2018—2022年检察改革工作规划》要求，在办理环保、食药领域公益诉讼案件时，可以探索聘请具备专门知识的人与检察人员共同办案，或提供相关领域专业知识咨询，共同保护公益。要明确专家辅助人选任标准、规范专家辅助人参与办案程序、赋予专家辅助人意见证据效力、明确专家辅助人的权利和义务、为专家辅助人提供履职保障、健全专家辅助人履职考核机制。③ 作为最高人民检察院对公益诉讼办案机制的一项改革计划，各地应当积极探索，再在总结全国实践经验的基础上，由最高人民检察院形成全国统一的规范。

（五）改革行使司法职务侦查权的体制机制

将职务犯罪侦查权从检察机关剥离，既是实现监察机关对公职人员全覆盖的

---

① 张军：《最高人民检察院工作报告》，《人民日报》2019年3月20日，第2版。
② 张军：《最高人民检察院工作报告》，《人民日报》2019年3月20日，第2版。
③ 林舒婷、叶山：《明确选任标准规范参与程序　完善公益诉讼专家辅助人制度》，《检察日报》2018年9月14日，第3版。

题中应有之义，也是检察改革中，检察机关回归宪法确定的法律监督机关定位的要求。在此背景下，检察机关亟须内部调整以应对现有的司法现状。

一是应当由市级检察机关集中侦查 14 种案件。《关于人民检察院立案侦查司法工作人员相关职务犯罪若干问题的规定》对于法定侦查权行使的检察机关级别进行了明确。该规定明确 14 种案件原则上由设区的市级人民检察院立案侦查。但最高检察院的同志又强调立案侦查决定权上提至市级检察院，并不是取消基层检察院的立案侦查权，而是要严格把握立案条件。[1] 但最高人民检察院这一规定缺乏操作性。侦查活动具有高效启动、过程秘密的特性，而且要求高度专业化，但反贪反渎职能部门转隶后，检察机关失去了展开职务犯罪侦查活动所必需的专业侦查队伍和资源[2]，基层检察院的侦查能力、人员以及设施配备有限，而且要承担诉讼监督等大量业务，明显超出了基层检察院的承受能力。同时，反贪、反渎等部门、人员转隶后，为保证侦查权的有效行使，检察机关内部必须重新配备侦查人员和侦查设备。但若每个基层检察院都配备同样的侦查设备，可能出现为极少量的案件耗费大量司法资源之资源浪费的现象。

因此，我们可以直接取消基层检察院的侦查权，直接由设区的市级检察机关集中管辖这类案件。基层检察机关在诉讼监督过程中发现的案件线索直接移送设区的市级检察机关立案侦查。这样可以利用有限的司法资源进行集中建设以保证侦查质量，同时又避免了各个基层检察院重复建设造成的司法资源浪费。

二是建议侦查级别普遍上提一级。针对 14 种案件的侦查，其侦查权限可以普遍上提一级，由设区的市级检察机关立案侦查基层犯罪行为；省、自治区、直辖市人民检察机关立案侦查市级犯罪行为；最高人民检察院立案侦查省、自治区、直辖市犯罪行为。下级人民检察院在诉讼监督过程中发现的犯罪线索应当移交上级检察机关立案侦查。基层检察机关不享有该类案件的立案侦查权正好呼应了这种级别设想。这样的级别设想主要是基于如下理由：首先，通过侦查级别上提一级，可以避免地方保护主义，保证侦查的公正性，同时也能够起到遏制地方侦查人员滥用职权、违法腐败现象。其次，从司法公信力角度来看，侦查级别上提一级可以更大程度地免受外界干扰独立办案，实现执法公正。最后，职务犯罪侦查权转隶后，《关于人民检察院立案侦查司法工作人员相关职务犯罪案件若干问题的

① 王建平、高翼飞：《〈关于人民检察院立案侦查司法工作人员相关职务犯罪若干问题的规定〉理解与适用》，《人民检察》2019 年第 4 期，第 57 页。

② 吕晓刚：《保留检察机关部分职务犯罪侦查权的实践价值与有效实施》，《新疆师范大学学报（哲学社会科学版）》2019 年第 3 期，第 37 - 44 页。

规定》明确了人民检察院办理 14 种犯罪案件，不再适用立案决定报上一级人民检察院备案，逮捕上提一级的规定。加之，检察机关目前正在推进捕诉合一改革，若逮捕权上提一级，审查起诉的单位也自然上调一级，将扰乱正常的诉讼程序。在立案决定上报备案以及逮捕权上提一级的规定不适用后，加强上级检察机关对下级检察机关的监督仍然有必要，侦查级别普遍上提一级就是上级监督下级的重要表现。

三是单设侦查机构行使侦查权。现目前检察机关内部亟须组建新的侦查队伍、配备新的侦查设备，以保证检察机关的侦查能力能够完成侦查任务。最高人民检察院决定以"内设机构改革"作为检察机关改革的切入点、突破口。[①] 以此为契机，在刑事检察方面，重新组建专业化刑事办案机构，统一履行侦查、审查逮捕、审查起诉、出庭支持公诉、刑事诉讼监督等职能。根据《关于人民检察院立案侦查司法工作人员相关职务犯罪案件若干问题的规定》，由检察机关刑事检察工作的专门部门履行该部分侦查职能。2018 年《刑事诉讼法》第 19 条第 2 款规定了人民检察院除保留法定侦查权外还享有机动侦查权。此外，根据 2018 年《刑事诉讼法》第 170 条以及 175 条第 2 款的规定，人民检察院还享有对于监察机关以及公安机关移送审查起诉案件的补充侦查权。从检察机关现有的侦查权范围来看，虽然法定侦查权、机动侦查权与补充侦查权行使的阶段不同，但都属于侦查权范畴，三类侦查权的具体行使方式存在相同之处。因此，有学者认为可以专设侦查部作为行使这三类侦查权的内设机构。[②]

但是这一提议并没有看到检察机关在履行公益诉讼职能时，检察机关实际上也要进行侦查。根据最高人民法院、最高人民检察院于 2018 年 3 月 2 日起施行的《关于检察公益诉讼案件适用法律若干问题的解释》明确规定了人民检察院在履职过程中发现的损害国家利益或社会公共利益的行为，可以提起公益诉讼，在诉讼中检察机关应当提交被告的行为已经损害社会公共利益的初步证明材料。诉讼案件的基础就证据，提供证明材料必然需要检察机关主动调查、收集，这与侦查行为有相似性。我们可以将刑事侦查与公益诉讼中涉及的证据收集交由同一部门执行，即在刑事检察、民事检察、行政检察和公益诉讼检察机构之外，单设侦查机构负责承担整个检察机关的侦查（调查）职能。

四是加强人民监督员的监督。检察机关虽然只保留了部分侦查权，但是仍然

---

① 郑赫南、闫晶晶、姜洪：《首席大检察官释放哪些创新发展新信号》，《检察日报》2018 年 7 月 26 日，第 1 版。

② 万毅：《检察机关内设机构改革的基本理论问题》，《政法论坛》2018 年第 5 期，第 14 页。

构成了检察机关自己侦查、审查起诉以及提起公诉的框架，即使具体环节的职能部门不同，但都隶属于检察机关。加之，职务犯罪侦查权和公安机关的侦查权一样，带有先天的攻击性[①]和扩张性。在监察体制改革之前，检察机关拥有职务犯罪侦查权，其内部曾经存在较为明显的"自侦中心主义"倾向。[②] 检察机关若不合理制约侦查权，检察机关内部的审查逮捕、起诉等就难以起到审查案件质量的作用。检察机关应制定相应措施，合理规制法定侦查权的行使，并在确保谦抑性、补充性和可控性的基础上，重点防范"自侦中心主义"的复活。[③] 为此，检察机关应当理性看待人民监督员的作用，决不能因人民监督员是对检察机关的监督而加以抵制或者漠视。

产生于 2003 年的人民监督员制度，最初就是为了解决检察机关职务犯罪侦查的监督问题而制定的。但职务犯罪侦查权转隶后，人民监督员制度也就丧失了其存在的主要基础。[④] 2018 年修订的《人民检察院组织法》第 27 条与《关于人民检察院立案侦查司法工作人员相关职务犯罪若干问题的规定》明确了人民监督员有权监督检察机关办案活动。上述规定为人民监督员制度继续存在并监督检察机关侦查活动提供了法律基础。

人民检察院应当认真对待人民监督员提出的意见和建议，这一规定并没有保证人民监督员的监督刚性。因此，有学者建议完全可以在上述 14 种案件中，尝试赋予人民监督员更具刚性的权限空间，以实现权力监督的客观效果。[⑤] 为发挥人民监督员的监督作用，必须通过法律规定约束检察机关对待监督意见的随意性。陈卫东教授等对此提出了具体建议，当人民监督员意见与检察机关决定不一致时，人民检察院必须重新审查案件并将结果反馈至人民监督员。人民监督员内部以少数服从多数的方式确定表决结果。若表决结果与检察机关决定一致，便根据该决定执行；若不一致，人民监督员可要求复议。检察机关收到复议要求后，应当另行选定检察官审查案件，并将审查意见报检察长或检察委员会讨论形成最终决定。[⑥] 这种制度设计既不会干扰检察机关的办案流程，同时也能够平衡侦查的专业性与人民监督员监督所要求的公开性，使监督发挥实质作用。

[①] 何家弘：《论职务犯罪侦查的专业化》，《中国法学》2007 年第 5 期，第 3－15 页。
[②] 孙皓：《论检察权配置的自缚性》，《环球法律评论》2016 年第 6 期，第 63 页。
[③] 李奋飞：《检察机关的"新"自侦权研究》，《中国刑事法杂志》2019 年第 1 期，第 17 页。
[④] 高一飞：《国家监察体制改革背景下人民监督员制度的出路》，《中州学刊》2018 年第 2 期，第 63 页。
[⑤] 李奋飞：《检察机关的"新"自侦权研究》，《中国刑事法杂志》2019 年第 1 期，第 25 页。
[⑥] 陈卫东、胡晴晴、崔永存：《新时代人民监督员制度的发展与完善》，《法学》2019 年第 3 期，第 16 页。

小结

中国检察机关职权经历了 70 余年的探索和变迁，到今天，已经形成了四大检察并重，公诉和诉讼监督并驾齐驱的中国特色检察权，具有侦查、公诉、诉讼监督、公益诉讼四大权力的检察职权模式。以上职权在 2018 年修订的《人民检察院组织法》得到确认。在将来，这些职权也许会随着时代的变化而调整，但在调整之前，我们要积极探索这些权力运行的体制和机制，让这些权力得到全面、公正的行使。

《2018—2022 年检察改革工作规划》也对检察机关的诉讼监督职能提出了新要求：全面、协调、平衡发展检察机关各项法律监督职能，提升法律监督能力和水平。要实现这一目标，我们应当坚守人民检察院是我国法律监督机关的宪法定位，逐步实现监督精细化、审查和特定侦查程序正当化以及公诉专业化的改革目标，加强和发展检察机关法律监督职权，从而让检察机关为提高中国司法的质量、效率和公信力而作出独特的贡献。

第三节　检察机关司法责任制改革

自 1979 年我国第一部《刑事诉讼法》颁布以来，我国检察机关长期沿用"三级审批制"的办案模式。2019 年修改前的《人民检察院刑事诉讼规则》仍保留了这一办案模式的具体法律依据。[①] 由这一条文可以看出，三级审批包含承办环节、审核环节及决定环节，承办检察官没有最终的决定权，必须遵从检察长和检委会的意见。这种"上命下从"的处理方式，极具行政化色彩，其优点是能够较好地保证办案标准的统一、强化对检察办案工作的领导和监督等。

"三级审批制"的适用有其历史原因：一是作为国家机关的检察部门有必要以新中国成立后确立的民主集中制原则行事，遵循集中决策；二是检察机关成立时间较短，检察人员专业素质参差不齐，集中决策能防止办案标准混乱、适用法律错误。"三级审批制"符合其当时的社会发展条件，有助于我国检察机关正常运行

---

① 第 4 条：人民检察院办理刑事案件，由检察人员承办，办案部门负责人审核，检察长或者检察委员会决定。

秩序的恢复。

但随着法治建设的纵深发展，这一办案方式在司法实践中暴露出了更明显的弊端：一是"办案的人不作决定，作决定的人不办案"，承办权与定案权相分离，违反了司法的亲历性原则，不符合司法活动运行的规律；二是由于决定权集中于检察长或检察委员会，承办检察官的积极主动性和独立性被压制，不利于树立检察官办案的责任感；三是高度行政化使得办案流程需要经历层层审批，办案效率低下；四是由于在旧的体制中权利与责任既不明确，又是相互分离的，因而在发生错案时容易造成推诿责任，错案责任难以落实到个人。

在上述弊端越发显现的背景下，我国检察机关开始探索改变原有办案模式，以主诉检察官办案责任制为开端的检察机关司法责任制改革由此揭开序幕。

一、主诉（主办）检察官办案责任制时期（1999—2013 年）

1996 年《刑事诉讼法》修改后，庭审方式由原先的纠问制度变为对抗制度，这就对检察官业务能力提出了更高的要求，为实行改革要求、克服原有办案模式的弊端，一些检察院开始尝试新的办案制度。在 1996 年，郑州市人民检察院就曾经创设"主诉检察官办案责任制"[1]，此后多地也开展了相应的实践探索，如"等级公诉人制度"[2]"主办检察官责任制"[3]。

1999 年，最高人民检察院将主诉检察官办案责任制列为全国检察机关六大改革举措之一，并在北京、上海、重庆等 10 个城市进行试点。2000 年 1 月，最高人民检察院总结试点经验制定了《检察改革三年实施意见》，列出了 35 项具体改革任务。改革检察官办案机制，全面建立主诉、主办检察官办案责任制就包含其中。为了保障主诉检察官办案责任制的顺利运作，最高人民检察院于 2000 年 2 月发布《关于在审查起诉部门全面推行主诉检察官办案责任制的工作方案》，明确了主诉检察官办案责任制的目标与原则、组织形式、选任要求、具体职责、考核标准、主诉检察官与其他人员之间的关系等内容。为进一步在检察机关各个部门全面推行责任制，同年 5 月，最高人民检察院针对检察院的民事行政检察部门和侦查部门，提出更具体的工作意见，体现了检察机关全面推行主诉检察官改革的坚定态度。

主诉检察官改革启动当年，各级检察院就遴选出了 3689 名主诉检察官；到

---

[1] 李崇涛：《公诉检察官办案责任制改革研究综述》，《司法改革论评》2016 年第 1 期，第 145 页。
[2] 杜磊：《检察官办案责任制改革探索》，《环球法律评论》2015 年第 3 期，第 49 页。
[3] 张慧民、闫振国：《试论案件主办检察官责任制度》，《河北法学》1999 年第 1 期，第 59 页。

2003 年，就有 2960 个检察院遴选了 9000 多名主诉检察官。据 2007 年的统计数据，全国各级检察院的检察官中，有 1/3 的检察人员被任命为主诉检察官；几乎一半的案件、全部的重特大疑难案件，都是由主诉检察官承办的。由此可见，改革成果较为卓著。[①]

主诉检察官办案责任制实质是"放权检察官"或称"还权检察官"。时任最高人民检察院检察长韩杼滨指出，实行主诉检察官制度"就是要打破过去用行政办法管理司法工作的旧模式，冲破集体讨论、集体负责的旧框框，形成主诉检察官为主要责任人，责权统一的新的办案工作机制"[②]。具体而言，主诉检察官办案责任制的内容包括：

其一，检察官办案责任制的主体为主诉检察官。

其二，主诉检察官不等同于一般的检察官，需要从符合选拔标准的检察员中选任，并相对独立承办案件，履行审查起诉等法定职责，并对其做出的相应事实认定及决定负责。

其三，检察官办案责任制实施的关键，在于保证主诉检察官的相对独立性，给承办检察官以实际的、相应的检察权力。实施此办案责任制就必须限制检察长和业务科处长的"指令权"，保证主诉检察官一定程度的独立性。

其四，应对主诉检察官独立行使职权做出适当的限制。主诉检察官不能行使依据相关法律只能由检察长或检察委员来履行的职权，但主诉检察官享有建议权。

其五，必须对主诉检察官办案责任制进行监督与制约。绝对的权力导致绝对的腐败。同样，在对主诉检察官放权的同时，权力监督机制也不可或缺。

2000 年最高人民检察院颁布的《检察改革三年实施意见（2000—2002）》中提到：健全、落实检察业务工作中的主诉、主办检察官办案责任制，依法明确主诉、主办检察官承办案件的程序和职权。从 2000 年起，在起诉部门全面推行主诉检察官办案责任制，其他各业务部门也要结合本部门的职责和具体情况，做出符合本部门业务工作特点的责任制改革。主办检察官责任制是同时期检察机关在公诉以外其他检察业务部门进行探索的办案责任制改革措施。广州白云区检察院、唐山市检察院、湖北省人民检察院和郑州金水区检察院先后进行了主办检察办案责任制的试点，并取得了一定成效。最高人民检察院在 2001 年的工作报告中，再

---

① 孙立、曲力慧：《从主诉检察官到检察官——对检察人员分类改革的思考》，《国家检察官学报》2005 年第 2 期，第 78 页。

② 王松苗：《共和国检察人物韩杼滨：推行检务公开和主诉检察官制度》，《检察日报》2010 年 1 月 11 日，第 3 版。

一次强调主办检察官办案责任制，要求"全面实行主诉检察官制度改革，继续抓好主办检察官办案责任制试点，形成权责统一、监督有力的检察官办案制度，提高办案质量和效率"①。

但主办检察官办案责任制最终仅止于试点，未得到全面推行，甚至司法实践中也未形成关于此制度的统一认知。由于改革的目标和改革的内容与主诉检察官办案责任制大同小异，两种责任制的本质实际上并无不同，概念的不同流于在形式上基层检察机关改革试点的不同提法，因此最终两者在同时期的司法实践中逐渐融合统一。

主诉检察官办案负责制是对原有办案模式的突破和创新，符合检察活动运行的原则和规律，它的出现顺应了我国司法改革的客观需要，故在实行初期产生了明显的积极影响，取得了不容忽视的成效。2003 年最高人民检察院在工作报告中披露：实行主诉检察官办案责任制，有 2960 个检察院择优选任主诉检察官 9000 多名，明确了办案责任，提高了公诉质量和效率。②

但由于受到各种因素的影响和制约，这项改革进入了困境：

一是对主诉检察官的法律地位不明确，责权利不统一，只确认了主诉检察官对案件事实和证据负责，而没有对主诉检察官的地位和职权作出更清晰的规定。

二是主诉检察官的权力责任不明确。有的主诉检察官害怕担责，仍会再提请上级讨论，办案效率大打折扣；有的主诉检察官则会因为得到更大的权力而滋生司法腐败。

三是检察一体与独立办案之间无法平衡。检察机关的特殊性在于实行检察一体，上下级检察机关之间是领导与被领导的关系。③ 在这种行政化的上令下从的关系下，在检察院内部实行检察官相对独立不可避免会有阻力。

四是主诉检察官行使权力缺乏监督机制。某些检察院内部制定了有关主诉检察官办案责任制的相关文件，但由于内容模糊，缺乏与主诉检察官办案责任制相配套的指导、监督、服务、保障等方面的管理机制，导致改革难以持续。

总体而言，主诉检察官制度改革并未使我国检察机关的办案机制得到实质性的转变，并且改革大多局限在检察机关内部，不具有全面性和彻底性。因为种种现实困境，主诉检察官办案责任制在很多地区几乎名存实亡，"三级审批制"仍然

---

① 韩杼滨：《最高人民检察院工作报告》，《人民日报》2001 年 3 月 22 日，第 1 版。
② 韩杼滨：《最高人民检察院工作报告》，《人民日报》2003 年 3 月 23 日，第 1 版。
③ 樊崇义、龙宗智、万春：《主任检察官办案责任制三人谈》，《国家检察官学院学报》2014 年第 6 期，第 3 页。

根深蒂固，改革的预期目标最终并未实现。

二、主任检察官办案责任制时期（2013—2015 年）

曾被一度推行的主诉检察官办案责任制改革失败了。2012 年修改后的《刑事诉讼法》《民事诉讼法》赋予检察机关更多的诉讼监督职能，检察机关承担的工作任务更加繁重，对办案质量效率和检察官素质的要求更高，案多人少和办案效率低的问题日益突出，对责任制改革的需求也更加迫切。

2013 年 11 月，十八届三中全会对司法体制改革进行了全面部署，明确提出人民法院应当实现"让审理者裁判，由裁判者负责"。虽然没有明确提出检察机关的权力运行机制改革，但对司法机关"健全司法权力运行机制"的整体要求和对人民法院改革的具体要求，也引发了人民检察院的主动改革。

最高人民检察院于 2013 年 12 月制定了《检察官办案责任制改革试点方案》，规定 2014 年 1 月至 2014 年 12 月，检察机关将试点开展检察官办案责任制。这一文件以建立主任检察官制度为重点核心内容，并从建立办案组、主任检察官选任、明确职责权限、完善监督制约及检察官待遇五个方面规定了试点改革内容，在北京、上海、广东、重庆、四川等 7 个省市 17 个检察院展开首批试点。根据前期试点单位的改革经验，为进一步明确改革要求、解答实施过程中的疑问，最高人民检察院于 2014 年 3 月初发布《检察官办案责任制改革试点实施工作指导意见》。

2014 年 10 月，党的十八届四中全会《关于全面推进依法治国若干重大问题的决定》进一步明确提出："完善主审法官、合议庭、主任检察官、主办侦查员办案责任制，落实谁办案谁负责。"[1] 2014 年《最高人民检察院工作报告》提到：落实"谁办案、谁决定、谁负责"，组织 17 个市县检察院开展检察官办案责任制试点，择优选任 460 名主任检察官，赋予相应司法办案决定权，完善司法办案责任制度，主任检察官对所办案件终身负责。[2]

主任检察官制度，是指主任检察官与多名检察官等组成的办案组在检察长及检察委员会领导下，对授权范围内的案件依法独立行使决定权并承担相应办案责任的制度。[3] 根据《检察官办事责任制改革试点方案》规定，以主任检察官为基数，配备其他检察官和辅助人员若干名，组成办案组织。主任检察官为办案组织

---

① 习近平：《关于〈中共中央关于全面推进依法治国若干重大问题的决定〉的说明》，《人民日报》2014 年10 月 29 日，第 2 版。

② 曹建明：《最高人民检察院工作报告》，《人民日报》2014 年 3 月 18 日，第 2 版。

③ 王守安：《完善主任检察官办案责任制》，《检察日报》2014 年 12 月 19 日，第 3 版。

的负责人，对案件办理负主要责任。主任检察官享有执法办案相应的决定权，除法律规定必须由检察长、检委会行使的职权外，其他案件处理决定可以由主任检察官负责的办案组织独立作出。属于主任检察官有权决定的事项，主任检察官对其决定负责。

与前一阶段的主诉检察官办案责任制相比，主任检察官办案负责制的不同之处主要有三点。

一是范围更大。此次改革不仅限于在公诉部门推行，而是在检察机关的其他部门也全面推进检察机关责任制。

二是办案组织形式有变化。主任检察官办事负责制由选任主任检察官主导，整合部分检察官和检察官助理，从而形成一个相对固定、独立的主任检察官办公室；采用扁平化的案件办理方式，直接受检察长领导；原有"承办人办理、科长审核、检察长或检委会决定"的层层审批办案模式，转变为"大多数案件由主任检察官独立决定，少数重大疑难案件由主任检察官按规定提请检察长或检委会作出决定"的以主任检察官为主体的办案模式，业务部门负责人退出案件审批层级，淡化了行政色彩。

三是跟进主任检察官的职级待遇与责任制改革。将主任检察官责任制同时确定为职务制度，而不再限于内部制度改革造成无法配套待遇，从身份和待遇两方面保障主任检察官的地位。

主任检察官办案责任制的推行，相对前期的主诉检察官制度已经有所进步和优化，但并没有解决实质性问题。

其一，与前一阶段解决方向类似。权力下放的归属都是对承办检察官有领导权的"主诉检察官"或"主任检察官"，承办检察官都不能拥有相对独立的决定权。

其二，改革的核心有偏差。检察官办案责任制的要义在于确立承办检察官独立人格、保障其主体地位；而主任检察官办案责任制强调了主任检察官的独立地位而非承办检察官的。除了要提请讨论的疑难风险案件，大多数案件决定权掌握在主任检察官手上，非主任检察官的承办人提交处理意见后由主任检察官审批决定，若意见相左，承办检察官只能服从上级决定，无法保留独立意见。[①] 检察机关最基本的责任机制，仍然应当是承办负责制，即"谁办案，谁负责"。

其三，不符合司法活动运行规律。实质上只是从"三级审批"简化为"两级

---

① 龙宗智：《检察官办案责任制相关问题研究》，《中国法学》2015 年第 1 期，第 84 页。

审批"，但审批制的本质没有变化。

其四，与员额制改革有所冲突。为实现司法人员相对"精英化"而实施的司法员额制，与主任检察官一样是择优选任，员额压缩之后检察人员已经得到精简，在此基础上继续推行主任检察官负责制，可能会导致在机构设置上的"叠床架屋"，而这无疑是与改革精神相悖的。因此主任检察官责任制改革更像是前一时期主诉检察官责任制的翻版，难以达到司法责任制改革的预期效果。

经过广泛调研及对试点改革经验的听取，最高人民检察院在之后的相关文件中不再强调主任检察官办案责任制的提法，转而直接推行检察官办案责任制。为期一年的主任检察官办案责任制试点可视为人民检察院司法责任制开启前的过渡，为真正意义上的检察机关司法责任制改革揭开序幕做了前期准备。

三、人民检察院司法责任制时期（2016 年起）

关于这一时期的称谓，实践中称为检察官办案责任制，但是，我们主张表述为"人民检察院司法责任制时期"，理由是，这个时间的检察机关的司法责任制是一个整体，员额检察官与检察官助理、检察长、检察委员会等办案组织和个人都是司法责任制的主体之一，员额检察官与他们之间通过权力清单确定各自的权责。一个案件并非只有承办人和办案组在办案，而是可能由他们与全院其他人甚至于上级检察院共同办案，根据在办案中的权限，实行"谁办案谁负责，谁决定谁负责"，在一个案件中，办案的各种主体应当就自己办理和决定的那部分内容负责。称之为检察官办案责任制容易产生歧义，让人误解为这仅仅适用于员额检察官。

2015 年 3 月，习近平总书记在主持中共中央政治局第二十一次集体学习中提道："要紧紧牵住司法责任制这个牛鼻子，凡是进入法官、检察官员额的，要在司法一线办案，对案件质量终身负责。"[①] 再次强调了司法责任制改革的重要性。为进一步推进司法责任制的完善，2015 年 9 月 25 日最高人民检察院发布实施了《关于完善人民检察院司法责任制的若干意见》，这是最高人民检察院全面总结前期各地试点经验、听取各方意见，立足现状、面向未来制定的重要司法责任制改革文件。其规定了今后的检察机关办案组织为独任检察官或检察官办案组，进一步明晰了各类检察人员的职权，提出了检委会运行机制的改革措施，健全了检察管理监督制约机制，细化了检察人员责任追究规则及程序，对日后的改革起到了重要

---

① 《以提高司法公信力为根本尺度　坚定不移深化司法体制改革》，《人民日报》2015 年 3 月 26 日，第 1 版。

指导作用。同年 9 月，最高人民检察院发布的《"十三五"时期检察工作发展规划纲要》强调，按照中央政法委统一部署，在全国检察机关全面推开司法责任制改革。

《关于完善人民检察院司法责任制的若干意见》第 21 条要求，各地省级检察院结合实际制定当地的检察官权力清单。为进一步统筹各地检察官权力清单的制定，避免各地对权力清单的把握差异过大，最高人民检察院于 2017 年 3 月 28 日印发了《关于完善检察官权力清单的指导意见》。这一指导意见属于框架性的文件，旨在指导不同层级的检察院制定的检察官权力清单形成相对统一的局面。

2017 年 11 月最高人民检察院《关于人民检察院全面深化司法改革情况的报告》指出：全国检察机关面上的司法责任制改革基本完成，初步建立了权责明晰、监管有效、保障有力的检察权运行新机制。[①] 这表明司法责任制改革已经取得阶段性的成果，接下来应更为全面地落实和深化。

2017 年 10 月 28 日，党的十九大报告指出，要"深化司法体制综合配套改革，全面落实司法责任制，努力让人民群众在每一个司法案件中感受到公平正义"[②]，再次强调了司法责任制在司法体制改革中的重要性，表达了对司法体制改革的期望。2018 年 2 月，十九届三中全会上通过的《中共中央关于深化党和国家机构改革的决定》积极贯彻十九大报告精神，对深化司法责任制改革提出更具体的要求，进一步为司法体制改革指明了方向。2019 年 2 月，最高人民检察院制定的《2018—2022 年检察改革工作规划》根据现有改革成果，将全面落实司法责任制的重点放在完善配套制度上；在强调司法办案中要突出检察官主体地位的同时，还规定了应完善案件管理监督机制、检察官业绩评价制度、责任认定及追究制度等 8 个相关配套制度，规划措施重点的改变透露出司法责任制改革在新阶段中的新深化。这一改变也在同年 10 月召开的十九届四中全会中得到印证和强调。

2020 年 5 月，最高人民检察院检察长张军在最高人民检察院工作报告中总结司法责任制改革成果：担任领导职务的检察官带头办理重大疑难复杂案件，四级检察长办理案件 57636 件、列席审委会 5682 次，同比分别上升 57.2% 和 56.4%，突出了检察官办案主体地位，同步强化检察长、业务部门负责人监督责任。[③] 这一

---

① 曹建明：《最高人民检察院关于人民检察院全面深化司法改革情况的报告（摘要）》，《检察日报》2017年 11 月 3 日，第 2 版。

② 习近平：《决胜全面建成小康社会　夺取新时代中国特色社会主义伟大胜利》，《人民日报》2017 年 10 月 28 日，第 1 版。

③ 张军：《最高人民检察院工作报告》，《检察日报》2020 年 6 月 2 日，第 1 版。

时期的司法责任制改革成果丰硕，具体而言改革内容涵盖了六个方面。

（一）办案组织形式的改革

实行独任检察官办案和检察官办案组双轨制。2015年的《关于完善人民检察院司法责任制的若干意见》提出改革办案组织形式，2017年10月开始试行的《最高人民检察院机关司法办案组织设置及运行办法（试行）》将该意见中有关组织形式的内容具体化。检察机关办案组织形式上所做的调整，一改以往办案组织形式无明文规定，多种办案组织形式并存的混乱局面。① 2018年10月26日，第十三届全国人民代表大会常务委员会第六次会议上通过了《中华人民共和国人民检察院组织法》，这是该法的第三次修正。其中为办案组织相关内容新增了专属章节，将"实行独任检察官和检察官办案组"的办案组织形式以法律条文的形式固定下来。

这项改革措施，一是肯定了独任检察官办案负责制，强调了独任检察官的办案主体地位；二是修正了对主任检察官这一职位的认识，不再将其视为一级办案组织，而仅认定为检察官办案组负责人，实现扁平化业务管理；三是减弱办案模式的行政化特征，取消部门负责人对办案意见的审批权，削弱部门负责人对案件决定的影响，检察官直接对检察长负责。总之，检察官办案责任制的确立使得责任制的重点真正落到承办检察官身上，更尊重司法运行规则，也更符合"谁办案谁负责"的总要求。

（二）人员分类管理的改革

一是实行检察官员额制。要对检察机关人员进行分类管理，选拔优秀办案检察官，打造相对精英化、专业化、职业化的检察官队伍，优化司法人力配置，实行检察官员额制是必经之途。在2015年2月印发的《关于深化检察改革的意见（2013－2017年工作规划）》中又将"建立检察官员额制度"纳入规划，对制度内容做出进一步的框架性设计，首先将检察机关的工作人员分成三类，即检察官、司法辅助人员及行政管理人员进行管理，并且保证检察官在其中的比例在39%以上。

二是完善了检察官遴选机制。一方面进一步细化了遴选程序，另一方面丰富了检察官选任的途径，例如从符合条件的律师、法学专家中招录等。通过遴选考核机制，符合条件的优秀检察官进入员额内成为员额检察官。将员额检察官集中于办案一线，减少行政事务对办案工作的占用提高办案效率，一定程度上缓解了

---

① 第4条："健全司法办案组织形式。根据履行职能需要、案件类型及复杂难易程度，实行独任检察官或检察官办案组的办案组织形式。"

"案多人少"的困境。

2019 年 2 月最高人民检察院发布的《2018—2022 年检察改革工作规划》再次更新了对员额制的部署规划。其一，要求进一步细化和优化遴选机制，强调对入额检察官办案能力和质量的考察。其二，要求加强对检察官员额的动态管理和调整，在关注入额情况的同时，也要相应建立员额退出机制，制定退出办法将退出的情形具体化、程序明确化，例如有违法违纪现象的、在额内却不办案的、退休离职的，应及时退出员额名单，保持检察队伍的活力及人员的业务素质水平。

（三）权力运行机制的改革

保持权责统一是司法责任制的重点要求之一。只有明晰检察权的边界、确定检察官的办案职责和权限，才能明确检察官在司法活动中的主体地位；同时，如果不对检察权的运行加以限制，司法责任就难以得到落实。而制定权力清单正是明确权责问题的有效举措，因此在深化司法责任制改革中这是必不可少的内容。司法责任制的全局指导性文件《关于完善人民检察院司法责任制的若干意见》已明确要求各地检察院结合实际制定检察官权力清单。

为解答各地制定清单遇到的问题、整合各地清单制定差异较大的混乱局面，2017 年 3 月 28 日最高人民检察院印发了《关于完善检察官权力清单的指导意见》，说明了制定检察官权力清单的指导思想，明确了制定主体只能是各地省级人民检察院。对于清单的要素，一是规定了权力清单的内容范畴，应以办案决定权为重，避免内容过于混乱庞杂；二是规定清单形式上以正面清单为主，部分改革相对成熟的地区可制定只罗列检察长保留职权的负面清单；三是对检察官对各类案件能决定的办案事项范围做了原则性的规定；四是调整了检察长行使办案事项决定权时的表述，即由独任检察官或主任检察官在其职权内作的决定，检察长只能行使审核权，不再表述为"审批"；五是增加了法律文书的签发主体，以人民检察院名义制发的法律文书不再仅限由检察长签发，并明确了各签发主体的责任，这一规定是检察官主体地位得到强化的重要体现；六是弱化了部门负责人的审核权，虽然允许各地视情况保留，但要求予以严格限制并逐步取消，可以视为为"去行政化"做出的不懈努力。2019 年 7 月 19 日的政法领域全面深化改革推进会上，法官、检察官权力清单制度设计再次被加以强调。

（四）办案监督机制的改革

权力进一步下放到检察官之后，一方面扩大了承办检察官的权责范围，授予了检察官更多的必要权限，强调了检察官的办案主体地位和独立人格，另一方面权力扩大所面临的失控和滥用风险也空前加剧。因此，检察官办案的监督制约机制是司法责任制设计中的必要考虑环节。为了使监督制约机制能够跟上改革步伐，实现进一步的有效监督，《关于完善人民检察院司法责任制的若干意见》构建了从上至下、从内到外的监督机制。从上是强调上级检察院对下级检察院的监督领导，明确上级检察院对下级检察院的指令权；从下是规范下级检察院向上级检察院请示的应遵循的程序规则，要求请示前应经过院内检察委员会讨论，体现了检察委员会的监督权力。自内形成检察长、检委会及纪检监督机构等对独任检察官和检察官办案组的监督，主任检察官对组内检察官的监督，完善案件承办确定机制、案件管理机制、业绩评价机制及办案质量评价机制等配套制度从检察机关内部规制检察官办案权力的行使。自外则通过构建检务公开机制、人民监督员制度，强化人民群众对检察事务的监督。

此后，最高人民检察院于 2015 年 12 月印发了《关于对检察机关办案部门和办案人员违法行使职权行为纠正、记录、通报及责任追究的规定》，这一文件明确了各类检察人员的监督责任，以期强化检察机关的内部监督。2019 年 12 月 2 日，最高人民检察院第十三届检察委员会第二十八次会议通过了《人民检察院刑事诉讼规则》，再次细化了检察长、部门负责人对检察官办案行使监督管理职权的情形和程序，以期实现放权与监督约束的平衡。例如检察长履行监督管理职责的情形之一是办理重大疑难、复杂或有社会影响的案件时应向其报告；再如将部门负责人的监督权限制为"审核"而不是"审批"，其无权直接改变检察官的办案意见。以上对监督机制改革措施确立了"有权不放任，用权受监督"的保障机制。

（五）责任追究机制的改革

责任追究机制的改革确定了办案的组织形式和人员，明晰了权力边界和制约机制，后续就面临如何认定责任、确定是否予以追究以及如何追究责任的问题。司法责任认定规则与追究机制的建立是司法责任制要达到的主要目标之一。《关于完善人民检察院司法责任制的若干意见》对严格责任认定与追究机制提供了框架性的指导：提出了检察人员在职责范围内对办案质量终身负责的原则性要求；划分了三种司法责任的类型，[①] 规定了不予追究司法责任的豁免情形；以故意和过失为标准罗列了应当承担司法责任的数个情形；根据对检察办案活动中不同主体的职权划分来明确各类检察人员的应负责任范围；健全了责任追究程序，规定责任认定调查由检察院纪检监察机构负责并承担举证责任，责任追究与否、如何追究的建议由检察官惩戒委员会审议产生，而当事检察官有申请复议等权利。同时，

---

① 第 32 条：司法责任包括故意违反法律法规责任、重大过失责任和监督管理责任。

还提供了处理应当承担司法责任的人员所依据的法律文件。

2015 年 12 月，最高人民检察院印发的《关于对检察机关办案部门和办案人员违法行使职权行为纠正、记录、通报及责任追究的规定》为处理检察人员办案过程中出现的违法行使职权行为提供依据。其中第 12 条提到：对办案部门和办案人员违法行使职权的责任追究适用《若干意见》等有关规定，进一步丰富了责任追究机制的内容。2016 年 7 月中央全面深化改革领导小组第二十六次会议通过了《关于建立法官、检察官惩戒制度的意见（试行）》就惩戒委员会的设立标准、人员结构、工作职责做了细化规定；对检察官惩戒的程序和适用范围做了具体要求；构建了检察官惩戒制度。2019 年 4 月修订的《中华人民共和国检察官法》规定了检察官惩戒的情形、运行程序及人员组成，使检察官惩戒制度得到进一步巩固。

（六）职业保障制度的改革

健全司法人员职业保障制度与司法责任制改革联系紧密。在检察官办案责任制的改革之下，检察官在权力扩大的同时，也承担了更重的责任。如果责任增加了，而职业待遇的提高却得不到回应，责任与待遇悬殊，那么将会加剧司法人才资源流失，不利于留住本已紧缺的优秀司法人才。要打造一个精英化的检察办案队伍，除了选拔精英，还需要为精英提供必要的职业保障，达到检察官责、权、利相统一。这一时期的职业保障机制改革主要从履职保障和物质保障两方面着手。

第一，对司法人员依法履行职责的行为进行保护。2016 年 4 月 18 日，中央全面深化改革领导小组第二十三次会议审议通过了《保护司法人员依法履行法定职责规定》，这一文件重申了对司法人员依法履职受法律保护，明确规定司法人员依法办案的行为不受行政部门、其他单位的干涉，任何单位或者个人不得要求法官、检察官从事超出法定职责范围的事务。[①] 具体规定了对司法人员依法履行职责的保护措施：对处分检察官的情形进行严格的限制；为处分法官、检察官设置了严谨的程序要求；规定了各种办案情形下对司法人员的安全保障和权利保障；为司法人员设置了相关控告权，当出现侵害其所享有的职业法定权利情形时即可行使。这一系列全面系统的规定为检察官履职保护提供了有力的制度保障。

第二，在物质上推进司法人员的职业待遇。2015 年 9 月 16 日，中央全面深化改革领导小组第十六次会议审议通过了《法官、检察官单独职务序列改革试点方案》。首先，根据法官、检察官的司法职业特点实施人员分类管理，为其建立单独

---

① 中共中央办公厅、国务院办公厅：《保护司法人员依法履行法定职责规定》，《法制日报》2016 年 7 月 29 日，第 1 版。

职务序列，提高等级设置规格，以"四等十二级"划分管理。与综合管理类公务员的行政管理职级脱钩，与一般公务员的管理区分开来，形成更职业化、专业化的队伍。其次，同时颁布的《法官、检察官工资制度改革试点方案》规定根据单独职务序列配以相应的工资制度，根据序列等级分配薪酬。推行对一线办案人员倾斜的工资政策，进一步推动司法机关人财物管理的改革，让司法机关进一步摆脱对地方行政的依赖。最后，建立与之配套的等级晋升制度，细化按期晋升和择优选升的具体实施细则，拓宽法官、检察官的晋升通道，优化职业前景和发展空间。

2019 年 4 月修正的《中华人民共和国检察官法》分别设置了"检察官的管理"和"检察官的职业保障"两大专章，将前期对检察官职业保障制度的改革成果以法律的形式巩固下来。

四、对检察机关司法责任制的反思与展望

经过前面两个阶段的探索，现阶段的司法责任制在中央深化司法体制改革的全面部署和推进下，充分吸取了过去的经验教训，抓住本质矛盾，直指制度核心，改革更加深化和全面。

其一，更加尊重司法规律。摒弃了过去"办案的人不作决定，作决定的人不办案"的办案模式，遵循司法亲历性原则，避免承办与决定相分离，肯定了独任检察官办案负责制是常设的办案组织形式。

其二，强调了检察官的主体地位。直接放权给承办检察官，权力清单制度扩大了检察官的职责权限，落实检察官在其职责范围内的办案决定权。

其三，着力于去行政化。取消了部门负责人的审批环节，降低了部门负责人对案件决定的影响程度，并且不将主任检察官视为一个行政职位层级，实行扁平化管理，总体上弱化了办案过程中的行政色彩。

其四，健全配套制度建设。过去办案负责制无法长期推行的一个重要原因就是把责任制改革局限在检察机关内部，局限在责任制本身，而忽略了改革的整体性，从而导致由于缺乏配套机制的协调推动而无法持续运行。现阶段，除了对办案责任制的改革，还健全了优化人员管理的员额制、制约权力的监督机制和追责机制、同步调整的职业保障机制等配套制度。

目前，检察机关司法责任制改革已经进行了全面的框架性、制度性设计，面上改革基本完成，但在具体落实的过程中也暴露了很多问题。

一是当检察官的意见与检察长相左时，检察长可直接改变决定，检察官只能

遵照执行，这样的刚性处理方式没有体现对检察官独立司法人格的尊重，未来还需要继续探索"检察一体化"与"检察官相对独立"的平衡之道。

二是各地权力清单的放权态度较为保守，对检察官的授权范围有待扩大。

三是惩戒委员会审议意见效力不明，检察院对于审议意见是参考还是遵循没有明确规定。

四是员额制的动态管理机制有待健全，特别是员额退出制度问题有待完善。

五是检察机关职业保障制度有待健全，检察官单独职务序列与工资制度的衔接和配套有待深化。为了保持队伍的稳定性，检察辅助人员和司法行政人员的职业保障和待遇也要做出相应的调整。

当前一些地区的司法责任制改革还存在着"穿新鞋走老路"的现象，要全面落实司法责任制的改革仍然任重道远。

目前检察机关司法责任制的制度框架已经基本搭建完成，并且已经取得诸多的突破性进展。在实现司法责任制的破题之后，面临的就是新形势下如何将改革落到实处。党的第十九届四中全会决定中强调要"深化司法体制综合配套改革，完善审判制度、检察制度，全面落实司法责任制"①，这无疑为未来改革发展提供了方向，说明新时期司法体制改革的重点应当向完善配套制度倾斜。检察机关司法责任制的未来改革将与这一会议精神保持一致。

第一，明确权力清单的授权边界。制定权力清单必须要面对的问题是要明确下放哪些权力，而要确定授权的范围就要明确授权与限权之间的界限，要有相对明晰的授权与限权的边界作为指导。办案责任制一方面强调扩大承办检察官的办案权力，另一方面则要保持对检察官行使权力的监督和制约；一方面要去行政化实现扁平化管理，另一方面要兼顾检察一体化。在各地的权力清单制定实践中，对于放权的标准和界限并不统一。为了能够更科学地界定授权边界，在制定时可以从以下角度斟酌：其一，考虑办案权力的属性。为了尊重检察官的办案主体地位，司法属性强的事项以及非终局性的程序性事项，可尽量授予检察官决定权，反之则慎重放权。其二，考虑案件的具体情况和程度。对于重大、疑难、复杂以及社会影响力大的案件决定权应当限于检察长或检察委员会行使，此外的其他案件的决定权可以尽量授予检察官行使。还需要注意的是，关于"重大、疑难、复杂"的标准目前仍没有明确操作适用的法律依据，但可以从以下两个角度判断：

---

① 《中共中央关于坚持和完善中国特色社会主义制度　推进国家治理体系和治理能力现代化若干重大问题的决定》，《人民日报》2019年11月6日，第1版。

一是案件类型，例如非法集资等涉众型犯罪、数额巨大影响恶劣的贪污贿赂犯罪、造成严重危害结果的暴力犯罪、危害国家安全的恐怖组织犯罪等；二是刑罚轻重。譬如对可能判处十年以下有期徒刑的案件独任检察官有权决定提起公诉，而可能处无期徒刑甚至死刑的案件则不宜授予独任检察官办案决定权。

第二，完善员额退出机制。打造正规化、专业化、职业化的检察队伍是司法责任制改革的目标之一，为了稳定检察队伍的人员业务素质水平，形成优胜劣汰的良性竞争，有必要安排不再符合职业要求的检察人员退出员额。目前在检察机关中存在着"入额易出额难"的现实问题，一些检察院漠视正规的遴选规则，让领导优先入额，压缩了有能力的青年骨干的职业发展空间。并且还存在有些入额检察官长期占据员额却不办案的现象。这无疑与实行员额制改革的目的渐行渐远了。因此有必要完善员额退出机制，出台员额退出办法，及时将不合要求的人员安排退出。

解决上述问题的思路之一就是健全员额退出机制的配套措施。对于未入额的人员，可以通过强化入额遴选规则的实施避免不符合要求的人员进入员额；对于已入额人员，可以通过严格执行考核制度，及时将未通过考核的人员列入退出名单；此外，还可以设置允许回归员额的情形，增加制度运行的弹性。对于因任职回避等客观性事由不得不退出员额的检察官，在该事由不复存在后可以回到员额名单中，由此实现员额动态管理。

第三，探索建立检察官司法责任豁免制度。目前我国的法律体系缺乏对检察官司法责任豁免制度的构建，关于免除检察官司法责任的规定散见于《关于完善人民检察院司法责任制的若干意见》之中。[①] 条文只简略规定了两种免责的情形，仅止于原则性规定还远未形成更具操作性、实践性的系统规则，应当予以进一步的健全和完善。之所以不应当忽视检察官司法责任的豁免制度，是因为司法责任制改革的目标之一就是明确责任主体，但由于旧办案模式在错案追责上的模糊，常常出现错案追责一抓一大片的现象。如果能够完善司法责任豁免制度，那么就能将免责的职务行为予以明示和框定，反过来明晰了追责与免责的界限，从而达到完善司法责任制的效果；并且还能起到保护检察官依法履职的作用，避免因为过分强调追责而导致承办检察官惧怕担责、消极办案的情况。

在制定检察官司法豁免的相关规定时，应当注意明确免责的事由和范围，以

---

① 第33条：司法办案工作中虽有错案发生，但检察人员履行职责中尽到必要注意义务，没有故意或重大过失的，不承担司法责任。检察人员在事实认定、证据采信、法律适用、办案程序、文书制作以及司法作风等方面不符合法律和有关规定，但不影响案件结论的正确性和效力的，属司法瑕疵，依照相关纪律规定处理。

便界定司法瑕疵和承担责任的限度；还应当完善认定免责的程序，确定提出豁免意见的主体，受理和决定的部门和机构等程序性问题。

第四，明确检察官惩戒委员会审查意见的效力。检察官惩戒委员会是检察机关司法责任制中追责机制的一大重要环节。检察机关内的纪检监察机构将检察官追责意见提交给惩戒委员会审议，惩戒委员会提出审查意见后，再由检察院自行对当事检察官做出处理决定。从规定的内容可知，惩戒委员会并不能直接对当时检察官做出处分决定，最终决定权在检察院。对于审查意见，检察院应当完全遵照执行还是只起到参考建议之效用，现有法规并未给出确切答案，这使惩戒委员会所作的审查意见处于一种较为尴尬的境地。

为了充分发挥检察官惩戒委员会的作用，应当赋予审查意见一定的法律效力，要求检察院原则上必须采纳惩戒委员会的审查意见，按照审查意见来做出处理决定。同时，还要考虑当检察院意见与惩戒委员会的审查意见有分歧时，应当设立相应的协调解决机制。

第五，落实与检察官单独职务序列相配套的待遇保障制度。检察官单独职务序列的设置，打破了过去检察官职级与行政职级密切相关的行政属性，不再根据行政级别来确定晋升，而是以办案质效等专业性指标来考量职业发展，强化了司法属性。这有利于强调检察机关的独立地位、避免办案一线司法人力资源的流失，从而建立符合检察业务特点的职业制度。检察官单独职务序列的一大重要内容就是建立与职务序列相衔接、相配套的待遇保障制度，例如工资、津贴制度等。但是改革实践中存在着配套制度未能同步更新衔接的情况，各地对配套制度的建设相对滞后，以致影响了改革积极效用的发挥。

为了落实与职务序列相配套的待遇保障制度，一是应当完善工资制度，确保检察官的工资与一般公务员拉开距离，在职业风险增加的情况下要对其薪酬予以相应的提升激励，尊重检察官的职业特殊性；二是细化员额检察官的岗位津贴政策以及住房、医疗补贴等福利政策，完善其退休待遇细则；三是实施科学的晋升办法，设置符合职业特点的晋升规则；四是晋升和奖金分配将与业绩考核情况挂钩，形成收入合理增长机制。

小结

司法责任制改革是我国深化司法体制改革的核心内容，是改革中需要紧紧牵住的"牛鼻子"。当前的改革突出检察官办案主体地位，落实"谁办案谁负责、谁决定谁负责"改革要求，检察机关司法责任制已经取得了丰硕卓著的改革成果，整体框架基本搭建完成。

司法责任制改革经过了宏观制度构建阶段，现阶段已经面临深化司法责任制配套改革的"精装修"。日正高悬路正长，改革依然在路上。接下来的改革应继续为深化综合配套措施而努力，以期巩固司法责任制改革的成果，支撑司法责任制的长远发展。

第四节 中国的检务公开改革

在中国，检务机关信息公开来源于宪法中的两个方面的条款。一是《宪法》中的"人民权利条款"。《宪法》第2条规定："中华人民共和国的一切权力属于人民。……人民依照法律规定，通过各种途径和形式，管理国家事务。"第3条规定："国家行政机关、审判机关、检察机关都由人民代表大会产生，对它负责，受它监督。"其中的人民"管理国家事务"包括了检察机关的事务，检察机关也应当"对人民负责，受人民监督"，要实现人民的这些民主权利，其前提是公民必须知道检察机关"在干些什么"。二是《宪法》第35条的"言论自由条款"，即"中华人民共和国公民有言论、出版、集会、结社、游行、示威的自由"国际规则中的"言论自由"，包括了"寻求、接受和传递消息和思想的自由"，只有获取了信息，公民才知道自己的言论要表达什么，才能实现实质上的言论自由，所以公民有权要求政府公开信息，这是言论自由的题中应有之义。

一、中国检务公开改革规范历程

从检务公开的发展历程来看，其随着我国信息公开的不断深入发展被注入了新的活力、赋予了新的内容。1998年10月，高检院下发了《关于在全国检察机关实行"检务公开"的决定》，部署全国检察机关的检务公开工作，此后，高检院每年下发的检察工作重点中都有检务公开的内容；1999年1月4日，高检院制定了《人民检察院"检务公开"具体实施办法》，要求检察人员在执行公务时必须履行告知义务；1999年4月6日，高检院下发了《关于建立检察工作情况通报制度的通知》，要求各省级检察院建立新闻发言人制度；2001年3月5日，高检院公诉厅印发了《人民检察院办理不起诉案件公开审查规则（试行）》，要求对存在较大争议且在当地有较大社会影响的不起诉案件公开审查；2006年6月，最高检颁布了

《关于进一步深化人民检察院"检务公开"的意见》，拓宽了检务范围公开的渠道，完善了定期通报和新闻发言人制度；2011 年 12 月 29 日，最高人民检察院第十一届检察委员会通过了《人民检察院刑事申诉案件公开审查程序规定》，明确规定主要以采取听证会的方式，对案件事实、适用法律存在较大争议，或者有较大社会影响等刑事申诉案件进行公开审查；2013 年 3 月 22 日，最高人民检察院出台《最高人民检察院关于加强和改进刑事申诉检察工作的意见》，在严格落实刑事申诉案件公开审查制度的基础上，综合运用多种形式加大公开审查力度，注重公开审查制度与人民监督员制度、群众工作制度等有机结合，提高公开审查工作水平和实效；2013 年 12 月 10 日，最高人民检察院在对外公布的《2014—2018 年基层人民检察院建设规划》中提出深入推进基层人民检察院检务公开工作，细化执法办案公开的范围、对象、时机、方式和要求，健全主动公开和依申请公开制度。除法律规定需要保密的以外，执法依据、执法程序、办案过程和检察机关终结性法律文件一律向社会公开。

与此同时，除相关的文件性规定之外，最高检还将检务公开的内容作为检察改革的重要组成部分纳入检察改革的规划运行之中。2000 年 1 月，第一个《检察改革三年实施意见》第五部分"改革检察机关内、外部监督制约机制，保证公正、廉洁和高效"之第 23 条规定了"进一步深化'检务公开'，不断拓宽'检务公开'的范围、方式和途径"。2005 年 8 月 24 日通过的第二个改革规划，即《最高人民检察院关于进一步深化检察改革的三年实施意见》第 16 条指出，要"进一步深化检务公开"，全面增强检察机关法律监督能力，发展完善中国特色社会主义检察制度。2009 年 3 月，最高检又印发了《关于贯彻落实〈中央政法委员会关于深化司法体制和工作机制改革若干问题的意见〉的实施意见——关于深化检察改革 2009—2012 年工作规划》，即第三个检察改革规划，明确要求将优化检察职权配置，改革和完善法律监督的范围、程序和措施，加强对诉讼活动的法律监督，以及切实维护司法公正以及改革和完善人民检察院接受监督制约制度，规范执法行为，保障检察权依法、公正行使等检务公开的内容作为检察改革的重要任务进行完成。

2014 年 10 月 1 日开始试行的《人民检察院案件信息公开工作规定（试行）》（2014 年 6 月 20 日最高人民检察院第十二届检察委员会第二十四次会议通过），是十八届三中全会以后，我国全面深化检察改革的重要成果。《规定》共 6 章 28 条，分为总则、案件程序性信息查询、重要案件信息发布、法律文书公开、监督和保障、附则等 6 个部分，主要规定了全面推行案件程序性信息网上查询、健全重要案件信息发布机制、加大法律文书公开力度方面的内容。这个《规定》是最高人民检察院在全面总结试点经验、广泛征求意见的基础上制定的，它是至今为止关于检务公开内容最全面的一个文件，必将引领检务公开进入一个全新的历史时期。

从向大众媒体公开发展的历程来看，1998年10月《关于在全国检察机关实行"检务公开"的决定》第3条要求"通过报刊、电台、电视等新闻媒介，公布和宣传'检务公开'的具体内容"；1999年1月《人民检察院"检务公开"具体实施办法》第2、3条规定："各级人民检察院要定期或不定期地召开新闻发布会或情况通报会，或者通过公告、报刊、电台、电视等新闻媒体，向社会公布检察机关履行法律监督职责的情况；检察工作的阶段性成果；实施'检务公开'内容的有关情况；最高人民检察院的工作部署、有关检察工作的司法解释及其他规范性文件；各级人民检察院工作中的重大活动、典型案例、先进集体、先进个人。""各级人民检察院对具有较大社会影响、公众关注的重大刑事案件、职务犯罪案件的查办情况，在逮捕或提起公诉后，适时予以报道。"

2001年3月，《人民检察院办理不起诉案件公开审查规则（试行）》第10条规定："不起诉案件公开审查时，允许公民旁听；可以邀请人大代表、政协委员、特约检察员参加；可以根据案件需要或者当事人的请求，邀请有关专家及与案件有关的人参加；经人民检察院许可，新闻记者可以旁听和采访。"2006年6月，《关于进一步深化人民检察院"检务公开"的意见》第4条、第5条规定："各级人民检察院除了要采取传统形式，如设置专栏、制作挂图、印发小册子，开展宣传日、宣传周活动，召开新闻发布会或情况通报会，通过报刊、广播、电视等新闻媒体宣传检务公开内容外，还要重视和充分利用现代化信息手段，不断拓宽公开渠道。""完善定期通报和新闻发言人制度。各级人民检察院都要健全检察工作情况定期通报制度，省级以上人民检察院应当建立新闻发言人制度，并对新闻发言人进行培训，充分发挥新闻发言人的作用。"2010年3月，最高人民检察院印发《检察机关新闻发布制度》，对新闻发布内容、新闻发布方式、新闻发布工作组织进行规定，明确检察机关实行定期新闻发布和日常性新闻发布相结合的新闻发布制度，定期新闻发布会原则上每季度举行一次，日常新闻发布根据需要举行。新闻发言人制度的细化为实践操作提供了标尺，提高了新闻媒体机构发布检务信息的预测性，是方便社会公众和新闻舆论加强检察工作监督的重大举措。

2014年7月，最高检出台了《最高人民检察院新闻发布会实施办法》和《最高人民检察院职务犯罪大要案信息发布暂行办法》，以推动新闻发布会工作规范化制度化。实施办法明确最高人民检察院设立新闻发言人，新闻发言人主持召开最高检新闻发布会，代表最高检对外发布检察机关重大新闻事项，接受媒体采访或发布新闻。新闻发布会形式主要包括例行发布会、专题发布会。例行新闻发布会原则上每月召开一次，主要向社会通报检察机关查办预防职务犯罪和批捕起诉、诉讼监督等工作情况，对外发布检察机关的重大工作部署、专项行动、重要会议、重要司法解释和规范性文件等。专题发布会根据工作需要不定期召开，对社会关注的重大敏感案事件等进行回应。

可见，我国检察机关非常重视人民监督员的监督和与媒体的合作。检察公开，是向社会的公开，同时也是向特定对象以及新闻媒体的公开。我国现行检务公开的性质是在没有适用于检察机关的信息公开法律的前提下，检察机关主动推行的"中国特色的检察机关信息公开制度"。检察机关向媒体公开信息，是检察机关信息公开的一种方式；在向检察机关寻求、从检察机关获得信息的问题上，媒体作为公民代表有与普通公民相同的权利。

从网络平台建设的情况来看。早在 2000 年，我国就已启动检察机关信息化建设，历经 7 年建设，到 2007 年 10 月，全国检察机关信息化应用基础网络平台目前基本形成：全国 32 个省级院、347 个地市级院和 2323 个县级院建成了计算机局域网，最高人民检察院互联网门户网站完成改版。①

又一个 7 年后，为落实党中央加大推行司法公开力度的要求，充分发挥现代信息技术智能化、标准化、便捷化的优势，最高检依托国家电子政务网建立了统一的"人民检察院案件信息公开网（www. ajxxgk. jcy. gov. cn）"。网站已在全国内地 31 个省、自治区、直辖市开通，2014 年 10 月 1 日开始陆续上线运行。各级检察院都将在人民检察院案件信息公开网办理案件信息公开的有关工作。

网站包括案件程序性信息查询平台、重要案件信息发布平台、法律文书公开平台、辩护与代理预约申请平台等四大平台，能够为全面开展案件信息公开提供有力的技术支撑。公开的案件信息从全国检察机关统一业务应用系统提取，数据实时更新，确保信息全面、及时公开。各级检察机关统一使用此网站开展案件信息公开，三千多个检察院的信息汇总在一起，能产生较好的规模集聚效应，用户可以通过关键词进行检索，非常便捷。截至 2014 年 10 月 16 日中午 12 时，全国检察机关已在网上发布了 197079 条案件程序性信息、8301 条重要案件信息、15528 份法律文书，网站运行平稳。②

---

① 杜萌：《全国检察机关信息化应用基础网络平台形成》，中国法院网 2007 年 10 月 17 日报道。
② 高旭红：《"人民检察院案件信息公开网"正式上线运行》，最高人民检察院官网 2014 年 10 月 17 日报道。

2013 年，中国社会科学院法学研究所法治指数创新工程项目组对最高人民检察院，31 个省、自治区、直辖市的人民检察院，49 个较大的市的人民检察院共计81 家人民检察院的检务公开情况进行调研测评。所有被测评的检察院中，最高人民检察院第一，省级检察院中重庆检察院夺冠，较大市检察院汕头市检察院居榜首。

法治蓝皮书指出，检务信息公开向纵深发展。传统的检务公开，主要内容是相关法律法规、司法解释、检察职能、检务指南等一般性、静态性内容的对外发布。2013 年，越来越多的检察院从一般当事人与社会公众需求出发，突出对检察机关执法办案活动、办案流程、办理结果等实质内容的公开。其中，一些检察院积极开展网上案件信息公开与案件信息查询，对于保障当事人的合法权益、便利律师执业、监督检察机关依法办案，有着显著功效。一些检察院将案件受理情况、批捕情况、公诉出庭情况主动在网上公布，或提供专门案件查询系统，为检务信息公开开辟了崭新领域。

与法院公布裁判文书相呼应，越来越多的检察院公布了典型起诉书。在 2012 年度，所有被测评对象中仅有郑州市一家人民检察院公开起诉书；2013 年度的测评结果显示，湖南省、汕头市、郑州市等检察院均将起诉书公开上网，一些检察院还对外公布了量刑建议书。各类检务法律文书的公开，将逐步成为趋势。

但法治蓝皮书也指出，检务公开未能充分满足社会需求。网站栏目设置不合理、栏目与内容不匹配的现象较为常见，严重影响到公众对检察院网站的使用；在刑事不起诉案件公开审查活动及其结果的网上公开方面，可谓万里长征尚未迈出第一步，检察建议书与检察意见书的公开，也处于起步阶段，仅有极个别检察院的试点；虽然一些检察院公布了 2013 年的年度预算与"三公"经费，以及 2012 年的决算信息，但公开不及时的问题也很突出；公开信息不准确的问题凸显，截至 2013 年 12 月初，仍有不少检察院官方网站未根据 2012 年就修改的《刑事诉讼法》《民事诉讼法》修改相关检务指南。

最高人民检察院检察长曹建明 2014 年 10 月 29 日在第十二届全国人民代表大会常务委员会第十一次会议上《关于人民检察院规范司法行为工作情况的报告》中就检务公开作了全面的总结，他指出：

> 司法公开是促进司法规范的重要途径。检察机关积极适应开放、透明、信息化的社会发展趋势，增强主动公开、主动接受监督的意识，不断拓展公开的深度和广度，"倒逼"规范司法。

（一）拓展检务公开范围

2006年，最高人民检察院制定进一步深化检务公开的意见，2013年10月又部署在10个省市部分检察院开展深化检务公开试点，积极推进从选择性公开向该公开的全部公开、从职能职责公开向以案件信息公开为主转变。今年9月，颁布人民检察院信息公开工作规定，开通人民检察院案件信息公开网，正式运行全国检察机关统一的案件信息公开系统，目前已建成四大平台。一是案件程序性信息查询平台。将办理案件的案由、办案期限、办案进度、强制措施等信息，提供给案件当事人及其法定代理人、近亲属、辩护人等在网上查询。二是法律文书公开平台。对法院已作出生效判决案件的起诉书、刑事抗诉书，不起诉决定书，刑事申诉复查决定书等在网上公开。三是重要案件信息发布平台。将有较大社会影响的职务犯罪案件、刑事案件的办理情况，包括犯罪嫌疑人身份、涉嫌罪名、案件所处诉讼阶段等信息，以及已经办结的典型案例，及时向社会公开。四是辩护与代理预约申请平台。辩护人、诉讼代理人申请阅卷、会见、收集调取证据材料以及提供证据材料、要求听取意见、申请变更强制措施等，可以通过该平台提出申请，相关检察院在法定时限内处理回复。

（二）创新检务公开方式

广泛开展举报宣传周、检察长接待日、检察开放日等活动，与群众面对面交流。建立定期新闻发布会和专题新闻发布会制度，加强重要信息发布和政策解读。全面推进四级检察院门户网站建设，学会运用新兴传播工具，拓展与公众互动平台。最高人民检察院建立网上发布厅，全面开通官方微博、微信和新闻客户端，订阅数已从今年4月初的120多万上升到9月底的1267万。对于在案件事实、适用法律方面存在较大争议或在当地有较大影响的拟不起诉、不服检察机关处理决定的申诉案件，公开审查和答复。

（三）规范检务公开场所

推进统一的检务公开大厅建设，把检务宣传、业务咨询、控告举报申诉受理、律师接待、视频接访、案件信息查询、12309平台等工作整合起来，开展"一站式"服务。同时把这些功能整合在检察机关门户网站上，实现网上网下同步服务，方便群众查询和监督。最高人民检察院正在制定检务公开大厅建设方案和管理规则，即将颁布。

这是检察机关自己对检务公开的最全面的、权威的总结。可以看出，检务公开成绩虽然突出，但是问题也很明显。检务公开的进一步推进，任重而道远。

2021 年 8 月 19 日，最高检印发《人民检察院案件信息公开工作规定》，进一步扩大了检察机关公开案件信息的范围。该规定明确，在扩大当事人及其法定代理人、近亲属、辩护人、诉讼代理人等主体依申请查询的案件程序性信息的基础上，对于检察机关依照法律规定已经送达当事人的部分法律文书，如起诉书、抗诉书、不起诉决定书等 10 种法律文书，当事人也可依照程序向检察院进行查询。在原有的检察机关主动向社会发布刑事案件相关信息的基础上，增加了向社会发布关注度高、影响较大的民事检察、行政检察、公益诉讼案件办理情况的规定，实现检察机关"四大检察"办案情况主动向社会公开的全覆盖。

《人民检察院案件信息公开工作规定》还扩大了法律文书公开的种类。在原有公开文书种类的基础上，将法律文书公开种类扩大到刑事案件起诉书、抗诉书、不起诉决定书、刑事申诉结果通知书，民事抗诉书、再审检察建议书、不支持监督申请决定书、复查决定书、终结审查决定书等民事检察法律文书，行政抗诉书、再审检察建议书、不支持监督申请决定书、终结审查决定书等行政检察法律文书，民事公益诉讼起诉书、行政公益诉讼起诉书。

《人民检察院案件信息公开工作规定》在努力加强案件信息公开工作的同时，更加注重对于涉案人民群众隐私权的保护，并强调："侵害未成年人犯罪的案件信息，一般不予公开，确有必要公开的，应当依法对相关信息进行屏蔽、隐名等处理。"对于公开的法律文书中所涉及的当事人及其他诉讼参与人信息，该规定设置了严格的隐名处理标准，并增加"文书屏蔽"条款，细化屏蔽内容，切实防止因为公开对当事人及其他诉讼参与人带来负面影响。

《人民检察院案件信息公开工作规定》新增"业务数据发布"章节，明确对于检察机关的数据信息应当通过多种渠道、方式主动向社会发布。

上述规定对于进一步规范检察机关案件信息公开工作，切实增强检察机关司法办案的透明度，保障人民群众的知情权、参与权、监督权、隐私权具有重大意义。

二、检务公开的价值与意义

检务公开的基础是公民知情权产生的政府信息公开义务。那么知情权是一种什么样的权利呢？

在国际公约的言论自由条款，如《世界人权宣言》第 19 条、《公民权利与政治权利国际公约》之二，其规定的言论自由的内容都不仅仅包括表达的自由，而是包括三个内容，即"寻求、接受和传递消息和思想的自由"。"寻求、接受"消息和思想的权利，实际上就是知情权，即获得信息的权利；而"传递"消息和思想则属于表达自由。完整的言论自由的内容，应当包括知情权和表达权。

《亚特兰大知情权宣言》认为："知情权是人类尊严、平等，和公正的和平之基础。""知情权是一项基本人权。"所以，知情虽然最初产生于言论自由权，但在国际公约和各国的立法实践中，已经成了一种独立的权利，因为其有独立的意义。这种意义在《亚特兰大知情权宣言》中表述为："是公民参与、良好治理、行政效率、问责制和打击腐败、新闻媒体和新闻调查、人类发展、社会包容及实现其他社会经济和公民政治权利的基础。"

"知情权"即"知的权利"（right to know）。就知情权在相关国家的发展情况来看，知情权与信息公开相对应，是美国人民的贡献。在 20 世纪 40 年代起由新闻界推动的信息公开立法运动中，一位叫作肯特·库珀的新闻工作者在 1945 年的一次演讲中首次使用"知情权"一词。库珀在演讲中提到政府在二战中实施新闻控制而造成民众了解的信息失真和政府间的无端猜疑，主张用"知情权"这一新型民权取代宪法中的"新闻自由"规定。知情权一词于是逐渐从新闻界流传到法律界。① 美国学者把知情权和政府信息公开的作用分为六个方面：第一，要有意义地参与民主进程就要求参与者知情。第二，帮助政府保持诚实，不愧对选民的参与。第三，开放也有助于政府把政务处理得更好。第四，政府信息也是公有的，除非公开信息将造成特定的损害，否则信息必须公开。第五，获取政府信息可以帮助美国人在许多方面改善生活。第六，更多信息意味着更有效地分配资源。②

在英国，1998 年人权法已于 2000 年 10 月 2 日在英国全面生效。即便不是对所有的领域，它也可能对民事法和刑事法的大多数领域包括影响媒体的法律造成深远的影响。该法的目的被描述为"进一步增强"欧洲人权公约所规定的大多数权利在英国法中的实施。该法没有在国内法下创造新的实体权利，而是使现有欧洲人权公约权利更直接和更相关。欧洲人权公约与媒体有关系的最重要条款是关于言论自由权的第 10 条，媒体要求检察机关信息公开是因为该条的言论自由包括了"在不受公共机关干预和不分国界的情况下，接受并传播消息和思想的自由"。英国检察机关属于英国内政部的一个部门，同样须遵守 2005 年《信息自由法案》。

从国际规则和域外立法可以看出，检务公开的本质是政府信息公开，是公民

---

① ［美］托马斯·萨斯：《好的，坏的，丑的：电子政府与人民的知情权》，《交流》2002 年第 3 期。
② ［美］托马斯·萨斯：《好的，坏的，丑的：电子政府与人民的知情权》，《交流》2002 年第 3 期。

言论自由权产生的政府义务。虽然知情权最初产生于言论自由权，但 20 世纪 40 年代以来，知情权逐渐成为一种独立于言论自由的权利。所以，也可以说，检务公开这一政府信息公开义务产生于公民言论自由权和知情权。在立法体系上，检务公开由各国《信息公开法》（或《信息自由法》）进行统一规范。但由于检察机关这一执法机关的特殊性，可以在不违背信息公开法的前提下颁布检察机关信息公开的专门法规。

我国没有信息公开法，但 2007 年 1 月 17 日国务院第 165 次常务会议通过，自 2008 年 5 月 1 日起施行的《中华人民共和国政府信息公开条例》是我国第一个关于政府信息公开的行政法规。然而，这一法规所指的信息的范围是"指行政机关在履行职责过程中制作或者获取的，以一定形式记录、保存的信息"（第二条）。所以，我国检察机关信息公开缺乏法律依据。原因在于，根据我国对检察机关的定位，检察机关是一府两院中的一个特殊部门。

一方面，检察院不是审判机关，所以，无法适用有关"审判公开"的立法和司法解释，实际上，国际公约和人权规则所说的审判公开规则也不适用于检察机关。检察机关具有"司法性质"主要是指其具有客观义务和维护司法公正的方面，但是并不能认为检察机关是"中立的司法机关"，恰恰相反，《联合国关于检察官作用的准则》（第八届联合国预防犯罪和罪犯待遇大会通过，1990 年 8 月 27 日至 9 月 7 日）第 10 条要求"检察官的职责应与司法职能严格分开"。第 11 条指出："检察官应在刑事诉讼、提起诉讼和根据法律授权或当地惯例，在调查犯罪、监督调查的合法性、监督法院判决的执行和作为公众利益的代表行使其他职能中，发挥积极作用。"从国际规则来看，虽然提到了检察机关的"监督"作用，但并没有提到它是中立的司法机关；相反，从《联合国关于检察官作用的准则》来看，"检察官的职责应与司法职能严格分开"，是进行监督的前提。可见，这种监督权力并不是"中立及超然的"司法职权。另一方面，我国检察机关更不宜定位为行政机关。因为这样的定位会导致检察机关监督行政机关的作用无法发挥，在中国特色政治体制之下，动摇检察机关的法律监督地位，不利于权力制衡与对权力的监督。

党的十八大报告指出："推进权力运行公开化、规范化，完善党务公开、政务公开、司法公开和各领域办事公开制度，健全质询、问责、经济责任审计、引咎辞职、罢免等制度，加强党内监督、民主监督、法律监督、舆论监督，让人民监督权力，让权力在阳光下运行。"为当前和今后一段时期推进司法公开包括检务公开指明了方向，明确了目标和任务。为贯彻落实党的十八大关于全面深化改革的战略部署，十八届三中全会研究了全面深化改革的若干重大问题。就司法公开而言，十八届三中全会决定："推进审判公开、检务公开，录制并保留全程庭审资料。增强法律文书说理性，推动公开法院生效裁判文书。严格规范减刑、假释、保外就医程序，强化监督制度。广泛实行人民陪审员、人民监督员制度，拓宽人民群众有序参与司法渠道。"这为检务公开的进一步深入发展提供了重要的理论支撑。

对此，全国法院司法公开工作推进会强调，各级人民法院要深入学习贯彻党的十八届三中全会精神，切实把思想和行动统一到党中央关于全面深化改革的重大部署上来，认真履行宪法法律赋予的职责，进一步做好司法公开各项工作，以推进司法公开三大平台建设为契机，不断扩大司法公开范围，创新司法公开形式，使司法公开三大平台成为展示社会主义法治文明的重要窗口、保障当事人诉讼权利的重要手段、履行人民法院社会责任的重要途径，努力让人民群众在每一个司法案件中都感受到公平正义，推动司法改革成果更多更公平地惠及全体人民。为推进检务公开的全面有效进行，全面贯彻党的十八大以及十八届三中全会中关于检务公开的精神，时任最高人民检察院检察长曹建明在最高检举行的第六次"检察开放日"活动上表示，要坚持"公开是原则，不公开是例外"，对执法依据、执法程序、办案过程、执法结果等都要向社会公开，不断拓展公开的范围。① 根据曹建明谈话中的公开原则，结合上述国际公约和其他国家立法，我国检察机关的检务公开的范围应当坚持最大限度的公开原则，既要公开检察机关具有行政性质的内容，也应当公开检察机关具有司法性质的内容。当然，这种最大限度的公开并不是绝对的，在充分保障公众知情权的同时，也要处理好"公开"与"非公开"的标准度，保障检务公开在我国能够持续、有效地运行和发展。

我国检察机关是国家法律监督机关，也是刑事执法机关，要保证检察机关自觉接受人民群众和社会各界的监督，保证检察机关公正司法，其检务信息应当向社会公开。我国检察机关看到了这个问题，独创性地通过自身"检务公开"制度，将检务信息向社会公开，体现了我国检察机关重视检察民主、对人民高度负责的精神。

检务公开实践使得检察机关根据其自身特有的性质和职权探索出了一条具有中国特色的检察机关信息公开制度。我国检务公开制度，作为检察机关一项内部改革制度，已经取得了辉煌的成绩。但是，也应当看到，作为国家信息公开制度的重要部分，检务公开制度尚不健全、不完善。为此，我们应当遵守和参照国际

---

① 《曹建明：检务公开是原则　不公开是例外》，新华网 2013 年 7 月 1 日报道。

规则，借鉴域外经验，对检务公开制度进行改革和完善。

三、中国检务公开改革的问题

我们已经迈入可以随时随地获取检务信息的时代，其中与通信技术、互联网技术的发展不无关联，更值得敬佩的是检察机关推进"检务公开"的决心与勇气，他们用自己的行动回应了检察信息"能否公开、如何公开"的问题，将检务公开推进到了制度化、规范化层面。当然，中国检务公开改革仍然是"摸着石头过河"，处于探索建立符合我国国情的检务公开方式的阶段。工欲善其事，必先利其器，我们应当牢固树立问题意识，用"放大镜"深入发掘我国检务公开改革中存在的问题，方能为今后的改革提供指引。

（一）形式比较单一

检务公开的形式不局限于公开载体，还应当包含公开的依据、公开的范围等方面的内容。历经数年的改革发展，检务公开的形式逐步向多元化迈进，公众可以合法地多渠道获取检务信息，这是时代发展的必然趋势。为深化检务公开改革，检察机关应当顺势而下，从公开形式入手，进一步梳理束缚检务公开的"瓶颈"。

一是建章立制比较单一。《关于在全国检察机关实行〈检务公开〉的决定》《人民检察院"检务公开"具体实施办法》等规范性文件确定检务公开范围时主要采取列举的方式，即对应当公开的检务信息逐项罗列。检务信息的范围极为庞大，列举法难以穷尽应然层面可以公开的事项以实现最大限度公开的目的；且为了填补列举法的漏洞，检察机关需要不断出台新的规定，直接导致公开效率偏低。

二是公开范围比较单一。当前，检务公开的范围主要是检察机关的职责权限、执法依据、活动原则、立案范围、立案标准、诉讼参与人的权利及义务等等，上述信息属于检察事务信息可以一次性向社会公众发布。更为重要的是，这些事项已经在《刑事诉讼法》《最高人民法院关于使用〈刑事诉讼法〉的解释》《人民检察院刑事诉讼规则（试行）》等法律文件中予以明确，最高人民检察院只是对上述事项进行了归类以方便公众查询。检务信息的范畴显然大于检察事务信息，如果检务公开改革举措依旧徘徊于检察事务信息，那么改革进程不会有太大的突破。

（二）权利缺乏救济

在大陆法系，权利救济素有"权利之法"之称，也即"没有救济就没有权利"，权利救济的重要性被放在了无以复加的高度。在我国，权利救济可以分为行政救济与司法救济，"权利"被行政或司法救济的前提是法律对其进行了确认并纳入救济范围，检务知情权是否被法律确认并纳入了救济范围？显然没有。

2008 年 5 月 1 日起实行的《政府信息公开条例》是我国唯一一部规范信息公开的法规，它要求公开的对象是行政机关在履行职责过程中制作或获取的，以一定形式记录、保存的信息。检察机关与政府负责的对象是人大，两者没有隶属关系，《政府信息公开条例》不能成为约束检察机关公开检务信息的法律依据，《行政复议法》与《行政诉讼法》更不能越俎代庖地救济检务知情权。值得指出的是，2006 年 6 月印发的《关于进一步深化人民检察院"检务公开"的意见》提出，严重违反"检务公开"规定的，要按照《检察人员纪律处分条例（试行）》（2004 年 8 月 10 日最高人民检察院颁布）严肃处理。《检察人员纪律处分条例（试行）》的适用范围包括违反政治纪律、违反组织及人事纪律、违反办案纪律、违反廉洁从检、违反财经纪律、失职渎职等 10 大类 81 小类情形，能够运用于检务公开领域的主要是失职渎职类且适用前提是造成错案或者给当事人造成重大损失。我国尚未赋予检务知情权人行政救济与司法救济的权利，检察机关探索性地运用规范性文件约束检察人员以保障公众的检务知情权的方式并不能完全否定，这种模式甚至可以为今后的立法提供借鉴经验。但是，《检察人员纪律处分条例（试行）》主要约束检察人员行为的内部管理规范，并且适用的门槛着实偏高，因迟延公布检务信息造成错案或者给当事人造成重大损失的可能性较低，因此，适用概率较小。

《刑事诉讼法》第 14 条第 2 款规定："诉讼参与人对于审判人员、检察人员和侦查人员侵犯公民诉讼权利和人身侮辱的行为，有权提出控告。"在权利主体方面，刑事诉讼法将有权提起控告的主体限定为诉讼参与人，检察机关的规范性文件将社会公众亦列为检务信息知情权主体；在权利范围方面，刑事诉讼法零星地罗列了一些诉讼参与人享有的诉讼权利，如，《刑事诉讼法》第 73 条第 2 款规定："指定居所监视居住的，除无法通知的以外，应当在执行监视居住后二十四小时以内，通知被监视居住人的家属。"除上位法要求公开的信息外，检察机关的规范性文件还赋予了公众其他的检察实务信息知情权。因此，按照《刑事诉讼法》的规定，我国仍然有部分主体的检务信息知情权无法得到救济，依旧处于检务公开救济渠道较为匮乏的阶段。

四、中国检务公开改革的方向

（一）多样化和最大化

多样化与最大化地推行检务公开是为了实现最大限度公开检务信息的目标。当前，检察机关已经推行电子检务，并通过聘请人民监督员、开设检察开放日等机构开放形式创新了检务信息的公开渠道，因此，检务公开多样化与最大化的任务实质上是如何拓宽可以公开的检务信息范围。

一是立法技巧的多样化。最高人民检察院制定的检务公开文件主要采用列举的形式，逐项罗列检察机关可以公开的检务信息，无法穷尽应当公开的信息范围。国际规则与域外立法主要采取例外的方式排除不能公开的信息范围以确定能够公开的信息范围。如，英国《信息自由法》第 2 章"豁免信息"（Part Ⅱ：Exempt Information）第 21 至 44 条，规定了 25 类例外信息，其中与检务信息有关的是第 7、第 8、第 17 项。这三项与检务有关的信息，依据《信息自由法》属于"有条件豁免之信息"，这类信息是否公开，公共机构需要权衡对公共利益的影响，如果能证明该信息的公开比保密对公共利益更好，则可以被公开；反之，则不能公开。①我国的信息公开立法应当多采用"例外"的方式，同时，立法也应将规范性文件中的经常使用的"国家秘密""个人隐私"等内容具体化，避免由于过大的自由裁量权而被滥用。

二是公开内容的最大化。检务信息主要分为检察事务信息与检察执法信息，当前，检察机关公开的检务信息集中于检察事务信息，今后改革的重点应是加大公布检察执法信息。《2014—2018 年基层人民检察院建设规划》第 11 项指出："深入推进检务公开工作。细化执法办案公开的内容、对象、时机、方式和要求，健全主动公开和依申请公开制度。除法律规定需要保密的以外，执法依据、执法程序、办案过程和检察机关终结性法律文书一律向社会公开。"检察机关终结性法律文书是最为重要的检察执法信息与检察诉讼信息，最高人民检察院已经将其列入公开的范围，在执行政策的过程中，各级检察机关不应再以"案件正在办理""文书涉及秘密"等理由一一回绝申请人。实际上，除自侦案件外，检察机关的办理的案件都来自公安机关，在侦查、移送审查起诉等环节，公安机关已经依据《公安机关执法公开规定》将执法信息向社会或特定主体公布，检察机关大可不必继续将有关执法信息视为秘密，只要有法律依据就应当依职权或依申请公开检察执法信息。

（二）权利救济机制

域外，刑事执法信息并非不具备可诉性，可以通过关部门的审查以决定是否应当公开检务信息，如，英国设立了信息专员和信息裁判所制度②、美国设立了行

---

① 汤德宗：《政府咨询公开法比较评析》，《"国立"台湾大学法学论丛》2006 年第 6 期，第 37 – 115 页。
② ［加］托比·曼德尔：《信息自由：多国法律比较》，龚文库等译，社会科学文献出版社 2011 年版，第 161 – 168 页。

政复议与行政诉讼制度①。前述两类制度推行的前提是《信息自由法》予以规范：由于缺乏法律依据，我国没有创立信息专员与信息裁判所制度；行政复议与行政诉讼也只针对具体行政行为侵犯公民人身权与财产权的情形。我国检察机关不属于行政机关，其实施的行为属于司法行为，不能对其提起行政诉讼。

小结

为落实公众和特定对象的检务信息知情权，我国是否也应当设立相关制度来救济被侵犯的知情权？毕竟，法律文本粗略地设置责任承担方式而不赋予当事人权利救济途径，此时的权利还是略显"苍白"。今后，我国应通过制定信息自由法为救济检务信息知情权提供法律依据，此当数最佳选择。当前，我国可以强化现有制度，增强检务信息知情权救济力度：一是检察机关拒绝公开检察事务信息时，权利主体可以通过复议、复核程序保护自身合法权益；二是检察机关拒绝公开检察执法信息时，权利主体可以借力非法证据排除程序、证据补正程序保护知情权。

第五节　人民监督员制度

人民监督员制度，是最高人民检察院根据党的十六大关于深入推进司法体制改革要求所试行的一项重大司法改革。该制度设立的初衷是对人民检察院的职务犯罪侦查权进行监督。

人民检察院是我国宪法规定的法律监督机关，也是我国的公诉机关，同时也监督其他司法机关的诉讼活动。对于人民检察院侦查的职务犯罪案件，检察机关既负责侦查，也负责批捕、审查起诉和侦查监督。因此，"谁来监督检察机关"的问题在实践中并未得到良好的解决。如果公权力运作的过程不公开、不透明，缺少其自身以外的力量进行限制，容易滋生腐败。②

在 2010 年 10 月 28 日最高人民检察院召开的"检察机关全面推行人民监督员制度"电视电话会议上，时任最高人民检察院党组副书记、常务副检察长胡泽君强调："全面推行人民监督员制度，是贯彻落实中央决策部署、深化检察体制和工

---

① 刘杰：《知情权与信息公开法》，清华大学出版社 2005 年版，第 96 – 97 页。
② 黄凤兰、甫玉龙：《论加强公民权遏制公权力腐败的法律完善》，《理论前沿》2006 年第 17 期，第 22 页。

作机制改革的重大任务，是完善自身监督制约机制、保障检察权依法独立公正行使的必然要求。"① 2015 年 3 月 12 日，最高人民检察院检察长曹建明在最高人民检察院工作报告中指出："2014 年，检察机关会同司法部在 10 个省市开展深化人民监督员制度改革试点，健全确保依法独立公正行使检察权的外部监督制约机制。"② 最高人民检察院领导全面论述了人民监督员制度的性质：是对人民检察院办理职务犯罪案件活动的对自身的监督制约机制和外部监督制约机制。

2003 年以后，人民监督员制度经过多次修改，其监督范围和方式也进行了多次调整，但人民监督员的监督范围一直限于"对人民检察院办理直接受理立案侦查案件"。

2016 年 12 月召开的第十二届全国人民代表大会常务委员会第二十五次会议审议通过了《全国人民代表大会常务委员会关于在北京市、山西省、浙江省开展国家监察体制改革试点工作的决定》，决定将人民检察院的职务犯罪侦查权转隶于监察委员会。在经历了 2017 年一年的试点改革后，监察体制改革试点工作取得了良好的成效。2018 年 3 月 20 日，第十三届全国人大一次会议通过了《中华人民共和国监察法》（以下简称《监察法》），决定将绝大部分职务犯罪侦查权转隶至监察委。2018 年 10 月 26 日召开的中华人民共和国第十三届全国人民代表大会常务委员会第六次会议上通过了《全国人民代表大会常务委员会关于修改〈中华人民共和国刑事诉讼法〉的决定》。修改后的《刑事诉讼法》第 19 条虽然保留了人民检察院对于司法工作人员利用职权实施侵害公民权利、损害司法公正的犯罪的侦查权，但人民监督员的主要监督对象已经不再存在，人民监督员监督人民检察院办理直接受理立案侦查案件的前提条件已经基本改变。

同时，在 2018 年 10 月 26 日，中华人民共和国第十三届全国人民代表大会常务委员会第六次会议修订了《人民检察院组织法》，第 27 条规定"人民监督员依照规定对人民检察院的办案活动实行监督"，并未将人民监督员的监督范围限定为刑事办案活动，这在法律上为检察机关拓展人民监督员的监督范围、将人民监督员制度引入到所有刑事办案活动，以及民事检察、行政检察、公益诉讼等领域提供了法律依据。

为了适应职务犯罪侦查权大部分转隶的形势、落实《人民检察院组织法》的规定，最高人民检察院于 2019 年 8 月 27 日印发实施《人民检察院办案活动接受人

---

① 徐盈雁：《高检院部署全面推行人民监督员制度》，《检察日报》2010 年 10 月 29 日，第 1 版。
② 徐盈雁：《曹建明：开展深化人民监督员制度改革试点》，最高人民检察院官网 2015 年 3 月 12 日报道。

民监督员监督的规定》（以下简称 2019 年《规定》），对人民监督员监督检察办案活动的范围和程序作出了调整与完善。本书将以 2019 年《规定》为基础，从人民监督员的监督范围变迁着手，结合试点情况以及目前实践中暴露的问题，进一步分析人民检察院办案活动接受人民监督员监督的范围和程序，并对 2019 年《规定》中尚可进一步细化和完善的地方提出建议。

自人民监督员制度诞生起，共经历了先期试点、扩大试点、全面实施、深化改革等四个发展阶段，最高人民检察院分别在 2003 年、2010 年、2016 年和 2019 年出台了四个规定。在 2019 年改革以前的三次改革中，人民监督员只监督检察机关自行侦查的职务犯罪案件，监督范围集中在刑事案件领域。

一、2003 年的先期试点阶段："三类案件""五种情形"

2003 年 9 月 2 日，最高人民检察院发布了《关于人民检察院直接受理侦查案件实行人民监督员制度的规定（试行）》（以下简称 2003 年《规定》）。最高人民检察院决定在天津、辽宁、河北、内蒙古、黑龙江、浙江、福建、山东、湖北、四川等 10 个省（自治区、直辖市）的检察机关开展人民监督员试点工作。其中，四川、福建、湖北在全省检察机关全面试点，其他 7 个省份是在部分地市、区县级检察院试点。全国共有 10 个省级院、105 个地市级院、510 个区县院共 625 个检察院试点人民监督员制度，这是对人民监督员监督的第一次探索。

2003 年《规定》将人民监督员监督范围规定为人民检察院查办职务犯罪案件过程中的"三类案件"①"五种情形"②。以监督效力分类，前者为刚性监督，后者为柔性监督。从监督的种类与范围上看，主要集中在司法实践中争议较大、问题较多、容易造成司法不公的情形上。设置以上几种情形的原因如下：

第一，为了解决职务犯罪案件办理中权力过度集中的问题。刑事案件的检察权是由对职务犯罪的侦查权、公诉权、诉讼监督权（包括执行监督权）三项具体职权组成。宪法和刑事诉讼法都要求公检法在办理刑事案件中要分工负责、相互配合、相互制约。但是，在职务犯罪中，检察机关将职务犯罪侦查权、批准逮捕

---

① "三类案件"是指，人民检察院在查办职务犯罪过程中遇到的三种情况：（一）人民检察院对于犯罪嫌疑人作出的逮捕决定，犯罪嫌疑人不服从的；（二）人民检察院作为侦查机关时，拟撤销案件的；（三）人民检察院作为公诉机关时，拟不起诉的。

② "五种情形"是指，人民监督员发现人民检察院在查办职务犯罪案件中具有的五种情形：（一）应当立案而不立案或者不应当立案而立案的；（二）超期羁押的；（三）违法搜查、扣押、冻结的；（四）应当给予刑事赔偿而不依法予以确认或者不执行刑事赔偿决定的；（五）检察人员在办案中有徇私舞弊、贪赃枉法、刑讯逼供、暴力取证等违法情况的。

权、提起公诉权、侦查监督权集于一身（自侦自捕自诉自我监督），这导致检察机关在办理该类案件时的权力过于集中。虽然检察机关规定由不同的部门行使上述四大权力，但各部门毕竟同属于同一机关，在检察一体化的情况下，无法解决权力制衡的难题。

检察机关在职务犯罪案件中拥有的权力越大，其滥用权力的可能性就越大。权力制约是《宪法》固有的价值之一，但在职务犯罪领域，由于权力对权力直接制约的缺位，发挥人民监督员监督权利的制约作用就具有特别重要的意义。① 人民监督员属于人民的代表，其虽不是专业的司法人员，但却可以从不同的角度分析案件，将检察官的法律专业评判同公众的内心良知有机结合，客观上限制了检察官的自由裁量空间，② 回应了社会上"谁来监督监督者"的问题。

第二，对检察机关自侦案件中的重大决定权更应当加强监督。三类案件针对的是人民检察院在自侦案件中行使逮捕权、撤销案件权、不起诉权的案件。检察机关的逮捕权具有司法权的性质，在侦查机关和被追诉方之间充当第三者的角色，需要独立、中立行使这一权力，检察机关行使侦查权应当接受监督，其不应当拥有无第三方监督的侦查权。③ 但在自侦案件中，检察机关的批捕部门对本单位的侦查部门行使批捕权，难以做到中立和独立，其审查批捕程序容易流于形式。而撤销案件权和不起诉权是终结性的处理权，决定一旦作出，追诉就已经结束，由一个机关行使这一权力，容易导致滥用职权放弃追诉、容易形成司法腐败；一旦终结追诉，案件进行再追诉时会形成证据消失、再取证困难。因此，检察机关的以上三种权力容易形成暗箱操作、司法不公。

第三，对检察机关自侦案件的关键环节应当加强监督。检察机关自侦案件中哪些环节容易出问题，是一个现实的、中国化的问题。五种情形的内容是立案中当立不立，超期羁押，违法搜查、扣押、冻结，应赔不赔，检察人员违法办案。以上情形都是当时在职务犯罪案件中容易出现问题、人民群众强烈不满的环节，应当有针对性地加强监督。

为解决上述问题，检察机关建立了内部监督制约机制。其内部监督主要有三个方面：一是上下级检察机关之间的层级监督；二是通过制定规章制度来规范各部门；三是检察机关内部立案、侦查、批捕、起诉几大环节之间的职权分工。然

---

① 韩大元、王晓滨：《人民监督员制度的宪法学思考》，《国家检察官学院学报》2005 年第 1 期，第 65 页。

② 石世安：《人民监督员制度设置的法理基础及现实需要》，《检察实践》2004 年第 4 期，第 14 页。

③ 高一飞：《从部门本位回归到基本理性——对检察机关职权配置的思考》，《山西大学学报（哲学社会科学版）》2008 年第 6 期，第 87 页。

而，在检察一体化的体制下，上下级检察机关属于领导与被领导的关系，监督只是其中一个方面，垂直性的一体化领导才是主流关系，内部监督效果有限，而民众参与检察，是克服检察权在产生之初就具有天然优势的一个有效途径。① 我国检察机关本来就存在广泛的外部监督，包括党的领导和监督、人大监督、政协的民主监督、群众监督、舆论监督等，但是这些都是事后监督，缺乏对办案过程的外部监督。由人民监督员监督检察机关具体办案活动，这是其他外部监督及内部监督所不具备的功能，改变了监督者在直接办理侦查案件过程中缺乏有效外部监督的格局。

二、2010 年的扩大试点阶段："七种情形"

从 2003 年 9 月启动人民监督员制度试点到 2010 年 10 月，经过 7 年探索，试点工作深入开展、稳步推进，取得良好成效。截至 2010 年 10 月，全国已有 3137 个检察院进行了试点，占各级检察院总数的 86.5%，先后选任人民监督员 3 万多人次。人民监督员共监督"三类案件"32304 件，其中不同意检察机关拟处理意见的 1635 件，检察机关采纳 899 件；对"五种情形"提出监督意见 1000 余件，绝大部分已经办结并向人民监督员反馈。经中央同意，高检院决定在检察机关全面推行人民监督员制度。②

2010 年 10 月 26 日，最高人民检察院发布了《关于实行人民监督员制度的规定》（简称 2010 年《规定》），要求各级检察机关全面推行人民监督员制度。最高人民检察院于 2010 年 10 月 28 日召开电视电话会议，部署在整个检察系统内全面推行人民监督员制度。2010 年《规定》的发布和这次会议的召开，标志着人民监督员制度的发展进入"全面推行"阶段。

2010 年《规定》将人民监督员的监督范围扩大到检察机关查办职务犯罪案件工作中具有终局性决定权的主要环节，调整后的监督范围主要是"七种情形"。③ 2010 年《规定》与 2003 年《规定》相比，具有如下特点：

第一，人民监督员对检察机关的监督力度有所加强。2003 年《规定》将人民

---

① 高一飞：《人民监督员制度的正当性探讨》，《贵州民族学院学报（哲学社会科学版）》2005 年第 1 期，第 58 页。

② 徐盈雁：《高检院部署全面推行人民监督员制度》，《检察日报》2010 年 10 月 29 日，第 1 版。

③ "七种情形"是指人民监督员对人民检察院办理直接受理立案侦查案件的七种情形实施监督：（一）应当立案而不立案或者不应当立案而立案的；（二）超期羁押或者检察机关延长羁押期限决定不正确的；（三）违法搜查、扣押、冻结或者违法处理扣押、冻结款物的；（四）拟撤销案件的；（五）拟不起诉的；（六）应当给予刑事赔偿而不依法予以赔偿的；（七）检察人员在办案中有徇私舞弊、贪赃枉法、刑讯逼供、暴力取证等违法违纪情况的。

监督员的监督范围规定为"三类案件""五种情形"，而2010年《规定》统一规定为"七种情形"。2003年《规定》之所以将监督范围分为两个方面，是为了对监督力度更好地区分。对"三类案件"的监督属于刚性监督，即只要出现"三类案件"规定的情形，人民监督员就应当进行监督。而"五种情形"则不属于刚性监督，人民监督员"可以提出意见"，也可以"不提出意见"，这就可能会造成在实践中对"五种情形"监督不足的问题。2010年《规定》将"五种情形"全部纳入刚性监督的范围，统一合并规定为"七种情形"，只要出现规定的情形，人民监督员就应当进行监督。

第二，对人民监督员监督范围的规定更加全面和完善。2010年《规定》与2003年《规定》相比，在监督范围的规定上更加全面和完善。2010年《规定》对2003年《规定》中的部分内容进行了修改，涉及"超期羁押""违法搜查、扣押、冻结"两个内容。以前只规定可以对人民检察院采取的违法搜查、扣押、冻结这一行为进行监督；调整后的规定不仅可以对上述行为进行监督，还可以对违法处理扣押、冻结款物的行为进行监督。在调整之前，人民监督员对超期羁押进行监督；调整之后，人民监督员还可以对犯罪嫌疑人不服检察机关延长羁押期限决定进行监督。2010年《规定》中人民监督员的监督范围，几乎涵盖了人民检察院在职务犯罪侦查过程中的所有关键环节。

第三，取消对逮捕决定的监督。2010年《规定》取消了"三类案件"中"人民检察院对于犯罪嫌疑人作出的逮捕决定，犯罪嫌疑人不服从的"这一情形，这是此次范围调整中一个比较突出的变化。这样改革的动因，最高人民检察院有关负责人有过明确的解释，主要是因为2009年9月人民检察院进行了对自侦案件的批捕权上提一级的改革，[①] "审查逮捕权上提一级有效解决了犯罪嫌疑人不服逮捕决定案件的监督问题。若再保留，意义不大，还可能增加办案时限压力"[②]。所以，这一内容的取消主要是从必要性角度来考虑的，同时考虑了效率问题。

三、2016年的全面实施阶段："十一种情形"

党的十八届四中全会提出："完善人民监督员制度，重点监督检察机关查办职务犯罪的立案、羁押、扣押冻结财物、起诉等环节的执法活动。"[③] 将人民监督员

---

① 2009年9月2日，最高人民检察院实施了《关于省级以下人民检察院立案侦查的案件由上一级人民检察院审查决定逮捕的规定（试行）》。
② 赵阳：《统一选任打破人民监督员熟人化瓶颈》，《法制日报》2011年02月15日，第5版。
③ 《中共中央关于全面推进依法治国若干重大问题的决定》，《中国法学》2014年第6期，第13页。

制度改革作为深化检察改革的任务之一。2014 年 9 月，为贯彻落实党的十八届三中、四中全会关于人民监督员制度改革的有关精神，经中央批准，最高人民检察院联合司法部在北京等 10 个省级地区部署开展了人民监督员选任管理方式改革试点工作。2014 年 9 月 5 日，最高人民检察院下发《人民监督员监督范围和监督程序改革试点工作方案》①，9 月 10 日，最高人民检察院、司法部印发《关于人民监督员选任管理方式改革试点工作的意见》。2015 年 2 月，习近平总书记主持召开中央深改组第十次会议时强调："要认真总结人民监督员监督范围、监督程序试点和人民监督员选任管理方式改革试点经验做法，在人民监督员选任方式、监督范围、监督程序、知情权保障等方面深化改革。"② 改革人民监督员制度是新一轮司法改革的重要内容。自 2014 年 9 月至 2015 年，10 个试点省级地区共完成选任新一届人民监督员 5300 余名，其中新选任省级院人民监督员 853 名、地市级院人民监督员 4450 余名，选任管理职能移交工作基本完成。10 个试点省份已经按照新的改革精神组织案件监督 1179 件，其中启动对"犯罪嫌疑人不服逮捕决定"等新增的四种监督情形监督 19 件、复议 1 件。③

在近两年试点的基础上，2016 年 7 月 5 日，最高人民检察院根据中央全面深化改革领导小组审议通过的《深化人民监督员制度改革方案》，研究制定了《最高人民检察院关于人民监督员监督工作的规定》（2015 年 12 月 21 日最高人民检察院第十二届检察委员会第四十六次会议通过，根据其发布实施时间，简称 2016 年《规定》）。这一规定贯彻落实了党的十八届三中、四中全会关于人民监督员制度改革的要求，充分吸收了人民监督员制度实行以来的工作经验。其主要变化是在监督范围上增加了 4 种情形：恢复"犯罪嫌疑人不服逮捕决定的"情形，增加"采取指定居所监视居住强制措施违法的""阻碍律师或者其他诉讼参与人依法行使诉讼权利的""应当退还取保候审保证金而不退还的"3 种情形，监督案件的范围扩展到 11 种情形。④ 其主要的变化是：

---

① 方案确定自 2014 年 10 月至 2015 年 6 月，在北京、吉林、浙江、安徽、福建、山东、湖北、广西、重庆、宁夏 10 个省、自治区、直辖市的检察机关，开展人民监督员监督范围和监督程序改革试点工作。

② 习近平：《科学统筹突出重点对准焦距 让人民对改革有更多获得感》，《人民日报》2015 年 02 月 28 日，第 1 版。

③ 周斌：《监督范围应覆盖检察各类案件》，《法制日报》2017 年 9 月 20 日，第 3 版。

④ 根据《深化人民监督员制度改革方案》：人民监督员对人民检察院办理直接受理立案侦查案件的下列情形实施监督：1. 应当立案而不立案或者不应当立案而立案的；2. 超期羁押或者检察机关延长羁押期限决定不正确的；3. 违法搜查、扣押、冻结或者违法处理扣押、冻结款物的；4. 拟撤销案件的；5. 拟不起诉的；6. 应当给予刑事赔偿而不依法予以赔偿的；7. 检察人员在办案中有徇私舞弊、贪赃枉法、刑讯逼供、暴力取证等违法违纪情况的；8. 犯罪嫌疑人不服逮捕决定的；9. 采取指定居所监视居住强制措施违法的；10. 阻碍律师或其他诉讼参与人依法行使诉讼权利的；11. 应当退还取保候审保证金而不退还的。其中第 8~11 种为新增加的监督情形。

第一，整体上增加了对当事人权利保障责任的监督。此次增加的 4 种情形，其中 3 种属于人民检察院采取强制措施的范畴——监视居住、退还取保候审金以及逮捕，这些都是人民检察院在采取强制措施时可能存在的违法情形，因为由人民检察院内部决定，缺乏第三方监督，应当重点监督。同时，人民检察院查办职务犯罪具有更高程度的秘密性，人民检察院常以此为理由拒绝当事人、辩护人、诉讼代理人依法行使会见、通信、阅卷等权利。将以上情形纳入人民监督员的监督范围，其目的是与 2012 年修订的《刑事诉讼法》中保障律师会见权、规范取保候审保证金的收取和返还程序的规定相衔接，有利于保障司法人权。

第二，恢复对逮捕决定的监督完全有必要。2016 年《规定》在 2010 年《规定》将"职务犯罪嫌疑人不服逮捕决定"删除后再次将此情形纳入监督范围，这一变化的原因值得深思。这主要是考虑到逮捕作为最严厉的强制措施，基于审慎用权力和保障犯罪嫌疑人人权的原则，应当将其纳入监督范围。① 2009 年 9 月 2 日，最高人民检察院实施了《关于省级以下人民检察院立案侦查的案件由上一级人民检察院审查决定逮捕的规定（试行）》，这项改革旨在强化检察机关自身监督制约，但实践证明，这一改革也存在自身的局限。如果说原来同一检察机关的批捕部门对职务犯罪侦查部门批捕，是"弟弟监督哥哥"（因为职务犯罪侦查部门比批捕部门在行政职级上高半级），那么，上提一级则是"父亲监督儿子"（上级监督下级）。前者固然监督软弱，后者仍然缺少监督动力，因为在检察一体化的前提下，上下级之间仍然是利益共同体，仍然是一种效果有限的内部监督。② 重新恢复人民监督员对逮捕决定的监督，是对学术界质疑逮捕权上提一级效果的回应。

第三，对指定居所监视居住违法的情形需要特别监督。指定监视居住是 2012 年修正的《刑事诉讼法》第 73 条对涉嫌危害国家安全犯罪、恐怖活动犯罪、特别重大贿赂犯罪规定的特殊监视居住制度。这一措施是检察机关在职务犯罪侦查中适用比较多，但在适用条件、适用内容及法律后果等方面均与其他强制措施存在重大差异，指定监视居住事实上已经成为法定的 5 种强制措施之外的第六种强制措施，在适用公平性方面存在隐忧。③ 侦查机关有可能把指定监视居住场所变成第二看守所，却又没有看守所的正规化设施和制度化监督。正因为如此，有的学者指

---

① 高一飞、苗海丽：《人民监督员制度试点的观察与反思》，《四川理工学院学报（社会科学版）》2016 年第 3 期，第 3 页。

② 高一飞、陈恋：《新中国检察职权的演变与展望》，引自孙谦主编：《检察论丛（第 24 卷）》，法律出版社 2020 年版，第 262 页。

③ 左卫民：《指定监视居住的制度性思考》，《法商研究》2012 年第 3 期，第 33 页。

出：指定监视居住在合宪性方面存在一定的问题，潜藏着许多可能的危险。[①] 人民监督员对指定监视居住违法情况的监督，正是预防这种隐忧和危险变为现实的措施之一，体现了人民监督员制度设计者对这一新的强制措施形态可能出现的问题具有清醒认识。人民监督员对制定监视居住可能出现的违法情形的监督，可以倒逼办案机关在适用这一措施时严格依法，也可以对出现的问题及时发现、及时查处。

需要注意的是，2010 年《规定》中的"七种情形"全部为刚性监督，而 2016 年《规定》中的"十一种情形"却发生了变化。从"应该实施监督"变为"可以对此进行监督"，人民监督员监督案件的刚性有所减弱，体现了设计者在对人民监督员监督职务犯罪案件的立场上的矛盾和犹疑。

表 3－1　2003 年至 2018 年各年度人民监督员制度运行情况[②]

年度	全国人民监督员的总数量	检察院试点范围的比例	检察机关立案侦查职务犯罪案件数量	进入监督程序的案件数量	人民监督员不同意办案部门原拟定意见的案件数量	检察机关采纳人民监督员意见的案件数量
2003	4944	10 个省、自治区、直辖市检察机关开展试点	39562 件 43490 人	493	31	21
2004	18926	各省级院、349 个地市级院和 2407 个基层院	43757 人	3341	152	70
2005	不详	全国 80% 的检察院	41447 人	9652	484	218
2006	不详	全国 86% 的检察院	33668 件 40041 人，	5191	252	178
2007	不详	全国 86% 的检察院	五 年 来 179696 件 209487 人	21270	930	543
2008	不详	不详	33546 件 41179 人	5291	146	95
2009	21962	全国 86.5% 的检察院	32439 件 41531 人	不详	不详	不详
2010	不详	不详	32909 件 44085 人	不详	不详	不详
2011	不详	不详	32567 件 44506	3192	不详	不详

---

① 周长军：《从基本权干预原理论指定居所监视居住——兼评新〈刑事诉讼法〉第 73 条》，《山东社会科学》2013 年第 4 期，第 5 页。

② 资料来源于 2004 年至 2019 年各年度最高人民检察院工作报告。但 2009 年最高人民法院工作报告没有总结人民监督员实施的具体情况，其材料来源于最高人民检察院人民监督工作办公室人民监督员工作处；2008 年的情况比较特殊，最高检报告中没有提及，但是在最高检的一次人民监督员制度试点工作总结中提供了材料。参加 2017 年的材料来自周斌：《监督范围应覆盖检察各类案件》，《法制日报》2017 年 9 月 20 日，第 3 版。

（续表）

年度	全国人民监督员的总数量	检察院试点范围的比例	检察机关立案侦查职务犯罪案件数量	进入监督程序的案件数量	人民监督员不同意办案部门原拟定意见的案件数量	检察机关采纳人民监督员意见的案件数量
2012	不详	不详	五年来 165787 件 218639 人	不详	不详	不详
2013	不详	不详	37551 件 51306 人	2938	不详	不详
2014	不详	不详	41487 件 55101 人	2527	不详	不详
2015	不详	在浙江、安徽、福建、重庆等 10 个省（区、市）推进试点。监督事项由 7 项增至 11 项，涵盖立案、撤案、采取强制措施等各关键环节	40834 件 54249 人	不详	不详	不详
2016	2016 年 7 月以来，新选任人民监督员 15903 名	不详	47650 人	2016 年 7 月以来，5474 件。	不详	不详
2017	2014 年 9 月至 2017 年 8 月底，新选任 21365 名人民监督员		2014 年深化改革以来，人民监督员共监督案件 9241 件。检察机关办理职务犯罪案件的关键环节一律接受监督。	2016 年 7 月至 2017 年 8 月底，5000 余件。	参与各类活动约 7000 人次。	
2018	2003 年以来，共选任人民监督员 70000 余人次，目前在任 20000 余人。	不详	2003 年以来共监督案件 60000 余件。	不详	不详	不详

四、2019 年的深化改革阶段："十种方式"

2016 年《规定》从 2016 年 7 月 5 日起开始实施，正在人民监督员制度作为一项解决检察机关自侦案件的重要制度全面进入深化改革阶段的时候，其改革的基础却发生重大变化。

2016 年 10 月 24 日，中国共产党第十八届中央委员会第六次全体会议提出中国要改革政治体制，建立国家监察机关，形成"一府一委两院"的体制。人民监督员的监督对象是人民检察院直接立案、侦查的案件，但此时，这个监督的对象将不再存在，人民监督员制度向何处去，是必须面对的问题。

在这种情况下，人民监督员制度实际上出现了相对的停滞与观望期，我们注意到，2018年《最高人民检察院工作报告》只是简单提到了人民监督员的选任情况和"2014年深化改革以来，人民监督员共监督案件9241件"，没有涉及上一年度人民监督员的工作情况。2019年，最高人民检察院相关负责同志总结了人民监督员的整体情况："2003年以来，检察机关、司法行政部门先后共选任人民监督员70000余人次，目前在任20000余人，监督案件60000余件。人民监督员制度作为中国特色社会主义检察制度的重要组成部分，在规范检察权行使、扩大公民有序参与司法、提升司法民主方面，发挥了不可替代的重要作用。"[1] 但该报告并没有提到2016年改革后的情况，因为这一段时间实际上是人民监督员改革观望期。人民监督员制度亟须根据监察体制改革后、检察机关职务犯罪侦查主要职能转隶而作出调整。

在这种背景下，在充分调研后，最高人民检察院决定调整人民监督员的监督方式。2019年8月27日，最高人民检察院实施了《人民检察院办案活动接受人民监督员监督的规定》（以下简称2019年《规定》）第8条，将人民监督员的范围扩大到了"四大检察"的各个方面，包括9种情况[2]：案件公开审查、公开听证；检察官出庭支持公诉；巡回检察；检察建议的研究提出、督促落实等相关工作；法律文书宣告送达；案件质量评查；司法规范化检查；检察工作情况通报；其他相关司法办案工作。第17条规定："人民监督员通过其他方式对检察办案活动提出意见建议"，形成了人民监督员的监督方式的"9+1"模式。

小结

检察机关是我国的法律监督机关，既要履行法律监督职能，又要接受各方监督。人民监督员制度的重要特征在于把外部监督引入检察权的运行体系，强化了

---

① 最高人民检察院官网：《人民监督员制度：优化检察监督的重要方式 规范检察权行使的重要保障》，最高人民检察院官网2019年9月2日发布。

② 2019年《规定》第8条：人民检察院下列工作可以安排人民监督员依法进行监督：（一）案件公开审查、公开听证；（二）检察官出庭支持公诉；（三）巡回检察；（四）检察建议的研究提出、督促落实等相关工作；（五）法律文书宣告送达；（六）案件质量评查；（七）司法规范化检查；（八）检察工作情况通报；（九）其他相关司法办案工作。

社会力量参与司法的过程。① 人民监督员制度作为我国司法体制改革的重要构成部分，已经取得了良好的社会效果，对检察工作质量的提高以及人民检察院公信力的提高都起到了促进作用。

加强人民监督员监督，要反对"人民监督员万能论"。人民监督员只是对检察机关进行监督的监督体系的一部分，对检察机关存在广泛的外部监督和内部监督，人民监督员的独特之处在于：它是普通民众按照法定权限和程序、对检察机关办案活动直接进行监督。针对检察机关的监督体系共同发生作用、发挥合力，保障检察机关的权力公正行使，因此，要避免将人民监督员的监督等同于全部的"人民监督"和唯一监督。

加强人民监督员监督，也要反对"人民监督员无处不在论"。现有的 10 种方式已经为人民监督员对所有检察机关办案活动的监督提供了可能性，但是，监督的对象与具体的方式相结合，形成了 4 种不同的监督模式，这是由检察工作规律和外部监督规律决定的，不能认为检察机关在办案过程中必须同时有人民监督员出现。例如，在调研中，有的人就指出，我国财产刑执行是当前检察机关执行监督的薄弱环节，应当邀请人民监督员监督每一个财产刑执行检察案件。但是，现有的 10 种方式已经为人民监督员监督每一个财产刑执行案件的检察监督提供了可能性，如参加案件质量评查、参加司法规范化检查、听取检察工作情况通报就可能涉及任何财产刑执行检察工作。不需要专门规定进行财产刑检察工作时都特别邀请人民监督员到场监督。

加强人民监督员制度，还要反对"建议性意见无效论"。在人民监督员制度改革中，很多人认为，现在人民监督员只有建议性意见的权利，导致"人民监督员制度设置的形式意义大于实质意义！"应当将人民监督员的意见改为具有强制性效力的决定，直接可以改变检察机关的意见。② 在法律制度中，存在某些制度的决定的效力是建议性而非强制性，但其制度的活力却不可否认，且不说以我国政治协商会议为标志的政治协商制度，在司法领域也是有先例的，如在 2005 年改革之前，日本的检察审查会制度，其做出的决定对检察机关而言就是具有建议性和参考性的。③ 在立法领域，"软法"是无意义的，只有具备强制力的规范才是有意义的，这样的说法"在面对不计其数的非强制性规范时显得苍白无力。既然在国家法的

① 张仲芳：《论人民监督员对职务犯罪公诉工作的监督》，《人民检察》2005 年第 18 期，第 18 页。
② 宋飞：《也谈人民监督员的监督问题——评杨婷婷的〈人民监督员的监督范围及效力探讨〉》，法律图书馆 2010 年 9 月 1 日发布。
③ 高一飞：《东亚文化背景下的建议性陪审团》，《财经法学》2015 年第 1 期，第 99 页。

体系之内，也都有不依靠命令、强制、逼迫，却依靠说服、激励、信奉，而得以实际执行的规范，且此类规范不在少数，那么，仍然坚持以上说辞，不免过于牵强"①。同样，在执法司法领域，建议性、协商性意见也具有特殊的价值，认为民众参与司法的效力一定要如陪审团、美国的大陪审团、2005 年以后的日本检察审查会一样具有强制效力才是有意义的，这种观点可以说是幼稚的，违背了人民监督国家权力的多样化规律，其本质是无视现代民主多元化的特征，忽视了建议性意见和协商民主的独特意义。在目前，人民监督员的监督意见只具有建议性，符合中国国情，也符合检察规律，因为检察机关是追诉机关，在人民监督员具有广泛监督权的前提下，将多种复杂的追诉程序的决定权交给外行人直接行使，不利于迅速、高效打击犯罪。至于是否可以学习美国和日本，把具有终局性质的起诉裁量权交给外行人参与行使，则是以后可以考虑的问题，但其他检察权不可能交给人民监督员直接行使。

第六节　检察机关案件管理

顾名思义，检察机关案件管理，就是指检察机关对所办理的案件的管理行为，具体内容包括案件进入检察机关的接收与分配、在检察机关办理过程中的跟踪与监督、办结后的移送、归档与评查等。检察机关 1978 年恢复重建以来，案件受理量随着经济建设的不断推进而大幅上升，受理案件数量、类型产生明显变化。1980年上半年，"各级检察院经过批准逮捕并提起公诉的各类刑事案犯" 84000 多人②（当时逮捕人数与起诉人数相同），而 2018 年全年，提起公诉 1692846 人③，仅从公诉案件的数量看，38 年增加了近 10 倍。

随着检察机关的改革和发展，检察机关已经形成了刑事检察、民事检察、行政检察和公益诉讼检察 4 大检察 10 大业务，将来，案件的数量还会增加，而人民群众对办案质量和效率的要求也会更高。对案件的进口、出口和办案过程进行管理和监督，是检察机关探索多年、还在不断改革和完善的一项重要制度。检察长

---

① 沈岿：《"软法"概念之正当性新辩——以法律沟通论为诠释依据》，《法商研究》2014 年第 1 期，第 13 – 21 页。
② 黄火青：《最高人民检察院工作报告（1980 年）》。
③ 张军：《最高人民检察院工作报告》，《人民日报》2019 年 3 月 20 日，第 2 版。

张军 2019 年 7 月 20 日在大检察官研讨班总结讲话时指出，案件管理是检察权监督管理的重中之重，检察机关案件管理部门的任务是支持、帮助业务部门更加优质高效办案。① 检察长张军明确了检察机关案件管理工作的定位和目标。

检察机关管件管理制度经过了 44 年的发展与改革，在新时代，人民群众对公平正义、司法服务都有新期待和新要求。如何发挥检察机关案件管理制度在提高办案质效、提供优质服务等方面的作用，是我们面临的新挑战。

一、检察机关案件管理制度的发展历程

（一）分散管理阶段（1978—2009 年）

长期以来，检察机关案件管理由各检察业务部门以分散的方式按"条线"承担。"检察机关没有真正形成一套完整、科学且符合检察发展规律的管理理论及实践体系。"② 检察机关的一个案件可能经过举报、侦查、侦查监督、公诉等多个不同部门办理，然而却没有任何一个部门能够掌握全流程信息。检察机关对案件的管理主要通过检察长、主管检察长的宏观管理、部门负责人的直接管理、综合部门的多头管理、上级业务部门的监督管理来实现。③ 检察官办案，实行三级审批制，即由承办人、科室负责人、分管副检察长甚至检察长审批后，才能对案件处理结果作出最终决定。但这样的案件审批制，严重制约了检察官的办案权限，有浓厚的行政审批色彩，与检察办案活动的司法属性严重不符。因而，案件管理制度的改革完善，是司法改革的重要一环。

2003 年最高人民检察院《关于加强案件管理的规定》要求在全国各级检察机关加强案件管理工作。2005 年最高人民检察院在《关于进一步深化检察改革的三年实施意见》中要求"形成统一、全程、严密、高效的执法监督体系"。《关于加强案件管理的规定》下发后至 2009 年以前，全国各地探索了不同的案件管理模式，主要有以下几种：

一是业务部门独立主管的分散管理模式。在 2009 年最高人民检察院明确对案件管理实施统一集中管理之前，大部分检察院还是沿用此种模式。④ 这种模式与"条线管理"相一致，业务数据信息由业务部门独立采集、汇总、报送，优点在于

---

① 姜洪：《下半年检察工作重在落实》，《检察日报》2019 年 7 月 22 日，第 1 版。
② 郭国谦：《创新案件质量管理机制的思考》，《人民检察》2004 第 8 期，第 50 页。
③ 黄亚珍：《检察机关案件管理机制改革之构想》，《国家检察官学院学报》2005 年第 5 期，第 38 页。
④ 北京检察机关案件管理工作实证研究课题组：《基层检察机关案件管理工作实证研究》，《河南警察学院学报》2012 年第 1 期，第 96 - 99 页。

信息采集快速、准确、全面，缺点在于对案件的整体性信息掌握不足。

二是"大内勤"相对集中管理模式。这种模式实际上是对应科室独立主管的"小内勤"模式而言的，它在科室之外设立专门人员岗位，将原本由各科室独自负责的案件收送、案件数据信息分析、赃证物管理以及其他事务性工作等合并，收归统一管理，原处室内部内勤岗位不再保留。① 这种相对集中的"统一管理模式"特点是由分散的"案件管理处"管理案件，这种模式为各地大力推行案件集中管理提供了经验积累。

三是专门案件管理机构管理案件的全面集中管理模式。2005 年，吉林、辽宁、江苏全省三级院建立了专门的案件管理机构。② 2008 年，最高人民检察院以广东省检察机关作为试点单位，探索建立了省区市三级案件管理平台，由其对案件统一受理、全程管理及动态监督并进行业务考评。③ 最先开始探索案件管理专门化机制的直接目的是减少业务部门事务性工作的压力，希望将案件登记、文书送达等大量的事务性工作从办案部门剥离。大部分检察院成立了独立运行的案件管理专门机构；少部分将案件管理机构与检委办或检务督察室合署办公，北京市人民检察院第二分院以及四川省乐山市人民检察院就是采用这种模式。④ 专门的管件管理机构直接对检察长和检委会负责，整合了检察院内部监督管理职能，最大限度地优化案件监督管理资源。

这个时期案件管理工作仍然以地域性探索为主，呈现出以下不足：

一是案件管理工作规范化、系统化水平不高。由于缺乏自上而下的系统部署和统一管理，案件管理机构和人员编制问题尚未解决，案件管理的组织建设、业务建设、队伍建设等相对混乱、滞后，各地单打独斗、自行摸索，案件管理机构职能设置差异较大，有的检察院案件管理部门只负责案件收发、移送等简单的事务性工作或者案件告知、律师接待等程序性工作。

二是信息化、统一化程度有待进一步提高。由于缺乏统一的案件管理系统软件，全国各地为推动案件管理工作，自行开发系统软件，这种情况使得各家系统软件无法协调，甚至与检察系统实际运行的案件统计软件互不兼容。由于各地自己开发的系统软件只能收录辖区内案件信息，数据样本有限，难以发挥案件管理

---

① 北京检察机关案件管理工作实证研究课题组：《基层检察机关案件管理工作实证研究》，《河南警察学院学报》2012 年第 1 期，第 96－99 页。
② 张雪姐：《构建案件质量管理体系的三元结构》，《检察日报》2006 年 5 月 26 日，第 3 版。
③ 陈立：《检察机关案件管理机制研究》，暨南大学 2016 年硕士学位论文，第 4 页。
④ 北京检察机关案件管理工作实证研究课题组：《基层检察机关案件管理工作实证研究》，《河南警察学院学报》2012 年第 1 期，第 97 页。

的决策参考作用。

（二）集中管理阶段（2009—2014 年）

2009 年，中央发布了《关于深化司法体制和工作机制改革部署及深化检察改革 2009－2012 年工作规划》，要求实行案件全面集中管理，全国检察机关自上而下部署推进改革，给案件管理机制的系统性和规范性建立提供了政策基础。全国各级检察机关逐步建立起统一的案件管理部门，分散管理的案件管理模式得到明显改变。2013 年 11 月，最高人民检察院的全国检察机关统一业务应用系统开始运行，为检察机关案件集中管理提供了技术基础。

2009 年 7 月 27 日，曹建明对郑州市金水区检察院案件管理中心工作高度肯定，认为这是"一种比较好的、有效的管理办法"，全国各地纷纷学习郑州模式。2010 年 1 月，山西成立全国首个省级检察院"案管中心"在并在全省推行。①

2011 年 10 月 28 日，经最高人民检察院党组研究并经中央编办批准，最高人民检察院正式成立案件管理办公室。《"十二五"时期检察工作发展规划纲要》决定"构建统一受案、全程管理、动态监督、案后评查、综合考评的执法办案管理新机制"，要求在地市级以上检察院和有条件的基层检察院设置案件管理机构；依托检察信息化平台和应用软件，推行办案网上运行、网上管理、网上监督、网上考评；研发全国检察机关统一业务应用软件；完善检察业务考评体系；等等。

2011 年，最高人民检察院在《关于成立最高人民检察院案件管理办公室的通知》中规定，案件管理办公室是承担"管理、监督、服务、参谋"四项职能的综合性业务部门。这一规定充分反映了案件管理部门的性质和功能，也反映了最高人民检察院对全国各级检察机关设立案件管理部门的要求。管理职能，是指通过掌握重要办案节点来实施案件流程监控；监督职能，是指通过监控办案程序和期限开展案件质量评查，预防和纠正违法办案；服务职能，是指通过承担有一定程序特征的事务性工作以减少办案部门的劳动量、集中保障诉讼参与人的诉讼权利；参谋职能，是指通过信息统计分析，为检察决策提供意见建议和数据基础。

2012 年 2 月，《最高人民检察院案件管理暂行办法》出台。最高人民检察院再次明确案件管理办公室专门负责案件管理，承担案件管理、监督、服务、参谋职能，并将"案件管理"解释为：对办理的案件实行统一受理、流程监控、质量管理、统计分析、综合业务考评等管理活动。

---

① 张黎、张亚力、余芳：《检察管理机制改革研究——以案件管理为视角》，《云南警官学院学报》2012 年第 4 期，第 77 页。

2012 年 10 月，最高人民检察院审议通过的《人民检察院刑事诉讼规则（试行）》，增设了"案件受理""案件管理"两章。《规则》第 668 条明确规定："人民检察院案件管理部门对检察机关办理的案件实行统一受理、流程监控、案后评查、统计分析、信息查询、综合考评等，对办案期限、办案程序、办案质量等进行管理、监督、预警。"以案件管理为中心，职能扩大到律师接待、律师阅卷、赃证物管理、收送案，甚至送达及其他程序性事项。同时，案件管理部门的职能也已经由单纯的内部案件管理扩展到对内对外职能叠加。

截至 2013 年 10 月，全国成立案件管理机构的检察院有 3200 多个，并按照《人民检察院刑事诉讼规则》和《检察机关执法工作基本规范》的要求开展工作。[①] 2013 年 11 月印发的《全国检察机关统一业务应用系统使用管理办法（试行）》明确规定，人民检察院使用全国检察机关统一业务应用系统的任务是，实现业务信息网上录入、业务流程网上管理、业务活动网上监督、业务质量网上考评。2013 年 11 月，全国检察机关统一业务应用系统上线。该系统同时搭载身份认证系统、电子签章系统以及应用软件系统。全国检察机关统一业务应用系统的上线意味着全国检察机关案件管理工作有了统一化的信息技术和操作平台、集约化的数据汇总和分析平台、规范化的执法监督和管理平台，标志着案件集中管理机制在全国检察机关全面推行。

集中统一管理阶段的发展，是将检察机关案件管理这项机制从粗放向集约、原始向科学、单一到体系的体制化体系化构建。实行案件集中管理，实际上是采取扁平化管理的方式，通过监督控制各个办案节点实现对办案全程的管理和动态监督，从而将案件管理成功地由事后监督向事前、事中、事后全面监督转变。

（三）智慧管理阶段（2014 年起）

在 2013 年检察机关案件集中管理制度体系形成以后，案件管理制度进入快速发展阶段。2014—2018 年，最高人民检察院保持每年出台一项规范性工作规定的速度，逐年、逐个完善案件管理制度功能模块，这些文件包括：2014 年的《人民检察院案件信息公开工作规定（试行）》、2015 年的《人民检察院制作使用电子卷宗工作规定（试行）》、2016 年的《人民检察院案件流程监控工作规定（试行）》、2017 年的《人民检察院案件质量评查工作规定（试行）》、2018 年印发《最高人民检察院业务数据分析研判会商工作办法》等。

---

① 王渊：《案管机制改革：抓住机遇　趁势而为——全国检察机关案件管理工作推进会述要》，《人民检察》2012 年第 12 期，第 63 页。

这一时期，案件管理制度的发展主要表现在以下两个方面：

其一，对统一业务应用系统进行不断改进和完善，智慧管理能力增加。2015年党的十八届五中全会对实施网络强国战略、"互联网＋"行动计划和国家大数据战略等做了全面部署。最高人民检察院于 2017 年 6 月印发《检察大数据行动指南（2017—2020 年）》，实施"智慧检务"工程，实现了对全国四级检察机关案件数据的全面采集，成为检察机关核心数据资源。[①] 对案件管理进一步探索增加类案分析系统，使案件管理系统升华成为案件数据系统，如贵州省检察院大数据应用中心、北京市检察院"检立方 C-139"大数据平台和浙江省检察院大数据云平台都进行了升级。2019 年，最高人民检察院积极推进统一业务应用系统进入 2.0 版本。2019 年 12 月 30 日起施行的修订的《人民检察院刑事诉讼规则》第 164－170 条"案件管理"部分指出"负责案件管理的部门对检察机关办理案件的受理、期限、程序、质量等进行管理、监督、预警"，并规定了案件管理的具体权限、程序与机制。

其二，案件管理工作的内容随着检察官办案责任制改革和检察机关内设机构改革也进行了必要的调整。检察官办案责任制改革要求案件管理监督发现除期限和流程管理以外的关于事实审查认定、法律正确适用、法定和酌定情节的认定等问题。检察机关内设机构改革如捕诉合一之后内部监督制约作用减弱要求案件管理加强司法活动监督。最高人民检察院内设机构改革后将原本设在办公室的人民监督员工作纳入案件管理办公室，促使案件管理从程序性管理向实体性管理延伸。

二、当前检察机关案件管理的运行机制

检察机关案件管理部门是对案件进行统一、集中、专门管理的部门，与其他相关部门分工负责、相互配合，具有一套成熟的案件管理运行机制。2012 年《最高人民检察院案件管理暂行办法》、2013 年 3 月发布的《检察机关执法工作基本规范》列举式细化了案件管理的业务范围，包括统一负责案件受理、流转等 10 项内容。[②] 对于这 10 项内容，2013 年 11 月印发的《全国检察机关统一业务应用系统使

---

① 最高人民检察院官网：《最高检印发〈检察大数据行动指南（2017－2020 年）〉全国检察机关将统筹推进大数据应用》，最高人民检察院官网 2017 年 6 月 12 日发布。

② 《检察机关执法工作基本规范》（2013 年版）规定：案件管理的业务范围：（一）统一负责案件受理、流转；（二）统一负责办案流程监控；（三）统一负责涉案财物的监管；（四）统一负责以本院名义制发的法律文书的监管；（五）统一负责接待辩护人、诉讼代理人；（六）统一负责组织办案质量评查和综合业务考评；（七）统一负责业务统计、分析；（八）对执法办案风险评估预警工作进行组织协调和督促检查；（九）开展执法规范化建设；（十）检察长或者检察委员会交办的其他工作。

用管理办法（试行）》又归类概括为"四个统一"：统一所有案件的基本流转程序；统一案件监督控制程序；统一业务数据管理规范；统一对外公开和公众接待规范。下面我们将根据以上文件和其他文件的规定以及我们对各地检察机关案件管理工作的实地考察，总结目前检察机关案件管理的运行机制。

（一）统一所有案件的基本流转程序

案件管理部门依托全国检察机关统一业务应用系统对所有案件实行集约管理和统一流转，在案件管理一系列制度规范和统一业务应用系统操作指南的指引下，统一受理公安机关、监察机关等办案机关移送的案件，登记后流转至业务部门，结案后统一向法院移送。案件在办案机关间和检察机关内流转连贯统一，案件管理部门发挥枢纽作用。

案件基本流转程序包含受理、办理、结案、送案、统计、归档、评查、考核等环节。在受理环节，案件管理部门受理并登记案件信息，将案件分配至承办人；在办理环节，承办人审查办理案件，案件管理部门对办案程序和办案期限实施流程监控；在结案环节，案件审查完毕并生成法律文书，案件管理部门在网上对拟移送案卷材料是否规范齐备进行审核，审核通过后承办人立即进行网上送案操作；在送案环节，案件管理部门将办结的案件移送至公安机关、法院或其他办案机关，并按规定向社会公开案件信息、法律文书等；在统计环节，案件管理部门定期查询、统计业务数据并进行分析和通报；在归档环节，案件管理部门监督办案部门将案件材料和有关文书入卷归档；在评查环节，案件管理部门组织实施案件质量评查；在考核环节，案件管理部门组织参与绩效考核或业务考评。

受理流转是案件从其他办案机关进入检察机关的关口，是首要和关键的流转环节，决定案件后续流转程序能否顺利进行。根据《最高人民检察院案件管理暂行办法》第7条规定，案件管理部门在受理时对案件是否符合本院管辖范围、材料是否规范齐备进行审查。审查后，将分两种情况处理：一是符合受理条件的，案件管理部门登记、分配后进入业务部门办理环节，但案件材料不齐全的需要补齐；二是不符合受理条件的，案件管理部门出具《不予受理通知书》并将案卷材料退回移送机关。送案是案件办结后从检察机关流转至其他办案机关的出口环节，《人民检察院刑事诉讼规则》第671条明确，案件办结后需要向其他单位移送案卷材料的，统一由案件管理部门审核移送材料是否规范、齐备，符合要求的才可移送。可见，案件管理部门掌握了案件进出检察院以及在检察机关内部流转的全部信息，对案件流转程序拥有监管职能和便利。

统一所有案件的基本流转程序是案件管理机制运行的基础，也是案件管理规范化、程序化、体系化的体现，对实现司法规范化有基础性意义。

（二）统一案件监督控制程序

案件管理部门在统一案件的基本流转程序基础上，从流程监控、涉案款物监管和办案质量监督方面实行监督控制，监督办案部门提高办案质量和效率，促进公正廉洁执法。

一是集中监控案件流程。2016 年 7 月最高人民检察院印发的《人民检察院案件流程监控工作规定（试行）》明确，案件管理部门对案件办理程序实施动态的监督、提示、防控，并组织协同相关业务部门、纪检监察部门、技术信息部门等开展流程管理，建立案件流程监控日志和台账，对流程监控中发现的问题依照不同情况采取口头提示、书面通知、报告领导、移送纪检监察等方式处理，并跟踪落实整改。上述规定对案件受理、强制措施、涉案财物、办案期限、诉讼权利保障等方面流程的监督重点、审查内容分别作出了要求，但办案人员自由裁量范围内的事项如事实认定、证据采信、法律适用则不属于流程监控的内容。① 案件管理部门可随时调取正在办理案件的信息，并对案件信息修改拥有专门审核权限，全国检察机关统一业务应用系统自动排查出有修改痕迹的案卡信息并提示案件管理部门，案件管理部门统计人员审核更改的案卡信息，同意修改后信息方能生效，给流程监控增加了控制手段，能够有效提高案件管理部门的监督管理水平。

二是集中监管涉案款物。2015 年 3 月最高人民检察院发布《人民检察院刑事诉讼涉案财物管理规定》，对涉案财物的移送与接收、保管、处理、工作监督等作出规定。按照规定，案件管理部门在受理案件时，接收并登记随案移送的财物，办理入库保管手续。办案部门需调用、移送、处理涉案款物的，需按照规定获得审批后到案件管理部门办理出库手续。办案部门查封、扣押、冻结款物的，也需向案件管理部门办理入库手续，持涉案款物清单向案件管理部门备案。案件管理部门会同纪检监察等有关部门对查封、扣押、冻结、保管、处理涉案款物工作进行监督管理。

三是统一监督办案质量。对案件质量的监督管理是案件管理部门监督控制程序的重要组成部分。案件管理部门通过以下方式对案件质量实施统一监督控制：

（1）组织开展案件质量评查。2017 年 12 月，最高人民检察院印发《人民检察院案件质量评查工作规定（试行）》，对评查工作机制以及评查的种类、内容、标

---

① 许山松：《〈人民检察院案件流程监控工作规定（试行）〉解读》，《人民检察》2016 年第 18 期，第 31 页。

准与结果、结果运用等作了全面的规定。案件质量评查是"事后评查",是由案件管理部门组织人员对已办结案件的办理质量进行检查、评定的业务管理活动。评查方法有常规抽查、重点评查、专项评查。2010年《最高人民检察院考核评价各省、自治区、直辖市检察业务工作实施意见（试行）》和《最高人民检察院考核评价各省、自治区、直辖市检察业务工作项目及计分细则（试行）》发布，确立了绩效考核的指导思想、考评原则、考评内容、考评办法及考评标准等，这是检察院案件质量评估制度完全确立的标志。[1] 案件质量评查是落实司法责任制、加强司法监督的重要保障,[2] 是现代诉讼爆炸的背景下提高案件质量、加强司法监督的重要方法。

（2）协调督促执法办案风险评估预警。在2012年全国检察机关案件管理工作推进会上，最高人民检察院党组明确执法办案风险评估预警的组织协调工作由案件管理部门统筹负责。根据分工，直接承办案件的干警和部门是执法办案风险评估预警的主体，与案件管理部门分工负责、相互配合。承办人负责对所办理案件是否会引起相关当事人上访、案件的下一诉讼环节能否顺利进行、社会舆论对案件处理结果的反映、案件处理的法律效果和社会效果能否达到统一等情况进行分级评估；办案管理部门对执法办案风险评估报告进行审核；案件管理部门通过复查对业务部门的执法风险评估进行监督管理，可作出同意或不同意的复查结果。承办人或办案部门负责人对复查结果有异议，将由检委会作最终决定。检委会决定后，经过复查程序的执法办案风险评估报告将交案件管理部门备案。

（3）组织参与检察业务考评。各地检察机关内部业务工作的绩效考评曾有达标式考评、目标责任考评、投票测评式考评及量化打分式考评等方式。目前检察业务考评的内容主要包括检察业务核心数据、案件质量评查情况、落实上级检察院重要业务工作部署情况、社会评价情况等。考评主体在各地也有不同，有以政工部门为考评主体，也有以各业务条线、院级以上考评委员会或考评办公室为考评主体。2002年，最高人民检察院在上海市黄浦区检察院进行绩效考评试点，2005年出台的《检察机关办理公诉案件考评办法（试行）》标志着最高人民检察院已在公诉案件考评中确立详细考核办法和标准。[3] 2011年最高人民检察院出台《关于进一步建立健全检察机关执法办案考评机制的指导意见》，全面开展检察业

---

① 施鹏鹏、王晨辰：《论司法质量的优化与评估——兼论中国案件质量评估体系的改革》，《法制与社会发展》2015年第1期，第61页。

② 董桂文、石献智：《〈人民检察院案件质量评查工作规定（试行）〉的理解与适用》，《人民检察》2018年第3期，第20页。

③ 万毅、师清正：《检察院绩效考核实证研究——以S市检察机关为样本的分析》，《东方法学》2009年第1期，第29页。

务考评工作，对推动检察工作创新发展发挥了积极作用。即便如此，考评工作中仍然不同程度地存在着重数量轻质量、重内部评价轻社会评价、重量化排名轻分析整改等倾向。2014年最高人民检察院出台《关于进一步改进检察业务考评工作的意见》，进一步改进检察业务考评工作，引导全国检察机关牢固树立正确的执法观、业绩观，促进检察业务考评工作规范，引导坚持数量、质量、效率、效果、安全的有机统一。2017年9月，最高人民检察院印发《最高人民检察院机关司法办案组织设置及运行办法（试行）》《最高人民检察院机关检察官业绩考核办法（试行）》《最高人民检察院机关司法业绩档案工作管理办法（试行）》，对检察官业绩考核管理作出明确规定。

案件管理部门还可根据同步监督等需要，采取重点审查和督察方式对执法办案行为进行动态监督，以弥补事后监督的不足，如对办案人员违法违规行为进行监督纠正和通报，对执法活动的重点环节和部门进行重点督察，对拟提交检察委员会讨论的案件和不批捕、不起诉、法院作无罪判决案件以及其他特殊案件的办理进行监督等。案件管理部门的监督控制实现了全面覆盖，形成了静态和动态、事前和事后、程序和实体、全程和重点相结合的监督控制格局。

（三）统一业务数据管理规范

统一业务应用系统随时都在产生业务数据，其本身就是一个庞大的业务信息数据库。2013年《全国检察机关统一业务应用系统使用管理办法（试行）》专章规定了如何进行"网上统计管理"。近年来，通过不断升级程序工具、灵活管理手段，案件管理部门对全国检察机关统一业务应用系统数据管理的统一性、效率性得到明显增强，对业务数据规范性和真实性审查进一步提升。

一是统一数据填录规范。案件管理部门负责制定填录规范，要求承办人、审批人按规定在全国检察机关统一业务应用系统中填写、录入相应信息，信息填录须准确、规范、同步、完整，案件管理部门对填录信息进行审查和统计。案件管理部门制定和管理统计标准，并使用自动化的统计工具。最高人民检察院2017年1月16日发布的全国检察机关统一业务应用系统版本，将原先独立运行的统计报表AJ2013系统并入该系统，作为"统计子系统"，发挥业务决策信息管理和业务信息监管功能。统计子系统的加入减少了两个系统之间数据导入导出的繁琐步骤，并配置业务数据自动抓取和实时统计功能，可自动生成统计报表。

二是建立集中统一的数据管理体系。案件管理实行统一集中管理模式突出强调了案件管理部门对业务数据的审核、汇总、统计、管理职能。北京市检察机关早在2013年便制定出台了《北京市检察机关案件统计信息管理办法（试行）》，建立集中统一的案件统计信息管理体系、案件统计信息收集工作的督促检查和四层审核制度。① 目前，全国各地检察机关基本按照集中统一模式实行数据管理。案件管理部门还通过分配管理使用权限，对业务数据实行科学管理。案件管理部门具有统计数据专属管理权限，只有案件管理部门人员才能随时浏览、查询全国检察机关统一业务应用系统掌握的全部 14 个种类业务报表及所含统计表格，并且案件管理部门有权限查看业务部门的办案信息，上级检察机关有权限查看下级检察机关的业务数据。② 同时，案件管理部门为不同部门、不同级别人员定制查询权限，实行分级分类的数据内部管理规范。

三是综合运用业务数据。案件管理部门对业务数据可进行核查、报告和通报等，有权发布、分析、使用业务数据，并可根据需要对业务数据进行解读、研判、会商、评价等，以挖掘业务数据反映的办案情况和司法规律，考察重点业务推进情况等。为提高业务数据分析研判工作的质量，2018 年最高人民检察院依据《业务数据分析研判会商工作办法》成立业务数据分析研判会商工作小组，邀请相关业务部门、下级人民检察院以及专业研究机构围绕业务数据进行会商，共同分析研究检察业务数据反映的问题、原因以及值得关注的特点、规律、趋势、影响等。③ 会商人员可发表意见建议，进行对策讨论。经过会商的检察业务数据报告经批准可向社会公开。各地检察机关参照建立专业化业务数据监管分析研判团队，积极构建科学的业务数据运用系统。

业务数据管理规范和权限的统一，不仅能直接优化完善案件管理部门的统计职能，还深化了监督、服务职能，促进了案件管理与司法办案工作的相互协调和制约。

（四）统一对外公开和公众接待规范

为满足公众知情权和律师执业权利保障的需要，案件管理部门统一对外公开案件信息，通过统一渠道为律师、当事人提供接待和咨询，为人民群众提供便利。

一是统一对外公开案件信息。2014 年 10 月 1 日起施行的《人民检察院案件信息公开工作规定（试行）》明确规定，案件管理部门是案件信息公开工作的主管部门，负责案件信息公开的组织、监督和查询服务等工作，工作中遵循依法、便民等原则。案件信息公开具有线上和线下方式，线上是案件信息公开发布的主要渠道，依托 12309 中国检察网、各级检察机关门户网站、新媒体平台（两微一端）三大电子检务公开平台发布案件信息。线下可为案件当事人、诉讼代理人等提供

---

① 钱业桐：《检察机关案件管理模式的扁平化》，《国家检察官学院学报》2013 年第 6 期，第 42 页。
② 赵颖：《最高检案件管理办公室：业务数据分析的超强大脑》，搜狐网 2019 年 3 月 4 日发布。
③ 戴佳：《最高检首次按季度对外公布检察业务数据》，《检察日报》2019 年 10 月 31 日，第 1 版。

案件程序性信息现场和电话查询服务等。案件信息公开内容包括案件程序性信息公开、重要案件信息发布和法律文书公开三类，《人民检察院案件信息公开工作规定（试行）》明确规定了发布和公开信息的内容要求。

二是统一提供诉讼服务。《检察机关执法工作基本规范》（2013 年版）在案件管理一编中用专章规定了接待辩护人和诉讼代理人规范，共 8 条。实践中，案件管理部门为律师提供辩护与代理预约申请，为辩护人、诉讼代理人提供申请会见、阅卷、收集调取或提供证据材料、要求听取意见、申请变更强制措施等服务，绝大部分诉讼服务设置了网络或手机平台，有些甚至可提供远程服务。全国各级检察机关案件管理中心基本设立了律师阅卷室，制定公布律师预约、查询、阅卷、接待等工作制度，提供电子卷宗和刻录工具，为律师执业提供充分保障和便捷服务。

三是统一配合接受外部监督。根据 2019 年出台的《人民检察院办案活动接受人民监督员监督的规定》，最高人民检察院经由案件管理办公室负责组织人民监督员参与公开听证、公开审查、旁听庭审、检察建议研究提出、督促落实、法律文书宣告送达、案件质量评查等活动，向人民监督员通报检察工作情况、协调督促监督事项办理、反馈告知采纳情况以及受理审查人民监督员通过其他方式对检察办案活动提出的意见建议等，并受理投诉和复核。各地检察机关内设机构改革中，基本参照最高人民检察院的设置，将人民监督员工作交由案件管理部门负责。

统一对外公开和公众接待规范体现了案件管理公众服务职能的规范化和制度化，形成了案件管理工作的闭环，公众服务需求也会反向促进案件管理工作优化，进一步提升了检察公信力。

三、检察机关案件管理发展方向

检察机关集中统一案件管理机构的设置、案件管理"四个统一"功能的确立、统一业务应用系统的建成与完善，标志着我国已经形成了具有中国特色的检察机关案件管理制度。但是，集中统一的案件管理制度仅仅走过了十余年的历程，在管理模式、功能发挥等方面还需要改革和完善。从未来的发展趋势和改革重点来看，检察机关案件管理制度的发展应当体现以下特征：

（一）从人工管理为主走向人工智能管理为主

全国检察机关统一业务应用系统建立之初，由于配置不完善，受理登记、案卡填录、文书盖章等许多工作需要人手操作，案件移送、赃证物管理等也需要建立人工台账，人工操作耗时费力制约着案件管理工作的不断进步。近年的信息化建设加快提高了案件管理工作效率，先进技术的使用促使案件管理逐渐从人工管理为主走向人工智能管理为主，主要体现在以下几个方面：

一是通过智能化实现全程精细管理。凭借技术优势，精细管理可以从稳定、细微、不易察觉的技术视角随时观测并如实记录司法责任落实的每个步骤，如北京市人民检察院 2017 年 4 月在"检立方 C-139"大数据平台基础上转型升级的检察管理监督平台系统 1.0 版，能够实现全程网上留痕、动态管控，全院、全员、全过程管理监督，根据检察官权力清单动态监督办案全过程，司法责任制的落实有了实实在在的技术探测工具。以后，人工智能技术将在更多案件管理业务领域辅助甚至部分代替人工。

二是可以进行智能化质量评查。检察机关检察信息化从 1.0 走向 4.0 版本的智慧检务时代，信息技术已经在质量评查、数据协同、数据采集、分级预警、流程监控、绩效考核、综合管理、舆情分析等具体工作中得到运用。就连本来需要人工来完成的案件质量评查工作，现在已经可以由智能技术来完成，如江苏检察机关研发的"案管机器人"可对案件进行评查，试点中已评查案件 14326 件，及时纠正了评查中发现的司法瑕疵问题。① 可见，智能化质量评查方式非常实用，可分担沉重的评查任务，值得全面推广使用。

三是可以提供数据辅助司法决策。2016 年 3 月，浙江省检察机关与阿里云开发建设的"浙检云图"大数据可视化应用平台，不仅能够展现数据地区分布情况和实时办案数据，还能形成可视化多维报表、图形；贵州检察机关创立的大数据分析服务系统，可为领导决策提供"智库意见"。② 数据分析技术的不断深入，将为今后的司法决策打下更加科学、严密、准确的基础。

（二）从流程管理为主走向质效监督为主

随着流程监控的技术化和案件质量管理的智能化，检察机关对案件办理的要求将不再停留在对错层次，而是逐渐提升至优劣层次。案件管理将对办案质量和效率是否达到最优比值进行考察，案件管理部门监督工作将从流程管理为主走向质效监督为主。

检察机关对新的案件比指标的考核反映了这一趋势。案件比指标是一个案件所经历的所有诉讼程序与一次审查、无退查、一审生效判决的比例，案件比数值越高，意味着案件办理的群众满意度越低。检察长张军强调，各级检察院要降低案件比指标，是为了让案件少退查、快审查、速生效，尽量减少不必要的诉讼程

---

① 朱国亮：《"案管机器人"推动检务智慧化》，经济参考报 2017 年 8 月 10 日报道。
② 郑赫南、史兆琨：《检察机关大数据建设应用典型案例》，《检察日报》2017 年 6 月 13 日，第 2 版。

序，使案件在最短时间内办结，避免不当拖延。① 与以前检察机关对办案过分地强调压低不捕率、不诉率甚至不允许出现无罪判决相比，检察机关如今不仅能够合理评价传统指标、容忍无罪判决的存在，还更加尊重司法规律，办案监督更加客观理性。2020 年 4 月，最高人民检察院印发了《检察机关案件质量主要评价指标》，分为刑事检察、民事检察、行政检察和公益诉讼检察四大类案件质量评价指标，涵盖各项检察业务的主要办案活动和环节，全面建立和完善案件质量评价体系，明确将案件比指标作为核心指标。今后，检察机关还可能根据检察业务发展和自身办案实际挖掘出新的、充分体现办案效果的、更深层次的数据评价指标，用于科学合理地监督评价办案质效，促进案件监督机制进一步科学化、合理化。以上评价指标的变化，全面反映在案件管理部门的工作中。

（三）从流程信息公开扩展到统计数据公开

2019 年 10 月 30 日，最高人民检察院对外公布当年前三季度全国检察机关主要办案数据，按季度对检察业务统计数据进行公开发布将成为常态。② 司法数据的公开有助于政法机关及时调整刑事政策、有效防控犯罪、化解社会矛盾；有助于进一步实现公民的知情权；还有助于促进国家法律和党规党纪的衔接。③ 我国检察机关与时俱进、砥砺创新，在法律并没有规定检察机关统计数据公开义务的背景下，主动按季度公开检察业务统计数据，体现了对党的检察事业的高度责任感，体现了检察机关以人民为中心、尊重人民知情权、监督权的担当精神，统计数据必将成为指导检察业务、推动检察事业创新发展的重要途径，也将使检察工作公开、透明、可预期，更好地接受人民监督、满足人民期待。

当然，这一项全新的职责还需要注意与个人隐私、国家秘密、未成年人利益等其他价值相协调；还需要将主动公开转变为同时可申请公开，使其成为可以救济的公民权利；在直接公开数据的统计结果的同时，还需要公开基础数据，让公民自己可以进行数据统计和数据分析。未来的检察案件管理工作还应改进内部数据管理系统，制定统一的司法统计数据公开标准，实现司法统计数据公开的全面、及时和连续，建立统一的司法统计数据发布渠道。④ 检察机关要通过以上的改革创新措施，全面实现检察数据公开的规范化和法治化。

---

① 徐盈雁：《破题后如何解新题、答难题——张军检察长在大检察官研讨班上的讲话解读》，最高人民检察院官网 2019 年 7 月 20 日发布。

② 戴佳：《最高检首次按季度对外公布检察业务数据》，《检察日报》2019 年 10 月 31 日，第 1 版。

③ 杨建军：《司法数据公开及其程序规制》，《广东社会科学》2019 年第 6 期，第 216 页。

④ 易霏霏、马超：《我国司法统计数据的公开：现状与建议》，《中国应用法学》2017 年第 2 期，第 56 页。

（四）从内部管理机构发展为检务公开窗口

检察机关案件管理机构最初建立是为内部管理服务的，不具有公开性，但随着案件管理平台开放性和衔接性的提升，其公开性会越来越强。人民检察院办案活动接受人民监督员监督，配合监督工作由案件管理机构负责，也促使案件管理机构对外公开性增强。

2017 年，最高人民检察院部署推进的 12309 线上和线下一体式检察服务平台给案件管理机构的职能跃升创造条件。线上"一站式"网络平台（即 12309 中国检察网，整合了原 12309 职务犯罪举报网站和案件信息公开网服务）已开始运行，集检察服务、检务公开、接受监督等功能为一体。但是，在上述机制建设的过程中，线下场所即 12309 检察服务大厅建设则相对缓慢、落后，实践中检务公开大厅、案件管理大厅、申诉信访接待室、法律文书宣告室等多个公开场所仍在使用，普通群众较难分清各场所职能，容易带来不便。既然是一体式平台，线下场所理应参照线上"一站式"模式建设，以避免混乱。线下场所应当按照国际准则对公共机构场所公开规定的"最大限度公开原则"进行建设，确保公开的效果。① 为此，检察机关可将案件管理机构整体并入 12309 检察服务大厅，再整合进控告申诉和法律宣告等功能，将 12309 检察服务大厅建设成为以案件管理服务为主体的检察机关唯一公开场所。

如果统一公开场所建立，随着检察案件信息数据对外开放的增强、检察机关加入公检法数据共享步伐的加快，案件管理机构将发展为透明高效便捷的检务公开窗口，更好地满足人民群众日益增长的司法需求。

小结

从上文的分析可知，2009 年以前，尽管也存在诉讼爆炸的情况，但检察机关通过条线分散管理的模式进行案件管理的状态居然维持了数十年，这是当时整个办案活动缺乏网络管理、智慧检察的产物。在现代社会，上述模式不可能持续下去了，案件实行集中管理、专门管理、智慧管理，是大势所趋，是历史的必然。

从 2010 年 1 月全国首个省级院"案管中心"至今，集中统一的案件管理模式走过了 12 年的历程，已经开创了我国检察业务管理的新局面。但检察案件管理机制与时代的要求、人民的期待还有距离，检察机关必须紧跟时代步伐，加强司法与科技的深度融合，让案件管理在管理监督、决策参考、司法公开中发挥更大的作用。

---

① 高一飞、张绍松：《场所公开视野下的检务公开窗口建设》，《天津法学》2015 年第 1 期，第 64 页。

第七节　检察公益诉讼制度改革

2014 年 10 月 23 日，党的十八届四中全会通过《关于全面推进依法治国若干重大问题的决定》提出"探索建立检察机关提起公益诉讼制度"。习近平总书记在对该决定进行说明时强调："由检察机关提起公益诉讼，有利于优化司法职权配置、完善行政诉讼制度，也有利于推进法治政府建设。"①

2015 年 7 月至 2017 年 6 月，公益诉讼进行了为期两年的试点。2017 年 6 月 27日，全国人大常委会通过立法全面推行检察机关公益诉讼制度。2019 年 1 月 1 日实施的《人民检察院组织法》、2019 年 10 月 1 日起施行的《检察官法》规定了检察机关和检察官的公益诉讼职权。2019 年 10 月 31 日，中国共产党十九届四中全会通过了《坚持和完善中国特色社会主义制度、推进国家治理体系和治理能力现代化的若干重大问题的决定》指出，要"拓展公益诉讼案件范围""完善生态环境公益诉讼制度"。② 公益诉讼将成为我国实现国家治理体系和治理能力现代化的重要制度的一个部分。

一、检察公益诉讼制度的确立

任何一项制度的确立都要经过理论和实践的反复论证及总结经验，检察公益诉讼制度的确立也经历了探索阶段、试点阶段以及全面推开阶段。通过不断探索，发现问题，积累经验，确立了检察公益诉讼这一项新的司法制度，完善了法律监督体系和司法权力运行体系。

（一）探索阶段（1997 年至 2015 年 6 月）

20 世纪 90 年代初期，1990 年《行政诉讼法》和 1991 年《民事诉讼法》明确了检察机关对行政诉讼、民事诉讼活动的广泛监督职能，③ 为检察机关探索公益诉讼提供了法律空间。20 世纪 90 年代末开始，全国各地检察机关开始对国有资产、

---

① 习近平：《关于〈中共中央关于全面推进依法治国若干重大问题的决定〉的说明》，《人民日报》2014 年 10 月 29 日，第 2 版。

② 《中共中央关于坚持和完善中国特色社会主义制度　推进国家治理体系和治理能力现代化若干重大问题的决定》（2019 年 10 月 31 日）。

③ 1990 年 10 月 1 日起施行的《行政诉讼法》第 10 条规定："人民检察院有权对行政诉讼实行法律监督。"1991 年 4 月 9 日公布实施的《民事诉讼法》第 14 条规定："人民检察院有权对民事审判活动实行法律监督。"

生态环境等领域损害国家和社会公共利益的行为主动提起公益诉讼。1997 年，河南省方城县人民检察院以原告身份起诉该县工商局擅自出让房地产致使国有资产流失案，① 是我国由检察机关公益诉讼第一案。2000 年，最高人民检察院发布《关于强化检察职能、依法保护国有资产的通知》，强调"检察机关应充分发挥检察职能，对侵害国家利益、社会公共利益的民事违法行为提起诉讼"，对河南等地的检察公益诉讼实践表示支持。

但是，检察机关的这一立场在几年后发生了变化。最高人民法院于 2004 年对湖北省高级人民法院关于辖区检察机关提起的公益诉讼案件的请示作出批示，明确表示检察机关以保护公益为由提起诉讼，法院不应当受理。② 最高人民法院从维护法制统一的高度支持并强化了湖北省高级人民法院的观点。③ 同年，最高人民检察院出台《关于严格依法履行法律监督职责推进检察改革若干问题的通知》（最高检发〔2004〕14 号）要求"检察机关不得对民事行政纠纷案件提起诉讼"，且地方"不得再行试点"。此后，各地检察机关提起公益诉讼工作暂时停滞。

自 2007 年开始，各地检察机关开始在生态环保领域开展了新一轮公益诉讼探索。自 2007 年 11 月 20 日至 2012 年 8 月 31 日，贵阳市、无锡市、昆明市等地纷纷通过尝试制定地方性法规的形式为环境公益诉讼提供法律依据，并由相关地方法院开展了成立环境保护审判庭、环境保护法庭审理环境公益诉讼案件的试点。如贵阳市中级人民法院发布的《关于贵阳市中级人民法院环境保护审判庭、清镇市人民法院环境保护法庭案件受理范围的规定》、贵阳市人大常委会制定的《贵阳市促进生态文明建设条例》、无锡市中级人民法院和无锡市人民检察院共同出台的《关于办理环境民事公益诉讼案件的试行规定》，以及昆明中院与昆明市检察院、昆明市公安局、昆明市环境保护局共同出台的《关于建立环境保护执法协调机制的实施意见》等。④ 以上地方性规范均明确了检察机关、环境保护管理机构、环保公益组织基于环境公共利益，可作为提起环境公益诉讼的原告。

根据以上地方性规范，各地办理了一批有成效的案件。根据各地规范的具体内容可以看出：公益诉讼案件均为民事公益诉讼，没有行政公益诉讼案件，且主

---

① 最高人民检察院民事行政检察厅编：《检察机关提起公益诉讼实践与探索》，中国检察出版社 2017 年版，第 33 页。

② 最高人民法院于 2004 年 6 月 17 日在湖北省高级人民法院请示一案中作出的民立他字第 53 号《关于恩施市人民检察院诉张苏文返还国有资产一案的复函》指出："检察机关以保护国有资产和公共利益为由，以原告身份代表国家提起民事诉讼，没有法律依据，此案件不应受理，如已受理，应当驳回起诉。"

③ 韩波：《公益诉讼制度的力量组合》，《当代法学》2013 年第 1 期，第 36 页。

④ 罗丽主编：《环境法教程》，中国法制出版社 2014 年版，第 464 - 465 页。

要涉及国有资产保护、环境保护等领域。检察机关提起公益诉讼的探索实践赢得了社会各界的认同，取得了较好的成效，也积累了一些经验做法，但始终缺乏明确的法律授权。

（二）试点阶段（2015年7月至2017年6月）

经过前期的探索，检察机关提起公益诉讼逐步取得了一定的经验。为了落实党的十八届四中全会精神，2015年7月1日，全国人大常委会通过了《关于授权最高人民检察院在部分地区开展公益诉讼试点工作的决定》，确定在北京等13个省（自治区、直辖市）的检察院开展为期两年的试点，检察机关公益诉讼试点工作正式开始。该决定规定试点公益诉讼的案件范围为生态环境和资源保护、食品药品安全、国有资产保护、国有土地使用权出让等领域，规定了特殊的"提起公益诉讼的诉前程序"和提起诉讼程序。

2015年12月16日，最高人民检察院通过《人民检察院提起公益诉讼试点工作实施办法》，共58条，对上述程序进行了细化。

在试点期间，各试点地区检察机关共办理公益诉讼案件9053件，其中诉前程序案件7903件、提起诉讼案件1150件。诉前程序案件中，行政机关主动纠正违法5162件，相关社会组织提起诉讼35件。起诉案件中，人民法院判决结案437件，全部支持了检察机关的诉讼请求。[①]

公益诉讼的实践，也为公益诉讼的理论研究提出了新的问题，拓展了学术研究的视野，推动着相关理论研究的活跃和深入。[②] 两年的试点，这项改革充分实现了顶层设计的目标，[③] 为以后全面开展公益诉讼试提供了实践支持。

（三）全面推开阶段（2017年起）

2017年5月23日，中央全面深化改革领导小通过了最高人民检察院《关于检察机关提起公益诉讼试点情况和下一步工作建议的报告》，认为"制度设计得到充分检验，正式建立检察机关提起公益诉讼制度的时机已经成熟"[④]。2017年6月27日，全国人大常委会通过《全国人民代表大会常务委员会关于修改〈中华人民共和国民事诉讼法〉和〈中华人民共和国行政诉讼法〉的决定》，以立法形式确立了

---

① 《最高检举行"全面实施检察机关提起公益诉讼制度"发布会》，国务院新闻办公室网站2017年6月30日报道。

② 胡卫列、迟晓燕：《从试点情况看行政公益诉讼诉前程序》，《国家检察官学院学报》2017年第2期，第30页。

③ 黄学贤：《行政公益诉讼回顾与展望——基于"一决定三解释"及试点期间相关案例和〈行政诉讼法〉修正案的分析》，《苏州大学学报（哲学社会科学版）》2018年第2期，第45页。

④ 《认真谋划深入抓好各项改革试点　积极推广成功经验带动面上改革》，《人民日报》2017年5月24日，第1版。

检察机关提起公益诉讼制度，对检察机关提起公益诉讼只能作出原则性规定，检察机关提起公益诉讼制度在全国范围内全面施行。

2018 年 3 月 2 日，《最高人民法院、最高人民检察院关于检察公益诉讼案件适用法律若干问题的解释》（以下简称《检察公益诉讼解释》）发布实施，对案件管辖、检察机关调查搜集证据、诉前程序和审判程序等问题作了明确规定。另外，还明确人民检察院在公益诉讼中的身份是"公益诉讼起诉人"，这一身份不同于传统意义上的原告，也不同于刑事诉讼中的公诉人，结束了此前对人民检察院提起公益诉讼身份问题的争议。

2017 年 9 月，习近平总书记强调："检察官作为公共利益的代表，肩负着重要责任。"① 这一论断为完善检察机关提起公益诉讼制度提供了根本遵循。② 2017 年 7 月至 2019 年 9 月，共立案公益诉讼案件 214740 件，办理诉前程序案件 187565 件、提起诉讼 6353 件。其中，2017 年 7 月至 12 月立案 9170 件；2018 年立案 113160 件；2019 年 1 月至 9 月立案 92410 件，同比上升 68.98%。③ 公益诉讼检察作为新时代检察工作创新发展的重要方面，与刑事检察、民事检察、行政检察并列为"四大检察"，检察公益诉讼制度全面推开以来取得初步成效。

二、检察公益诉讼的实施现状评估

检察公益诉讼制度的确立进一步丰富和完善了我国现有诉讼制度，优化了司法职权配置，为保护国家和社会公共利益提供制度保障。要让该制度按照预期设计目标有效运行，需要对检察公益诉讼制度在司法实践中的实施情况进行评估。

（一）诉前程序实施现状

诉前程序作为公益诉讼的前置程序，对约束检察机关的公益诉权、防止检察权过度介入民事法律领域及干预行政权、有效监督相关主体积极履行职责及节约司法资源具有重要意义。如前所述，自 2017 年 7 月至 2019 年 9 月，全国检察机关办理诉前程序案件 187565 件，占全部立案量的 87.3%。④ 有关环境污染、食品药品等领域发生侵害公共利益的线索，检察机关通过接受群众举报、媒体曝光等途

---

① 《习近平致信祝贺第二十二届国际检察官联合会年会暨会员代表大会召开》，《人民日报》2017 年 9 月 12 日，第 1 版。

② 邵世星：《当前检察机关提起公益诉讼工作面临的问题与对策》，《人民检察》2018 年第 10 期，第 9 页。

③ 张军：《最高人民检察院关于开展公益诉讼检察工作情况的报告（摘要）》，《人民日报》2019 年 10 月 25 日，第 2 版。

④ 张军：《最高人民检察院关于开展公益诉讼检察工作情况的报告（摘要）》，《人民日报》2019 年 10 月 25 日，第 2 版。

径容易发现。检察机关作为专门法律监督机关对公权力的监督，行政公益诉讼更加契合其职能定位。① 检察机关通过发出诉前检察建议，督促相关行政主体履行相应职责，起到监督行政执法的良好效果。从以上数据来看，检察机关发出诉前检察建议后，绝大部分行政机关能够积极接受建议，及时纠正违法或履行职责。

通过诉前程序推动侵害公益问题的解决，体现了司法质量和诉讼效率。能够在诉前程序中督促纠正的，不仅可以节约司法资源，避免了诉讼程序冗长、高成本等弊端，② 也能够更好地维护或恢复客观秩序。诉讼程序提供最终保障，诉前程序则终结办理绝大多数案件。③ 在诉前程序中，检察机关对检察建议落实情况进行跟踪监督，对到期后仍不履职或者履职不到位的，及时采取起诉措施。

（二）诉讼程序实施现状

诉讼程序作为检察机关提起公益诉讼的保障程序，诉前检察建议不能有效落实，诉前公告后，相关组织没有提起民事公益诉讼的，检察机关就以诉讼、庭审接力推动问题解决，切实维护国家和社会公共利益。检察机关在公益诉讼制度全面推开的第一年取得了较好的效果，助推法治政府建设和依法治国战略积极向前发展，检察机关的法律监督地位和公益代表的角色得到了社会的普遍认同。例如，在全国首例行政公益诉讼中，山东省庆云县检察院在严格落实诉前程序后，依法向庆云县人民法院提起行政公益诉讼。④ 法院判决确认庆云县环保局行政行为违法，并责令其依法履职，宣判后污染企业被责令停产。这一判决，对其他行政机关和污染企业起到了很好的警示作用。

进入诉讼程序的案件是当前公益诉讼中的少数。从前述检察长报告提出的数据来看，检察机关提起公益诉讼及支持有关组织起诉的案件在所有进入诉前程序的案件中占的比例较低，2017 年 7 月至 2019 年 9 月，共立案公益诉讼案件 214740 件，提起诉讼 6353 件。⑤ 分析其原因主要有：一是由于诉前程序中行政公益诉讼占比较高，绝大多数行政机关在诉前程序都已经积极履职，多数行政公益诉讼案件在诉前程序中行政违法行为已经得到纠正，检察建议的落实情况体现出"回复

---

① 胡卫列、迟晓燕：《从试点情况看行政公益诉讼诉前程序》，《国家检察官学院学报》2017 年第 2 期，第 35 页。

② 刘艺：《构建行政公益诉讼的客观诉讼机制》，《法学研究》2018 年第 3 期，第 45 页。

③ 王万华：《完善检察机关提起行政公益诉讼制度的若干问题》，《法学杂志》2018 年第 1 期，第 104 页。

④ 彭波：《山东检方提起全国首例行政公益诉讼案件》，《人民日报》2015 年 12 月 23 日，第 16 版。

⑤ 张军：《最高人民检察院关于开展公益诉讼检察工作情况的报告（摘要）》，《人民日报》2019 年 10 月 25 日，第 2 版。

更及时、采纳率更高、实际效果更好"的新变化。① 二是目前检察机关办理公益诉讼案件线索来源及专业技术支撑依靠行政机关，尤其是依赖于行政执法部门及其所辖专业技术机构，导致检察机关在准备起诉时不得不考虑与行政机关的技术依附关系。比如，检察机关在办理生态环境损害类公益诉讼案件过程中，涉及监测、鉴定和评估等问题需要具备专业资质和专门知识的机构和人员的技术支撑，而该类机构和人员多集中在生态环境行政机关及其下属监测机构，所以导致检察机关在对生态环境部门提起行政公益诉讼时，不得不考虑其与生态环境部门的技术依附关系。三是诉前程序证据要求较低，检察机关在诉前程序中证据搜集往往较简单，对行政机关职能职责的法定依据把握不准，行政机关履职情况被忽略，且检察机关缺乏对检察建议落实情况的后续跟踪监督，导致检察机关在起诉阶段出现底气不足、国家和社会公共利益持续受损的事实掌握不全面等情形。

（三）新时代公益诉讼的成功经验

新时代检察公益诉讼能够在较短时间内从试点走向全国，在立法上全面确立，在实践中全面展开，检察公益诉讼制度全面开展的头一年，在公益诉讼各个领域取得了初步的成效。

表 3 - 2　2015 年至 2019 年办理公益诉讼案件的总体情况②

时间	共立案数	办理诉前程序案件	提起诉讼	支持社会组织提起民事公益诉讼	撤诉、调解	判决
2015 年 7 月至 2017 年 6 月		7903 件（行政 7676 件，民事 227 件）	1150 件	35 件	6 件	437 件均支持检察机关请求
2017 年 7 月至 2019 年 9 月	214740 件	187565 件	6353 件	87 件		
2019 年	126912 件					

2019 年，全国检察机关办理公益诉讼案件 126912 件，其中办理生态环境领域公益诉讼案件 69236 件，同比上升 16.7%。努力做好公益诉讼检察，牢记检察官

① 彭波：《试点半年，最高检首晒成绩单——公益诉讼：好做法，拟立法》，《人民日报》2016 年 1 月 7 日，第 16 版。
② 资料来源于国务院办公室：《最高检举行"全面实施检察机关提起公益诉讼制度"发布会》；张军：《最高人民检察院关于开展公益诉讼检察工作情况的报告（摘要）》，《人民日报》2019 年 10 月 25 日，第 2 版。

公共利益代表的神圣职责，深化双赢多赢共赢理念，办理民事公益诉讼 7125 件、行政公益诉讼 119787 件，同比分别上升 62.2% 和 10.1%。对 2018 年办理的 10 万余件诉前检察建议落实情况"回头看"，发现逾期未回复、实际未整改、整改不彻底的 8751 件，跟进督促履职。2019 年发出的 103076 件诉前检察建议回复整改率 87.5%，绝大多数问题在诉前得以解决，以最小司法投入获得最佳社会效果。全国人大常委会听取审议专项报告并进行专题询问，435 位全国人大代表提出意见建议；15 个省级人大常委会听取专项报告，11 个省级人大常委会作出专项决定，给予有力监督支持。[1]

新时代检察公益诉讼的成功得益于以下几方面：

一是在中央的主导下自上而下合法推进检察公益诉讼制度。检察公益诉讼虽然经过前期司法实践的自发探索过程，但是其正式确立主要是中央自上而下合法推进的产物。由于行政机关追求利益和效率的本质属性以及民事组织维护公益的能力与动力不足，检察公益诉讼应运而生。国家决策者立足中国国情，检察公益从试点到全面推广都得到了中央的高度重视，作为司法体制改革的一项重大决策来部署和实施。

二是允许各地对检察公益诉讼工作机制不断探索和完善。例如，检察机关积极寻求当地党委和政府的支持，检察机关与多个行政部门共同出台文件，充分利用"两法"衔接平台，与行政执法部门有效衔接，拓宽线索来源渠道，与行政部门形成合力，在制度上保障检察公益诉讼有效运转。同时，检察机关与纪委监察委形成监督合力。检察机关在办理公益诉讼案件过程中，发现行政机关工作人员存在不作为或乱作为等违纪违法行为的，移送纪委监委依法处理。[2] 纪委监委在办理违纪违法案件过程中，发现有符合公益诉讼情形的，移送检察机关处理。

三是着力优化检察机构设置，不断提升检察人员素能。试点开始后，最高人民检察院成立第八检察厅专门履行公益诉讼检察职责，各地检察机关也成立了专门的办案机构。最高检组织公益诉讼专题培训、发布公益诉讼典型案例。各地检察机关也积极探索与行政机关、科研院所等机构和组织互派人员挂职交流，借助"外脑"，检察人员公益诉讼线索的发现和调查能力得以提升，专业化的公益诉讼办案队伍正在形成。

---

① 张军：《最高人民检察院工作报告》，《人民日报》2020 年 6 月 2 日，第 1 版。

② 贾永健：《中国检察机关提起行政公益诉讼模式重构论》，《武汉大学学报（哲学社会科学版）》2018 年第 5 期，第 159 - 160 页。

三、检察公益诉讼制度存在的问题

检察公益诉讼在试点阶段，试点地区检察机关在线索发现、证据收集、诉前程序、诉讼程序等方面积累了大量经验，但立法规范和司法机制中仍然存在一些问题。

（一）领域较窄而且结构不合理

从目前法律规定及司法实践来看，检察机关提起民事公益诉讼主要在生态环境和资源保护、食品药品安全以及《中华人民共和国英雄烈士保护法》特别规定的英烈人格权保护三个领域范围；检察机关提起行政公益诉讼主要是生态环境和资源保护、食品药品安全、国有财产保护以及国有土地使用权出让四个领域范围。这是立法上固有的问题，也是试点阶段难免的状态，先从最需要的领域开始，再逐步确定应当扩大的范围，这是顶层设计与摸着石头过河相结合的正常探索。

在检察机关提起公益诉讼试点以及初步推开阶段，由于检察机关没有足够的办案经验和人员保障，可以围绕重点领域的突出问题提起公益诉讼。但是，针对现行法律列举事项之外的其他领域严重侵害不特定多数人的生命健康、个人隐私等权益的行为，由于法律没有规定检察机关可以提起公益诉讼，导致检察机关即使发现在其他领域存在侵害不特定多数人的利益时，也无法提起公益诉讼。

表 3 - 3　2015 年 7 月以来公诉诉讼案件涉及领域类型

时间	生态环境和资源保护	食品药品安全	国有产保护	土地使用权出让	英烈权益保护
2015 年 7 月至 2017 年 6 月	6527 件	83 件	1583 件	860 件	
2017 年 7 月至 2019 年 9 月	118012 件占立案总数 54.96%	71464 件，占立案总数 33.28%	20363 件	4826 件	53 件，提起民事公益诉讼 25 件

在试点实践中，2017 年 7 月至 2019 年 9 月起诉案件中，刑事附带民事公益诉讼占 77.82%，占了 2/3 以上，这表明公益诉讼中的起诉案件"搭顺风车"多、主动出击的少，更多借助刑事追诉的成果拓展民事公益诉讼的多，行政公益诉讼起诉案件偏少。[①] 这种结构上失衡的根本原因还是主动积极进行公益诉讼的形势还没

---

① 张军：《最高人民检察院关于开展公益诉讼检察工作情况的报告（摘要）》，《人民日报》2019 年 10 月 25 日，第 2 版。

有形成，可以说，公益诉讼还在起步阶段艰难前行。

表 3 - 4　2015 年以来提起公益诉讼案件的类型

时间	总量	民事公益诉讼	行政公益诉讼	行政附带民事公益诉讼	刑事附带民事公益诉讼
2015 年 7 月至 2017 年 6 月	1150 件	94 件	1029 件	2 件	25 件
2017 年 7 月至 2019 年 9 月	6353 件	约 6.52%	15.66%	0	77.82%

（二）检察机关的调查取证权受限

检察机关作为公益诉讼起诉人，负有举示初步证据证明被告违法的责任，但是由于公益诉讼涉及众多专业领域的知识，非经专业机构鉴定一般难以发现，即使检察机关仅仅调查取证"公共利益受到侵害的初步证据"，在现实中仍然是困难重重。① 公益诉讼证据的搜集需要专业技术和专业知识的保障，由于受制于传统业务和工作范围的影响，检察机关工作人员往往缺乏公益诉讼专业领域知识，导致搜集相关证据困难。2015 年《人民检察院提起公益诉讼试点工作实施办法》规定人民检察院调查核实有关情况，行政机关及其他有关单位和个人应当配合。《检察公益诉讼解释》第 6 条也作了类似规定。但是，以上两个法律文件并非法律，难以对行政机关及有关单位和个人设定法定配合义务，也无法规定行政机关及有关单位和个人拒不配合检察机关调查核实证据的法律责任。相关法律没有赋予检察机关在行使公益诉权时可以采取强制性手段，导致调查对象不配合检察机关时，检察机关就没有其他救济渠道。

（三）诉讼请求简单套用民事和行政诉讼模式

《试点方案》中规定，检察机关在提起民事公益诉讼请求时可以要求被告停止侵害、排除妨碍、消除危险、恢复原状、赔偿损失、赔礼道歉等；提起行政公益诉讼时，可以请求提出撤销或者部分撤销违法行政行为、在一定期限内履行法定职责、确认行政行为违法或者无效等。《人民检察院提起公益诉讼试点工作实施办法》中对检察机关提起公益诉讼的诉讼请求也作了同样的规定。《检察公益诉讼解释》虽然对检察机关提起公益诉讼的诉讼请求没有做明确规定，但是第 26 条规定："本解释未规定的其他事项，适用民事诉讼法、行政诉讼法以及相关司法解释

---

① 张百灵：《检察机关提起环境公益诉讼的困境与完善——以〈人民检察院提起公益诉讼试点工作实施办法〉为蓝本》，《江苏大学学报（社会科学版）》2017 年第 4 期，第 39 页。

的规定。"

以上解释没有解决公益诉讼与个人诉讼的衔接问题，导致公益诉讼请求与其他民事主体利益发生冲突。例如，检察机关在对销售假药侵害不特定多数人利益的行为提起民事公益诉讼时，检察机关提出赔偿损失的诉讼请求后，针对损失的鉴定、赔偿金额以及赔偿金的处置等问题，法院与检察机关还未达成一致意见，实际被侵权人是否可以再向人民法院提出赔偿损失的诉讼请求等都没有作明确规定。套用民事和行政诉讼的请求模式，无法解决公益诉讼中的问题。

（四）检察公益诉讼的裁量权缺乏监督

《检察公益诉讼解释》规定在审理行政公益诉讼案件过程中，被告依法纠正违法行为或者依法履行职责的，人民检察院可以撤回起诉或者变更诉讼请求，但是，可以请求确认原行政行为违法；在审理民事公益诉讼案件过程中，人民检察院的诉讼请求全部实现的，人民检察院可以撤回起诉。现有法律规范对检察机关在公益诉讼过程中是否具有和解权、调解权等都没有明确规定，也没有对监督相关诉讼处分权作出规定。

公益诉权是基于检察机关代表国家利益而赋予其的职权，检察机关应当严格规范行使公益诉权，不得任意处分。公益诉讼所涉及的是社会公共利益，因此，"公益诉讼起诉人"不能像"原告"那样来处分社会公共利益。[①] 虽然规定了只有检察院的诉讼请求全部实现后检察机关才可以撤诉，但是有些诉讼请求是否完全实现难以认定，检察机关在提起公益诉讼时诉讼请求是否完全合理等需要经过法庭审理才能确定。公益诉讼是检察机关代表国家的名义提起的，不是检察机关自身天然享有的权利，因此应当严格限制检察机关对公益诉权的处分权，并加强对检察机关提起公益诉讼裁量权的监督。

四、检察公益诉讼立法亟须解决的问题

公益诉讼有其独立的诉讼特点和不同的诉讼程序要求，例如，检察机关提起公益诉讼要经历线索、初查、立案、调查、诉前程序、后续跟踪监督、支持起诉或起诉等程序，而2017年新修订的《行政诉讼法》和《民事诉讼法》只对检察机关提起公益诉讼的领域等问题作出原则性规定，对具体程序没有作出规定，《检察公益诉讼解释》也没有就检察公益诉讼的具体程序作出明确规定。公益诉讼作为一种独立的诉讼形态，具有不同于普通行政诉讼和民事诉讼的特点，当前应进一

---

① 赵许明：《公益诉讼模式比较与选择》，《比较法研究》2003年第2期，第70页。

步完善司法解释、出台规范性文件，及时回应实践问题，待前期司法实践和配套规定运行成熟后，应当就公益诉讼单独进行立法，具体规定公益诉讼的管辖、立案、调查、诉前、起诉和审判等程序。① 当前，我国公益诉讼制度立法亟须解决以下问题。

（一）拓展公益诉讼案件范围

试点阶段，由于检察机关提起公益诉讼缺乏实践经验以及相关法律制度还不完善，应当持审慎的态度稳步推进。通过为期两年的试点，检察机关积累了丰富的办案经验，也逐步调整和适应了司法职权配置。2017 年《民事诉讼法》和《行政诉讼法》都对公益诉讼范围作出"等"的规定，如上所述，检察机关作为国家的专门法律监督机关以及公共利益的代表，应当赋予其对所有侵害国家和社会公共利益的行为提起公益诉讼的权利，充分发挥检察机关的法律监督职能作用。

我国部分地区检察机关开始探索"等"外领域提起公益诉讼。例如，浙江省宁波市海曙区检察院针对一段时期骚扰电话泛滥问题向通信管理部门发出检察建议。② 2019 年 7 月 26 日，《湖北省人民代表大会常务委员会关于加强检察公益诉讼工作的决定》中强调在已有司法解释范围之外，还要"依法在安全生产、文物和文化遗产保护、电信互联网涉及众多公民个人信息保护等领域探索开展公益诉讼工作"。这是全国第一家省级人大常委会授权检察机关公益诉讼"等"外探索。检察公益诉讼制度应当逐渐扩展到所有涉及侵害不特定多数人利益和国家利益的领域。尤其对当前比较突出的安全生产领域、未成年人保护领域、网络安全等领域侵害不特定多数人利益的情形，检察机关应当充分发挥其调查取证的优势和公益代表的职能作用，切实弥补行政监管和民事救济的能力不足，这样才能更好发挥检察机关公益代表的作用，积极回应人民群众对检察公益诉讼的新期待。

（二）规定妨碍检察机关取证的不利后果

如前所述，相关司法解释规定了组织、公民应当配合的义务，但是没有规定有关组织、个人不予配合调查的法律后果。立法应当明确证据由对方当事人或者案外第三人控制且不予配合取证的情形下，检察机关可以强制调查搜集证据，理由是，检察机关不是一般的当事人，而是国家法律监督机关，可以代表国家强制取证。若对方当事人或案外第三人拒不提交相关证据的，且该证据系行政机关据以作出行政行为的依据或据以证明有关单位和个人侵害国家和社会公共利益的证

---

① 甄贞：《深化改革，完善公益诉讼制度立法》，《检察日报》2019 年 3 月 19 日，第 3 版。

② 张军：《最高人民检察院关于开展公益诉讼检察工作情况的报告（摘要）》，《人民日报》2019 年 10 月 25 日，第 2 版。

据的，应当推定为该证据存在。拒不配合或者有意阻挠检察机关调查取证的，应该承担相应责任。

（三）规定检察机关公益诉讼中的特殊请求权

公益诉讼的诉讼请求应当严格限定在实现和维护国家和社会公共利益保护的范围内，也就是说检察机关提起公益诉讼的诉讼请求不能与特定个体的合法权益或者行使保护该合法权益的权利相冲突。

在民事公益诉讼的诉讼请求中，赔偿损失主要针对的是因加害行为直接或者间接造成的不特定多数人的损失，比如因销售假药行为直接造成消费者购买该假药时的财产损失和间接造成的人身健康权益的损害。由于被侵害的个体是不确定的，一旦检察机关在提起民事公益诉讼时提出赔偿损失的诉讼请求后，被侵害的个体能否再起诉，就是一个需要解决的问题。针对以上问题，法律应当规定，检察机关在提起公益诉讼时不能代替特定个体行使相关诉讼权利。这样一方面可以保留特定民事主体就自己被侵害的合法权益向法院提出赔偿损失等诉讼请求的权利；另一方面也避免检察机关以保护公益的名义而过度介入民事领域，侵犯相关民事主体的权益。

（四）落实人民监督员对公益诉讼的监督权

检察机关在公益诉讼过程中是否具有一般民事诉讼或行政诉讼当事人的诉讼处分权，这一权利必须受到限制。尤其是检察机关对涉及国家和社会公共利益的权利予以处分的，要严格限制并加强监督。

2018 年 10 月 26 日修订的《中华人民共和国人民检察院组织法》第 27 条规定："人民监督员依照规定对人民检察院的办案活动实行监督。"2019 年 8 月 27 日，最高人民检察院发布实施《人民检察院办案活动接受人民监督员监督的规定》，其第 8 条规定①为人民监督员监督公闪诉讼提供了空间。比如，检察机关在提起民事公益诉讼前向社会不特定集体和个人发出诉前公告，可归属于"法律文书宣告送达"的方式范畴，纳入人民监督员的监督范围。同样，检察机关向行政机关发出的诉前检察建议，可归属于"检察建议研究提出和督促落实"的方式范畴，纳入监督范围。起诉时，人民监督员可通过监督"检察官出庭支持公诉"的方式实施监督。此外，在公益诉讼起诉书（纠正违法、社会治理或其他）、检察建

---

① 最高人民检察院发布实施《人民检察院办案活动接受人民监督员监督的规定》第 8 条：人民检察院下列工作可以安排人民监督员依法进行监督：（一）案件公开审查、公开听证；（二）检察官出庭支持公诉；（三）巡回检察；（四）检察建议的研究提出、督促落实等相关工作；（五）法律文书宣告送达；（六）案件质量评查；（七）司法规范化检查；（八）检察工作情况通报；（九）其他相关司法办案工作。

议书等法律文书宣告送达环节、案件办理完毕后的案件质量评查、司法规范化检查、工作情况通报等环节，人民监督员均可参与，实现对相关办案活动情况的监督。可以说，在检察机关提起公益诉讼制度中，人民监督员监督覆盖了检察机关提起公益诉讼起诉权、撤回起诉权、和解权、调解权等所有权能行使和处分环节。人民监督员监督，可以促使检察机关更加依法合理行使公益诉讼职权。

小结

对检察公益诉讼制立法和运行现状进行分析和评估可以发现，该制度存在的主要问题是立法不完善，而立法存在问题的主要原因是：公益诉讼的规范依附于民事诉讼制度和行政诉讼制度。其实，作为四大检察之一，检察公益诉讼的原则、制度和程序都具有很大的特殊性，依靠民事诉讼法、行政诉讼法作为主要程序法依据，解决不了公益诉讼的特殊问题，所以，是否制定独立的公益诉讼法，将现在遇到的问题进行一揽子解决，是我们在以后的公益诉讼制度改革中必须认真考虑和研究的问题。

第四章
公安机关司法改革

第一节　公安机关司法改革的历程

从 1978 年党的十一届三中全会召开到 2018 年年底，我国改革开放整整走过了 40 年的历程，这 40 年也是公安机关司法改革的 40 年。40 年来，公安机关司法改革主要围绕着机构和体制改革、业务与职能调整和执法办案责任制改革三个主要方面展开。

一、机构和体制改革

机构和体制改革是具有根本性的改革，对公安机关其他司法改革具有重要的决定作用。公安机关共经历了改革开放初期的机构恢复和调整（1978—1995 年）、公安部《九五公安工作纲要》后改革高潮（1996—2011 年）及十八大以后新时代的全面深入推进（2012—2018 年）三个重要阶段。

（一）改革开放初期的机构恢复和调整（1978—1995 年）

1978 年党的十一届三中全会是中华人民共和国历史上一次重要的转折，该次会议结束了我国"砸烂公检法"的十年内乱，使全党工作中心转移到经济建设上来，我国的政治、经济、文化等各项工作开始步入正轨，曾经被废止的公安机关也开始全面整顿和恢复，标志着我国开始步入新的历史时期。

其实，早在 1977 年 12 月 1 日至 1978 年 1 月 15 日，公安部经中共中央批准在就北京召开了第十七次全国公安会议，会议对整顿、恢复我国公安机关相关机构作出了指示，开启了我国公安机关机构恢复、重建历程。紧接着 1978 年 8 月 11 日至 31 日，公安部在北京召开了第三次全国治安工作会议，共有来自全国各地的公安机关、交通部公安局、总政保卫部等各级国家机关代表 450 人参加了会议。会议提出了全面整顿、恢复和加强治安管理工作的任务，随后，各级公安治安机构重新建立了起来，曾经被下放、遣散、调出的优秀治安民警和领导干部又重新回到了警务工作岗位，一度被废除的各级警务管理规章制度逐渐恢复，治安警务管理各项任务又重新开展起来，为后来的治安警务工作全面发展奠定了基础。① 这次会议虽然是以"治安"为主题，但是由于我国社会治安工作长期是由公安机关负责，所以这次会议实际上是公安机关各项机构和职能的整顿、恢复大会。

1978 年 12 月 7 日，铁道部公安局和交通部公安局列入了公安部机构序列。1979 年 7 月 7 日，中华人民共和国第一部《刑事诉讼法》颁布，为我国公安机关机构的全面恢复奠定了坚实的法律基础。到 1979 年年底的时候，中央层面的公安部内部机构设置初具雏形，设置有政治部、办公厅及包括刑事侦察部分（侦察同侦查）在内的 14 个专门业务部门。

1980 年 1 月 1 日，中国人民边防武装警察部队正式成立，负责边防的保卫工作，具有一定的侦查职能，其编制、经费归公安部统一管理和供给。同年 7 月 9日，中国民航总局设立公安局，列入公安部编制，具有处置劫机、炸机等犯罪行为、保卫空中安全的职能，受民航总局和公安部双重领导。

1982 年 6 月，中央决定将武装、边防、消防三个警种合并，成立中国人民武装警察部队，在公安设立武警总部，统一管理内卫部队和边防消警。同年，中央政府按照邓小平同志的指示，开始着手解决机构臃肿、人浮于事、互相扯皮等弊病。行政机关也按照 1982 年《宪法》的规定变"集体负责制"为"行政首长负责制"，提高了权力运行效率，公安机关也开始实行"行政首长负责制"。同时，政法机关人事制度改革也开始着手实施行，最大的亮点就是废除了领导干部职务终身制，加快了干部队伍年轻化的建设步伐。

1983 年 5 月，中共中央决定成立国家安全机关，把原来隶属于公安机关承担的国家安全职能移交给了新成立的国家安全机关。

1984 年 5 月，国务院林业部设立林业公安局，列入公安部序列，实行双重领导，负责林业部门的安全保卫工作。

1986 年 12 月 29 日，根据国务院《关于改革道路交通管理体制的通知》，决定在公安部成立交通安全管理局，到 1987 年 10 月，全国县级以上公安机关也都成立交通安全管理部门。该部分虽然主要对道路交通案件实行行政管理，但在交通事

---

① 熊一新主编：《治安管理学》，中国人民公安大学出版社 2005 年版，第 43 页。

故构成犯罪的时候会和刑侦部门的职能有所交叉。

1987 年 6 月 9 日，公安部在总结广州市公安局 110 报警服务台经验的基础上，部署在全国大中城市公安机关建立 110 报警服务台，此项举措增强了快速反应能力，加大了公安机关对社会治安的管控力度。①

到 1987 年的时候，中央层面的公安部机构已经有政治部、办公厅及包括侦查部门在内的 17 个专门业务局了。地方公安机关设置除了专门的铁路、交通、民航、森林公安之外，也基本上与中央的公安部内设机构一致。② 这个时期，在人事制度改革上，1988 年 12 月 10 日，国家机构编制委员会第 11 次会议审议通过了《公安部"三定"方案》，对公安机关的职能、机构、人员进行"三定"。这项改革有利于明晰职责权限，人员编制日益科学，同时，开始实施公务员制度，推进警务人员专业化改革。

1990 年 5 月，中央决定把各级公安机关当中的党组改为党委，强化上级公安机关党委对下级公安机关党委的领导。

1991 年 10 月 31 日，经中央编办批准，公安部成立了技术侦察局。1992 年 4 月，公安部在河南省开封市召开城市公安指挥中心建设工作座谈会，根据《中共中央关于加强公安工作的决定》和第 18 次全国公安会议精神，提出各个大中型城市的公安机关要建立高效、权威的指挥中心和指挥系统，以提高公安机关的作战效率。同年 8 月，公安部召开了全国公安厅局长会议，指出各个大中型城市要探索建立和完善民警巡逻机制和指挥系统，随后全国各地逐步建立和完善了巡逻制。

1993 年 3 月 10 日，公安部决定将直属机关的纪委办公室并入纪检、监察局，组建成立机关纪检监督室，从而加强公安内部的自我监督能力。

1995 年 3 月 3 日，国务院、中央军委决定把武警部队从公安机关剥离，由国务院直接领导。此时的公安部机构更加健全，不但有刑侦局，还有技侦局和预审局等。

在公安机关队伍法治化建设方面，出台了两部重要的法律，分别是 1992 年 7 月 1 日七届全国人大常委会第二十六次会议通过的《中华人民共和国人民警察警衔条例》和 1995 年 2 月 28 日八届全国人大常委会第十二次会议通过的《中华人民共和国人民警察法》。这两个法律的颁行，有力地促进了公安队伍的法治化进程，

---

① 赵炜：《公安改革 40 年：历程、经验、趋势》，《中国人民公安大学学报（社会科学版）》2018 年第 2 期，第 2 页。

② 魏永忠：《改革开放以来公安机关机构改革及其启示》，《中国人民公安大学学报（社会科学版）》2008 年第 6 期，第 10 页。

有利于公安机关队伍的正规化建设。

总体来讲，这一时期的总基调是恢复和调整。恢复了遭受"文革"严重破坏的公安机关机构，调整了公安机关内部各机构的设置，整合了部分部门职能，基本健全了公安机关的机构体系，使得公安机关的基本职能得以恢复和重建，加强了党对公安机关的直接领导作用，保障了改革开放初期的社会治安稳定，为以后公安机关的建设和改革奠定了坚实的基础。但是，基于当时特殊的社会背景和条件，刚刚恢复和重建起来的公安机关各个机构还存在专业化、法治化、体系化程度不够的问题，如"侦察"用语不够科学，刚组建的技术侦查局专业化程度不高，1983 年开始的"严打"对刚刚恢复起来的公安机关的法治化进程产生了负面影响，综合指挥体系还没有完全建立，各个部门协调配合不顺畅等。

（二）公安部《九五公安工作纲要》后的改革高潮（1996—2011 年）

1996 年 2 月 6 日至 9 日，全国第十九次全国公安会议在京召开，这是一次以改革为主要内容的重要会议，会议讨论通过了《九五公安工作纲要》这一重要文件，全面规划了未来五年我国公安改革体制改革的总体思路和方案，随后，我国公安改革进入一个高潮期。

1996 年 3 月 17 日，第八届全国人民代表大会第四次会议通过了《刑事诉讼法》修正案，新修改的《刑事诉讼法》保留了预审制度，并对预审内容有所扩充。但事实上，预审应该属于侦查的范畴，同时又具有一定的独立性，不过这种纵向的程序设置更多的是一种手续性的，从侦查工作的连续性、互相配合的一致性上讲，侦查和预审可以合一。[1] 因此，1997 年 6 月，公安部在石家庄召开刑事侦查工作会议，确定了以侦查破案为核心的刑事侦查工作总体改革思路，决定将公安机关分设的刑事侦查和预审两个职能部门合并，正式提出了"侦审一体化"改革。同年 7 月，公安部率先调整了侦查机构的布局，将预审工作合并到了侦查当中，撤销了预审机构，实行侦审合一的刑事侦查模式，即公安机关在办理刑事案件过程中，实行在刑侦部门内立案、侦查、审讯、提请逮捕、移送起诉一体化运作的工作模式。同时建立了新的侦防协作机制，即取消了派出所的刑事侦查权，设立兼跨数个派出所辖区的刑警中队，全面负责案件的侦查和预审，派出所不能独立承担案件侦破任务。把治安管理和防范作为派出所的主要任务。[2] 1997 年 6 月公安部

---

① 张伟民：《对侦审合一后我国预审制度的法律思考》，《浙江公安高等专科学校学报》2001 年第 3 期，第 61 页。

② 魏永忠：《改革开放以来公安机关机构改革及其启示》，《中国人民公安大学学报（社会科学版）》2008 年第 6 期，第 11 页。

在全国推广漳州市公安局芗城分局把 110 报警台改为 110 报警服务台的经验，虽然只增加了"服务"两个字，但这一看似简单的改变却使公安机关为人民服务的工作宗旨更加凸显。110 报警服务台要求做到"有警必接、有难必帮、有险必救、有求必应"，简称"四有四必"。

1998 年 5 月 14 日，公安部发布了《公安机关关于办理刑事案件程序规定》，对公安机关刑事案件办理流程做了规范，也涉及部分侦查信息公开的内容。1999 年 6 月 10 日施行的《关于在全国公安机关普遍实行警务公开制度的通知》是一部较为全面规范公安机关信息公开的规范新文件，要求公安机关的执法办案和行政管理工作，除法律法规规定不能公开的事项外，都要予以公开。1998 年 9 月 22 日，公安部决定组织实施"公安信息化建设工程——金盾工程"，1999 年 1 月 6 日全国公安厅局长正式宣布启动"金盾工程"，加快了信息化建设的步伐。

1999 年 1 月 5 日，海关总署走私犯罪侦查局成立，专门负责海上走私犯罪的侦查工作，这是我国首次授予缉私警察警衔。

2003 年 11 月 18 日，中共中央下发了《关于进一步加强和改进公安工作的决定》（中发〔2003〕13 号）文件，对新世纪公安机关的改革作出了战略部署，成为指导公安机关进一步改革纲领性文件。同年 11 月 20 至 22 日，全国公安第 20 次会议召开，会议提出要根据公安机关的特点、在组织机构、内务管理、教育训练、监督制约等方面实现规范化、标准化、科学化，从而使得公安机关能够指挥畅通、内务规范、工作高效、保障有力。

2004 年，公安部制定了《2004—2008 年全国公安队伍正规化建设建设纲要》，开始着力解决公安队伍正规化问题。2005 年 2 月，为了让省级以下地方公安能够更好应对突发事件和维护社会稳定，公安部决定首先在 36 个大城市组建特警部队，作为公安机关的机动力量。

2006 年 11 月，公安部下发了《公安部关于县级公安机关机构设置的指导意见》，明确要求通过进一步整合县级公安机关的职能配置，规范机构设置，优化资源配置，从而使县级公安机关在机构设置上规范、统一，权责一致。

2006 年 11 月 13 日，国务院公布了《公安机关组织管理条例》，该条例全面规定了机构设置和组织体制，是公安机关机构和体制改革的重要法律依据。

2007 年 12 月，全国公安机关深化刑侦改革座谈会召开，全面总结十年来刑侦工作取得的成效和经验，分析了刑侦工作存在的不足，指出了下一步整改的措施。2008 年 7 月，部分省市的公安厅局政治部主任在北京召开座谈会，研究公安机关下一步重点改革的问题。会议指出公安机关要在规范人民警察职务序列、精简县级公安机关内设机构、推进公安院校招录培养体制、加强领导体制等几个方面加快改革步伐。

地方公安机关也积极开展机构改革试点工作。如 2003 年 2 月，吉林省辽源市公安局率先进行体制改革探索，将市区的 3 个分局及其所辖的 19 个派出所整合为 8 个新的次级公安机关——警察署，实行正科级建制，行使县级公安机关的职权；每个警察署配置警力 50～80 人，下设"三队一组"，即刑警队、治安队、户籍队和保障组，实行三警联勤机制。2005 年 1 月，黑龙江大庆市公安局打破行政区划界限，减少层级，精简部门，各个分局推行"三警一室"的机构模式。① 2006 年，深圳市公安局借鉴香港警察管理的经验，探索推进专业化改革，实行警官、警员分类管理制度。2010 年 2 月，河南省公安厅推广新乡公安改革经验，在全省范围内撤销城市公安分局，新成立的城区派出所设"四队一室"，即案件侦办大队、治安管理大队、交管巡防大队、社区警务大队和警务综合室；城郊农村派出所设"三队一室"，即案件侦办大队、交管巡防大队、社区警务大队和警务综合室；同时，将省辖市公安局内设机构整合为"四部七支队"，即警令部、监督部、政治部、警务保障部、国保和反恐怖支队、治安和出入境管理支队、犯罪侦查支队、网安和技侦支队、交管支队、监所支队、特警支队。

总体来看，这一时期公安机关的机构和体制改革进程加快，举措多样，成效显著，出现一个高潮。通过这一阶段的改革，公安机关的各种体制更加健全、优化，各种机构更加精简、透明、高效，标准化和专业化程度明显提高。但是，从另一个方面看，这一时期的改革也给人一种分散的感觉，尤其是各个地方的尝试性改革，缺乏中央的统一指导，有的地方的改革甚至突破了法律的限制，如河南省新乡市公安局直接撤销了城市分局，由市公安局直接领导派出所，但根据当时《刑事诉讼法》的规定，派出所是没有刑事案件侦查权的。

（三）十八大以后新时代的全面深入推进（2012—2018 年）

党的十八大以后，我国进入了新时代，公安机关的改革也进入攻坚克难、全面深入推进时期。2013 年 11 月 15 日公布的《中共中央关于全面深化改革若干重大问题的决定》提出废止劳动教养制度，同年 12 月 28 日全国人大通过决议，废除了在我国实施 50 多年的劳动教养制度，同时决定推进涉法涉诉信访制度改革。2014 年 7 月 24 日，国务院印发《关于进一步推进户籍制度改革的意见》，不但解

---

① "三警一室"也称"三队一科"，即社区警务（队）、治安巡逻警务（队）、刑事侦查（队）、法制综合室。其中，刑事侦查队是由原来的刑警大队、国保大队、经侦大队、禁毒大队、刑事技术大队整合而成。

决了"黑户"问题，而且促进有能力在城镇稳定就业和生活的常住人口有序实现市民化。同年 10 月上旬，中央决定将"境外在华非政府组织管理"职能由民政部划归公安部管理。

2015 年，在中央全面深化改革领导小组的领导下，在中央司法体制改革领导小组的指导下，公安部成立全面深化改革领导小组，该小组研究制定了《关于全面深化公安改革若干重大问题的框架意见》（以下简称《深化公安改革意见》），该意见后经中央全面深化改革领导小组和中央政治局常委会议审议通过。同年 2 月 16 日中办印发了《深化公安改革意见》及三个相关改革方案，成为指导公安机关全面改革的重要文件。《深化公安改革意见》要达到的总体目标是：完善与推进国家治理体系和治理能力现代化、建设中国特色社会主义法治体系相适应的现代警务运行机制和执法权力运行机制，建立符合公安机关性质任务的公安机关管理体制，建立体现人民警察职业特点、有别于其他公务员的人民警察管理制度。到 2020 年，基本形成系统完备、科学规范、运行有效的公安工作和公安队伍管理制度体系，实现基础信息化、警务实战化、执法规范化、队伍正规化，进一步提升人民群众的安全感、满意度和公安机关的执法公信力。全面深化公安改革共有 7 个方面的主要任务：一是健全维护国家安全工作机制，二是创新社会治安治理机制，三是深化公安行政管理改革，四是完善执法权力运行机制，五是完善公安机关管理体制，六是健全人民警察管理制度，七是规范警务辅助人员管理。①

2015 年 3 月，中办、国办印发了《关于进一步规范刑事诉讼涉案财物处置工作的意见》，文件要求进一步完善了涉案财物的管理体制、管理方法、处理程序，并重点围绕规范管理工作和保护当事人合法权益提出具体的措施。2015 年 4 月，中办、国办印发《关于加强社会治安防控体系建设的意见》，社会面治安防控网、重点行业治安防控网、乡镇和村治安防控网、机关企事业单位内部安全防控网、信息网络防控网……各地因地制宜地推进社会治安防控体系建设，给人民群众提供全方位、多层次的安全防护。2015 年 12 月 29 日，公安部印发了《公安部关于改革完善受案立案制度的意见》，着力对受案及立案体制进行改革。针对未依法受案和立案的问题，研究起草了改革受立案制度的意见，通过健全接报案登记，统一接报案信息的汇总，完善受案立案的审查，明确了受案和立案监督主管部门，综合运用事前审核、事中监督、事后纠错、执法质量考评等监督管理手段，全面

---

① 《〈关于全面深化公安改革若干重大问题的框架意见〉及相关改革方案已经中央审议通过》，中央政府门户网站 2015 年 2 月 15 日发布。

加强对受立案工作的管理，切实提高受案立案工作的规范化水平，强化了执法监督。

这一阶段，执法信息化建设取得了明显成效，各省级公安机关普遍开发使用了统一的网上执法办案与监督信息系统，普遍改善实现了案件办理网上流转，出台了公安机关内部人员干预插手案件办理记录、通报和责任追究规定，对相反违法违纪行为划出一道"红线"，执法工作更加公开、透明，群众的知情权、参与权、监督权得到了有效保障；进一步健全完善了律师会见犯罪嫌疑人的制度措施，对重大案件全面实行讯问犯罪嫌疑人全程录音录像。2016 年 1 月 11 日，中央全面深化改革领导小组第二十次会议审议通过《关于规范公安机关警务辅助人员管理工作的意见》，这是中央深改小组通过的又一个司法体制改革文件，此文件重在规范公安机关警务辅助人员管理，确保依法合理使用警务辅助力量。2018 年 8 月 23 日，公安部发布了新的《公安机关执法公开规定》，明确规定公安机关执法信息公开适用《政府信息公开条例》，确保公民、法人和其他组织依法获取执法信息。

这一时期的改革最明显的特点就是由中央统筹，注重全局和整体，各项改革全面深入推进。党的十八大以来，以习近平同志为核心的党中央从战略层面提出全面深化改革、加快建设法治中国的重要方略。党中央从加快实现国家治理体系和治理能力现代化、坚持和发展中国特色社会主义的高度对公安机关的机构和体制作了顶层设计，在国务院和公安部及有关部门的强力推动下，公安机关的机构和体制进行了较大幅度的革新，使得各种机制更加科学、合理，现代化程度明显增强。同时，这一时期的改革也更加尊重司法规律，注重依法改革，凸显中国特色。从长远来讲，公安机关机构和体制改革还需完善各种配套措施，进一步革新理念、创新机制。

二、业务与职能改革

从司法角度来讲，公安机关是重要的刑事司法力量，在刑事诉讼中主要承担着立案、侦查、执行等职能。《刑事诉讼法》是公安机关承担刑事职能重要和直接的法律依据，从 1979 年《刑事诉讼法》制定以来，我国《刑事诉讼法》共进行了三次重要的修改，公安机关的刑事司法职能也随之不断地改革和完善。

（一）《刑事诉讼法》第一次修改之前的业务与职能改革（1979—1996 年）

其一，立案改革。1979 年 7 月 7 日，全国人民代表大会常务委员会公布了中华人民共和国成立以来第一部社会主义性质的《刑事诉讼法》，该法规定立案程序为一个独立的阶段，是刑事诉讼正式开始的标志。其主要内容包括以下三个方面：

一是规定了立案的材料来源及其管辖主体，规定了公、检、法三机关对控告、检举和自首的处理方式；二是规定了控告、检举的程序要求、法律责任及其侦查阶段保密问题；三是规定了立案、不立案的条件，赋予了控告人对不立案的知情权和申请复议权。1979年的《刑事诉讼法》规定了立案的基本框架，内容虽然较为简单，但具有开创意义。

1996年刑事诉讼法改革对立案程序做了进一步的规范。其主要在以下几个方面进行了修改和完善：一是在立案的材料来源上，增加了国家专门机关自行发现犯罪事实的规定，如第83条规定，"公安机关或者人民检察院发现犯罪事实或者犯罪嫌疑人，应当按照管辖范围，立案侦查"；同时区分了报案、控告、举报，进一步强化了被害人的权利保障。二是在立案程序上，明确了公、检、法三机关对报案人、控告人、举报人的通知义务，规范了对他们及其近亲属的安全保障义务，延长了履行保密义务的诉讼阶段，删除了1996年《刑事诉讼法》中"侦查阶段"的规定。三是增加了检察机关对公安机关的立案监督等。[①]

立案程序在《刑事诉讼法》开始修改时就争议不断，是废除还是保留争论不休，但1996年的《刑事诉讼法》修改最终还是把立案作为一个独立的阶段保留了下来。正确、及时的立案不仅有利于迅速及时揭露、证实犯罪，也有利于保障公民的合法权利免遭侵害，有利于公安司法机关及时掌握一定时期内各种违法犯罪活动的基本情况与发展态势，有利于社会综合治理。

其二，侦查和强制措施。1979年的《刑事诉讼法》共164条，其中第二章"侦查"共33条，占据了整个刑事诉讼法的20%，规定了一系列的侦查行为和措施，开启了侦查程序法治化的进程。1979年《刑事诉讼法》规定了拘传、取保候审、监视居住、拘留、逮捕五种强制措施，除了逮捕需要检察院批准的以外，所有的强制措施公安机关都可以自行决定、自行执行。因此，1979年的《刑事诉讼法》赋予了公安机关较大的侦查权，是一种强职权主义模式，犯罪嫌疑人、被告人的权利受到了加大限制，不过这种模式对于保障改革开放初期的社会治安起到了较好的保障作用。

1996年我国对《刑事诉讼法》进行了第一次修改，侦查是这次修法的重点，从条文上看，比1979年《刑事诉讼法》增加了14个条文，修改后的侦查条款达到47条。修改和完善的主要的内容有：将"被告人"修改为"犯罪嫌疑人"；增

---

① 宋英辉、刘广三、何挺等：《刑事诉讼法修改的历史梳理与阐释》，北京大学出版社2014年版，第197页。

加了侦查的"一般规定"，对侦查和预审的任务进行了规定；增加了犯罪嫌疑人聘请律师提供法律帮助的规定；增加了询问未成年证人通知法定代理人到场的规定；增加了查询、冻结的规定；增加了重新鉴定或者精神病医学鉴定的规定等。① 增加了传唤、拘传讯问的时间规定；增加了财产保证的方式；完善细化了取保候审、监视居住的适用对象、解除条件，明确了取保候审、监视居住的执行机关、申请取保候审的主体、保证人的条件和义务及被取保候审、监视居住人应当遵守的规定等。修改恶劣先行拘留的情形、期限等，增加了异地逮捕、拘留的程序，降低了逮捕的证据条件，完善了审查逮捕的程序等。

1996 年《刑事诉讼法》对公安机关承担的侦查职能做了重要修改，最主要的进步的就是侦查内容规定得越来越细致，法治化要求也越来越高了。对每一种强制措施也进行了准确的定位，细化了各种强制措施的适用程序，强化了侦查监督，人权保障取得了一定的进步。但是，这次修改虽然对公安机关的侦查权力做了进一步的规范，但强职权的模式没有根本改变，侦查中心主义没有改变，有待下一次的修改和完善。

其三，执行。1979 年的《刑事诉讼法》用了 14 个条款规定执行程序，基本内容包括刑事执行的依据、刑事执行权的配置、死刑的执行、人民检察院对执行的监督、暂予监外执行和减刑、假释等。公安机关是重要的刑事执行机关，主要负责管制、拘役、剥夺政治权利、和驱逐出境等刑罚的执行和对缓刑、假释的考察等。1996 年《刑事诉讼法》修改时对公安机关的刑事执行主要做了以下几个方面的修改，明确了暂予监外执行由罪犯居住地公安机关实施暂予监外执行，相比于 1979 年时由公安机关委托罪犯原居住地公安派出所执行，更加有利于社会秩序的稳定；1979 年对暂予监外执行情形消失后的收监并无规定，1996 年规定了暂予监外执行的情形消失后，罪犯刑期未满的应当及时收监；此外，还规定了发现被保外就医的罪犯不符合保外就医条件的，或者严重违反有关保外就医规定的，应当及时收监等。

总体来讲，1996 年对公安机关的刑事司法业务和职能改革的显著特点是进步和发展。相对于 1979 年的刑事诉讼中公安机关的司法业务和职能，1996 年在立案、侦查和执行方面都有所进步和发展，适应当时的社会形势，保障了公安机关执法的顺利开展。但是，限于当时的时代条件，侦查权过大的问题没有从根本上解决，执行中公安机关的作用规定不足等还有待进一步的改善。

---

① 王敏远：《我国刑事诉讼法修改述评》，《法学家》1996 年第 4 期，第 43 页。

（二）《刑事诉讼法》第二次修改之前的业务与职能改革（1997—2012年）

其一，立案。1996年《刑事诉讼法》对立案修改以后，在后面的实务操作中，公安司法机关根据司法解释、行政规章等对刑事立案的标准做了进一步的规范。如1999年2月4日最高人民法院、最高人民检察院和公安部联合发布了《关乎铁路运输过程中盗窃罪数额认定标准问题的规定》，2001年4月18日最高人民检察院、公安部印发了《关于经济犯罪案件追诉标准的规定》等。2010年7月26日，最高人民检察院和公安部联合印发了《关于刑事立案监督有关问题的规定（试行）》，该规定对刑事立案监督工作中涉及检察机关、公安机关工作关系的重大问题进行了明确和细化。

2012年3月14日，第十一届全国人民代表大会第五次会议通过的《刑事诉讼法》修正案对立案程序延续了1996年的规定，基本上未作修改。

其二，侦查和强制措施。2010年1月27日，公安部发布了《公安机关人民警察现场制止违法犯罪行为操作规程》，对公安机关人民警察如何规范化制止和处置违法犯罪行为做了详细的规定。2012年《刑事诉讼法》修改，侦查内容的修改同样也是修改的重点，除了对相关内容进行了完善外，新增了7个侦查方面的条款，其主要的修改包括：完善了讯问犯罪嫌疑人的规定，包括讯问的地点、讯问的时间、讯问的同步录音录像问题等；完善了询问证人的规定，增加规定了侦查人员可以在现场或证人提出的地点进行询问等；扩大了查询、冻结的财产范围，增加了规定了债券、股票、基金份额等财产形态；新增了"技术侦查措施"的内容，对技术侦查、秘密侦查和控制下交付等进行了规定等。

在强制措施方面，早在2006年4月30日，公安部就印发了《公安机关适用刑事羁押期限规定》，对刑事诉讼中的羁押期限做了较为详细的规定。2012年《刑事诉讼法》修改则延长了特殊情况下的传唤、拘传的持续时间，而且强调要保证犯罪嫌疑人必要的吃饭和休息时间；进一步明确了取保候审的适用对象，确定了保证金额应当考虑的因素及收、还程序，完善了取保候审人的法定义务和酌定义务等；将监视居住定位为逮捕的替代措施，规定了不同于取保候审的适用条件，分为指定居所监视居住和住所监视居住，并且对指定监视居住的适用做了详细的规定；规定违反取保候审、监视居住期间的规定且需要逮捕的，可以先行拘留，同时修改了拘留后通知家属的规定；对于逮捕，进一步明确了逮捕的适用条件，细化了逮捕的社会危险性要件，规定了应当逮捕的法定情形，进一步完善了检察院审查逮捕的程序，新增了逮捕必要性审查制度，修改了逮捕后通知家属的规定；完善了强制措施的变更、解除程序等。

2012 年《刑事诉讼法》对侦查内容的修改，突出了人权保障的内容，公安机关的侦查权力得到一定法治化控制，使得公安机关的侦查行为兼顾了司法实践中打击犯罪和保障人权的需要，解决了一些侦查过程中出现的突出问题，对于保障刑事诉讼的顺利进行、实行刑事诉讼目的，有着重要的意义。但是，这次《刑事诉讼法》对侦查的修改也有一些不足的地方，如对"技术侦查"规定得比较模糊，其具体操作程序规定不够详细，再如指定监视居住如果开展，也没有考虑到现实中可能面临的难题，还有就是非羁押性强制措施适用比例还是比较低等。

其三，执行。2012 年《刑事诉讼法》在 1996 年的基础上做了一定的修改和完善，主要包括：增加了交付执行的人民法院送达公安机关等执行机关法律文书的期间，将看守所代为执行的剩余刑期由 1 年改为 3 个月；规定了无期徒刑的罪犯在怀孕和正在哺乳自己婴儿的妇女可以暂予监外执行；增加了暂予监外执行的申请和决定机关；补充了对于监外执行的罪犯及时收监的情形和程序；增加了对判处管制、宣告缓刑、假释和暂予监外执行的罪犯依法实行社区矫正的规定等。

为了更好地贯彻执行新的《刑事诉讼法》，保证公安机关在刑事诉讼中正确履行职权、规范办案程序、确保办案质量、提高办案效率，公安部于 2012 年 12 月 13 日发布了新的《公安机关办理刑事案件程序规定》，明确要求公安机关要"尊重和保障人权""不得强迫任何人自证其罪""严禁刑讯逼供"，建立完善依法保障律师会见、非法证据排除、讯问犯罪嫌疑人全程录音录像等一系列制度，使得保障人权的规定更加具体化、制度化和严格化。

这一时期公安刑事执行义务和职能改革的特点是发展和完善。2012 年《刑事诉讼法》修改对公安机关的立案、侦查、执行等业务和职能做了进一步的发展和完善，尤其是更加注重人权保障，强力推进公安机关刑事执法法治化进程，努力实现公安机关刑事执法规范化等。但是，这一时期的改革仍有一些值得进一步探讨和完善之处，个别措施的规定有扩大侦查权的嫌疑，如指定居所、秘密拘捕、拘传时间的延长等，这可能会与时代的进步潮流不相符等。

（三）《刑事诉讼法》第三次修改之前的业务与职能改革（2013—2018 年）

其一，立案。如前所述，党的十八大以来我国进入了全面改革的深水区，包括公安机关的刑事立案在内的改革开始注重中央的顶层设计和统筹，如 2014 年 9 月 13 日公安部发布了《公安机关办理刑事复议案件程序规定》，对公安机关刑事复议、复核案件的办理程序做了规范。2015 年 2 月 16 日，中央审议通过了《深化公安改革意见》及相关的改革方案，其中就把刑事立案改革作为一项重要的改革任务，要求完善立案审查制度，探索实行受案、立案分离和立案归口管理制度。

同年 11 月 6 日，公安部专门印发了《关于完善受立案制度的意见》（公通字〔2015〕32 号）文件，要求在全国范围实行立案制度改革、破解立案中的难题、规范立案流程等。2016 年 8 月 2 日，中办、国办出台了《关于深化公安执法规范化建设的意见》，提出"落实受立案制度改革，完善接报案登记、受案立案审查工作的程序，加强对受案立案环节的监督等"。[①]

其二，侦查和强制措施。2014 年 9 月 5 日，公安部印发了《公安机关讯问犯罪犯罪嫌疑人录音录像工作规定》的通知，该通知扩大了讯问时录音录像的案件范围。

2014 年 10 月，党的十八届四中全会通过了《中共中央关于全面推进依法治国若干重大问题的决定》，该决定提出了"推进以审判为中心的诉讼制度改革，确保侦查、审查起诉的案件事实证据经得起法律的检验。全面贯彻证据裁判规则，严格依法收集、固定、保存、审查、运用证据，完善证人、鉴定人出庭制度，保证庭审在查明事实、认定证据、保护诉权、公正裁判中发挥决定性作用"。2016 年 10 月，最高人民法院、最高人民检察院、公安部、国家安全部、司法部联合发布了《关于推进以审判为中心的刑事诉讼制度改革的意见》。以上文件的出台，等于重新调整了侦查与审判的关系，开始着力推动由过去的"以侦查中心"向现在的"以审判为中心"的转变，进一步加强审判权对侦查权的控制。

2018 年 10 月 26 日，全国人大公布了《刑事诉讼法》第三次修正案，新修改的《刑事诉讼法》重新界定了"侦查"的概念，规定："'侦查'是指公安机关、人民检察院对于刑事案件，依照法律进行的收集证据、查明案情的工作和有关的强制性措施。"新法把"专门调查工作"修改为"收集证据、查明案情的工作"，使侦查工作更明确、具体。同时新增了中国海警局履行海上维权执法职责，对海上发生的刑事案件行使侦查权的规定。

侦查行为中更加突出了对犯罪嫌疑人的人权保障。新增了看守所对没有委托辩护人的犯罪嫌疑人有义务通知其有权约见值班律师，新增了律师在侦查期间会见危害国家安全犯罪、恐怖活动犯罪的嫌疑人需经侦查机关许可的规定，上述案件，侦查机关应当事先通知到看守所。增加规定了犯罪嫌疑人自愿认罪的，应当记录在案，随案移送并在起诉意见书中写明有关情况。

在强制措施上，2015 年 7 月 22 日公安部发布了修改过的《公安机关涉案财物管理若干规定》，进一步规范了公安机关对涉案财物的管理。新修改的《刑事诉讼

---

① 李丹：《公安机关刑事立案制度研究》，山东大学 2018 年硕士学位论文，第 5 页。

法》对指定监视居住的地点做了完善，规定"监视居住应当在犯罪嫌疑人、被告人的住处执行；无固定住处的，可以在指定的居所执行。对于涉嫌危害国家安全犯罪、恐怖活动犯罪，在住处执行可能有碍侦查的，经上一级公安机关批准，也可以在指定的居所执行。但是，不得在羁押场所、专门的办案场所执行"；规定了批捕时应当将犯罪嫌疑人、被告人涉嫌犯罪的性质、情节，认罪认罚等情况，作为是否可能发生社会危险性的考虑因素。

其三，执行。虽然 2018 年《刑事诉讼法》修改对公安机关的执行基本上未做修改，但是，早在 2014 年党的十八届四中全会通过的《中共中央关于全面推进依法治国若干重大问题的决定》中就明确指出：完善司法体制，推动实行审判权和执行权相分离的体制改革试点，完善刑罚执行制度，统一刑罚执行体制。目前我国刑事诉讼中的执行主体具有多元性、分散性的特点。法院、公安机关、监狱、看守所、社区矫正机构等都有一定的刑事执行权，这样多元、分散的刑事执行模式，极易造成执行上的混乱、重复，也不利于程序公正的实现等。在未来的刑事执行改革中，应当对有关的执行业务进行重组和合并，尽量实行统一执行；对于人民法院负责的没收财产、罚金和死刑立即执行等职能可以考虑划归公安机关；对于公安机关原来负责的看守所，可以考虑划归司法行政机关等。

这一时期，公安机关业务和职能改革的特点是发展和深化，十八大以后，在党中央的统一领导下，我国司法各领域开始了全面的深入改革。公安机关的各项职能近年来不断调整优化，立案环节更加科学、客观、顺畅，侦查权的法治化程度进一步提高，侦查权与审判权之间的关系更加合理，指定居所的监视居住更加具有可操作性，批捕考虑的因素更加全面等。但是，在这一时期的改革当中，由于各种原因，个别职能改革的力度和效果并不理想，如公安机关的刑事执行职能，还未达到全面依法治国相关决定的要求等。

三、执法办案责任制改革

办案责任制是指司法办案主体基于权责一致的要求，对其在执法办案中存在的过错而造成执法错误所应承担的法律上的不利后果的制度。办案责任制是司法责任制的具体表现，而司法责任制是司法体制改革的基石，是消除办案与责任相分离、提高司法效益和实现司法公正的关键。公安机关的执法办案责任制改革经历改革开放初期的权责分离（1978—1998）、20 世纪末及 21 世纪初权责结合的初步探索（1999—2011）、十八大以后权责一致的全面推进（2012—2018）三个阶段。

（一）改革开放初期的权责分离（1978—1998 年）

1978 年改革开放开始以后，早期公安机关办案实行的是集体负责制，集体负责制容易造成互相推诿、相互扯皮的弊端。邓小平同志曾在 1978 年 12 月 13 日中央工作会议闭幕会上对当时的集体负责制做了严厉的批驳，他说道："在管理制度上，当前要特别注意加强责任制。现在，各地的企事业单位中，党和国家的各级机关中，一个很大的问题就是无人负责。名曰集体负责，实际上等于无人负责。一项工作布置之后，落实了没有，无人过问，结果好坏，谁也不管。所以急需建立严格的责任制。列宁说过："借口集体领导而无人负责，是最危险的祸害"，"这种祸害无论如何要不顾一切地尽量迅速地予以根除"。为了改变这种集体负责制带来的权责严重分离的问题，如前所述，我国公安机关于 1982 年根据《宪法》变"集体负责制"为"首长负责制"。首长负责制很大程度上解决了过去那种互相推诿、扯皮的问题，极大地提高了工作的效率。但是，首长负责制主要解决的是一个单位整体的执行效率和责任制的问题，而没有涉及具体办案中的权责问题。

1994 年 5 月 12 日，第八届全国人民代表大会常务委员会第七次会议通过了《中华人民共和国国家赔偿法》，这部法律的颁行在我国具有非常重大的意义，它通过基本法律的形式强化了国家的侵权责任，解决了长期以来国家滥用权力而不用承担赔偿责任的问题。这部法律的颁行也对公安机关的办案责任制改革产生了深远的影响，该法律颁布不久，公安部就于 1994 年 7 月 6 日发布了"公安部关于认真做好实施《中华人民共和国国家赔偿法》准备工作的通知"（公通字〔1994〕55 号），通知要求"公安机关要抓紧建立健全内部执法监督和办案责任制，加强执法监督，改善执法活动，提高执法水平。……要尽快建立健全办案责任制度和错案责任追究制度，对那些责任心不强，不依法履行责任造成错案的，要依法追究责任，已经建立错案责任追究制度的，要总结经验，进一步完善，并狠抓检查落实工作"。

1995 年 2 月 13 日，公安部又发布了"公安部关于公安机关贯彻实施《国家赔偿法》有关问题的通知"（公通字〔1995〕11 号），对学习贯彻好《国家赔偿法》、落实公安机关办案责任制做了进一步的部署。《国家赔偿法》对建立公安机关办案责任制具有积极的促进作用，也规定了赔偿义务先行赔偿公民损失后，如果办案人员存在"刑讯逼供或者以殴打等暴力行为或者唆使他人以殴打等暴力行为造成公民身体伤害或者死亡的"及"违法使用武器、警械造成公民身体伤害或者死亡"等情节的，可以向执法办案人员进行追偿。但是，《国家赔偿法》并没有促成公安机关真正地建立办案责任制，并且，此时公安机关的注意点更多的是执法办案民警的责任，而没有把权利和责任真正地统一起来考虑。

1997 年，全国刑侦会议确立了"侦审一体化"及建立覆盖社会面责任区刑警队的侦查体制，全国各地刑侦部门为了适应新体制，也探索了突破传统办案模式的改革措施，刑警驻所中队责任制、办案搭档制、探长责任制、破案包干制等一系列改革实践，为公安机关后来形成真正的办案责任制度、错案追究制度奠定了基础。①

这一时期，公安机关的执法办案责任制改革成效是巨大的，尤其是"行政首长负责制"的建立和《国家赔偿法》的颁行，对改变公安机关长期以来权责分离的状况有着重要的积极意义，但是，由于当时所处的时代背景及各种因素的影响，此时的执法办案责任更多停留在文件、口头上，没有真正建立和实施，其本质上还是权责分离。

（二）20 世纪末及 21 世纪初权责结合的初步探索（1999—2011 年）

1999 年 6 月 2 日，公安部部长办公会议通过了《公安机关人民警察执法过错责任追究规定》，规定"公安机关发生执法过错的，应当根据人民警察在办案中各自承担的职责，区分不同的情况，分别追究案件审批人、审核人、办案人、鉴定人及其他直接责任人员的责任"，该规定是公安部首次以部门规章的形式规定执法办法过错责任追究机制，是公安机关探索建立执法办案责任制的重要成果。

2001 年 2 月，郑州市公安局金水分局依据《中华人民共和国刑事诉讼法》《公安机关办理刑事案件程序规定》《中华人民共和国行政处罚法》《中华人民共和国治安处罚条例》《中华人民共和国警察法》等有关法律、法规和部门规章，结合工作实际，指定并推行了主办警官办案责任制。所谓主办警官办案责任制是指在公安分局行政首长领导下，以主办警官为执法责任人的一种执法办案责任制。主办警官办案责任制改革构建了新的工作机制，有利于提高公安机关执法水平，适应了公安工作面临的新形势、新任务的要求，可以激发公安办案民警的责任感。② 2003 年上海等地公安机关也探索实践了主办侦查员制度。2005 年河北省公安厅在命案侦破中实行了主办侦查员，但可惜的是，这次少数地方的局部改革未达成共识，也未能形成可复制的经验，未得到普遍推广与认可。③

公安机关执法办案责任制改革不是一项孤立的措施，而是需要其他配套改革

---

① 吴秋玫：《司法改革语境下主办侦查员制度的建构》，《江西社会科学》2018 年第 3 期，第 164 页。

② 樊学勇：《探索提高公安执法水平的新路子——评郑州市公安局金水分局实行的主办警官办案责任制》，《河南社会科学》2003 年第 6 期，第 40 页。

③ 吴秋玫：《司法改革语境下主办侦查员制度的建构》，《江西社会科学》2018 年第 3 期，第 164 页。

为前提和保障，尤其与人事改革联系紧密。为此，2008 年 3 月 2 日，国务院办公厅发布了《国务院办公厅关于规范公安机关人民警察职务序列的意见》，开始着手对公安机关人民警察进行人事改革。随后，全国公安机关开始贯彻落实该项意见，经过一段时间的努力，全国公安机关基本完成了公安民警职务序列分类，初步建立了公安民警分类管理制度和选人用人机制。2010 年，国务院发布《国家中长期人才发展规划纲要（2010—2020）年》，明确了建立以岗位职责要求为基础，以品德、能力和业绩为导向的人才评价发现机制。同年，公安部为落实和推动选人用人制度的进一步完善，颁布了《公安机关人民警察执法资格等级考试办法》，在全国推行执法资格等级考试制度。

这一时期，公安机关开始探索权责一致的执法办案责任制改革，尤其是《公安机关人民警察执法过错责任追究规定》的出台，更是有力地促进了公安机关执法办案责任制向前迈进了一大步。国务院出台的一系列涉及公安机关人事与管理制度的改革与实践，更是为后面全面深化公安机关执法办案责任、实现权责一致改革提供了理论与实践基础。

（三）十八大以后权责一致的全面推进（2012—2018 年）

2012 年党的十八会议召开以来，以习近平同志为核心的党中央从全局和战略的高度对我国的司法改革和司法建设做出了顶层设计和全面部署，出台了一系列的政策、文件和措施，对我国的司法改革和司法建设产生了深远的影响。司法责任制改革则是我国司法改革中的关键一环，被习近平总书记形象地比喻为"牛鼻子"。

2014 年 6 月，中央《关于司法体制改革试点若干问题的框架意见》首次提出"完善主审法官责任制、合议庭办案责任制、检察官办案责任制和主办侦查员办案责任制"；随后为凝聚改革共识，推动主办侦查员制度尽快落地，同年 10 月，十八届四中全会提出"优化司法职权配置，完善主审法官、合议庭、主任检察官、主办侦查员办案责任制，落实谁办案谁负责"；2015 年 2 月，中办、国办印发《深化公安改革意见》，随后又出台了《公安部关于改善完善受案立案制度的意见》《关于加强社会治安防控体系建设的意见》《关于进一步规范刑事诉讼涉案财物处置工作的意见》三个配套方案，正式启动公安工作的系列改革，提出了探索试行主办侦查员制度。主办侦查员制度是在全面深化公安改革的新形势下，进一步加强和改进公安工作和公安队伍建设的重大举措，对全面推进依法治国、完善执法权力运行机制有重要意义，旨在通过落实主办侦查员执法办案终身责任制提升办案质量、杜绝冤假错案，使公安机关侦办的案件经得起历史的检验；同时也是为了"进一步提升人民群众的安全感、满意度和公安机关执法公信力"。

2017 年党的十九大报告进一步指出的"深化司法体制综合配套改革,全面落实司法责任制"更是将司法责任制改革提高到了一个新的高度,成为这一时期我国司法改革的重头戏。公安机关司法责任制改革是我国司法责任制改革中的重要内容,与法院、检察院司法责任制改革具有同质性。司法责任制改革的核心是"谁办案谁负责,谁决定谁负责",遵循司法亲历性的规律,真正实现权责一致性。

就总体而言,我国司法责任制改革经历了先行试点、逐步推进、不断深化的过程。按照中央关于重大改革事项先行试点的要求,2014 年,上海等 7 个省(市)先行试点,2015 年扩大到 18 个省(区、市)试点,2016 年在全国普遍开展试点,2017 年全面推开司法责任制等改革。[①] 这一时期公安机关的执法办案责任制改革根据中央统一部署、循序渐进,通过"主办侦查员"制度改革为抓手,逐步实现了"谁办案谁负责,谁决定谁负责"。目前,公安机关执法办案责任制改革正全面推进并不断深化。

经过 40 年的改革,公安机关的机构和体制更加完善,业务和职能更加优化,执法办案责任制更加合理。公安机关的司法改革仍然在路上,不过有了过去 40 年的经验总结,未来的改革之路更加充满了希望。

四、对未来的展望

从 1978 年到 2018 年的 40 年,是公安机关司法改革的 40 年,40 年里公安机关在机构、体制、职能、责任制等方面进行了全面的改革,取得了巨大的成就,目前我国已经基本建立了与司法实践发展相适应的现代警务制度,基本实现了警务运行机制和执法权力运行机制的现代化,建立了更加公正、民主、规范、高效的管理体制。但是,从完善与推进国家治理体制和治理能力现代化、建设与中国特色社会主义法治体系相适应的现代警务制度的角度来看,公安机关的各项改革仍然在路上,与我国未来的实践发展还有一定的距离。因此,未来公安机关仍须继续统筹推进机构和体制改革、进一步优化各项权能和配置、全面深化警务公开、严格落实执法办案责任制、加强智慧警务等。

(一)继续统筹推进机构和体制改革

经过 40 年的改革,我国公安机关的机构和体制得以恢复、重建和发展,既定的司法改革目标也基本达到。但是,公安机关在机构和体制上仍然存在一些深层

---

① 姜伟:《全面落实司法责任制》,《光明日报》2017 年 11 月 9 日,第 2 版。

次的矛盾还未解决，需要在改革与发展中进一步完善。未来，公安机关需要在顶层设计的基础上统筹推进组织机构、指挥体制、队伍建设等方面的改革。

1. 着力推进组织机构优化整合

我国目前公安机关组织机构设置基本上属于职能型结构。几十年来，我国公安机关职能配置呈现由集中向分散的特点，机构设置也经历了由大部制向多部制的转变。随着公安任务的不断增加，公安机关也在相应地增设机构，没有系统地解决对新老机构的融合问题，一定程度上忽略了从整体上来考虑机构的设置与整合。其结果就是造成不同机构之间职能交叉、机构臃肿、内耗扯皮、效率低下等问题。① 经过 40 年改革，尤其是十八大以来的全面、系统性改革，上述问题得到较大程度的改变，但仍没有从根本上解决机构设置上的全部弊病，未来要着力推进组织机构的优化整合。

其一，未来公安机关组织机构改革的方向是由职能型转向流程型，改革的重点是横向的部门机构。如上所述，根据职能设置机构容易出现一些系列的弊病，未来公安机关的组织机构设置可以根据工作流程来设置机构，主要包括指挥调度、情报支撑、执法管理、新闻舆情、绩效评估等环节。按流程设置的最大优点是不会造成机构之间的职能交叉，可以有效地避免机构臃肿和效率低下的问题。当然，流程型设置并不是完全否定职能型机构设置，最好的方式是二者相互结合、综合使用，实现机构设置的最大优化。

其二，目前我国纵向的机构设置基本上呈现公安部—省公安厅—地市公安局—区县公安（分）局—乡镇派出所的五级制，当然少数的直辖市实行四级制，根据我国特有的国情，未来这种纵向的组织机构设置改动的余地估计不会太大。改革的重点应该是横向组织机构的优化整合。我国宪法第 27 条规定，一切国家机关实行精简的原则。因此，未来公安机关横向组织机构设置上，要坚持精简和瘦身，限定机构总数，反对分工过细、部门林立、内耗扯皮，最大限度地实行机构整合。② 如我国目前公安机关内部享有刑事侦查权的机构除刑侦部门外，经侦、禁毒、治安等十多个部门也承担着刑事侦查职能，造成刑事侦查职能高度分散，机构之间分工过细、交叉过多、难以协同和效率低下等突出问题。解决上述问题的有效途径是优化整合机构设置，建立权威统一的大刑侦机构，最大限度地集中刑事侦查权，实现一类事项原则上由一个部门统筹的要求。

---

① 赵炜：《公安改革 40 年：历程、经验、趋势》，《中国人民公安大学学报（社会科学版）》2018 年第 2 期，第 10 页。

② 赵炜：《公安机关体制改革论纲》，《中国人民公安大学学报（社会科学版）》2014 年第 6 期，第 108 页。

2. 推动建立统一、灵敏、高效的指挥体制

我国目前的公安指挥体制与日益严重的全国化犯罪形势存在一定程度的不相适应的地方，未来亟须推动建立统一、灵敏、高效的指挥体制。改革开放以后，我国社会结构发生了巨大的变化，原来的社会结构被打破，但新的社会结构还未完全形成，整个社会处于转型时期，各种矛盾进一步激化。尤其是随着社会经济的发展，公共交通更加便利，人员流动加快，再加上现代通信技术的迅速发展，这些变化在为人们生活带来便利的同时，也为犯罪提供了便利，使得现在的犯罪呈现一种全国化乃至全球化的态势，犯罪分子呈网络指挥、远程犯罪、长途奔袭、高速移动等显著特点；而目前的公安指挥体制还存在一定程度的上下交流不畅、地方分割、指挥分散、效率低下等问题，与当前复杂多变的犯罪形势还不适应。为此，我国公安机关未来需要对指挥体制进行合成化、体系化改革，杜绝指挥多元和打乱仗的弊端，借助现代通信技术和大数据技术等现代高科技技术的支撑，建立统一、灵敏、高效的指挥体制。

3. 全面推进队伍正规化、专业化、职业化建设

2016 年 6 月 23 日，全国公安队伍建设工作会议在京召开。公安部党委书记、部长郭声琨在会上强调，全国公安机关要深入学习贯彻习近平总书记系列重要讲话精神，全面落实全国政法队伍建设工作会议决策部署，以改革创新的精神加强和改进公安队伍建设，着力提升公安队伍正规化专业化职业化水平，切实担负起党和人民赋予的重大职责使命。[①]

2018 年 3 月 28 日下午，习近平主持召开中央全面深化改革委员会第一次会议并发表重要讲话。会议审议通过了《公安机关警务技术职务序列改革方案（试行)》和《公安机关执法勤务警员职务序列改革方案（试行)》两个试点方案。[②]要求完善执法勤务警员职务序列，建立警务技术职务序列，拓展执法勤务警员和警务技术人民警察职业发展空间，完善激励保障机制，激发队伍活力，并注重向基层一线倾斜，突出对实绩的考核。

因此，未来公安机关在全面推进队伍正规化、专业化和职业化建设的过程中，要注意着力解决好以下几个方面的问题：

其一，积极稳妥推进职务序列改革。人民警察具有不同于一般公务员的鲜明

---

① 《郭声琨：以改革创新的精神加强和改进公安队伍建设着力提升公安队伍正规化专业化职业化水平》，《中国应急管理》2016 年第 6 期，第 35 – 36 页。

② 《加强和改善党对全面深化改革统筹领导、紧密结合深化机构改革推动改革工作》，《人民日报》2018 年 3 月 29 日，第 1 版。

特征，具有武装性、实战性、高强度、高风险等职业特点。目前我国公安队伍规模庞大、层级多样，需要改变过去那种按综合管理类公务员单一模式管理的做法，结合公安民警的显著特点，尊重警务技术人才成长发展规律，进行具有针对性的职务序列改革，完善公安机关执法勤务警员职务序列，从而优化职务层次、拓展基层民警的职业发展空间、激励民警的积极性。

其二，做好招录培养制度改革。公安机关人民警察招录培养机制改革，是当前及未来新形势下加强公安队伍建设的必然要求，是提高公安民警素质能力、建设政治过硬、业务过硬、素质过硬、纪律过硬、作风过硬公安队伍的源头工程。为此，要全面规范省级统一招录，科学实施职位分类招生；严格落实"双轨"招警机制，积极探索急需紧缺特殊专门人才招录办法；扎实做好招生培养工作，推动实战化教育训练改革。①

其三，着力推动职业保障制度改革。由于职业特点所致，公安民警往往工作负荷重，心理压力大，安全风险高，是和平年代付出最多、牺牲最大的队伍，建立符合公安机关性质、体现人民警察职业特点的职业保障机制，是适用未来新形势的急迫要求，也是广大民警的热切期盼。同时，也只有解决好职业保障问题，才能更好地出战斗力。②

其四，大力推动警务辅助人员管理改革。随着经济社会的快速发展，各级公安机关迫于警力缺口压力，招聘和使用警务辅助人员逐渐成为常态。在警务工作实践中，辅警在维护社会大局稳定、推动社会和谐发展发挥了重要作用，不但有效缓解了公安机关警力不足的问题，为公安队伍注入了新的动力，而且在维稳和支持服务群众工作方面都表现突出。但长期以来我国法律对辅警的法律地位规定比较模糊，辅警管理制度也不完备，辅警上岗前的教育培训不够，待遇薪酬低，流动性大，素质参差不齐等问题也比较突出。因此，如何加强辅警管理是当前及未来公安机关值得思考的一个课题。

2016 年 1 月，中央全面深化改革领导小组会议审议通过了《关于规范公安机关警务辅助人员管理工作的意见》。随后，国务院办公厅印发了该意见，第一次从国家层面对规范警务辅助人员管理工作做出了明确规定，对警务辅助人员管理体制、岗位职责、人员招聘、管理监督、职业保障等提出了明确要求。③ 因此，未来需要解决公安辅警人事管理问题的基本路径应在明晰法律地位、明确职权基础上，

---

① 《汇聚改革的磅礴力量、全面推进队伍正规化专业化职业化建设》，大律师网 2018 年 9 月 19 日发布。
② 《公安制度改革：完善管理制度与保障机制才能出战斗力》，民主与法制网 2015 年 12 月 2 日报道。
③ 《公安改革——全面推进队伍正规化专业化职业化建设》，中国长安网 2017 年 2 月 28 日发布。

保障薪酬、强化职业保障、严把入口、规范使用与考核、畅通出口等，从而促进辅警队伍的科学化、正规化建设，最大限度发挥其职能作用。

（二）进一步优化各项权能和配置

十八大以来，在党中央的统一领导下，我国进行了全面系统的司法改革，司法体制发生了重大的变化。在法律上，公安机关承担着治安保卫和刑事司法双重职能，经过一系列改革，公安机关刑事司法职能得到较大程度的优化，但是，相较于法院和检察院的职权配置改革，公安机关的改革还有一定的差距，未来公安机关需要进一步优化职权配置，以适应我国司法改革的需求。

1. 合理划分中央与地方事权

我国公安机关承担着中央和地方双重事权，目前我国划分中央事权和地方事权的基本依据是"统一领导、分级管理、条块结合、以块为主"，但这样的划分依据是较具原则性的，在实践的操作中容易造成对中央事权和地方事权区分不清的情况发生。在事权归属上不明确，上下级之间、地方与地方之间权限不清晰的情况下，难免在实际工作中出现越位、错位、缺位等现象，特别是上级容易凭借权力层级上的优势向下越权，下级也同样存在"上有政策、下有对策"的问题。①

公安事权划分主要涉及公安机关的纵向结构，即中央公安机关与地方公安机关之间的关系。学者赵炜认为从理论角度看，可以借鉴《中共中央关于全面深化改革若干重大问题的决定》中事权划分的概念和联邦制国家的经验，将公安事权划分为中央公安事权、地方公安事权和中央与地方共有公安事权三个部分。与此同时，在公安部和各省级公安厅局分别设置警务保障部门，中央警务事权的支付由中央财政承担，地方公安事权的支付由地方财政承担，中央与地方共有的公安事权实行中央公安转移支付制度。另外，还要探索实行县级公安经费由省级财政统一保障的制度。陈瑞华教授认为，这样的划分具有较大的启发意义。同时他认为，划分事权本质是公安体制去"地方化"问题，对于该问题首要的改革应当是设置强大统一的中央公安机关。除了公安部以外，应当根据行政区划，在每个省（区、市）设置公安部特派员办公室，在全国划分为若干个公安部指挥分中心。可以借鉴最高人民法院巡回法庭的设置，在全国设立6个公安指挥分中心，对辖区内的公安部派出机构和人员实行统一管理。在辖区范围内，凡是涉及全国性的案件、跨省性的案件或者管辖不明的案件，都应由公安部指挥分中心协调办理，必要时可以指挥相关省区市的警察力量。当然，无论是公安部还是公安部的派出机构或

---

① 金伯中：《进一步明晰公安机关中央事权和地方事权》，《人民公安》2013年第5期，第9页。

人员，都应由中央财政保证足额预算，并对各省区市公安特派员以及大区指挥分中心的人员，实行定期轮换制度，避免这些人员与地方因为长时间接触而产生特定的利益关系或利害关系。①

总之，目前公安机关事权划分还处于探索阶段，未来还需要继续发挥聪明才智，才能更好地解决此问题。同时正确科学合理划分中央事权和地方事权，有利于公安机关职能作用的发挥，有利于调动两个积极性，推动公安工作的科学发展。

2. 压缩管理职能，减少权力清单，加快机构的现代化转型

公安机关的主要职能是维护社会治安和实施刑事侦查，但长期以来，我国公安机关承担了大量与上述主要职能没有太大关系的管理职能，从而使得公安机关成为一个全面进行社会控制的超级行政机关。在警力、财力、物力有限的情况下，我国公安机关承担了过于繁重的社会管理职能，这大大影响了公安机关主要职能的履行。因此，未来我国公安机关在职权配置上应尽量压缩管理职能，减少权力清单，确保主要职能履行，加快机构的现代化转型。

从改革开放初期开始，我国历次对公安机关职权配置改革都在尽力压缩和限制公安机关的社会管理职能。先后有维护国家安全职能、劳动改造和劳动教养职能、强制禁毒职能、出入境管理、边防检查等职能从公安机关剥离或转隶。尽管如此，目前我国公安机关仍然承担着繁重的国内安全保卫、户籍管理、交通管理等与其他国家机关管理职能重叠和冲突的职能，与现代化的警察机构要求还不一致。因此，未来我国公安机关需要以构建现代警察机构为目标，继续实行权利瘦身，以便更好地履行维护社会治安和实施刑事侦查的主要职能。

3. 适应以审判为中心的刑事诉讼制度改革，全面优化公安机关执法办案职能

从刑事诉讼的角度来讲，以审判为中心的诉讼制度改革无疑是一场对刑事诉讼中各机关职权配置影响深远的活动。以审判为中心的诉讼制度改革并非权宜之计，而是要持久推行的重大改革。因此，就公安机关而言，未来改革的方向之一便是适应以审判为中心的刑事诉讼制度改革，全面优化公安机关的执法办案职能。

长期以来，公安机关在刑事诉讼中明里暗里一直奉行的是侦查中心主义，侦诉关系及侦审关系错位，以审判为中心的改革可以优化司法职权配置，理顺侦查权、检察权和审判权三者之间的关系。当然，以审判为中心的刑事诉讼制度改革，不是重新调整公安机关、人民检察院、人民法院的职权配置，不是把"以公安为

---

① 陈瑞华：《公安体制改革的基本课题》，《中国法律评论》2018 年第 3 期，第 29 – 37 页。

中心"变成"以法院为中心",而是要求三机关都要站在审判的角度,规范诉讼活动,防止侦查决定审判、审判配合检控、审判依附侦查的情形发生,公安机关、人民检察院对证据的收集、判断,要体现并遵循裁判标准,侦查、起诉、审判所认定案件事实和采信的证据,要经得起法律检验。人民法院在证据和事实认定方面具有最终裁判地位,法官在定罪上具有唯一性和权威性。

以审判为中心的诉讼制度改革,还要求公安机关继续完善执法办案制度,提高执法办案质量。未来,公安机关要围绕以审判为中心的诉讼制度改革,加大对立案的监督和管理,全面实行受案立案分离和立案归口管理制度。应不断完善执法规范化建设,不断改进和完善公安执法权力运行机制,加强执法办案源头质量管理,完善案件审核机制,强化责任追究,最大限度地防止错案发生,不断提升公安工作法治化水平,努力让人民群众在每一项执法活动、每一起案件办理中都能感受到社会公平正义。

尽管以审判为中心的诉讼制度改革在我国已经开始全面推行,但公安机关围绕该项改革全面优化职权配置也许才刚刚开始,未来公安机关需要全面适应以审判为中心的诉讼制度改革,深度优化执法办案权能,提高执法办案质量。

(三) 全面深化警务公开

从司法角度来讲,警务公开是指公安机关刑事执法公开,实质是公安机关司法公开。司法公开的直接目的是让权力在阳光下运行,公开具有最好的监督作用,可以提升政府透明度,提高执法主体素质,提升执法公信力,满足群众知情权,提升群众满意度。官方的警务公开概念始见于1999年6月10日公安部发布的《关于在全国公安机关普遍实行警务公开制度的通知》,但1979年《刑事诉讼法》第61条确立的"不立案告知制度"实质上已经拉开了警务改革的序幕。警务公开的内容和范围不断扩大,信息公开的范围从格式信息到非格式信息,从立案阶段转到立案、侦查阶段。2018年8月23日公安部发布的《公安机关执法公开规定》修订版更是把警务信息公开推到了一个前所未有的高度,不但明确规定了公安机关执法信息公开适用《政府信息公开条例》,而且将通过互联网公开执法信息规定为法定义务,同时也规定了一系列防止不当公开的措施。应该说,就总体来讲,40年的改革成就是巨大的,群众对公安机关刑事执法信息的公开满意度高,公安机关对刑事执法信息公开落实得也不错。但是,实践中,公安机关对于刑事执法信息公开仍然存在着一定的抵触思想,观念还没有转变过来,怕麻烦,怕担责。未来公安机关要从"要我公开"转变到"我要公开",要以主动姿态扎实推进信息公开工作。公安机关应坚持"公开是原则、不公开是例外"的最大限度公开原则，正确处理公开与保密之间的关系，将司法公开和现代科技应用结合起来等，将我国警务公开向纵深推进。具体来讲，未来公安机关警务公开要注意做好以下几个方面：

1. 全面落实好网上公开的新义务

通过网络形式向社会公众公布信息是现代电子政务的基本要求。在现代社会，信息公开在范围上要"以公开为原则，不公开为例外"。但是，我们应当看到的是：仅有公开内容上的最大化，只是实现了全面公开，还不一定能及时、真正公开，要落实公民的知情权，还需要选择适当的形式公开。对于应当向社会公众公开的信息，应当要求在网络公开。

电子形式公开司法信息也是国际准则的一致要求。网络时代，利用网络手段进行司法信息公开具有无可比拟的优越性。与传统司法公开方式相比，通过网络公开司法信息速度更快，成本更低，效率更高。我国应将司法公开和现代科技应用结合起来将司法公开向纵深推进。

在现代信息爆炸的社会，没有网络形式的公开，在有的情况下与不公开没有任何区别。未来，我国应在比较分析的基础上，借鉴电子政务发达国家的经验，制定具体明确的电子政务发展政策，同时加强电子政务立法，以促进公共机构的信息能够与时俱进的形式公开，满足人民群众的新需要、新期待。[1]

2. 赋予公开义务以强制效力

其一，积极保障《公安机关执法公开规定》的强制性。规范性文件的生命力在于执行，在于能够从文本转化成现实。《公安机关执法公开规定》的出台，预示着公安机关刑事执法信息公开在规范层面已经实现了质的飞跃，今后的重点工作应当是提升各级公安机关及公安干警执行《公安机关执法公开规定》的主动性与积极性，将信息公开内化为公安机关执法原则之一。

其二，健全刑事执法信息公开的监督途径。各级公安机关应当肯定《警务公开制度》与《立案监督规定》等规范性文件规定的刑事执法信息监督方式，加强信息公开的内部监督与外部监督；建立并完善公安机关与媒体的合作机制，注重发挥媒体在格式信息发布方面的监督作用与传播作用，让违反《公安机关执法公开规定》的行为无处遁形。同时，我们也应当明确责任承担方式，增加违法成本，

---

① 杨永纯、高一飞：《比较视野下的中国信息公开立法》，《法学研究》2013年第4期，第122页。

让所有警务人员不敢、不愿违反《公安机关执法公开规定》。

其三，适应执法信息从被动到主动公开的转变。"民可使由之，不可使知之""法藏官府，威严莫测"，这些都是在漫长的封建社会中提炼出的政府隐藏执法信息的"经典"语录并且至今还在发挥"余热"。除此之外，在刑事执法领域，侦查秘密原则也是阻碍我国执法信息适度公开的障碍，它被扩张解释为向被害人等诉讼参与主体隐藏侦查进展等情况。① 此外，在公安系统甚至是行政系统，普遍存在"机关权力大，个人权力小"的倾向，面对群众、媒体的质询，一线工作人员的回答似乎千篇一律——领导不在，或者拒绝回应外界的质疑。在缺乏公开依据的时代里，上述做法给民警带来的负面影响并不大，然而，《公安机关执法公开规定》的出台却给他们带来了不适应。首先是思想上的不适应，《公安机关执法公开规定》要求公安机关向特定对象发布非格式信息改变了他们长期坚守的侦查秘密原则。其次是制度上的不适应，《公安机关执法公开规定》出台后，公安干警们已经失去了不公开刑事执法信息的保护屏障，未来他们应当积极从事这项工作，否则将承受法律的负面评价。

其四，实现《公安机关执法公开规定》与《刑事诉讼法》《公安机关办理刑事案件程序规定》的有效衔接。在非格式信息发布方面，《公安机关执法公开规定》与《刑事诉讼法》《公安机关办理刑事案件程序规定》出现了脱节，前者要求的信息发布内容已经超越了后者。② 在缺乏上位法规定的情况下，《公安机关执法公开规定》的内容尽管符合司法公开的潮流却有扩张解释的嫌疑，非格式信息公开可能成为公安机关的一项权利而非义务，特定对象可能无法如期获知非格式信息。在民主社会，"公共机构掌握信息不是为它们自身而是代替公众管理"③，只要不损及国家、社会及他人的利益，公共机构应当及时公布掌握的信息。实践证明，公安机关主动发布刑事执法信息可以实现公安机关与公众或特定对象的双赢，是可以进一步推广的执法方式。因此，《刑事诉讼法》和《公安机关办理刑事案件程序规定》应当对这种方式予以肯定和吸收，为《公安机关执法公开规定》提供上位法支撑。

3. 加强公民知情权的救济性

"一种无法诉诸法律保护的权利，实际上根本就不是法律权利。两方面关系合

---

① 杜鹏：《论侦查秘密原则的适用边界》，《西安政治学院学报》2010年第4期，第84页。
② 《刑事诉讼法》和《公安机关执法公开规定》要求向特定对象公开的非格式信息主要为是否立案。
③ ［加］托比·曼德尔：《信息自由：多国法律比较》，龚文库等译，社会科学文献出版社2011年版，第161－168页。

成一个整体，标志着法治社会价值的砝码。"① 《执法公开规定》要求公安机关向社会公众和特定对象公开范围广泛的执法信息，当这项权利受到执法机关的侵犯时，能否获得救济使其成为真正的法律权利，这是一个值得研究的问题。

在新的《公安机关执法公开规定》颁布以前，我国司法实践对刑事执法信息公开的争议是不允许提起行政诉讼和行政复议的。2018 年新的《公安机关执法公开规定》规定："公民、法人或者其他组织申请获取执法信息的，公安机关应当依照《中华人民共和国政府信息公开条例》的规定办理。"该规定意味着以后的刑事执法信息公开争议原则上可以按照《政府信息公开条例》执行救济，但具体怎么执行，未来公安部还应出台相应的实施细则或者专门的解释性文件，对这一重要规范进行明示。同时，最高人民法院应当修改司法解释，将公安机关公开任何信息的范围都纳入行政诉讼的范围。

（四）严格落实执法办案责任制

习近平总书记强调指出，司法责任制在深化司法体制改革中居于基础性地位，是必须牵住的牛鼻子。② 推动司法责任制改革，是党中央科学把握司法规律、瞄准改革难点作出的重大决策。张文显教授认为，建立和完善司法责任制是新一轮司法改革最大的亮点。③ 司法责任制实质是"让审理者裁判、由裁判者负责"，具体到不同的司法机关有不同的表述，就公安机关而言，可以表述为"谁办案谁负责，谁决定谁负责"。公安机关官方文件中提到的"办案质量终身负责制"和"错案责任倒查问责制"可以视为"办案责任制的具体制度构成"。④

司法责任制改革以来，公安机关取得了有目共睹的成效。其一，国家有关部门及公安机关先后出台了系列落实司法责任制的规范性文件。如 2015 年 3 月，公安部印发《关于贯彻党的十八届四中全会精神深化执法规范化建设全面建设法治公安的决定》，要求健全执法责任制和追究体系，全面落实执法责任，实行办案质量终身负责制和错案责任倒查问责制，明确追责程序启动的主体、时间、流程；同时要求完善执法质量考评指标体系，加大执法监督力度等。2015 年 6 月，公安部出台《公安机关内部人员干预、插手案件办理的记录、通报和责任追究规定》。直接规范公安机关办案责任的相关法律文件为修改后于 2016 年 3 月施行的《公安

---

① 程燎原、王人博：《赢得神圣——权利及其救济通论》，山东人民出版社 1993 年版，第 349 页。
② 习近平：《习近平谈治国理政》（第二卷），外文出版社 2017 年版，第 131 页。
③ 张文显：《论司法责任制》，《中州学刊》2017 年第 1 期，第 39 页。
④ 张梦星：《公安机关刑事执法办案责任制体系研究》，《中国政法大学学报》2018 年第 3 期，第 180 页。

机关人民警察执法过错责任追究规定》和《公安机关领导责任追究规定》。此外，多地也先后在中央和公安部的文件规定颁行后修改了原执法责任追究内容，以省为单位试行完善后的细则等。其二，司法责任制实践效果显著。实行司法责任后，公安机关执法办案规范性增强，办案责任意识提高，冤假错案明显减少，司法公信力大幅提高。

但是，司法责任制实施过程中也暴露出一些问题，如由于责、权、利不平衡而导致的责任虚化和办案积极性降低问题、终身追责的范围如何划定问题、错案如何认定及如何更好地实现预防与纠错并重的问题等。未来公安机关需要进一步严格落实执法办案责任，重点处理好以下两个方面的问题：

1. 坚持责、权、利的平衡，全面严格落实责任制

如前所述，司法责任制在公安机关具体可以表述为"谁办案谁负责，谁决定谁负责"，因此，落实司法责任制首先就要明确办案主体，防止责任虚化。为此，公安机关在实践探索的基础上创设了主办侦查员制度，该制度是司法责任制在侦查阶段的一种延展，而主办侦查员制度必须坚持权、责、利相一致与平衡。所谓"权"是指主办侦查员因其主办资格所具有的某种办案权限，包括能够承办的案件内容和相应的决定能力；"责"是指主办侦查侦查员就其主办案件应承担的责任，包括责任范围与责任限度等内容；"利"则是指权力和责任相对的，因其履职所带来的较高的身份属性和因承担风险而享有的回报。三者关系中，权力是基础条件，责任是约束条件，利益是保障条件，如果权、责、利的任一方面无法与其他二者保持平衡，则会从根本上动摇制度的稳定性。①

合理划定主办侦查员办案权限、科学设定其责任、充分保障其权利不仅是一个实践问题，也是一个理论问题，只有科学合理地处理好三者的关系，才能有效防止责任制的虚化问题，才能真正地落实好责任制。当然，除了主办侦查员外，鉴定人、审核人、审批人也是办案主体，同时需要坚持责、权、利的平衡，真正落实"谁决定谁负责"。

2. 合理设定终身追责的范围，实现预防与追责并重

对于公安机关来讲，严格落实司法责任的一个关键问题是办案质量终身负责制。办案质量终身负责制是指办案人员在职责范围内对办案质量一生负担责任。与之相关的另一项制度是错案责任制倒查问责制，二者之间相辅相成，需要有机

---

① 汪海燕、范再峰：《主办侦查员制度研究》，《中共中央党校学报》2016年第4期，第18页。

结合起来理解。制度设计者提出办案质量终身负责制的初衷是无可非议的，但是能否真正有效发挥其预设功能，还有待于司法实践的进一步检验。正如法律的生命力在于实施，制度的生命力同样在于实施。如果制度无法得到有效实施，即便再完美的制度也只是一纸空文。从目前的情况来看，办案质量终身负责制是一种比较理想化的制度设计，其良性运行至少面临着困境。[①]

如果错案无法避免的话，未来终身责任制真正实施就需要坚持主客观相统一的原则，谨慎考虑如何在追责和发挥办案人员工作积极性两者之间寻求一种平衡和协调。此外，应当坚持预防和追责并重，积极构建错案及时发现机制，提前预防。因为错案问责是错案发生之后进行的事后补救，错案预防是在错案发生之前进行的事前防范，我们应当着力加强的应该是如何防止错案发生，而并非错案发生之后如何问责。唯有如此，方能真正有效减少错案的发生。

总之，办案质量终身责任制作为落实司法责任制的关键一环，其预设功能与实践之间存在一定的错位，未来需要通过合理设定终身责任制的范围、坚持预防与追责并重等使得其达到预设与实践的统一。

（五）加强智慧警务建设

智慧警务建设是当前及未来新一轮信息技术变革的时代潮流。当前，全球正进行着物联网、移动互联网、云计算等新一轮信息技术变革。随着新兴技术的飞速发展，社会整体形态、社会治理方式和治理模式正在发生深刻的变革；面对新背景下的社会环境，传统的警务模式已不能适应新的工作要求，构建符合新时代特征的"智慧警务"体系，提升社会治安整体防控水平，得到各级政府、公安部门的普遍认可，成为当前及下一个时期公安工作的重点。

习近平总书记在十九届中央政治局第二次集体学习会上深刻指出，要推动实施国家大数据战略，更好地服务我国经济社会发展和人民生活改善。中央政治局委员、中央政法委书记郭声琨强调，要积极适应大数据时代信息化发展新趋势，大力实施警务大数据战略，大力加强科技成果运用，充分发挥科技信息化对公安工作体制、机制、管理创新的推动作用，不断提高公安工作信息化、智能化、现代化水平，为公安事业发展进步提供有力的科技引领和信息支撑。[②] 在 2018 年 1 月 24 日的召开的全国公安厅局长会议上，公安部部长赵克志指出，大数据是公安

[①] 彭玉伟：《办案质量终身负责制的功能反思与发展路径》，《中国刑事法杂志》2017 年第 2 期，第 90 页。

[②] 朱琦、王文娟、范晓明：《大数据时代下智慧警务建设的思考与探索——以浙江"智慧警务"建设为视角》，《北京警察学院学报》2018 年第 6 期，第 60 页。

工作创新发展的大引擎、培育战斗力生成的新增长点。要把握时代发展大势，大力实施公安大数据战略，着力打造数据警务，建设智慧公安，全面推动公安工作质量变革、效率变革、动力变革，努力实现公安机关战斗力的跨越式发展。要坚持实战引领，充分运用大数据等新技术手段，积极构建以大数据智能应用为核心的智慧警务新模式，着力提高预测预警能力、精确打击能力和动态管理能力，不断提升公安工作智能化水平。要把实施公安大数据战略作为一项"龙头工程"来抓，加强组织领导，坚持统筹推进。要坚持大数据建设应用与安全防护同步规划实施，加快构建大数据安全保障体系。① 实践证明，信息资源已经成为重要的公安战斗力要素，信息化已经成为推动公安警务方式变革的重要引擎，"智慧警务"已逐渐成为新一轮警务改革与发展的潮流和方向。

"智慧警务"是新一轮警务改革与发展的客观要求，是未来警务形态演进的必然趋势，它是以云计算、大数据、物联网、智能引擎、视频技术、数据挖掘、知识管理等为技术支撑，以公安信息化为核心，通过互联化、物联化、智能化的方式，实现对各种矛盾、问题的预防、预测、预警和处理等。构建智慧警务是推动公安战斗力生成模式转变的重要途径，其对于整合警务资源、改造警务流程、创新警务模式、降低警务成本、实现警务效能的最优化具有重要推动作用。构建智慧警务还有利于拓展现代警务功能、促进警务机制改革和提升警务管理精细化水平。一方面，智慧警务的建设和实施将促进公安机关由传统的一元化管理职能向管理与服务功能并重、融合转化。另一方面，智慧警务的建设和应用将改变传统的"金字塔"型公安管理体制，实现警务领导与指挥机制的扁平化，从而减少中间管理层，加快信息流动，达到精简机构、快速反应、即时联动的目的。同时，构建智慧警务还有助于提高公安机关警务管理的精细化和科学化水平，提升公安机关的执法水平和服务水平。②

智慧警务是一个新生事物，目前还处于探索阶段，各个地方的公安机关积极性很高，都在根据自身条件做着有益的尝试。但是，就总体来讲，我国智慧警务建设目前还存在缺乏规范的体系标准、建设方向不甚清晰、建设模式缺乏可持续性、信息重应用轻安全等问题。未来，我国智慧警务建设要做好顶层设计，统一标准，积极深化公安大数据战略，构建全时空感知体系；同时还要狠抓实战应用服务，做好信息安全保障工作，建立符合时代特征的警务工作新模式。

---

① 《关键词带你了解公安部长关心哪些事》，人民网 2018 年 1 月 25 日报道。
② 《智慧警务实施效果明显、未来将成为主流》，中关村在线 2015 年 1 月 30 日发布。

第二节　公安机关权力运行机制改革

十八大以来，以习近平同志为核心的党中央从坚持和发展中国特色社会主义全局出发，提出并形成了"四个全面"战略布局，包括全面建成小康社会、全面深化改革、全面依法治国、全面从严治党。这"四个全面"战略布局的展开，意味着对公安机关在公安工作和队伍建设方面提出了更新和更高的要求。公安事业要想取得新的发展、开创新的局面，能做的唯有抓住这一新机遇，在这新的历史起点上，努力深化改革。十八届四中全会审议通过《中共中央关于全面推进依法治国若干重大问题的决定》之后，公安机关在刑事执法权力运行机制改革上深刻贯彻法治要求，在各个领域不断深化改革。

一、公安改革的基本历程

十一届三中全会后，改革开放正式实施，标志着我国社会进入了新的历史发展阶段。在这个大背景下，公安机关要适应不断发展的经济社会和政治体制改革的总体要求，也要不断进行改革。从改革开放开始到现在，公安工作方面的改革和队伍建设上的改革基本可以分成四个不同的阶段：[1]

这一时期，公安体制方面的改革表现在调整公安职能；组建特警队伍；进行了第一次的公安机构改革，新兴的计算机管理与监察局被组建起来；对交通管理体制进行改革。在对公安机制方面进行的改革，主要从两个方面着手，一是尝试建立一项社会治安动态管控机制；二是初步建立公安机关快速反应机制，强化对社会治安动态的控制，提高相应的管控能力。在对公安队伍进行改革建设上，建设正规化的公安队伍被作为首要任务启动；其次是目标管理和岗位责任制的推行，使公安机关逐步迈向公安管理科学化；最后是对公安队伍的法制化建设的加强，1992 年和 1995 年分别通过《中华人民共和国人民警察警衔条例》和《中华人民共和国警察法》，这两部基础性法律，对于带动建设一支法治化、正规化的公安队伍有着重要的作用。

---

[1]　赵炜：《公安改革 40 年：历程、经验、趋势》，《中国人民公安大学学报（社会科学版）》2018 年第 2 期，第 1 页。

（一）第十九次全国公安会议后迎来公安改革的第一轮高潮

1996 年，第十九次全国公安会议召开，这是一次以公安改革为主要内容的重要会议，这次会议之后，公安机关掀起了一轮改革的高潮。这次改革的特点是自上而下开展，上级公安机关成为这场改革的推动力，下级公安机关的探索集中在勤务方式和警务运行方式改革上。

首先对公安体制进行的改革从以下几个方面展开：一是各级公安机关不同方面的职能的增加，先后包括网络安全、禁毒、反恐、反邪教等方面；二是在 1998 年，按照国家的要求，开启了第四轮自上而下的公安改革；三是对边防管理体制的改革，由"分级管理、分级指挥"调整为"统一领导与分级指挥相结合"，对边防部队垂直管理的力度进一步加强；四是对出入境边防检查体制进行了改革。

其次对公安队伍进行的改革，主要目的在于推进建设一支正规化、法制化的公安队伍。为此，公安部联合其他有关部门，出台了一系列包括公安机关人民警察录用办法、内务条令等在内的法律规章和规范性文件。为了加强对公安队伍的监督，还颁布了《公安机关督查条例》，以此来强化公安机关上级对下级的监督。

再次，在对公安业务进行改革时，公安部主要从四个方面来推进，包括对派出所的改革、对街面防控机制的改革、刑侦改革以及对边检体制改革。在改革派出所方面，提出了要认清派出所的主要任务应当是对治安的管理和防范，派出所的工作方式和工作机制也需要根据主要任务作出调整。对街面防控机制进行改革时，将 110 报警服务台取代原来的 110 报警台，并实行"有警必接、有难必帮、有险必救、有求必应"。对刑侦方面进行的改革，主要是在全国公安机关推行侦审合一和责任区刑警队，这就涉及对一系列配套的公安机关的工作流程以及刑侦职能、机构等一并进行改革。

最后，对公安技术进行的改革方面，在 1998 年，公安部决定组织实施"公安信息化建设工程——金盾工程"，拉开新时期公安改革的序幕。

（二）第二十次全国公安会议以来

从 2003 年召开的第二十次全国公安会议开始，在公安保障方面，公安机关加大了改革的力度，其中经费装备管理体制机制的改革是重点。在对公安保障进行改革时，公安部、财政部和国家发改委对县级公安机关的经费标准分别制定了一套标准，为了加强中央财政对地方公安机关的支持力度，还尝试建立实施了中央公安转移支付制度、公安基础设施中央财政立项拨款制度。[①] 在对公安业务进行的

---

① 赵炜：《公安改革 40 年：历程、经验、趋势》，《中国人民公安大学学报（社会科学版）》2018 年第 2 期，第 4 页。

改革方面，为了进一步加强对人权的保障，将实施了 40 多年的收容审查制度直接取消。在公安队伍建设方面，对县级公安机关的机构设置提出了新的模式，包含 8 个必设机构和 3 个选设机构，向着"大部制"及建设正规化的队伍管理模式不断靠近。

（三）党的十八大以来进行的公安改革

2012 年，党的十八大顺利召开，标志着我国的改革开放进入了新时代。习近平总书记指出，全面深化公安改革坚持以问题为导向，将改革的指向聚焦在三个方面：一是着力完善现代警务运行机制，提高社会治安防控水平和治安治理能力，提高人民群众的安全感；二是着力推进公安行政管理改革，提高管理效能和服务水平，从政策上、制度上推出更多惠民利民便民新举措，提高人民群众的满意度；三是着力建设法治公安，确保严格规范公正文明执法，提高公安机关执法水平和执法公信力，努力让人民群众在每一项执法活动、每一起案件办理中都能感受到社会公平正义。[①]

十八大以来的公安改革，将习近平总书记的指示精神坚决贯彻到底，体现出以下的几个特点：第一，从政治上看，体现中央对这次改革的高度关心、群众对改革的高度关注以及民警的高度关切，此即所谓的"三关"；第二，从时代特征上看，此次改革的一大特点在于对公安信息化进行了改革，旨在加强其深度建设和应用，这也是此次改革与以往改革的区别所在；第三，从广度来看，这次改革将三个大方面的改革，包括公安业务的改革、队伍的改革和保障的改革，整体推进，是一次全面系统的改革；第四，从深度上看，包括"提升能力"的改革、增量的改革、机制改革以及环节性调整；第五，从改革效果上看，此次改革对党的执政地位坚决维护，同时坚决维护国家政治安全，又对民生高度关注，既做到政治治警，又做到依法治警，既从严治警，又优待治警，在公安发展史上具有里程碑意义。

二、公安权力运行机制的现状

随着社会不断发展，公安机关的工作也面临着越来越严峻的挑战。党的十八大以后，随着《关于全面深化公安改革若干重大问题的框架意见》以及相关改革方案的印发和实施，因为直接关系人民群众的切身利益和社会公平正义，公众对

---

① 《〈关于全面深化公安改革若干重大问题的框架意见〉及相关改革方案已经中央审议通过》，中央政府门户网站 2015 年 2 月 15 日发布。

公安改革的关注更加广泛。而在全面深化改革的诸多内容中，有些人却觉得执法权力运行机制是最为艰难的部分。目前看来，确实如此，这是因为制约执法权力科学、有效运行的因素比较多。

其一，公安执法的法律法规体系基本形成，但是相关法律制度规范不健全、不规范，且可操作性不强。在公安机关进行行政管理和履行刑事侦查职能过程中，国家先后制定出台了各种法律法规。这些法律法规为公安机关依法行使自己的职权奠定了法律基础，使依法行政成为可能乃至现实。然而，目前涉及执法权力运行机制的法制规范并没有覆盖到所有层面，有些方面甚至存在缺失，比如接处警、受立案、调查取证、涉案财物管理等环节，需要对相关的执法制度和标准进行细化完善。

其二，依法行政理念被接受并付诸实践。自党中央提出依法治国、建设社会主义法治国家的方略，多年来，依法治国理念已经深入人心，法治实践也有了很大的发展。依法行政是依法治国的重要体现，也是建设社会主义法治国家的基本要求。执法行为是由执法主体的内心观念所指导的，这要求执法主体应当拥有法律思维，在看待事件、处理案件时，应当以法律为指导准则，所考虑的是合法性而非合理性。目前公安机关对于执法主体法律方面的培训已经比较重视，主要表现在公安人员的招募上有了专业的限制，法学专业在此范围内；对在职的公安人员进行不定期的法律学习、培训，提高其法律素养；还会在社区开展普法活动，积极开展警民互动，创建全民治安防控体系。[1]

其三，随着社会形势的发展变化，新的情况、新的问题、新的矛盾不断出现，警务机制能否科学、有效运行也出现了新的挑战，需要及时调整和改变工作模式。[2] 比如信息技术飞速发展，网络犯罪问题也层出不穷，犯罪行为、犯罪地点等大多跨区域，甚至是跨国家的。面对这样的问题，如何适用属地管辖问题，如何进行异地侦查等，都需要建立新的警务运行机制予以解决。

其四，建立了较为规范的执法监督机制。公安部制定并颁发了《公安机关执法质量考核评议规定》，该规定第6条明确了公安机关办理案件的基本标准，同时该规定还确定了奖惩制度，在机制上激励执法主体依法行政。目前我国已经建立起比较规范的公安执法的内部监督和外部监督机制，行使监督权的主体既包括公安机关内部的各部门，还包括公安机关以外的党政、国家权力机关、司法机关、

---

① 唐怀志：《论公安机关职能的权力基础及运行机制》，湖南师范大学2010年硕士学位论文，第35页。

② 卢敬春：《加快公安执法权力运行机制改革——专访中国人民公安大学警务改革与发展研究中心主任魏永忠》，《中国法治文化》2015年第12期，第15页。

行政机关、新闻媒体等，范围十分广泛。此外，关于监督机制的法律法规也制定得较为完备，包括《人民警察法》《公安机关督查条例》《公安机关内部执法监督工作规定》《公安机关执法质量考核评议规定》等。①

三、公安机关权力运行机制存在的问题

在肯定公安机关在社会主义法治建设进程中做出一定的成绩的同时，要清醒地认识到，公安机关现在还面临着许多新问题，在权力运行主体、执法程序、执法行为等方面还存在着一些影响和制约执法权力规范运行的问题。

（一）权力运行主体方面

公安机关所拥有的警察权力作为国家权力的重要组成部分，毫无疑问必须得由法律所规定的公安机关及其警务人员行使，其他任何机关、团体、个人均无权行使。在现如今传统的安全与非传统安全交织的情况下，公安机关的工作也面临着日益复杂的新挑战，这对执法主体提出了新的要求和考验。②

首先，公安执法主体总体素质不高，这是执法权力无法规范运行、警务工作不能顺利开展的重要原因之一。《公安机关录用人民警察实施办法》中对人民警察的招录制度和考核要求作出了明确的规定，人民警察的录用是采取面向社会公开招考、择优录取的模式，并且由于人民警察的特殊职能，公安队伍中需要的是具有专门知识与技术的人员。但是，有些地方，特别是基层派出所招录的民警的业务水平参差不齐，政治素养也各有千秋，部分民警甚至缺乏基本的为人民服务的理念，而是以权为本，注重谋取官职，在平时的工作中，比如接处警、走访排查、执法办案过程中，态度恶劣，忽略群众的诉求，导致了人民对于警察工作的信任度降低，也难以树立警察的威信。

其次，公安执法人员执法理念还未转变是制约执法权力规范运行的另一重要原因。目前，公安执法人员心目中的理念还未完全转变成为服务型，大部分执法人员还是重管理、轻服务，公安机关执法人员绩效考核标准仍是立案率、拘留率、批捕数量。执法为民、坚持程序正义、加强人权保障等理念未在执法人员心中生根，"搞定就是稳定""摆平就是水平"等观点在部分执法人员心中仍然是坚不可摧的，少数执法人员滥用权力，对于群众的诉求不理会、不作为或者慢作为，出

---

① 赵炜：《公安改革 40 年：历程、经验、趋势》，《中国人民公安大学学报（社会科学版）》2018 年第 2 期，第 3 页。

② 李阳：《警务执法规范化视域下执法权力运行机制研究》，《湖北警官学院学报》2015 年第 7 期，第 22 页。

警、立案拖沓，执法效率极其低下，且执法不公情况也层出不穷，损害了人民群众的合法权益。这样的执法理念和执法方式，必然导致人民群众对公安机关不满，会认为公安机关并不能给他们的生活提供安全保障，甚至会产生抵触心理，拒绝配合。

最后，公安执法人员执法能力不足也是制约执法权力规范运行的因素。社会的不断进步、人民群众法制意识的不断增强，都对公安执法人员的执法水平和执法能力提出更高的要求。但是，目前执法民警总体法治精神不强，法律素质偏低，对法律知识的了解、掌握不够，办案质量低下，办案执法时重视犯罪嫌疑人的口供，执法程序不规范，造成收集到的证据为非法证据，容易产生冤假错案，部分民警甚至还进行刑讯逼供，体罚虐待犯罪嫌疑人，严重侵犯其人身权利。同时，执法人员本身缺乏自我防范意识，且警务水平不高，在执行公务时遇到抗拒执法，甚至采用暴力方式拒绝执法时难以采取有效的应对措施，执法的权威性受到了影响且执法人员本身的合法权益也受到了侵犯。

（二）执法程序方面

其一，现有警察管理体制存在弊端。目前，我国对公安机关的组织管理实行的是"统一领导、分级负责、条块结合、以块为主"的体制，这样的组织管理体制是在长期的实践发展后总结经验并创新提出新的理论后所实施的，符合我国目前的基本国情的一种阶段性警务管理制度。但是这一制度存在的弊端也十分明显：第一，分级管理强调上级机关的指导，但对这样的指导过分强调，使得基层的诉求被忽略，这与实践中警务工作多在基层的现象相违背，难以适应现实警务工作需要；第二，"条块结合、以块为主"的要求导致公安机关职责分工变得模糊，对服从党委、政府的领导一味地强调，会使公安机关在党委、政府的安排下参与其他非警务活动，甚至这些非自身业务的活动多过自身的业务活动，易使公安机关在人民群众心中作为惩奸除恶的代表的良好形象大打折扣；第三，公安机关平日的业务经费由人民政府拨款，因而在某些事情上会受制于地方人民政府，在这种情况下会使公安机关执法的程序正义弱化，地方保护主义也不可避免地在执法办案过程中有一定程度的体现。①

其二，执法相关法律法规不清，且与相关法律法规之间的衔接、协调不够，导致执法秩序混乱。现代警务的本质是法治警务，以程序制约警察权是现代法治

---

① 卢敬春：《加快公安执法权力运行机制改革——专访中国人民公安大学警务改革与发展研究中心主任魏永忠》，《中国法治文化》2015年第12期，第14－17页。

社会的必然选择，要求警察权行使的过程明朗化、合法化。① 治安形势越来越复杂，保持执法效率和维持执法程序的公平正义之间的矛盾凸显，部分执法人员重实体轻程序，比如收集办案材料不合规范且不充分、涉案财物账目的勘验审核流于形式，对犯罪嫌疑人不按照法律规定的程序采取强制措施等。这些问题出现的原因在于公安执法所依据的法律规定落后于实践中不断变化的警务状况，而目前规定的过于简单的执法依据导致对执法行为的约束力不足，一些模糊的语言表达使得公安执法人员执法办案更多依照主观的认识判断，缺乏客观判断标准，容易导致执法不公。另外，对《刑法》和《治安管理处罚法》进行比较发现，在一些犯罪行为上，公安机关在适用法律时存在疑问，执法依据不明确，执法行为就可能存在程序混乱。

其三，监督救济机制存在不足。现行法律法规中，对公安机关执法行为的监督存在《人民警察法》《公安机关执法质量考核评议规定》《公安机关人民警察执法过错责任追究规定》等一系列法律规章。实践中公安机关内部有督查、纪委、审计、信访等多个部门负责监督工作，外部有党政权力机关、司法纪检机关以及社会大众对其进行监督，但是各监督主体之间缺乏协调配合，未建立起统一的执法监督工作机制，无法形成监督合力，最终监督效果受到影响。各监督主体只是在自己的职权范围内实行有限的监督，由于没有统一的监督机制，甚至还会出现不同监督主体相互推诿的情况，导致出现监督真空地带。此外，目前的执法监督程序不透明，监督环节不全面，监督标准不规范，公安机关主动接受外部监督的意识淡薄，监督的渠道也不畅通，对于执法过错后的责任追究以及对当事人权益的保障都难以落实，最后导致监督流于形式，影响公安执法的效果。

（三）**执法行为方面**

规范执法行为，就必须要保证执法过程规范合法、行政裁量合理以及执法责任承担合理。目前，公安机关执法过程中执法行为存在的问题，主要体现在执法过程中对证据的收集不符合法定程序，而且"口供中心主义"的思想深入人心，部门执法人员在执法时仍然依据惯性思维，重口供轻物证，只看重办案的效率而忽略程序正义，并且上级领导下级的模式使得执法人员执法时重视上级意见而忽略群众诉求，对与群众利益相关的突出问题上十分拖沓，疑难复杂的案件互相推诿，丝毫不以为民服务为中心，最终导致群众对公安工作的满意度低，公安机关的权威性也无法得到树立。在行政裁量方面，目前执法裁量的标准不够明确细化，

---

① 邓国良：《解读以程序制约警察权》，《江西公安专科学校学报》2008 年第 5 期，第 62 页。

在传唤、讯问、辨认、抓捕、立案、告知、回避等法律难以准确定性定量的环节中，执法人员的执法存在较大的任意性，执法的自由裁量权过大。另外，公安机关的执法通常以警察权力的形式表现出来，警察权力具有单向强制性特点，直接作用于公民、团体，若警察权力行使不当会直接侵害到公民的合法权益，应当由公安机关承担执法错误的法律后果。但是目前对于公安执法责任的承担还存在责任设置不合理、责任追究落实困难的问题，这样在某种程度上又成了警察权力滥用的一个契机，导致公安机关的形象和权威受损。

四、公安刑事执法权力的改革

《关于全面深化公安改革若干重大问题的框架意见》指出，在完善执法权力运行机制方面，这次改革从完善执法办案制度、执法司法衔接机制、执法责任制、人权保障制度等方面，提出了规范执法权力运行、促进社会公平正义的一系列改革举措。探索实行受案立案分离和立案归口管理制度；健全行政裁量基准制度，细化量化裁量标准；深化执法公开，落实执法告知制度；围绕推进以审判为中心的诉讼制度改革，完善适应证据裁判规则要求的证据收集工作机制，完善严格实行非法证据排除规则和严禁刑讯逼供、体罚虐待违法犯罪嫌疑人的工作机制，建立健全讯问犯罪嫌疑人录音录像制度和对违法犯罪嫌疑人辩解、申诉、控告认真审查、及时处理机制，完善侦查阶段听取辩护律师意见的工作制度；对查封、扣押、冻结、处理涉案财物程序进行规范，实行涉案财物集中管理；完善执法责任制，健全执法过错纠正和责任追究制度，建立冤假错案责任终身追究制；探索建立主办侦查员制度，落实办案质量终身负责制；等等。①

（一）执法办案责任制度

公安机关刑事执法办案责任主要是指相关侦查人员没有做好侦查办案工作，而应承担的强制性义务以及不利后果。十八届四中全会《中共中央关于全面推进依法治国若干重大问题的决定》在"推进以审判为中心的诉讼制度改革"要求中指出，要实行"办案质量终身负责制"和"错案责任倒查问责制"。

分析办案责任制度之责任的性质须从侦查行为的性质着手，追溯到侦查行为本身的定位问题。而侦查行为的性质应从侦查权力本质角度分析，侦查权的本质学界有四种观点，即行政权、司法权、具有司法性的行政权以及带有行政性的司

---

① 《〈关于全面深化公安改革若干重大问题的框架意见〉及相关改革方案已经中央审议通过》，中央政府门户网站2015年2月15日发布。。

法权。侦查权属于广义的司法权，侦查权的行使应当在刑事司法框架内强调权责统一，从刑事司法体系来看，狭义的司法仅指审判活动，而广义的司法是指"国家解决纠纷、惩罚犯罪的诉讼活动"，侦查活动在刑事诉讼阶段中与公诉共同构成广义的控诉。而且从刑事诉讼目的、价值及基本原则出发，侦查权与司法权也具有一定的同质性。①

从责任承担角度来看，责任承担的具体形式的代表性观点包括：一是刑事责任、行政纪律责任或者作出其他处理；② 二是刑事责任、行政责任和经济责任；③ 三是对尚未达到追究其刑事责任或行政责任程度的，予以追究特定形式执法过错责任；四是学者通常归纳的，包括刑事责任、纪律责任、民事责任，并且认为主要追究其纪律责任，民事责任则是在国家赔偿中承担。④ 公安机关作为行政机关，同时属于刑事司法中的重要部分，既包含行政领域的责任，也包含刑事司法领域的办案责任，另外对于执法过错造成的经济损失，在国家赔偿后也应当承担一定的追偿责任。

2015 年 9 月，最高人民法院颁布《关于完善人民法院司法责任制的若干意见》，自此，错案的司法认定标准统一，即是主观认定为主、客观结果认定为辅。⑤ 该意见也明确了责任豁免不予追责的法律情况，对案件事实认定上采取司法终局原则。这是"审判中心"的题中应有之义，也符合现代社会的"司法是最后一道屏障"的规律和准则。虽然该意见是规范法院系统的错案追责问题，但是公安执法办案执法责任制中的实体错案也应当按照最终司法裁判结论为标准。并且，在侦查阶段对错案责任的认定借鉴最高人民法院提出的主观上"故意违反法律法规"或"重大过失导致错误并造成严重后果"的判断标准，更符合执法、司法衔接机制内的刑事司法办案责任。⑥

检察院是诉讼监督机关，通过审查逮捕、审查起诉或经投诉、申诉、控告的方式对公安机关的立案、侦查进行全程监督。监督的范围主要是违反法定程序、

① 张梦星：《公安机关刑事执法办案责任制体系研究》，《中国政法大学学报》，2018 年第 3 期，第 181 页。
② 参见《公安机关人民警察执法过错责任追究规定（2016）》。
③ 《公安机关人民警察执法过错责任追究规定（1999）》。
④ 陈光中、王迎龙：《司法责任制若干问题之探讨》，《中国政法大学学报》2016 年第 2 期，第 39 页；张梦星：《公安机关刑事执法办案责任制体系研究》，《中国政法大学学报》2018 年第 3 期，第 180 页。
⑤ 《关于完善人民法院司法责任制的若干意见》第 25 条："法官应当对其履行审判职责的行为承担责任，在职责范围内对办案质量终身负责。法官在审判工作中，故意违反法律法规的，或者因重大过失导致裁判错误并造成严重后果的，依法应当承担违法审判责任。法官有违反职业道德准则和纪律规定，接受案件当事人及相关人员请客送礼、与律师进行不正当交往等违纪违法行为，依照法律及有关纪律规定另行处理。"
⑥ 田力男：《公安机关刑事执法权力运行机制改革初探》，《中国政法大学学报》2018 年第 3 期，第 202 页。

侵犯诉讼权利等违法侦查取证行为以及违法立案或不立案。对于公安机关执法行为责任认定，可以以检察院发出的纠正违法通知书作为评价的重要指标。鉴于检察院对公安机关执法行为的监督具有一定的滞后性，甚至于在审判阶段提出排除非法证据时检察院才发出纠正违法通知书，而此时检察院的监督对于认定公安机关的办案责任的价值不大，因而检察院在审前阶段作出的纠正违法通知书才适宜作为公安办案责任制中程序违法认定的标准。

2016 年开始施行的《最高人民法院、最高人民检察院关于办理刑事赔偿案件适用法律若干问题的解释》① 中对公民可以申请国家赔偿的前提条件"终止追究刑事责任"从公安"撤销案件"扩展至实践中不撤也不彻底断绝诉讼的情况；同时对于公安机关刑事侦查过程中对涉案财物长期限制相关物权的情况也明确地列举；另外对于公安机关的违法采取对人身的强制措施也予以规定和细化。这意味着，执法办案错案或程序违法的经济性赔偿责任会落实到公安执法人员。②

2016 年施行的新《公安机关人民警察执法过错责任追究规定》中所强调的对执法过错的追究在于主观过错，且"过失"不限于"重大过失"，也不限定严重后果，这样的责任认定标准比司法责任认定标准要更为严格。田力男博士指出，从刑事司法框架体系中执法、司法衔接角度来看，建议对不同程度的责任采取不同的认定标准，既能与承担后果的严厉性相当，又能体现处罚对象范围的区别：首先对于刑事责任适用刑法的构成要件，并非执法"过失"即启动刑事追诉；其次在进行国家赔偿时也要先满足国家赔偿的法定标准和条件；最后，行政、纪律处分适用现行标准，但同时要明确豁免的情况。③

（二）主办侦查员制度

《中共中央关于全面推进依法治国若干重大问题的决定》明确指出："优化司

---

① 《最高人民法院、最高人民检察院关于办理刑事赔偿案件适用法律若干问题的解释》第 2 条："解除、撤销拘留或者逮捕措施后虽尚未撤销案件、作出不起诉决定或者判决宣告无罪，但是符合下列情形之一的，属于国家赔偿法第十七条第一项、第二项规定的终止追究刑事责任：（一）办案机关决定对犯罪嫌疑人终止侦查的；（二）解除、撤销取保候审、监视居住、拘留、逮捕措施后，办案机关超过一年未移送起诉……或者撤销案件的；（三）取保候审、监视居住法定期限届满后，办案机关超过一年未移送起诉…或者撤销案件的……"第 3 条："对财产采取查封、扣押、冻结、追缴等措施后，有下列情形之一，且办案机关未依法解除查封、扣押、冻结等措施或者返还财产的，属于国家赔偿法第十八条规定的侵犯财产权：（一）赔偿请求人有证据证明财产与尚未结的刑事案件无关，经审查属实的；（二）终止侦查、撤销案件……终止追究刑事责任的；（三）采取取保候审、监视居住、拘留或者逮捕措施，在解除、撤销强制措施或者强制措施法定期限届满后超过一年未移送起诉……或者撤销案件的；（四）未采取取保候审、监视居住、拘留或者逮捕措施，立案后超过两年未移送起诉……或者撤销案件的……"

② 田力男：《公安机关刑事执法权力运行机制改革初探》，《中国政法大学学报》2018 年第 3 期，第 203 页。

③ 田力男：《公安机关刑事执法权力运行机制改革初探》，《中国政法大学学报》2018 年第 3 期，第 204 页。

法职权配置，完善主审法官、合议庭、主任检察官、主办侦查员办案责任制，落实谁办案谁负责。"① 试行主办侦查员制度是在全面深化公安改革的背景下，加强公安机关队伍建设的重要举措，旨在通过建立主办侦查员制度，进一步完善司法责任制，提升办案质量，杜绝冤假错案，提升人民群众的安全感，提高公安机关的公信力。

1. 实践中可能产生的问题

（1）权力下放容易滋生侦查权滥用

我国《刑事诉讼法》规定除了逮捕的审批权在检察院外，其他的侦查行为以及强制措施的审批权限都在公安机关内部进行自我审批、自我授权。在试行主办侦查员制度中，部分地方公安机关通过扩大侦查员的办案权限来强化主办侦查员的办案责任。虽然落实办案责任制需要相应扩大侦查员的职权，但是权力一旦不受制约必然导致膨胀，容易滋生侦查权力的滥用。因而，落实主办侦查员制度必须处理好"放权"与"限权"之间的关系。

（2）"全程"责任和现有的侦查体制不完全协调

我国现有的侦查体制存在"侦审合一"和"侦审分离"两种情况，侦审分离情况下，存在预审部门，预审部门收案之后，除了讯问还需要进行必要的调查取证，达到法定条件才移送审查批捕和审查起诉。而主办侦查员制度要求主办侦查员对案件"全程"负责，若要求预审人员对侦查的各个环节负责不合理也不现实；倘若仍然区分阶段化责任，这又没有实质性的改革。

（3）权责利可能仍不统一，容易出现执法懈怠现象

主办侦查员制度的实施，对主办侦查员的确定要求至少达到刑侦中队级别的才有资格，而真正实际执法的一线侦查人员没有主办侦查员的身份保障。对他们而言，风险大于保障，最终可能产生懈怠心理，积极性不高，本着"少做少错"的态度进行执法，影响整个执法活动的效果。

2. 建立主办侦查员制度的价值

（1）建立主办侦查员制度，核心在于责任的界定。建立主办侦查员制度的初衷就是为了进一步完善司法责任制。在尊重刑事诉讼规律特别是侦查规律的基础上，对主办侦查员的责任形式和范围进行科学的界定，对责任承担和依法免责之间的关系有效地把握好，是对主办侦查员依法履行职责的保障，有利于将侦查人

---

① 《中共中央关于全面推进依法治国若干重大问题的决定》，《中国法学》2014 年第 6 期，第 13 页。

员的执法积极性以及责任心充分调动起来。①

（2）建立主办侦查员制度，关键在于权力的设定。赋予主办侦查员合理的权力，对于公安机关执法权力运行机制的完善有着良好的作用。从主办侦查员制度内部设计来看，主办侦查员应当要对其主办的案件的定性、事实、证据、程序、涉案财物等全面负责，因而需要一定的自主的侦查指挥权和组织权。在对主办侦查员的权力进行设定时，也应当同时设定一定的界限，做到授权与监督并重，在"放权"和"制约"之间寻找平衡点，改变目前层层审批的局面，保障公安机关权力运行在法治框架内更高效、规范、有序。从主办侦查员制度和公安机关其他改革的关系来看，建立主办侦查员制度，有利于执法权力的合理配置，有利于协调衔接不同的制度设计和改革措施，使其相互之间形成合力，共同进一步推动执法权力运行机制的完善。

（3）建立主办侦查员制度，要对其权利进行保障。要使主办侦查员权利得到保障，必定会涉及人民警察管理制度的改革。首先，担任主办侦查员的前提是该侦查员要具有刑事司法属性。在现行的《公务员法》中，公务员分为三大类，即综合管理类、专业技术类和行政执法类，并未体现出刑事司法属性，因而将侦查人员按此分类进行管理缺少明确的法律依据。建立主办侦查员制度，可在一定程度上推进人民警察的职位分类甚至于公务员的职位分类制度的改革。其次，建立主办侦查员制度，需要拓宽人民警察的职务晋升渠道，这样可以使主办侦查员拥有更好的发展提供空间，有利于侦查队伍的专业化水平提高，并且还能进一步推动人民警察的职务晋升制度的完善，缓解目前公安队伍存在的人员基数大但职位少、公安人员晋升渠道窄的困境，从而使人民警察的归属感有所增强。最后，侦查人员办理刑事案件需要付出很多的精力，提高其待遇是权责利相一致原则的题中应有之义。建立主办侦查员制度，提高主办侦查员的工资待遇，建立符合人民警察特点的工资待遇保障体系，对于推动公安执法权力运行机制的完善具有十分积极的作用。

小结

在全面深化改革的大环境下，同时伴随着社会进步，社会环境不断变化，源于人民的公安权力也会随着人民需求的提升而有所改变。全面深化公安改革，与

---

① 魏地：《全面深化公安改革下的新思路——主办侦查员制度的法治维度》，《中国法律评论》2016年第1期，第34页。

国家长治久安相关，与国家治理体系和治理能力现代化密不可分，也与广大人民群众切身利益息息相关，对于法治中国、平安中国的建设具有重大的现实意义。而完善公安执法权力运行机制是深化公安执法规范建设的关键所在，这一工作是一个艰巨且长期的过程，需要针对该问题制定完善法律规范，同时还必须对法律条文之后包含的公平、自由，正义、理性、秩序等法律价值有着准确的理解和把握，在公安机关权力运行过程中也要利用法律价值引导各要素优化有机组合，使公安机关的职能得到充分履行，公安机关的作用得到充分发挥，力争将《人民警察法》中所规定的维护国家安全和社会治安秩序，保护公民的人身安全、人身自由和合法财产，保护公共财产，预防和惩治违法犯罪活动的任务圆满完成。

第三节　公安机关刑事立案改革

中华人民共和国成立至 1978 年，我国法律法规没有系统地规定公安机关立案程序。在十一届三中全会确立的"有法可依，有法必依，执法必严，违法必究"法制建设方针指导下，彭真同志主持制定《刑法》《刑事诉讼法》等重要法律，明确了公安机关刑事案件管辖范围及立案程序。40 多年来，全国人大及其常委会、最高人民检察院、公安部以 1979 年《刑事诉讼法》确立的立案机制为根本遵循，修改、制定法律法规及其他规范性文件，逐步细化公安机关刑事立案制度，确立了以案件来源方式、立案监督、人身安全保障、立案公开、权利救济为主要内容的刑事立案制度。

刑事立案是认定犯罪行为、追究刑事责任的起点，按照《立法法》的规定①，该类事项的立法权限属于全国人大，因而，公安机关刑事立案制度的改革轨迹与《刑事诉讼法》的制定、修改保持一致。本章将以《刑事诉讼法》的制定、修改为时间节点阐述公安机关刑事立案制度的发展历程。

一、刑事立案制度的建立阶段（1978—1996 年）

本阶段的改革始于十一届三中全会，直至 1996 年《刑事诉讼法》生效（1997

---

① 《立法法》第 7 条第 2 款规定："全国人民代表大会制定和修改刑事、民事、国家机构的和其他的基本法律。"

年1月1日）。

1979年7月1日，第五届全国人民代表大会第二次会议通过，1979年7月7日全国人民代表大会常务委员会委员长令第六号公布，1980年1月1日起施行的《刑事诉讼法》（以下简称1979《刑事诉讼法》），在第2编第1章中以3个条款规定了公安机关刑事立案的制度。这是中华人民共和国成立以来首次在基本法中明确公安机关刑事立案程序。

1979年12月15日，最高人民法院、最高人民检察院、公安部发布《关于执行刑事诉讼法规定的案件管辖范围的通知》，12月24日公安部发布《公安部关于刑事侦察部门分管的刑事案件及其立案标准和管理制度的规定》，明确刑事侦察部门分管公安机关管辖范围内的刑事案件及其立案标准、管理制度。

1987年3月18日，公安部发布《公安机关办理刑事案件程序规定》，在第3章中用10个条款规定了刑事立案、破案、销案制度。

（一）明确案件来源

1979年《刑事诉讼法》第59条规定："机关、团体、企业、事业单位和公民发现有犯罪事实或者犯罪嫌疑人，有权利也有义务按照本法第十三条规定的管辖范围，向公安机关、人民检察院或者人民法院提出控告和检举。"1987年《公安机关办理刑事案件程序规定》第12条明确，"公安机关对于控告、检举或者扭送的犯罪人以及犯罪人投案自首的，都应当接受。"本阶段，法律文本规定的公安机关案件来源属于被动接受型，即由控告者、检举者及扭送人员"送案上门"，没有将公安机关及其干警主动发现案件列为刑事案件来源方式之一，文本规定与执法实践存在较大差异。

（二）明确立案流程

1987年《公安机关办理刑事案件程序规定》对《刑事诉讼法》确立的立案流程进一步从实务操作层面予以细化，受理属于公安机关管辖的刑事案件一律填写《受理案件登记表》，审查后需要刑事立案的案件需要填写《立案报告表》，并呈报公安机关主管负责人审批。1979年《刑事诉讼法》及1987年《公安机关办理刑事案件程序规定》构建了由受案、审查、立案三个环节组成的立案流程及相关登记、审批制度，确立的"受案形式审查、立案实质审查"原则沿用至今。

（三）明确立案标准

1979年《刑事诉讼法》规定："公安机关对于控告、检举和自首的材料，应当按照管辖范围，迅速进行审查，认为有犯罪事实需要追究刑事责任的时候，应当立案。"从法律文本分析，公安机关对线索材料进行立案登记必须同时满足三个条件，即属于本机关管辖、有犯罪事实、需要追究刑事责任。

为界定案件线索是否属于公安机关管辖，最高人民法院、最高人民检察院、公安部于 1979 年 12 月 15 日发布《关于执行刑事诉讼法规定的案件管辖范围的通知》，明确公安机关管辖反革命案、放火案、爆炸案等 49 类刑事案件。1979 年 12 月 24 日，公安部发布《关于刑事侦察部门分管的刑事案件及其立案标准和管理制度的规定》，将属于公安机关管辖的刑事案件细分到刑事侦查、政保、经文保、铁道交通保卫、边防保卫、预审、劳改等部门，明确案件侦办主体。《关于刑事侦察部门分管的刑事案件及其立案标准和管理制度的规定》还明确了刑事侦察部门以某一罪名立案侦查的案件应当具有相应的情形，如，以"抢劫罪"立案侦查需要出现"以暴力、胁迫或者其他方法抢走公私财物，因'打砸抢'毁坏或抢走公私财物"的犯罪情形。

（四）建立人身安全保障机制

1979 年《刑事诉讼法》第 60 条规定："接受控告、检举的工作人员，应当向控告人、检举人说明诬告应负的法律责任。""控告人、检举人如果不愿公开自己的姓名，在侦查期间，应当为他保守秘密。"1987 年《公安机关办理刑事案件程序规定》第 13 条规定："控告人、检举人如果不愿意公开自己的姓名，应当为他保密。"本阶段的人身安全保障机制由责任提醒与保密承诺组成，提醒诬告应负法律责任、承诺不公开控告人、检举人姓名。关于保密承诺的期限，《刑事诉讼法》与《公安机关办理刑事案件程序规定》都直接或间接地限定为侦查阶段[①]，没有覆盖刑事诉讼活动的所有阶段。

（五）建立立案公开制度

公安机关刑事立案公开是指公安机关各执法办案单位在规范立案、依法办案的基础上，通过信息化手段，主动将刑事案件的受理、立案等主要进展情况，向案件受害人及其近亲属、代理人等提供查询服务，公开接受群众监督评议，并向检察机关通报信息、接受检察机关监督。[②] 1979 年《刑事诉讼法》第 59 条第 2 款规定："对于不属于自己管辖的，应当移送主管机关处理，并且通知控告人、检举人。"第 61 条："认为没有犯罪事实，或者犯罪事实显著轻微，不需要追究刑事责任的时候，不予立案，并且将不立案的原因通知控告人。"1987 年《公安机关受理

---

① 《公安机关办理刑事案件程序规定》规制的对象是公安机关办理刑事案件的行为，虽然没有明确保密承诺的期限，因规制对象所限，保密承诺期限必然限定为公安机关的刑事侦查阶段。

② 北京市公安局关于印发《北京市公安局推行立案公开工作的规范（试行）》的通知（京公法字 2011111 号）。

刑事案件程序规定》第15条规定："对于控告、检举的材料，经过审查认为不需要立案的，应当将不立案的原因通知控告人、检举人。"1979年《刑事诉讼法》建立的"移送管辖通知""不立案通知"制度，搭建了公安机关与控告人、检举人之间的信息沟通平台，是我国公安机关刑事立案公开制度的雏形。需要指出的是，本阶段告知的是"不立案的原因"，而《刑事诉讼法》明确规定了两类情形[①]不需要立案，即法律为公安机关预设了通知的内容，如果承办人不结合控告、检举的情形说明不立案的理由，信息接收对象获取的信息量非常有限。此外，《刑事诉讼法》与《公安机关受理刑事案件程序规定》要求的通知对象有差异，前者只要求通知控告人，后者要求通知控告人与检举人，《公安机关受理刑事案件程序规定》拓展了立案信息告知对象范围。

（六）建立权利救济制度

1979年《刑事诉讼法》第61条规定："……并且将不立案的原因通知控告人。控告人如果不服，可以申请复议。"1987年《公安机关受理刑事案件程序规定》第15条规定："控告人、检举人不服，申请复议的，应当报上一级公安机关审核并作出案复。"第20条："上级公安机关发现下级公安机关立案、破案、销案和侦查活动不当的，应当及时纠正。"《刑事诉讼法》《公安机关受理刑事案件程序规定》明确提起的救济情形是，控告人、检举人对公安机关不立案的结果不满意；救济方式是控告人、检举人向上一级公安机关申请复议。同时，《公安机关受理刑事案件程序规定》还通过上级公安机关主动监督下级公安机关刑事立案活动的方式，防范控告人、检举人的权利受侵犯。

（七）本阶段刑事立案改革的特征

本阶段是公安机关刑事立案机制"四梁八柱"构建期，搭建了刑事立案机制的主体框架，为制度的持续更新完善奠定了基础。部分制度的设立具有前瞻性、完备性，沿用至今，如，1979年《刑事诉讼法》关于立案流程、立案标准的规定。部分制度只是明确了基本方向，受当时法制环境影响，没有在法律文本中实现重大突破，如，立案公开制度、人身安全保障制度。

二、刑事立案制度的发展阶段（1997—2012年）

本阶段刑事立案制度改革始于《刑事诉讼法》第一次修正案生效（1997年1月1日），止于《刑事诉讼法》第二次修正案生效前夕（2012年12月31日）。

---

① 第一类是没有犯罪事实；第二类是犯罪事实显著轻微，不需要追究刑事责任。

第八届全国人民代表大会第四次会议于 1996 年 3 月 17 日审议通过并公布，1997 年 1 月 1 日起实施《全国人民代表大会关于修改〈中华人民共和国刑事诉讼法〉的决定》（以下简称 1996 年《刑事诉讼法》）。新修正的《刑事诉讼法》在第 2 编第 1 章规定了刑事立案程序。

1998 年 5 月 14 日，公安部发布并实施《公安机关办理刑事案件程序规定》，在第 8 章第 1 节和第 2 节规定了刑事案件受案、立案程序。

1999 年 6 月 10 日，公安部发布并实施《公安部关于在全国公安机关普遍实行警务公开制度的通知》，明确了刑事执法活动公开的内容、公开的形式与办法及举报投诉方式。

2005 年 7 月 26 日，公安部刑侦局下发《关于实行"办案公开制度"的通知》，自 2005 年 8 月 1 日起在全国公安机关刑侦部门实行立案回告制度。

2010 年 7 月 26 日，最高人民检察院、公安部印发《最高人民检察院、公安部关于刑事立案监督有关问题的规定（试行）》，强化检察机关对公安机关刑事立案监督。

2008 年至 2017 年，最高人民检察院、公安部持续印发《最高人民检察院、公安部关于公安机关管辖的刑事案件立案追诉标准的规定》，对刑事立案的标准进一步量化。

（一）完善案件来源方式

1996 年《刑事诉讼法》第 83 条规定，"公安机关或者人民检察院发现犯罪事实或者犯罪嫌疑人，应当按照管辖范围，立案侦查。"第 84 条继续对报案、控告、举报及自首案件的受案制度作出了规定。本轮《刑事诉讼法》修正将公安机关刑事案件来源方式区分为"主动发现"与"被动接受"两种类型，既填补了 1979 年《刑事诉讼法》的立法漏洞，也强调了刑事执法实践中公安机关主动作为的重要性。

（二）完善人身安全保障制度

1996 年《刑事诉讼法》第 85 条第 3 款规定，"公安机关、人民检察院或者人民法院应当保障报案人、控告人、举报人及其近亲属的安全。报案人、控告人、举报人如果不愿公开自己的姓名和报案、控告、举报行为的，应当为他保守秘密。"1998 年《公安机关办理刑事案件程序规定》第 158 条作出了相同的规定。在人身安全保障方面，1996 年《刑事诉讼法》有较大进步。第一，明确规定安全保障制度。本轮改革将公安机关保障报案人、控告人、举报人及其近亲属的安全规定为法定义务，公安机关在接受报案的过程中就应当积极主动地采取措施保障安全，而不能再停留在不公开姓名的阶段。第二，保守秘密的事项范围拓宽。1979年《刑事诉讼法》规定不公开报案人、控告人的姓名，本轮改革将举报人也列为不公开姓名的对象。此外，公安机关还应当为他们的行为保密。第三，保守秘密的期限延长。1979年《刑事诉讼法》规定的保密期限为侦查阶段，本轮改革没有规定保密期限的截止时间。换言之，只要报案人、控告人、举报人提出要求，公安机关需要一直为他们保密。

（三）建立并完善立案监督制度

1996年《刑事诉讼法》第87条规定："人民检察院认为公安机关不立案的理由不成立的，应当通知公安机关立案，公安机关接到通知后应当立案。"立案监督的范围限定为公安机关"有案不立"的行为。2010年7月26日印发、2010年10月1日生效的《最高人民检察院、公安部关于刑事立案监督有关问题的规定（试行）》第1条规定："刑事立案监督的任务是确保依法立案，防止和纠正有案不立和违法立案，依法、及时打击犯罪……"依此，检察机关可以对执法实践中存在的"不应立案而立案"[①] 的情形进行立案监督，实现对不实立案行为的全面监督。同时，最高人民检察院、公安部在监督与配合原则的指引下，明确了刑事案件信息通报制度、调查进展情况回应制度。[②] 立案监督没有停留在是否立案层面，对于应当立案的案件，公安机关还应积极展开侦查活动并将侦查进展反馈给检察机关。

（四）深化立案公开制度

《公安部关于在全国公安机关普遍实行警务公开制度的通知》要求各级公安机关通过报刊、电台、公示栏、警务公开手册等方式公开公安机关管辖刑事案件的范围、执法职权、办案程序、立案标准及犯罪嫌疑人、被害人、证人依法享有的权利义务。追本溯源，该通知主要强调公安机关将法律文本信息进行分类并公开，方便社会公众或特定人员全面、准确了解。《关于实行"办案公开制度"的通知》推行"立案回告"制度，第一，应当制作《接受刑事案件回执单》《不予立案通知书》《移送案件通知书》并在限定时间内送达报案人、控告人、举报人；第二，报案人、控告人、举报人查询立案情况的，应当随时告知。查询方式不再局限于办公场所，可以通过电话接受查询。

---

① 2004—2008年，成都市检察机关共受理不应当立案而立案案件线索406件。见雷建昌、薛培：《立案监督：现实困境与法律完善——成都市检察机关2004—2008年立案监督案件调查》，《中国刑事法杂志》2009年第7期，第113页。

② 高一飞、高建：《论公安机关刑事立案公开之改革》，《中国人民公安大学学报（社会科学版）》2012年第5期，第44页。

2011 年 7 月 1 日开始，北京市公安局在全市推行了以"接报上网、立案公开、办案有责、群众评价"为核心的立案公开机制①，极大地丰富了立案公开制度。立案公开的内容有主要办案阶段的受理单位、办案民警姓名与警号、固定（录音）电话；是否立案或移送其他单位管辖情况；是否查获嫌疑人及采取何种强制措施；是否移送起诉；赃款、赃物的追缴情况。立案信息查询方式有互联网、电子信息屏、固定（录音）电话、接待来访等四种。这些方式明显摆脱了信息来源的单一性，公开对象可以借助传统与现代化方式方便、快捷地查询案件的主要进展情况。

（五）完善刑事立案标准

2008 年至 2017 年，最高人民检察院、公安部五次制定、修改、补充《公安机关管辖的刑事案件立案追诉标准规定》及补充规定，通过列举行为方式、量化犯罪金额及数量的技巧明确了公安机关刑事立案的"门槛"，将《刑法》的抽象规定具体化，增强可操作性。如，《最高人民检察院、公安部关于公安机关管辖的刑事案件立案追诉标准的规定（一）》将失火罪的立案标准明确为满足列举的五项行为后果②之一，公安机关工作人员通过客观地核实人员财产损失、丈量受损面积，即可判断是否应当立案侦查。

（六）本阶段刑事立案改革的特征

本阶段的改革有两大特点，第一，及时填补了立法遗漏。在 1979 年《刑事诉讼法》与 1987 年《公安机关办理刑事案件程序规定》中，除案件来源外，检察机关的立案监督权没有明确也属于立法遗漏。从刑事案件的办理流程来看，立案是启动刑事侦查活动的"钥匙"，《刑事诉讼法》将其列为独立的程序，是一项独立的职权。1979 年《人民检察院组织法》即确立人民检察院的法律监督机关地位，理应将公安机关及其工作人员履行立案、侦查等职权全面纳入监督范围，不能仅仅监督侦查活动是否合法。第二，立案信息公开方式紧随信息技术的发展。立案回告从最初的书面回告逐步发展为互联网、电子显示屏、固定（录音）电话等多位一体的公开方式。

本阶段改革存在两点不足：第一，信息公开度不足。本阶段立案公开的对象主要是报案人、控告人、举报人或者已经知悉身份的被害人，均未提及没有报案

① 谭志勇、江静：《北京警方民意主导警务，创新促和谐》，《人民公安报》2011 年 12 月 22 日，第 3 版。

② （一）造成死亡一人以上，或者重伤三人以上的；（二）造成公共财产或者他人财产直接经济损失五十万元以上的；（三）造成十户以上家庭的房屋以及其他基本生活资料烧毁的；（四）造成森林火灾，过火有林地面积二公顷以上，或者过火疏林地、灌木林地、未成林地、苗圃地面积四公顷以上的；（五）其他造成严重后果的情形。

人、控告人、举报人，也不知晓被害人身份时，公安机关是否应将侦查发现的刑事案件录入公安网。毕竟公安机关与检察机关之间已经建立了信息共享平台，即使尚不清楚案件当事人，也应向检察机关公布这些信息，主动接受检察机关监督。公安机关主动将案件信息录入公安网，还可以随时接受潜在的被害人查询。除此之外，信息公开是否还存在其他可供"挖掘"的领域呢？比如，内部办案规定。第二，监督程序的参与主体有限。在整个立案监督环节，举报人唯一的任务就是向监督机关提供监督信息，随后等待监督机关的决议。至于认定过程则取决于监督机关的调查与被监督者的辩驳，鲜有举报人参与其中。因此，监督程序具备准司法性质，却未具备司法裁决的三角形结构，即在监督程序的决定环节出现了参与主体缺位的局面。

三、刑事立案制度的完善阶段（2013 年起）

第十一届全国人民代表大会第五次会议于 2012 年 3 月 14 日审议通过并公布、2013 年 1 月 1 日起实施《全国人民代表大会关于修改〈中华人民共和国刑事诉讼法〉的决定》（以下简称 2012 年《刑事诉讼法》）。新修正的《刑事诉讼法》在第 2 编第 1 章规定了刑事立案程序。

2012 年 12 月 13 日发布、2013 年 1 月 1 日实施的《公安机关办理刑事案件程序规定》，在第 7 章第 1 节和第 2 节规定了刑事案件受案、立案程序。

2012 年 10 月印发、2013 年 1 月 1 日生效的《公安机关执法公开规定》规定了向社会和特定对象公开刑事立案信息以及公开方式。2018 年 8 月 23 日，公安部对《公安机关执法公开规定》进行修订，并于 2018 年 12 月 1 日生效实施。

2015 年 11 月 6 日，公安部发布并实施《关于改革完善受案立案制度的意见》，该意见进一步规范了刑事案件受案、立案流程。

（一）赋予公安机关立案审查环节的初查权

2012 年《公安机关办理刑事案件程序规定》第 171 条第 2 款规定："对于在审查中发现案件事实或者线索不明的，必要时，经办案部门负责人批准，可以进行初查。"第 3 款："初查过程中，公安机关可以依照有关法律和规定采取询问、查询、勘验、鉴定和调取证据材料等不限制被调查对象人身、财产权利的措施。"1979 年《刑事诉讼法》颁布以来，我国对受案实行形式审查、对立案进行实质审查，然而刑事法律法规一直未明确审查的方式。以扭送人、报案人、控告人、举报人及自动投案人提供的证据材料中确实难以高质量地认定案件是否符合立案标准，赋予公安机关初查权可以缓解公安机关在立案审查阶段的证据稀缺难题。

（二）完善权利救济制度

2012 年《公安机关办理刑事案件程序规定》第 176 条第 2 款规定："控告人对不予立案的复议决定不服的，可以在收到复议决定书后 7 日以内向上一级公安机关申请复核；上一级公安机关应当在收到复核申请后 7 日以内作出决定。"2012 年《公安机关办理刑事案件程序规定》生效之前，控告人面对公安机关不予立案的决定，权利救济方式仅有申请复议和提请立案监督，现增加复核渠道，可以进一步纠偏纠错不实立案行为。

（三）明确各环节办理期限

本阶段，《公安机关办理刑事案件程序规定》《关于改革完善受案立案制度的意见》对立案环节各事项的办理期限作出了明确规定，如立案审查期限原则上不超过 3 日、公安机关 7 日内作出复议和复核决定、公安机关收到人民检察院的立案通知后 15 日内立案、3 日内审查其他行政执法机关移送的案件。本轮改革还将部分期限缩短，督促公安机关提高办事效率。如将作出复议决定的期限由 10 日改为 3 日、送达《不予立案通知书》的时间由 7 日改为 3 日。

（四）强化内部监督管理

《关于改革完善受案立案制度的意见》通过平台建设和明确内设机构职能的方式强化内部监督管理。一是省级公安机关依托警务信息综合应用平台，建立完善全省区市统一的接报案、受案立案功能模块。对于接受的案件以及工作中发现的案件，除性质和事实涉及国家秘密的以外，都必须进行网上登记。借助平台痕迹化管理，将受立案行为始终置于内部监督之下，保证刑事案件"应立尽立"。二是各部门形成监督合力。法制部门是公安机关受案立案监督管理的主管部门，设立受案立案管理机构，专司监督管理职能。指挥中心、督查部门、信访部门、纪检监察部门多渠道掌握违法违规的受案立案行为，并对相关问题进行处理。

（五）本阶段刑事立案改革的特征

本阶段，《公安机关办理刑事案件程序规定》《关于改革完善受案立案制度的意见》等规章将公安机关在立案环节的职能职权逐一分解，并明确规定了事项办结的期限，让立案环节的各项工作更加通畅。值得一提的是，本阶段的改革及时吸纳了大众化的互联网媒介作为立案信息公开的渠道，如微信公众号、手机 App、电脑信息终端，控告人等自助查询立案信息更加便捷。

本阶段改革的不足有两点：第一，前期部分改革成果未实现法律化。2012 年《刑事诉讼法》、2018 年《刑事诉讼法》没有将《最高人民检察院、公安部关于刑事立案监督有关问题的规定（试行）》确立的公安机关"不应立案而立案"属于立案监督范畴的规定写入基本法，导致执法实践的做法与基本法的规定长期脱节。第二，救济方式单一。2012 年《刑事诉讼法》及相关司法解释、各地实施办法都如出一辙地规定，以复议、复核为信息公开的救济渠道。《关于改革完善受案立案制度的意见》提出要形成监督合力，上述规定将权利救济的重心仍然托付于公安机关的自我监督，特别是不同内设机构的并行监督。在知情权、隐私权等概念比较模糊的背景下，简单的复议程序、内部监督程序无法救济受到损害的权利。即使授予相关人员申请复议权，但复议程序通常由相同部门再次作出处理意见与决定，救济效果并不明显。

小结

一直以来，我国在 1979 年《刑事诉讼法》确立的刑事立案制度框架内，对刑事立案制度的立案公开、立案监督及权利救济等事项进行了全面而深入的改革，成果显著。为推进刑事立案制度更契合刑事法律的整体发展，构建适合我国国情的刑事立案制度，需要在以下三个关键问题上再下工夫。

（一）进一步扩大立案公开

刑事立案公开是公众知情权与政府信息公开义务的要求。公众有权"知道他们的政府在忙些什么"[1]。这一精神为许多国际公约所肯定，如《世界人权宣言》第 19 条、《美洲人权公约》第 13 条、《非洲人权和民族权宪章》第 9 条所规定的人类拥有"寻求、获取和传递信息"的权利，以及《欧洲人权宪章》第 10 条关于"获取和传递信息"的权利的类似规定。这一精神更全面地体现于《关于推进知情权的亚特兰大宣言》（简称《亚特兰大宣言》）中。《亚特兰大宣言》规定："知情权是一项基本人权""信息公开应成为准则，保密应被视为例外""知情权适用于政府所有分支（包括执法、司法和立法部门，以及自治机构），所有层级（联邦、中央、区域和地方），以及上述国际组织的所有下属机构""不公开信息的举证责任归于信息持有者"。在我国，公安机关属于行政执法部门，属于《亚特兰大宣言》所要求的信息公开主体，除非公安机关说出不公开信息的合理与合法的理由，否则应当满足公众的知情权；具体到立案阶段，公安机关就应当将立案信息公之于众。

英国、美国通过颁布统一的《信息自由法案》《信息自由法》来规范国内警务公开行为。虽然我国不存在统一的信息自由法，但是，仍然可以找寻到一些公开

---

① See United States Dept of Justice v Reporters Committee for Freedom of Press (1989).

立案信息的法律依据。《中华人民共和国宪法》明确规定公民有参政、议政、监督、批评、建议以及申诉、控告、检举国家机关及其工作人员的权利，同时规定公民享有言论自由的权利，而这些权利的行使无不以知情权为前提。具体到刑事立案信息，公民只有知晓可以而且应当知晓的立案信息时，才能行使批评、监督、建议、申诉、控告、检举等权利。2008 年 5 月 1 日起实施的《中华人民共和国政府信息公开条例》(《政府信息公开条例》) 第 2 条规定："本条例所称政府信息，是指行政机关在履行职责过程中制作或获取的，以一定形式记录、保存的信息。"且该条例规定，政府信息可以依申请或主动公布。公安机关在执法办案中所制作或获取的立案信息当然属于政府信息，对于其中不涉及国家秘密、个人隐私、商业秘密或者警务秘密的信息，公安机关应当公开，社会公众或特定当事人也可以申请公安机关公布。此外，《政府信息公开条例》第 8 条规定："行政机关公开政府信息，不得危及国家安全、公共安全、经济安全和社会稳定。"基于生活常识可推知，公安机关向诉讼参与人甚至公众公布不涉及秘密的立案信息，满足公众的知情权，反而有利于国家安全、公共安全、经济安全和社会稳定。

我国刑事执法监督的现实需求也要求扩大立案公开。我国 80% 以上的有用信息都由政府掌握，[①] 而绝大部分的刑事案件立案信息则掌握在公安机关手中。根据经济学观点，信息具备稀缺性，即具有价值，如何让掌握信息的政府部门保持廉洁性，最有效的方式是公开可以公开的信息。再加之，公安机关承受着巨大的考评压力，在诸多考评机制的驱使下，不得不采用各种手段降低发案数，如"不破不立、难案不立、既破不立、不报不立"[②]。这种做法既不能满足人民群众的合理诉求，容易激发社会矛盾；也不能为领导者提供正确的参考数据，从而作出正确的决策。因此，明智之举是公开部分刑事立案信息，接受当事人、检察机关甚至是社会公众的监督，从而保证公权力的良性运转。

(二) 落实监督的实效性

立案公开制度意味着公安机关应当将必要的案件信息及时告知检察机关及举报人、控告人、报案人，这一举措可以监督公安机关执法办案行为，实现阳光执法。也就是说，立案公开制度中天然地包含着立案监督制度，尤其是检察机关的立案监督。毕竟，只有"权力制约权力"才能抑制滥权，这也是欧陆创设检察官制度之用意，即防止沦为"警察国"。至于如何发挥立案监督功效，则必须借助一

---

① 周健：《开放政府信息》，《人民日报》2000 年 3 月 22 日，第 9 版。
② 李群英：《立案公开——拷问领导者的政绩观》，《北京人民警察学院学报》2011 年第 2 期，第 86 页。

定的机制。

《最高人民检察院、公安部关于刑事立案监督有关问题的规定（试行）》为我们提供了一个具有可行性、可操作性的监督模式，丰富了立案监督的内涵。今后，立案监督制度的完善还应当重视三个问题。

第一，监督的全程性。虽然《最高人民检察院、公安部关于刑事立案监督有关问题的规定（试行）》创立了信息通报制度，但其是从整体出发，即某一地区发案数、报案数、刑事立案监督数等信息总量，而非具体个案。《立案监督案件催告函》只是针对监督立案案件三个月内未侦结的情形，如果案件在三个月内侦查终结并移送审查起诉，那么公诉部门该如何知晓该案前期监督过程？因此，我国立案监督呈现出阶段性、片面性特征，难以窥测监督全貌。公安机关应当将检察机关所发法律文书归入侦查案卷或单独移送，便于下一诉讼阶段的受案部门及时了解案件是否被立案监督，实现监督全程化，提升办案质量。

第二，监督的制裁性。无论是 2012 年《刑事诉讼法》还是《最高人民检察院、公安部关于刑事立案监督有关问题的规定（试行）》，都要求公安机关应当尊重检察机关合理化要求，应当采纳检察机关合理化监督意见。但是，实践中少数公安机关对检察机关监督立案的案件存在立而不侦、侦而不结的现象，即使存在后续督办程序也显得乏力。因此，公安机关内部评比机制应当由重视办案数量转变为重视办案质量，特别是对立案监督案件的处理情况。与此同时，为强化监督的制裁性，建议完善检察机关立案监督处罚建议权，即检察机关有权建议相关部门对办案人员进行一定的党纪行政处罚，构成犯罪的还应当移交司法部门处理。相关部门接到检察机关的处理意见之后，应当及时地将处理情况回告给检察机关。

第三，监督的参与性。立案监督程序中，申诉人是最主要也是最重要的信息来源者，通常与案件存在直接利害关系，理应参与是否立案的决定程序。然而，《最高人民检察院、公安部关于刑事立案监督有关问题的规定（试行）》赋予检察机关调查核实权时，却未赋予申诉人参与权，是否立案仍然取决于公安机关的说理与检察机关的认定。在立案监督程序中，是否立案并不涉及任何侦查秘密，不存在将申诉人排除出决定程序的合理理由。因此，应当引入三方结构，由检察机关居中认定。当然，检察机关的结论并不具备终局性，申诉人不服检察机关的处理决定时，仍可以寻求其他救济，如自诉。申诉人参与决定程序，当场陈述理由，并对公安机关立案或不立案的理由予以辩论，既可以发挥监督作用，也可以让申诉人信服。将申诉人纳入是否立案的决定程序，并不意味该程序应当向社会公众公开，而应仅限于申诉人与检警之间。

（三）完善权利的救济机制

立案公开制度及立案公开的实践模式均赋予举报人、报案人、控告人一定权利，如知情权、隐私权，却未细化权利也未为受到侵犯的权利提供较为直接的救济途径。立案公开制度中，知情权与隐私权是权利主体必不可少而又充满矛盾的一对权利，并且信息公开主体与信息侵犯主体极有可能同一。不能将这些案件等同于一般的民事侵权，更不能寄希望于民事诉讼以救济受到侵犯的合法权益。

"穷尽行政救济本是美国法院行使司法审查管辖权的先决条件，信息公开诉讼也适用这一普遍规则。"[①] 也就是说，美国信息公开诉讼必须穷尽行政诉讼之后，法院才有权获取管辖权。在我国，犯罪行为侵犯的客体包括公民的人身权与财产权，当公民向公安机关提出保护请求时，如果公安机关不履行立案职责，那么受害人可以针对该具体行政行为提起行政复议。[②] 如果申请人认为行政复议结果侵犯了自己的知情权，即公安机关未依法公开有关案件信息，则申请人可寻求司法救济。

我国立案公开制度所公开的正是案件进展信息，因信息公开而引发的纠纷适用穷尽行政救济原则有其合理性。首先，行政化处理更利于公安机关及时发现执法办案过程中出现的问题。更何况，行政命令对执法办案机关的影响更为直接，能较快接受、改正意见。其次，法院审理程序繁杂，行政化处理所耗费的时间较少，能将不良影响控制在最小范围之内。最后，立案公开中，知情权与隐私权权利主体同一，如何掌握两者边界常常需要基于个案思考。然而，知情权与隐私权受到侵犯之时，案件还处于立案阶段或侦查阶段，许多案件信息不便透露，因此贸然采取诉讼途径，必定与审判公开原则冲突。

上述救济主要针对报案人、控告人和举报人，那么被追诉者的隐私权[③]是否能获得救济呢？2012 年《刑事诉讼法》规定，在接受报案时，应当向报案人、控告人及举报人说明诬告应承担的法律责任。在仅为举报不实而非诬告的情况下，如何保护被调查者在立案、侦查阶段的隐私权呢？从维护被追诉者的合法利益的角度考量，应遵循两大原则：若有犯罪事实，而与报案、举报的事实不相符；此时，只能告知举报、报案中已有事实的进展情况，而对侦查中发现的事实不应告知。

---

①　赵正群、宫雁：《美国的信息公开诉讼制度及其对我国的启示》，《法学评论》2009 年第 1 期，第 81 页。

②　《中华人民共和国行政复议法》第 6 条第 9 项规定："申请行政机关履行保护人身权利、财产权利、受教育的法定职责，行政机关没有依法履行的。"该条规定的正是行政复议的受案范围，因此不立案行为属于具体行政行为。

③　立案、侦查阶段，被追诉者的非格式信息应压缩在较小范围，以保证侦查顺利进行。

至于控告人，应仅告知侵害其自身的案件的进展情况。若没有犯罪事实，而是触犯行政法规或属于违纪行为；此时，应告知不予受理，并移交相关部门追究行政责任或进行纪律处分，由相关部门告知处理结果。

第四节 看守所隶属关系改革

未决犯是指尚未最终确定裁判的犯罪嫌疑人、被告人，未决羁押是指对判决确定以前犯罪嫌疑人和被告人的羁押。根据《刑事诉讼法》和《看守所条例》的规定，对于未决犯的羁押除了拘留决定之前的传讯阶段是关押在侦查机关审讯室以外，其余时间是在看守所内进行，看守所由相应的公安机关进行管辖。公安机关是我国刑事案件的主要侦查机关，承担了绝大部分刑事案件的侦查任务。[1] 看守所的功能是对未决犯进行羁押管理，以保障刑事诉讼活动的顺利进行、保护被羁押的未决犯的人身安全和合法权利。但羁押机关与刑事案件的侦查机关隶属于同一机关管理，由此出现了看守所的立法实践与立法初衷背道相驰的现象——看守所的功能异化成了主要为侦查服务，甚至于为非法侦查提供方便，司法的权威与公正遭受各方质疑。

早在 8 年前看守所立法提上议事日程之初，有人就提出了看守所中立化的建议。[2] 8 年多来，这一呼声并没有停止，而且，看守所隶属关系之争已经成了《看守所法》及时出台的主要障碍。为此，我们将结合近年来看守所归属争论的焦点，介绍我国未决羁押场所的发展变迁，对域外典型国家羁押场所的立法与司法实践进行比较，分析我国看守所归属中立化的现实必要性，探讨推进看守所中立化改革的具体方案，并对看守所中立化后的配套措施提出个人见解。

中华人民共和国成立以来，我国羁押场所的设置与变迁经过了一个"波浪式"前进的发展过程。以 1954 年《中华人民共和国劳动改造条例》（以下简称《劳动改造条例》）、1990 年《中华人民共和国看守所条例》（以下简称《看守所条例》）、2009 年看守所变革以及 2017 年《中华人民共和国看守所法（公开征求意见稿）》

---

[1] 我国的侦查机关还有国家安全机关、检察机关和监狱的狱内侦查机构等，我们在后面不再一一说明，为了表述的方便，后文的"侦押合一"等论述并不否认在公安机关以外的机关担任侦查机关的情况下，侦与押是分开的。

[2] 高一飞、陈琳：《我国看守所的中立化改革》，《中国刑事法杂志》2012 年第 9 期，第 98 页。

［以下简称《看守所法（征求意见稿）》］这四个时间点为界，可以分为四个阶段来对看守所的发展进行描述和分析。

一、探索阶段（1954—1990 年）

新中国成立以后，我国开始探索社会主义法律体系的构建。在这 40 年的时间里，羁押场所的发展重点时间段分别为新中国成立初期、"文革"时期、《看守所条例》颁布实施前夕。

中华人民共和国成立初期，原隶属于司法行政部门管辖的监狱、劳动改造管教队、看守所等已决犯与未决犯羁押场所，转隶为公安部门实行统一管理；1954 年 9 月颁布实行的《劳动改造条例》更是将公安机关对劳动改造机关的管理权以法条的形式予以明确。其中，已决犯根据其犯罪性质的严重程度，分别由监狱和劳动改造管教队进行监管；看守所主要羁押未决犯，同时也可以监管判处徒刑两年以下、但不便于送往劳动改造管教队予以改造教育的罪犯。此外，少年犯管教所专门关押少年犯。

对未决犯的监管由看守所负责，看守所最低级别以县为单位，级别往上依次为专区、市、省、中央；人事安排上，看守所设所长一名，副所长一至两名，协同若干干事和看守员，共同维持看守所的正常运行。《劳动改造条例》的进步意义值得肯定，但同时规定，劳动改造机关在对被劳动改造人员进行劳动改造教育时，应当服从侦查、审判工作，应当配合侦查、审判机关迅速结案，不能妨碍侦查、审判工作的进行。在此法律背景之下，看守所在羁押未决犯或部分已决犯时，其主要任务是便利、配合、协助侦查机关对案件的侦破。至此，"侦押合一"模式初步形成。

十年动乱时期，我国的相关立法工作陷入停滞不前的局面，看守所制度的构建与完善被迫中止。"文革"期间，看守所接受军管，直到 1973 年才陆续被撤销军管。[1] "文革"结束改革开放后，我国的法制工作才逐渐步入正轨。1979 年，《中华人民共和国刑法》与《中华人民共和国刑事诉讼法》先后颁布施行，我国刑事案件的诉讼程序正式确立，为看守所制度的恢复与完善提供了坚实的法律基础。

1983 年，中共中央通过了《关于严厉打击刑事犯罪的决定》，决定以三年为期，秉持"从重从快"的精神，对刑事犯罪分子予以严厉的打击。"严打"时期的公安机关任务繁重，已经恢复建立的司法行政部门开始负责原本由公安机关领导

---

① 高一飞、陈琳：《我国看守所的中立化改革》，《中国刑事法杂志》2012 年第 9 期，第 98 页。

管理的劳动改造、劳动教养工作，监狱和劳动改造部门也随之转隶而由司法行政部门管理。鉴于"严打"局势下严厉快速地打击犯罪分子的便利，同时又考虑到刚刚恢复建立的司法行政部门能力有限，司法工作正常运行与看守所监管不能两全，看守所仍然由公安机关予以管理，这种体制一直持续至今。

二、稳定阶段（1990—2009 年）

1979 年《刑事诉讼法》对刑事诉讼程序的确立具有非凡的意义，但是仍然未涉及看守所制度的完善。1990 年 3 月，《看守所条例》颁布施行，它首次用行政法规详细地规定了看守所的工作运行具体制度与规范，是内容最为全面的一部看守所立法，充分衔接与完善了 1979 年《刑事诉讼法》对诉讼程序中审前羁押制度的规定，与当时的法治现状发展相适应。在 1994 年 12 月 29 日第八届全国人民代表大会常务委员会第十一次会议通过《监狱法》之前，《劳动改造条例》与《看守所条例》中涉及看守所管理规定的内容相冲突之处，均以《看守所条例》为准。

根据《看守所条例》，看守所依法对被逮捕、刑事拘留的人进行羁押；同时，与《劳动改造条例》不同的是，被判处有期徒刑一年以下刑罚，或者是剩余刑期在一年以下，不宜送往劳动改造场所执行的已决犯，看守所也拥有代为监管的权力。在沿袭《劳动改造条例》部分规定的同时，《看守所条例》也对看守所的运行发展进行了改革。如，升级看守所人事配置，明确了男、女性被羁押人员应当分别关押，看守所应当配备女性工作人员，由女看守员对女性被羁押者在看守所内的羁押警戒看守工作负责。被羁押人员在被羁押期间有立功表现的，看守所必须报请有关机关从宽处理；同样，涉及违反相关规定的，看守所有权对其予以禁闭；涉嫌犯罪的，看守所将报告相关机关依法对其进行处理。

"侦押合一"的体制有利于对羁押中的被羁押人员进一步进行侦查、讯问，有助于侦破案件事实、深挖余罪。但是，《劳动改造条例》明确规定"劳动改造机关不得妨碍、应当服从侦查工作的进行"，体现出羁押对侦查、审判活动的附属性；《看守所条例》的用词则更加谨慎，一定程度上体现出了侦查与羁押措施应有界限。此外，《看守所条例》新增了对于提讯被羁押人员的规定，公安机关、国安机关、法院以及检察院具备相应的法律文书才能提讯被羁押人员；提讯完毕应当立即将被羁押人员送交看守人员收押管理。由此，在"侦押合一"的传统格局之下，侦查、起诉、审判与羁押分离的特点也逐渐显露。

1996 年，刑事诉讼法进行了第一次大规模修改，亮点之一就是关于"强制措施"的规定。遗憾的是，"看守所"一词仅在《刑事诉讼法》第 213 条中出现过一次："对于被判处有期徒刑的罪犯，在被交付执行刑罚前，剩余刑期在一年以下的，由看守所代为执行。"而在"强制措施"章节中，并没有对看守所执行强制措施相应内容的明确规定。2000 年 12 月，第九届全国人大常委会第十九次会议对刑事诉讼法的执法状况进行了报告。报告指出，从对部分地区的检查情况来看，贯彻实施刑事诉讼法的工作取得了一定的成绩，但是《刑事诉讼法》的执行过程面临三个不容忽视的执法难题，即看守所超期羁押、律师会见在押人员难、刑讯逼供。① 这三大难题都与看守所的隶属关系与制度完善密不可分。据有关学者的介绍，早在 2000 年前后，公安部门就已开始着手研究修改《看守所条例》，但一直没有结果。②

1990 年《看守所条例》发布之后，看守所的立法工作一直没有进展，一些与当前法治环境明显不匹配的用词也未能得到修正，如《看守所条例》中将犯罪嫌疑人与被告人通称为"人犯"。总体来说，随着社会的发展，《看守所条例》的有关规定已不再能够与社会的发展相适应，而 2009 年"躲猫猫"事件的曝光，更是将现行看守所体制存在的弊端暴露于大众视野之下。

三、改革阶段（2009—2017 年）

2009 年是看守所制度发展的重要转折点，多起发生在看守所内非正常死亡事件引起了全社会关注。

2009 年 1 月，时年 24 岁的青年李荞明因涉嫌盗伐林木被拘留于云南省晋宁县看守所，2 月 12 日经抢救无效死亡。起初，调查组公布事故原因是李荞明在与狱友玩"躲猫猫"游戏不慎导致死亡，该事件在公众中迅速发酵；后经检察机关调查，李荞明是由于遭受狱友普某某、张某的多次殴打，救助不及时而导致死亡。而后，全国各地看守所内的各种非正常死亡事件纷纷被曝光：海南男子罗静波在海南省儋州第一看守所内因不肯脱衣洗澡而被殴打致死；时年 20 岁的男性温龙辉在福建省福州市第二看守所因从床上摔下而猝死；河南青年在鲁山县某看守所内因在提审时喝开水而突发病理性死亡；等等。③ 随着"躲猫猫""洗澡死""喝水死""做梦死"等各种非正常死亡案件的曝光，看守所管理设备陈旧、看守管理人员渎职枉法、看守所内"牢头狱霸"等问题一一暴露出来。看守所的制度改革与完善也终于被提上了日程。

---

① 罗书平：《如何破解屡禁不止的超期羁押顽症?》，民主与法制网 2017 年 4 月 28 日发布。
② 孙皓：《看守所规范化研究》，中国人民大学出版社 2016 年版，第 16 页。
③ 《近年看守所非正常死亡事件》，《中国改革》2010 年第 4 期，第 76－77 页。

2009 年 4 月国务院新闻办公室发布的《国家人权行动计划》（2009—2010）强调，要完善被羁押者权利保护和人道待遇方面的法律法规与政策措施，完善监管执法公开与对监管场所内执法活动的监督。针对"牢头狱霸"问题，同年 5 月，公安部发布了《看守所防范和打击"牢头狱霸"十条规定》。同年 7 月，公安部发布了《关于进一步加强和改进公安监管工作的意见》，强调进一步加强和改进公安监管工作；加强监管执法制度建设，实现公安监管工作的规范化；坚决杜绝被羁押人员非正常死亡，最大限度地防止和减少被监管人员的正常死亡；进一步明确要坚决铲除"牢头狱霸"现象；加强公安监管队伍建设；严格实行监管工作问责制。据官方统计，自 2009 年以后，上述各项管理措施被落实到地方后，看守所的秩序趋向平稳，在押人员的伤害死亡事件逐年下降。①

2012 年 3 月，《刑事诉讼法》迎来第二次大规模的修改。在此次修法活动中，看守所终于在《刑事诉讼法》中得到足够的重视，要求羁押犯罪嫌疑人、被告人后应当及时送交看守所，对被羁押人员的讯问只能在看守所内进行。同年 6 月，国务院新闻办公室发布的《国家人权行动计划（2012—2015）》中，明确要求保障被羁押人的权利和人道待遇；健全被羁押人权利保障机制；完善监管场所被监管人死亡检察制度、看守所在押人员死亡调查处理制度。

2016 年 6 月，《国家人权行动计划（2016—2020）》中明确提出，制定看守所法，提升被羁押人权利保障的立法层级，完善配套法律法规和规章制度；严格落实监管场所的各项规章制度；完善被羁押人投诉处理机制，畅通被羁押人权利救济渠道；加强监管场所检察信息化建设，实现对监管场所的动态监督。

在此次修法过程中，立法者已经认识到"侦押合一"模式给法治社会的发展与建成带来了阻碍，"侦押分离"的思想逐渐在相关法律规范中以法条的形式予以体现出来，"侦押分离"模式的呼声越来越高。

四、博弈阶段（2017 年起）

"侦押分离"的理念日渐深入人心，"侦押分离"之实践也势在必行。但是，2017 年 6 月，公安部发布的《看守所法（征求意见稿）》却与这一发展大势背道而驰。

《看守所法（征求意见稿）》通过完善看守所内管理制度加大了对人权的保障。

---

① 陈菲：《我国推进看守所管理机制创新 安全责任事故下降》，中央政府门户网站 2011 年 12 月 17 日发布。

《看守所法（征求意见稿）》将"尊重和保障人权"列入法条规定，将《看守所条例》中关于被羁押人员"人犯"的称呼调整为"犯罪嫌疑人、被告人"，摒弃了"有罪推定"的法律传统；对分押分管予以完善，患有传染病的被羁押人员应当予以单独羁押，暴力犯罪严重程度、主观恶性不同的犯罪嫌疑人、被告人实行分别关押和管理，对新在押的进行过渡管理，对被羁押人员根据风险评估的情况实行关押和管理；看守所设立有法律援助工作站，为符合条件的被羁押人员提供法律帮助；被羁押人员在与其辩护律师会见时，双方沟通的实质性内容不得被监听等。以上内容更加体现了对在押犯罪嫌疑人、被告人人权的尊重和保障。

《看守所法（征求意见稿）》中强调，看守所对被羁押人员的收押行为必须有严格的审批依据，没有合法的收押凭证不予羁押；看守所保障侦、控、审、辩四方依法参与刑事诉讼活动。这些规定细化了看守所对诉讼过程中羁押活动的管理规定，强调了看守所执法的独立性。与此同时，《看守所法（征求意见稿）》对看守所的隶属也进行了明确——看守所仍然隶属于公安机关，由公安部门主管看守所的各项工作。这也说明，公安部仍然认为侦查与羁押分离可以在由公安机关领导的前提下实现，可以称之为"内分模式"。"侦押合一"运行模式与完善社会主义法治要求相悖，严重影响司法公正，"外分模式"下的"侦押分离"势在必行。

小结

法律规范应当随着社会进步而更新，看守所的相关立法工作也是如此。自2009年以来，看守所羁押未决犯的弊端日益显露，现行"侦押合一"体制与法治社会的要求相悖，"侦押分离"的呼声日益高涨。2017年，关于看守所的第一份系统性的法律草案予以公布。本以为《看守所法（征求意见稿）》的公布能够加速《看守所法》的出台，但是，由于意见稿起草主体不适当，"侦押合一"体制并没有得到相应的修改，《看守所法（征求意见稿）》因此引起社会各界强烈的批评，《看守所法》的出台也随之被搁置。

同监狱有《监狱法》可以遵循一样，看守所也应当有《看守所法》作为执法依据。现行"侦押合一"体制之下，看守所执行羁押的公正性备受诘难。为了保障被羁押人的基本人权，实现审前羁押确保刑事诉讼顺利进行的目的，看守所隶属中立化刻不容缓。我们期待立法机关重视看守所归属关系的争议，采纳将看守所转隶司法行政机关的建议，尽快通过一部符合人权保障理念和看守所设置目的、具有中国特色的《看守所法》。

第五节 警务公开改革

警务公开，是指公安机关的执法办案和行政管理工作，除法律、法规规定不能公开的事项外，都要予以公开。① 公安机关的工作职责包括行政执法和刑事执法，作为司法公开一部分的警务公开只限于刑事执法领域。当然，本章的主题完全可以直接确定为"刑事执法信息公开的限度"，但是，基于我国党的文件和公安部规范性文件都没有采用"刑事执法公开"的概念，而是与公安机关行政执法信息公开一起，统称为"警务公开"这一为社会所接受的、通俗易懂的中国式概念。公安机关的刑事执法职能包括刑事立案、侦查、羁押，也包括部分刑罚执行，即在看守所执行的余刑为3个月以下的有期徒刑、拘役的执行，以及剥夺政治权利和管制刑的执行。

鉴于公安机关行政案件信息公开的可循性及刑事案件信息的特殊性，在此我们只研究属于"司法公开"内容的公安机关刑事执法信息的公开。另外，政务信息和人员信息也与司法公正有关。因此，警务公开范围特指公安机关的政务信息、人员信息及刑事案件信息公开。

"警务公开"概念的提出，始于公安部 1999 年 6 月 10 日发布的《关于在全国公安机关普遍实行警务公开制度的通知》。公安部 2005 年 7 月 26 日发布实施的《办案公开制度》进一步规范了警务公开中的办案信息公开。2012 年 8 月 18 日印发、2013 年 1 月 1 日生效的《公安机关执法公开规定》，系统总结了基层实践经验，构建了执法公开体系框架，对于促进这项工作制度化、科学化，提升执法透明度和公信力，具有积极而重要的意义，标志着执法公开工作进入完善阶段。

2018 年 8 月 23 日，公安部发布新修订的《公安机关执法公开规定》，并于 2018 年 12 月 1 日起执行，修改的内容解决了刑事执法信息公开与行政执法公开一样同样适用《政府信息公开条例》、将通过互联网向社会和特定办事人员公开执法信息规定为法定义务等重大问题。

从 1979 年《刑事诉讼法》实施至今，警务公开走过了逾 40 年的路程。

---

① 1999 年 6 月 10 日公安部发布施行的《警务公开制度》第 1 条。

一、警务公开改革的历程

1979 年《刑事诉讼法》确立的"不立案告知制度"，是公安机关警务公开改革的序幕。现在，警务公开已经发生了质的转变：一是警务公开的信息范围从格式信息向非格式信息转变；[①] 二是警务公开的阶段从立案阶段向立案、侦查阶段转变。

（一）起步阶段（1979—1998 年）

1979 年之前，公安机关办理刑事案件长期处于无法可依的状态。[②] 1979 年《刑事诉讼法》第 61 条明确规定："认为没有犯罪事实，或者犯罪事实显著轻微，不需要追究刑事责任的时候，不予立案，并且将不立案的原因通知报案人。报案人如果不服，可以申请复议。"首次规定了立案信息向相关人公开的制度，1996 年《刑事诉讼法》第 86 条作了同样规定。

1998 年 5 月 4 日，公安部发布《公安机关关于办理刑事案件程序规定》（本节下称《办案程序规定》）第 156 条、159 条、162 条及 164 条规定，公安机关应将《不予立案通知书》及《不立案理由说明书》告知控告人。

上述规定体现了我国警务公开初创时期的特点：内容单调、形式单一。

（二）发展阶段（1999—2011 年）

1999 年 6 月 10 日，公安部发布了《关于在全国公安机关普遍实行警务公开制度的通知》（简称《警务公开制度》），明确规定公安机关应当向社会公布执法依据、程序以及律师及诉讼参与人的权利与义务，还提出要建立和完善新闻发言人制度、群众评议制度，及时向社会发布、通报警务公开工作。但《警务公开制度》强调向社会发布格式信息，向诉讼参与人告知非格式信息则没有提及。

公安部刑侦局于 2005 年 7 月 26 日下发《关于实行"办案公开制度"的通知》（简称《办案公开制度》），明确公安机关应主动或配合公布的信息范围，其中不乏侦查阶段的非格式信息。《办案公开制度》的主要内容有：一是被告诉讼参与人权利义务告知；二是实行办案程序、时限、进展、结果公开；三是实行立案回告；四是实行破案回告和命案工作进展回告；五是确定了公开的例外。

---

① "公安机关公开的立案信息分为格式信息与非格式信息。格式信息包括公安机关的执法依据、程序以及诉讼参与人的权利、义务等，非格式信息主要指公安机关是否立案、不立案的理由、案件进展信息、办案民警信息等。"见高一飞、高建：《论公安机关刑事立案公开之改革》，《中国人民公安大学学报（社会科学版）》2012 年第 5 期，第 42 页。

② 周喜丰：《博弈与修正：刑诉法立法三十年》，《潇湘晨报》2012 年 3 月 9 日 A04 版。

与第一阶段的改革相比，这一阶段的改革强调了应当全面公开格式信息、有限度地公开非格式信息，破案回告和命案进展回告机制的设立，丰富了公安机关执法公开的体系。

（三）完善阶段（2012 年起）

2012 年 10 月 30 日，公安部颁布了第一部全面规范公安机关执法公开工作的规范性文件即《公安机关执法公开规定》，全力推进警务公开改革。在吸收和发展《立案公开制度》《办案公开制度》合理内容的基础上，《公安机关执法公开规定》从信息公开主体、对象、内容、方式、时限、监督、责任、公开的例外等八个方面规范了警务公开的程序。① 与前述规范性文件相比，这八个方面都有进步之处，如，公开对象日益多元化、公开方式越发多样化。

2015 年 2 月 15 日，中央审议通过了《关于全面深化公安改革若干重大问题的框架意见》，意见总结了深化公安改革的 7 个方面的主要任务、100 多项改革措施，例如完善执法权力运行机制，将警务公开改革向纵深推进。

2018 年 8 月 23 日，公安部发布《公安机关执法公开规定》修订版，新规定于2018 年 12 月 1 日起执行。

2012 年《公安机关执法公开规定》的立法（广义的立法，包括行政立法）目的是"保障公民的知情权、参与权、表达权和监督权，促进便民利民，实现公正廉洁执法，根据有关法律法规，制定本规定"（第 1 条）。现修改为"促进公安机关严格规范公正文明执法，保障公民、法人和其他组织依法获取执法信息，实现便民利民，制定本规定"（第 1 条）。保障四大权利是立法的间接目的，但是过于抽象，可以适用于所有类似的信息公开立法，现在将立法目的修改为保障"依法获取执法信息"的权利，更加具体化，体现了《公安机关执法公开规定》在立法中务实的态度和以人民为中心的执法理念。

2018 年版《公安机关执法公开规定》明确规定公安机关所有的执法信息公开（当然包括行政和刑事执法信息公开）都适用《政府信息公开条例》、将通过互联网向社会和特定办事人员公开执法信息规定为法定义务、规定了一系列防止不当公开的措施和程序，等等。这一文件，回应了实践中刑事执法公开是否应当适用《政府信息公开条例》、是否可以对公安机关刑事执法信息公开提起行政诉讼、通

---

① 如《执法公开规定》第 8 条、第 9 条、第 10 条规定了信息公开的内容；第 13 条规定了公开的方式；第14 条规定了公开的主体。

过互联网公开执法信息是否应当成为新的义务和责任等重大问题，为新时代公安机关执法公开提出了新的任务和要求，是中国信息公开立法历史上的一个重大历史事件。

从警务公开的类型来看，可以分为格式信息公开和非格式信息公开。

公开格式信息已成为不可逆转的历史潮流。春秋时期，郑国子产"铸刑书"是我国历史上第一次公布成文法，打破了统治阶级"刑不可知，则威不可测"的威权树立方式。《中华人民共和国立法法》规定法律、行政法规、司法解释签署公布后，及时在公报和网站及全国范围内发行的报纸上刊载。法律、法规等规范性文件明确的公安机关执法依据、流程等格式信息以便捷公众接触的方式广泛公开，是我国的法制传统，也是《立法法》赋予的法律义务。

1999 年 6 月 10 日发布的《警务公开制度》要求公布"1. 公安机关管辖刑事案件的范围、执法职权、办案程序和立案标准；2. 犯罪嫌疑人、被害人、证人、鉴定人、翻译人员依法享有的权利和义务；3. 律师在侦查阶段参与刑事诉讼的权利、义务"。2005 年 7 月 26 日下发的《办案公开制度》将执法信息公开的时间节点予以明确，要求第一次询问被害人、证人或第一次对犯罪嫌疑人进行讯问、采取强制措施时，被询问、讯问人员签收权利义务告知书。2012 年 8 月 18 日印发、2013 年 1 月 1 日生效的《公安机关执法公开规定》细化了公安机关需公开的格式信息，强化了格式信息的指引作用，公众循此可知悉双方的权利义务并救济被侵害的权益。2018 年《公安机关执法公开规定》就仍然保留和完善了这一要求，在第 9 条规定：公安机关应当主动向社会公开下列信息：（一）公安机关的职责权限，人民警察的权利义务、纪律要求和职业道德规范；（二）涉及公民、法人和其他组织权利义务的规范性文件；（三）刑事、行政、行政复议、国家赔偿等案件的受理范围、受理部门及其联系方式、申请条件及要求、办理程序及期限和对外法律文书式样，以及当事人的权利义务和监督救济渠道；（四）行政管理相对人的权利义务和监督救济渠道；（五）与执法相关的便民服务措施；（六）举报投诉的方式和途径；（七）承担对外执法任务的内设机构和派出机构的名称及其职责权限；（八）窗口单位的办公地址、工作时间、联系方式以及民警姓名、警号；（九）固定式交通技术监控设备的设置信息；（十）采取限制交通措施、交通管制和现场管制的方式、区域、起止时间等信息；（十一）法律、法规、规章和其他规范性文件规定应当向社会公开的其他执法信息。前款第一项至第五项所列执法信息，经上级机关公开后，下级公安机关可以通过适当途径使社会广为知晓。

目前，公安机关通过《警务公开制度》《办案公开制度》《公安机关执法公开规定》已构建围绕权利义务展开的格式信息公开框架，余下的主要是信息公开填补工作。

以公安机关执法权限为分类标准，非格式信息主要分为立案信息、侦查信息、看守所监管与刑罚执行信息。

立案信息公开的改革措施有数个规范性文件予以规范，机制建设较为健全。1979 年《刑事诉讼法》第 61 条明确规定："认为没有犯罪事实，或者犯罪事实显著轻微，不需要追究刑事责任的时候，不予立案，并且将不立案的原因通知报案人。报案人如果不服，可以申请复议。"1996 年《刑事诉讼法》第 86 条延续了上述规定。1998 年《办案程序规定》第 156 条、159 条、162 条及 164 条规定，公安机关应根据不同情形制作《接受案件登记表》《刑事案件报告书》《不予立案通知书》《不立案理由说明书》，并且必须将后两类文书告知控告人。《办案公开制度》推行"立案回告"机制，规定公安机关刑侦部门应当制作《接受刑事案件回执单》《移送案件通知书》交报案人、控告人、举报人。上述规定的核心内容具有一致性——公安机关当告知报案人、控告人或举报人案件的立案、移送情况，公安机关通过制作规范性文书落实、细化《刑事诉讼法》关于立案告知的要求。2010 年 7 月 26 日印发的《立案监督规定》强化了检察机关立案活动中的监督。《立案监督规定》要求建立刑事案件信息通报制度，构建以《要求说明不立案理由通知书》《要求说明立案理由通知书》《通知立案书》《通知撤销案件书》为主体的立案监督闭环体系。《公安机关执法公开规定》重申（2018 年修订后的条款为第 22 条）"除按照本规定第二十一条向特定对象告知执法信息外，公安机关应当通过提供查询的方式，向报案或者控告的被害人、被侵害人或者其监护人、家属公开下列执法信息：（一）办案单位名称、地址和联系方式；（二）刑事立案、移送审查起诉、终止侦查、撤销案件等情况，对犯罪嫌疑人采取刑事强制措施的种类……"2015 年 11 月 6 日公安部发布《公安部关于改革完善受案立案制度的意见》（以下简称《受案立案制度》）实现了立案公开的信息化。《受案立案制度》要求公安机关"依托警务信息综合应用平台健全接报案登记，充分利用公安机关政务网站、微信公众号、手机 App 等各种互联网平台和移动终端为案件当事人提供互联网查询接报案、受案立案情况服务"。

为保障侦查活动顺利开展，侦查公开为有限公开。侦查活动的公开对象是报案人、控告人、举报人、被害人等少数特定对象，关涉公众切身利益、有重大社会影响力的案件应向社会公开。1979 年《刑事诉讼法》规定，拘留、逮捕后，除有碍侦查或者无法通知的情形以外，应当把拘留、逮捕的原因和羁押的处所，在24 小时以内，通知被拘留人的家属或者他的所在单位。1996 年、2012 年《刑事诉讼法》修改时，均保留了向家属和所在单位告知侦查信息的规定。《警务公开制度》要求向社会公布、通报有影响的重大刑事案件侦破等情况。《办案公开制度》实行破案回告和命案工作进展回告，破案后，应当制作《破案告知书》，将破案结果、犯罪嫌疑人及追缴赃物等情况告知被害人或其法定代理人、近亲属；对于未破的命案，立案后每月回告 1 次。同时，《办案公开制度》还实行办案进展、结果公开，控告人、报案人、举报人、被害人或其法定代理人、近亲属可以凭《接受刑事案件回执单》查询案件侦办进展情况和办理结果；侦破危害严重、影响恶劣的案件后，采取适当方式向社会公开破案情况和结果。《立案监督规定》要求，公安机关与人民检察院定期相互通报刑事破案和刑事立案监督、侦查活动监督、批捕、起诉等情况，重大案件随时通报。监督立案后 3 个月未侦查终结的，公安机关应当及时向人民检察院反馈侦查进展情况。《执法公开规定》第 10 条要求"公安机关应当向社会公开涉及公共利益、社会高度关注的重大案事件调查进展和处理结果"，第 22 条要求向特定对象公开"刑事立案、移送审查起诉、终止侦查、撤销案件等情况，对犯罪嫌疑人采取刑事强制措施的种类"。综观侦查公开的改革过程，有限公开集中体现在统计数据或特定案件实质性进展结果的公开，如逮捕情况。

公安监管场所公开的目标是"打破"高墙、铁网。公安部在《公安部关于进一步加强和改进公安监管工作的意见》中提出："要深化监所警务公开，进一步提高公安监管工作的透明度，不断扩大公众对公安监管工作的知情权和监督权。要经常邀请人大代表、政协委员、执法监督员和人民群众代表到监所检查指导，听取意见、建议，不断改进工作。要积极、稳妥地推出一批监管场所向社会开放，争取人民群众和社会各界对公安监管工作的了解、理解和支持。"公安部监所管理局于 2009 年 6 月召开了全国看守所对社会开放工作会议，推出了北京市西城区看守所等 10 个看守所作为首批对社会开放的看守所。2010 年 1 月，公安部监所管理局发布了《关于印发看守所对社会开放试点工作经验材料的通知》，北京西城区看守所、宁波镇海区看守所等四家看守所经验在全国推广。2 月，公安部监所管理局发布《关于公安机关强制隔离戒毒所开展向社会开放活动的通知》，4 月发布《关于全面推开看守所对社会开放工作的通知》，5 月发布《关于全面深化拘留所收容教育所对社会开放工作的通知》，全面推进各类公安监管场所对社会开放。公安部监所管理局局长也曾向媒体表示，我国看守所都有等级化管理，最低的是三级看守所，我们要求三级以上的看守所，也就是一级看守所、二级看守所、三级看守所到 2011 年年底全部对社会开放。随着警务公开的不断深入，各地看守所结合工作实际，推出了一些对社会开放的举措，向社会监督巡视员、新闻媒体、被羁押人员亲属、普通民众开放。需要注意的是，当前看守所对社会监督巡视员的开放是单独通过监督巡视制度的形式开展的，对新闻媒体、被看守人员亲属和普通民众的开放则是统一通过"看守所开放日"的形式进行的。

时至今日，公安机关警务公开制度已经从量的产生发生了质的飞跃。其一，信息量从最初的"是否立案"到"公开绝大部分格式信息和部分非格式信息"；其二，参与主体从最初的报案人、控告人、举报人发展至"报案人、控告人、举报人甚至包括部分被害人、法定代理人及近亲属"。

二、警务公开的价值与意义

公众获取执法信息的呼唤由来已久，但部分政府部门在信息公开的道路上踟蹰不前，对于公众的信息公开申请，或答非所问，或以"非公开事项"应对。这种局面的背后，也许真是"官意"与"民意"的断裂。公安机关推行警务公开制度，使公众看到了政府信息公开的希望，对提升政府信息透明度、提升群众满意度、提升执法公信力都有十分重要的意义。

（一）深化信息公开改革，提升政府透明度

法治政府建设已经提上我们的议事日程，法治政府的基本特征是政府依法办事，政府行为公开、透明。目前，政府信息公开面临着重形式轻内容、公开内容不全面、程序不规范、不能妥善处理信息公开与保密的关系等困境，这些问题几乎成为通病并有蔓延的趋势。纵然有《政府信息公开条例》与《中共中央办公厅、国务院办公厅关于深化政务公开加强政务服务的意见》等规范性文件的倡导，政府信息公开的效果依旧不如预期。

在信息公开改革饱受诟病的背景下，在文本规范无法转换成现实制约的困境中，公安机关推行警务公开制度、大力推动信息公开改革，为其他国家机关提供了"蓝本"。面对公众日益高涨的政府信息公开呼声，在已经出现"吃螃蟹"的政府部门的情况下，其他部门再也无法为拒绝提供政府信息而给出令公众信服的理由。我们应当遵循的基本准则是，政府信息应当以公开为原则，以不公开为例外。除涉及国家秘密、商业秘密及个人隐私的信息外，政府信息都应当依申请或者依职权提供给公众。此时，政府的秘密少了，却变得日益开放与自信。

（二）提高执法主体素质，提升执法公信力

执法主体素质不高主要体现在三个方面：一是执法随意，执法中缺乏严谨态度；二是执法消极，执法中缺乏为民意识；三是执法偏差，执法中淡漠群众观念。[1] 造成这一局面的因素既包括执法主体能力欠缺等内部原因，也包括外部监督不足等外部原因。自身能力欠缺可以通过学习、历练等方式得到弥补，甚至可以将不称职人员调离执法岗位以提高执法主体的整体素质。因此，执法主体素质不高的根本原因在于外部监督不足，或者是外部监督力量无法贯彻于执法环节，在公安干警疲于应对刑事案件的情况下，执法随意、执法消极、执法偏差等不良现象随之产生。随着警务公开制度的推行，公安机关除向社会公众公开刑事执法依据、流程等信息外，还必须向控告人、被害人等公开刑事案件立案、破案等阶段性信息，刑事执法活动的过程越发公开、透明。此时，公安干警已经失去了信息保护屏障，为避免受到公众和法律的责难，公安机关及其干警必须按照规范性文件的要求公开刑事执法信息，最终倒逼执法者们努力提高执法素质，戒除不良执法习惯。

公安机关执法公信力是指，公安机关及其人民警察通过公平正义、高效廉洁的执法活动获得社会公众普遍信任的能力。[2] 作为国家机关，公安机关本身具有让公众信任的能力，但是这种信任是机关属性和法律赋予的，是最基本的公信力。公安机关如何提升刑事执法公信力，关键在于让公众认可公安机关的刑事执法活动，其中包括硬件设施和软件设施建设。硬件方面，警务公开推出了政府网站、微博等执法信息发布平台，方便公众获取执法信息；软件方面，警务公开制度着力提升公安机关及其干警的执法素质、改变服务方式，让公众及时、准确地获取执法信息。这些举措必将改变公众对执法主体的评价，提升执法公信力。

（三）满足群众知情权，提升群众满意度

知情权是指公民、法人和其他组织有权从国家机关、社会组织及其工作人员处获知与社会生活息息相关的、不可或缺的信息。"公民的知情权是政府信息公开的理论基础，政府信息公开是公民知情权的内在要求。"[3] 只有政府部门公开其可以公开而且应当公开的信息，公众的知情权才有可能实现。警务公开，扩充了公安机关发布执法信息的范围，能够初步满足公众知悉刑事执法信息的需求。

群众对刑事执法活动的知情程度直接关乎群众对刑事执法活动的满意度。公

---

[1]　吴航：《论提升执法公信力于构建和谐警民关系的意义与作用》，《公安研究》2011年第1期，第70页。
[2]　殷英华、粟慧勇：《浅谈公安机关执法公信力》，《公安研究》2011年第8期，第76页。
[3]　高一飞、龙飞等著：《司法公开基本原理》，中国法制出版社2012年版，第11页。

众对刑事执法活动的满意度犹如顾客对商品服务的满意度，有着相同的计算公式，即"顾客满意度＝感受质量/预期质量"。[①] 在刑事执法活动中，公众扮演着刑事执法服务购买者的角色，公安机关是服务提供者。目前，警务公开制度已经明确了公安机关在刑事执法活动中应当主动或被动告知的信息，公众对公安机关的刑事执法服务已经存有基本判断，即预期质量已经形成。如果公安机关严格执行警务公开制度的要求，那么公众的感受质量始终大于或者等于预期质量，公众对刑事执法活动的最差评判结论将是满意。此时，公众对刑事执法活动的印象将大为改观，对刑事执法活动的满意度将大幅提升。

三、中国警务公开改革的实施机制

中国公安机关刑事执法公开实施机制的主要依据是《公安机关执法公开规定》，介绍实施机制主要是阐述《公安机关执法公开规定》较《警务公开制度》《办案公开制度》的进步之处。

（一）刑事执法公开的主体

《警务公开制度》规定，各警种、各部门警务公开工作由各警种、各部门的主要负责人直接领导实施。我国警察分为治安、户籍、刑事等 9 个警种，依照《警务公开制度》的规定，刑事执法信息的公开应当由刑侦部门负责。《公安机关执法公开规定》实施之后，公安机关各内设机构负责本机构职能范围内的执法信息公开工作，内设机构主要依据警种或部门职能进行划分。因此，《公安机关执法公开规定》继承了《警务公开制度》关于执法信息发布主体的规定。如，对犯罪嫌疑人采取刑事强制措施的信息，由办案部门及时告知犯罪嫌疑人及其家属。

此外，刑事执法信息可能由多个内设机构共同制作、产生或者保存，或者刑事执法信息是否涉密存在争议，在违规公布刑事执法信息就应承担法律责任的背景下，任何内设机构都不会轻易发布执法信息。为避免内设机构在信息公开的道路上裹足不前，《公安机关执法公开规定》要求，在必要的时候，政务公开的主管部门、法制部门及保密部门等机构应审查执法信息，此举可以降低信息发布风险，保障公众的刑事执法信息知情权。

（二）刑事执法公开的内容

《公安机关执法公开规定》系统地梳理了《警务公开制度》与《办案公开制

---

① 王庆锋：《公安派出所执法满意度测量研究》，《中国人民公安大学学报（社会科学版）》2009 年第 5 期，第 72 页。

度》中信息公开的规定，吸收了其中关于权利义务、办案程序、时限、进展、结果告知的内容。在信息公开的内容方面，《公安机关执法公开规定》也不乏亮点。其一，将社会高度关注的重大案件列为格式信息。公安机关主动公布重大刑事案件的调查处理情况，及时开展舆情引导、发布权威信息，消弭谣言的生存空间，提升了公安机关执法办案的公信力。如，轰动一时的"周克华案件"，重庆警方利用互联网滚动播放案件处理情况，不仅澄清了"周克华未被击毙"等不实言论，还获得了公众的支持，为案件破获争取了有价值的信息；其二，公安机关定期公布辖区的治安状况。辖区的治安状况直接关乎居民的生命、财产安全，公安机关定期公布这些提示性信息，不仅意味着公安机关服务意识的增强，也能帮助公众提升防范意识与防范能力，积极主动地维护自己甚至是整个社区的安全。

《办案公开制度》设置了范围广泛的例外：如果案件涉及国家秘密、共同犯罪、集团犯罪、黑社会性质组织犯罪等情况需要保密时，可以视情况予以简要回告、告知、公开，或者不予回告、告知、公开。如是立规，可能导致能够公开的非格式信息微乎其微。《公安机关执法公开规定》面临着相同的问题：向社会公开重大刑事案件的调查进展和处理结果、向特定当事人公开刑事案件的立案、破案及移送起诉等信息都可能影响正常执法活动或者社会稳定。上述理由可能成为公安机关不公开刑事执法信息的重要依据。

（三）刑事执法公开的对象和方式

公安机关刑事执法信息公开对象分为两部分：一是所有的社会成员；一是特定对象，主要包括控告人、被害人、被侵害人或者其家属。

《公安机关执法公开规定》第 9 ~ 20 条规定了公安机关应当向社会公开的 11 类信息，对这些信息，要求"使社会广为知晓"。而对有些只需要当事人及其家属知道的信息，公安机关采用点对点的方式公开。《公安机关执法公开规定》第 21 ~ 29 条规定向特定对象公开信息的具体要求。

《公安机关执法公开规定》延续了《警务公开制度》与《办案公开制度》依据刑事执法信息来设定信息公开对象的做法，这样的举措可以平衡公安机关办案需要、当事人的隐私需求以及控告人、被害人等特定对象的知情需求。我们应当认可社会公众和特定对象之间信息公开方式上存在的较大差异：社会公众获取的是格式信息，它凸显的是信息获取的方便性、快捷性；特定对象获取的是非格式信息，除社会高度关注的重大刑事案件外，它强调的是侦查活动的安全性和当事人信息的安全。侦查活动或多或少涉及当事人的隐私，向社会公众全方位地公开侦查信息不仅有碍侦查活动的顺利推进，而且必定侵犯当事人的隐私权。因此，通过设置账号和密码的政府网站、信息屏终端或者电话、手机短信等体现"点对点"特性的信息查询方式能够保障侦查活动的顺利与当事人信息的安全。

（四）刑事执法公开的时限

《警务公开制度》并没有明确刑事执法信息的公开时限，《办案公开制度》对立案、不立案、破案及未破命案等刑事执法信息规定了公开时限。① 《公安机关执法公开规定》在吸收上述规范性文件改革成果并在遵循法律、法规的基础上，对刑事执法信息的公开作出了更为完善的规定。

其一，《政府信息公开条例》第 17 条规定：向社会公开执法信息，应当自该信息形成或者变更之日起 20 个工作日内进行。公众需要即时知晓的限制交通措施、交通管制和现场管制的信息，应当即时公开；辖区治安状况、道路交通安全形势和安全防范预警等信息，可以定期公开。法律、法规、规章和其他规范性文件对公开期限另有规定的，从其规定。

其二，社会治安状况存在差异是不争的事实，各级公安机关需要对辖区的治安信息进行研判并总结影响社区治安的主要因素、提出应对措施，因此，这些信息的形成具有一定的周期性。《执法公开规定》对治安信息的发布期限没有作出强制性规定，为各地公安机关预留了一定的自主空间，可以保障治安信息的质量。

其三，部分法律、法规对向特定对象公开刑事执法信息作出了明确规定，《公安机关执法公开规定》对此再次予以强调，可以强化有关条款在公安系统的执行力度。如，2012 年《刑事诉讼法》第 83 条规定："拘留后……，除无法通知……通知可能有碍侦查的情形以外，应当在拘留后二十四小时以内，通知被拘留人的家属。"被拘留人的家属属于《公安机关执法公开规定》中的特定对象，公安机关应当严格按照刑事诉讼法的期限要求及时告知刑事执法信息。

其四，法律、法规没有规定的其他刑事执法信息仍然与特定对象的权利义务密切相关，公开不及时依旧会影响特定对象实现权利或者履行义务，"结合实践经验，将此类信息公开时限设定在 5 个工作日内"②。《公安机关执法公开规定》第 28 条规定："向申请人提供办事事项执法信息查询服务，应当自该信息形成或者变更之日起 5 个工作日内进行。法律、法规、规章和其他规范性文件另有规定的，从其规定。"

---

① 立案或者不立案信息应在 7 天内告知，交通不便的地区可延长至 15 日，已破案件应当及时告知执法信息，未破命案应在立案后每月 1 次告知主要工作进展。

② 《公安部法制局局长就〈公安机关执法公开规定〉答问》，中央政府门户网站 2012 年 10 月 30 日发布。

（五）刑事执法公开的监督与责任

《警务公开制度》倡导设置新闻发言人制度、群众评议制度，并公布举报电话、设置举报信箱，这些举措包含了内部监督与外部监督方式。《办案公开制度》并没有列明刑事执法信息公开的监督方式。《公安机关执法公开规定》提出的信息公开监督方式类似于行政申诉，是对《警务公开制度》规定的层级监督与同级监督的细化。其实，作为全面规范公安机关执法信息公开的部门规章，《公安机关执法公开规定》应当在列举执法信息公开监督方式的基础上对这些方式进行细化，避免公安机关为了规避法律义务而以"上位法优于下位法""新法优于旧法"为噱头，最终导致监督刑事执法信息公开的方式与途径减少。如，2010 年最高人民检察院与公安部联合下发了《关于刑事立案监督有关问题的规定（试行）》，该部法规创立了通报制度、设立了回应制度、扩大了立案监督范围。[①] 上述举措可以强化刑事执法信息公开的外部监督力量、巩固执法信息公开的改革成果，应当体现在全面规范公安机关执法信息公开的规范性文件中。

刑事执法信息公开环节，应承担责任的情形包括四种：未履行执法公开义务的；公开的信息错误、不准确或者弄虚作假的；公开不应当公开信息的；违反规定的其他行为。责任承担方式则包括两种：情节轻微的，责令改正；情节严重的，对责任人员依照有关规定予以处理。

《警务公开制度》十分笼统地规定：违反警务公开规定，情节严重的，依照有关规定严肃处理。《办案公开制度》既没有列举违反规定的情形，也没有明确是否应对违反制度的行为作出处罚。因而，相比上述两项制度，在责任承担情形与责任承担方式方面，《公安机关执法公开规定》更为具体、明确，其第 38 条规定：有下列情形之一的，应当立即改正；情节严重的，依照有关规定对主管人员和其他责任人员予以处理：（一）未按照本规定履行执法公开义务的；（二）公开的信息错误、不准确且不及时更正，或者弄虚作假的；（三）公开不应当公开的信息且不及时撤回的；（四）违反本规定的其他行为。

---

① 高一飞、高建：《论公安机关刑事立案公开之改革》，《中国人民公安大学学报（社会科学版）》2012 年第 5 期，第 44 - 45 页。

第五章
司法行政机关司法改革

第一节　司法行政机关司法改革的历程

2019 年 1 月 23 日，中央全面深化改革委员会第六次会议指出："推进政法领域改革，要坚持党的绝对领导，加强统筹谋划和协调推进，加快构建优化协同高效的政法机构职能体系，优化政法机关职权配置。"纵览我国司法行政机关的历史沿革，封建社会的漫长岁月中，我国古代不存在司法行政的概念，有司法行政色彩的主要是文书、人事、监狱等事项，司法行政依附于侦查、审判等职能。直至鸦片战争后，20 世纪初清朝政府在立宪运动中，受到西方思潮影响，将刑部改为法部，作为司法的行政衙门，建立了历史上最早的与审判机关分开的主管全国司法行政的部门。后民国时期的司法部、司法行政署等，发挥着司法行政职能。也因此，我国具有独立意义的司法行政体系，是在西方法律制度的影响下，以司法权、行政权与立法权的三权分立理论为标志，随着我国审判制度、检察制度与行政制度相分离而逐渐形成。概念上，是否负责法院与检察院等各级司法机关及其人员编制、培训、经费等各项行政管理工作，成为广义司法行政与狭义司法行政的区分界线。我国即采用狭义司法行政机关的定义模式，但历史上也有过短暂的广义司法行政模式时期。

按照通说，我国的司法行政机关，是从事辅助国家法律实施活动的行政管理机关，是国家行政管理活动的一个职能部门。从本质上看，司法行政权处于行政权和司法权的交叉地带，是与司法活动密切相关的行政事务权，核心是行政权。中华人民共和国建立初期，根据《中共中央关于废除国民党的六法全书与确定解放区的司法原则的指示》《中国人民政治协商会议共向纲领》《中华人民共和国中央人民政府组织法》，人民民主专政重要工具之一的司法行政机关正式成立，被定位为法院和检察院等司法机关的领导者、组织者和服务者，多年以来一直在改革中运行。1979 年司法部恢复重建以后，司法行政部门主要作为司法行政事务的管理者、服务者和执法者，不再具有组织者和领导者的功能。从恢复到撤销再到恢复，中华人民共和国成立之初的 30 年，我国司法行政工作呈现稳中有进、进中有退的节奏。我国的法制建设在十一届三中全会以后重新走上正轨，开始了司法改革的新征程，司法行政体制改革也不例外。在"大司法行政"的新时代新特征之下，总结梳理司法行政改革的理论与实践，合理评价改革得失，意义重大。

一、恢复重建中的司法行政机关（1978—1983 年）

这一阶段的司法改革以 1978 年十一届三中全会为开端，直至 1983 年监狱、劳教场所划归司法行政机关管理之前。

1951 年 9 月 3 日通过的《中华人民共和国人民法院暂行组织条例》第 10 条规定："下级人民法院……其司法行政由上级司法部领导。"1952 年 7 月 16 日，在中央司法部成立了由司法部和最高人民法院组成的中央司法改革办公室，对各级人民法院开展整顿工作。经过激烈的政治斗争和思想斗争，改革了旧司法制度，确立了人民司法制度，纯洁了队伍，改变了作风，取得了圆满成功。1958 年 6 月 13 日至 8 月 20 日，在第四届全国司法工作会议上，司法部领导成员遭到错误批判，党组全体成员 6 人及正司级党员干部 3 人共 9 人被打成"反党集团"。这次会议上对司法部领导的错误批判和处理，直接影响到司法部的生存。1959 年 4 月 28 日，在"司法改革已基本完成，各级人民法院已经健全，人民法院的干部已经充实和加强，司法部已无单独设立必要"的理由下，第二届全国人民代表大会第一次会议通过决议撤销司法部，法院司法行政工作移转归法院管理，司法行政机关不复存在。从中央到地方基层，司法行政工作与审判工作由分立制变为合一制。司法行政机关被撤销，意味着司法行政的独立性不复存在，原来的各项工作尽管还在延续，但已经处于萎缩的状态。此外，刚刚建立起来的人民律师制度也夭折了，各地律师协会均被撤销。甚至连培养司法工作人才的院校都一再遭到缩减与停办的命运，法学研究更是浩劫不断。

1978 年 12 月 30 日，中央对原"司法部反党集团"予以平反。人民法院作为审判机关，担负着行使审判权的重任，繁杂的司法行政事务不适宜也不可能全由法院承担。于是在十一届三中全会后的 1979 年恢复了司法部，同时地方各级司法行政机关也陆续恢复重建。

（一）重建后恢复"大司法行政"职能

1979 年，第五届全国人大常委会第十一次会议决定恢复撤销长达 20 年的司法部，到 1980 年年底，从中央到地方都恢复了司法行政机关。1980 年 8 月 26 日第五届全国人民代表大会常务委员会第十五次会议通议了《律师暂行条例》，这是我国关于律师制度的第一部法规。

1979 年 7 月 1 日，第五届全国人民代表大会第二次会议通过《中华人民共和国人民法院组织法》，规定司法部在重建初期的工作包括：（1）负责法制宣传和法制教育工作；（2）管理各级人民法院的司法行政工作，对人民法院的设置、人员编制、办公机构加以规定；（3）负责司法外事工作；（4）管理公证机关、律师组织的工作；（5）指导和管理法律服务机构；（6）进行科学研究，组织出版法律书刊和著作；（7）编纂法规；（8）管理政法院校，培养各类司法专业人员；（9）管理和培训司法干部。1979 年 9 月 17 日，司法部部长魏文伯在答新华社记者问时指出，司法部在国务院领导下，完成以下任务：（1）管理各级人民法院的司法行政工作，对人民法院的设置、人员编制、办公机构加以规定；（2）管理和培训司法干部；（3）协同有关部门管理政法院、校，培养各类司法专业人员；（4）管理律师组织、公证机关的工作；（5）组织开展法制宣传和法制教育活动；（6）编纂法律法令；（7）协同科研单位进行法律科学的研究，组织出版法律书刊和著作；（8）有关司法的外事活动。

1979 年 10 月 28 日，中共中央、国务院发出《关于迅速建立地方司法行政机关的通知》指出，各地司法行政机关"负责管理本地区人民法院的设置、机构、编制；有关司法制度的建设；管理和培训司法干部；领导律师组织、公证机关的工作；组织开展法制宣传和法制教育活动；协同有关部门管理政法院校；培养各地司法人员，以及指导人民调解委员会等项工作"。

（二）正式形成从中央到地方的四级机构

1980 年 1 月 14 日，国务院《关于司法部机构编制的批复》同意司法部设"办公厅、顾问室、人事司、教育司、普通法院司、专门法院司、公证律师司、宣传司、计划财务司。编制 350 人"。1980 年 4 月 14 日，国务院批准司法部设立法制局，负责法规整理和汇编工作。1980 年 7 月 21 日，国务院转发了司法部《关于迅速建立省属市（地区）、县司法行政机构的请示报告》，要求各省属市、地区（自治州、盟）应设立司法局（处），各县（旗）应设立司法局（科），把各级司法行政机关建立健全起来。1980 年 12 月 12 日，国务院批转《司法部关于全国司法行政工作座谈会的报告》，要求"尽快配齐基层司法助理员，城镇街道也要有专人抓这项工作"。1981 年 6 月 14 日，中共中央批转中央政法委员会《京、津、沪、穗、汉五大城市治安座谈会纪要》，按照纪要中关于"配齐司法助理员"的指示，以及1982 年 1 月 13 日中共中央《关于加强政法工作的指示》中有关农村、公社（乡）或集镇设置司法助理员的精神，全国各地开始在农村区、乡、镇和城市街道设置司法助理员。

至此，司法行政系统形成中央、省、地、县四级体制。

（三）分权后呈现"小司法行政"趋势

法院的司法行政工作是由司法行政机关负责，还是法院自行负责，是我国司法行政体系"大小权限"的标志之一。1980 年 12 月 12 日，国务院在批转《关于全国司法行政工作座谈会的报告》时明确指出："司法行政工作在社会主义法制建设中担负着组织、宣传、教育和后勤等项重要任务。"司法部由此被形象比喻为政法机关的"组织部、宣传部、教育部和后勤部"。

1982 年 5 月，在国务院机构改革的大背景下，司法部向中央报送《关于司法部的任务和工作机构改革的请示报告》，在确立自身八项工作任务的同时，建议司法部的八项任务为：（1）公、检、法、司的干部培训；（2）法制宣传；（3）律师工作；（4）公证工作；（5）人民调解工作；（6）外事工作；（7）理论研究；（8）协管省厅干部。同时建议法院司法行政工作交法院自行管理，法律法规汇编交国务院办公厅法制局承担。后国务院批准了这一报告。

（四）本阶段司法改革的特征

邓小平同志指出，加强社会主义法制的一个重要目的，就是促进改革的顺利进行，保证改革的健康发展，巩固改革的胜利成果。[①] 为经济建设服务是这一阶段法制建设的重要目的。

本阶段是司法行政机关的重塑与恢复阶段，重建初期司法行政机关的权限回到了中华人民共和国成立之初，但很快就因资源不足而主动放弃一部分权力，体现出主动限缩的特点。1982 年《宪法》规定国务院有"领导和管理民政、公安、司法行政和监察等工作"的职权，规定"中华人民共和国人民法院是国家的审判机关"。一方面，宪法明确规定国务院行使"司法行政权"；另一方面，法院仅仅是"审判机关"而不是"司法机关"，是否有权行使司法行政权，存在疑问。

由于司法部长达二十年的缺位，各级法院已经形成了相对完善的司法行政管理体制。尽管司法部的复建由时任最高人民法院院长江华提议，但其所言的繁杂

---

① 肖扬：《肖扬法治文集》，法律出版社 2012 年版，第 163 页。

的"司法行政"主要是公检法干部的培养、公证、律师、法制宣传、法律编纂等"法务行政",作为专职审判机关对这些工作确实缺乏精力和热情;但是,对于法官的任免、审判事务的管理、司法经费、裁判执行等纯粹的"司法行政",法院系统未必能够"心甘情愿"地将其移交给司法行政系统。从司法部被撤销开始,法院系统毋庸置疑拥有了"行政化"的可能,院长对法官的支配,上级法院对下级法院人事、财务的支配,已经逐渐被内化为法院的管理体制。这种"行政化"的体制是不可能通过司法部的复建而被打破、重组的,法院系统内部的司法行政权与司法审判权的紧密结合已经成为不争的事实。也正因为此,"各级法院普遍反对司法行政机关掌理法院自身的司法行政",拒绝外来干预。而司法部在复建初期人员短缺、精力有限的背景下也未能坚持掌理法院自身的司法行政事务,选择主动放弃,建议法院司法行政工作交法院自行管理。由此,司法部所执掌的司法行政权开始成为一种不完整的司法行政权,其工作重心亦由传统的司法行政向法务行政转变,背离了司法行政机关的传统内涵和定位。

二、持续改革中的司法行政机关(1983—2000 年)

1982 年以来,伴随着法院司法行政工作转由法院自行管理,行政法律法规编纂工作被交由国务院法制局负责管理,我国司法行政机关的职能被减少到历史最低限度。1982 年《宪法》对司法行政工作做了简单的调整,以前由政府管理的一些部门,如监狱、劳教等都改由司法行政部门来管理。而以前一些法律法规的汇编工作则由国务院办公厅的法制局来管理,司法部不再负责。直到 1983 年,我国的司法行政才开始进入一个较为稳定的发展时期。这一年,我国进行首次机构改革,司法行政的职能范围和任务作了调整:法院司法行政工作自行管理;由于中央政法管理干部学院被撤销,原先法院、检察院干部培训工作分别由新成立的国家法官学院和国家检察官学院承担;国务院办公厅法制局负责法律编纂、法规汇编工作;司法行政机关开始承担执行刑罚和行政处罚的职能;劳改和劳教工作由司法行政部门管理。此后,司法行政职能进行了多次调整和扩大,但基本上没有作大的调整,主要涉及律师公证管理、人民调解、法制宣传、院校及科研管理、监狱劳教管理、司法协助和参与有关立法工作等方面。

(一)监狱、劳教工作回归司法行政机关管理

1949 年 9 月 27 日,中国人民政治协商会议第一届全体会议通过的《中华人民共和国中央人民政府组织法》第 10 条规定,"政务院设司法部,规定司法部是国家司法行政机关,主持全国的司法行政事宜"。1949 年 11 月 1 日司法部成立,公

安机关和法院各自名下的看守所逐渐划归司法部管理。1949 年 12 月 20 日，中央人民政府委员会批准的《中央人民政府司法部试行组织条例》第 2 条规定，"司法部主管犯人改造监押机关之设置、废止、合并及指导、监督事项，即主管监狱、看守所、劳动改造队工作"，具体由主管狱政工作的司法部第三司负责。为了打击反革命、保卫人民政权，遵照 1950 年 11 月 3 日中央人民政府政务院《关于加强人民司法工作的指示》第 5 条，"关于监所管理，目前一般宜归公安部门负责，兼受司法部门指导，由省以上人民政府依各地具体情况适当决定之"，1950 年 11 月 30 日司法部、公安部联合发出"司指字第 283 号"《关于监狱、看守所和劳动改造队移转归公安部门领导的指示》，监狱、看守所、劳动改造队划出司法部，归公安部领导。可见，从中华人民共和国成立到 1950 年 11 月 30 日，司法行政机关是看守所的"娘家"，但由于时间很短、机构整合，尚未形成具体有效的管理经验。

随着 20 世纪 80 年代"严打"时期到来，公安机关面临了打击违法犯罪、维护社会稳定等重大压力，在警力有限的情况下对监狱、看守所等监管场所的管理有些心有余力不足。因此，在中央政法委的最初改革设计中，除了监狱划归司法部，看守所也在划归司法部的中长期规划里，只是出于改革的猛烈性及打击犯罪等现实需要而暂缓。1983 年 9 月 26 日，国务院发布了《关于将公安部劳改局、劳教局及其编制划归司法部的通知》，规定"将公安部的劳改局、劳教局及其编制一百一十人划归司法部，全国劳改、劳教工作归司法部领导"。随即，公安部、司法部发布了《关于贯彻执行中央将劳改、劳教工作移交给司法行政部门管理的若干规定》，提出了"中央决定将劳改、劳教工作移交给司法行政部门管理"的"四个有利于"理由，即"按照党和国家关于领导机构适当分权的精神，有利于健全社会主义法制，有利于加强对劳改、劳教工作的领导，有利于使公安机关集中精力抓好国内安全保卫工作和社会治安工作，有利于更好地纠正办案中可能发生的差错、加强司法机关之间的互相配合、互相制约"。1988 年 10 月 25 日，国家编委批准的司法部"三定"方案确定，"司法部管理全国的狱政工作和对罪犯的改造工作，领导和管理全国的劳动教养工作"。

（二）政法干警培训机构的外分

1951 年 7 月，经政务院第 94 次会议决定，建立中央政法干部学校，培训法院、检察院和司法行政系统干部。该校归中央政法委直接领导，彭真同志任校长。1985 年 12 月，司法部曾对全国司法干部培训体制作出过调整，设置了包括中央政法管理干部学院等在内的若干院校，仍然保持着对法院、检察院和司法行政机关干部的在职培训职权。但随着最高人民法院先后设立全国法院干部业余法律大学和中国高级法官培训中心，并随着最高人民检察院先后设立中国高级检察官培训中心和中央检察官管理学院，最高人民法院和最高人民检察院逐步加强了对法官、检察官的自行培训工作。1997 年，最高人民法院设立国家法官学院；1998 年，最高人民检察院设立国家检察官学院。这两所院校的成立，标志着对法官、检察官的在职培训全部由最高人民法院和最高人民检察院自行承担。

2000 年 3 月 28 日，根据教育部教发厅〔2000〕6 号《关于同意在中央司法警官教育学院基础上筹建中央司法警官学院的通知》，中央司法警官学院转制为普通高校。2000 年，中央政法管理干部学院被并入中国政法大学，而中国政法大学与其他 4 所政法院校则先后被划归教育部或各省市教育行政机关进行管理。这标志着司法行政机关对法院、检察官干部的教育培训职能完全消失，同时也意味着司法行政机关对政法院校的管理职能基本上不复存在。2000 年，司法部直属的高等院校仅剩中央司法警官学院。

（三）司法部职能处于持续调整过程中

从 1983 年到 2000 年，司法部处于持续的改革过程中，有关司法部的职能大约五年调整一次，体现出一种稳中求进、持续调整的特点。1992 年，中央规定，司法行政机关主管刑释、解教人员的过渡性安置帮教工作。1994 年，《仲裁法》规定省、自治区、直辖市司法行政机关承担仲裁登记管理职责。1997 年，司法部依据新形势，设立了直属的法律援助中心，负责全国的法律援助工作。1998 年起，司法行政管理司法鉴定，并于 2005 年实施《全国人大常委会关于司法鉴定管理问题的决定》，司法行政机关取得了司法鉴定管理的职能。

1988 年 10 月 25 日，国家编委批准的司法部"三定"方案确定司法部主要职责为：（1）管理部直属的高等政法院、校及管理干部学院，指导各地中、高等法律院校、系的法学教育工作，培训在职政法领导干部；（2）管理全国的狱政工作和对罪犯的改造工作；（3）领导和管理全国的劳动教养工作；（4）管理和指导全国的法制宣传与普及法律常识的工作，对中华全国法制新闻工作者协会进行归口管理；（5）管理全国律师工作，对中华全国律师协会进行归口管理；（6）管理全国公证工作；（7）管理和指导人民调解、司法助理员及乡镇法律服务工作，参加社会治安的综合治理；（8）归口管理与组织参加联合国有关预防犯罪领域的会议和活动，承办联合国有关对口部门的业务往来，负责部机关及直属单位的外事工作，归口管理中国法学会与全国律师协会的外事活动；（9）作为我国进行国际司法协助的中央机关，参加与外国签订司法协助协定的谈判，归口管理司法协助协定的执行事宜；（10）参与立法工作，对立法部门及其他单位送来征求意见的法律、法规草案提出修改意见并负责有关法律、法规起草的咨询工作，负责司法行政法律、法规、规章的起草、修改、清理、汇编工作；（11）管理法制日报社和法律出版社；（12）管理司法研究所、预防犯罪与劳动改造研究所以及司法鉴定科学技术研究所的工作；（13）指导法学理论研究工作，归口管理中国法学会；（14）指导地方各级司法行政工作；（15）协助省、自治区、直辖市人民政府管理、考察司法厅（局）的领导干部；（16）负责国务院交办的其他司法行政工作。

1994年4月10日，《国务院办公厅关于印发司法部职能配置、内设机构和人员编制方案的通知》确定司法部是国务院主管全国司法行政工作的职能部门，其主要职责是：（1）制定司法行政工作的方针、政策、法规，编制司法行政工作的中长期规划、年度计划并监督实施；（2）监督和指导全国监狱执行刑罚、改造、释犯的工作，管理部直属监狱；（3）监督和指导全国的劳动教养工作；（4）制订全国法制宣传教育和普及法律常识规划并组织实施，指导各地区、各行业的依法治理工作，指导对外法制宣传工作；（5）监督和指导全国的律师工作和法律顾问工作，综合管理社会法律服务机构和在华设立的外国（境外）律师机构；（6）监督和指导全国公证机构和公证业务活动，负责委托港澳地区公证律师办理公证事务；（7）指导全国的人民调解和司法助理员工作；（8）管理部直属的高等政法院校，指导全国的中等、高等法学教育工作和法学理论研究工作；（9）组织参加联合国有关预防犯罪领域的会议和活动，承办联合国有关对口部门的往来业务，组织参加国际有关人权问题的法律研讨和交流活动，开展政府间的法律交流与合作；（10）参加与外国签订司法协助协定的谈判，负责国际司法协助协定执行的有关事宜；（11）参与国家立法工作，参与制定有关港澳台地区的法规，组织司法领域人权问题研究；（12）监督大型监狱、劳动教养场所国有资产的保值增值，管理直属单位的国有资产；（13）指导全国司法行政系统的队伍建设和思想政治工作，协助省、自治区、直辖市管理司法厅（局）领导干部；（14）承办国务院交办的其他事项。

1998年6月24日，《国务院办公厅关于印发司法部职能配置、内设机构和人员编制规定的通知》确定司法部是主管全国司法行政工作的国务院组成部门，其主要职责是：（1）研究拟定司法行政工作的方针、政策和法律、法规，编制司法行政工作的中长期规划、年度工作要点并监督实施；（2）指导监督执行刑罚、改造罪犯的工作，指导管理监狱工作；（3）指导监督劳动教养工作；（4）制订法制宣传和普及法律常识规划并组织实施，指导各地方、各行业依法治理工作和对外法制宣传；（5）指导监督律师、法律顾问、法律援助工作和公证机构及公证业务活动，负责委托香港特别行政区和澳门地区公证律师办理公证事务；（6）指导地方司法行政机关管理人民调解工作及司法助理员、基层司法所和基层法律服务工作；（7）受全国人大和国务院委托，参与国家有关法律的草拟工作，并参与制定有关香港特别行政区及澳门、台湾地区的法规，承办涉香港特别行政区及澳门、台湾法律事务。组织司法领域人权问题研究。管理直属高等政法院校，指导法学教育和法学理论研究；（8）组织参加联合国有关国际司法协助条约的草拟、谈判，负责国际司法协助协定执行的有关事宜，指导司法行政系统的外事工作，承办联合国有关对口部门的往来业务，组织参加国际有关人权问题的法律研讨和交流活动，开展政府间的法律交流与合作；（9）指导管理司法行政系统的计划财务及枪支、弹药、服装、车辆等物资装备；（10）指导司法行政系统的队伍建设和思想政治工作，管理机关和直属单位的人事工作，指导管理司法行政系统的警务和警衔评授工作，协助省、自治区、直辖市管理司法厅（局）领导干部；（11）承办国务院交办的其他事项。

（四）本阶段司法行政改革的特征

度过了司法行政制度的重建期，恢复到新中国成立初期的司法行政体系后，又因人、财、物等各方面保障不足，本阶段司法行政机关的权力内容呈现一定程度的恢复与反弹，机构职能处于持续的调整过程中，有一种摸着石头过河的色彩。

三、稳步发展中的司法行政机关（2001—2017 年）

自 2001 年以来，司法行政机关先后获得了管理国家司法考试、法律援助、司法鉴定、社区矫正等各项司法行政事务的权力，呈现出一定的职权扩张趋势。

（一）负责国家司法考试工作

要保证法官检察官独立公正行使审判权检察权，首先就要加强法官检察官队伍建设，提高法官检察官整体素质，努力建设一支政治立场坚定、业务熟练精通、作风清正廉明的司法队伍，实现法官检察官职业化。中央这次部署使中国司法改革走向整体统筹、有序推进的阶段。

最高人民法院、最高人民检察院、司法部于 2002 年 1 月 1 日起施行了《国家司法考试实施办法（试行）》，司法部随即增设司法考试司。

（二）负责社区矫正工作

作为非监禁刑罚的主要模式，社区矫正又称为社区矫治，是指将符合社区矫正条件的罪犯置于社区内，由专门的国家机关在相关社会团体和民间组织以及社会志愿者的协助下，在判决、裁定或决定确定的期限内，矫正其犯罪心理和恶习，并促使其顺利回归社会的非监禁刑罚执行活动。社区矫正既是一项刑罚执行活动，又是一项社会治安综合治理活动，对于构建和谐社会、实现公平正义有着十分重要的作用。

从 2002 年上海市发布《关于开展社区矫正工作试点的意见》，在全国范围内率先开始了社区矫正试点工作，到 2004 年司法部发布了《司法行政机关社区矫正工作暂行办法》，社区矫正的试点工作不断扩大。直至 2011 年《刑法修正案（八）》将"社区矫正"正式立法化，2012 年初最高人民法院、最高人民检察院、公安部、司法部联合颁布了《社区矫正实施办法》，并于 2012 年 3 月 1 日起施行。《社区矫正实施办法》共 40 条，对社区矫正的组织管理、责任分工、工作程序、适用对象、监督惩处、解除矫正等各个环节，均予以详细规定。可以说，这既是对社会管理创新的重大推进，也是完善对特殊人群管理的有效途径。时至今日，《社区矫正法》已经列入了全国人大的最新立法计划，这一规范了社区矫正整个工作流程的基本制度，为研究制定《社区矫正法》、全面确立社区矫正制度奠定了坚实的基础。2014 年，随着劳动教养制度的废除，司法行政机关下属的劳动教养场所被改造成强制隔离戒毒所，各级司法行政机关开始设立戒毒管理部门，司法行政职能再次得到拓展。

（三）加强和创新社会管理

1992 年，党的十四大将我国经济体制改革目标确定为建立社会主义市场经济体制，司法行政工作也为经济社会发展的大局服务。1993 年以来，司法部提出了"大服务"作为推动法律服务工作发展的指导思想。从司法行政工作的角度看，"大服务"就是要把司法行政工作自觉地置于国家的中心工作之中，服从于、服务于全国的大局，服从于、服务于改革开放、经济建设和社会稳定、发展的需要。

时至 21 世纪初，加强和创新社会管理成为时代主题，这是党中央深刻分析全面建设小康社会的关键时期和深化改革开放、加快转变经济发展方式的攻坚时期我国经济社会发展要求，从党和国家事业发展全局出发确定的一项重大战略任务。各级司法行政机关要从政治和全局的高度，充分认识中央关于加强和创新社会管理战略决策的重大意义，充分认识加强和创新社会管理是司法行政工作的重大任务和重大课题，切实增强责任感、使命感和紧迫感，采取有力措施，积极做好加强和创新社会管理各项工作，努力提高司法行政机关社会管理能力水平。

（四）本阶段司法行政改革的特征

在此阶段，司法行政改革主要体现出：积极为发展服务；全力维护社会稳定大局；把正确处理人民内部矛盾作为一项经常性工作；着力推进依法治国基本方略的贯彻落实；致力于维护司法公正；发挥社会诚信体系建设中的法律保障和引导作用。

四、法治建设新时代的司法行政机关（2018 年起）

2019 年 1 月 11 日，为深入学习贯彻习近平总书记全面依法治国新理念新思想新战略，在更高起点上谋划和推进司法行政各项工作改革发展，立足重新组建后的司法部职责和使命，司法部研究制定了《全面深化司法行政改革纲要（2018—2022 年）》，作为法治建设新时代的司法行政改革纲领性文件。

（一）司法行政部门与政府法制办相整合

2018 年 2 月 28 日，十九届三中全会通过《深化党和国家机构改革方案》，在第三十二点中，提出"重新组建司法部"："全面依法治国是国家治理的一场深刻革命，必须在党的领导下，遵循法治规律，创新体制机制，全面深化依法治国实践。为贯彻落实全面依法治国基本方略，加强党对法治政府建设的集中统一领导，统筹行政立法、行政执法、法律事务管理和普法宣传，推动政府工作纳入法治轨道，将司法部和国务院法制办公室的职责整合，重新组建司法部，作为国务院组成部门。"2018 年 3 月 21 日，国务院法制办的职能全部转隶司法部，新一任司法部党组成立伊始，就鲜明提出"坚持政治引领、党建先行，着力把司法部建设成为牢固树立'四个意识'的政治机关"的工作思路，强调把牢固树立"四个意识"作为建设政治机关的核心和贯穿司法部一切工作的生命线，自觉在以习近平同志为核心的党中央坚强领导下全面履行职责、创造性开展工作，确保"四个意识"在司法部落地生根、开花结果。2018 年 8 月 24 日，中央全面依法治国委员会第一次会议召开，标志着全面依法治国开启新的局面。中央依法治国办设在司法部，重新组建的司法部实现了立法、执法、司法、守法普法各环节职责一体、全面贯通。司法行政机关首先是政治机关，"强化政治担当，着力把司法部建设成为牢固树立'四个意识'的政治机关"。[①]

2019 年 1 月 11 日司法部发布的《全面深化司法行政改革纲要（2018—2022 年）》中，对司法行政部门与政府法制办公室的职能整合情况进行了介绍。原文指出："党的十九大和十九届二中、三中全会围绕新时代党和国家事业发展新要求，对全面深化改革、全面依法治国提出了新任务，对深化党和国家机构改革、深化

---

① 袁曙宏：《坚定不移把司法部建设成为牢固树立"四个意识"的政治机关》，《中国司法》2019 年第 1 期，第 10 页。

司法体制改革作出了新部署。党中央从全面依法治国的全局和战略高度，决定将原司法部和原国务院法制办公室的职责进行整合，重新组建司法部，将中央全面依法治国委员会办公室设在司法部，赋予了司法部更大的政治责任和全新的历史使命。为认真贯彻落实党的十九大和十九届二中、三中全会精神，主动适应新时代新任务新要求，在更高起点上谋划和推进司法行政各项工作改革发展，立足重新组建后的司法部职责和使命，制定本改革纲要。"可见，司法行政机关与政府法制工作部门的职能整合，是在新时代全面深化改革、全面依法治国的背景之下，进行司法体制改革的重要内容，这把司法行政机关的改革重要性提升到了一个更高的程度。

（二）将"政治机关建设"摆在首位

法治建设新时代的司法行政机关，作为政法机关之一，其定位首先是政治机关。因此，新时代的司法行政改革原则，必须坚持党的绝对领导、坚持以人民为中心的这两项首要政治建设基本原则。既要坚定不移把党的领导贯彻落实到司法行政各项改革工作的全过程和各方面，确保党中央决策部署在司法行政系统得以不折不扣贯彻落实，也要牢固树立以人民为中心的发展思想，以更好满足人民群众对美好生活的向往作为奋斗目标，以实现好、维护好、发展好最广大人民群众的根本利益为出发点和落脚点，充分听取人民群众意见，积极回应人民群众期待，真正做到立法、执法、司法、普法为了人民、依靠人民、造福人民、保护人民。

在政治机关建设的内容上，既要坚持不懈推进司法行政机关党的政治建设，也要坚定不移坚持党对司法行政机关的绝对领导。以党的政治建设为统领，始终把党的政治建设摆在首位。各级司法行政机关领导班子应当始终坚持把学习贯彻习近平新时代中国特色社会主义思想作为首要政治任务，持续贯彻落实"首题必政治"的常态化学习制度。切实加强各级司法行政机关领导班子建设，重点加强监狱、戒毒所领导班子建设。

（三）政府法制建设纳入司法行政体制改革之中

司法行政机关重新组建后，政府法制建设工作成为广义上司法行政工作的一部分。《全面深化司法行政改革纲要（2018—2022年）》提出探索推进司法行政体制机制改革，如围绕建设公正高效权威的社会主义司法制度，深化司法体制改革，推动形成侦查权、检察权、审判权、执行权相互制约、相互配合的体制机制，进一步优化司法行政职权配置，形成与推进国家治理体系和治理能力现代化、与建设社会主义法治国家相适应的司法行政体制机制；也提出健全完善刑事执行体制，如牢固树立"坚守安全底线，践行改造宗旨"的工作思路，坚持以政治改造为统领，统筹推进政治改造、监管改造、教育改造、文化改造、劳动改造的"五大改造"新格局。

在政府法制建设方面，《全面深化司法行政改革纲要（2018—2022 年）》提出加快推进法治政府建设、完善行政立法体制机制、统筹推进行政执法体制机制改革，这也是政府法制部门工作划归司法行政机关后的题中应有之义。其中的新提法、新举措，更好迎合了新时代司法行政机关的"大司法"属性，能够进一步统筹政府工作的法治轨道。

小结

我们要在新起点上，充分发挥中国特色社会主义司法制度的优越性，全面深化司法行政改革。司法行政体制改革属于司法改革的重要组成部分，在新时代社会主义法治建设中，有必要也必须发挥司法行政机关的重要作用，以司法行政改革的良好作用来促进司法改革的进一步深化与成效。

第二节　法律职业资格考试改革

经过改革开放 40 年的发展，我国已经形成了中国特色社会主义法律体系，进入了全面依法治国的新时代。目前，政法领域改革已经进入了一个新的阶段。"徒法不足以自行"，如果没有一支政治过硬、业务过硬、责任过硬、纪律过硬、作风过硬的法律职业队伍，全面依法治国的目标就会成为空中楼阁。取得法律职业的资格考试是确认法律职业人员业务素质合格的重要手段。从 1986 年首次开展律师考试以来，中国法律职业资格考试经历了 36 年。回顾历史，成绩辉煌，不容否认。我国的法律职业资格考试经历了三个阶段、使用过三个名称，为此，可以将我国法律职业资格考试分为三个时期，分别是全国统一律师资格考试时期（1986—2001 年，简称律考）、全国统一司法考试时期（2002—2017 年，简称司考）、全国统一法律职业资格考试时期（2018 年至今，简称法考）。

一、全国统一律师资格考试时期（1986—2001 年）

改革开放之后，社会对法律工作者专业化、职业化的要求越来越高，法律职业资格考试应运而生。1980 年颁布的《律师暂行条例》规定，"经考核合格，可以取得律师资格"，虽然没有明确规定法律职业资格考试以及律师考试的相关内容，但是在第 8 条开头规定的"经考核合格"，从广义上来说是包括"考试"的，一些省份的司法厅在本省范围内组织了专业知识考试的试点，① 这些地方性法律职业资格考试改革为全国性的法律职业资格考试起到了试点与带头作用。

《律师暂行条例》颁布 6 年后的 1986 年 4 月 12 日，司法部发布了《关于全国律师资格统一考试的通知》，1986 年 9 月 27 日、28 日，首次律师资格全国统考开考，共有 2.9 万人报名、1134 人成绩合格取得律师资格。② 参考人员资格方面，第一次考试以及两年后的第二次考试略有不同，第一次参加律师资格考试的仅限于正在申请律师资格的专职或兼职律师工作人员，以及法学研究教学人员中符合做律师工作的人员。第二次全国律师资格考试的报考人员范围扩大至具有大专以上学历的中国公民。考试内容集中于宪法、民法、刑法和诉讼法。③

在律师资格考试期间，共举办了 12 次考试④，考试通过人数约 14 万人⑤，详细情况可见下表：

表 5 – 1　律师资格考试情况表

考试方式	闭卷
试卷数量及分数	4 张，每张满分 100 分
考试时间	每张试卷为 3 小时
举办次数	12 次
考试通过人数总数	约 14 万人
报考学历要求	大专以上学历
考试及格分数线	240 分
考试内容	多集中于宪法、民法、刑法和诉讼法

在全国律师资格考试进行的同时，法检两院从 20 世纪 80 年代末起也开始在系统内部进行相应的资格考试。相对于 1986 年建立律师考试制度，直到 1995 年，初任法官、检察官考试制度才建立起来。我国初任检察官考试于 1995 年、1996 年、1998 年、1999 年共举行了 4 次，总报名人数 6 万余人，通过人数约为 3.5 万人。初任法官考试于 1995 年、1997 年、1998 年（这一年单独加考了一次）、1999 年共

---

① 例如，1984 年江西省举办了全省律师资格统一考试以及 1985 年北京等地也举行了律师资格考试。参见王进喜：《我国律考司考小史》，《法制日报》2008 年 12 月 18 日，第 3 版。

② 《法律界"门槛考试"遴选人才见证中国法治进程》，中国青年网 2019 年 7 月 16 日发布。

③ 《回顾法官检察官律师执业准入"首道关"》，新浪网 2008 年 10 月 19 日发布。

④ 杜国兴：《国家司法考试制度略论》，《法学家》2002 年第 5 期，第 125 页。

⑤ 中华全国律师协会：《中国律师业发展报告（2000 年）》，第 6 页。

举行了 4 次，通过人数近 4 万人。① 这个时期法检考试的基本情况与律师考试的对比可见下表：

表 5 – 2 法检考试与律师考试对照情况表

类别	法检考试	律师考试
考试人员	系统内部人员	社会人员
考试范围	法官考试：所涉科目较少，主要结合审判业务，不包括国际法等内容 检察官考试：涉及面也较窄，以刑事法律为主，对民事法律等考核较少	与法学专业的核心课程范围基本一致。除此之外还有一门外语。外语考试可在英、日、俄语中任选一种。
试题形式	选择、判断、改错形式的客观题，也包括简答、材料分析、案例分析、文书写作等主观题。	选择题与案例分析题
试卷数量	4 张	3 张

全国统一律师资格考试以及此时期的初任法官和初任检察官资格考试取得的成绩是值得肯定的：一是相较于新中国成立初期，创建了较为规范的法律职业考试体系，彻底改变了新中国成立后至改革开放初期这一阶段法律职业资格考试制度不健全的情况，有利于当时法制体系的建设；二是培养了一大批律师，有利于建立较为完备的律师制度，促进了民主法制的进步；三是对于全民普法工作也具有一定的积极意义，提高了全民的法律意识与权利意识。总的来说，法律职业资格考试获得了丰富的经验，取得了巨大的成绩。

由于是探索阶段，这一时期的律师考试仍然存在一些不足之处；法官、检察官的考试制度起步较晚，且二者考试内容并不统一，考试制度较为混乱。这一时期的法律职业资格考试主要存在三点问题。

一是对于法律执业资格取得的学历与考试要求偏低。《律师暂行条例》中没有明确规定取得律师资格的学历要求，同时也没有明确规定需要经过考试合格方能取得律师资格。1986 年，司法部发布了《关于全国律师资格统一考试的通知》，才对律师执业资格的取得有学历与考试要求。② 从 1995 年起，对于法官、检察官有了学历的要求，但是没有规定担任法官、检察官所需要的必要资质。

---

① 祁彪：《回眸：我国法律职业准入制度的岁月变迁》，民主与法制网 2018 年 7 月 31 日发布。

② 高一飞：《法律执业资格的取得：基于教育背景与考试要求的考察》，《学术论坛》2011 年第 1 期，第 75 页。

二是考试组织不规范，内容设计不合理。这一阶段的法检考试由法院、检察院各自组织考试，通过对比，不难看出，此阶段法检考试涉及的部门法偏少，题型也是较为基础的题型，缺乏综合型、复合型题型。律师考试虽然相对规范，但也存在出题专家较少且相对固定，出题考试内容过于偏重书本知识，考查内容主要是考试者对书面法律法规等条文内容的硬性记忆和理解等问题。

三是职业资格考试不统一。这一时期法律职业资格考试板块呈现法、检、律"三足鼎立"之势，法官、检察官和律师分别有自己的考试，在司法中承担重要功能的三个职业各走各的门，妨碍了法律职业的同质化。[①] 法检资格考试制度在律师资格考试制度十年后才建立起来，二者考试的规范性、选拔人才的专业性与质量差距较大。更为严重的是，这种各自为政的考试制度将三种法律职业割裂开来，影响了同类职业考试的平等、公正。

二、全国统一司法考试时期（2002—2017 年）

各自为政的法律职业资格考试不能适应社会的需要，进行统一的司法职业考试势在必行。司法部会同"两高"制定的《国家司法考试实施办法（试行）》于2001 年 10 月 31 日正式发布实施，其内容共 7 章 22 条。据此，我国建立起国家司法考试制度。其具体的考试形式与内容见下表：

表 5 - 3　司法考试情况表

考试内容	与当时的法学专业 14 门核心课程范围大致相同
考试形式（四张卷）	卷一：法学理论、宪法、国际法、国际经济法、法律职业道德、中外法制史等； 卷二：行政法、行政诉讼法、刑法、刑事诉讼法等； 卷三：民法、商法、民事诉讼法等； 卷四（案例分析综合卷）：行政法、行政诉讼法、刑法、刑事诉讼法、民法、商法、民事诉讼法和司法文书等；
分值	2002 年与 2003 年每张卷子满分为 100 分，总分 400 分；从 2004 年开始每张卷子满分 150 分。
合格线	2002 年与 2003 年合格分数线为 240 分；从 2004 年开始合格分数线为 360 分。

对于大众关心的司法考试通过率，官方并未发布任何精确数据，比较权威的数据主要来自《中国法律年鉴》，但官方给出的数据又是模糊的，比如，2011 年公布的数据是通过人数"8 万余人"。由于无法查到详细具体的数据，综合《中国法

---

① 丁相顺：《中国司法考试制度的创建和发展》，《中国司法》2008 年第 10 期，第 26 页。

律年鉴》以及各大网站与培训机构的数据，可以得出每年的司法考试通过率，详细数据见下表①：

表 5-4　司法考试合格分数线及通过率情况表

年份	合格分数线	放宽地区分数线	通过率
2002	240	235	6.68%
2003	240	225	10.18%
2004	360	335	11.22%
2005	360	330	14.39%
2006	360	325	15.00%
2007	360	320	22.39%
2008	360	315	约25.00%
2009	360	315	约22%
2010	360	315	约16%
2011	360	315	约10%
2012	360	315	约10%
2013	360	315	约11%
2014	360	315	约10%
2015	360	315	约10%
2016	360	315	约10%
2017	360	315	约13.75%

由上表可以看出，16 次司法考试通过率为 6% ~25%，2002 年至 2008 年通过率呈逐渐上升趋势，2008—2017 年通过率呈逐渐下降趋势。2011 年至 2017 年的司法考试通过率呈稳定态势，都维持在 10% 左右。

截至 2017 年，司法部共组织实施了 16 次司法考试，报考人数由 2002 年的 36 万人增加到 17 年的 64.6 万人，16 年中共有 619 万人报名考试，510 余万人次参加考试，授予司法职业资格 98 万余人，其中有近一半人进入政法机关，或者成为执业律师和公证员，② 还有些则从事其他法律职业。

全国统一司法考试实现了司法职业人员考试的规范化、制度化。2002 年到

---

① 各大网站的数据来源于：《官方公布：2018 年法考通过人数 11 万＋ 通过率约 18%》，法务之家 2019 年 3 月 18 日发布；《司法考试通过率到底有多高?》，财新网 2017 年 6 月 16 日发布；《历年国家司法考试及分数线分析》，无忧网 2017 年 11 月 15 日发布。

② 《法律界"门槛考试"遴选人才见证中国法治进程》，中国青年网 2019 年 7 月 16 日发布。

2017 年，国家统一司法考试制度实施 16 年间，为国家司法系统输送了大批通过统一司法考试的法律专业人，提升了法律职业队伍整体素质。① 全国统一司法考试改变了之前全国统一律师资格考试时期"各自为政"的法律职业资格考试制度，建立统一的法律职业资格考试，统一了法律职业门槛。取得成绩的同时，我们也要辩证地看待全国统一司法考试的不足之处。

一是其反映法律职业能力的考试内容不够、不科学，表现为依靠记忆为主的客观性知识占比过大。在司法考试时期，考试是连续两天一次性考完的，考试共四门，其中三门考试为选择题，分值占总分的四分之三，最后一门为论述案例题，分值占总分的四分之一，没有面试（口试）阶段，这种一次性考试的模式本身就存在先天性缺陷。而且在我国的司法考试试题中，熟记数字、法条成了考试的主要内容，② 导致很多未经过正规法律教育的人也能通过一年或者半年，甚至三个月或者更短的时间通过法律职业资格考试，这是非常荒谬的。

二是考试制度与法学教育不能有效衔接。由于司法考试偏向于客观知识，参加考试时，法律逻辑思维能力、临场应变能力以及综合分析能力就不可能成为参考人员学习和训练的重点。在"教育围着考试转"的教育背景下，司法考试通过率成为法律院校评估的重要指标。在这种情况下，删减公共课程而局限于司法考试科目授课，甚至将课堂作为演练司法考试的场所就会逐渐成为许多法律院校的实际做法。③ 很多高校的法学院更像是司法考试培训机构，将司法考试通过率作为工作目标，制造了一台台应试机器，司法考试冲击了正常法学教育。

三、全国统一法律职业资格考试时期（2018 年起）

党的十八届四中全会提出"健全国家统一法律职业资格考试制度"，国家司法考试面临重大改革。2015 年 12 月，中共中央办公厅、国务院办公厅印发《关于完善国家统一法律职业资格制度的意见》，提出将司法考试调整为国家统一法律职业资格考试。在此之后，经过不懈努力，由司法部牵头，联合其他部门进行部署，《国家统一法律职业资格考试实施办法》终于在 2018 年 4 月向社会发布了，这标志着法律职业资格考试步入正轨。

---

① 付子堂：《改革司法考试制度，推进国家治理法治化现代化》，《法制与社会发展》2014 年第 5 期，第 68 页。

② 高一飞：《法律执业资格的取得：基于教育背景与考试要求的考察》，《学术论坛》2011 年第 1 期，第 79 页。

③ 伍光红、朱蓉：《司法考试语境下的高等法学教育改革初探》，《当代教育论坛（教学研究）》，2010 年第 10 期，第 57 页。

在《国家统一法律职业资格考试实施办法》发布后2个月，司法部于2018年6月发布了《2018年国家统一法律职业资格考试公告》，第一次国家统一法律职业资格考试拉开序幕。考试分为主观题和客观题两个部分：客观题共两卷，上午、下午各考一卷，每卷100题，满分150分，考试时间均为180分钟，考试内容除了以往司法考试的核心科目外，还增加了环境资源法与知识产权法；主观题为一卷，考试内容方面与司法考试没有较大差异。但在考试方式上，与以往司法考试有所不同，主要表现在：一是主观题答案中，案例分析可以有多种处理意见，言之成理即可，有助于培养考生的开放性思维；二是江苏省苏州市、重庆市等5个考区实行主观题计算机化试点，便于提高考试的智能化；三是主观题考试由司法行政机关为应试人员统一配发法律法规，考试对法律法规不能依赖死记硬背。

综合司法部官网的各种统计数据，2018年的法考，全国一共有60.4万人报考，有47.3万人参加第一阶段的考试，其中19.2万人获得通过。在19.2万人当中，有18万人参加了第二阶段考试，其中有12万人通过考试。从2002年开始的司法考试，通过率最低时甚至低于10%，最高时可以超过20%，而2018年法考通过率为20%左右，通过率相对较高。

在有了2018年法律职业资格考试的成功经验后，2019年法律职业资格考试在此基础上又进行了调整：一是将客观题分为两批考，2019年8月31日进行第一批次考试，9月1日进行第二批次考试，两批考试题目难度大致相同；二是将2018年的5个考区实行主观题计算机化试点变为全国全面铺开主观题计算机化，鼓励考生选择主观题计算机化考试。由于官方没有给出通过率方面的数据，某法考培训机构根据现有数据预估得出如下结论："2019年法考报名人数为60.6万人，第一批参考人数为39.27万人，第二批客观题参考人数为21.39万人；主观题参考人数为25万人（含2018年的7万人），目前主观题考过人数暂未官方公布，但按照司法部此前订购的12万份证书来算的话，今年主观题考过人数很可能控制在12万人以内。"① 也就是说，2019年的通过率和2018年大致相同。这是比较可靠的说法，至于具体的通过率，还有待司法部后续的信息公开。

毫无疑问，法律职业资格考试完善了国家司法考试的不足之处，其相较于国家司法考试，主要有以下三点不同。

一是将法律职业资格作为门槛的职业范围有所变化。初任法官、检察院，执业律师以及公证员须通过司法考试作为职业门槛，初次担任法律类仲裁员以及行

---

① 《2019年司法考试通过率分析！》，搜狐网2019年12月6日发布。

政机关中初次从事行政处罚决定审核、行政复议、行政裁决、法律顾问的公务员也需要通过国家统一法律职业资格考试。

二是考试报名条件的限制。在"法考"改革之前，非全日制以及非法学本科生，即使没有法律工作的相关经历，也可以参加国家司法考试并获得法律职业资格。但是在"法考"改革之后，司法部明确用"老人老办法、新人新办法"来更好地实现限制资格的过渡，要求在"法考"改革之后，非法学本科生，如果获得本科学位后从事法律工作未满三年，没有资格参加法律职业资格考试。

三是考试形式的变化。司法考试将考试分为四卷，三卷客观题和一卷案例分析题，连续两天一次性考完；而法律职业资格考试将考试分为客观题和主观题两个阶段，并且提高了案例分析题的比重。

法律职业资格考试以选拔出适合中国特色社会主义法治建设人才为目标，是新时代中国特色社会主义法治发展时期的重大举措，有利于在当前全面深化改革的重要历史时期打造一支正规化、专业化、职业化的法治工作队伍。

四、法律职业资格考试制度的未来展望

习近平总书记在主持召开中央全面依法治国委员会第一次会议时讲话强调：要加强法治工作队伍建设和法治人才培养。要贯彻落实会议精神，培养高层次的法律人才，当前法律职业资格考试还需要进一步完善。

（一）增加司法实务考试与面试内容

当前，法律职业资格考试需要增加法律实务与面试内容。因为在当前的法律职业资格考试中，虽然对原来的司法考试进行了改革，将之前一次考试变为了两次考试，并减少了客观题分值，增加了主观题分值，增加案例题比重和考试时间，允许考生翻阅法律法规，这些都体现了法律职业资格考试更加注重法律实务方面的理解，引导考生不死记死背书本与法条，而是要将书本上的法律知识与司法实务融会贯通。但是其本质上还是偏理论性质的考试，虽然考试科目覆盖了多门法律学科，考生仍然可以凭借短时间内对法律知识进行高强度的记忆与理解来冲刺法律职业资格考试。

法律需要灵活运用，不仅需要理论上的知识厚度，更需要法律逻辑思维、临场应变思维以及综合分析思维。而当前大多数考生主要靠死记硬背来通过考试，其后果就是知其然而不知其所以然，培养了大批"背诵机器"，违背了法律职业资格考试选拔人才的初衷。因此，当前法律职业资格考试需要增加法律实务与面试内容。

一方面，增加笔试中法律实务考试。题型主要包括法律文书写作、实务案例

分析、法律条文阐释等内容，以主观题为主，由司法实务专家也就是法官、检察官、律师出题，全方位考查考生的法律实务能力。① 案例分析可选择改编现实存在意见分歧的司法案例让考生进行分析，案例无标准答案，阅卷时按多种处理意见给分，言之成理即可。文书写作可随机选择中国裁判文书网上的案例为题让考生进行写作，考试内容包含法官、检察官、律师等职业相关文书，严格按照司法文书的标准和格式来进行评阅。法律条文阐释则需要结合日常生活中的案例来解读和运用法律条文。

另一方面，增加面试环节。首先，在司法部法律职业资格管理局中设立专门负责法律职业资格考试面试部分的机构，各个省、自治区、直辖市的省会城市的司法厅也设立相应的负责面试的机构。其次，在考试时间与考试形式、内容方面可借鉴公务员考试的经验，考生在主客观题笔试考试合格后，进入面试阶段，面试时间可选择在12月或次年1月，考试由各省的司法部门负责。面试形式方面采取考官与考生双抽签制度，由各地优秀的法官、检察官、律师组成考官组，每个考场分别抽取5~7名考官，由电脑随机分派考场，每个考场30名考生。面试内容可选择司法实践中的案例，让考生站在法官、检察官、律师角度去思考并回答问题，注重考生的开放性思维。最后，由考官进行打分，去掉一个最高分与最低分再取平均分为考生最后的成绩。

（二）提高法律职业资格考试通过率

我国法律行业面临三大难题：一是案件数量日益增长但优秀法律人才缺乏，"诉讼爆炸"导致很多法院运转不过来，甚至于一些地方一名员额法官在一年内需要办理几百件案子；二是沿海地区法律人才供过于求但中西部地区法律人才供不应求的矛盾；三是相较于欧美等发达国家，中国每万人的律师拥有量偏少。中国每万人的律师拥有量是2.17人，而美国是37人。② 我国的法律职业资格考试难度较大，通过率常年保持在10%~20%，有着"天下第一考"的称号，每年通过的人数对于当前日益增长的法律人才需求是远远不够的。

提高法律职业资格考试通过率有重要的积极意义：其一，一个国家具有法律执业资格的人较多，可以形成法律职业间良性竞争，有利于塑造一个人人知法、法律至上的环境。其二，考试合格的人应当大大超过实际需要的人。因为法律职业，特别是法官、检察官应当重视的首先是经验和道德。制度设计应当让法官、

---

① 丁相顺：《中国阶段性司法考试模式的制度设计（下）》，《中国司法》2007年第5期，第87页。
② 《中国每万人的律师拥有量是2.17人，而美国是37人》，搜狐网2017年12月19日报道。

检察官的选拔有很大的选择余地。① 基于上述原因，合理调整法律职业资格考试通过率是十分必要的。在坚持目前的报考资格条件与考试质量的前提下，笔试阶段淘汰 1/3 的人，剩下的人进入面试阶段，面试阶段再淘汰 1/3 的人，经过笔试和面试后通过率约为 45%。

（三）C 证实行"全国通考、在放宽地区申请执业"

中国的法律职业资格考试是由中央司法行政机关统一组织的考试制度，对于考试组织、报名条件、考试内容和方式以及资格授予和管理等内容都有了统一的规定。但是"统一"并不是要"一刀切"，在统一的同时也要考虑到我国发展不均衡的国情，法律职业考试资格证要体现地区差异。正如主管法律职业资格考试的贾丽群司长所言：要"实现法治人才均衡分布，……让当地符合条件的人才进得来、留得下，鼓励支持开展多层次、多形式、多领域的区域法治人才培养合作，提高这些地区的法治人才供给质量和数量"。②

在改革为"国家统一法律职业资格考试"改革之前，司法考试证书有 A 证、B 证、C 证三种类别。改革后原法律职业资格 B 证已经取消，只有 A、C 两类证书，但原已考过司法考试的考生，证书不受影响。取得 B 类证书的考生不用再次参加法考，提升学历后，B 类与 A 类证书相同，都可全国执业。当前法律职业资格分为 A、C 两证。同时，根据《律师法》第 10 条第 2 款规定，取得法律职业资格 C 证的律师承办业务不受地域限制，可到本律师事务所所在的县（市、区）以外的地区办理业务。

但是，根据司法部《关于取得法律职业资格证书 C 证的律师承办业务地域范围问题的批复》，取得 C 证的考生只能在户籍所在地区申请律师执业。这样做的目的是避免通过考试的人员涌向发达地区而导致不发达地区（放宽地区）律师执业人数过少，难以满足当地法律服务的需求。

这一做法导致了两个问题：一是有不少人在实践中为了通过考试取得律师资格，将户籍迁入放宽地区；二是上述做法又导致了放宽地区中又形成了新的不平衡，因为这些户籍迁入人员往往选择放宽地区中的发达地区。实际上，在通过投资、购房等方式就可以取得户籍、户籍流动制度放松这一大趋势之下，再用户籍来限制取得法律职业资格 C 证资格的意义不大。

针对上述问题，解决方案可以考虑以下措施：

---

① 高一飞：《中美律师资格制度比较》，《法治论丛》2006 年第 1 期，第 67 页。
② 贾丽群：《全面推进国家统一法律职业资格考试改革发展》，《中国司法》2018 年第 3 期，第 12 页。

首先，取消取得 C 证的报考人员的户籍限制。全国任何地方参加法律职业考试的人员都可以根据分数的要求取得 A 证或者 C 证，任何地区达不到 A 证分数的参考人员如果符合取得 C 证的分数要求，可以直接取得 C 证，但他们只允许到放宽地区执业。这一做法可以简称为"全国通考、在放宽地区申请执业"。这样能让更多的法律人才涌入放宽地区申请执业。

其次，不应当随意提高放宽地区公务员考试的法律职业资格证门槛。在法检岗位的公务员考试中，一些放宽地区违背"放宽"的初衷，仍然将报考条件设置为"需法考 A 证"，这也是不合理的，应当由司法部会同组织人事部门发布文件规定：对于放宽地区，公务员考试中有法律职业资格证要求的，报考条件应当统一设定为只需要"法考 C 证及以上"。

最后，合理设置 A、C 证的通过率。如果 C 证通过人数占所有通过法律职业考试的人数的比重过大，会整体削弱法律执业资格考试的把关作用。因此，A 与 C 证的通过率应当维持在原来的比率。

（四）正确理解法学教育与资格考试的关系

法律职业资格考试与法学教育需要建立一个良性、互动的关系，法学教育是基础，法律职业资格考试是检验法学教育的重要尺度，也是法学教育从课堂迈向司法实践的门槛之一。目前的司法考试制度与大学法学教育之间不能有效地衔接，出现了两极化的倾向：一方面，一些著名的学术型大学法学院的实践性教学内容不够，没有能够体现理论联系实际；另一方面，一些二本、三本类高校的法学院单纯将学生考研成功率和司法考试通过率作为其办学成功的标志，忽视人文教育和理论教育。

为此，要不断加强法学教育与法律职业资格考试的衔接。在基础教学方面，提高教学质量，强调法学理论联系司法实践；高度重视民商法学、诉讼法学、刑法学等主干课程中"学以致用"的特点[①]；在案例教学方面，开设独立的案例研讨课，模拟法官、检察官、律师在处理案件时情景，并与在法律职业资格考试中增设的面试环节紧密联系起来；在文书教学方面，开设独立的文书写作课程，根据现实生活中案例开展写作；在实践教学方面，要增加校外实习的时间。以上的教学内容应当在法律职业资格考试中通过面试和考试中主观题的内容得到体现，发挥好法律职业资格考试对法学教育的导向作用。

① 郑金玉：《论我国法律职业资格考试新变化与法学教育的应对》，《重庆理工大学学报（社会科学）》2018 年第 8 期，第 91－93 页。

此外，在加强实践教学的同时，不能将法学教育变成法考的应试工具。法学教育要培养人文与法学素养全面、具有理论和实践水平的综合型人才，应付法考只是法学教育的目的之一，法学教育的任务还包括培养法学理论人才，即使是实践型人才，也要培养其与考试无关的法律人的人文素养。法学院应当授"无用之课"、法律学生要读"无用之书"，法学院开设的课程应当包括了马克思主义理论、哲学、文学、历史等在法考中并不考查的内容，不能把应付法考作为法学教育的唯一目的。当然，法考也应当将法史、法理、比较法这些看起来与法律实践无关的法学知识作为考试的重要内容，发挥好其指挥棒的作用。

小结

法律职业资格考试改革是当前司法改革的重要组成部分。改革开放以来，法律职业资格考试从律师资格考试到司法考试，再到法律职业资格考试，选拔了一批又一批的法律人才，为中国法治事业做出了巨大的贡献。随着当前司法改革的深入推进，在以前取得辉煌成绩的同时，我们也应当清晰地看到法律职业资格考试的不足之处。因此，应当根据中央的改革部署，继续完善法律职业资格考试，从而让法律职业资格考试顺应时代潮流，继续为我国的法治建设选拔合格的法律职业人才。

第三节　律师制度改革

从 1979 年中国律师行业衰落萧条的景象，到十八大以来改革的全面发展；从最初寥寥无几的律师人数，到如今几十万庞大的律师队伍；从业务范围的局限与狭窄，到涉外、非诉等领域的不断拓宽。数十年的改革发展，我国律师制度在其管理制度、执业权利、法律援助、律师队伍等方面取得了斐然的成就。

律师制度作为司法行政制度不可或缺的一部分，在中国的法治建设中扮演着重要角色，律师制度的完善、发达与否，一定程度上映射了一个国家法治发展的水平和高度。十九大报告指出"全面依法治国，建设社会主义法治体系与法治国家，深化司法体制改革"①，而司法体制改革的推进需要相关制度配套实施，律师

---

① 习近平：《决胜全面建成小康社会夺取新时代中国特色社会主义伟大胜利》，《人民日报》2017 年 10 月 28 日，第 1 版。

制度对司法体制改革的必要性不言而喻。

我国律师制度在中华人民共和国建立后的一段时期遭到了严重破坏，直至 1979 年以后才得以正式重建。律师制度作为司法制度的一部分，其发展进程与司法制度的改革进程具有一致性，大致经历了三个时期，即恢复建设期、初步发展与攻坚期、全面推进新时期。

一、恢复建设期（1979—1996 年）

1978 年十一届三中全会中提出民主与法制建设的任务，司法部并于同年 12 月发布《关于律师工作的通知》，标志着律师工作重启，我国的律师制度开始进入恢复时期，并于 1979 年起正式重新建构。在 1978 年间，我国的律师人数为 0，律师事务所更是不存在。① 1979 年 7 月 7 日，我国第一部《刑事诉讼法》颁布，并于 1980 年 1 月 1 日起实施，为整个律师业带来了生机。② 这一年律师人数发展到 212 人，更是在 1980 年进行了恢复重建后的首次辩护，即"渤海 2 号翻船案"。而后的两年，法律顾问处的数量达到 1465 所，律师人数更是增加到 5500，较以往而言，已有很大发展。③

恢复重建工作渐渐步入正轨，《律师暂行条例》应运而生。1980 年 8 月 26 日，全国人大常委会颁布《律师暂行条例》，并于 1982 年 1 月 1 日正式实施。《律师暂行条例》作为过渡性法律，为之后《律师法》的出台奠定了基础，但由于其缺乏具体性规定，使得改革实践中许多问题不能直接援引《律师暂行条例》并加以适用，因此《律师法》制定势在必行。1996 年 5 月 15 日首部《律师法》由全国人大常委会公布，并于 1997 年 1 月 1 日正式实施，其以"法律"的形式肯定了国家对律师制度重建工作的重视，解决了改革过程中出现的难题。

该时期律师制度的改革可以用四方面来概括：一是律师定位的变化；二是律师执业机构的发展；三是管理体制的确立；四是法律援助制度的提出与建立。

（一）律师的性质定位

律师属性的定位，是律师进行法律服务工作的前提，确定我国律师的性质定位，才能更好地发挥其作用，有效完成恢复建设时期的工作。

我国最初对律师性质的定位体现在《律师暂行条例》中，认为律师是"国家

---

① 张羽：《从 0 人到 36.5 万人，律师业四十年之变》，搜狐网 2018 年 8 月 25 日发布。

② 1979 年 7 月 7 日《中华人民共和国刑事诉讼法》第 8 条规定了被告人的辩护权，为律师及律所数量的发展提供了根据。

③ 张羽：《从 0 人到 36.5 万人，律师业四十年之变》，搜狐网 2018 年 8 月 25 日发布。

法律工作者",把律师当作国家公务员纳入司法行政机关的内部编制,体现并强调了当时律师的"公务员"身份。律师经费列入国家事业预算,律师收费统一上缴国库。律师工作具有公益性和行政性,不具有营利性。其任务是为国家机关、企业事业单位、社会团体、人民公社和公民提供法律帮助,以维护法律的正确实施,维护国家、集体的利益和公民的合法权益。①

这样定位的原因主要有两个方面:首先,可以充分利用国家的力量和资源推动律师业的发展。十年"文革"浩荡,我国律师制度全面崩溃,1979 年进入重建阶段后,整个律师行业百废待兴,律师制度处于一片空白状态,因而将律师定义为"国家法律工作者",由国家包办、司法行政机关进行统一管理在当时具有政治优势和人财物优势。其次,强调律师与法官、检察官享有同等的法律地位,律师接受当事人的委托处理案件,是为了维护国家的利益,为了稳定社会秩序,是为国家服务。在当时社会对律师职业了解不够、理解不够的情况下,有利于提高律师的社会地位,有利于排除律师执业行为中遇到的阻力。

随着社会主义市场经济的提出和发展,中国市场迸发出前所未有的生机与活力,原有的定位已不适应当时的环境,反而限制了律师行业的发展。因此,1996年《律师法》改变了"国家法律工作者"的定性,将律师定位为"依法取得律师执业证书,为社会提供法律服务的执业人员"②,即"社会法律工作者"。这是对《律师暂行条例》律师属性的重大突破,至此律师的性质从国家公职人员向社会工作者转变。

(二) 律师的执业机构

《律师暂行条例》第 13 条规定律师执行职务的工作机构是法律顾问处,法律顾问处是事业单位。1983 年 7 月 15 日,深圳市蛇口律师事务所正式挂牌成立,成为中华人民共和国第一家律师事务所,它是中华人民共和国首个以"律师事务所"这一符合国际惯例的名称挂牌开业的机构。1984 年,"律师事务所"这一名称逐渐取代了"法律顾问处"的称谓,至此,以律师事务所作为执业机构的序幕拉开了。当时的律师机构在性质上属于国办,由国家财政出资设立,律师拥有编制,司法行政机关对执业机构进行统一的领导与监督。1988 年 6 月 3 日,司法部下发《合作制律师事务所试点方案》,标志着我国的律师执业机构不再只是国办,律师可以

---

① 参见《律师暂行条例》第 1 条。
② 参见 1996 年《律师法》第 2 条。

建立不占编制、自负经费、自担盈亏、独立承担责任的合作制律所。① 实际上在该方案发布之前，合作制律所已经进行了改革试点，这在很大程度上调动了律师的积极性，合作制律师事务所也开始出现在大众视野中。据统计，1993 年间，我国已有合作制律师事务所 505 家，在全国律师事务所中占比 9.85%。②

1993 年 12 月 26 日，司法部发布并实施《关于深化律师工作改革的方案》，要求不再使用生产资料所有制和行政管理模式界定律师机构的性质，发展不占编制和经费的自律性律师事务所；采取多种形式，建立适应社会主义市场经济的律师组织机构。③ 在这一时期，律所改制迎来曙光，合作制所与合伙制所大量创立。如果说上一次合作制改革激起了律师自主执业的激情，那么这次合伙制的提出掀起了整个律师行业所制改革的热潮，如今中国顶尖的律所，比如段和段、金杜、大成、中伦等律所都是在这一时期建立的。

（三）律师行业的管理体制

我国律师行业的管理体制最初见于《律师暂行条例》第 13 条中，其第 2 款是这样表述的："法律顾问处是事业单位。受国家司法行政机关的组织领导和业务监督。"因而我国律师行业的管理模式实行的是由司法行政机关对整个行业进行统一管理的行政模式，虽然律师协会在此时已然存在，但《律师暂行条例》第 19 条仅规定其社会团体的性质与交流联系的职责，并未赋予其管理职能。④ 1986 年 7 月，全国律师代表大会召开，中华全国律师协会成立，并对律师行业进行管理。虽然司法行政机关与律师协会共同管理的模式初露端倪，但在实践中律师协会并未发挥实质性作用。

1993 年 12 月 26 日，司法部发布《关于深化律师工作改革的方案》，强调建立行政管理与行业管理的模式，由司法行政机关对律师工作进行宏观管理。⑤ 1995 年 7 月 13 日，第三次全国律师代表大会的召开也要求建立新的律师管理体制，并强调其是律师工作改革的重中之重。肖扬部长在讲话中指出，尽快建立司法行政机关的行政管理与律师协会行业管理相结合，并逐步过渡为司法行政机关领导下的

---

① 《合作制律师事务所试点方案》（1988 年 6 月 3 日）。合作制律所是由律师人员采用合作形式组成为国家机关、社会组织和公民提供法律服务的社会主义性质的事业法人组织。

② 吕立山、史建三编著：《引领中国律所现代管理的探索》，法律出版社 2009 年版，第 15 页。

③ 《司法部关于深化律师工作改革的方案》（1993 年 12 月 26 日）。

④ 《律师暂行条例》第 19 条并未将律师协会纳入与司法行政机关共同管理的范畴，仅仅具有制定律师章程、交流工作经验与增进法律工作者联系的职能。

⑤ 《司法部关于深化律师工作改革的方案》（1993 年 12 月 26 日）。

律师协会行业管理的体制。① 会议突出律师协会在行业中的管理地位,强调其自律性。由此,司法行政机关和律师协会两结合管理体制正式确立,1996 年《律师法》第 4 条、第 40 条从法律上正式确认了此种管理体制。

(四) 法律援助制度的提出与建立

法律援助发源于中华人民共和国成立以后,但当时并没有作为一项制度适用,仅仅在法律中出现相关字眼,其真正建立可追溯到改革开放时期。② 法律援助制度的出现与市场经济运行、律师制度改革息息相关。市场经济背景下,缺乏经济基础的贫困地区和家庭尚无能力委托律师进行辩护,而律师制度的改革恰好成为解决这一问题的契机。

1994 年 1 月,肖扬部长首次提出全新命题——"建立和实施中国的法律援助制度"。法律援助在全国范围内的试点工作正是从 1994 年开始的,北京、广州等大城市纷纷设立法律援助基金,其他地区也紧跟试点步伐,比如宁夏银川、青海西宁在 1996 年便成立了法律援助中心。此外,在试点期间,安徽、江苏、四川三省可算全国省级(不包括直辖市)法律援助工作的首批探索者。1996 年 3 月 17日,我国《刑事诉讼法》修改,并于 1997 年 1 月 1 日起生效执行,其明确提出"法律援助"的表述,与 1979 年《刑事诉讼法》相比,法律援助的范围更加广泛。③ 1996 年我国首部《律师法》的出台,更是以专章形式对其作了明确规定,我国的法律援助制度初步建立起来。④ 顶层设计仅仅为法律援助提出了规范和要求,归根结底还需要实践和落实。因此,1996 年成立的国家援助中心筹备组致力建立国家法律援助中心和中国法律援助基金会,为法律援助在全国的推行和适用提供了机构和资金保障。⑤

二、初步发展与攻坚期(1997—2011 年)

至 1996 年《律师法》出台,我国律师制度改革的第一阶段宣告结束,开始进入初步建设与攻坚期。2001 年 12 月 11 日,中国正式加入世界贸易组织,对于律

---

① 郭建梅:《律师工作改革的重大举措——第三次全国律师代表大会纪实》,《中国律师》1995 年第 8 期,第 8 页。

② 在 1954 年《人民法院组织法》第 7 条、1979 年《刑事诉讼法》第 27 条中都涉及法律援助的内容,但当时的表述是"指定辩护"。

③ 参见 1996 年《刑事诉讼法》第 34 条。除了公诉人出庭公诉,而被告人没有委托辩护人以及聋、哑、未成年人没有委托辩护人的情况外,1996 年《刑事诉讼法》增加盲人、可能被判处死刑的被告人未委托辩护人而为其指定法律援助律师的规定。

④ 参见 1996 年《律师法》第 6 章。

⑤ 国家法律援助中心于 1996 年 12 月成立,中国法律援助基金会于 1997 年 3 月成立。

师行业而言，既是机遇，亦是挑战。机遇意味着将有更多中国律师"走出去"，通过创办分所、处理更多的涉外案件，学习外国律师制度的先进之处；挑战意味着在加入 WTO 之前，我国律师的业务范围主要局限于国内，对于涉外案件接触较少，且入世后更多外国律所涌入中国市场，怎样不断强化律师的业务能力和提升竞争力，让外商给予充分的信任，是中国入世以后需要面对并解决的难题。因此，国内诸多律所开始改革内部，通过引进海外人才为律师界注入新鲜血液，同时在沿海地区和国外建立分所拓展自己的业务范围和领域。

党的十六大、十七大提出推进、深化司法体制改革，作为司法改革重要组成部分的律师制度改革也与其同向同行，我国律师制度改革的步伐迅速向全国迈进。总体而言，这一时期中国律师制度改革主要围绕《律师法》的几次修改以及法律援助工作的开展进行。

（一）《律师法》的修改

1996 年至 2011 年间，我国对《律师法》分别进行了两次修改，第一次由全国人大常委会于 2001 年 12 月 29 日发布实施，第二次由第十届全国人大常委会第三十次会议于 2007 年 10 月 28 日通过，2008 年 6 月 1 日起正式施行。在律师执业条件上，2001 年《律师法》要求律师资格的获得必须通过国家司法考试，取代了 1996 年《律师法》的律师资格考试，同时提高了资格授予的门槛和条件。具体而言，2001 年《律师法》要求高等院校法律专业本科以上学历，而 1996 年《律师法》仅要求专科以上学历，同等专业水平经考试合格也可获得律师资格；此外，从"其他专业本科以上学历"到"其他专业本科以上学历具有法律专业知识"的转变也可发现，2001 年后律师资格的授予越发严格。① 2007 年《律师法》沿用国家统一司法考试，将其作为申请律师执业的条件之一。

在律师的定位上，1996 年与 2001 年保持一致，而 2007 年《律师法》改变了之前对律师性质的定位，其第 2 条将律师界定为"依法取得律师执业证书，接受委托或者指定，为当事人提供法律服务的执业人员"，将"为社会提供法律服务"改为"为当事人提供"，强调当事人本位的重要性；同时第 2 款强调"律师应当维护当事人合法权益，维护法律正确实施，维护社会公平和正义"，赋予律师"维护社会公平和正义"的责任。

《律师法》都以专章形式明确了对律师事务所的相关规定，在律所的设立条件上，2001 年《律师法》未作修改，只要求具有律所名称、住所、章程以及十万元

---

① 参见 1996 年《律师法》第 6 条、2001 年《律师法》第 6 条。

以上人民币的资产；2007 年《律师法》取消资产的固定数额，具体由国务院司法行政部门规定，同时新增"设立人应当具有一定执业经历，且三年内未受停止执业处罚"的要求。① 在律师执业机构的形式上，1996 年和 2001 年《律师法》规定了国资、合作和合伙三种形式；2007 年《律师法》经修改保留了国资和合伙制律所，取消合作制，代之以个人制律师事务所。同时，合伙制律所可以通过普通合伙或者特殊的普通合伙两种形式设立。② 这一规定又将律所改革推向了高潮，许多普通制合伙律所纷纷改制为特殊的普通合伙形式。

（二）《法官法》《检察官法》对司法考试的要求和影响

2001 年 6 月 30 日，全国人大常委会发布《法官法》（2001 年修正），对初任法官的选拔提出了新的要求。其第 12 条规定初任法官采用严格考核的办法，按照德才兼备的标准，从通过国家统一司法考试取得资格，并且具备法官条件的人员中择优提出人选。此外，附则部分第 51 条要求对初任法官、检察官和取得律师资格实行统一的司法考试制度。同日发布的《检察官法》（2001 年修正）与《法官法》的要求一致，即初任检察官必须通过国家统一司法考试。③ 在此之前，国家最初对法官的选任主要体现在 1979 年 7 月 5 日由全国人大常委会发布并于 1980 年 1 月 1 日起施行的《人民法院组织法》中，当时对法官资格的条件只限定于年满 23 周岁有选举权和被选举权、未被剥夺政治权利的公民。全国人大常委会于 1983 年 9 月 2 日修订的《人民法院组织法》也只新增了"人民法院的审判人员必须具有法律专业知识"的要求，而《人民检察院组织法》对检察人员专业水平方面的任职资格未作明确规定。④ 实际上中华人民共和国成立初期，法官、检察官主要由转业军人担任，任职标准缺乏专业性。

1995 年 2 月 28 日，全国人大常委会颁布《法官法》《检察官法》，并于 1995 年 7 月 1 日起施行，明确采用公开考试、严格考核的方法进行选拔，首次确立了初任法官、检察官的考试制度。⑤ 但该考试只针对法院和检察院内部，考试内容、流程等又缺乏具体和统一的标准，其专业性和规范性不强。因此，2001 年《法官法》《检察官法》提出初任法官、检察官须通过国家统一的司法考试，确定司法考试条件与其他可以担任法官、检察官条件这一双重标准，完善了法官、检察官的职业

① 参见 1996 年、2001 年《律师法》第 15 条，2007 年《律师法》第 14 条。
② 参见 2001 年《律师法》第 16、17、18 条，2007 年《律师法》第 15、16、20 条。
③ 参见 2001 年《检察官法》第 13 条、第 54 条。
④ 参见 1979 年《人民法院组织法》第 34 条、1983 年《人民法院组织法》第 34 条。
⑤ 参见 1995 年《法官法》第 12 条、1995 年《检察官法》第 13 条。

准入制度，具有里程碑的意义，对司法队伍的构建也提出了更严格、更专业的要求。

（三）法律援助的开展

法律援助制度在立法形式上已经确立起来，但由于缺乏具体程序，其法律规定偏向原则与抽象，导致实践中难以适用，可操作性不强。一方面，最高人民法院、司法部于1997年4月9日发布《关于刑事法律援助工作的联合通知》，以便更有效地适用《刑事诉讼法》中有关法院指定律师提供辩护的规定。《关于刑事法律援助工作的联合通知》明确了法院指定辩护时由法院所在地的法律援助机构统一接受并组织实施，并说明了法律援助的对象与范围。① 另一方面，法律援助在各个地区适用标准不统一，制定全国范围内统一适用的具体规范势在必行，因而《司法部关于开展法律援助工作的通知》在1997年5月20日随之发布，对法律援助的对象、范围、形式和程序等方面进行了规定，对之前各地区的不同标准进行了统一整合，使得法律援助的适用更加规范。

2003年7月21日，国务院发布《法律援助条例》，自2003年9月1日实施，该条例对法律援助制度进行了细化，共6章31条，主要内容涵盖法律援助的范围、申请、实施和责任。至此，法律援助工作在全国进一步推进。

三、全面推进新时期（2012年至今）

2014年10月20日，十八届四中全会召开，同月23日发布的《中共中央关于全面推进依法治国若干重大问题的决定》提出要高度重视法治建设，使民主制度化、法律化，增强全民法治观念。② 十八大以后，我国律师制度改革进程全面向前推进，在诸多方面取得突破性成就，律师制度发展又一次踏上新征程。2015年9月15日，深改组审议通过《关于深化律师制度改革的意见》，对执业保障、管理制度、律师队伍等方面作出全面部署。在保障律师执业权利方面，除了《关于深化律师制度改革的意见》有涉及外，2015年9月16日"两高三部"印发的《关于依法保障律师执业权利的规定》，分别就会见权、阅卷权、取证权等进行了规定。③ 2017年，律师改革工作在全国进一步展开，同时发布了一系列相关文件，主要涉及律师执业行为的规制。在律师队伍上，《中共中央于全面推进依法治国若干重大

---

① 《最高人民法院司法部关于刑事法律援助工作的联合通知》（1997年4月9日）。
② 《中共中央关于全面推进依法治国若干重大问题的决定》，《中国法学》2014年第6期，第14页。
③ 《关于深化律师制度改革的意见》（2015年9月15日）、《关于依法保障律师执业权利的规定》（2015年9月16日）。

问题的决定》和《关于深化律师制度改革的意见》对法治队伍建设，包括职业道德、业务水平等都提出了新要求。[①]

（一）律师执业权利的保障

律师的执业权利与当事人权利息息相关，基于律师工作的依据来源于当事人委托，因此律师执业权利是当事人权利的延伸。如果公开抗辩，律师可以自由行使执业权利的话，两者之间最终是可以互相制衡的，法官也很难徇私枉法，但如果不具备符合法律理念的对话环境，律师的行为方式就很容易倾向于进行暗盘交易。[②] 因此，律师拥有充分的执业权利是实现司法公正的有效手段。怎样有效保障律师执业权利从律师制度恢复发展时起就是一个难题。

一直以来，我国都存在律师取证难、阅卷难、会见难"三难"问题，为深入贯彻《中共中央关于全面推进依法治国若干重大问题的决定》的相关精神，2015年通过的《关于深化律师制度改革的意见》将律师执业权利的保障列为首位，具体提出六方面的要求：第一，要保障律师诉讼权利，将律师的会见权、阅卷权、取证权落实到实处；第二，要便利律师参与诉讼，完善律师接待服务措施，方便律师开展法律工作；第三，要加强对律师执业权利的救济，对侵害行为进行处理并追究责任；第四，要建立健全政府购买法律服务机制，将政府机关法律顾问和化解、代理涉诉信访案件的律师等纳入政府购买法律服务的范畴；第五，要完善律师行业财税和社会保障政策；第六，要为律师法律工作开展营造良好的执业环境。

"两高三部"《关于依法保障律师执业权利的规定》突出保障律师的执业权利，以问题为导向重点解决律师会见难、阅卷难和取证难，并对知情权、申诉权等问题作出规定。2017年中国司法改革年度报告总结了一年间律师制度的相关改革举措，在2016年的基础上深入推进执业权利的保障以及律师行业管理制度的完善。[③]在司法行政改革方面，《关于建立健全维护律师执业权利快速联动处置机制的通知》于2017年4月出台，要求法院、检察院、公安、国安、司法行政机关和律师协会形成快速联动处置机制，建立律师执业权利受到侵害的救济途径和渠道，力求相关部门及时受理、处置。[④] 可见，对律师执业权利的保障已经纳入了我国司法

---

① 《律师执业行为规范》（2017年3月20日）、《律师协会会员违规行为处分规则（试行）》（2017年3月20日）、《律师协会维护律师执业权利规则（试行）》（2017年3月20日）。

② 季卫东：《大变局下的中国法治》，北京大学出版社2013年版，第190页。

③ 徐昕、黄艳好：《中国司法改革年度报告（2017）》，《上海大学学报（社会科学版）》2018年第2期，第1页。

④ 《关于建立健全维护律师执业权利快速联动处置机制的通知》（2017年4月14日）。

体制改革的重点中，这对于更大限度地保护当事人权利、促进法治进步进到了积极作用。

（二）律师执业管理制度

律师行业需要健全的管理制度进行规范和协调。近年来，律师制度改革也强调将律师执业的管理制度放在突出位置。比如 2015 年发布的《关于深化律师制度改革的意见》，对律师执业的管理制度从多角度提出了要求：一是关于行为规范，通过完善相关规章制度来规范律师的执业行为，同时提出对律师及事务所的违法违规行为进行惩戒和处罚；二是关于惩戒制度，内容主要包括律师执业不良及违法行为的投诉、受理和处置程序，建立惩戒信息的公布及查询制度；三是关于职业评价，主要涉及对律师及事务所业务水平的考核及评价机制；四是关于管理体制，要求坚持司法行政机关行政管理和律师协会行业管理的管理体制，加强司法行政机关的监督和管理职责，强化律师协会在管理体制中的作用。一方面要切实维护律师利益，一方面要规范律师执业行为，有效联结和沟通律师、事务所与党和政府之间的关系，加强相互间的联系。①

2017 年中国司法改革年度报告中显示，强化律师行业的管制和惩戒是司法行政改革的重要部分。② 3 月 20 日，全国律协相继发出《律师执业行为规范》《律师协会会员违规行为处分规则（试行）》《律师协会维护律师执业权利规则（试行）》三个文件，对律所及律师在执业过程中的相关行为进行规范，并针对律师违规行为提出处理办法及惩戒措施，细化了处理与惩戒的种类和处分措施。《关于深化律师制度改革的意见》以及律协的相关文件表明我国致力于建立更加规范、科学的律师管理制度。

（三）律师队伍建设

律师是法治工作队伍的重要组成部分，建设一支"数量与质量并驾齐驱"的律师队伍是我国司法体制改革与法治建设所不可或缺的，同时也是象征我国法治文明的重要标志。我国刑辩律师比例一直偏低，其中受到执业环境险峻、执业权利无法得到有效保障等因素的影响。在律师制度恢复之期，由于律师数量奇缺，当时的各项举措基本都围绕怎样充实律师队伍展开。随着我国法治工作的开展以及律师人数的饱和，律师队伍建设开始从数量向质量侧重，《中共中央关于全面推

---

① 《司法部负责同志就〈关于深化律师制度改革的意见〉答记者问》，《中国律师》2016 年第 6 期，第 11 页。

② 徐昕、黄艳好：《中国司法改革年度报告（2017）》，《上海大学学报（社会科学版）》2018 年第 2 期，第 15 页。

进依法治国合同若干重大问题的决定》提出"全面推进依法治国，必须大力提高法治工作队伍的思想政治素质、业务工作能力、职业道德水准，着力建设一支忠于党、忠于国家、忠于人民、忠于法律的社会主义法治工作队伍"。为了落实中央的精神，2015 年 9 月 15 日，中央深改小组会议通过《关于深化律师制度改革的意见》，强调思想建设在律师队伍建设中的关键地位。在职业道德方面，提出培训与信息公开制度；业务水平上，需要加强法律服务能力；人才建设上，优化律师队伍结构，建立社会、公职与公司律师，协调法律服务分配不均问题，构建新形势下面向世界的涉外律师队伍；同时提出将党的建设纳入律师行业的发展进程中。[①] 律师队伍需要足够数量与相当质量的律师共同组成、共同发展，在新时代，要求我们更为重视提升律师队伍的质量，培养更专业的法律人才，优化律师队伍的结构。

（四）法律援助的深入推进

此阶段的律师制度改革国家再一次加大法律援助力度，力求将法律援助真正落到实处。2012 年 3 月 14 日，全国人民代表大会对《刑事诉讼法》进行第二次修正，将法律援助的范围从经济困难、盲、聋、哑、未成年、可能判处死刑的被告人扩大到尚未完全丧失辨认或控制自己行为能力的精神病人以及可能判处无期徒刑的犯罪嫌疑人、被告人；同时其第 34 条第 1 款取消"公诉人出庭公诉的案件"的限制，将法律援助从审判阶段提前到侦查和审查起诉阶段。

为切实维护和保障当事人的诉讼权利，2017 年国家相继出台多部关于法律援助工作的文件。2 月 17 日司法部印发《关于律师开展法律援助工作的意见》，提出创新工作机制、加强律师法律援助的保障。此外，设立法律援助便民服务窗口和"12348"法律服务热线，为当事人提供便利的法律咨询服务。10 月 11 日《关于开展刑事案件律师辩护全覆盖试点工作的办法》出台，要求为没有辩护人的犯罪嫌疑人、被告人提供辩护和法律援助，力求做到法律援助的全覆盖；提出将法律援助适用到普通程序审理的一审、二审、再审案件以及简易程序、速裁程序审理的案件。[②] 法律援助制度的建立是律师制度改革的重大成就，它表明律师在全面依法治国中的地位和作用越来越重要。

法律援助工作开展过程中的另一重大举措就是值班律师制度的提出与建立。值班律师制度最早的试点工作开始于 2006 年，首先在河南省开展，后逐步推广到

---

① 《中办国为印发〈关于深化律师制度改革的意见〉》，《中国律师》2016 年第 6 期，第 8 页。
② 《最高人民法院、司法部关于开展刑事案件律师辩护全覆盖试点工作的办法》（2017 年 10 月 11 日）。

20 个市县，司法部在 2010 年决定将法律援助值班律师制度在全国推行。

　　法律援助值班律师制度的发展经历了以下过程。2014 年 8 月 22 日，最高人民法院、最高人民检察院、公安部和司法部印发《关于在部分地区开展刑事案件速裁程序试点工作的办法》，提出建立法律援助值班律师制度，犯罪嫌疑人、被告人提出申请的，应当为其指派法律援助值班律师。① 2016 年 10 月 11 日，"两高三部"发布并实施《关于推进以审判为中心的刑事诉讼制度改革的意见》，在以审判为中心的刑事诉讼制度改革中，明确应完善法律援助制度，并要求法律援助机构在看守所、法院派驻值班律师。② 2016 年 11 月 16 日，"两高三部"《关于在部分地区开展刑事案件认罪认罚从宽制度试点工作的办法》第 5 条第 2 款指出："犯罪嫌疑人、被告人自愿认罪认罚，没有辩护人的，法院、检察院和公安机关应当通知值班律师为其提供法律咨询、程序选择、申请变更强制措施等法律帮助。" 此外，强调在侦查和审查起诉阶段应当听取值班律师的意见。③ 可见，我国值班律师制度已纳入认罪认罚从宽的适用当中。2017 年 8 月 29 日，"两高三部"联合下发《关于开展法律援助值班律师工作的意见》，明确法律援助值班律师提供法律咨询的职责，并提出组建法律援助值班律师库。④ 法律援助值班律师制度的施行成效显著，截至 2017 年 9 月，全国已建立 103 个值班律师工作站，仅 2017 年 7 月，北京市法律援助值班律师工作站就解答法律咨询 1530 人次。⑤ 2018 年 10 月 26 日，全国人大常委会通过第三次修正的《刑事诉讼法》，将值班律师制度写入立法，规定了值班律师具有法律帮助的职责。⑥ 第一时间为当事人提供初步的法律帮助是值班律师制度设立的初衷，正如司法厅法律援助中心主任说："犯罪嫌疑人被羁押后，没办法第一时间聘请律师寻求法律帮助，到案至辩护律师到位前存在空白时段，法律咨询对此时'手足无措'的犯罪嫌疑人来说格外急迫。"⑦ 这正是值班律师制度的作用所在。

　　2021 年 8 月 20 日，十三届全国人大常委会第三十次会议表决通过《中华人民

---

　　① 最高人民法院、最高人民检察院、公安部、司法部印发《关于在部分地区开展刑事案件速裁程序试点工作的办法》第 4 条（2014 年 8 月 22 日）。

　　② 《关于推进以审判为中心的刑事诉讼制度改革的意见》（2016 年 10 月 11 日）。

　　③ 《两高三部关于在部分地区开展刑事案件认罪认罚从宽制度试点工作的办法》（2016 年 11 月 16 日）。

　　④ 《关于开展法律援助值班律师工作的意见》（2017 年 8 月 29 日）。

　　⑤ 樊崇义：《司法改革背景下的律师法修改》，《人民法治》2018 年第 3 期，第 64 页。

　　⑥ 高一飞：《名称之辩：将值班律师改名为值班辩护人的立法建议》，《四川大学学报（哲学社会科学版）》2019 年第 4 期，第 126 页。

　　⑦ 姜姗姗：《打通当事人获得法律援助"最后一公里"》，新浪网 2018 年 11 月 5 日报道，最后访问日期：2019 年 3 月 22 日。

共和国法律援助法》，自 2022 年 1 月 1 日起施行。法律援助法进一步拓宽了提供法律援助的渠道，动员更多力量参与，大致明确了三个渠道：司法行政部门设立的法律援助机构指派律师、基层法律服务工作者、法律援助志愿者，或者安排本机构具有律师资格或者法律执业资格的工作人员提供法律援助；工会、共青团、妇联、残联等群团组织参照本法规定开展的法律援助工作；法律援助志愿者包括高等院校、科研机构从事法学教育、研究工作的人员和法学专业学生，以及其他符合条件的个人依法提供法律援助。不同渠道的法律援助工作，都接受司法行政部门的指导和监督。法律援助人员可以根据实际情况，采取多种形式为当事人提供法律援助。《法律援助法》还明确法律援助工作的财政保障、实现刑事案件律师辩护全覆盖的机制保障、保障当事人更便利地获得法律援助的程序保障。

四、我国律师制度改革的发展前景与展望

我国的律师制度改革是具有中国特色的律师制度改革，是被纳入司法改革整体框架中的一部分。综观数十年取得的重大成就，律师制度日臻完善，但是改革过程中存在的不足仍需要我们进行反思，未来的改革将会致力于不足，不断攻坚克难，最终构建成具有中国特色的社会主义律师制度。

（一）两结合管理体制进一步完善

两结合管理体制是符合中国实际的，在实施的同时也应改善其不足，最重要的就是要明确司法行政机关和律师协会的关系以及二者的职能分工。

我国现行《律师法》已经规定司法行政机关对律师协会进行监督和指导，而不是领导与被领导的关系，这是我们在现实管理中需要落实的。作为行业自律性组织的律师协会，担负律师权益保护以及律师执业行为规制的职责，其在管理体制中应该发挥特有作用，强化自己对律师行业的自治管理，改变作为司法行政机关下属的现实状态。

二者的各自职责应该分工明确，防止缺位或交叉。司法行政机关在管理体制中往往处于领导核心地位，而忽视了律师协会行业管理的功能，在今后我们可以对二者的地位进行调整，进一步强化律协的自治管理。二者的职能可以细化为：司法行政机关对律师行业进行宏观管理，主要是监督和指导律师、律协工作的进行；由律协对行业进行微观管理，主要负责保障律师权利、职业道德建设以及监督和惩戒律师的不良执业行为。

（二）律师队伍整体素质进一步提升

目前，我国已形成一支较为庞大的律师队伍，截至 2019 年年底，全国共有执

业律师 47.3 万多人，比 2018 年底增长了 11.8%，律师队伍的建设不应只重视数量，同时要提高质量。

未来的律师队伍建设需要着重提升律师的业务水平和职业道德，同时优化律师队伍结构。我们需要贯彻执行十八届四中全会以及相关文件的精神，构建优势互补、结构合理的律师队伍，提高律师队伍业务素质。此外，逐步解决高端律师人才匮乏问题，建设通晓国际法律规则、善于处理涉外法律事务的涉外人才律师队伍。[1] 在律师的业务能力水平以及职业道德方面，司法行政机关可以提高准入门槛，律所和律协在日常管理时也应定期开展业务素质、职业素质的培训，建立科学的执业评价机制；优化律师队伍结构，形成以社会律师、公职律师、公司律师为主体的结构体系。建设一支"忠于党、忠于国家、忠于人民"的高素质的律师队伍是未来需要努力的目标。

（三）律师执业权利和环境进一步改善

最近几年，律师执业权利的保障成为我国律师制度改革的关键部分，2015 年《关于深化律师制度改革的意见》将律师执业权利列为首位，提出五个方面的要求，包括律师的诉讼权利、保障政策以及执业环境等，对于维护律师权益起到了积极的导向作用。随后，《关于依法保障律师执业权利的规定》于 9 月 16 日出台，与《关于深化律师制度改革的意见》相比，该规定更具有针对性，且对相关方面作了细化规定，内容不仅涉及律师的执业权利，还对保障措施、救济渠道以及责任追究提出了相应的处理办法。[2] 我国现行《律师法》也以专章形式列举律师权利，力求解决会见难、阅卷难、取证难的"三难"问题。至少可以说，国家从顶层设计上对律师执业权利以及执业环境进行了详细设计，需要解决的就是如何落实到位、如何贯彻执行。在将来，我们需要全面落实现有制度和机制，进一步改革制度和机制，努力改善中国律师的执业环境。

（四）律师行业进一步对外开放

随着中国 2001 年加入 WTO、2013 年"一带一路"倡议的提出以及 2015 年亚投行的建立，中国律师开始迈出国门、走向世界，在国际法律平台上活跃起来。最近几年的国际会议中，更多的中国律师出现在大众视野中，话语权得到了很大程度的提升。外国也加强与中国律师行业的交流与联系，根据司法部统计，截至 2019 年年底，共有来自 23 个国家和地区的律师事务所在中国设立了 303 家代表机

---

① 《中办国办印发〈关于深化律师制度改革的意见〉》，《中国律师》2016 年第 6 期，第 8 页。
② 《关于依法保障律师执业权利的规定》（2015 年 9 月 16 日）。

构，中国律师在境外设立分支机构共 154 家。① 在国际法律服务市场的局部区域中，我国目前已形成"云南唯真纵横东南亚，上海兰迪在南亚次大陆所向披靡，德恒、段和段扼守中亚，大成、盈科分所扩张各大洲"的态势。

新格局下，中国律师行业将进一步对外开放，中国律师未来亦将在国际舞台上扮演重要角色。一方面，要求我们在走出国门的同时积极借鉴和吸收外国律师行业发展的先进之处，不断充实本国律师制度，形成具有中国特色的优质全新品牌。中国将与外国律所及律师进行公平竞争，互相借鉴交流，抢占国际法律服务平台的制高点。另一方面，律协也将"走出去"，更多地对外进行交往。中国律协通过建立跨境律师人才库，加强与周边国家的合作与交流，为"一带一路"国家提供法律支持，未来将参加更多的国际会议，增大在国际律师协会中的作用，为中国律师行业创建竞争力和影响力。中国的律师行业要在习近平总书记"构建人类命运共同体"重要论述的指导下，同外国律师界共谋发展、共同进步。

小结

党的十八届三中全会《中共中央关于全面深化改革若干重大问题的决定》要求："加强职业道德建设，发挥律师在依法维护公民和法人合法权益方面的重要作用。"② 建设社会主义律师制度，发挥律师在法治建设中的作用，是新时代全面依法治国新理念新思想新战略的一部分。

习近平总书记对律师制度作过很多重要论述。律师队伍建设是律师制度发展的前提，习近平总书记指出："全面推进依法治国，必须着力建设一支忠于党、忠于国家、忠于人民、忠于法律的社会主义法治工作队伍。要加强理想信念教育，深入开展社会主义核心价值观和社会主义法治理念教育，推进法治专门队伍正规化、专业化、职业化，提高职业素养和专业水平。要坚持立德树人，德法兼修，创新法治人才培养机制，努力培养造就一大批高素质法治人才及后备力量。"③ 这一讲话，不仅是对政法队伍的要求，也是对律师队伍的要求。律师是社会主义法治队伍的一部分，律师是全面推进依法治国的重要力量，律师是维护当事人合法权益、公平正义的捍卫者。全面依法治国需要我们改革律师制度，培养造就一批高素质的律师人才和后备力量。

律师制度的发展应当坚持以人民为中心。2013 年 2 月 23 日，习近平总书记在

---

① 《2019 年度律师、基层法律服务工作统计分析》，中国律师网 2020 年 6 月 28 日发布。
② 《中共中央关于全面深化改革若干重大问题的决定》，《人民日报》2013 年 11 月 16 日，第 1 版。
③ 习近平：《习近平谈治国理政》（第三卷），外文出版社 2020 年版，第 286 页。

主持中央政治局第四次集体学习讲话中指出："如果群众有了司法需求，需要打官司，一没有钱去打，二没有律师可以求助，公正司法从何而来呢？""要坚持司法为民，改进司法工作作风，通过热情服务，切实解决好老百姓打官司难问题，特别是要加大对困难群众维护合法权益的法律援助。"① 2015 年 5 月 5 日下午，习近平总书记主持召开中央全面深化改革领导小组第十二次会议并发表重要讲话时又指出："要适应困难群众的民生需求，降低门槛，帮助困难群众运用法律手段解决基本生产生活方面的问题。""要通过法律援助将涉及困难群体的矛盾纠纷纳入法治化轨道解决，有效化解社会矛盾，维护和谐稳定。"② 从以人民为中心的律师制度服务人民提出了新的要求。

从十八届三中全会至今，历经 40 多年风雨，中国律师制度从零起步，中国律师行业从衰败到振兴，中国律师队伍从短缺到壮大，中国律师从封闭走向世界！40 年改革历程，中国律师制度走过了恢复建设期、初步发展与攻坚期，并迎来了如今的全面推进新时期，在执业机构、管理体制、法律援助、权利保障以及律师队伍建设等方面取得了巨大进步。习近平新时代全面依法治国的新理念新思想新战略，为中国律师制度的发展指明了前进方向。随着中国特色社会主义进入新时代，我国的律师改革也进入新时期，迎来新气象。

第四节　监狱管理制度改革

改革开放后，我国的监狱制度发生深刻的变化，逐渐由传统向现代化转型，走出了一条中国特色的发展道路。40 年多来，我国监狱事业在管理体制与工作机制、执法规范化、教育改造职能、安全与信息化建设、狱务公开、队伍建设、治理模式等各方面都发生了巨大的变化，取得了显著的成绩。回首走过的不平凡的改革之路，科学总结其经验教训，不仅具有重要的现实意义，也对未来我国监狱事业的发展具有重要的指导作用。

---

① 《依法治国依法执政依法行政共同推进法治国家法治政府法治社会一体建设》，《人民日报》2013 年 2 月 25 日，第 1 版。

② 《把握改革大局自觉服从服务改革大局共同把全面深化改革这篇大文章做好》，《人民日报》2015 年 5 月 6 日，第 1 版。

一、组织机构与管理体制改革

中华人民共和国的监狱工作是在以毛泽东为代表的老一辈无产阶级革命家的直接领导下创建并发展起来的。经过新中国成立初期的努力，初步建立起了社会主义监狱制度，基本搭建起了社会主义监狱的体系。十年动乱，使得刚刚建立起来的监狱制度和体系遭到了严重的破坏。1978 年党的十一届三中全会胜利召开，使党和国家的工作重心转移到社会主义现代化建设上来，也标志着我国改革开放的开始。

（一）组织机构的恢复、重建与完善

改革开放后，我国开始恢复和重建被"文革"破坏的监狱组织机构。1979 年，全国监狱管理机构，即公安部监狱管理局得以恢复，各省（区、市）劳改局以及监狱、劳改队的领导班子得到了充实和加强；积极清理"三种人"①，整顿并纯洁干警队伍；将大批调离或下放的业务骨干调回监狱系统，加强培训；明确了劳改干警的人民警察身份。② 1981 年 8 月，公安部在北京召开"八劳"会议，这是一次承前启后的具有历史意义的重要会议，这次会议对恢复和重建我国监狱各项工作作出了部署。会议决定将省级劳改局升格为地（师）级，局机关内设机构可定为处级；按照"四化"要求，加强领导班子建设等。③ 1983 年 6 月，为适应新的工作形势，按照中央的部署，劳动改造罪犯的工作交由司法部领导管理，这是新时期国家机构改革的一项重要举措。

1983 年 7 月，邓小平同志根据当时各类严重犯罪急剧上升的严峻形势，指示要迅速开展"严打"斗争。"严打"斗争在打击犯罪的同时客观上造成监狱在押人数的急增，至 1983 年年底，全国监狱在押人数净增 30 余万，司法部提出了"收得下、管得住、跑不了、改造好"的总体思路。为解决监狱在押人员急增而导致的场所不足的矛盾，提出了"建、挤、收、分、调"的五字对策，即新建、扩建一些场所，现有场所尽量挤一下，收回一些老场所或社会上下马的单位，分一些犯人到地、市办的监所关押，恢复向边疆调犯等。据此，河南、辽宁、浙江、广东等 14 个省（区），先后办起 130 多所地、市监狱；新疆生产建设兵团恢复劳改局

---

① 三种人是指跟随林彪、江青一伙造反起家的人，帮派思想严重的人，打砸抢分子。

② 贾洛川：《改革开放四十年中国监狱发展的回顾与展望》，《河南司法警官职业学院学报》2018 年第 4 期，第 14 页。

③ 王明迪：《一个甲子的辉煌——新中国监狱工作 60 年的回顾（下）》，《犯罪与改造研究》2009 年第 10 期，第 13 页。

建制，与新疆维吾尔族和青海省劳改局，共同接收内地调犯，至 1984 年年底，共接收调犯 3 万余人。这些应急措施，在一定程度上缓解了监所爆满的压力。为适应斗争需要，财政部和地方财政一次性安排基建投资 5.8 亿元，并恢复了劳改、劳教部门在中央和地方的基建、财务户头，为劳改事业的长远发展创造了条件。①

1994 年 12 月 29 日，第八届全国人民代表大会常务委员会第十一次会议通过了《中华人民共和国监狱法》，该法规定我国监狱的设置、撤销、迁移由国务院司法行政部门批准，监狱设监狱长 1 人、副监狱长若干人，并根据实际需要设置必要的工作机构和配置其他监狱管理人员。监狱的管理人员是人民警察。2012 年 10 月 26 日，第十一届全国人民代表大会常务委员会第二十九次会议通过的《监狱法》修正案，对我国的监狱组织机构设置，作了同样的规定。

目前，我国监狱内部在纵向层级设置上除了江苏、浙江和广东部分地区实行"监狱—监区"二级管理外，全国绝大部分监狱都是实行"监狱—监区—分监区"三级管理模式。在机构设置上，一般由监狱党委、监狱科室、监区等组成。监狱党委一般由领导班子成员构成，就全国基层监狱来看，大致状况是设置监狱长 1 人，政委 1 人，副监狱长若干人、纪委书记 1 人，由以上人员组成党委领导班子。主要职能设置是：监狱党委是全监的领导核心，决定贯彻执行党的路线、方针、政策，执行监狱管理局党委的决议，研究制定监管安全、教育改造、队伍建设、生产经营、后勤管理等方面工作的具体措施，部署年度、阶段性工作；讨论制订监狱发展规划，研究和处理在监狱有重大影响的重点事项决定全监正、副科级干部的任免、调配、奖罚及全体民警职工的调配、奖惩；领导基层党支部建设和民警队伍建设，加强党风廉政建设；承办省监狱管理局交办的其他工作任务。监狱科室主要有监管改造罪犯职能科室，包括狱政管理科、刑罚执行科、教育改造科、狱内侦查科、警戒科、生活卫生科等，这些科室的行为就是狭义的监狱工作；保障职能科室，包括劳动保障科、财务科等，这些科室应该属于监狱内部保障的范围；政工职能科室，包括干部科、宣教科、老干部科、机关党总支等；综合科室，包括办公室、信息科、安全科等；纪检科室，包括纪检、审计等。每个独立的监区又有监区长、教导员、副监区长、安全管理岗位等。

经过数十年的改革，我国监狱形成了相对稳定和完善的组织机构，充分保障了我国监管职能的实施。但是，目前监狱机构内部设置上还存在一定程度的机构

---

① 王明迪：《一个甲子的辉煌——新中国监狱工作 60 年的回顾（下）》，《犯罪与改造研究》2009 年第 10 期，第 14 页。

重叠、职责交叉、政出多门的矛盾等。有学者认为，未来监狱机构改革可以实行大部制，通过扩大一个部所管理的业务范围，把多种内容有联系的事务交给一个部管辖，从而最大限度避免职能交叉、政出多门、多头管理的现象，大大提高效率，降低行政成本。①

（二）管理体制的变革与转轨

经过改革开放，我国监狱成功实现了由"监企社合一"向"全额保障、监企分开、收支分开、规范运行"新型监狱管理体制的转变。由于历史的缘故，我国的监狱大多位于城镇的偏远郊区和荒漠地区，存在交通不便和经济落后等问题，许多监狱为了自身的生存和发展，不得不通过本职工作的劳动改造，依靠自身力量发展企业、社区，最终形成了社会、企业、监狱三位一体的封闭式体系，监狱运行经费基本来自于其自身的经济生产。② 上述监狱管理体制的形成是由当时的环境、技术条件乃至国家的总体战略决定的。当时的这种社会、企业、监狱三位一体的管理模式适应了当时的社会条件，曾为巩固我国人民民主专政、确保国家政治稳定、促进经济建设发挥了重要的作用。

但是，1978 年党的十一届三中全会上邓小平同志提出了建立社会主义市场经济体制的伟大构想，并在实践中不断推进社会主义市场经济的发展。市场经济条件下，企业的发展不再取决于国家统筹、统销的政策，而是取决于市场的竞争力。然而，在"监企社合一"的监狱管理体制下，由于监狱企业的劳动力来自于罪犯，素质和技能相对较低，而且监狱企业设备落后，产品缺乏创新，监狱企业已无法立足于具有强大竞争力的企业市场，监狱企业的发展停滞不前。③ 更为重要的是，"监企社合一"的管理模式异化了监狱职能，弱化了监狱改造质量，影响了监狱执法。因此，"监企社"一体化的管理体制已经无法适应日益发展的市场经济，其弊端日益显露，逐渐到了不得不改的地步。

2001 年，湖南邵东监狱罪犯嫖娼案和辽宁大连监狱"虎豹"案件的发生，进一步促使中央决定在监狱系统进行一场深层次的体制变革。以 2003 年 1 月《国务院批转司法部关于监狱体制改革试点工作指导意见》作为标志，全国性自上而下的监狱体制改革拉开帷幕。随后，根据党中央，国务院的一致安排，司法部确定了重庆、黑龙江、湖北、江西、陕西、上海等省市率先开展试点改革。改革的方向是实现"全额保证，监企分开，收支分开，规范运行"，其内涵主要是，监狱经

---

① 王平、马亮、谢伟才：《监狱机构改革问题的思考》，《中国监狱学刊》2017 年第 2 期，第 48 页。
② 孟凡雪：《监企分开视角下的监狱管理体制改革研究》，辽宁师范大学 2014 年硕士学位论文，第 2 页。
③ 禚洪瑞：《我国监狱管理体制研究》，《新疆警察学院学报》2016 年第 2 期，第 74 页。

费纳入国家财政保障，由财政进行资金支持；将监狱改造犯人的任务与企业的生产任务分开，形成两套管理体制，强化监狱刑罚执行职能；建立监狱执法经费与监狱生产收入分开运行机制，保证执法公正；规范监狱与监狱企业管理体制，为新型监狱管理体制运转提供保障。

从试点成果来看，效果显著。于是 2004 年 8 月末，司法机构试图扩大监狱管理体制改革范围，在辽宁主持召开 8 省（区）扩大会议，把辽宁、吉林、湖南、广西、海南、青海、甘肃、宁夏 8 个省（区）列入第二批监狱管理体制改革扩大试点范围，正式启动监狱管理体制改革试点工作。[①]

2007 年 3 月末，司法部要求全国要努力在 2008 年打破改革束缚的局面，全面推进监狱体制改革，争取在 2010 年达到全国监狱工作的既定目标及任务。

2008 年 6 月下旬，司法部要求全面推进监狱管理体制改革，构建廉洁、文明、公正、高效的先进监狱管理体制。这预示着监狱进入实质的全面体制改革时期。

2011 年全国范围内监狱机构初步完成了两套健全的管理制度，包括监狱改造及企业经营，国内 29 个省市相继成立省级监狱企业集团公司以及对应的子公司，由监狱党委集中领导，监狱企业协调配合，基本完成了监狱与对应企业财务分开，进行单独核算管理。并且，监企分开后，效果良好。以湖北省为例，体制改革以前湖北每年的监狱经费拨款约为 4 亿元，监狱经费严重不足，实施监狱体制改革的当年（2003 年），湖北省中央、省级两级财政保障监狱经费 7.84 亿元，以后逐年增加，到 2009 年监狱经费达到 15.3 亿（包括补发非在汉单位民警津补贴经费），年增幅达到 35%，基本形成了监狱经费由中央和省级财政共同保障的机制。2016 年以来，针对监狱经费财政保障仍然不足的现状，省监狱局党委紧紧抓住省委省政府高度重视监狱工作的机遇，以实现监狱经费全额保障为目标，以实现收支两条线为核心，以推进综合预算改革为牵引，全面深化监狱体制机制改革，前所未有地提升监狱经费财政保障水平。省监狱局党委多次向省委、省政府汇报，将落实在汉及汉外民警奖励性补贴作为推进实施综合预算改革的突破口，综合预算改革取得实质性进展。省政府批准监狱实行"收支两条线"，2017 年全省监狱财政预算达到 45.56 亿元，比 2015 年增加 22.61 亿元。监狱经费由差额保障、监狱企业"补充"，向全额保障、综合预算、真正实现"收支两条线"转变。[②]

监企分开是我国司法体制改革尤其是监狱管理体制改革的重要组成，其改革

---

① 陈志海：《关于监狱体制改革试点问题的调研报告》，《犯罪与改造研究》2006 年第 3 期，第 21－33 页。

② 《改革开放 40 年来湖北监狱工作的回顾与思考，改革开放 40 年来湖北监狱工作的回顾与思考》，司法部官网，访问于 2019 年 1 月 16 日。

是一项复杂的系统工程，涉及监狱和监狱企业的方方面面，不可能一蹴而就。同时，任何监狱管理体制都不可能尽善尽美，都需要结合特定的历史条件进行改革和完善。我们在看到监企分开带来好处的同时，也要认真分析监企分开可能带来的弊端，遵循监狱改造规律，妥善解决好监狱和监狱企业的关系，真正建立起两个相互独立又密切配合的管理关系。

二、布局调整和建设改革

改革开放前，我国监狱布局不太合理，影响了监狱工作的发展；改革开放以后，我国对旧的监狱布局进行了改革和调整，实现了从农村监狱进城、提高关押能力向改善硬件条件、提升监狱建设水平的转变。

中华人民共和国成立初期，按照自力更生、与国家经济建设紧密结合和"不与民争利"的原则，新设立的监狱基本都建在远离城市的偏远地区。这种布局结构在特定的历史时期发挥了重要的作用，反映出当时设置监狱的理念与价值取向，例如在指导思想上，强调罪犯劳动改造，而把劳动片面理解为原始的、简单的体力劳动；在监管上，在偏远地区，犯人一般不容易脱逃，监管的安全度高等。[①]

1978 年党的十一届三中全会召开后，我国市场经济逐渐确立和发展，原有的监狱布局已经越来越不适应形势发展的要求和监狱工作发展的需要，日益成为影响和制约监狱工作发展的突出矛盾。主要表现为：一是监狱地处偏僻发展受限，偏远地区基础设施落后，交通、通信、会见、帮教等困难；二是监狱驻地偏僻自然环境恶劣，安全性差；三是偏僻地区监狱企业发展举步维艰，发生生产困难；四是监狱办社会问题突出，为了生存和生活，地处偏僻地区的监狱需要自办医院、学校、幼儿园等设施，负担沉重；五是我国监狱布局失衡、疏密不均现象严重；六是警察职工工作生活条件艰苦，人才流失严重，警察子女升学就业困难等。以上问题如果不及时解决，将严重影响监狱的发展、安全与稳定，影响罪犯改造质量的提高等。

1983 年开始的"严打"，在押犯人的激增客观上也促使我国监狱布局的局部调整。押犯剧增，监管场所关押容量的不足亟须解决。各地通过场所的回收、新建、扩建、恢复向边疆调犯及地市监狱的创办等有效途径解决了关押容量不足的问题。此过程中，共收回场所 45 个，从 1983 年到 1985 年，全国先后建造犯人监舍 300 多万平方米，改建、扩建、新建直属煤矿 9 个。自 1983 年到 1984 年，河南、山

---

① 万益文、周倩：《我国监狱布局调整的由来、演进及发展趋势》，《中国司法》2008 年第 10 期，第 61 页。

东、浙江、广东、辽宁等14个省（区、市）先后兴办起130多个地市监狱。①

20世纪80年代末至90年末期间，我国处于计划经济向市场经济转型时期，传统监狱布局的矛盾更加凸显。各省（区、市）自发进行了监狱布局调整的有益尝试。

2001年年底，国务院专门召开会议，研究解决监狱布局不合理、监狱建设投入不足、狱政设施陈旧等问题，形成了《关于解决监狱困难有关问题的会议纪要》。纪要明确提出"监狱布局不合理，需要通过搬迁、合并、撤销及新建等手段合理调整监狱布局；监狱建设投入不足，狱（所）政设施破旧，技术装备老化，急需进行改造维修"，并要求"请司法部牵头，会同国家计委、财政部等部门在充分调查研究基础上，提出监狱布局调整方案"。自此，全国监狱布局调整工作的序幕正式拉开了，监狱工作发展迈入了新阶段。

2002年初，司法部正式启动了监狱布局调整工作，提出了全国监狱布局调整的目标，要求和总体规划，旨在通过布局调整使监狱布局更加科学、合理，使关押总量满足需要，建设水平有新的提高。提出在调整过程中要实现"三个转向"，即实现由偏远地区转向城市和交通沿线，由分散转向集中，罪犯劳动由室外转向室内。计划2010年基本完成全国监狱调整工作。

2002年12月，建设部、国家计委批准发布了由司法部编制的《监狱建设标准》，为新建、扩建、改建监狱提供了依据。从2002年以来，中央已投入布局调整资金数十亿元，地方也投入了相应的配套资金，共实施了300多个布局调整项目。青海、四川、湖南、广西、河北、辽宁6个第一批重点省（区）的监狱布局调整工作进展顺利，多数省的调整任务已基本完成。第二批监狱布局调整重点省份河南、云南、内蒙古、安徽、贵州、山西、甘肃7省（区）的布局调整工作，正在有序展开。其他省（区、市）的监狱布局调整工作也在稳步进行。② 据统计，截至2005年年底，全国新建监狱24所，迁建监狱26所，改扩建监狱132所，撤销监狱122所。③

为了进一步推进监狱布局调整、监狱体制改革工作，根据国务院领导批示的精神，2006年4月，国务院召开由相关部门参加的研究监狱布局调整、监狱体制改革会议，并形成《研究监狱布局调整和监狱体制改革试点有关问题的会议纪要》

---

① 王福金：《中国劳改工作简史》，警察教育出版社1993年版，第85页。
② 范方平：《与日俱进谱新篇　改革创新促发展——中国监狱的改革和发展》，《中国法律·中英文版》2005年第2期，第6页。
③ 李豫黔：《监狱调研工作的方法及策略研究》，《犯罪与改造研究》2006年第6期，第6页。

（国阅〔2006〕40 号）。该纪要明确了我国监狱布局调整的时间任务和相关的改革措施。2006 年 12 月，全国司法厅局长会议进一步明确了监狱布局调整的目标，即布局合理、规模适度、分类科学、功能完善、投资结构合理、管理信息化。①

经过改革和努力，基本完成预定的布局调整目标，截至 2017 年 12 月，我国共有监狱 680 所，其中未成年人管教所 35 所，女子监狱 37 所，在职监狱警察 31 万名，在押罪犯 160 余万人，监狱大都建在了城市或交通沿线。基本实现了布局科学、合理，关押总量满足需要的预设目标，建设水平也有了新的提高。

三、执法改革

监狱是刑罚执行场所，监狱执法是实现监狱功能的重要保证，监狱执法涵盖了执法对象的各个环节，管理日常起居，组织劳动改造，评定和给予行政奖励等，具有强制性、严肃性、规范性等特征。改革开放以来，监狱执法在执法理念、执法方式、执法公信力等方面发生了巨大的变化，取得显著的成就，实现了由粗放管理、简单执法向依法治监、严格、规范、文明执法的转变。

党的十一届三中全会以前，由于受以阶级斗争为中心和"左"的观念形态的影响，监狱执法的理念总体上认为犯人是敌人，对敌人就要实行专政，实行专政就要严和狠。同时，由于执法的财政保障体制未建立，监狱靠吃"劳改饭"过日子，因此把改造和生产作为监狱的两大基本任务，在一定时期内监狱生产实际上成为主要任务。这一时期的执法总体特征是粗放管理，简单执法。

党的十一届三中全会以后，随着拨乱反正、解放思想的深入发展，在押犯人结构也发生了重大变化，尤其是"八劳"会议的胜利召开，监狱的执法理念逐步发生了重大变化。"八劳"会议科学分析了押犯构成的新变化、新特点，明确在新形势下要继续坚持"改造第一，生产第二"的方针，实行"三个像"和"六个字"政策方法，即"要像父母对待患了传染病的孩子、医生对待病人、老师对待犯了错误的学生那样，做耐心细致的教育、感化、挽救工作"。此次会议以后，监狱执法开始逐渐脱离"左"的思想影响，取而代之的是以人为本、公正执法、保障罪犯人权、教育、感化、挽救等执法理念开始深入人心。

1994 年 12 月第八届全国人大常委会第十一次会议通过了《监狱法》，《监狱法》的颁行具有重大的意义，对监狱执法产生了深远的影响，标志着监狱执法开始走上法治化道路。《监狱法》全面总结了我国监狱工作的经验，借鉴了国外的有

---

① 任希全：《论监狱布局调整的几个问题》，中国政法大学 2010 年硕士学位论文，第 6 页。

益做法，进一步明确了我国监狱工作的指导思想和基本原则，规定了罪犯的权利和义务及改造罪犯的手段，促使监狱工作有法可依，推动了依法治监的进程。

2003 年 12 月，司法部提出了大力推进监狱工作的法制化、科学化、社会化建设，在加快监狱融入社会步伐的同时，也进一步促进了监狱执法向法治化道路的转变。2006 年，中央政法委决定在全国政法系统开展社会主义法治理念教育，对监狱系统的各级领导和广大民警进行了深刻的教育，依法治国、执法为民、公平正义、服务大局、党的领导等社会主义法治理念深入人心。这次集中开展教育，使广大民警的执法理念进一步端正，执法能力进一步增强，执法行为进一步规范，改革方向进一步明确，队伍建设进一步加强。

党的十八大以来，以习近平同志为核心的党中央高度重视监狱工作，把监狱执法工作放在全面依法治国和深入推进司法改革的背景下考虑和谋划，对监狱执法工作作出了重要指示，为新时期我国监狱严格、规范、文明执法指明了方向。2014 年，中央政法委印发了《关于严格规范减刑、假释、暂予监外执行切实防止司法腐败的意见》，特别对职务犯罪、破坏金融管理秩序和金融诈骗犯罪、组织（领导、参加、包庇、纵容）黑社会性质组织犯罪等"三类罪犯"减刑、假释、暂予监外执行的实体条件做出从严规定，坚决杜绝执法不严、严重执法腐败现象。另外，这一时期全国各地的监狱持续开展了"监狱规范管理年""执法规范年"等活动，不断深化执法规范化建设，正确适用刑事、行政奖惩和分级处遇，促进执法规范标准化、执法过程程序化、执法行为规范化、执法效果最大化，有力地提升了监狱执法的公信力。

四、教育改造职能建设与改革

教育改造罪犯工作是监狱工作的核心，是维护监所安全和社会稳定的治本之策。改革开放以来，我国监狱教育改造工作的目标经历了由"重新做人"到"守法公民"的转变，教育改造工作的模式经历了由封闭向社会化、由单一向多元的转变。

其一，改造目标由"重新做人"到"守法公民"的转变。中华人民共和国成立初期，监狱里关押的反革命、敌特和破坏社会主义建设的坏分子比较多。在当时的观念中，犯人就是敌人，突出地强调监狱作为专政工具的性质和职能是必然的选择。在把犯人与敌人完全画等号的年代，在当时特殊的历史条件下，旧的劳改条例无论是结构还是行文都带有很重的强调阶级斗争的痕迹，规定教育改造的目标就是要把罪犯改造成新人，也即重新做人。

改革开放后，中国发生了巨大的变化，监狱管理也发生了巨大的变化。监狱最大的变化是在押人员的变化，属于敌我矛盾的犯人大量减少，属于人民内部矛盾的普通刑事犯罪人员增加，这就要求我们改造犯人的理念必须转变。1994年颁布的《监狱法》对教育改造的目标有了一个新的表述，即"把罪犯改造为守法的公民"。这个目标更规范，更明确，也更便于操作和考核。为此，《监狱法》用专章规定了对罪犯的教育改造和对未成年犯的教育改造，改变了过去对劳动改造的片面强调，把文化知识和技能教育改造摆到了前所未有的重要地位。改造目标的改变，实现了由传统向现代的转变，也促使了改造质量的提高。①

其二，改造模式上实现了由封闭向社会化、由单一向多元的转变。在中华人民共和国成立后的几十年时间里，我国的监狱一直都是半保密单位管理，对罪犯的教育改造工作一直都是在封闭状态下由监狱进行，社会公众对监狱改造工作知之甚少，缺乏了解和认识，更谈不上参与。

改革开放以后，监狱逐渐撕开了神秘的面纱，以社会公共机构的面目开始出现在人们的视线中。1987年中央综治委提出了劳改工作的"三个延伸"，即向前、向外、向后延伸，开始有意识地把监狱工作跟社会融合。此后，罪犯教育的社会帮教工作开始兴起，监狱工作逐步被了解和认识。

1992年，国务院发表了《中国改造罪犯状况》白皮书，向世界表明了我国监狱工作对外开放的姿态和建设现代化文明监狱的决心和信息。1994年12月《监狱法》颁布，该法第61条规定："教育改造罪犯，实行因人施教、分类教育、以理服人的原则，采取集体教育与个别教育相结合、狱内教育与社会教育相结合的方法。"上述规定使监狱工作向社会开放有了明确的法律依据。

2003年12月，司法部又提出了大力推进监狱工作法制化、科学化、社会化的"三化"建设，有力地推动了监狱包括教育改造等工作的社会化步伐。

近年来，监狱充分运用社会资源，积极建立多层次、全方位的社会帮教体系，营造社会化的改造环境，努力促进罪犯改造力量、改造手段、改造内容和监狱后勤保障的社会化，初步实现了监狱与社会的良性互动，社会公众也积极参与对罪犯的教育改造工作，一些包括由法律、教育、医学、社会学、心理学等领域的专业人士组成的社会志愿者队伍开始介入监狱工作，一些学校、企业、职业培训机构等主动融入监狱工作，为罪犯改造服务，监狱也组织部分服刑人员到社会现身说法进行演讲，组织服刑人员艺术团到社会进行汇报演出，一些监狱还积极探索

---

① 赵东：《新中国监狱事业的十大变化》，《中国司法》2011年第6期，第34页。

开放式教育改造罪犯的新思路、新方法，开展了"恢复性司法"和社区矫正等工作，不仅加快了罪犯改造进程，也起到了警示社会、预防犯罪的作用。①

五、安全防范建设与改革

监狱安全是监狱工作永恒的主题，始终是监狱的生命线，是压倒一切的重大任务。改革开放以来，我国监狱总体保持了稳定运行的态势，为社会大局的稳定做出了重要贡献。40多年来，监狱在安全稳定方面积极探索、锐意改革，实现从人防、物防向人防、物防、技防相结合的转变，在安全观上实现了从底线安全观向治本安全观的转变。

中华人民共和国成立初期，由于历史原因，大部分监狱建在比较偏远的地方，基础条件较差，改造经费短缺。有的偏远地区的监狱甚至都没有围墙和铁门、铁窗，大部分监狱还是土房，罪犯劳动也基本上是在开放的室外劳动，有很大的监管安全隐患，安全防范基本上是靠人防。

改革开放以后，我国经济迅速发展，监狱的改造经费逐渐充裕，硬件设置逐渐改善。改革开放以后，随着我国监狱布局的调整及经费的增加，监狱由原来土房变成砖混结构楼房，不但容量增加了，而且有了较为现代化的配套设置，围墙、电网、崭新的伙房、浴室、医院以及禁闭室等，硬件设置如雨后春笋般地建立了起来。安全防范工作有了极大的提高，由过去的单纯的人防变为了人防和物防相结合。

2007年以来，司法部认真贯彻落实党中央、国务院关于信息化工作的决策部署，坚持把信息化作为监狱工作的一项重要任务来抓，制定了《全国监狱信息化建设规划》，编制了全国监狱信息化一期工程项目建议书，并获批全国监狱信息化一期工程立项。后又多次召开全国监狱信息化建设工作会议和全国司法行政信息化建设工作会议，信息化技术在监狱各项工作中得到广泛运用，全国监狱信息技术得到跨越式发展，极大地提高了监狱的安全防范手段，信息化开始逐渐融入监狱安全防范中来。②

党的十八大以后，大数据、人工智能、云计算等新的信息科技开始兴起，逐渐融入了社会的各个领域，监狱安全也开始与大数据结合，通过有效的数据管理、分析与挖掘，形成了大量有用的数据结论与决策辅助信息，有助于构建更加科技

---

① 王志绥：《改革开放以来我国监狱工作的进步与转型》，《中国司法》2011年第7期，第14页。

② 董利、刘威、尚志会、谢小芳、李洪进：《大数据在监狱安全技术防范体系中的应用研究》，《福建电脑》2018年第9期，第18－19页。

化的安全防范体系。近年来，监狱开始坚持用数据说话、用数据决策、用数据管理、用数据创新，不断深化监狱大数据在监狱安全防范体系构建中的应用，开启现代监狱建设崭新篇章。在 2017 年 9 月 30 日召开的科技与信息化领导小组会议上，时任司法部部长张军强调：要加快信息化建设，制定时间表、路线图，实现技术上互联互通，信息共享，形成合力，构建方便统一的信息化系统。要通过信息化建设增强我们的工作能力、认知能力，提升整个司法机关协调、指挥、应对能力，从而带动司法行政相关工作。作为政法机关的前沿阵地，监狱信息化建设已成为监狱危机与安全博弈的战略制高点，切实发挥监狱执法管理平台、政务管理平台、应急指挥平台的信息研判和预警功能，已经成为监狱安全与稳定的重要基石。① 至此，监狱安全也成功地实现了人防、物防向人防、物防、技防相结合的转变。

此外，改革开放以来，监狱在安全观上实现了从底线安全观向治本安全观的转变。改革开放后较长一段时期内，基于当时条件的限制，我国监狱一直秉持的都是"收得下、关得住、跑不了"的底线观，底线安全观重在实现"四无"，即无罪犯脱逃、无重大狱内案件、无重大疫情、无重大安全生产事故发生等。底线安全观在监狱安全治理与建设中曾经发挥了重要的作用，确保了监狱的安全稳定，如近年来我国监狱脱逃犯数量极少，有的年份甚至脱逃人员仅仅是 2 个人。② 但是，随着时代的发展，底线安全观也逐渐暴露出一些不合时宜的缺陷，如底线安全观更倾向于被动防御和应付，追求的是片面、单点、表面及阶段性的安全，这与监狱改造矫正罪犯的初衷是不符的，更与新时代监狱在押犯人结构发生新的变化、监狱安全出现新困难及十九大以来国家推行的总体安全观不符。正如张军所说，监狱不是动物园，不能仅仅满足于罪犯"关得下、跑不了、死不了"，罪犯迟早要放出去，如果罪犯刑满释放以后就危害社会，这不能叫安全。将罪犯改造成守法公民，向社会输送"合格产品"，降低重新犯罪率，以监狱安全促进社会安全，才是"治本"的安全。③ 因此，监狱不能仅仅关注监狱内的安全，也要关注出了监狱的安全，确保改造过的罪犯不再危害社会，减少重新犯罪。

2017 年 5 月，司法部党组会议决定将监狱体制改革纳入司法行政改革任务中去，时任司法部部长张军同志针对监管场所提出，要"从底线安全观向治本安全

---

① 胡敬阳：《大数据时代监狱安全管理的有效路径——以"治本安全观"为导向》，《辽宁警察学院学报》2018 年第 5 期，第 83 页。

② 张晶：《治本安全观的意蕴与新时代监狱工作的进路》，《河南司法警官职业学院学报》2018 年第 1 期，第 13 页。

③ 高贞：《预防犯罪研究 落实治本安全观的思考》，《犯罪改革研究》2018 年第 3 期，第 3 页。

观转变，切实提高教育改造罪犯成为守法公民，加大监管机关体制机制的工作力度"①。治本安全观要求从根本问题着手，从本源之处用力，通过有效治理，消除安全隐患，提高罪犯教育改造质量和监狱管理效能，实现监狱的长治久安。治本安全观的提出，是基于问题导向的现实选择，更是监狱理性的回归。监狱的全部工作要围绕发挥监狱改造人的职能来安排顶层设计、制度建设和机制优化。

当然，治本安全观不是完全否定底线安全观，相反，治本安全观是底线安全观在新时代的升级，没有底线安全，也就谈不上治本安全。不过，就当前来讲，治本安全观是新形势下引领监狱工作创新发展，维护监狱长治久安，提高监狱对罪犯改造质量的新思路、新战略、新举措。深入践行治本安全观不仅是充分发挥监狱职能作用的客观要求，也是监狱工作适应新形势、新任务的内在需要。

六、狱务公开建设与改革

狱务公开，其实是一个中国式的概念。在西方国家，狱务公开归属在政府信息公开中监狱"执法公开"的内容里。在我国，监狱管理局虽然隶属于司法部，是政府的一部分，但其信息公开却不属于政务公开的范畴。不过，不管狱务公开归属如何，因其场所整体上是封闭的，这一执法的特殊性使得狱务信息的公开有着特殊的限度和方式。

依法治国要求必须依法治监，深化司法体制改革理所当然地要改革监狱工作。党的十八届四中全会在 2014 年 10 月 23 日审议通过的《中共中央关于全面推进依法治国若干重大问题的决定》中提出："构建开放、动态、透明、便民的阳光司法机制，推进审判公开、检务公开、警务公开、狱务公开。"监狱作为我国的刑罚执行机关，主要负责执行被人民法院生效判决判处有期徒刑、无期徒刑、死刑缓期二年执行的犯罪分子的监管。狱务公开是指监狱机关将执法工作的主要依据、程序、结果，依照法律规定的形式，通过适当方式向罪犯及其家属和社会公布并接受广泛监督的一种工作举措。狱务公开既是公民知情权的要求，也是当下法治政府应当承担的义务。早在 2001 年 8 月 8 日至 11 日，司法部在武汉市召开的全国监狱系统狱务公开工作会议上，时任司法部副部长范方平就指出，狱务公开就是监狱执法的主要依据程序和结果，通过一定的形式，向罪犯及其亲属和社会公众公布并接受广泛监督的一种执法活动。回顾我国监狱发展的历程，公开的范围愈来

---

① 黄璐瑶：《新时代下监狱工作落实治本安全观的路径探讨》，《中共南宁市委党校学报》2018 年第 3 期，第 22 页。

愈广，程度越来越深。

在我国，狱务公开制度在实践中的开展工作要早于立法。随着司法部的部门规章、内部制度等众多规范性文件陆续出台，我国狱务公开制度的发展逐渐趋于成熟。公开方式从单一走向多元，公开对象从笼统走向细致，公开范围不断扩大。总体而言，根据公开程度的不同，我国狱务公开制度的发展历程主要分为三个阶段，即 1998 年以前的基本不公开阶段、1999 年至 2001 年的有限公开阶段，以及 2001 年至今的全面公开阶段。

（一）基本不公开时期（1998 年以前）

严格来说，这一时期也是我国狱务公开的萌芽阶段。从立法层面来看，这一时期我国有关监狱的立法对狱务公开只字未提，主要表现为，立法未规定监狱行政事务、监狱警察队伍、监狱人事变更和监狱涉案信息的公开。在实践层面，实践中已经有部分监狱开始试点推行狱务公开工作，敞开监狱的大门，直接向罪犯家属及社会各界以及新闻媒体公开狱务工作。北京各监狱系统早在 1998 年就开始安排社会各界人士和罪犯亲属到监狱参观，让罪犯家属了解罪犯监管改造情况和监狱警察的执法情况。① 有关减刑、假释领域的狱务公开工作试点，如，1988 年河南省第一监狱就在罪犯减刑、假释工作中推行了"三公开、一推荐"制度；② 1988 年浙江乔司监狱、第二监狱尝试对狱务公开进行试点，自此揭开了我国狱务公开地方探索的序幕。③

综合来看，限于当时科技发展水平，此阶段狱务公开的方式和内容都较为单一，主要通过监狱开放日、发布公告、报纸等方式进行公开，事关罪犯奖惩条件及考核程序仅仅在狱内有条件地公开，由于立法的滞后，有关狱务公开的相关保障机制的构建处于空白状态。一言以蔽之，这一时期我国监狱基本上处于与世隔绝的状态，外界很难获得监狱内部的有关犯人减刑、假释等执行程序信息，即使有少部分监狱大胆尝试推行狱务公开工作，但也只是极少数，而且公开内容、公开方式由监狱决定，改变不了这一时期监狱总体处于封闭状态的格局。但是我们也应当看到，实践中的试点为我国日后大力推行狱务公开工作提供了丰富而宝贵的经验。

（二）有限公开时期（1999—2001 年）

1999 年 7 月司法部下发了《监狱系统在执行刑罚过程中实行"两公开、一监

---

① 王青：《论狱务公开制度》，《法学杂志》2002 年第 6 期，第 15 页。
② 王延领：《对狱务公开工作的思考》，《河南司法警官职业学院学报》2006 年第 2 期，第 19 页。
③ 郭远远、王怡然、孙海杰、王谦、段庆：《基于系统论的狱务公开系统建设研究——狱务公开的现状、问题及完善途径研究》，《群文天地》2012 年第 5 期，第 134 页。

督"的规定（试行）》，这是我国第一个要求监狱系统执行刑罚过程实行公开的规范性文件，明确规定 7 项需要公开的内容，对公开的形式也作出了具体的列举。该试行规定的出台，为我国狱务公开工作的开展吹响了号角。为此全国监狱系统按照"两公开、一监督"规定纷纷实行狱务公开制度。从 1999 年开始，涉及狱务公开工作的电视报道、电台报道、新闻发布会在社会上产生了强烈的反响。美联社、路透社、法新社、塔斯社等 12 家境外新闻媒体记者对北京市监狱的管理给予了高度评价，称其是"世界一流"。① 1999 年河南省监狱管理部门开始在媒体上向社会公布罪犯减刑、假释条件及申请程序。

这一时期是我国狱务有限公开时期，也是我国狱务公开发展的过渡性阶段。有关狱务公开的内容仅限于监狱执行信息公开，有关监狱政务信息公开和人事信息公开尚且处于缺失状态。从实践方面来看，监狱执行信息公开的范围在逐步规范化、制度化。如，监狱对外开放已成为常态，监狱减刑、假释案件的申请条件及程序对社会公众公开也在逐步完善。根据相关规定，在监狱内部有关罪犯奖惩条件、程序及结果都要向罪犯公开。然而，这一时期的公开也是不全面的，这一时期的公开只是有限的公开，具体表现为公开的内容狭窄，公开程度不确定，公开对象未明确等。

（三）全面公开时期（2001 年起）

2001 年 10 月 12 日司法部下发了《司法部关于在监狱系统推行狱务公开的实施意见》，该文件首次把狱务公开以法律的形式确定下来，为我国各级监狱机关广泛开展狱务公开工作提供了法律支持。2003 年 5 月，司法部实施《监狱提请减刑、假释工作程序规定》明确减刑、假释提请程序应当向社会公开。为适应新时期狱务公开的要求，2014 年 10 月司法部修订通过了新《监狱提请减刑、假释工作程序规定》，在提请程序公开作了详细的规定。为进一步深化狱务公开，2015 年 4 月 7 日司法部下发《司法部关于进一步深化狱务公开的意见》。这些规范性文件的出台，为我国全面开展狱务公开工作提供了法律支持。

这一阶段的改革不仅仅拓宽了狱务公开的方式和范围，增加了实施机制，还针对具体的狱务公开对象专门设置不同的公开平台，发布不同的公开信息。伴随科学技术的发展，各级监狱机关相继建立了自己的门户网站。如 2009 年 5 月 12 日，山西省监狱系统基层监狱单位首个门户网站——太原一监门户网站正式开通，网站公布监狱的干警队伍信息、人事信息和案件执行信息。有关罪犯奖惩信息及

---

① 王青：《论狱务公开制度》，《法学杂志》2002 年第 6 期，第 16 页。

减刑、假释信息都醒目地予以公布。许多省级监狱管理机关在门户网站向社会公众公开本辖区内所有监狱的地址、乘车路线、联系电话等信息。为保障狱务信息全面公开，我国建有统一的监狱信息网，最高法院也建立了减刑假释、暂予监外执行信息公开网。通过网络平台的建设，监狱政务信息公开、人事信息和队伍信息公开以及案件执行信息公开等工作都有了实现的基础。

（四）我国狱务公开的制度规范

狱务公开是一项系统工程，涉及公开范围、公开对象、公开方式、公开救济机制等事项。现如今，我国有关狱务公开的规范性文件不可计数，它们在为狱务公开工作的开展提供良好制度保障的同时也呈现出一些不足之处。

为保障罪犯的合法权益以及公民对政府信息的知情权，政府必须推进监狱相关信息的公开。为此，我国相继出台了若干规范性文件来保障狱务公开的顺利实施。

1999 年 7 月司法部下发了《监狱系统在执行刑罚过程中实行"两公开、一监督"的规定（试行）》的通知，以三个条文明确向社会各界公开的内容，自此拉开我国狱务公开工作的序幕。在总结先前经验的基础上，2001 年 10 月 12 日司法部下发《司法部关于在监狱系统推行狱务公开的实施意见》，明确要求全国各级监狱机关应根据狱务公开的原则，结合本地实际向罪犯和社会各界公开统一规定的内容，对公开的内容细化为十三大类，并在此基础上进一步细化。为进一步规范狱务公开制度，2015 年 4 月 7 日司法部下发了《司法部关于进一步深化狱务公开的意见》，首次明确规定应针对罪犯、罪犯亲属及社会大众公开不同信息，使狱务公开的范围更广阔，公开机制更科学，为全面深化狱务公开工作打下坚实的基础。

为使狱务公开工作精细化、科学化，2003 年 5 月，司法部实施《监狱提请减刑、假释工作程序规定》，明确规定减刑、假释的申请条件及提请程序应当向社会公开。为进一步完善减刑、假释工作，司法部又于 2014 年 10 月修订通过了新的《监狱提请减刑、假释工作程序规定》，对减刑、假释的提请程序公开作了详细的规定。

狱务公开是一个体系化公开，践行狱务公开制度还需其他相关部门的配合。基于此，2012 年 1 月 17 日，最高人民法院发布《最高人民法院关于办理减刑、假释案件具体应用法律若干问题的规定》，首次对监狱提请的减刑、假释案件应当开庭审理的范围作出明确规定。相继，最高人民法院于 2014 年 4 月 23 日发布《最高人民法院关于减刑、假释案件审理程序的规定》，使减刑、假释案件的审理有章可循，对庭审、公示等公开方式作出了具体的构建。

有关执法监督员方面的规范性文件主要有 2001 年 10 月 12 日司法部下发的《司法部关于在监狱系统推行狱务公开的实施意见》和 2015 年 4 月 7 日司法部下发的《司法部关于进一步深化狱务公开的意见》。以上文件明确要求建立和完善狱务公开的执法监督员制度，也对狱务公开工作接受人民检察院监督进行了明确规定。有关人民检察院监督狱务公开工作的规范性文件还有 2008 年 2 月 22 日最高人民检察院发布《人民检察院监狱检察办法》，对监狱的狱政活动、执行案件信息及受理罪犯控告、申诉等工作的监督作出了全面而细致的规定。2014 年 7 月 21 日，最高人民检察院发布了《人民检察院办理减刑、假释案件的规定》，该规定通过对减刑、假释案件的提请、审理的监督确保程序的公开运行。这些规范性文件的相继出台，标志着我国检察机关对狱务公开监督机制不断健全和完善。

以上规范性文件的出台使狱务公开工作更趋规范和科学。由此，我国狱务公开形成一个制度体系。当然，在取得成绩的同时，我们在狱务公开制度规范方面还存在些许不足。

第一，相关规范性文件的法律位阶较低。经上文分析，我们可以看出，我国狱务公开制度体系的确立是建立在一系列规范性文件的基础上。显而易见的是，这些规范性文件有一部分是政府发布的部门规章，有一部分是司法解释。然而，在课题组考察域外国家有关狱务公开立法时，发现西方国家都编制了自己统一的狱务公开立法文件。在立法方式上主要有三种类型，即有的把狱务公开规定在《政府信息公开法》中，有的将狱务公开规定在《监狱法》中，判例法国家还会通过发布判例对案件执行信息公开进行规定。指导我国开展狱务公开工作的都是法律位阶较低的规范性文件，而法律位阶的高低决定法律效力的等级，所以导致实践中狱务公开的运行效果并不理想。

第二，制度规定较为零散，体系性不强。有关狱务公开制度的建设，司法部先后发布 5 个规范性文件。特别是在有关减刑、假释案件公开方面，司法部有规定，检察院有规定，法院也有规定。总体而言，这些规定保证了减刑、假释案件运行的整个过程公开透明。但是，这些零散的、体系性不全的规范性文件难免存在一些自相矛盾和不统一之处，必然在一定程度上制约着狱务公开制度的构建。

第三，未确立救济机制。在信息公开领域，行政复议和行政诉讼是当事人权利救济的两种途径，分析两大程序的启动条件，我们发现监狱的执行信息不属于行政复议和行政诉讼的受案范围。在如何保障罪犯、罪犯亲属、社会公众获悉狱务信息的权利不被侵犯方面，相关的规范性文件也没有作出明确规定。法谚云："无救济的权利非权利。"因此，救济被侵害的狱务信息知情权将是未来狱务公开立法和实践不可回避的一项重大课题。

（五）将狱务公开写进《监狱法》

狱务公开是人类行刑文明的进步，符合刑罚执行的国际趋势，符合人民群众的根本利益。十八届四中全会以后，我国的依法治国进程不断加快，社会公众对监狱执法工作的关注越来越高，监狱管理机关以及工作人员必须做到公开公正严格执法才能满足社会公众的要求，才能提高监狱的执法公信力。实行狱务公开，是监狱管理机关对依法治国方略的积极回应，是新时期刑罚执行的必然选择。

然而，狱务公开并不是一蹴而就的，其并不是"运动式"工作，而是需要长期发展和不断完善。虽然我国现阶段狱务公开取得了不错成绩，狱务公开的内容、范围、方式和程序也有了明确规定，也赢得了社会公众的认可和支持，但需要看到的是，我国狱务公开的法律依据并不完善。目前，狱务公开的内容、范围和程序是由《监狱法》《刑法》《刑事诉讼法》和司法部出台的规范所规定，我国尚没有统一的信息公开立法对狱务公开进行规定。当然，由于信息公开涉及范围较广、内容庞杂，制定一部关于信息公开的法律需要一个过程，因此，比较可行的办法是将狱务公开写进《监狱法》，使狱务公开的内容、范围、方式和程序有更加明确的规定，提高狱务公开的法律位阶，更好规范监狱管理机关及其工作人员的执法行为。此外，监狱管理机关在推行狱务公开的过程中要坚持"最大限度公开"原则，在公开的内容上要满足社会公众的真实需要，在公开的方式上要正当化和多样化，真正规范监狱执法行为，提高监狱的执法公信力。

狱务公开的程度可以反映一个国家的法治化进度，狱务公开是改善狱务管理的必要条件，也是实现依法治国的必然要求。回顾我国狱务公开发展的三个阶段，狱务公开的范围不断扩大，公开的方式不断多元化，而且针对不同对象公开不同信息。众所周知，改革不是一蹴而就的，所以，我国狱务公开工作的开展尚且留下不少遗憾。通过回顾狱务公开的历程，我们可以清楚在狱务公开方面所取得的成就，以更好地总结经验同时发现问题，以求找到解决问题之良策。陈瑞华教授曾言："一个制度发生剧烈变化的时刻，恰恰是观察一个制度的深层结构的最佳时机。"[1] 所以，研究狱务公开的最佳时机似乎已经到来，2015 年 4 月 7 日司法部下发了《司法部关于进一步深化狱务公开的意见》，足可见狱务公开工作已为国家所重视，必将推动狱务公开制度往纵深方向发展。

---

① 陈瑞华：《刑事诉讼的中国模式》，法律出版社 2010 年版，第 8 页。

七、队伍建设与改革

监狱是国家的刑罚执行机关，承担着惩罚和改造罪犯的重要责任，而监狱警察队伍是监狱执法的主体，是监狱事业发展的保证。改革开放 40 多年来，经过不断改革和发展，我国监狱警察队伍逐渐从行政管理的看守型民警转变为一支革命化、正规化、专业化、职业化的高素质队伍。

中华人民共和国成立之后很长的一段时间内，我国监狱警察队伍主要由人民解放军转入、各个劳改企业职工转干、劳改单位人员子女顶替、部队转业干部安置及少数的司法和政法院校的毕业生组成，素质也是参差不齐。

改革开放以后，我国开始着手加强监狱警察队伍体制改革，主要经历以下几个发展阶段。

（一）革命化、年轻化、知识化、专业化时期（1978—2002 年）

十一届三中全会后，针对党和国家干部队伍年龄老化，知识、精力、专业结构不能适应社会主义现代化建设需要的实际情况，1980 年 12 月 25 日，邓小平在中央工作会议上发表讲话指出："要在坚持社会主义道路的前提下，使我们的干部队伍年轻化、知识化、专业化，并且要逐步制定完善的干部制度来加以保证。提出年轻化、知识化、专业化这三个条件，当然首先是要革命化，所以说要以坚持社会主义道路为前提。""革命化、年轻化、知识化、专业化"成为改革开放初期党的干部政策的指导方针。1989 年中组部、司法部联合发布了《关于加强司法行政机关领导干部考核管理工作的通知》（89 司发人字第 047 号），要求认真做好考核监狱局、劳教局主要领导干部的工作，并根据考核和考察情况，采取措施不断提高监所领导班子的整体素质。文件提出要注重领导班子机构的优化组合，注意配备懂改造、懂法律、懂经济、懂管理的人才，积极推进干部人事制度改革。

1998 年 3 月 5 日司法部印发了司发〔1998〕004 号文件，即《司法部关于加强监狱劳教人民警察队伍建设的决定》的通知，提出要认真贯彻落实十五大精神，着力抓好各级监狱、劳教部门领导班子建设，要求各省（区、市）监狱局、劳教局的领导班子，按照中央的要求，至少配备一名 40 岁左右的年轻干部，监狱、劳教所领导班子至少配备一名 35 岁左右的年强干部；努力提高干警队伍的业务素质，要求继续深化干警人事制度改革，严把队伍"入口"、畅通"出口"，要求新增警察必须从大、中专院校毕业生中考试录用或者面向社会统一考试，择优录取，一律不允许搞"以工代干"和"以工顶警"等。同时要全面实行培训上岗制度，增强干部业务素质，到"九五"末，力争使得大专以上文化程度的科级以下警察达到 50% 以上，科级警察达到 60% 以上，处级以下警察达到 80% 以上，努力建设一支高素质的监狱劳教人民警察队伍，实现司法行政工作跨世纪的发展。

1999 年 11 月 30 日，司法部印发了《关于进一步加强司法行政系统干警队伍建设的意见的通知》，要求认真贯彻落实中共中央《关于进一步加强政法干部队伍建设的决定》，切实加强司法行政干警队伍建设，要按照党的干部"四化"方针和德才兼备的原则，加强各级司法行政机关领导班子建设，不断提高领导班子的整体素质，不断加强司法行政干警队伍的义务建设，研究制定干警三年培训规范，坚持不懈地对干警进行学历教育、法律知识教育、专业知识教育及更新知识教育等。

经过一段时间的改革，监狱警察队伍发生较大的变化，一大批思想政治素质高、业务能力强的年轻干部充实到了监狱警察队伍当中，监狱警察队伍的结构、业务能力等方面得到了显著的提高。但是，由于历史问题积淀太过深厚，监狱警察队伍机构不合理、业务素质低下等问题还没能根除等。

（二）革命化、正规化、专业化时期（2003—2015 年）

2002 年 10 月 21 日司法部发布了我国监狱警察队伍建设的一个建设纲要，即《2003—2005 年监狱劳教人民警察队伍建设规划纲要》，明确提出了大力推进监狱人民警察队伍革命化、正规化、专业化的建设目标。革命化，是指用邓小平理论和江泽民同志"三个代表"重要思想武装头脑，增强执行党的路线、方针、政策的自觉性和坚定性，牢记根本宗旨，确保政治上合格；正规化，是指用法律、法规和规章制度来规范队伍建设，做到依法管理、严格要求，形成规范化、法制化的队伍管理机制；专业化，是指监狱、劳教人民警察具备良好的法治意识、教育意识、改造意识，具备较高的教育人、改造人、挽救人的专业素质、职业道德和专业技能，成为胜任监所工作的专业人才。2006 年 9 月 25 日司法部印发的《2006—2010 年监狱劳教人民警察队伍建设规划纲要》和《2011—2015 年监狱劳教人民警察队伍建设规划纲要》都坚持和延续了第一个队伍建设纲要革命化、正规化、专业化的建设目标。

经过三个队伍建设纲要的强力推进，我国监狱警察队伍建设取得了显著的成绩：监狱劳教人民警察队伍理论政策水平和思想政治素质明显提高，知识、专业结构逐步改善，队伍管理制度和机制日趋健全，各级领导班子知识、年龄结构日趋合理，党风廉政建设和反腐败斗争扎实推进，监狱劳教工作长效保障。各种制度逐步建立，有效保障了监狱、劳教工作的改革、发展，为维护社会稳定、建设社会主义和谐社会作出了重要贡献。实践证明，经过改革，监狱劳教人民警察队伍基本达到了革命化、正规化、专业化的建设目标，是一支合格的、过硬的队伍，是党和人民完全可以信赖的队伍。

（三）正规化、专业、职业化时期（2016 年起）

进入新时代以来，我国司法制度发生了深刻的变化，人民群众对司法有了新的期待和要求，司法警察所从事的任务也越来越专业和具体，为此，党中央审时度势，于 2017 年 1 月 18 日发布了《关于新形势下加强政法队伍建设的意见》。该意见强调，要深入学习贯彻习近平总书记系列重要讲话精神和治国理政新理念新思想新战略，紧紧围绕维护社会大局稳定、促进社会公平正义、保障人民安居乐业的总任务，牢牢把握政治过硬、业务过硬、责任过硬、纪律过硬、作风过硬的总要求，坚持中国特色社会主义政法队伍正规化、专业化、职业化方向，深入推进思想政治、业务能力、纪律作风建设，努力建设一支信念坚定、执法为民、敢于担当、清正廉洁的政法队伍。①

为全面贯彻党的十八大和十八届三中、四中、五中、六中全会精神，深入贯彻落实中共中央《关于新形势下加强政法队伍建设的意见》和学习贯彻习近平总书记系列重要讲话精神和对司法行政工作的重要指示，加强新形势下司法行政队伍建设，司法部先后发布了《进一步加强新形势下司法行政队伍建设》和《2016—2020 年监狱戒毒人民警察队伍建设规划纲要》，决定按照"五位一体"总体布局和"四个全面"战略布局，紧紧围绕维护社会大局稳定、促进社会公平正义、保障人民安居乐业的总任务，牢牢把握"五个过硬"总要求，坚持中国特色社会主义政法队伍正规化、专业化、职业化方向，深入推进司法行政队伍思想政治建设、业务能力建设、纪律作风建设，大力推进司法行政队伍教育管理创新，努力建设一支信念坚定、执法为民、敢于担当、清正廉洁的司法行政队伍。

小结

改革开放以来，中国监狱事业继往开来，锐意进取，不断开拓创新，取得巨大的成绩，这得益于我国监狱能够始终不渝地坚持党对监狱工作的决定领导，得益于始终不渝地坚持改革开放，始终不渝地坚持依法治监和科技强监。当然，监狱改革非一日之功，只因人民群众对监狱事业的期待在不断地变化和提高，监狱改革也需要久久为功。未来我国的监狱事业正如习近平总书记在庆祝改革开放 40

---

① 《中共中央印发〈关于新形势下加强政法队伍建设的意见〉》，中国政府网 2017 年 1 月 18 日发布。

周年大会上讲话所说："四十载惊涛拍岸，九万里风鹏正举。"要"高举中国特色社会主义伟大旗帜"，坚持以习近平新时代中国特色社会主义思想为指导，"不忘初心，牢记使命，将改革进行到底"。①

第五节 监狱五大改造功能的形成历程

人类刑罚文明演进的总体趋向是从报应刑走向教育刑，我国对罪犯的教化改造思想也源远流长。早在西周时，对罪犯进行教化的思想就已萌芽。《周礼·秋官·大司寇》中记载："以圜土聚教罢民。"其意是对集合在圜土中的罪犯进行教化，使其为善，实际上，将圜土建成圆形本身就包含有教化的含义。中国古代建筑蕴含着一定的象征意义，圆形象征着天的圆体，也象征着从善心出发，给罪犯以生的机会，在圜土中以仁教化罪犯以改变其性情，使其恢复善良本性后出狱。自秦以来，儒家思想一直为我国的主流思想，"明德慎罚""明刑弼教""毋庸杀之，姑惟教之""德主刑辅""先教后刑"等以儒家伦理道德教化罪犯的思想长期存在。

清末法学家沈家本继承了"德主刑辅""明刑弼教"的传统法律思想，并结合世界发展潮流，提出了感化罪犯的观点。他认为，自古以来设立监狱的目的不仅仅是为了惩罚罪犯，也是为了改造罪犯。他还提出"刑罚与教育互为消长"的观点，特别是对于未成年犯，要"以教育涵养其德性，而化其恶习，使为善良之民"。"感化与教诲"思想既反映了沈家本的监狱行刑目的论，也反映了他的监狱功能观。中华民国建立以后，沿用清末刑法的改革成果，将中国传统的感化教育思想与近代西方感化罪犯的思想相结合，继续倡导对罪犯的教育感化。

中华人民共和国成立以来，马克思主义关于人的解放和人的全面发展的思想深刻影响着刑事立法，将罪犯改造成为守法公民是马克思主义思想在监狱工作中的具体展开。罪犯改造分为三个阶段：第一个阶段是以劳动改造为核心，劳动改造与教育改造相结合的两大改造阶段；第二阶段是以教育改造为中心，狱政管理、教育改造、劳动改造相结合的三大改造阶段；第三阶段是以政治改造为统领，政治改造、监管改造、教育改造、劳动改造、文化改造相结合的五大改造阶段。

---

① 习近平：《在庆祝改革开放40周年大会上的讲话》，《人民日报》2018年12月19日，第2版。

一、以劳动改造为核心的两大改造（1949—1994年）

中华人民共和国成立后到1994年《监狱法》颁布之前，我国罪犯改造处于以劳动改造为核心的两大改造阶段。劳动改造有广义和狭义之分，狭义的劳动改造是指对有劳动能力的罪犯所采取的通过强迫劳动促使其改造的一种手段，是与教育改造并列的两大改造手段。1954年《劳动改造条例》明确将罪犯改造的基本手段表述为"劳动改造和教育改造"。广义的"劳动改造"不仅指与"教育改造"相并列的改造罪犯的基本手段之一，而且是我国整个监狱行刑活动的总称，是指包括教育改造在内的所有罪犯改造手段，在我国监狱行刑理论与实践中占有极其重要的地位。[①]

（一）劳动改造

马克思主义罪犯改造观认为，生产劳动是罪犯悔过自新的手段，离开生产劳动这一人们认知的基本源泉，犯罪意识的消除、守法意识的树立、良好行为习惯的形成都是不可能的。[②] 劳动本身具有磨炼性、改造性和重塑性，劳动的惩罚性、形体和精神塑造、经济和心理收益等方面是劳动改造的意义集中所在，其主要功效是重塑罪犯人格，促进罪犯顺利回归社会。[③]

中华人民共和国成立伊始，强调通过强迫劳动改造罪犯。1949年9月29日，中国人民政治协商会议第一届全体会议通过的《中国人民政治协商会议共同纲领》第7条规定："中华人民共和国必须镇压一切反革命活动，严厉惩罚一切勾结帝国主义、背叛祖国、反对人民民主事业的国民党反革命战争罪犯和其他怙恶不悛的反革命首要分子。对于一般的反动分子、封建地主、官僚资本家，在解除其武装、消灭其特殊势力后，仍须依法在必要时期内剥夺他们的政治权利，但同时给以生活出路，并强迫他们在劳动中改造自己，成为新人。假如他们继续进行反革命活动，必须予以严厉的制裁。"1950年6月23日，毛泽东在中国人民政治协商会议第一届全国委员会第二次会议的闭幕词中也提出了对罪犯实行强迫劳动改造的观点，主张"强迫他们从事劳动并在劳动中改造他们成为新人"[④]。

中华人民共和国成立初期财政困难，监狱人满为患。1951年5月，根据党中

---

① 此处的"劳动"不管在理论上还是实际操作上主要是指"体力劳动"，后来随着实践发展和认识的变化逐步缓慢而有限地承认包括所谓"脑力劳动"。

② 邵名正主编：《中国劳改法学理论研究综述》，中国政法大学出版社1992年版，第7页。

③ 陶新胜：《现代监狱罪犯劳动价值论——罪犯劳动改造价值取向与实现》，《河南司法警官职业学院学报》2019年第2期，第21页。

④ 司法部劳改局编：《毛泽东等老一辈革命家论改造罪犯工作》，法律出版社1993年版，第12页。

央、毛泽东主席的指示，公安部召开了第三次全国公安会议，明确指出："大批应判处徒刑的犯人，是一个很大的劳动力，为了改造他们，为了解决监狱的困难，为了不让判处徒刑的反革命犯坐吃闲饭，必须立即着手组织劳动改造工作。""三个为了"的监狱工作方针既解决了罪犯坐吃闲饭的问题，又能通过劳动全面有效地对罪犯进行劳动改造和教育改造。[①]

1952 年 6 月，在第一次全国劳改工作会议上明确提出了"政治改造与劳动改造相结合、惩罚与改造相结合"的管教工作方针。1954 年《劳动改造条例》第 4 条规定："劳动改造机关对于一切反革命犯和其他刑事犯，所施行的劳动改造，应当贯彻惩罚管制与思想改造相结合，劳动生产与政治教育相结合的方针"。"两结合"的方针强调对罪犯惩罚管制、劳动生产和实施政治思想教育，三者不可偏废。在三者之中，并未明确将对罪犯的惩罚管制列为改造的手段。

在劳动改造过程中，我国始终强调"改造第一，生产第二"的工作方针。自 1955 年下半年始至 1966 年初，少数监狱片面追求经济效益，重生产轻改造，对罪犯搞超体力、超时间的劳动，罪犯脱逃、死伤、闹监等问题较为严重，劳改工作的改造任务和生产任务之间出现了矛盾。[②] 1956 年 5 月，中央领导刘少奇同志指出，劳改工作的方针是"改造第一，生产第二"。1964 年 8 月，党中央在批转公安部《关于第六次全国劳改工作会议精神的报告》时明确指出，"要做好这项工作，必须坚决执行中央的既定方针，即改造与生产相结合，改造第一，生产第二的方针"，从此确定了"改造第一，生产第二"作为我国改造罪犯的工作方针并长期予以沿用。1982 年 1 月，中共中央《关于加强政法工作的指示》更明确地指出："现在，劳动改造对象的情况，已经发生了很大的变化，大多数罪犯是劳动人民家庭出身的青年，是职工子弟，面对这个新情况，劳改工作更要强调坚持改造第一，生产第二的方针，注重改造。"我国监狱在利用劳动手段改造罪犯的同时，也十分重视监狱生产的经济效益。此时，监狱体制在职能上是双重的，既承担着通过组织罪犯生产劳动教育改造他们的任务，又有通过生产创收弥补监狱经费不足的任务，"监企合一"是监狱管理的主要模式。[③] 总体上来说，坚持"改造第一、生产第二"的方针，这与以劳动改造为统领的两大改造手段是契合的。

（二）教育改造

教育改造是指对罪犯进行有组织、有计划的系统性教育，包括思想教育、文

---

① 李豫黔：《新中国监狱 70 年改造罪犯的成功发展之路》，《犯罪与改造研究》2019 年第 10 期，第 26 页。
② 李豫黔：《新中国监狱 70 年改造罪犯的成功发展之路》，《犯罪与改造研究》2019 年第 10 期，第 26 页。
③ 李豫黔：《新中国监狱 70 年改造罪犯的成功发展之路》，《犯罪与改造研究》2019 年第 10 期，第 27 页。

化知识教育和职业技术教育。思想教育包括法制教育、道德教育、刑事教育、政策教育、前途教育等。文化知识教育就是传授文化知识。职业技术教育就是按照监狱经济发展的需要和社会对技术人才的需要设置不同的职业技术培训，传授理论知识和开展技术实践。

1952年《第一次全国劳改工作会议决议》指出："在强迫罪犯劳动生产中，必须同时进行严格的管制和经常的教育工作，两者不得脱节。"1954年《劳动改造条例》第26条规定："对犯人应当经常地有计划地采用集体上课、个别谈话、指定学习文件、组织讨论等方式，进行认罪守法教育、政治时事教育、劳动生产教育和文化教育，以揭发犯罪本质，消灭犯罪思想，树立新的道德观念。"

长期以来，我国坚持将劳改场所办成教育改造罪犯的特殊学校，以特殊学校为载体对罪犯进行教育改造，强调其教育功能。毛泽东同志早在1960年接见斯诺的谈话中就明确提出："我们的监狱不是过去的监狱。我们的监狱其实是学校，也是工厂，或者是农场。"1981年12月，由中共中央办公厅、国务院办公厅转发的《第八次全国劳改工作会议纪要》首次提出："要加强对罪犯的教育改造工作，把劳改场所办成改造罪犯的学校。要设置教育机构，配备专职教员，增加教育的设备和经费，健全教学制度，进行系统的教育，罪犯文化学习考试合格的，技术学习考工合格的，由劳改单位发给证书。"1982年2月，公安部下达了《关于对罪犯教育改造工作的三年规划》，明确规定，"组织罪犯学政治、学文化、学技术"，"须始终如一地坚持下去，真正当做学校来办，对罪犯进行政治教育、文化教育和技术教育，应当以政治教育为重点，三者密切结合，不可偏废"。1985年6月11日，司法部、教育部、劳动人事部联合发出《关于加强对劳改、劳教人员文化、技术教育的通知》，首次将劳改场所的办学工作纳入当地教育、劳动部门的统一规划之中。

通过把劳改场所办成特殊学校，对罪犯的思想、文化、技术教育，基本实现了系统化、规范化，教育改造工作取得了很大的成绩。需要指出的是，这个阶段的教育改造实质上包含了政治教育，在改造清朝末代皇帝溥仪、日本战犯、国内战犯以及各种反革命犯的改造工作中充分体现了政治教育的重要性。

在这个阶段，狭义的劳动改造与教育改造的关系是，罪犯劳动必须与罪犯教育紧密结合，单纯的劳动或单纯的教育都难以达到改造罪犯的目的。两种监狱改造罪犯的基本手段之间相互依存、相互促进、有机联系。[1] 对罪犯的教育是在劳动

---

① 司法部监狱管理局、司法部预防犯罪研究所编：《"五大改造"研究与探索》，中国法制出版社2019年版，第75页。

改造的前提下进行的，教育属于劳动改造的组成部分。制定的改造工作的方针、政策也都是以劳动改造为核心。[1]

二、以教育改造为中心的三大改造（1994—2018 年）

1994 年颁布的《监狱法》提出了改造罪犯的三大基本手段，即狱政管理、教育改造和劳动改造。《监狱法》第 3 条规定："监狱对罪犯实行惩罚和改造相结合、教育和劳动相结合的原则，将罪犯改造成为守法公民。"从两大改造手段到三大改造手段的变化，首先表现为罪犯改造领域的进一步扩大，即从两大现场到三大现场，从两大领域到三大领域。三大现场是指学习现场、劳动现场和生活现场，对应着学习秩序、劳动秩序和生活秩序。[2] 1995 年 2 月，国务院印发《关于进一步加强监狱和劳动教养工作的通知》，确定监狱工作要坚持"惩罚与改造相结合，以改造人为宗旨"的监狱工作方针。这一方针的基本精神是坚持监狱的刑罚执行职能，以对罪犯依法实施惩罚为前提，在依法严格文明科学管理的基础上，运用各种有效形式，实现惩罚与改造的有机结合，加大对罪犯的改造力度。这一方针，将"改造人"作为监狱工作的根本任务，突出改造工作，为进一步推进监狱法制建设和依法治监，强化监狱职能，提高改造质量，起到了重大的推动作用。

此阶段的教育改造有广义、狭义之分。广义的教育改造应当包括狭义的教育改造在内的所有罪犯改造手段。《监狱法》对罪犯（包括未成年犯）的教育改造作了专章规定，并把劳动改造纳入教育改造，"教育改造"一章中第 69 条至 73 条的内容就是劳动改造的内容。以法律形式将教育改造固定下来，在我国尚属首次，它标志着改造罪犯的工作从劳动改造转变为教育改造。[3] 狭义的教育改造是指与监管改造和劳动改造相并列的三大改造手段之一。

《监狱法》将改造罪犯的核心由劳动改造扭转到教育改造主要有两方面的依据：首先，国内目前在押犯的特点导致劳动改造的局限性凸显。从罪犯构成看，现在的罪犯大多出身于劳动人民家庭，有的本身就是劳动者，其中许多人在犯罪前一直从事体力劳动。因此，劳动对于他们来说已不是痛苦之事。这些人走上犯罪道路，其主要根源是受错误的人生观、世界观、价值观的支配。他们中的多数人是文盲、半文盲，文化水平较低，辨别是非能力差。对于这些人，如果仍然沿

---

① 郝建设：《从劳动改造到教育改造》，《理论界》1999 年第 1 期，第 29 页。

② 司法部监狱管理局、司法部预防犯罪研究所编：《"五大改造"研究与探索》，中国法制出版社 2019 年版，第 80 页。

③ 郝建设：《从劳动改造到教育改造》，《理论界》1999 年第 1 期，第 29 页。

袭过去的做法，把主要精力放在劳动上，不下气力进行思想教育、文化教育和技术教育，很难收到理想的改造效果。其次，从劳动改造转变为教育改造是我国现实的经济发展形势决定的。劳动改造是五十年代初期提出来的，当时国家经济困难，财政紧张，监狱经费严重不足，党中央组织罪犯参加大规模的生产劳动，一方面强迫罪犯参加劳动，接受改造；另一方面罪犯劳动带来一定的经济效益，增加国家财政收入，以补充监狱经费的不足。改革开放以来，我国经济飞跃发展，监狱经费的来源有了比较可靠的保证。监狱企业创造的经济效益不再是监狱经费的主要来源。因此，劳动已不再处于改造罪犯工作的主要位置，而成为罪犯教育的辅助措施，这一变化符合国家经济发展形势和改造罪犯的要求。①

从"三大手段"施行的先后次序来考察，"狱政管理"应当优先，在对罪犯行为进行有效管控之后，才能具备"教育"的条件。若从"三大手段"的功用和价值来考察，"教育"具有治本的功效，罪犯的思想改造最终要依赖于"教育"手段。教育改造是改造工作的核心，监狱组织罪犯参加生产劳动，使他们在劳动中接受教育，实现教育改造。

（一）教育改造

1994年《监狱法》奉行的教育改造是大教育观，包括思想教育、文化教育和职业教育等内容。第62条规定："监狱应当对罪犯进行法制、道德、形势、政策、前途等内容的思想教育。"第63条规定："监狱应当根据不同情况，对罪犯进行扫盲教育、初等教育和初级中等教育，经考试合格的，由教育部门发给相应的学业证书。"第64条规定："监狱应当根据监狱生产和罪犯释放后就业的需要，对罪犯进行职业技术教育，经考核合格的，由劳动部门发给相应的技术等级证书。"上述三条规定详细阐明了思想教育、文化教育、职业教育的内涵。《监狱法》第61条规定了教育改造的三个原则：一是因人施教，二是分类教育，三是以理服人；还规定了教育改造的两种方法：一是集体教育与个别教育相结合的方法，二是狱内教育与社会教育相结合的方法。

我国司法行政机关历来高度重视罪犯教育改造工作的科学化问题，采取各项举措不遗余力地推进罪犯教育改造工作的科学化。20世纪在全国监狱系统探索推广创办特殊学校、三分（分管、分押、分教）、个别谈话、亲情教育、心理矫治等有助于提高教育改造科学化的做法。司法部于2003年提出要进一步推进监狱工作

---

① 郝建设：《从劳动改造到教育改造》，《理论界》1999年第1期，第30页。

法制化、科学化、社会化建设（简称为"三化建设"），专门下发意见①作出部署，明确了推进监狱工作科学化建设的 11 项任务与措施，其中在教育改造科学化方面包括倡导科学的理念，用科学的理论、思维和方法，研究和把握工作规律；探索罪犯改造工作有效途径和方法，增强教育改造的有效性；科学整合管理、教育、劳动三大基本改造手段；在罪犯改造的全过程积极探索并强化个别改造措施；充分发挥罪犯心理咨询和心理治疗的作用，将心理矫治作为改造罪犯的重要内容；对监狱进行科学分类；健全监狱安全防控体系等内容。

2003 年《监狱教育改造工作规定》是教育改造方面的集中体现。第 3 条规定："监狱教育改造工作的任务，是通过各种有效的途径和方法，教育罪犯认罪悔罪，自觉接受改造，增强法律意识和道德素养，掌握一定的文化知识和劳动技能，将其改造成为守法公民。"从这一规定可以看出，教育改造的目的是"增强法律意识和道德素养，掌握一定的文化知识和劳动技能"，其价值是"改造成为守法公民"。因此，对罪犯的"教育"工作，要贴近罪犯思想的实际、联系罪犯再融入社会生活的需求，面向罪犯、面向社会，以满足于"改造成为守法公民"为目标。② 第 4 条规定："监狱教育改造工作，应当根据罪犯的犯罪类型、犯罪原因、恶性程度及其思想、行为、心理特征，坚持因人施教、以理服人、循序渐进、注重实效的原则。"这一规定既是教育改造工作的原则性规定，也充分反映着"思想"（"教育"的对象）改造的一般规律。第 5 条规定："监狱教育改造工作主要包括：入监教育；个别教育；思想、文化、技术教育；监区文化建设；社会帮教；心理矫治；评选罪犯改造积极分子；出监教育等。"这一规定明确了监狱教育的具体内容。第 6 条规定："监狱教育改造工作，应当坚持集体教育与个别教育相结合，课堂教育与辅助教育相结合，常规教育与专题教育相结合，狱内教育与社会教育相结合。"这一条明确拓展了监狱教育的主要方法。

2005 年，司法部决定在江苏、湖南两省开展建立罪犯改造质量评估制度的试点，主要包括两大部分：一是监狱整体改造罪犯质量的评估，包括监狱、省（区、市）监狱系统、全国监狱系统三个层面；二是对罪犯个体改造质量的评估，包括入监甄别、改造过程中的考核评估，释放前的综合评估和重新犯罪预测。2006 年，司法部呼吁探索建立罪犯教育改造"标准库"、教育改造典型罪犯"案例库"、教育改造工作"专家库"。

---

① 《司法部关于进一步推进监狱工作法制化、科学化、社会化建设的意见》（2003 年 12 月 10 日）。
② 朱志杰、常静：《科学化教育改造体系研究》，《犯罪与改造研究》2017 年 8 期，第 20 页。

2007 年，司法部印发《教育改造罪犯纲要》，将教育改造罪犯的基本原则概括为四个方面：一是以人为本，重在改造。教育改造罪犯，要充分了解和掌握罪犯的思想动态，充分考虑罪犯的自身情况，着眼于罪犯顺利回归社会，采取有针对性的改造措施。二是标本兼治，注重实效。教育改造罪犯，要把规范罪犯行为与矫正罪犯犯罪意识有机结合起来，增强各种改造手段和措施的实际效果。三是因人施教，突出重点。教育改造罪犯，要根据不同类型、不同罪犯的实际情况，实施分类教育和个别教育，尤其对重点类型、重点罪犯，要重点采取教育改造措施，实现教育改造效果的最大化。四是循序渐进，以理服人。教育改造罪犯，应当按照罪犯的思想转化规律，制订工作计划，分阶段、有步骤地实施；要坚持摆事实、讲道理，对罪犯开展耐心细致的说服教育工作。教育改造罪犯的主要内容可概括为七大方面，分别是：对新入监罪犯的教育；对罪犯的法律常识和认罪悔罪教育；对罪犯的公民道德和时事政治教育；对罪犯的文化教育；对罪犯的劳动和职业技术教育；对罪犯的心理健康教育；对即将出监罪犯的教育。

2008 年司法部《监狱教育改造罪犯工作目标考评办法》集中体现了科学评价监狱教育改造罪犯工作的指标。具体来说，包括罪犯守法守规率；法制教育合格率；道德教育合格率；文化教育合格率；职业技术教育合格率；心理健康教育普及率；新入监罪犯心理测试率；顽固犯转化率和危险犯的撤销率；出监罪犯评估率；教育改造罪犯工作保障。

2009 年以来，我国监狱系统推行"5 + 1 + 1"教育改造模式，即在监狱刑罚执行过程中，坚持每周 5 天劳动教育、1 天课堂教育、1 天休息的改造制度与行刑方式。2011 年，司法部突出强调监狱职业培训和出监教育。2013 年，司法部决定全国监狱系统开展为期 1 年的教育质量年活动，监狱系统积极落实提升教育改造质量。

2017 年 5 月，时任司法部部长、党组书记张军明确提出，教育改造罪犯是监狱的本职，要把"不跑人"的底线安全观深化为向社会输出合格"产品"的治本安全观，切实提高教育改造质量。① 治本安全观的提出抓住了监狱工作的根本，对于进一步端正监狱工作指导思想，更好地履行监狱职责使命，提高罪犯教育改造质量，推进监狱科学发展具有重要意义。

（二）劳动改造

根据《监狱法》的精神，劳动是教育改造的基础，这是思想教育、文化教育

---

① 《司法部持续推进抓实司法行政改革工作》，中国政府网 2017 年 5 月 7 日发布。

和技术教育所不能替代的，劳动在教育改造中具有重要的作用。通过劳动，绝大部分罪犯能养成劳动习惯，掌握生产技能，增强组织纪律性。只有通过劳动教育，罪犯才能比较自觉地接受思想、文化和技术教育。《监狱法》中的"教育与劳动相结合"原则并非简单地将两者并列，监狱组织罪犯的生产劳动要为教育改造的目的服务。①

在劳动改造中，监狱担负着改造和生产两大任务，但"改造第一，生产第二"的方针实际上没能始终如一地贯彻执行。"监企合一"的模式也产生了一些弊端，组织罪犯劳动创造经济效益成了监狱工作的主要目标，导致罪犯的教育改造工作被忽视，应有的教育改造罪犯的时间被挤占，监狱职能严重错位。《监狱法》把劳动纳入教育改造，使监狱改造工作的中心由劳动改造转移到教育改造上来。劳动生产不再作为经济任务来完成，监狱不再被创造经济效益、追求生产利润所困扰。21世纪初，我国正式推行"监企分开"，将监狱原有的刑罚执行职能和生产经营管理职能分开，建立起两套既独立运行，又有机联系、密切配合、规范运行的新型监狱工作体制。一套是新型监狱管理体制，主要任务是执行刑罚，改造罪犯，按照《监狱法》运作。另一套是新型监狱企业管理体制，主要任务是为监狱改造罪犯提供劳动场所和生产岗位，可以参照《公司法》并结合监狱企业特点进行运作。

（三）管理改造

狱政管理是指监狱对服刑罪犯所实施的各种行政管理活动，其最基本含义是实现对罪犯的惩罚，属于监狱最基本的职能。监狱对罪犯的惩罚体现为三个方面：第一是剥夺罪犯的人身自由，这是最基本的含义；第二，随着人身自由被剥夺而使得与人身自由密切相关的其他权利受到限制或暂时中止；第三，表现在对犯罪行为的否定评价和犯罪人的道义谴责。②

狱政管理的惩罚属性属于其题中应有之义，但改造功能却并非其必然具备的属性。它既取决于客观上监管本身如何运作，也取决于立法者与执政者的主观设定。当今世界许多国家和地区的监狱行刑理论与实践，还是趋向于监管就是监管，监管本身不包括矫正与改造功能，矫正与改造功能是通过监管以外的其他手段实现的，如教育、劳动、心理矫治等。在中国现阶段，理论上的主观设定是，监狱对罪犯的监管除具有惩罚和管束的职能以外，还应具有矫治、养成功能，即通过严格、科学、文明的狱政管理活动，发挥管理在改造罪犯中的约束、矫治、激励

---

① 郝建设：《从劳动改造到教育改造》，《理论界》1999年第1期，第29页。

② 司法部监狱管理局、司法部预防犯罪研究所编：《"五大改造"研究与探索》，中国法制出版社2019年版，第78页。

和引导作用。① 也就是说，狱政管理本身既具有惩罚属性，又具有改造功能，惩罚与改造融为一体，不可分开。

《监狱法》第四章专门以"狱政管理"为标题，内容涵括警戒设施的管理、生活卫生的管理、罪犯收押释放的管理、罪犯分级处遇的管理、电子监控设施及其信息的管理、罪犯监管秩序的管理、罪犯计分考核及各种奖惩的管理等。② "狱政管理"作为一种独立的改造手段，其改造形式寓于"教"与"行"之中。一般来讲，"行"的成分要占据大部分比例，它主要依靠监狱民警对罪犯日常行为的约束与监督。在此过程中，罪犯没有自主性可言，唯有遵循与执行。管理的内在机理重在强调行为规矩与养成，关键在于民警按照对应的管理制度严格抓好落实。③

狱政管理是监狱发挥职能的基础，使得监狱工作在保障安全的前提下，能够围绕发挥监狱改造人的功能来安排顶层制度设计、中层制度建设和基层机制优化。坚守安全底线是监狱本质职能的体现，着眼点是满足社会公众对于安全和秩序的关切，倡导社会的公平正义。长期以来，对"狱政管理"的价值追求并不高远，仅仅局限于保障罪犯基本正当的需要和促进监狱有效履行行刑职能两个层面，对管理的规训与养成价值关注度过低，这在很大程度上影响了监狱整体改造功效。④

三、以政治改造为统领的五大改造（2018 年起）

管理、教育、劳动三大基本改造手段在改造罪犯、维护国家安全和稳定方面发挥了重要作用。但在相当长的一段时间里，监狱工作也面临两大问题：第一，政治改造的弱化。随着战犯改造工作的结束和阶级斗争概念的调整，加上受到西方行刑理念影响，出现了对罪犯人性化管理与权益保障的片面强调。在一些监狱，存在法律尊严和监狱权威受损的不正常现象，反映出政治改造乏力甚至缺位，监狱的惩罚或威慑功能弱化或被忽视。第二，文化改造的缺位。近年来，监狱文化建设在全国大范围开展，但没有上升到文化改造的层次，缺乏文化改造的政治灵魂。

"五大改造"在此大背景下应运而生，在 2018 年 6 月 28 日召开的全国监狱工作会议提出"坚守安全底线、践行改造宗旨"的监狱工作总体思路，并明确要求

---

① 司法部监狱管理局、司法部预防犯罪研究所编：《"五大改造"研究与探索》，中国法制出版社 2019 年版，第 79 页。
② 张国敏：《"五大改造"的科学内涵解读》，《安徽警官职业学院学报》2019 年第 4 期，第 68 页。
③ 张国敏：《"五大改造"的科学内涵解读》，《安徽警官职业学院学报》2019 年第 4 期，第 68 页。
④ 张国敏：《"五大改造"的科学内涵解读》，《安徽警官职业学院学报》2019 年第 4 期，第 68 页。

以政治改造为统领，统筹推进政治改造、监管改造、教育改造、文化改造、劳动改造"五大改造"新格局。"五大改造"的提出，是建立在三大基本改造的基础上，突出了政治改造和文化改造，形成了政治、监管、教育、文化、劳动等全方位的改造格局，更加符合罪犯改造的内在规律，有利于监狱践行改造宗旨，提高改造质量。在"五大改造"中，政治改造是统领，监管改造是前提，教育改造是根本，文化改造是灵魂，劳动改造是载体。"五大改造"不仅是由三大基本改造手段拓展为五大改造手段的"量"的增加，更意味着"质"的全面提升。

（一）政治改造

五大改造中的政治改造是从教育改造剥离而来，并被抬升到统领的高度，为其他改造定方向、定标准。政治改造的统领地位，意味着其不仅仅是一种改造罪犯的具体手段，更是对监狱工作的全过程、对罪犯改造的各种手段、对相关的所有主体（包括监狱、监狱管理人员、罪犯等）起着全局性、根本性的引领作用。首先，必须承认监狱的政治属性，监狱作为国家机器的重要组成部分，是维护政权稳固和社会稳定的强力机构，我国监狱的政治属性首要体现就是监狱作为人民民主专政的工具，必须坚持中国共产党的领导，坚持社会主义的政治方向。其次，监狱管理人员作为人民警察的一分子，作为社会主义政法战线的一员，承担着执行刑罚、改造罪犯的政治使命，必须具备坚定的政治方向、过硬的政治素质。最后，监狱服刑人员作为被剥夺自由的特殊公民，仍然承担一定的政治任务，如对国家的忠诚义务、对基本社会制度与核心价值观的认同义务。[①]

具体而言，政治改造体现在三个方面。第一，将政治改造的目标和主要任务确定为"五认同"和"五树立"，认同党的领导、伟大祖国、中华民族、中华文化、中国特色社会主义道路，树立正确的国家观、民族观、文化观、政党观、制度观。第二，根据罪犯类型确定政治改造侧重点，对于普通刑事罪犯，应强调国民教育，强化国家归属感和国民身份认同。对于危恐犯等具有政治特点的罪犯，应结合历史、宗教、民族情况，解决"去极端化"和"融入融合"问题。第三，通过其余四大改造推进政治改造：监管改造突出监狱作为专政机关的执法权威和规训作用；教育改造强化对罪犯的思想政治教育；文化改造弘扬优秀传统文化和社会主义核心价值观；劳动改造彻底改变好逸恶劳习惯。

（二）文化改造

"五大改造"中的文化改造也是从教育改造剥离而出，但何谓"文化改造"则

---

① 司法部监狱管理局、司法部预防犯罪研究所编：《"五大改造"研究与探索》，中国法制出版社 2019 年版，第 88 页。

较为模糊。《辞海》中，"文化"是指人们在社会历史实践过程中所创造的物质财富和精神财富的总和。英国人类学家泰勒认为：文化或者文明是包括知识、信仰、艺术、道德、法律、习惯以及其他人作为社会成员习得的种种能力、习惯在内的一种复合体。① 文化具有抽象性，需要有一定载体。"两分说"将文化分为观念文化和器物文化；"三分说"将文化分为观念文化、制度文化和器物文化；"四分说"将文化分为思想观念、风俗习惯、制度、器物。

文化改造可以分为广义和狭义，广义的文化改造包含罪犯在执行刑罚过程中的物质文化改造和精神文化改造两大方面。狭义的文化改造仅指精神文明建设，具体而言指监狱在服刑人员执行刑罚的过程中，提高罪犯文化科技知识、培养劳动观念、劳动技能和社会适应能力等各项文化改造能力的总和。② 文化改造按内容可分为政治文化、法治文化、传统文化③、民俗节日文化和职业技能等多个方面，按类型包括思想道德文化和行为技能文化。文化改造在五大改造中是灵魂，侧重于价值观的重塑，是对其他改造的巩固与升华，具有教化功能，通过文化改造潜移默化地、持久地影响罪犯，实现以文化人、以文塑人、以文育人，发挥文化的规范、自律、熏陶、导向作用。④

具体来说，可以从如下方面统筹推进：第一，丰富新时代监狱文化改造的内容，突出红色文化、传统文化、法治文化、善德文化教育。第二，拓展文化改造载体，革新文化改造环境，更新文化改造形式。第三，创新文化改造方法，致力于内外文化交融，构建监狱民警主导、罪犯全员参加、社会广泛支持的文化改造格局，克服当前文化改造存在的形式化、活动化、表象化、碎片化问题，积极将向上的文化渗透到罪犯改造全时空，让文化成为罪犯改造的强劲内在动力。

（三）监管改造

监狱体制改革后我国监狱已具备了现代监狱的样态，随着监狱押犯结构的多元化和复杂化，监狱所面对的难题也越来越多，比如终身监禁罪犯、限制减刑罪犯、长期监禁罪犯、暴恐犯罪的罪犯，甚至患艾滋病的罪犯、精神疾病的罪犯等的改造和矫正教育问题。因此，传统意义上的监狱监管模式已经不适应社会发展的需要，亟待调整。五大改造将三大改造手段之一的"狱政管理"明确改称为

---

① 黎赵雄主编：《文化监狱》，中国民主法制出版社2007年版，第5页。
② 陈光明：《文化改造：改造罪犯的第五大基本手段》，《安徽警官职业学院学报》2008年第6期，第58页。
③ 比如，近年来流行的内省矫正（内观矫正）就是根植于中国传统文化的内省式悟性修炼方法。
④ 司法部监狱管理局、司法部预防犯罪研究所编：《"五大改造"研究与探索》，中国法制出版社2019年版，第4页。

"监管改造"，并进一步拓展与深化了其改造的内涵，突出强调了"矫正"的方向与要求。

面对新时代的罪犯，监管改造需要寻找新思路和新出路。首先，监管改造在思维广度上应具有全局观念，把传统的监狱安全工作的格局由单独注重内部管理转为内外联防，构建完善的监狱安全治理体系。其次，监管改造在思维品质上具有主次之分。以科学监管为基础，以有效改造为核心，使得监狱不仅仅是起到罪犯"人身保管场所"的作用，监狱警察也不仅仅是监狱场所的"看守"。最后，监管改造在思维深度上要求监狱治理由被动应对的安全与秩序关切，转为主动作为的以改造质量为主导的"治本"设计。①

监管改造是其他改造的前提，侧重于惩罚和约束，为其他改造奠定基础、提供保障。无监管不称其为监狱，更谈不上改造。抓实抓牢监管改造就是要始终绷紧安全稳定这根弦，关住、管住、管好罪犯，维护监狱安全稳定，打造世界最安全监狱，为改造工作提供前提和基础。② 换句话说，监管改造是对罪犯改造的第一步，洗净罪犯沾染的恶习，使其以全新的规范意义上的人格接受劳动改造、教育改造、文化改造，从而在潜移默化之中实现政治改造的目的。监管改造若不彻底不扎实，劳动改造、教育改造、文化改造将成为无源之水、无本之木，更遑论政治改造。

具体而言，监管改造主要应从如下三方面统筹推进，在严格规训中促进罪犯良好行为习惯的养成：第一，通过分类管理激发罪犯改造动力，深化罪犯分管分押，探索低度戒备监狱管理模式，规范中度戒备监狱行刑模式。第二，在公正文明的氛围中提升罪犯自愿接受改造的内心认同，坚持公正执法，严格执法程序，深化狱务公开，基于社会公平保障罪犯权益，基于国家正义严格罪犯管理。第三，在践行改造宗旨时坚守安全底线，强化监狱安全管理，以管控风险、重在预防为核心，但不应片面强调安全而偏废改造。

（四）教育改造

尽管经过多年的努力，但目前我国罪犯教育改造工作的技术含量不高、科学性不强问题仍相当普遍，反映出近年来中国监狱系统对罪犯教育改造科学化的概念内涵认识把握还不够到位，推进教育改造科学化建设的策略还存在不足，思路

---

① 连春亮：《"五大改造"的价值解读》，《犯罪与改造研究》2019 年第 7 期，第 11 页。
② 司法部监狱管理局、司法部预防犯罪研究所编：《"五大改造"研究与探索》，中国法制出版社 2019 年版，第 23 页。

和措施还不够得力、有效，需要加以改进和完善。①

教育改造是改造罪犯的根本，侧重于攻心治本，为其他改造提供方法和抓手。具体而言，应从如下几个方面统筹推进：第一，丰富教育改造内涵，加强罪犯文化知识教育、法治教育、心理矫治。第二，明确教育改造方向，推沿着科学化、专业化、社会化方向发展。第三，创新教育改造方法，应当遵循育人规律、改造规律和学习规律，践行多元化、科学化、人性化罪犯教育方法。实施分类教育，根据罪犯犯罪类型、刑期以及恶习程度等，结合罪犯危险性评估和改造质量评估结果，构建入监教育、中期改造、出监培训等系统化教育。

（五）劳动改造

中华人民共和国成立以来，劳动改造的实践充分表明劳动改造不是单纯的劳动生产活动，而是改造罪犯的主要手段，其发力点就在于"劳动"与"改造"有机组合。步入新时代，劳动改造从时间空间上看依然居于重要位置，以政治改造为统领的"五大改造"赋予了劳动改造新的内涵和要求。同时，作为劳动改造载体的监狱企业也必然包含在劳动改造之中，监狱企业为劳动改造拓展了崭新的、规范的、安全的空间形式。②

劳动改造是载体，侧重于恶习矫正和技能培养，为回归社会创造条件。劳动改造具体可以通过如下方式统筹推进：第一，构建劳动改造新模式，加强职业技能培训，加快监狱产业优化升级，以培育和打造精品项目和标杆监区为抓手，根据社会就业形势、引进与社会同步的劳动项目，完善罪犯技能培训制度。第二，探索劳动改造新方法，加强罪犯劳动能力等级、劳动定额、劳动时间、劳动报酬等管理，将罪犯劳动改造的情况与劳动报酬和分级处遇挂钩。第三，构建刑释人员就业推介和职业指导模式，做好刑释人员安置帮教对接，帮助其顺利回归社会。第四，健全以改造为目的的罪犯劳动管理体系，探索劳动报酬补偿被害人、执行财产性判项等管理机制。

"五大改造"的提出，归根结底要服务于改造宗旨的实现。"五大改造"的出发点和落脚点都是践行改造宗旨。"五大改造"既有独立存在、各有侧重的一面，又有相互依存、彼此支撑的一面，形成一个全方位、多层次、立体化的整体。"五大改造"强调以政治改造为统领，突出教育改造的攻心治本和文化改造的精神教化，重视思想认知的提升和价值观的重塑，主张形成改造罪犯的整体合力，努力

---

① 周勇：《罪犯教育改造工作科学化的思考》，《犯罪与改造研究》2017年第9期，第3页。
② 陈世定：《〈监狱法〉设"劳动改造"专章思考》，《犯罪与改造研究》2019年第12期，第26页。

充分地体现对罪犯改造工作规律的深刻把握和准确遵循。① 应当通判谋划、科学规划"五大改造"的内容与进度，加强协调，有序推进，努力使"五大改造"融为一体，效果叠加，合力齐聚，共同促进改造目标的实现。

第六节　中国社区矫正制度改革

社区矫正在西方国家已经有了 170 年的历史。19 世纪中叶，美国波士顿一个名叫约翰·奥古斯图（John Augustus）的鞋匠，通过发起保释和促进社区帮助假释的罪犯而最后促使政府开始了社区矫正的实践，并最终上升到立法。② 现在，世界各国形成了完备的社区矫正制度。③ 在 2002 年以来的试点探索基础上，2019 年 12 月 28 日，第十三届全国人民代表大会常务委员会第十五次会议正式通过《社区矫正法》，该法于 2020 年 7 月 1 日起施行。在社区矫正实施之际，笔者将全面回顾我国社区矫正制度产生的背景和发展的历程，总结社区矫正试点以来取得的伟大成绩，并展望《社区矫正法》实施的前景。

一、我国社区矫正制度的产生背景

社区矫正（community corrections）源于英美法系国家的司法实践，本质是在罪犯不脱离社会的前提下，积极利用社区资源对其进行教育改造。"corrections"在英文中具有修正和惩罚之义，我国最终将其确定为"矫正"之义，没有采取"惩罚"或"改造"的说法，一方面在理念上反映出我国传统刑事司法注重惩罚与报应的观念正逐步转化为对罪犯教育矫正的关注；另一方面在刑罚执行活动的实践中体现了罪犯的改造工作由经验型、粗放型向技术型和集约型转变，更加注重监管主体与罪犯之间的良性互动。④ 社区矫正作为一种先进的刑罚执行制度，其确立的理论基础除了国际上公认的行刑社会化理念、修复性司法理念外，还具有特殊的中国特色

---

① 司法部监狱管理局、司法部预防犯罪研究所编：《"五大改造"研究与探索》，中国法制出版社 2019 年版，第 8 页。

② 高一飞：《一个鞋匠发起的司法改革》，《检察日报》2007 年 5 月 21 日，第 3 版。

③ Oren Gazal-Ayal & Julian V. Roberts, Foreword alternatives to imprisonment：recent international developments, Law and Contemporary Problems, Vol. 82, pp19.

④ 王雪峰：《从"改造"到"矫正"——基于循证矫正理念对罪犯改造问题的思考》，《犯罪与改造研究》2013 年第 8 期，第 28 页。

理论基础和中国现实背景原因。

(一) 体现了宽严相济刑事政策

宽严相济的刑事政策是对我国"惩办与宽大相结合"刑事政策的继承与发展，其内涵是宽严有度、以宽为首、以严相济，强调司法机关在坚持以事实为基础、以法律为准绳的办案原则下，当严则严、当宽则宽、宽严适度，体现了一种平衡协调的良性互动状态。① 宽严相济作为一项基本刑事政策，要贯穿刑事立法、司法的全部领域。

2006 年，党的十六届六中全会通过的《中共中央关于构建社会主义和谐社会若干重大问题的决定》要求"实施宽严相济的刑事司法政策，改革未成年人司法制度，积极推行社区矫正"。在我国重刑行刑模式下，社区矫正制度的设立是构建和谐社会在刑事司法理念中的反映。对宽严相济刑事政策中"宽"的贯彻适用，对于犯罪情节轻微、主观恶性不大的罪犯不予关押，在社会上依法实行社区矫正，② 是落实宽严相济刑事政策、实现预防和减少犯罪的生动实践。

社区矫正制度是在总结我国传统非监禁刑执行的经验的基础上探索建立起来的，将监督管理、教育矫正、社会帮扶融为一体的新型非监禁刑罚执行制度。社区矫正制度确立以前，我国已经形成了生命刑、自由刑、财产刑、资格刑的刑罚执行体系，其中对自由刑的执行主要采用监禁方式，社区矫正制度的确立无疑是对我国刑罚执行体系尤其是自由刑执行方式的重要完善，形成了监禁与非监禁相对应、协调、衔接的刑罚执行体系，使被判处管制、宣告缓刑、裁定假释、决定暂予监外执行的罪犯适用社区矫正，减少了脱管漏管现象。社区矫正是完善刑罚执行制度、推进国家治理体系和治理能力现代化的一项重要制度。2020 年 7 月 1 日实施的《社区矫正法》，填补了非监禁刑执行立法的空白，对促进刑罚执行的科学、文明发挥了重要作用。

社区矫正所具有的非监禁性、社会参与性等特征，一方面使服刑人员能够在其基本生活和正常的社会交往不受影响的前提下进行矫正改造，保障了服刑人员的自然需求与社会需求，充分体现了人道主义关怀。对严重犯罪适用死刑、监禁刑等刑罚固然是必要的，但对轻微犯罪适用社区矫正、尽量减少监禁刑的适用也是必要的，扩大社区矫正的适用，体现了刑罚的个别化和刑罚的人道主义，是宽

---

① 张旭光编著：《和谐社会背景下的社区矫正问题研究》，中国农业科学技术出版社 2014 年版，第 117 - 119 页。

② 周斌：《贯彻党的十八届三中全会精神　推动中国特色社区矫正工作新发展》，《法制日报》2013 年 12 月 9 日，第 1 版。

严相济刑事政策中"宽"的体现。

（二）体现了刑罚执行效益原则

在经济学中，效益是指投入与产出之间的一种关系，即以最少的资源投入来获得最大量符合主体目的的产出。同理，刑罚执行效益是指通过投入最少的执行资源来获得最大的执行效益。法律经济分析学派代表人物波斯纳反对适用监禁刑，他认为："建筑、维修、管理监狱存在着成本花费，还存在着被监禁的个人在监狱期间的合法生产损失、监禁期间对他产生的负效用和他获释后合法活动生产率的减弱，这是由监禁期间的技能贬值和联络损失所引起的。"[①] 监禁措施的适用率并未导致犯罪率降低。根据报告：尽管全球犯罪率呈下降趋势，但在 2000 年至 2015 年期间，监狱人口数量增长了近 20%，略高于同期世界人口增长率。在 2000 年至 2017 年期间，全球监狱中的妇女和女童人数增加了 53%。呈现下降中或保持稳定趋势的犯罪率与不断增加的监狱人口的矛盾引发了国际上关于如何采取措施有效替代监禁的对策研究。此外，2008 至 2009 年的金融危机为探索更合理有效的替代措施提供了额外动力，因为与其他大多数公共服务一样，近年来，所有国家的刑事司法预算都一再削减。[②] 通过扩大社区矫正与其他非监禁刑的适用来减少刑罚执行成本，成了世界性趋势。

我国社区矫正试点期间，有学者做过统计对比：2004 年，我国监狱总支出为 206.8 亿元，年均在押犯为 1511770 人，监狱执行成本每年人均 13326.7 元。经济发达地区则更高，例如上海，在押犯成本每年人均 2.5 万~3 万元，而上海的年均社区矫正支出为 3000 万元，按年均接收 5000 服刑人员来算，每年人均耗费 6000 元。[③] 可以看出，监禁刑的适用给国家财政造成巨大的经济负担。2012 年，全国共有监狱 681 所，在职监狱人民警察 30 万名，押犯 164 万人。[④] 近年来，随着社会经济发展，各类新型犯罪层出不穷，"1999 年至 2019 年，检察机关起诉严重暴力犯罪从 16.2 万人降至 6 万人，年均下降 4.8%；被判处三年有期徒刑以上刑罚的占比从 45.4% 降至 21.3%。与此同时，从严规范经济社会管理秩序，新类型犯罪增多，'醉驾'取代盗窃成为刑事追诉第一犯罪，扰乱市场秩序犯罪增长 19.4 倍，生产、

---

① ［美］理查德·A. 波斯纳：《法律的经济分析》，蒋兆康译，中国大百科全书出版社 1997 年版，第 297 - 298 页。

② Oren Gazal-Ayal & Julian V. Roberts, Foreword alternatives to imprisonment: recent international developments, Law and Contemporary Problems, 2019, Vol. 82, p1.

③ 中国监狱学会、加拿大刑法改革与刑事政策国际中心编：《中加社区矫正概览》，法律出版社 2008 年版，第 21 页。

④ 《中国监狱共关押 164 万人　狱警 30 万人》，财新网 2012 年 4 月 25 日报道，最后访问日期：2019 年 1 月 3 日。

销售伪劣商品犯罪增长 34.6 倍，侵犯知识产权犯罪增长 56.6 倍"。[①] 虽然我们缺乏今天监狱关押人数的统计，但从以上数据来看，监狱人口增长是无法回避的现实，这对我国刑罚执行工作提出了严峻的现实考验。从"经济账"角度而言，社区矫正可以缓解监狱人口和财政负担，降低执行成本。

二、我国社区矫正制度的历史沿革

2009 年 9 月 2 日，最高人民法院、最高人民检察院、中华人民共和国公安部、中华人民共和国司法部联合发布《关于在全国试行社区矫正工作的意见》，对社区矫正给出的官方定义指出：社区矫正是"将符合法定条件的罪犯置于社区内，由专门的国家机关在相关社会团体、民间组织和社会志愿者的协助下，在判决、裁定或决定确定的期限内，矫正其犯罪心理和行为恶习，促进其顺利回归社会的非监禁刑罚执行活动"[②]。与西方国家相比，我国社区矫正制度确立的时间较晚，但应当指出的是，在"社区矫正"这个名称出现以前，我国就已经存在实质上的社区矫正制度。

（一）萌芽阶段（1949—2002 年）

管制刑是我国社区矫正最早的实践形态。管制的雏形是新民主主义革命时期，在与地主、富农和反革命分子的斗争中被广泛适用的"回村执行"。[③] 管制在解放区人民政治斗争时期形成，对地主、反革命分子等阶级敌人的惩罚和改造起到了很大作用。1952 年 4 月 18 日，中央人民政府制定的《中华人民共和国惩治贪污条例》正式将管制确定为独立的刑种。1979 年《刑法》将管制确立为主刑之一。管制执行方式的非监禁性、执行主体的群众性、执行环境的开放性和适用对象的危害性小等特征都与社区矫正的内涵一致，可以说管制刑是我国社区矫正形式的最早萌芽。

1989 年 8 月 30 日，"两高两部"《关于依法加强对管制、剥夺政治权利、缓刑、假释和暂予监外执行罪犯监督考察工作的通知》规定："罪犯所在单位、基层组织可以作为具体负责监督考察的执行机关。""要依靠群众对监外罪犯逐个建立监督考察小组，切实落实监督考察措施。"1995 年 2 月 21 日，公安部实施的《公安机关对被管制、剥夺政治权利、缓刑、假释、保外就医罪犯的监督管理规定》

---

① 张军：《最高人民检察院工作报告》，《人民日报》2020 年 6 月 2 日，第 1 版。
② 《最高人民法院、最高人民检察院、公安部、司法部关于在全国试行社区矫正工作的意见》，中国政府网 2009 年 9 月 2 日发布。
③ 朱久伟、王安主编：《社会治理视野下的社区矫正》，法律出版社 2012 年版，第 28 页。

第 8 条规定:"罪犯居住地街道居民委员会、村民委员会或者原所在单位协助进行监督。"1996 年《刑事诉讼法》第 217 条规定:"对于被判处有期徒刑缓刑的服刑人,由公安机关交所在单位或者基层组织予以考察。对于被假释的服刑人,在假释考验期限内,由公安机关予以监督。"第 218 条规定:"对于被判处管制、剥夺政治权利的服刑人,由公安机关执行。"第 214 条规定:"对于暂予监外执行的服刑人,由居住地公安机关执行,执行机关应当对其严格管理监督,基层组织或者服刑人的原所在单位协助进行监督。"以上规定中,由公安机关、所在单位和基层组织监督考察罪犯的做法,与今天的社区矫正本质上没有区别。可见,在社区矫正的概念提出之前,社区矫正的实践模式已经以一种分散的状态在我国刑事司法实践中被运用,这些规定与实践,为我国开展社区矫正工作奠定了良好的基础,为我国社区矫正制度的正式确立积累了宝贵经验。

(二) 试点推广阶段 (2002—2009 年)

2002 年初,司法部成立社区矫正制度研究课题组对社区矫正进行研究,形成了《关于改革和完善我国社区矫正制度的报告》,包括我国社区矫正制度的现状、国外社区矫正制度概况、我国社区矫正制度存在的缺陷及影响以及改革和完善我国社区矫正制度的建议四个部分。时任中央政法委员会书记的罗干对该报告给予了肯定和批示,同意在现有法律许可的范围内,先在一些地区进行试点。2002 年 8 月,上海市政法委发布了《关于开展社区矫治工作试点的意见》,决定在上海市普陀区、徐汇区、闸北区开展试点工作。上海市的探索,在我国社区矫正制度发展史上具有开创性的重大意义。首先,提出了"社区矫治"的概念,统一将分散的非监禁刑执行工作纳入"社区矫治"名称下。其次,明确规定了执行主体:公安机关为社区矫正执行的"法律主体";司法行政机关作为实际承担社区矫正的"工作主体"。再次,采用了由政法委主导,公、检、法、司共同参与的组织形式来共同推进社区矫正工作。上海市的自行探索确立了如何在我国现有法律框架下开展社区矫正工作的初步模式,为今后其他地区开展社区矫正工作树立了榜样。

2003 年 7 月 10 日,最高人民法院、最高人民检察院、公安部、司法部联合发布了《关于开展社区矫正试点工作的通知》,对社区矫正的定义、意义、适用范围、主要任务、职责分工做了明确规定,成为我国开始社区矫正工作的主要依据和权威文件。《关于开展社区矫正试点工作的通知》决定在北京、天津、上海、江苏、浙江、山东率先开展试点工作,经过一年多的探索,社区矫正获得了较好的社会效果,在更大范围内开展试点工作的社会舆论环境已经具备。2004 年 5 月 9 日,司法部印发《司法行政机关社区矫正工作暂行办法》,2004 年年底,《中央司法体制改革领导小组关于司法体制和工作体制改革的初步意见》提出要"总结社区矫正试点经验，建立和完善社区矫正工作的法律制度"。2005 年 1 月 20 日，最高司法机关联合发布《关于扩大社区矫正试点范围的通知》，将河北、内蒙古、黑龙江、安徽、湖北、湖南、广东、广西、海南、四川、贵州、重庆共 12 省（自治区、直辖市）作为第二批试点地区，进一步扩大了社区矫正试点工作范围。

2009 年 9 月 2 日，最高人民法院、最高人民检察院、公安部、司法部发布的《关于在全国试行社区矫正工作的意见》将社区矫正的内容归纳为三方面：教育矫正、监督管理、帮困扶助。2009 年 10 月 21 日，最高司法机关联合召开"全国社区矫正工作会议"，总结试点经验，部署全国试行，社区矫正工作进入全国试行阶段。

（三）法律确认阶段（2011—2019 年）

2011 年 2 月 25 日，全国人大常务委员会通过《中华人民共和国刑法修正案（八）》，正式规定对判处管制、宣告缓刑、裁定假释的犯罪分子"依法实行社区矫正"。① 这是社区矫正制度首次被写入人大的正式立法。

2012 年 3 月 1 日，"两高两部"正式实施的《社区矫正实施办法》对社区矫正的执行机关（县级司法行政机关社区矫正机构）、执行人员（司法所工作人员、社会工作者及志愿者等）、执行对象（四类罪犯）、工作任务（监督管理、教育矫正、社会适应性帮扶）等做出了详细规定。

2012 年《刑事诉讼法》第 258 条规定对判处管制、宣告缓刑、裁定假释、暂予监外执行的罪犯依法实行社区矫正，由社区矫正机构负责执行，社区矫正机构被确认为刑罚执行主体。

2014 年 8 月 27 日，"两高两部"发布的《关于全面推进社区矫正工作的意见》对全面推进社区矫正工作提出了明确要求。

2016 年 1 月 1 日，"两高两部"发布《关于进一步加强社区矫正工作衔接配合管理的意见》对社区矫正服刑人员的交付接收、监督管理、收件执行等工作衔接问题进一步做出了规定。

2016 年 12 月 1 日，国务院法制办公室发布《中华人民共和国社区矫正法（征求意见稿）》，开始向全社会公开征集修改意见。

在这一阶段，我国通过正式立法或者司法文件，对社区矫正的主体、对象、社区矫正的决定和执行程序和工作衔接机制等各方面的制度进行了近十年的探索，

---

① 《刑法修正案（八）》第 38 条第 3 款、第 77 条第 2 款、第 86 条第 3 款。

为此后的专门立法打下了良好的基础。

（四）专门立法阶段（2019 年起）

2019 年 12 月 28 日，《社区矫正法》终于在第十三届全国人民代表大会常务委员会第十五次会议正式通过。《社区矫正法》对立法目的、适用对象、监管和矫正程序、法律责任以及专设未成年矫正特别规定等具体内容做出详细规定，并鲜明突出了"枫桥经验"中紧紧依靠人民群众和社会各方面这一重要特色经验，尊重基层首创。"总体看来，整部法律结构合理、脉络清晰、逻辑严谨。"① 《社区矫正法》的出台，是落实党的十九届四中全会精神、打造共建共治共享社会治理格局的重大司法改革措施。

《社区矫正法》的出台终结了我国社区矫正工作长期处于没有全国人大立法的状态。《社区矫正法》初稿形成后，向全社会公开征集立法建议，引发了理论和实务界的空前关注和热烈讨论，经过三次审稿，不断完善，最终定型通过，充分反映了各方的合理意见和诉求。《社区矫正法》与我国《刑法》《刑事诉讼法》实现了衔接，对实现我国刑罚治理体系和治理能力现代化具有重要意义，本次法律修订，有两个重要特色。

第一，《社区矫正法》将长期探索的经验上升为系统立法。社区矫正工作从试点以来，充分发挥各地主动性，结合各地实际，从中央到地方出台了大量有关工作的"实施细则""办法""规定"等。我国《社区矫正法》的出台是经过多年、多地、多方的努力和探索的结果，是对我国社区矫正实践中长期形成的重要经验和制度的凝练和升华。最具特色的是尊重各地基层的首创精神，牢牢依靠人民群众的智慧和力量，将成功的经验上升为法律制度。此外，实践中社会广泛参与社区矫正工作的做法也得到了充分肯定，《社区矫正法》规定组织具有法律、教育、心理、社会工作等专业知识或者实践经验的社会工作者开展社区矫正相关工作，这一规定必将促进专职社工队伍的建设，激励他们进一步做好社区矫正工作。

第二，《社区矫正法》融入了现代刑罚理念。《社区矫正法》第 3 条规定："社区矫正工作坚持监督管理与教育帮扶相结合，专门机关与社会力量相结合，采取分类管理、个别化矫正，有针对性地消除社区矫正对象可能重新犯罪的因素，帮助其成为守法公民。"这些基本原则，体现了人道主义精神，明确规定对遇到重大

---

① 周鹏：《社区矫正的理性回归——兼评〈中华人民共和国社区矫正法〉》，《犯罪与改造研究》2020 年第 1 期，第 64 页。

的、本人难以解决的困难的罪犯，应切实提供社区矫正机构的帮助，使矫正对象真正得到感化。同时还规定，社区矫正机构可以吸纳多种专业人士，关怀矫正对象的心理健康，做好思想关怀，减轻他们的思想负担，使其真正悔过和改正，也有利于预防重新犯罪的发生。《社区矫正法》明确未成年人社区矫正程序，充分体现了保护教育矫正，充分贯彻"教育、感化、挽救"的方针，对未成年社区矫正对象义务教育帮助和就业帮助并重的规定，克服了不顾实际情况片面强调义务教育帮助的偏向，有利于更有效地帮助未成年社区矫正对象，扎实做好对少年犯的社区矫正工作。另外，《社区矫正法》明确规定可以将社区矫正对象的居住地作为社区矫正执行地，对于因工作和生活需要经常性跨市、县活动的，可以简化批准手续，充分考虑了当前人口流动的现状。

三、社区矫正制度取得的历史性成就

我国社区矫正制度产生的时间不长，但是这一制度的立法和执法实践充分体现了我国的制度优势，领导有力、各方配合，社区矫正工作在短时间内取得了突飞猛进的发展，在自身机构建设、矫正罪犯、维护社会稳定等方面取得了重大历史性成就。

（一）社区矫正从地区试点到全国实施

我国幅员辽阔，多部门协同配合对社区矫正试点提供了全方位的支持，社区矫正工作成绩显著。从 2003 年试点工作开始至 2011 年 9 月底，全国 31 个省（区、市）及新疆生产建设兵团已经开展社区矫正工作，覆盖全国 96% 的地（市、州）、88% 的县（市、区）和 83% 的乡镇（街道）。各地累计接收社区服刑人员 78906 人，累计解除矫正 432764 人，当时有社区服刑人员 357142 人。2013 年至 2017 年 6 月，全国累计接收社区服刑人员 189.6 万人，累计解除 174.5 万人，当时有社区服刑人员突破 70 万人，社区服刑人员矫正期间重新犯罪率一直处于 0.2% 左右的较低水平。2019 年，全国累计接受社区矫正对象达到了 478 万，累计解除矫正对象 411 万，2019 年新接收社区矫正对象 50 多万，解除矫正 59 万，全年正在列管的有 126 万。[①] 此外，在我国发生重大事件或举办重大活动期间，社区服刑人员也表现良好，如 2008 年抗震救灾期间，北京、上海、江苏、湖北、广东等地社区服刑人员通过多渠道为灾民全款捐物；2008 年奥运会期间，北京市社区服刑人员实现零脱管、漏管目标；2010 年世博会期间，上海、广东等地司法行政机关也为世博会

---

① 《社区矫正法助力长治久安》，中国人大网 2020 年 1 月 13 日发布。

的顺利举办扎实做好社区矫正工作。[①]

以上数据充分体现，确立社区矫正制度是一项正确的选择，社区矫正试点工作进展顺利，成效显著，在维护社会和谐稳定、保障矫正服刑人员权利等方面起到了重要的作用。

（二）形成了符合本地实际的工作模式

在社区矫正工作试行过程中，各地形成了不同的矫正安帮工作模式，简要介绍几种有代表性的模式。

北京市的"3＋N"模式。"3"是在司法所建立司法助理员、抽调监狱干警、社会工作者3支专业力量；"N"是由若干社区干部、社区居民和社区服刑罪犯家属等志愿者组成的群众兼职力量，实现了专职力量与群众力量的优势互补。[②]

上海市实行的"三三合一"模式。按照"政府主导推动、社团自主运作、社会多方参与"的工作思路，通过政府购买服务、积极发展社会组织、拓展社工队伍、多方调动社会资源等手段，形成了"精准帮扶"为特色的安置帮教社会工作服务模式。

重庆市的"13589"模式。"1"是严格执行《重庆市社区矫正工作实施暂行办法》；"3"是对社区服刑人员采用3种管理机制；"5"是5种日常管控措施；"8"是开展8项日常教育；"9"指的是实现9化工作目标。[③] 该模式有效促进了重庆市社区矫正工作的科学化、制度化发展。

福建省三明市的"163"模式：建好1个社区矫正中心，实行社区矫正6项功能，落实3个社区矫正工作机制；形成了"12345"工作法，针对社区服刑人员，上好入矫第1课，做好谈话走访和定好矫正小组与方案2个环节，落实3项监管措施，开展4项教育，做好5类帮扶。该模式随后在福建省全省进行推广。[④]

此外，还有如台州的少年司法一体化机制服务、宁波北仑的去标签式志愿服务、合肥的"1＋1＋X"的运作模式等。

虽然各地做法不一，但都在社区矫正实践中坚持问题导向，以社区矫正的监督管理、教育矫正及社会适应性帮扶三项任务为中心，以矫正对象的个人、环境及两者互动三个层面为服务视角，形成了各具特色的社区矫正专业服务流程。为

[①] 司矫轩：《齐心协力实现社区矫正新跨越："十一五"期间全国社区矫正工作回眸》，《法制日报》2011年3月8日，第8版。

[②] 朱久伟、王安主编：《社会治理视野下的社区矫正》，法律出版社2012年版，第21页。

[③] 《重庆"13589"模式为社区矫正注入活力》，新浪网2011年12月22日报道。

[④] 《我市社区矫正执行模式和工作法推向全国》，三明市人民政府网2018年6月21日发布。

社区服刑人员重回社会、预防重新犯罪、维护社会和谐稳定做出了重要贡献。

（三）社区矫正机构和社会参与主体基本健全

其一，试点期间，各地各级社区矫正管理机构快速建立。截至 2011 年 9 月底，全国已有 27 个省级司法厅设立了社区矫正处、238 个地（市）司法局单独设立社区矫正处（室），1739 个县（市、区）司法局单独设立社区矫正科（股）。[①] 2016 年，全国建成县（区）社区矫正中心 1746 个，占全国县（市、区）建制数的 60% 以上。[②] 2017 年，"全国社区矫正机构 2800 多个（县级），社区矫正工作者 10 万余人"。[③]

其二，社区矫正工作得到了社会各界的支持。坚持国家机关与群众工作相结合，是社区矫正工作取得重大成绩的重要法宝。各地因地制宜建立社会工作服务机构，如北京市通州区的阳光中途之家，上海市新航社区服务总站，江苏省扬州珍艾、昆山邦和太仓光辉。截至 2011 年 3 月底，全国共有 27706 个司法所开展社区矫正工作；全国有社会工作者 57613 人，有社会志愿者 355327 人。截至 2015 年 5 月，全国从事社区矫正工作的社会工作者达 8.1 万余人，社会志愿者 68 万余人。[④] 2016 年，全国共成立矫正小组 67.8 万个，建立教育基地 9353 个，社区服务基地 25204 个，就业基地 8216 个。[⑤] 截至 2019 年 11 月底，全国各地已经为在册的社区矫正对象建立了 66.2 万个矫正小组，鼓励和引导社会力量参与社区矫正，依靠群众和社会各方面来共同教育矫正罪犯。《社区矫正法》规定地方人民政府根据需要设立社区矫正委员会，具有法律、教育、心理、社会工作等专业知识或者实践经验的社会工作者开展社区矫正相关工作。同时，国家鼓励、支持社会力量依法参与社区矫正，社区矫正坚持监督管理与教育帮扶相结合、专门机关与社会力量相结合，将我国多年来动员社会力量参与矫正制度的宝贵经验上升为法律。

（四）社区矫正监管形成了信息化机制

社区矫正信息化建设对于及时掌握社区服刑人员的动态、加强安全管理、节约司法管理成本、提高工作效率等方面具有重要意义。2013 年 1 月 6 日，司法部出台的《社区矫正管理信息系统技术规范》《社区矫正人员定位系统技术规范》明确了全国社区矫正信息化建设和应用的总体要求及基本框架，各地开始探索社区

---

① 吴宗宪主编：《社区矫正导论》，中国人民大学出版社 2011 年版，第 38 页。

② 姜爱东：《扎实做好社区矫正工作的实践与思考》，《中国司法》2017 年第 3 期，第 82 页。

③ 《全国社区矫正机构 2800 多个　社区矫正工作者超 10 万人》，搜狐网 2018 年 1 月 24 日发布。

④ 周斌：《我国社区矫正教育管理工作取得新成就》，《法制日报》2015 年 7 月 10 日，第 1 版。

⑤ 姜爱东：《扎实做好社区矫正工作的实践与思考》，《中国司法》2017 年第 3 期，第 82 页。

矫正信息化工作。

2015 年初开始，司法部社区矫正管理局与司法部信息中心联合开展全国社区矫正信息化联网试点工作。

2015 年 4 月，北京、江苏、安徽、江西、云南 5 省（市）成为首批试点地区，截至 2016 年 4 月，已有 17 万条社区服刑人员的基本信息通过国家电子政务外网与司法部机关实行互联互通。[①]

2016 年，社区矫正信息化建设已在全国普遍开展，北京等 18 个省（区、市）已实现了省、市、县、乡四级联网，部分省市通过国家电子政务外网与司法部机关实现了互联互通，与公、检、法等部门实现了资源共享。[②]

2017 年，根据司法部党组的部署要求，将社区矫正信息化建设列为重点工作，加强信息化建设。2017 年 4 月，北京等 23 个省（区、市）已经建立了省级独立社区矫正信息管理系统，对 49.6 万名社区服刑人员采取了手机定位、佩戴电子腕带等管控措施，有效降低了服刑人员脱管、漏管率，大大减轻了工作人员的工作压力。[③]

随着社区矫正工作的进一步深入，加强信息化建设作为社区矫正监管的一项重要手段，形成"互联网＋"的社区矫正管理模式。2019 年，《社区矫正法》正式确定社区矫正机构可以运用手机定位、视频通话等信息化核查方式掌握社区矫正对象的活动情况。同时经县级司法行政部门负责人批准，可以对 5 类[④]正在进行社区矫正的对象适用电子定位装置，并设定 3 个月的使用期限。和国外不同，我国社区矫正对象实际上享有较为充分的人身自由及社会活动等权利，并非只要实行社区矫正，就立即对其采用电子定位，而是在其不遵守或违反相关规定后才做出，从这一点看，《社区矫正法》严格贯彻了尊重和保障人权的精神理念。

四、《社区矫正法》的实施展望

社区矫正制度经过从试点到推广多年的运行，充分证明了该制度对维护社会和谐、顺利实现矫正对象回归社会、节约刑罚执行成本等方面具有重要的意义。

---

① 司法部社区矫正管理局：《全国社区矫正信息化联网试点工作积极推进》，《人民调解》2016 年第 6 期，第 16 页。

② 姜爱东：《扎实做好社区矫正工作的实践与思考》，《中国司法》2017 年第 3 期，第 83 页。

③ 《社区矫正信息化建设情况及下一步工作安排》，司法部官网，访问于 2021 年 1 月 22 日。

④ 社区矫正对象有下列情形之一的，经县级司法行政部门负责人批准，可以使用电子定位装置，加强监督管理：（一）违反人民法院禁止令的；（二）无正当理由，未经批准离开所居住的市、县的；（三）拒不按照规定报告自己的活动情况，被给予警告的；（四）违反监督管理规定，被给予治安管理处罚的；（五）拟提请撤销缓刑、假释或者暂予监外执行收监执行的。

为了使这一制度继续发挥优势，我们应当顺应改革潮流，从我国实际情况出发，为实施好司法部官网：提供好体制性、机制性、保障性条件。

（一）体现司法机关配合与制约原则

司法机关配合与制约原则是对我国法律中司法机关"分工负责、互相配合、互相制约"原则的概括表达。2014年《中共中央关于全面推进依法治国若干重大问题的决定》将配合与制约原则从三机关扩展到四机关，提出"公安机关、检察机关、审判机关、司法行政机关各司其职、相互配合、相互制约"，司法行政机关增加为配合与制约原则中的主体。社区矫正法充分体现了公、检、法、司四机关的配合与制约原则。

从社区矫正中的司法机关分工负责、互相配合来看，在社区矫正由人民法院决定或者公安机关、监狱批准后，由看守所、公安机关或者监狱将社区矫正对象移送社区矫正机构执行。《社区矫正实施办法》对人民法院、人民检察院、公安机关、司法行政机关以及监狱，特别是社区矫正机构在社区矫正工作中的职能作用作出明确规定，细化了人民法院、人民检察院、公安机关、监狱管理机关、社区矫正机构之间的职责分工，明确了各方执法权限和法律责任，解决了部门之间职责交叉、责任不清等问题。在社区矫正执行过程中，社区矫正机构发现社区矫正对象正在实施违反监督管理规定的行为或者违反人民法院禁止令等违法行为的，应当立即制止；制止无效的，应当立即通知公安机关到场处置。

从社区矫正中的司法机关互相制约来看，社区矫正机构要接受人民检察机关的监督，社区矫正对象认为其合法权益受到侵害的，有权向人民检察院或者有关机关申诉、控告和检举。社区矫正执行机关发现刑罚执行中的判决确有错误，也应当转请检察院或者原判法院处理，这也是对公、检、法机关已有诉讼行为的监督。

（二）提高社区矫正信息化管理水平

社区矫正法还将国家支持社区矫正机构提高信息化水平写入了总则，并就信息化核查、使用电子定位装置等作出了专门规定。《社区矫正法》第5条规定："国家支持社区矫正机构提高信息化水平，运用现代信息技术开展监督管理和教育帮扶。社区矫正工作相关部门之间依法进行信息共享。"《社区矫正实施办法》第11条要求："社区矫正机构依法加强信息化建设，运用现代信息技术开展监督管理和教育帮扶。"要实现以上要求，应在以下方面提高社区矫正的信息化管理水平。

第一，设立社区矫正统一信息系统。利用现代化的网络技术，设计一套全国统一、内容完备的社区矫正执行信息系统，便于查阅社区矫正执行的相关信息。

社区矫正执行信息系统主要负责记录社区矫正服刑人员的身份信息和服刑管理信息资料，主要包括社区矫正人员情况基础信息和矫正期间管理信息。

第二，监督管理过程实现网络化管理。不论是实施社区矫正前的审前调查、交付执行，还是完成社区矫正后的归档管理阶段的工作，都应该实现网络化管理。如此，全国社区矫正机构能够通过内部网络随时查阅相关服刑人员信息，实现随时监管服刑人员异地托管的情况。

第三，建立监督管理的信息交流机制。在保证社区矫正案件管理中心建立和实现社区矫正信息化管理过程中，应同步推进案件管理信息交流机制的设立。信息交流机制主要分为内部交流和外部交流两部分。内部交流，即每个县、市、区的社区矫正机构通过信息系统将服刑人员的管理情况网络化，每日更新相关的案件管理信息。外部交流，即通过建立统一的案件管理中心，实现全国社区矫正信息统一管理、信息化管理后，可以与公安、检察院、法院之间实现外部信息共享。

（三）落实社区矫正经费的财政保障

《社区矫正法》规定各级人民政府应当将社区矫正经费列入本级政府预算，居民委员会、村民委员会和其他社会组织协助社区矫正机构开展工作所需的经费应当列入本级政府预算。要落实这一法律规定，还需要解决以下问题：第一，与监狱矫正经费、强制隔离戒毒经费保障相比，社区矫正财政支持显得捉襟见肘。从政府收支分类科目中可以看出，监狱经费、强制隔离戒毒经费与司法经费并列，是完整的经费支出科目，唯有社区矫正经费是从"司法"科类中"基层司法业务"项目中支出，社区矫正经费保障受重视程度远不如监狱及强制隔离戒毒。① 第二，我国不同地区经济发展不平衡，各地区社区矫正经费保障差距大。经济欠发达地区，财政经费保障落实困难，更不要说经费保障动态增长机制。在《社区矫正法》实施以后，政府应当明确将社区矫正工作经费在政府收支分类科目中单独列出，提高对其经费保障的重视程度；加大经济欠发达地区社区矫正工作经费的补助力度，均衡城乡社区矫正工作水平；做好社区矫正工作经费落实监督工作，禁止经费挪作他用，保证专款专用。

（四）加强社区矫正专职队伍建设

《社区矫正法》第10条规定："社区矫正机构应当配备具有法律等专业知识的专门国家工作人员（以下称社区矫正机构工作人员），履行监督管理、教育帮扶等执法职责。"国家必须切实加强社区矫正专职队伍建设，按照政治过硬、业务过

---

① 马长生、田兴洪：《完善体制机制　强化社区矫正经费保障》，《检察日报》2016年5月16日，第3版。

硬、责任过硬、纪律过硬、作风过硬的要求打造社区矫正工作队伍。

首先，要解决社区矫正工作人员缺口问题。要吸纳公安机关确定政法编制的经验，充分论证并确定我国需要的社区矫正工作队伍的员额和辅助人员的比例。在此基础上，通过拓宽招录渠道，采用多渠道招录工作人员，如通过公务员考试招录、社会聘用招录等方式，为司法局、司法所配备充足的社区矫正工作人员，解决管理人员不足的问题。

其次，提高工作人员素质。对于通过公务员考试招录的工作人员，要设置较为严格的招录门槛，可以参考公检法等机关招录工作人员的学历设置，限制本科学历为最低学历，部分偏远地区可以适当放宽为大专学历。对于通过社会招录方式的，要考虑招聘者的专业素质、心理素质和身体素质，从招录源头把关。由于社区矫正工作人员对服刑人员具有监督管理的职责，因此，要加强他们的执法能力和作风建设，并对他们开展定期职业培训，提升专业技能和责任感。

最后，提高工作人员薪资待遇。《社区矫正实施办法》第 56 条规定了社区矫正工作人员的职业保障，规定"社区矫正工作人员的人身安全和职业尊严受法律保护"，并规定了具体措施。我们应当合理提高社区矫正工作者队伍薪资水平，保障法定待遇，减少人才流失，维护社区矫正工作队伍的稳定性。

小结

我国社区矫正工作从试点到全面开展的十几年来，取得了卓越的成效，充分彰显了社区矫正制度的优越性，对完善我国刑罚执行体系和进一步推动我国法治建设具有重要意义。《社区矫正法》已于 2020 年 7 月 1 日起实施，将我国社区矫正工作推上了一个新的台阶。在有法可依的前提下，社区矫正工作将坚持创新工作方法和工作手段，全面推进《社区矫正法》的严格实施；坚持从实际出发，坚持问题导向，及时发现和解决工作中存在的问题；坚持立足国情，继续探索和完善适合中国特色的社区矫正顶层设计。

第七节　基层法律服务制度改革

化解社会矛盾、构建和谐社会，重心在基层。2006 年，时任浙江省委书记的习近平同志曾在《求是》杂志撰文指出："基层是社会的细胞，是构建和谐社会的基础。基础不牢，地动山摇。"① 基层治理是国家治理体系的根基，基层法律服务也是我国整个法律体系的重中之重。

　　基层法律服务是 20 世纪 80 年代在律师资源严重不足的情况下产生的一项法律制度，主要通过建立在各个乡镇或者街道的法律服务所，面向基层群众提供法律服务的一种法律服务工作，从事相关工作的人被称为基层法律服务工作者。

　　基层法律服务所及其开展服务的主要法律依据是司法部 2000 年 3 月出台的《中华人民共和国基层法律服务所管理办法》和《中华人民共和国基层法律服务工作者管理办法》。

　　根据《基层法律服务者管理办法》第 26 条的规定，我国基层法律服务工作者主要从事以下业务：（一）担任法律顾问；（二）代理参加民事、行政诉讼活动；（三）代理非诉讼法律事务；（四）接受委托，参加调解、仲裁活动；（五）解答法律咨询；（六）代写法律事务文书。

　　基层法律服务不同于法律援助和律师法律服务，但同样都是中国法律服务体系的重要组成部分。基层法律服务与法律援助的不同在于，基层法律服务主要从事的是非诉业务，带有基层法律顾问或者民间调解机构的性质；而法律援助则是由政府设立的法律援助机构组织法律人员和社会志愿人员，为某些经济困难的公民或者特殊案件的当事人提供免费法律帮助、保障其合法权益的一项法律保障制度。

　　基层法律服务与律师法律服务最大的区别在于基层法律服务工作者并不具备刑事诉讼的业务代理资格。除此之外，诸如民事、经济、行政等领域的诉讼、非诉讼代理以及民间调解、法律咨询、担任法律顾问等业务，都与律师法律服务基本相同。而且，基层法律服务更加贴近群众、服务便捷、收费低廉。因此，基层法律服务工作者与律师逐渐形成了竞争关系。

　　基层法律服务制度是十一届三中全会后党和国家路线调整的产物，其产生的原因主要有以下三点：

　　第一，经济发展所带来的对法律服务的需求。党的十一届三中全会后，我国确立了"对外开放，以经济建设为中心"的战略方针，经济得到了飞速的发展，经济往来日益增长，由此产生了更多的纠纷，对法律服务和法律帮助的需求愈发强烈。然而 20 世纪 80 年代初期，我国法制建设刚刚起步，法律体系不健全，法律服务特别是基层法律服务严重缺乏。面对基层群众对法律服务的迫切需求，基层

---

　　① 习近平：《加强基层基础工作　夯实社会和谐之基》，《求是》2006 年第 21 期，第 22－24 页。

法律体系亟待完善，并建立相应的基层法律服务制度。

第二，基层民主法制建设的必然要求。我国一直以来非常重视尊重和保障公民的政治、经济和文化权利。《宪法》更是强调公民在法律面前一律平等，任何公民都平等地享有宪法和法律规定的权利，平等地履行宪法和法律规定的义务。在这样的背景下，就需要加强基层的民主法制建设，建立和完善基层法律服务制度。

第三，为缓解律师资源稀缺而作的补充。自我国律师制度恢复以来，法律职业走上了专业化、职业化的发展道路，律师事务所也随之建立。但是，在上个世纪，由于法学教育和法学培养体系的不完善，专业化的高素质法律人才严重缺乏，难以满足国家法制化建设的需要。而且，这些法律人才和律师事务所主要集中在大城市，城市街道和农村的法律服务无法开展。律师队伍不足，只能由基层法律服务来填补这一缺口。为此，国家才大力开展基层法律服务工作，大批基层法律服务机构建立起来，基层法律工作人员和志愿者走上工作岗位，为基层群众解决法律纠纷，维护其合法权益。

基层法律服务的出现与发展，既不是主观意志的产物，也不是行政命令的结果，而是改革开放后我国农村商品经济的发展和广大农民对法律服务需求与日俱增的客观产物。基层法律服务不仅活跃了司法行政工作，填补了司法行政工作在基层的空白，而且使法律服务工作延伸到基层，满足了基层的法律服务需要。

基层法律服务制度的根基是法律服务所。基层法律服务所的性质几经变革，从诞生之初的性质模糊，到被定位为"政法基层组织"，再到重整阶段的"市场中介组织"，而后又由"事业法人体制"改为"合伙制"，之后又将其定位为"以街道社区为依托，面向基层、面向社区、面向群众，提供公益性、非营利性法律服务"。在基层法律服务制度建立的40多年时间里，伴随着基层法律服务所定位和功能的改变，我国的基层法律服务也经历了一系列的发展和变革，大致可以分为五大阶段。

一、建立初始阶段（1979—1986年）

1979年，被撤销了长达20年的司法部经第五届全国人大常委会第十一次会议决定恢复。同年12月，司法部发布《关于律师工作的通知》，开始着手恢复律师制度。1980年8月26日，我国关于律师制度的第一部法规《律师暂行条例》通过，中国律师制度逐步恢复起来了。

然而，在当时，律师的主要业务都是在发达的城市地区，如何在律师极为稀少的情况下解决基层群众法律服务的需求就成为一个亟待解决的难题。在这种情况下，法律服务所逐步建立，开始面向基层社会尤其是乡镇提供法律服务。

从 20 世纪 80 年代初期开始，广东、福建等乡镇企业较多且经济较活跃的地区最先建立起来了一些乡镇法律服务所，主要负责基层群众在生产经营中的纠纷调解，以及代书、解答法律咨询等简单的法律服务工作。而后，全国其他各省市的乡镇也纷纷效仿，建立了乡镇法律服务所。

1984 年后，经司法部的多次肯定和推广，法律服务所迅速在全国的乡镇普及。1984 年 8 月，司法部召开全国司法行政工作会议，印发了辽宁海城的经验材料，充分肯定了这一新生事物。[1] 1985 年 3 月，全国司法厅局长会议根据"四个服务"的指导思想再次要求各地根据实际情况，积极创造条件，在乡镇设立法律服务机构。[2] 1986 年，司法部要求全国各地在城市街道和厂矿企业建立基层法律服务所[3]，基层法律服务所得到普遍推广。截至 1986 年年底，全国已建立乡镇法律服务所 20948 个。[4] 这些基层法律服务所面向基层提供法律服务，协助办理公证，协助司法助理员管理人民调解工作，受到了广大基层民众的欢迎。

二、发展规范阶段（1987—1989 年）

乡镇法律服务所是改革的新生事物，其性质也比较模糊。当时的法律服务所基本是由乡镇政府和司法局共同组织建立，由乡镇政府对其人员编制进行控制和管理。在基层法律服务所建立推广的初级阶段，我国相关法律法规和政策还并未对它的性质作出明确的界定。

1987 年 5 月 30 日，我国第一个规范基层法律服务工作的规定《乡镇法律服务所暂行规定》出台，对乡镇法律服务所的宗旨、业务范围、人员组成、领导体制及工作制度等都作了规定，标志着我国基层法律服务开始步入了正轨。

关于法律服务所的性质，司法部在《〈关于乡镇法律服务所的暂行规定〉的几点说明》中对其作出如下解释："各地情况不一样，做法也不尽相同，考虑到本《规定》的制定，应使现有的法律服务机构都能得到巩固和发展，并便于省、自治区、直辖市司法厅（局）从当地实际情况和可能出发，因地制宜。因此，对乡镇法律服务机构的性质暂不作统一的规定。"直到 1990 年，司法部在给江苏省司法

---

① 《中国司法行政年鉴》编辑委员会编：《中国司法行政年鉴（1995 年）》，法律出版社 1996 年版，第 287 页。

② 《中国法律年鉴》编委会编：《中国法律年鉴（1987 年）》，法律出版社 1987 年版，第 718 页。

③ 刘武俊、高巍、周云涛、曲广娣：《中国特色社会主义司法行政制度论纲（下）》，《中国司法》2014 年第 1 期，第 30 页。

④ 《中国法律年鉴》编委会编：《中国法律年鉴（1987 年）》，法律出版社 1987 年版，第 27 页。

厅的批复中明确："乡镇法律服务所是依据司法部等有关规章建立的乡镇法律服务机构，它的名称、批准建立的程序、业务范围等方面已有统一规定，不同于列入清理整顿范围和各类法律咨询服务机构。"① 这是官方首次将乡镇法律服务所与社会法律咨询服务机构进行区分。同年，在中共中央、国务院《关于加强社会治安综合治理的决定》中，把基层法律服务所定位为"政法基层组织"之一。

在《乡镇法律服务所暂行规定》出台之后，司法部等单位又出台了一系列的规定和措施。1987 年 8 月，司法部制发了统一的《乡镇法律工作者证》，授权县（市、区）司法局发给经审查合格的基层法律服务工作者。1988 年 2 月，国务院物价局下发《关于印发第二批国务院有关部门行政事业性收费管理目录的通知》，将乡镇法律服务所业务收费明确列为准予收费的项目。1989 年，司法部又相继出台了《乡镇法律工作者守则》《关于进一步加强乡镇法律服务所组织建设的若干意见》《乡镇法律服务业务工作细则》等一系列规范性文件，对乡镇法律服务所设立的原则、条件和程序，以及乡镇法律服务从业人员的执业要求等作了进一步的细化规定。

截至 1989 年年底，全国共有乡镇法律服务所 29979 个，乡镇街道法律服务工作者有 90333 人；业务受理方面，全国乡镇法律服务所共调解纠纷 1377624 件，协助办理公证 1727265 件，民事诉讼代理 117013 件，非诉讼代理 235037 件，担任基层政府和企业常年法律顾问 104073 家，代写法律文书 594356 件，解答法律咨询人 3986602 次，挽回经济损失 22688 万元。②

三、重整完善阶段（1990—1999 年）

20 世纪 90 年代后，基层法律服务进入了总结、重整阶段。1990 年 1 月，司法部发布《关于整顿乡镇法律服务所的通知》，决定用两年的时间在全国范围内对乡镇法律服务所进行一次全面的清理与整顿。同年 9 月，司法部、财政部联合下发了《乡镇法律服务所财务管理办法》，要求乡镇法律服务所原则上实行自收自支、独立核算，并要专款专用。同时在这一年，《乡镇法律服务所业务档案管理办法》及《乡镇法律服务业务工作细则》出台，对乡镇法律服务所的档案管理、业务范围和要求、权利义务等进行了更加详细的规定。1992 年，司法部制定和发布了《关于深化基层法律服务工作改革的意见》，基层法律服务开始往适应市场经济体制的方

---

① 吴高平、丁书婷：《社会转型期的农村法律服务问题研究》，《改革与开放》2015 年第 1 期，第 61 页。
② 《中国法律年鉴》编委会编：《中国法律年鉴（1989）》，法律出版社 1990 年版，第 63 页。

向发展。

1992 年后，全国乡镇法律服务所在整顿期间撤销合并了一批不合格的基层法律服务所，加上新设立的基层法律服务所，比整顿前增加了 1087 个；整顿中辞退、解聘不符合条件的法律服务工作人员之后，加上新招聘人员，比整顿前增加了 10467 人。[①] 大部分基层法律服务所经过整顿后，服务层次有所提高，服务范围扩大，各项规章制度也逐步健全。

1992 年 12 月，司法部发布《关于乡镇法律服务所内取得律师资格的人员可以担任兼职律师的通知》，进一步规范了乡镇法律服务所的业务。1993 年起，应司法部要求，各地的基层法律服务所也开始拓宽服务领域，从乡镇逐步扩展到城市的街道。

1997 年 3 月，国家计委、司法部联合制定并印发了《乡镇法律服务收费管理办法》，对乡镇法律服务收费的适用对象、范围、计价形式、收费方式、费用的减免等作出了规定，并明确指出"为促进乡镇法律服务业的发展，充分发挥乡镇法律服务所的市场中介组织作用"。这是我国首次对乡镇法律服务所作出了"市场中介组织"的基本定位。

1992 年到 1997 年间，全国各省市地方为进一步落实好司法部及中央有关部门的相关规定，相继制定了一系列有关基层法律服务的法律文件。如：四川省 1992 年发布的《四川省区乡镇街道法律服务所人员管理办法》，1995 年发布的《四川省基层法律服务条例》；北京市 1995 年制定的《北京市基层法律服务执照管理办法》，重庆市 1997 年出台的《重庆市基层法律服务条例》等。这些地方性法规和规范性文件，对乡镇法律服务制度的进一步改革和完善起到了十分重要的作用。

四、迷茫衰败阶段（2000—2011 年）

20 世纪 90 年代基层法律服务制度经历了数年的整顿清理之后不断健全和完善，在 90 年代末期达到高峰，成为我国法律服务体系的重要力量。进入新世纪，为更好地指导和管理基层法律服务所，司法部于 2000 年 3 月相继发布了《基层法律服务所管理办法》和《基层法律服务工作者管理办法》。根据《基层法律服务所管理办法》第 4 条的规定，基层法律服务所按照事业法人体制进行管理和运作。该规定不仅重新定义了基层法律服务所的性质，而且调整了基层法律服务所登记的管理体制，把基层法律服务所从司法所名下剥离了出来。同年 6 月，司法部在

[①] 《中国法律年鉴》编委会编：《中国法律年鉴（1993）》，法律出版社 1994 年版，第 142 页。

《关于贯彻实施〈基层法律服务所管理办法〉和〈基层法律服务工作者管理办法〉若干问题的意见》中再次强调基层法律服务所的性质为"事业性质的法律服务组织"。2000 年 12 月，首次全国基层法律服务工作者职业资格考试在司法部的主持下顺利举行。

然而，与此前司法部对基层法律服务所的性质定位不同的是，2000 年 7 月，国务院办公厅发布《关于清理整顿经济鉴证类社会中介机构的意见》，明确将基层法律服务所划入了"经济鉴证类中介机构"的范围，并要求主管部门和行业组织积极主动开展所属行业的"脱钩改制"工作。同年 9 月，司法部依照该意见发布了《司法部关于印发基层法律服务机构脱钩改制实施意见的通知》，指出"基层法律服务机构作为提供法律服务的中介组织，被列入清理整顿和脱钩改制的范围"，并明确规定"实行脱钩的法律服务所，不再属于行政挂靠机构或事业单位，其执业组织形式应当改制为合伙制的法律服务所，实行自主执业、自收自支、自我管理、自我发展的自律性运行机制"。① 截至 2000 年年底，全国共有乡镇街道法律服务所 34219 个，较上一年减少 1164 个。②

2002 年 7 月，时任司法部部长张福森在全国司法厅局长座谈会上首次提出："必须对基层法律服务重点是大中城市的基层法律服务工作职能进行规范，从它立足社区、亲民近民、服务便利、收费低廉的特点，以及在满足城市低收入阶层和弱势群体的法律服务需求这些特殊作用出发，把大中城市基层法律服务工作的职能，定位为以街道社区为依托，面向基层、面向社区、面向群众，提供公益性、非营利性法律服务。"③ 基层法律服务开始在城市基层改革中逐步展开。同年 9 月，司法部制定并发布《关于加强大中城市社区法律服务工作的意见》，其中明确规定："街道法律服务所要严格按照属地原则开展业务，以本社区居民为主要服务对象，为他们提供便利及时的法律服务。"④ 至此，全国大中城市街道法律服务所改革的新方向得到了确认。

2003 年，农村基层法律服务改革也在稳步推进。在当年 7 月份召开的全国司法厅局长座谈会上，张福森部长正式提出："对农村法律服务的发展方向要有正确的认识和把握。"他认为："农村基层法律服务一方面要适度发展，提高工作水平

---

① 《司法部关于印发基层法律服务机构脱钩改制实施意见的通知》（2000 年 9 月 25 日）。

② 《中国司法行政年鉴》编辑委员会编：《中国司法行政年鉴（2001 年）》，法律出版社 2002 年版，第 11 - 12 页。

③ 《全国司法行政系统积极援藏》，央视网 2002 年 7 月 17 日报道。

④ 《司法部关于加强大中城市社区法律服务工作的意见》（2002 年 9 月 12 日）。

和工作质量，同时也要逐步加以规范。从长远看，也同大中城市一样，在诉讼领域不能有律师和基层法律服务队伍并存。"[①] 截至 2003 年年底，全国乡镇街道法律服务所降至 25836 个，比上年减少 1053 个，法律服务工作者共计 93970 人，较前一年减少 4571 人。[②] 但是，"脱钩改制工作"进行一段时间后，也出现了一些新问题，如律师与基层法律服务工作者开始进行利益博弈、权力分割，各自为政。为了解决这些问题，司法部于 2003 年年底将管理和指导全国基层法律服务工作的职责移交给了律师公证工作指导司。

基层法律服务所因其自收自支，可独立开展法律业务，所以与律师事务所形成了竞争关系，法律服务市场的秩序也因此变得更加混乱。在《中华人民共和国行政许可法》实施后，国务院于 2004 年 5 月 19 日下发了《国务院关于第三批取消和调整行政审批项目的决定》。该决定取消了设立基层法律服务所设立核准的行政许可和基层法律服务工作者执业资格认可的行政许可。这一决定意味着基层法律服务所和基层法律服务工作者今后将不会再有新生力量注入，这对正处于发展期的基层法律服务群体来说，无疑是一个致命性打击，基层法律服务所和基层法律服务也随即走向衰落。

因为司法行政部门对基层法律服务所没有审批权，所以对其设立或撤销都行不通。在这种情况下，基层法律服务所的前景令人担忧，此后几年，我国基层法律服务业大幅萎缩，规范以及指导管理等工作基本上也都处于比较混乱的状态，改革停滞不前。

五、改革新生阶段（2012 年起）

随着新一轮司法改革的推进，基层法律服务有了"起死回生"的迹象。根据 2012 年修订的《中华人民共和国民事诉讼法》第 58 条的规定，下列人员可以被委托为诉讼代理人：（一）律师、基层法律服务工作者；（二）当事人的近亲属或者工作人员；（三）当事人所在单位以及有关社会团体推荐的公民。该规定首次以法律的形式赋予了基层法律服务工作者代理民事诉讼活动的权利，使得不断被边缘化的基层法律服务工作者又重新回到正轨。

从以往仅在各类规范性文件中规定，到第一次在法律上明确基层法律服务工

[①] 张福森：《法律服务的数量与质量应当并重——张福森同志在全国司法厅（局）长座谈会上的讲话（摘要）》，《中国律师》2003 年第 9 期，第 5 页。

[②] 《中国司法行政年鉴》编辑委员会编：《中国司法行政年鉴（2004 年）》，法律出版社 2005 年版，第 21 – 22 页。

作者的执业地位和权利，体现了国家对基层法律服务的肯定，也意味着基层法律服务制度即将面临新的改革与完善。

2014 年 10 月 23 日，党的中共十八届四中全会通过了《关于全面推进依法治国若干重大问题的决定》，指出要发展基层法律服务工作者队伍。为贯彻落实党的十八届四中全会精神，司法部出台了《关于推进公共法律服务体系建设的意见》，肯定了基层法律服务所的独特作用，同时也明确基层法律服务是我国公共法律服务体系的重要组成部分。

但即便如此，基层法律服务的发展势头并未上升，反而有所下降。截至 2017 年年底，全国共有基层法律服务机构 1.6 万多家，其中乡镇所 1.1 万多家，街道所 5700 多家。全国基层法律服务工作者 7 万人，其中在乡镇所执业的基层法律服务工作者 3.55 万多人，在街道所执业的基层法律服务工作者 3.51 万多人。在基层法律服务业务方面，全国基层法律服务工作者共办理诉讼案件 81.9 万多件，办理非诉讼法律事务 31.5 万多件；为 11.6 万多家党政机关、人民团体、企事业单位担任法律顾问；参与仲裁 9.3 万多件。2017 年全年，基层法律服务工作者共提供各类公益法律服务 263.5 万多件，其中办理法律援助案件 20.9 万多件，参与人民调解 39 万多件，参与接待和处理信访案件 7.7 万多件，为 18.8 万多个村（居）担任法律顾问，为弱势群体提供免费法律服务 54.7 万多件。①

基层法律服务制度经过多年改革和发展，已逐步形成了有别于其他法律服务工作的独特优势，从我国实际国情来看，基层法律服务是不可替代的。

六、基层法律服务现状

2018 年新修订了《基层法律服务所管理办法》和《基层法律服务工作者管理办法》，调整、细化了基层法律服务所设立、执业、制度等内容，规定了不同组织形式组建的基层法律服务所应当具备的不同条件，提高了基层法律服务工作者的准入标准，这对基层法律服务所的发展来说无疑是一个新的契机。

首先，在服务层次定位方面，《基层法律服务工作者管理办法》第 27 条将基层法律服务工作者代理参加民事、行政诉讼活动的范围限定为："至少有一方当事人的住所位于其执业的基层法律服务所所在的县级行政区划辖区或者直辖市的区（县）行政区划辖区内。案件由其执业的基层法律服务所所在的县级行政区划辖区或者直辖市的区（县）行政区划辖区内的基层人民法院审理；该案进入二审、审

---

① 《律师、公证、基层法律服务最新数据出炉》，载于司法部官网，访问日期为 2018 年 9 月 20 日。

判监督程序的，可以继续接受原当事人的委托，担任诉讼代理人"。这就意味着基层法律服务所过去"面向基层、面向社区、面向群众"的定位没有改变。

其次，在性质方面，《基层法律服务所管理办法》第7条第2款和第3款将基层法律服务的执业管理区分为"事业体制"和"普通合伙体制"。可以看出，基层法律服务所的性质至今仍然没有统一的结论，其已经在形式上脱钩改制，但实际上并不具备完整的独立性。

截至2018年年底，全国共有基层法律服务机构1.6万多家，其中乡镇所1万多家，占65%；街道所5800多家，占35%。全国基层法律服务工作者7.2万人，其中在乡镇所执业的基层法律服务工作者3.74万多人，占52%，在街道所执业的基层法律服务工作者3.45万多人，占48%。2018年，全国基层法律服务工作者共办理诉讼案件78.9万多件；办理非诉讼法律事务24.2万多件；为11.9万多家党政机关、人民团体、企事业单位担任法律顾问；参与仲裁9.1万多件。

2018年，基层法律服务工作者共提供各类公益法律服务63万多件，其中办理法律援助案件19.96万多件，参与人民调解35.5万多件，参与接待和处理信访案件7.6万多件。基层法律服务工作者为4.2万多个村（居）担任法律顾问，为弱势群体提供免费法律服务51.9万多件。①

如今，基层法律服务所正在与律师事务所、法律援助机构、公证机构等互为补充，共同构建成为多层次、宽领域的法律服务格局，满足不同地域、不同层次、不同类别人群的法律服务需求。基层法律服务既是我国法律服务体系的重要组成部分，又是现阶段符合我国国情、深受基层群众欢迎且不可替代的重要法律服务工作。随着社会主义市场经济的不断发展，人民生活水平的不断提高，基层法律服务将有更为广阔的发展空间。

七、基层法律服务的完善与建议

基层法律服务是具有中国特色的一项法律制度，其产生和发展没有其他国家的经验可供借鉴和参考。基层法律服务制度的发展和完善，必须立足我国的实际情况，在改革实践中不断探索和修正。

第一，要提升基层法律服务的立法层次。基层法律服务所在"脱钩改制"后成为与律师事务所同等的独立法律服务机构。但是，在我国，律师事务所和律师有《律师法》来对律师事务所的设立、律师的执业地位和行为等进行规制，而基

---

① 司法部：《2018年度律师、基层法律服务工作统计分析》，封面新闻2021年5月10日发布。

层法律服务所及其提供的法律服务却没有同级别立法对其进行规定，只有司法部和其他部委的规章、规范性文件，层级较低。不仅如此，这些规章或规范性文件大都是根据当时的政策形势而制定颁布的，会随着经济、政治、法制等环境的变化而改变，具有不稳定性，而且经常会与国家后续出台的法律服务机构、人事、收费、税管、服务秩序等规定相冲突。为了促进基层法律服务制度的完善、保持基层法律服务工作的稳定性，应当提高基层法律服务的立法层次，由法律来对基层法律服务所及其服务进行规定。

第二，要设立严格的基层法律服务工作者准入条件。基层法律服务人员的整体素质不高，在一定程度上影响了基层法律服务者的声誉。因此，下一步要提高基层法律服务工作者的准入门槛，提高从业人员的整体素质。自国务院取消基层法律服务人员职业资格核准后，基层法律服务工作者的准入考试已停办多年，重新启动考试成本高且难度大，不利于推进我国法律职业一体化。比较合理可行的是，以现有的全国统一法律职业资格考试为基础，实行统一的考试同时降低合格分数线。这样既可以通过统一的考试准入制度选择法律素养较高的人才进入基层法律服务领域，又有利于促进基层法律服务工作者与法官、检察官、律师等在统一标准上开展业务和对话。

第三，要完善基层法律服务管理体制。这主要包括两个方面：

一是要设立基层法律服务工作者行业协会，加强对基层法律服务行业的管理。自基层法律服务所脱钩改制以来，我国有多个地区已经开始尝试基层法律服务工作者协会这种管理模式，并取得了不错的效果。基层法律服务工作者协会一方面负责从业者的教育培训、考核管理、权益保障等工作；另一方面也能接受人民群众的投诉监督，对违规人员进行惩戒。

我国律师行业协会已经比较成熟，各项制度都比较完善，所以以律师协会作为样本对基层法律服务工作者协会进行设计是比较可行的。设立全国法律服务工作者协会，省、自治区、直辖市设立省级法律服务工作者协会，设区的市根据需要设立地方法律服务工作者协会。这样建立起一套完整的管理体系，可以有效起到行业监督和自律的作用。

二是司法局要设立专门的基层法律服务工作管理部门。现在各地司法局对基层法律服务工作的管理整体比较混乱，不同地区管理基层法律服务所的部门有所区别，甚至有的地方无人管理。这显然是不符合全面依法治国目标要求的，应当确立一个直接管理基层法律服务所的部门，专门负责服务所每年的注册、资格认证、审核等事项；同时也负责协调其与基层法律服务工作者协会的关系，及时了解基层法律工作者的情况和需求，认真做好各项备案。

小结

基层法律服务制度应国家基层法治建设之需诞生发展已经 40 余年，经历了从繁荣到衰退的过程。基层法律服务所作为具有中国特色的法律服务机构，在满足基层群众法律需求、协助政府开展法治活动等方面起到了巨大的作用。尽管该制度还存在很多的不足，但不可否认的是，它对我国的基层法治建设来说具有不可替代的价值。

基层法律服务在改革中诞生，也必将在改革中存续和发展。基础法律服务制度要适应形势发展的需要，不断进行改革和完善，最终形成律师、基层法律服务、公证三位一体共同发展的法律服务体系，使法律服务覆盖到社会的各个阶层。

第八节　公证制度改革

在我国，"公证"一词是相对于"私证"而言，具有鲜明的本土特色。纵览我国公证制度的历史沿革，在封建社会的漫长岁月中，我国古代自西周时期就有民间"中人"见证一般民事活动、官方见证大型民事活动的习俗，但在基本不调整民事活动的古代法律体系下，仍以"私证"为主。西汉时期，从土地买卖，到衣物布料交易，常常设立证人参加、发出的"券书"。唐代买卖奴婢、牛马等物品时，常常设立证人参加、发出的"市券"。在整个民事活动过程中全程见证、并在"券书""市券"上签名画押的就是"中人"。"中人"也称为"时旁人""旁人""见人""知见人""保人"，本质上起到一种私人见证的"私证"作用。直至现代意义上的公证制度在晚清时期从欧洲传入我国，尤其是鸦片战争后西法东渐的自发法律移植开始转变为强制意义的法律复制，公证制度也在刑民分置的基础上开始独立。1922 年，北洋政府公布的《登记通则》中规定："对于民商法律行为或其他事实，不动产权利，法人或其他民事商事团体，及法律规定其他应当履行登记手续的，只有在登记后才具有完全的公证力。"其中所言的登记机构就有现代意义上公证机构的色彩。1927 年，国民政府拟定了《公证人法》（草案）。1935 年 7 月，司法部颁行《公证暂行规则》，规定在地方法院设立公证处，指定推事专办或兼办公证事务。在借鉴大陆法系国家公证形式的基础上，1936 年 2 月司法部颁行了《公证暂行规则施行细则》。1943 年 3 月 31 日，国民政府颁布了《公证法》，计 4 章 52 条，自 1944 年 1 月 1 日起施行。正式将公证定义为"证明特定法律行为或其他关于私权事宜之制度"，目的在于"保护私权，遏止讼蔓"。这一公证制度一直在我国台湾地区沿用至今，直至 2001 年我国台湾地区引进民间公证人制度，形成了官、民共存的双轨制。

纵览中华人民共和国成立以来的我国公证制度历史，从 1946 年已经解放的哈尔滨地区率先由当地法院设立非讼科开办以外侨业务为主的公证业务，到 1950 年北京、上海、天津等人民民主专政已经扎根的城市也由当地法院设立办理公证的专门机构，为结婚、离婚、收养、委托等民事活动进行公证。1951 年 4 月 19 日，《人民日报》发表了题为"建立公证制度保护国家财产"的评论，要求各地通过公证保护国家财产。在国民经济恢复时期即第一个五年计划期间，为了保护国家财产，促进对资本主义工商业的社会主义改造，一些地方的人民法院开展了有关公私合营的公证。1951 年 9 月 4 日，中央人民政府公布的《中华人民共和国人民法院暂行组织条例》规定，公证职能由人民法院行使。直至 1954 年 9 月 21 日第一届全国人民代表大会第一次会议通过《中华人民共和国人民法院组织法》后，公证工作移交司法行政机关主管，并正式筹建国家公证机关。1595 年 4 月，董必武同志在党的第八次全国代表大会上明确指出："公证制度是证明机关、团体和公民法律行为的一种良好制度，应该加速推行。国家必须设立公证处……"1954 年 4 月 25 日至 5 月 9 日，司法部召开了第一次全国性的公证会议，明确了当时的公证重点是加强对资本主义工商业的社会主义改造的法律监督和对涉外公民权利、义务关系的文书与事实的公证，并讨论了存在的问题。1965 年 1 月，国务院批准了《司法部关于开展公证工作的请示报告》，1 月 31 日，司法部发出了《关于公证业务范围问题的通知》后，我国公证工作普遍加强了对遗嘱、继承、收养子女、房屋买卖、租赁、委托书、失踪、死亡等方面的证明任务。1958 年后，受"左"倾错误思想的影响，全国司法行政机关被撤销，除少数几个大城市基于国际惯例需要办理涉外公证事项而保留了公证处，并交由人民法院管理，办理少量公证外，其他公证处全部被撤销。1979 年司法部恢复重建以后，司法行政部门主要作为司法行政事务的管理者、服务者和执法者，也将公证制度的恢复重建作为法制建设的重要组成部分，作出了恢复重建全国公证机构的决定。从恢复到撤销再到恢复，中华人民共和国成立之初的 30 年，我国公证制度呈现阶段性历史使命与重塑错误认识并存的节奏。

一、公证制度的恢复重建期（1978—1985 年）

这一阶段的司法改革以 1978 年十一届三中全会为开端，直至 1986 年司法部发布《办理公证程序试行细则》之前。

（一）明确公证制度的必要性

1979 年 7 月 1 日，第五届全国人民代表大会第二次会议通过《中华人民共和国人民法院组织法》，规定司法部在重建初期的工作包括"管理律师组织、公证机关的工作"。1979 年 10 月 28 日，中共中央、国务院发出《关于迅速建立地方司法行政机关的通知》指出，各地司法行政机关负责公证机关的工作。1979 年 9 月，五届人大十一次会议决定恢复国家司法行政机关，各地公证处随之恢复建制。1980 年 2 月 15 日司法部发出《关于逐步恢复国内公证业务的通知》指出"对人民群众的正当要求，应做到有求必应"，要求先受理收养子女、遗嘱、继承、委托、赠与等几项主要公证事项。从而，恢复了停办近 20 年之久的业务，满足了公民的正当要求。1980 年 3 月 5 日司法部发出《关于公证处的设置和管理体制问题的通知》，规定"在直辖市、省辖市、县设公证处：暂不设公证处的市、县，由所在地的基层人民法院设公证员（或由审判员兼）办理公证业务"，"公证处归句法行政机关领导，司法部通过各省、自治区、直辖市司法厅、局对全国公证工作实行领导"，从而统一了公证机关的建制。同年 7 月，国务院批转了司法部《关于毗建立省市、地区、县司法行政机关的请示报告》，要求各省属市、侨乡县、重点县，力争尽快设立公证处。

1980 年 7 月 30 日至 8 月 9 日召开的全国司法行政工作座谈会和 9 月 19 日至 9 月 25 日召开的全国公证工作座谈会，就公证工作的方针、任务、业务的恢复和发展以及公证机关的组织建设作了研究和安排。解放思想、确立公证制度存在的必要性，成为这两次会议的重要内容。通过会议交流，广大公证人员确定了国家建立公证制度的宗旨是为了健全和维护社会主义法制，预防纠纷，减少诉讼，促进安定团结，以利于社会主义现代化的建设。这也为恢复重新初期的我国公证制度指明了发展方向。

（二）制定公证制度的规范性文件

在统一了公证制度的指导思想后，对相关领域的规范性文件进行梳理、整顿，成为制度正式运行的首选途径。1981 年 3 月 3 日，司法部颁行《关于办理几项主要公证行为的试行办法》，并会同财政部重新制定了《公证费收费标准与管理办法》，对办理继承、遗嘱、收养子女、委托书、经济合同等公证的法律依据和程序，作了统一规定。1982年4月13日，国务院颁布了《中华人民共和国公证暂行条例》，这是中华人民共和国第一部公证行政法规，对公证的性质、任务、原则、制度、业务范围、组织领导及公证管辖、程序等方面，作了系统的规定，从而形成了一套较完整的公证制度。

《公证暂行条例》是我国第一部国家性质的公证法规，是中华人民共和国成立30余年在社会主义制度下公证理论和实践的总结。《公证暂行条例》分为6章30条，系统地明确规定了我国公证机关的性质、任务、原则、制度、业务范围以及组织领导、公证业务管辖、公证办理程序等方面的问题。它的发布与实施，是我国法制建设中的一件大事，标志着我国的公证制度进入了一个崭新的阶段。总体而言，《公证暂行条例》体现了我国公证制度的两个主要特色：一是我国公证机关代表国家统一行使公证职权；二是坚持公证事项的真实性与合法性。至此，我国公证制度的发展从无法可依走向了有法可依的法制建设时期。

（三）建立专业的公证员队伍

规范统一公证活动，强化提高公证员政治业务素质，是司法行政的一项长期的重要工作。1980年1月14日，国务院《关于司法部机构编制的批复》同意司法部设公证律师司。1982年5月，在国务院机构改革的大背景下，司法部向中央报送《关于司法部的任务和工作机构改革的请示报告》，"公证工作"成为司法部八项工作任务之一，同时建议法院司法行政工作交法院自行管理，法律法规汇编交国务院办公厅法制局承担。后国务院批准了这一报告，公证工作正式作为司法行政机关负责工作，从人民法院负责中独立出来。

在统一了公证制度的思想体系和价值追求后，公证处和公证员的队伍开始迅速发展壮大。至1983年年底，全国共有2309个公证处、6800余名公证员，是1980年的6倍，可见市场需求之强烈。时至1986年年底，全国已建立公证处2758个、1.2万余名公证员，助理公证员制度也随之建立。1988年3月，经中央职称改革领导小组批准，司法部制定了《公证职务试行条例》，在全国开展公证员职称评聘工作。在此时期，司法部举办了多次为期四个月至半年的全国公证干部培训班，并组织编写了《公证业务讲义》《公证制度讲义》《外国公正法规》《公证工作手册》等教材，以一种法制"拓荒"的方式对司法公证人员进行培训，取得了良好的学习效果。

（四）本阶段公证制度改革的特征

本阶段是公证机关的重塑与恢复阶段，从思想上找准公证制度的价值定位，从规范上确立公证制度的运行准则，从人员上建构公证制度的运行主体，公证制度三位一体的恢复重建工作取得了重大进展与良好突破。1985 年 9 月，中央《关于制定"七五"计划的建议的说明》提出，为了保障经济体制改革和经济建设的顺利进行，要把加强公证部门的职能，当作从宏观上加强、完善对经济活动间接控制的重要手段之一，把公证工作在保障国家经济体制改革和经济建设中的作用，提到了前所未有的高度。可以看到，中央对公证工作高度重视，对改革开放初期公证工作的恢复工作也给予了高度肯定。

二、公证制度的法制发展期（1986—2004 年）

这一阶段的公证制度改革以 1986 年 12 月司法部发布《办理公证程序试行细则》，直至 2005 年 9 月十届全国人大常委会通过《中华人民共和国公证法》之前。

（一）健全公证领域法规

1986—2004 年，有关公证制度的规范性文件以部门规章为主。1986 年 12 月；司法部颁行《办理公证程序试行细则》；1990 年 12 月，司法部将其修订为《公证程序规则（试行）》；2002 年 8 月，司法部正式颁布《公证程序规则》。纵览这三个公证程序规定，可以看出我国有关公证制度的部门规章处于持续完善过程中。

1986 年 12 月 4 日，司法部颁布了《办理公证程序试行细则》共 59 条，确立了真实合法、公序良俗、保守秘密等公证制度的基本原则，从公证制度的当事人、操作程序、公证书等方面进行了规定，是以《中华人民共和国公证暂行条例》为据的实施细则。此后，司法部发布了《公证书格式》《公证费标准与管理办法》等配套法规，初步建立了我国公证领域的法规。1990 年 5 月，司法部发布了《公证程序规则（试行）》，对《办理公证程序试行细则》进行了基本原则，特别程序和复议程序等方面的重大修改，进一步完善了我国公证领域的统一规范，为公证事业的进一步发展创造了有利条件。

（二）制定公证领域细则

在实践中摸索经验，通过法规制定与实施进一步检验，以此为公证制度的正式立法积累经验教训，是这一段时期公证制度运行的重要方向。鉴于各个细化类别的专业性较强，司法部还制定了一系列公证细则和办法，以及一些有关具体问题的答复，对全国的公证业务工作起到了规范指导的重要作用，涉及赡养、遗赠抚养、承包经营、房屋拆迁、招投标、海峡两岸司法协作、抵押贷款、提存、遗嘱等广泛领域。随着《继承法》《担保法》《合同法》等相关法律相继施行，对公证的职能、法律效力进一步做出了规定。随着社会经济发展，公证体制和公证实践不断被突破，也显示出中国公证立法的滞后。

同时，司法部在公证机构建设与公证队伍建设方面，也进行了规范化建设。1989 年 12 月 19 日，司法部发布《公证人员清廉服务的若干规定》；1997 年 1 月 3 日，司法部发布《关于创建司法部部级文明公证处实施办法》；1997 年 11 月 6 日，司法部发布《关于开展公证法律援助工作的通知》。在队伍建设取得了显著成效后，我国公证工作也实现了三大转变：即由单纯办理涉外公证向涉外、国内公证并举方向的转变；由以民事公证为主向以经济公证为主的转变；由简单的证明向为社会提供多样化的法律服务的转变。三大转变的实现，不仅拓展了公证服务的深度和广度，更重要的是使公证的职能作用为各级政府和广大群众所认识，使公证制度在中国扎下了根。

（三）探索公证体制转型

从 1983 年到 2004 年，公证制度处于持续的改革过程中。首要问题就是司法行政机关与公证机关的定位与关系问题。2000 年 7 月，国务院批准司法部《关于深化公证工作改革的方案》，明确要求，现有行政体制公证处尽快改为事业制，行政体制的公证机构不再审批设立。一直以来，我国公证机构都隶属于司法行政机关管理，二者是领导与被领导的关系，直接加剧了公证机构的行政化属性。在此体制转轨变革的时期，司法部明确提出了从行政机关转向事业单位的公证体制转型，即：加快公证体制改革步伐，现有行政体制的公证处要尽快改为事业体制，同时鼓励积极探索建立新的组织形式的公证处。今后不再审批设立行政体制的公证处。改制后的公证处根本属性不变，即公证机构作为国家法律证明机构的性质不变，公证人员依法行使国家法律证明权的身份不变，公证文书的法律效力不变。今后，公证机构向事业单位转制的进度将大大加快，合作制、合伙制试点力度也将进一步加大，司法部特别要求沿海经济发达地区和省会城市要加快、加大合作制、合伙制公证处的试点力度。

归根结底，这涉及公证机构的定位属性问题。在"事业单位化"的改革观点影响下，对公证机构的属性进行了再认识：作为公证机构，它不属于经营性、以营利为目的的市场机构，与企业有本质区别，不可能完全走进市场；但从公证工作的情况看，它又为广大百姓提供有偿性的服务，不完全依赖国家财政的支持。所以，转轨后的公证机构的准确定位，应该属于国家采取资助（差额补贴）办法予以扶植的事业单位。

（四）本阶段公证制度改革的特征

度过了公证制度的重建期，我国公证机构职能处于持续的调整过程中，有一种摸着石头过河的色彩。在健全了公证领域法规、制定了公证实施细则、探索公证体制转型的基础上，我国公证制度还面临着另外几项改革内容：改革公证员考试、考核制度，加强公证员在职培训制度，建立一支高素质的公证队伍；规范和完善公证处内部运行机制，在建立法人财产制度和社会保障机制，完善公证预算管理制度的同时，建立完善公证赔偿制度；对公证机构的设立实行总量控制、合理布局；推行要素式公证书。通过这一轮改革，公证制度更加符合司法规律，提高了公证能力与效果。

三、公证制度的法治发展期（2005 年起）

这一阶段的公证制度改革以 2005 年 8 月《公证法》通过时起至今。

（一）公证制度正式立法

2005 年 8 月 28 日，第十届全国人大常委会第十七次会议通过了《中华人民共和国公证法》。《公证法》是中华人民共和国第一部公证法典。《公证法》的正式出台，对于建立和完善中国特色社会主义公证制度、规范和推动公证事业发展具有重要意义。它明确了中国公证制度的法律地位和公证执业活动的基本原则，对公证机构、公证员、公证程序、公证效力和公证法律责任等都作出了明确规定。随着《物权法》2007 年 10 月 1 日施行、《民事诉讼法》2008 年 4 月 1 日修改，公证事业得到了全面发展。截至 2009 年，全国已建立了公证机构 3000 多个，公证从业人员 20000 多人，年办证超过 1000 万件，公证事项达到 200 多种。2009 年办理了涉外公证近 300 万件，发往 100 多个国家和地区使用。

为适应时代的变迁，2015 年 4 月 24 日第十二届全国人民代表大会常务委员会第十四次会议对《公证法》做出修改："公证费的收费标准由省、自治区、直辖市人民政府价格主管部门会同同级司法行政部门制定。"以《公证法》为依托，我国公证制度进入了法治发展的新时期。我国公证机构也正式形成了行政属性、事业单位属性与合伙制属性"三种属性"并行的现行体制。

（二）公证业务迅速增长

从证据保全到遗产继承，从合同公证到出国旅行、求学公证，从政府招投标到海外认亲，公证业与寻常百姓的生活越来越密切，我国公证行业在经济社会活动、民生领域和涉外民商事交往等各个方面为公民提供全方位的法律保障。以以往公证活动的短板——涉农公证为例，发扬以人民为中心的精神，做好公证"下沉"为民服务工作，公证处依托基层司法所，在特定时间为农村居民集中办理农村继承、农村分户、拆迁安置等公证业务。

尤为重要的是，公证业务依托现代信息技术、运用现代理念积极拓展客源。从坐等人到公证处办证到主动走出去上门为当事人做参谋，从法律援助到为 80 岁以上老人立遗嘱提供免费服务，从面对面的办理到微信预约办理，从各自为政到公证文书网上信息共享，公证处正在从"高居庙堂"走向"亲民近民"。浙江省最大的公证机构杭州市国立公证处涉外科科长崔海容介绍，2016 年，该公证处涉"一带一路"沿线国家案件达 2400 余件，业务范围涉及跨境贸易电子数据存证、知识产权保护、跨境贸易争议处理、出入境签证等多个领域，涉及文本相符公证、出生公证、签名（印鉴）公证等 10 余种公证类型，并逐年呈现出多样化趋势。①

（三）公证机构走向市场

曾几何时，公证机构的改革方向存在市场化与行政化之争。2004 年，有观点认为，"公证市场化，必然与公证制度的基本定性相悖，也会带来过度竞争，导致公证的公信力下降，进而危及公证业生存和发展的根基，必须注意防范和坚决制止。"在此观点看来，我国公证制度的显著功能之一是预防纠纷，在一定程度上它要通过"必须公证"实现。因此，法定"必须公证"制度的确立，是今后公证发展的方向。

这就是传统的行政化观点。在市场化改革趋势下，公证制度也不例外，典型的就是公证处行政机关的身份剥离、向合作制的转型。合作制公证机构是指由符合条件的公证员自愿组合，共同参与，共同出资；不要国家编制和经费，自主开展业务，独立承担民事责任，其财产由合作人共有，以其全部资产对债务承担有限责任；实行民主管理，按市场规律和自律机制运行的公证机构。早在 2000 年 1 月，司法部就下发了关于开展合作制公证处试点工作的通知，并制定出台了《关于设立合作制公证处的规范性意见》，合作制即典型的市场化。合作制虽然改变了原有公证机构的组织形式和体制模式，但是合作制公证机构作为国家法律授权证明机构的性质不变，公证员依法行使法律证明权的身份不变，公证文书的法律效力不变。

（四）本阶段公证制度改革的特征

在此阶段，公证制度改革的主要体现出公证制度的法律体系完备、公证业务的逐渐增多、公证机构的合作化市场趋势等特征。公证制度从依规开展到依法运行，从业务一般到数量增多，从行政主导到市场趋势，我国公证制度的改革欣欣向荣。

---

① 《增长迅速空间巨大我省公证机构助力"一带一路"》，浙江新闻网 2017 年 6 月 5 日发布。

四、公证制度改革的未来展望

推动中国公证制度的改革和完善，既是实现迈向法治社会的宏伟目标赋予我国立法机关的历史使命，也是今天的司法行政工作者所肩负的重要责任。要实现以上改革和完善公证制度的目标，需要对我国现有的公证员队伍来一番"洗心革面"的改造。① 尤其是 2003 年 3 月，国际拉丁公证联盟在巴黎批准中国公证员协会加入联盟，中国正式成为国际拉丁公证联盟的第 71 个成员方，标志着我国公证制度作为一个完整的法律制度开始融入世界公正体系中去。站在我国公证制度改革的新时代，下阶段我国公证改革应当从三方面入手。

（一）把握我国公证制度的基本性质

在实践中，中国的公证既有名义上独立、专职、强势的拉丁公证制度，又有实践中类英美法系弱势的公证职能和司法地位。这两者相搭配的状态，就是中国公证的现状。按照《公证法》的规定，中国的公证机构是依法成立，独立行使职能，承担民事责任的非营利性质的证明机构。现实中，中国的公证体系中多种组织形式并存，公证证明能否真正独立，不受行政干预，能否真正不以营利为目的，存在很大的不确定性。而组织形式的差异，也影响对过错过失责任的承担形式。中国目前就存在着上述行政性质的公证处、事业性质的公证处和企业化运作的合作制公证处并存的局面。公证人员中也存在着公务员编制、事业编制和其他身份并存的现象。从人数比例来看，也有三分之势。三种组织形式，三种人员身份，使得现行公证体制在司法实践中的定位与《公证法》的规定存在差异。

2014 年 8 月，司法部出台《关于进一步加强公证工作的意见》指出："继续贯彻落实 2000 年国务院批准的《关于深化公证工作改革的方案》和《公证法》，坚持行政体制公证机构改为事业体制的方向，坚持公证机构依法设立、不以营利为目的，依法独立行使公证职能、承担民事责任的属性定位。"2017 年 7 月 17 日，时任司法部部长张军在全国公证会议上指出："从为社会服务所做出的业绩来看，事业体制远远优于行政体制，合作制又优于事业体制；而同是事业体制公证机构，自收自支优于差额拨款，差额拨款又优于全额拨款。当前我国众多行政体制下的公证处以及差额、全额拨款的事业单位体制下的公证处已经不适应我国经济发展和公证需要，我国现阶段推进公证制度改革具有迫切性和必要性。"可见，我国公证制度的基本属性改革已经到了不得不改、见改见好的地步。

---

① 宫晓冰：《中国公证制度的完善》，《法学研究》2003 年第 5 期，第 57 页。

（二） 加强公证机构的公信力建设

公信力是公证工作的核心。传统理论认为，公证公信力来源于公证的国家权属性，并痴迷于只要公证处属公，公证天然就有公信力的想法。这其实是一种假想的因果联系，国家权抑或法律和政策的规定本身并不产生公信力，相反公权力的过度介入反而会干扰公证的独立性，弱化公证公信力。公信力就是当事人对公证的信任程度以及该公证行为在社会上的说服力，通过公证，该行为的法律效果与社会效果得以实现，起到维护社会秩序保护当事人利益的作用。公证处必须不断提高公证质量，更好地完成法律职能，通过公证员的职务活动来深入人心，最终取得社会的信任。

随着公证制度的不断发展，在我国公证领域中也存在一定的虚假公证、错误公证等现象，尤其是涉外公证的错误问题，极大程度上削弱了我国公证机构的公信力。在公证制度中，最为关键的一点是如何构建公共信用体系。公证的主要目的是预防纠纷，解决矛盾而不是营利。基于公证行业公私兼备的双重属性、独立性特征、现行事业单位体制与公证行业的长远发展不适应以及公证公信力的要求，公证处独立法人地位的落实应当置于突出位置，使公证处真正做到在市场中独立自主运行，这符合现代行政法对公证处发展的新要求。

（三） 科学把握新时代的公证制度改革需求

2019 年 1 月 11 日，司法部《全面深化司法行政改革纲要（2018—2022 年）》第 30 条提出了新时代公证制度改革主要内容，即推进公证制度改革。围绕完善中国特色社会主义公证制度，推进公证机构体制改革和机制创新，扩大合作制公证机构试点，建立健全政策保障和合理的分配激励机制。研究修改《中华人民共和国公证法》和《公证程序规则》，研究制定《合作制公证机构管理办法》：（1）全面落实公证机构自主权，会同有关部门研究制定《公证机构收入分配管理办法》和《合作制公证机构管理办法》。（2）全面落实公证领域"放管服"改革要求，扩大公证"最多跑一次"的服务事项范围，实行公证事项证明材料清单制度。拓展创新公证服务领域，改进公证服务方式方法，推广电子公证书、在线电子证据保全保管、债权文书强制执行效力公证网上办理等技术，全面提高公证服务效能。（3）强化公证过错责任追究。加强公证机构执业活动全过程监管，规范办证程序，重事先防范，健全完善规章制度。加强和改进公证质量事后监管处罚制度。（4）加快发展公证员队伍，解决好部分地区公证法律服务资源不足的问题。到 2022 年全国公证员总数达到 1.8 万名，实现公证法律服务全覆盖。（5）加强公证制度规范体系建设。发挥行政机关和行业协会"两结合"制度优势，修改《公证投诉处理办法（试行）》。研究发布公证业务办理规范和质量标准。

同时，为了加强公证员队伍建设，惩处个别公证人员不当执业的行为，防止影响"执行难攻坚"等活动，2019 年 7 月 14 日，中央全面依法治国委员会发布了《关于加强综合治理从源头切实解决执行难问题的意见》，指出：加大对以虚假诉讼、虚假仲裁、虚假公证等方式转移财产、逃避执行违法犯罪行为的打击力度；加快推进委托审计调查、依公证方式取证、悬赏举报等制度；推进将涉诉政府债务纳入预算管理；健全执行工作部门协作联动机制，对于帮助进行虚假诉讼、公证、仲裁等以转移财产、逃避执行的律师、公证员、仲裁员等法律服务人员，由行业协会和司法行政主管部门加大惩罚力度。逐步完善公证机构、司法鉴定机构依法减免相关费用制度，加强法律援助工作与公证、司法鉴定工作的衔接。从正面引导和反面惩戒的角度出发，对新时代的公证队伍建设提出了新的要求。

小结

2019 年 7 月，中共中央办公厅、国务院办公厅印发《关于加快推进公共法律服务体系建设的意见》，引导律师、公证员、司法鉴定人、基层法律服务工作者自觉履行社会责任，积极参与公益性法律服务。公证制度改革属于司法改革的重要组成部分，在新时代社会主义公证制度建设中，有必要也必须发挥公证机构的重要作用，以公证制度改革的良好作用来促进司法改革的进一步深化与成效。

第九节 司法鉴定管理体制改革

自 20 世纪 90 年代以来，特别是 2005 年全国人大常委会颁布纲领性的《关于司法鉴定管理问题的决定》以后，司法鉴定管理体制改革逐渐成为我国司法制度改革的重要领域。[①] 而 2017 年中央全面深化改革领导小组第三十七次会议审议通过、2017 年 10 月中共中央办公厅与国务院办公厅联合下发《关于健全统一司法鉴

[①] 标志性事件，是 1993 年财政部针对地方公检法机关自成一体、层层分设、相互竞争的鉴定体制造成鉴定资源分散、地方财政紧张的问题，出台了《关于公检法机关共建一套司法鉴定机构的建议函》。然而在学术界，早在 1980 年代初，学者就提出了司法鉴定管理体制改革的建议。贾静涛：《中国古代的检验制度》，《法学研究》1980 年第 6 期，第 59 - 64 页；黎镇中、肖允中：《改革我国司法鉴定制度刍议》，《法学季刊》1987 年第 1 期，第 95 - 97 页。

定管理体制的实施意见》，更是在党和国家层面，把司法鉴定制度提升到"解决诉讼涉及的专门性问题、帮助司法机关查明案件事实的司法保障制度"的政治高度，健全统一司法鉴定管理体制也由此受到党和国家的空前重视。

然而，改革牵动诸多政法部门，且《关于司法鉴定管理问题的决定》"没有经过试点"就"直接从纸面化为行动"。[①] 因此，司法鉴定管理体制的改革历程，既反映了政法部门之间的管理权之争及其引发的"话语—规范混乱"，又暴露出司法行政机关管理社会鉴定机构/人所面临的大量"非预期性后果"，从而引发媒体与学者持续抨击。为了进一步健全、完善我国的司法鉴定管理体制，我们需要"放宽历史的视界"，以"分散管理—统一管理""实质化管理—形式化管理"这两对概念，勾勒"文革"至今四十余年司法鉴定管理体制改革的历史变迁，检讨分散、形式化管理的得失和国家统一、实质化管理的逻辑与困境，并在此基础上，提出健全我国司法鉴定管理体制的途径与方法。

一、分析工具：司法鉴定管理的理论模式

2000 年司法部颁布《司法鉴定执业分类规定》，在传统的法医类鉴定、物证类鉴定与声像资料类鉴定（以下简称三大类鉴定）的基础上，增设了司法会计鉴定、建筑工程司法鉴定、计算机司法鉴定、知识产权司法鉴定等其他鉴定类别。21 世纪以来，科学技术在司法领域不可阻挡的"殖民化"趋势，使得我国司法活动愈加变得技术化，司法实践对司法鉴定的多元化需求，早已突破上述鉴定执业门类。

然而问题是，当前司法行政机关代表国家统一管理的鉴定对象，其实并不囊括参与司法鉴定的所有类型的鉴定机构与鉴定人，这就可能在国家统一管理与没有统一管理的鉴定机构、鉴定人之间制造门第差异与身份歧视，并促使缺乏国家统一监管、控制的鉴定机构作出的专业意见被降格为检验意见，而非具有法定证据资格的鉴定意见。[②] 我们有必要超越司法行政机关统一管理的四大类鉴定机构与鉴定人，在宏观层面探讨司法鉴定管理权的整体配置。

一般来说，司法鉴定的管理结构包括三个要素：第一，管理对象。管理对象

---

① 霍宪丹、郭华：《中国司法鉴定制度改革与发展范式研究》，法律出版社 2011 年版，第 206 页。

② 2012 年最高人民法院关于刑诉法的司法解释第 87 条规定，"对案件中的专门性问题需要鉴定，但没有法定司法鉴定机构，或者法律、司法解释规定可以进行检验的，可以指派、聘请有专门知识的人进行检验，检验报告可以作为定罪量刑的参考。"事实上，非法定司法鉴定机构，在司法实践中其实就是指其他类鉴定机构。涂舜、陈如超：《刑事检验报告制度的实证研究——评最高法院〈关于适用刑事诉讼法的解释〉第 87 条》，《甘肃政法学院学报》2018 年第 3 期，第 100 – 114 页。有人还指出："因为缺乏统一登记管理，有的地方法院不认可地方司法行政部门审核登记的'四大类'以外的鉴定机构。"参见远丽辉：《科学设定司法鉴定类别初探》，《中国司法》2018 年第 7 期，第 77 – 78 页。

是被公检法机关指派或聘请参与司法过程并解决诉讼中专门性问题的鉴定人，鉴定人有专职鉴定与兼职鉴定之分。鉴定人一般需要在鉴定机构执业，司法鉴定大都由鉴定机构统一受理，以及鉴定机构承担对鉴定人的内部监控之责，所以鉴定机构也成为司法鉴定的管理对象。鉴定机构可能是自筹自支、自负盈亏的市场主体，以营利为目的；还可能是国家机关、企事业单位的内部机构或下属单位，为侦查司法工作提供鉴定服务。[①]

第二，管理主体。管理主体有权对鉴定机构与鉴定人进行监控管理。管理主体与管理对象存在两种关系，一是鉴定机构是管理主体的下辖单位或组织机构，鉴定人是管理主体的内部工作人员，例如侦查机关与其内部的鉴定机构、鉴定人；二是管理对象外在于管理主体，如社会鉴定机构、鉴定人与司法行政机关的关系。隶属管理主体的管理对象，或者接受系统内部管理，或者接受系统内与系统外双重管理。双重管理存在不同管理主体之间的权限划分问题。

第三，管理内容。通常来说，司法鉴定管理的内容大致分为管理主体对鉴定机构、鉴定人的准入管理与日常监控，以及在个案中针对鉴定机构、鉴定人违纪、违规、违法的查处。上述管理内容可以分为操作层面与规范层面的管理。在规范层面，管理主体需要制定鉴定机构、鉴定人准入资格、监督途径、处罚方法、鉴定标准、鉴定操作程序等制度性规范；在操作层面，则是管理主体与鉴定机构、鉴定人在准入、监督与处罚等方面的程序互动，以及前者对后者作出的程序性与实体性裁决。此外，管理对象内在于企事业单位、政府部门、高校、科研院所时，后者必然会对鉴定机构、鉴定人的人事、财务、设备等事项进行管理，但这些事项超出了司法鉴定管理体制改革的制度语境。

司法鉴定管理可以类型化为两条相互独立的基轴：一条轴按管理主体是一元还是多元（管理主体≥2），分为统一管理与分散管理。统一管理是指同一管理主体管理所有参与司法鉴定过程的鉴定机构与鉴定人；分散管理则是由不同管理主体分别管理不同的鉴定机构与鉴定人，极端情况是每一类别、性质的鉴定机构、鉴定人都由不同主体管理。在统一管理与（极端）分散管理之间，形成了一个从有限统一到无限分散的管理谱系。第二条轴根据管理主体管理内容的多寡分类。[②]

---

① 具体以 2015 年全国司法行政机关审核登记的 4924 家鉴定机构为例，其中依托卫生部门设立的 1539 家，依托教育部门的 164 家，依托科研部门的 139 家，依托企业的 1936 家，依托社会团体的 170 家，依托民办非企业的 269 家，依托其他组织的 707 家。参见党凌云、郑振玉：《2015 年度全国司法鉴定情况统计分析》，《中国司法鉴定》2016 年第 3 期，第 79 页。

② 最极端者，可能是管理主体根本没有任何管理措施与手段，但这在现实中几乎不可能发生。

该轴的一极是管理主体只对鉴定机构、鉴定人进行简单登记，或在此基础上编制名册或公告，但没有设置规范性的准入条件以及依据该条件对鉴定机构、鉴定人进行实质性审查，更没有针对鉴定机构、鉴定人开展日常监督与事后查处，管理主体拥有象征性管理权或形式化的管理权威，这种管理可称为"形式化管理"。该轴的另一极则是管理主体制定相关的管理法规、规定等制度性规范，依法审查鉴定机构、鉴定人的准入资格，监督日常鉴定工作，调查处理违法违规事项等，这是与形式化管理相对应的"实质化管理"。

上述两条基轴结合起来，便构成了司法鉴定管理的十字坐标图。任何一组管理权力之间，都不是完全断裂式的关系，而是连续过渡的谱系。同时，这一权力配置坐标图，可以抽出司法鉴定管理权力配置的四种理想模型/范式，即形式化的统一管理、形式化的分散管理、实质化的统一管理、实质化的分散管理。需要提醒的是，上述四种模型都只是我们建构的司法鉴定管理权力配置的理想范式，可以作为分析的思想工具，但不能代表司法鉴定管理实践。现实中的司法鉴定管理，只是趋近某种理想范式的混合物。不过，借助这些理想模型/范式，则可以分析我国司法鉴定管理权力配置的历史变迁，并预测当前司法鉴定管理体制的变革方向。

二、司法鉴定的分散化管理（1978—2004 年）

（一）形式化分散管理模式的形成

"文革"之后，我国现代法制建设步入历史正轨，公安机关、检察院、法院等政法部门根据办案需要，从中央到地方，分别组建了系统内部的鉴定机构，招募、培养了一批鉴定人，形成了多元分化的司法鉴定格局。同时，司法部在上海重建了司法鉴定科学技术研究所，司法部部属五所政法院校也分别成立了司法鉴定中心，并由司法行政部门主管。①

这一时期，政法部门分别管理各自系统内部的鉴定机构、鉴定人及其执业活

---

① 1949 年 6 月，上海市军管会将 1931 年在上海创立的"司法行政部法医研究所"划归上海市人民法院。1951 年 10 月更名为"华东司法部法医研究所"，由华东军政委员会司法部直属。1953 年又更名为"最高人民法院华东分院法医研究所"，划归法院系统。1955 年 7 月，"最高人民法院华东分院法医研究所"再次更名为中央司法部法医研究所，同时成立了司法部司法鉴定科学研究所，承担法医和刑事技术的检验鉴定工作，由司法行政部门管辖。1959 年 4 月 28 日第二届全国人大一次会议通过了《关于撤销司法部、监察部的决议》，随之"中央司法部法医研究所"和"司法鉴定科学研究所"并入"公安部刑事研究所"。霍宪丹、郭华：《中国司法鉴定制度改革与发展范式研究》，法律出版社 2011 年版，第 8 页。1979 年司法部恢复建制后，1983 年经国家科委批准，在上海重新筹建了司法鉴定科学技术研究所。与此同时，20 世纪 80—90 年代，当时司法部直属的 5 所政法院校——中国政法大学、西南政法学院、华东政法学院、中南政法学院、西北政法学院，也或迟或早建立了司法鉴定中心，形成了司法部独特的司法鉴定体制。

动，部门之间的鉴定管理体制类似一个个没有关联的独立烟囱，除了偶尔的交集，彼此互不隶属。① 在各政法部门内部，既未明确鉴定机构与鉴定人的准入资格，又几乎没有出台鉴定管理规范与技术标准。此外，参与司法鉴定的非政法部门的鉴定机构与鉴定人——尽管数量偏少——同样缺少技术规范与制度规则的约束，也没有统一的管理机构，而是分别隶属于不同的国家机关、事企业单位。② 就此而言，20 世纪 80、90 年代的司法鉴定管理，是一种比较分散的、"蜂窝状"的形式化管理模式。在当时的历史背景下，国家并未有意识地配置司法鉴定管理权，形式化的分散管理模式更多源自司法实践"摸着石头过河"的制度尝试。

　　司法鉴定管理权的过度分散，驱使国家开始推动统一管理步伐。1998 年 6 月 24 日，国务院办公厅发布《关于印发司法部职能配置内设机构和人员编制规定的通知》（国办发〔1998〕199890 号），将"指导面向社会服务的司法鉴定工作"的职责赋予司法部。司法部由此宣称："凡是经司法部批准的面向社会服务的司法鉴定机构，必须由司法部统一向社会公告。"③ 自此开始，司法部迈开了统一管理面向社会服务的鉴定机构、鉴定人的步伐，并陆续颁布了司法鉴定管理的制度规范，开启了实质化管理的制度化进程（参见表 5 - 5），同时也催生出一批自筹自支、自负盈亏的第三方企业和中介性质的鉴定机构。

表 5 - 5　1998—2004 年间司法部颁布的有关司法鉴定管理的主要规范

年份	司法行政机关颁布的管理规范
2000 年	《司法鉴定执业分类规定（试行）》
2000 年	《司法鉴定机构登记管理办法》
2000 年	《司法鉴定人管理办法》
2001 年	《司法鉴定程序通则》

---

　　① 比如 1986 年最高人民法院、最高人民检察院、公安部、司法部印发《关于法医技术人员靠用〈卫生技术人员职务试行条例〉的实施细则》；1989 年 7 月 11 日由最高人民法院、最高人民检察院、公安部、司法部、卫生部发布《精神疾病司法鉴定暂行规定》（卫医字 1989 第 17 号），其目的是为司法机关依法正确处理案件，保护精神疾病患者的合法权益；开展精神疾病的司法鉴定工作，采取各省、自治区、直辖市、地区、地级市成立精神疾病司法鉴定委员会，负责审查、批准鉴定人，组织技术鉴定组，协调、开展鉴定工作；鉴定委员会由人民法院、人民检察院和公安、司法、卫生机关的有关负责干部和专家若干人组成，人选由上述机关协商确定；鉴定委员会根据需要，可以设置若干个技术鉴定组，承担具体鉴定工作，其成员由鉴定委员会聘请、指派。1990 年 3 月 29 日、4 月 20 日最高法、最高检、公安部、司法部颁布了《人体重伤标准》（司发 1990070 号）、《人体轻伤标准（试行）》〔法（司）发（1990）6 号〕；1992 年 1 月由公、检、法、司的有关领导和专家组成了刑事技术标准化委员会，下设十个专业的分会来具体实施各项标准的制定工作。

　　② 在当时的历史背景下，基本上还没有脱离国家机构、企事业单位管控的第三方鉴定机构、鉴定人。换言之，民营资本还不允许介入司法鉴定领域。

　　③ 《司法部关于公告面向社会服务的司法鉴定机构的通知》司发通〔1998〕077 号。

至 2003、2004 年间，司法行政机关管理的面向社会服务的鉴定机构与鉴定人渐成规模（参见表 5－6）。在 2004 年司法行政机关审批设立的 2864 个鉴定机构中，教科文卫部门设立鉴定机构 632 个（占 22%），其他性质的鉴定机构 1976 个（占 69%），然而政法部门设立的鉴定机构只有 256 个（占 9%）。①

表 5－6　司法行政机关审批设立的面向社会服务的鉴定机构与鉴定人

年份	司法鉴定机构（单位：个）	司法鉴定人（单位：人）
2003 年	2453	32294
2004 年	2864	36417

数据来源于木子：《2003 年面向社会服务的司法鉴定工作统计报告》，《中国司法鉴定》2014 年第 5 期，第 62 页；李禹、李奇：《2004 年司法行政机关司法鉴定工作统计报告》，《中国司法鉴定》2005 年第 3 期，第 65 页。

与此同时，公检法等政法部门设立的鉴定机构、管理的鉴定人数量也达到了历史新高。到 2005 年鉴定管理体制改革之前，公安系统拥有 3560 家刑事技术部门，基层 3138 家，占总数的 88.1%，区县基本全覆盖；同时有 33129 名刑事技术人员，区县占总数的 72.7%（参见表 5－7、表 5－8），② 形成了独特的"金字塔"结构。其次，到 2003 年，中级以上各级法院普遍设置了鉴定机构，部分县级法院也设置了鉴定机构；即便未设鉴定机构的基层法院，最高人民法院也要求在司法行政管理部门配备专职司法鉴定人员。③ 到 2002 年年底，全国检察机关已建有技术机构 1695 个，共有司法鉴定人员 6372 人，开展的检验鉴定门类、技术队伍规模、技术用房与仪器设备投资仅次于公安系统，在当时已有司法鉴定机构的系统中位居第二。④

表 5－7　1981—2005 年相关年份公安机关刑事技术机构数量表（单位：家）

年份	1981 年	1983 年	1984 年	1989 年	1991 年	2004 年	2005 年
三级点数量	53	489	1210	1765	2104	2922（县级）	3138（县级）
二级点数量	0	0	89	282	292	376（市级）	384（市级）
一级点数量	0	0	0	34	46	0	0

---

① 1976 个其他性质的鉴定机构，除部分从事建筑工程类和产品质量类鉴定机构是事业性的，其他主要是企业和中介性质机构。

② 花锋：《中美法庭科学实验室比较研究》，《刑事技术》2007 年第 6 期，第 8 页。

③ 《人民法院对外委托司法鉴定管理规定》（法释 20028 号）第 2 条。

④ 周伟：《司法鉴定管理立法与检察技术工作改革的思考》，《人民检察》2004 年第 3 期，第 67 页。

表 5-8　1981—2005 年相关年份公安机关刑事技术人员数量表（单位：人）

年份	1980 年	1991 年	2000 年	2004 年	2005 年
技术人员数量	5221	20132	28206	31987	33129

上述两表资料来源于张书杰、王震、刘代富：《刑事科学技术发展简史》，中国人民公安大学出版社 2014 年版，第 215—216 页；花锋：《中美法庭科学实验室比较研究》，《刑事技术》2007 年第 6 期。需要说明的是：①一级点指省会城市与大城市，二级点指地（市、州、盟），三级点指县级单位。②因为分类的不同，2004、2005 年的市级刑事技术机构的数量包括此前二级点、一级点数量的总和。

以上数据说明，司法行政机关的统一管理对象，其实主要是教科文卫部门设立的鉴定机构与其他性质的鉴定机构，而对公检法机关数量庞大的鉴定机构、鉴定人的统管力度极其有限，政法部门之间依然延续了多元分散的管理体制。不宁唯是，2002 年，最高法院发布《人民法院对外委托司法鉴定管理规定》，赋权人民法院司法鉴定机构建立社会鉴定机构和鉴定人名册，且在《人民法院报》公告，并对社会鉴定机构与鉴定人进行年度审核。2004 年，最高法院印发《人民法院司法鉴定人名册制度实施办法》，进一步完善鉴定人名册的动态化管理。显然，人民法院是在司法行政机关的鉴定机构与鉴定人名册的基础上，另建一套社会鉴定机构与鉴定人名册。由于缺乏明确、具体的管理手段与措施，[①] 法院系统只能满足于形式化的统一管理。

（二）分散管理的功能

按照当今视角，"文革"结束后政法部门采取分散管理的鉴定体制存在明显缺陷。但在 20 世纪 80、90 年代，分散管理却具有相当合理性，尽管它长期为批评者所忽略。

首先，分散满足司法实践的鉴定需求。从 1978 年开始，随着中国经济与社会的双重转型，民商事纠纷日益增多；同时，犯罪问题越来越严重，犯罪增长速度超过经济增长速度，[②] 相继出现了共和国历史上的几轮犯罪高峰，纠纷解决特别是犯罪控制一直是 20 世纪 80 年代至 90 年代国家的治理主题。而鉴定（特别是法医鉴定）是公检法机关办案的重要调查手段，在一些案件中不可或缺。但一方面，"文革"后国家整体鉴定资源有限；[③] 另一方面，缺少国家机关、企事业单位背景

---

① 2004 年的《人民法院司法鉴定人名册制度实施办法》有些管理措施的规定，但主要涉及鉴定人的法律责任方面。

② 胡联合：《转型与犯罪：中国转型期犯罪问题的实证研究》，中共中央党校出版社 2006 年版，第 10 页。

③ 以法医鉴定人才为例。1980 年代初，全国从事法医工作的科技人员总共才 3700 多人。如此数量，即便全部配给法院系统，也仍然缺口 3000 多名；若以当时公安、司法系统的总体需求而言，则当时共缺法医人才 10000 多名。而 1980 年代初法医院校在校本科生、研究生、进修生总数尚不足 500 人。徐榴园：《法医科学与法制建设》，《法学》1984 年第 11 期，第 44 页。

的鉴定机构没有也不可能获得法律上的合法性与正当性，社会鉴定的供给严重不足。所以，在当时的历史背景下，国家考虑的是如何发挥公检法机关的积极性来发展鉴定资源满足司法实践，而不是边缘化的司法鉴定管理体制。

其次，降低变革成本。"文革"结束时，中国法制建设百废待兴。立法者无法站在今天的立场，借助理论界提供的开阔国际视野及其对实践的深刻反思进行制度设计。在当时没有更好替代方案的背景下，特别是中华人民共和国成立后到"文革"前的分散型鉴定管理体制也并未暴露重大问题，这会让面临犯罪控制与纠纷解决压力的国家遵循制度建设的"路径依赖"，以减少变革带来的震荡或不确定预期。何况，"文革"后党和国家提倡"实践是检验真理的唯一标准"，认为只有通过实践与实验方式的学习，而不是照搬外国经验或时髦理论，才能找到解决中国问题的途径。[1]

再次，实现部门制衡。基于"文革"的经验教训，"分权—制衡"被作为新时期中国司法权力的配置原则。这一思想体现在1979年《刑事诉讼法》第5条，即公检法机关应"分工负责，相互配合、相互制约"；同时1982年《宪法》第135条也对此予以重申。

公检法机关分散管理的鉴定体制，显然受到上述原则的影响。当然，20世纪80年代以前的鉴定实践也提醒：公安机关过于集中鉴定资源，必然形成独家经营，技术上没有有效监督制约机制，鉴定意见容易出现"一言堂"，错误结论多而且难以纠正。[2] 因此，公检法机关（特别是检法机关）都积极配置鉴定资源，目的之一就是实现相互制约，防止和纠正诉讼过程中可能发生的鉴定错误。[3]

而且，鉴定管理体制的分权与制衡也弥补了系统内部自我约束与上下层级监督的缺陷，特别是在20世纪80年代政法部门整体鉴定水平不高时，相互监督制约更能保障鉴定质量。同时，公检法机关分散管理的鉴定体制，客观上为国家分化某一部门的鉴定错误产生的政治法律风险，挽救与重塑司法鉴定的整体公信力提供了制度基础（如检察机关对公安机关鉴定错误的纠正），避免了一元集中型的科层型鉴定体制的被动与尴尬。[4]

最后，调动部门与地方积极性。因为公检法机关的鉴定管理采取分权与制衡

---

① 王绍光：《国家治理》，中国人民大学出版社2014年版，第126页。

② 孙业群：《司法鉴定制度改革研究》，法律出版社2002年版，第217页。

③ 如1998年《人民检察院法医工作细则（试行）》第4条规定：人民检察院法医工作范围之一，就是"审查公安、法院等机关出具的法医鉴定书，必要时进行复查复验，并出具复核鉴定书"。

④ 这也是1980年代一些法医鉴定专家强烈建议建立"一元制"的法医鉴定体制但并未被国家采纳的重要原因，且被一些学者批判。叶自强：《法医鉴定体制的变革》，《法学研究》1999年第1期，第75页。

原则；同时，为控制犯罪、解决民商事纠纷，且更为了凸显自身部门鉴定的重要地位，共同促使从中央到地方的公检法机关都有动力发展壮大各自的鉴定体系。然而，地方公检法机关面临的首要约束是鉴定资源的配置问题：设置鉴定机构的经费投入与鉴定人员的编制配给。

但是长期以来，中央只对各级政法机关的人事权与财权实行"简约集权"，即主要控制各级政法部门干警人员编制；而在中央—地方财政分权格局下，地方政法部门的业务经费、建设经费与工资福利的保障，主要以地方财政投入为主、中央转移支付为辅。因此，地方公检法机关若要建立司法鉴定机构、购买仪器设备，主要依赖于地方财政与地方政府的配合。

而在中央—地方政府从上到下、层层加码的政治锦标赛的压力型体制下，地方政府为了发展经济、维护社会稳定、完成上级指标，都需要发挥公检法机关在地方上的政治功能，即解决纠纷、控制犯罪、创造良好的社会秩序以为经济发展保驾护航，也都愿意根据地方财政能力保障政法部门经费，甚至自主增编政法干警。

正是基于公检法机关与地方政府的合力或共识，中央不仅对各级政法干警统一增编，[①] 还允许地方政府因地制宜自主增编，[②] 这客观上为地方公检法机关扩大部门鉴定人员编制与争取鉴定经费提供了条件，也带动了各级鉴定机构的建立与鉴定基础设施的完善。这当然也解释了下述现象：一是，20 世纪 80 年代以来，公检法机关鉴定机构和鉴定人数量快速增长；二是，因为地方投入意愿、财政能力不同，以及各部门在地方政治框架中的地位分殊，而导致公检法机关的鉴定资源及其鉴定能力，在"条条"与"块块"之间均存在很大不平衡。

三、从分散到统一：司法鉴定管理模式的改革逻辑

20 世纪 80 年代，公检法机关过度分散的鉴定管理结构已引起一些法医警觉。[③] 但囿于当时客观条件，直到 90 年代中后期，特别是 2000 年后，管理体制过于分散造成的弊端与诉讼制度、庭审方式改革激发的外部压力，才使国家认真对待。

（一）鉴定资源配置的结构性缺陷

中华人民共和国成立初期，国家积累的鉴定资源有限，且饱经历史重创，因

---

① 刘忠：《规模与内部治理：中国法院编制变迁三十年（1978—2008）》，《法制与社会发展》2012 年第 5 期，第 49 页。

② 樊鹏、汪卫华、王绍光：《中国国家强制能力建设的轨迹与逻辑》，《经济社会体制比较》2009 年第 5 期，第 34 页。

③ 贾静涛：《中国古代的检验制度》，《法学研究》1980 年第 6 期，第 64 页。

此"文革"结束后很长一段时间,公检法机关的鉴定资源根本无法满足司法实践需求,出现了鉴定资源总量的绝对性匮乏。[①] 同时,公安系统虽然在 1970 年末增加和引进了一些先进技术设备,但由于总体财力不足,只有北京和少数大城市才有;至于法检系统的设备与实验室建设,则更为缺乏和落后。

因此,当时公检法机关鉴定管理的"条条分立""以块为主"的属地化倾向,客观上调动了部门与地方积极性,分散了中央统一建设的信息约束、财政压力。经过 20 世纪 80 年代的努力,到 90 年代以后,虽然鉴定资源总量依然欠缺,但鉴定管理体制条块分割、过度分散产生的资源配置问题逐渐凸显。公检法机关自成一统、层层分设的鉴定格局,造成有限鉴定资源被无限分割,形成了 1993 年财政部在《关于公检法机关共建一套司法鉴定机构的建议函》中所批评的"大而全、小而全、其实都不全"的制度特色。由此,国家面对的鉴定资源问题逐渐发生了结构性转换,即鉴定资源从总量供给性不足,转变为因鉴定管理体制造成的配置性不足,由此引发系列困境。

首先,鉴定人才因配置失衡而出现结构性短缺。一方面,检法机关强烈呼吁加强建设,扩充鉴定人才;另一方面,检法系统的部分鉴定人却长期无鉴定业务而被悬置或兼职其他工作。[②] 同时,全国公安系统鉴定人员紧缺,但一些公安机关的鉴定量又呈现出本职性鉴定与非本职性鉴定的大比例失调,一些技术人员被派遣抓经济收入、搞其他管理工作;而且,过度分散的鉴定体制也导致公安机关的鉴定人力资源使用效率太低。[③]

其次,实验室建设高度同构而重叠。公检法机关开展鉴定业务,须购置必要的鉴定仪器、设备与配备相应的办公用房。然而国家长期没有统筹规划,公检法机关从"条条"到"块块"都积极建设各自的法庭科学实验室,由此导致了不少弊端。其一,低水平重复建设,实验室林立,有限的鉴定资源无法在部门之间与系统内部得到合理配置。其二,仪器设备利用率低、引起资源浪费。[④] 如检察院,

---

① 徐榴园:《法医科学与法制建设》,《法学》1984 年第 11 期,第 44 页。

② 如 21 世纪初,陕西登记在册的法医人员正常开展工作的不到 2/3,近 1/3 长期不从事鉴定工作。参见白宁波:《我国检察系统法医工作现状》,《2007 年中国法医学会全国第十次法医临床学学术研讨会论文集》,第 130 – 140 页;同样,一些县级法院法医业务也不多,经常被指挥出去打公差、搞基建,搞接待信访。参见孙业群:《司法鉴定制度改革研究》,法律出版社 2002 年版,第 182 页。

③ 中西部地区公安基层的技术人员少,疲于应付现场勘察,难以提高刑事鉴定的质量,摆脱不了低水平循环的落后状态。邹如升、夏洪涛:《论现行刑事技术管理体制存在的问题及改革构想》,《湖北警官学院学报》2002 年第 3 期,第 40 页。

④ 有学者披露,某市公检法三家法医鉴定机构的固定资产分别为 54 万元、30 万元、35 万元,其中设备重复率达 60%,利用率仅 20%。参见薛春喜:《司法鉴定制度的法律问题》,《司法部法制工作通讯》1992 年第 2 号。

因为鉴定案源少，促使一些设备长期闲置或根本无人问津；在公安机关内部，各处（科）都有一套设施，不能相互调剂使用。其三，实验室设置向基层倾斜，形成"金字塔形"的分布状态，使得实验室服务空间缩小，服务人口数量下降，鉴定需求低，产生不了规模效益。[①]

最后，财政紧张。公检法机关层层分设的鉴定体制，均要求增加鉴定投入、添置鉴定设施。如财政部在《关于公检法机关共建一套司法鉴定机构的建议函》中就反映，同一地区的几家司法部门都要求购买同一品种、同一型号的昂贵进口仪器，但经过测算，该地区仅需要一台仪器就能满足当地司法需求。同一地区多部门的重复性建设给中央与地方财政带来了沉重压力。

公检法机关重复建设造成的缺陷，促使国家认识到需要优化公检法机关鉴定资源的使用效益。1993年，云南省成立了云南省公检法司法鉴定中心，以集中鉴定人才，统一使用；财政厅统一拨款，购买高精尖仪器设备集中使用，防止有限资金的分散，提高投资使用率。[②] 同时，1993年财政部也建议按照行政区划，将各级公检法机关的鉴定部门合三为一，共建一套司法鉴定机构，向公检法三家提供服务。

（二）鉴定监管与协调需要

公检法机关分别配置鉴定管理权，以实现鉴定分权与部门制衡，保障鉴定意见客观可靠，分化鉴定风险。然而时过境迁，上述功能逐一变异。

第一，分散管理的鉴定体制导致部门间的利益争夺。虽然部分公检法机关的内部规定要求鉴定机构不应具有盈利性，而只应为本部门办案提供技术支持。[③] 但随着经济发展与社会转型，鉴定需求迅速增加，公检法机关的鉴定机构逐渐提供有偿服务。当然，除鉴定需求拉动外，公检法机关"条条"与"块块"分割的鉴定管理体制，则是重要的制度基础：国家允许地方公检法机关因地制宜地配置鉴定资源；当鉴定资源不足且分布不均，通过合理的有偿服务，可以优化使用；部分地区的政法机关长期饱受办案经费之苦，有偿鉴定可适当弥补经费之不足。然而，鉴定利益的诱惑[④]，刺激政法部门的"条条"与"块块"盲目攀比，竞相增设或扩

[①] 花锋：《中美法庭科学实验室比较研究》，《刑事技术》2007年第6期，第14页。

[②] 云南省财政厅行政事业财政处：《建立司法鉴定中心有利于提高公检法经费使用效益》，引自财政部文教行政财务司编：《探索与实践：全国部分省市政法财务工作座谈会经验交流选编》，四川科学技术出版社1994年版，第81页。

[③] 如1980年的《公安部刑事技术鉴定规则》第7条规定："刑事技术部门，只承担办案单位有关犯罪案件的鉴定任务。"

[④] 据相关报道称，21世纪初一个中等城市的中级人民法院一年的鉴定收入和回扣可达上千万元。赵蕾、苏永通、储福民：《司法鉴定期望结束乱局》，《南方周末》2006年10月26日，第A06版。

大鉴定机构，以进行创收。① 而这又进一步加剧了鉴定管理的分散化与机构建设的重复性，并导致鉴定权力/资源商品化。不宁唯是，鉴定创收诱导不同部门、不同地域的鉴定机构争夺案源、随意要价，以致滋生鉴定腐败。一位连续两次在人大会议上提请司法鉴定改革议案的代表指出："公安、检察、法院根据法律授权，履行法定职能，利用国家提供的经费、技术、人员实施的鉴定活动是国家职能的体现，不应当收费。但实际上，不少公检法内设的鉴定机构不但开展有偿服务，而且收费奇高。'自侦自鉴''自察自鉴''自审自鉴'本身就是违背司法公正原则的，这种变相创收的现象就更是容易为腐败滋生提供温床。"②

第二，分散管理促使鉴定权力"部门化"。公检法机关的鉴定制衡，目的是通过三机关的相互把关，以保障鉴定意见质量。但遗憾的是，鉴定机构设置上自立门户，管理上各自为政，再加上技术方法和标准上各自为用，公检法机关常常采用本部门鉴定机构的鉴定意见，并以此来否定其他部门的鉴定意见。一些地方，公安机关要求其处理的案件到公安所属的鉴定机构检验，而案子到了法检机关，后者又分别要求重新或复核鉴定。③ 技术鉴定由此附庸为部门权力。

而且，针对同一案件，公检法机关的鉴定意见时常对立，彼此争执，表面上看似相互监督，实际上互相扯皮，甚至相互拆台。④ 如广西柳州中级人民法院曾经针对 150 例法医鉴定进行重新鉴定，更改鉴定结论的达 109 例，更改概率高达 73%，而且被更改的几乎都是针对公安、检察机关的法医鉴定结论。⑤ 除非柳州公安、检察系统的鉴定水平远远低于柳州中院，或其故意错鉴，否则如此高的更改率，不难令人怀疑法院重新鉴定的动机。

第三，分散管理造成的鉴定风险居高不下。鉴定权力或鉴定资源的"部门化"与"商品化"，以及鉴定机构或鉴定人资质、鉴定标准等统一规范的缺失，使部门之间就同一鉴定事项频现鉴定冲突，这为基于不同利益的双方当事人分别提供了维权或抗争的口实。同时，随着 20 世纪 90 年代以来，社会中涌现的上访潮以及"以闹维权""以闹解决纠纷"的风气，使中国刑事司法领域单纯的鉴定争议，演变为复杂的政治事件与社会抗争。部分当事人不服鉴定意见，逐渐倾向以上访、缠访缠诉、闹访等方式表达不满，寻求党政救济。

---

① 一位基层法院院长称："本来鉴定是不收钱的，后来民事案件需要鉴定的越来越多，就开始收钱了，鉴定机构也就越设越多。"阿计:《"证据之王"，如何走出信用危机》，《公民导刊》2005 年第 8 期，第 37 页。
② 李芳:《"证据之王"的尴尬》，《中国社会导刊》2005 年第 11 期，第 14 页。
③ 孙业群:《司法鉴定制度改革研究》，法律出版社 2002 年版，第 182 页。
④ 庄洪胜、周伟:《人身伤害案件有争议的医学鉴定》，人民法院出版社 2000 年版，第 234 – 235 页。
⑤ 胡志强:《沉重的法医鉴定》，《法制日报》2000 年 1 月 17 日，第 3 版。

当事人鉴定争议的泛政治化，严重影响了司法鉴定的公信力，鉴定意见被贬为"是非之王"，以致从第九届全国人大一次会议以来，每次全国人民代表大会期间，都有关于要求尽快制定司法鉴定法，改变司法鉴定管理体制的议案、建议与提案。

（三）鉴定性质与功能的调整

"文革"结束后，中国司法制度依然被视为实现人民民主专政的工具，它的主要作用是维护社会统治秩序。[①] 在司法制度宏大的目标与功能定位下，公检法机关延续中华人民共和国成立后的制度传统，其"条条"与"块块"分别恢复与重建司法鉴定体系，以便灵活、高效地满足部门办案需要，从而作为解决纠纷、控制犯罪与保卫社会和人民的一种权力/技术工具。[②]

然而，改革开放深刻地改变了中国经济、社会结构与民众意识，进而影响到国家司法理念与诉讼制度。从 20 世纪 80 年代末开始，国家启动民事司法改革，并拓展到整个司法领域，其总体方向是：建立公正、高效的司法体制，约束公检法机关权力，保障司法机关独立，加强当事人的权利保障。特别是审判方式改革，使积极主动收集和确认证据的法官，转化为基于中立地位和客观立场的居中裁判者；而同时，当事人的诉讼权利渐趋得到保障，举证责任也逐步强化。

在司法制度与庭审方式改革的背景下，公检法机关的鉴定体制备受关注。司法鉴定附属于侦查、起诉与审判职能，公检法机关分权调度鉴定资源与管理鉴定机构（人），导致司法鉴定的工具（手段）理性极度膨胀，并超越或掩盖其价值（目的）理性，司法鉴定由此丧失独立与超然的客观、科学品性，出现反复被诟病的"自侦自鉴""自诉自鉴""自审自鉴"问题，特别是法院居中裁判与鉴定设置的部门化、利益化扞格不通。同时，过度重视司法鉴定的国家权力属性与工具理性，压抑当事人利用鉴定进行诉讼的制度功能，鉴定争议容易异化为鉴定抗争。

因此，国家必须调整司法鉴定的性质与功能，将完全内嵌于侦查、审判机关的权力性、垄断性与依附性鉴定，转变为具有独立品格的客观性、中立性鉴定与当事人可以充分利用的权利性鉴定。

四、司法鉴定统一管理的推进（2005—2018 年）

（一）司法行政机关的统一管理实践

迫于改革压力，2004 年 12 月中共中央转发《中央司法体制改革领导小组关于

---

① 刘荣军：《论民事诉讼的目的》，《政法论坛》1997 年第 5 期，第 80 页。

② 例如 1980 年《公安部刑事技术鉴定规则》第 1 条就指出刑事技术鉴定的目的在于"揭露犯罪，打击犯罪分子，保护公民权利"；1986 年《最高人民法院关于加强法院法医工作的通知》提出法医技术工作的主要任务是"为审判工作提供科学证据，以维护国家、集体和公民的合法权益，保证国家法律的正确实施"。

司法体制和工作机制改革的初步意见》（中发〔2004〕21 号），提出"建立统一司法鉴定管理体制"的改革目标。借此契机，2005 年全国人大常委会正式颁布早已酝酿多年的《关于司法鉴定管理问题的决定》，① 要求（1）司法行政机关与法院系统剥离或撤销内部鉴定机构、鉴定人；（2）侦查机关的鉴定机构、鉴定人只能承担与侦查工作相关的鉴定业务；（3）司法行政机关统一管理从事法医类鉴定、物证类鉴定与声像资料类鉴定的鉴定机构与鉴定人。

《关于司法鉴定管理问题的决定》驱动司法行政系统从上至下大刀阔斧地启动了司法鉴定统一管理实践。首先，司法部 2006 年成立司法鉴定管理局，主管全国司法鉴定管理工作；地方司法行政机关也逐步组建司法鉴定管理部门。② 据统计，截至 2015 年，全国 31 个省、自治区、直辖市的司法（局）建立了司法鉴定管理局（处），237 个地（市）级司法局相继设立了司法鉴定管理科室，配备了司法鉴定专职管理干部。③ 其次，司法行政机关相继颁布了涉及司法鉴定管理各个方面的规章、地方性法规、规范性文件、鉴定技术标准（仅司法部就颁布了 100 余部司法鉴定管理方面的规章制度)④，较大程度地实现了对三大类（2016 年前）或四大类（2016 年后）鉴定机构、鉴定人的实质化管理。再次，司法行政机关的统一管理规模，也从 2005 年的 1385 家三大类鉴定机构，增加到 2017 年的 2606 家四大类鉴定机构，12 年的年均增幅 7.35%。⑤

2005 年之后，部分地方司法行政机关依旧登记、注册管理三大类外的鉴定机构、鉴定人。例如，2006 年全国 25 个省（区、市）的司法行政机关对 2017 家从事知识产权司法鉴定、司法会计鉴定、建筑类司法鉴定、产品质量类司法鉴定等其他类的鉴定机构、鉴定人进行登记管理。⑥ 受《双严规定》的影响，2017 年司法

---

① 其实在 2001 年，当时的全国人大内务司法委员会就起草了《关于司法鉴定管理问题的决定草案》，并于 2002 年 12 月 23 日提请第九届人大常委会第 31 次会议审议。当时有关部门对司法鉴定的管理体制、管理内容等问题意见分歧较大，难以在短时间内提出草案修改稿提请常委会会议进一步审议。两年后，各方面对司法鉴定管理制度的认识已经基本一致，全国人大法律委员会对原草案进行了逐条审议并提出修改意见，形成新的草案修改稿，经第十届全国人大常委会第 13 次会议和第 14 次会议审议后最终获得通过才得以在 2005 年颁布。参见霍宪丹、郭华：《中国司法鉴定制度改革与发展范式研究》，法律出版社 2011 年版，第 1 页。

② 遗憾的是，2018 年，司法部司法鉴定管理局与其他相关部门重新组建了公共法律服务管理局，运作 12 年之久的司法鉴定管理局就此告一段落。

③ 邓甲明、刘少文：《深入推进司法鉴定管理体制创新发展》，《中国司法》2015 年第 7 期，第 25 页。

④ 司法部司法鉴定管理局：《2005—2015 年我国司法鉴定发展情况分析》，《中国司法鉴定》2016 年第 2 期，第 77 页。

⑤ 李禹：《2005 年全国司法鉴定工作统计分析》，《中国司法鉴定》2005 年第 4 期，第 64 页；党凌云、张效礼：《2017 年度全国司法鉴定情况统计分析》，《中国司法鉴定》2018 年第 3 期，第 96 页。

⑥ 李禹、刘莎莎：《2006 年全国知识产权、司法会计、建筑类等司法鉴定情况统计分析》，《中国司法鉴定》2007 年第 4 期，第 78 页。

行政机关登记管理的其他类鉴定机构数量趋于下降，但还是达到司法行政机关管理的鉴定机构总数的40%左右，这还没有考虑同时从事其他类鉴定业务的四大类鉴定机构（参见表5-9）。①

表5-9　司法行政机关2006—2017年部分年份管理的其他类鉴定机构（单位：家）

年份	从事其他类鉴定业务的鉴定机构数量及比率	同时从事三大/四大类与其他类鉴定业务的鉴定机构数量及比率	鉴定量及占社会鉴定机构业务量比率
2017 年	1732（40.00%）	327（7.5%）	170736（07.51%）
2016 年	2290（47.00%）	375（7.7%）	222324（10.43%）
2015 年	2401（48.76%）	360（7.3%）	199001（10.29%）
2014 年	2429（49.55%）	332（6.8%）	231743（12.49%）
2013 年	2456（50.37%）	313（12.9%）	—
2012 年	2456（50.82%）	—	177685（11.8%）
2010 年	2701（54.51%）		
2006 年	2017（53.23%）		

说明：其他类鉴定机构，2016年之前指三大类鉴定机构，2016年之后指四大类鉴定机构。

（二）司法行政机关统一管理面临的困境

然而，司法行政机关的统一管理进程，在《关于司法鉴定管理问题的决定》颁布后的十多年里遭遇不少困境。

其一，管理其他类鉴定机构、鉴定人的尴尬。国家并未授权司法行政机关统一管理参与司法鉴定的其他类鉴定机构、鉴定人，地方司法行政机关之间对其他类鉴定机构、鉴定人的管理类别、范围、手段参差不齐。并且，因为缺乏类似对三大类（或四大类）鉴定机构、鉴定人进行统一管理的配套制度规章与技术规范，司法行政机关对其他类鉴定机构、鉴定人倾向采取形式化的统一管理模式。同时，没有国家授权的统一管理（包括司法部与最高法院、最高检察院一致协商后的统一管理②），一些地方法院并不认可司法行政机关审核登记的其他类鉴定机构、鉴定人出具的鉴定意见；③最高法院司法解释甚至规定，其他类鉴定机构、鉴定人作出的只是检验意见而非鉴定意见，检验意见只能作为法官定罪量刑的参考而不是

---

① 党凌云、张效礼：《2017年度全国司法鉴定情况统计分析》，《中国司法鉴定》2018年第3期，第96页。

② 根据《关于司法鉴定管理问题的决定》第2条第4款，除三大类鉴定外，根据诉讼需要由国务院司法行政部门商最高人民法院、最高人民检察院确定其他应当对鉴定人和鉴定机构实行登记管理的鉴定事项。

③ 远丽辉：《科学设定司法鉴定类别初探》，《中国司法》2018年第7期，第77-78页。

法定证据。①

其二，面临公检法机关分权。《关于司法鉴定管理问题的决定》甫一公布，公检法机关纷纷表态，表示坚决贯彻执行规定，并采取了配合措施：法院撤销鉴定机构，侦查机关的鉴定机构不再接受社会委托提供鉴定服务。但此后，公检法机关却并未遵守《关于司法鉴定管理问题的决定》规定的由司法行政部门对全国三大类鉴定机构与鉴定人进行审核登记、编制名册、向社会公布以及实施行政处罚等诸项权力构成的"统一管理权"。② 首先，公安检察机关先后走向对本系统鉴定管理的独立化，前后出台了系列鉴定管理规范（见表 5-10）。

表 5-10　2005 年后公安部与最高人民检察院出台的相关鉴定管理规范

日期	部门	出台的鉴定规范
2005-04-20	公安部	《关于贯彻落实〈决定〉进一步加强公安机关刑事科学技术工作的通知》（公通字〔2005〕19 号）
2005-12-29	公安部	《公安机关鉴定机构登记管理办法》（公安部令第 83 号）
2005-12-29	公安部	《公安机关鉴定人登记管理办法》（公安部令第 84 号）
2008-05-06	公安部	《公安机关鉴定规则》（公安部令〔2008〕第 86 号）
2005-09-21	最高检	《关于贯彻《决定》有关工作的通知》（高检发办字〔2005〕11 号）
2006-11-30	最高检	《人民检察院鉴定机构登记管理办法》（高检发办字〔2006〕33 号）
2006-11-30	最高检	《人民检察院鉴定人登记管理办法》（高检发办字〔2006〕33 号）
2006-11-30	最高检	《人民检察院鉴定规则（试行)》（高检发办字〔2006〕33 号）

2005 年 4 月 20 日，公安部颁布《关于贯彻落实〈决定〉进一步加强公安机关刑事科学技术工作的通知》时，明确指出：公安机关所属鉴定机构和鉴定人不属于《关于司法鉴定管理问题的决定》规定的"司法鉴定机构"和"司法鉴定人"范畴，不在司法行政机关登记之列；公安机关鉴定机构和鉴定人一律不准到司法行政机关登记注册，自 2005 年 10 月 1 日起，已在司法行政机关进行的登记注册将自动失效。公安机关将实行统一鉴定机构和鉴定人名册制度，准予登记的鉴定机构和鉴定人，将统一编入公安机关鉴定机构和鉴定人名册。公安机关鉴定机构和鉴定人名册抄送

---

① 2012 年《最高人民法院关于适用〈中华人民共和国刑事诉讼法〉的解释》第 87 条明确规定，"对案件中的专门性问题需要鉴定，但没有法定司法鉴定机构，或者法律、司法解释规定可以进行检验的，可以指派、聘请有专门知识的人进行检验，检验报告可以作为定罪量刑的参考。"

② 《决定》与《〈决定〉释义》第 3 条都没有将侦查机关的鉴定机构/人排除在外；同时《释义》第 3 条认为"登记管理工作"，是指省级司法行政机关对鉴定人和鉴定机构按照本法规定的条件进行注册登记、编制名册、向社会公布，并且据《决定》第 13 条，省级司法行政机关也是对司法鉴定机构/人进行行政处罚的唯一主体。

审判机关和检察机关。

2005 年 12 月 29 日，公安部出台《公安机关鉴定机构登记管理办法》和《公安机关鉴定人登记管理办法》，规定公安部和各省、自治区、直辖市公安厅、局设立或者指定统一的登记管理部门，负责鉴定机构（人）资格的审核登记、延续、变更、注销、复议、名册编制与公告、监督管理与处罚等事项。

公安部的示范，带动最高检于 2005 年 9 月 21 日发布《关于贯彻〈决定〉有关工作的通知》，指出检察机关将依据《关于司法鉴定管理问题的决定》，对鉴定工作实行统一管理，并在 2006 年 11 月 30 日颁布《人民检察院鉴定机构登记管理办法》《人民检察院鉴定人登记管理办法》，重申最高检负责本院和省级检察院鉴定机构（人）的登记管理工作，省级检察院负责所辖地市级、县区级检察院鉴定机构（人）的登记管理工作；最高检和各省级检察院检察技术部门是检察院鉴定机构（人）的登记管理部门，具体负责鉴定机构（人）资格的登记审核、名册编制与公告、监督等诸项工作。

与此同时，公安、检察机关还分别出台了制约鉴定活动的内部性《鉴定规则》。据此，两机关通过出台上述规范背离了《关于司法鉴定管理问题的决定》形塑的统一管理预期，各自建立起一套鉴定登记与管理体系。但应承认，与此前相比，两机关号称依据《关于司法鉴定管理问题的决定》等法律法规颁布了系列管理规范，毕竟在一定程度上实现了内部的统一管理。

其次，最高院开始对《关于司法鉴定管理问题的决定》表示拥护。2005 年 7 月 14 日，最高院发布《关于贯彻落实〈决定〉做好过渡期相关工作的通知》，要求坚决贯彻执行《关于司法鉴定管理问题的决定》中禁止法院设立鉴定机构的规定，积极稳妥地完成人民法院撤销司法鉴定职能；法院对外委托鉴定时要委托省级人民政府司法行政部门登记和公告的鉴定人和鉴定机构；各级法院如有事业单位性质的鉴定机构继续从事司法鉴定工作的，应当同人民法院脱钩。

然而，2007 年 8 月 23 日，最高院下发《对外委托鉴定、评估、拍卖等工作管理规定》，改变了态度：对外委托鉴定……按照公开、公平、择优的原则，实行对外委托名册制度，最高人民法院司法辅助工作部门负责《最高人民法院司法技术专业机构、专家名册》的编制和对入册专业机构、专家的工作情况进行监督和协调。……法医、物证、声像资料二类鉴定的专业机构名册从司法行政管理部门编制的名册中选录编制。其他类别的专业机构、专家名册由相关行业协会或主管部门推荐，按照公开、公平、择优的原则选录编制。法院司法行政辅助部门应对名册中的专业机构、专家履行义务的情况进行监督。

最高院的上述规定，其意图在司法行政机关登记注册的三大类鉴定机构（人）的基础上择优编制"册中册"，同时对三大类外的鉴定机构（人）选择性进行登记注册。法院对外委托只能委托上述名册中的鉴定机构（人），并对名册中的鉴定机构（人）进行监督。这意味着，法院系统又将建立一套与司法行政机关并行的统一管理体制。

公检法机关分别建立一套鉴定管理体系，颠覆了司法行政机关的统一管理权威。所以，2008年1月17日中央政法委发布《关于进一步完善司法鉴定管理体制遴选国家司法鉴定机构的意见》，承认《关于司法鉴定管理问题的决定》所确定的统一司法鉴定管理体制尚未形成。

面对《关于司法鉴定管理问题的决定》颁布后反被公检法机关强化的分散型鉴定管理体制及其弊端，① 中央政法委在前述意见中对政法机关的管理权力进行了调和：检察、公安等机关所属鉴定机构和鉴定人实行所属部门直接管理和司法行政部门备案登记相结合的管理模式；检察、公安等机关管理本系统所属鉴定机构和鉴定人；对经审查合格的鉴定机构和鉴定人，由最高人民检察院、公安部和省级检察、公安机关等分别向同级司法行政部门免费备案登记。

为落实上述精神，公检法司国安五部门随即联合发文《关于做好司法鉴定机构和司法鉴定人备案登记工作的通知》，对上述管理模式进行细化：侦查机关行使"实质"管理权，包括部门内部鉴定机构和鉴定人的资格审查、年度审验、资格延续与变更注销、颁发鉴定资格证书、系统内部名册编制、技术考核和监督检查等职责；而司法行政机关行使"形式"管理权，对经侦查机关审查合格的所属鉴定机构和鉴定人免费进行备案登记，编制和更新国家鉴定机构、鉴定人的名册，并向社会公告。

中央的协调，使侦查机关内设鉴定机构（人）实行公安检察机关与司法行政机关的"双重管理"，取代了《关于司法鉴定管理问题的决定》确定的由司法行政机关进行的审核登记管理。换言之，司法行政机关仅仅取得统一管理的形式，即对公安检察机关移交的鉴定机构（人）名册进行被动登记、注册与公告。即便如此，2008年之后，一些地方的公安检察机关的鉴定机构（人）仍拒绝到司法行政机关备案登记。但司法行政机关却随着备案登记工作的推进而在2015年宣称，

---

① 《关于司法鉴定管理问题的决定》颁布前只存在司法行政机关与法院系统两套登记管理系统，虽然公安检察机关拥有大量鉴定机构/人，但并没有采取登记注册的管理方式。因此，《关于司法鉴定管理问题的决定》出台后反而强化了政法部门的分散管理状态。

"十年改革，司法鉴定统一管理体制基本形成"。①

　　而对于部分高级人民法院针对鉴定机构（人）的登记注册及其附带的行政管理问题，全国人大常委会法工委针对黑龙江省人大常委会《对如何处理省高级人民法院制定的规范性文件的意见》（法工委发〔2008〕10号）进行了正面回应："……黑龙江省高级人民法院发布公告，规定由省高级人民法院统一编制辖区内法院系统司法鉴定工作名册，与全国人大常委会上述决定的规定不符；同时，地方法院对属于司法鉴定行政管理工作的事项作出规定，也超越了地方法院的职权范围。对此，地方人大常委会可以通过听取专项工作报告的方式要求其纠正，或者向全国人大常委会反映，由全国人大常委会办事机构向最高人民法院提出，由最高人民法院予以纠正。"

　　但上述答复显然没有完全改变法院系统的立场，一些地方高院依然坚持另立社会鉴定机构（人）的册中册。而且，因为只有入围法院名册的鉴定机构才能被委托，所以法院的名册管理远比司法行政机关的登记注册更为有效；即便没有单列名册的省市，法院依然可以根据自由裁量权，且毋庸告知司法行政机关，就可以将他们认为存在问题或不符其期望的社会鉴定机构排除在委托之列。②

五、改革路径：健全实质化的司法鉴定统一管理模式

（一）完善司法行政机关对四大类鉴定机构与鉴定人的实质化统一管理

　　自2005年《关于司法鉴定管理问题的决定》颁布以来，司法行政机关对四大类社会鉴定机构、鉴定人的统一管理有目共睹，但暴露的问题也不容小觑，③ 何况，政法机关的管理权争夺时时暗流涌动。从2014年开始，党中央不断作出健全、完善司法鉴定统一管理体制的各种指示（参见表5-11）。其中，2017年中央全面深化改革领导小组通过、中共中央办公厅、国务院办公厅联合颁布的《关于健全统一司法鉴定管理体制的实施意见》，可以说是继2005年全国人大常委会颁布《关于司法鉴定管理问题的决定》之后的又一次有关统一司法鉴定管理体制改革的政策性、纲领性、方向性指引文件。④ 所以，国家在政法机关之间再次调整四大类鉴定机构、鉴定人的管理权，就应建立在上述实施意见的基础之上。

---

　　① 邓甲明、刘少文：《深入推进司法鉴定管理体制创新发展》，《中国司法》2015年第7期，第31页。
　　② 在笔者与部分法院承担鉴定委托的工作人员的交谈中，他们表示，如果他们认为某鉴定机构存在问题，且没有纠正，则在以后的鉴定委托中将其剔除。当问及这是否需要告知司法行政机关？他们认为根本没有必要。
　　③ 刘振宇：《新时代司法鉴定工作的改革发展》，《中国司法鉴定》2018年第1期，第4页。
　　④ 郭华：《健全统一司法鉴定管理体制的实施意见的历程及解读》，《中国司法鉴定》2017年第5期，第3页。

表 5 –11 2014—2017 年党中央关于司法鉴定管理体制改革的相关指示

时间	文件	内容
2014 年 1 月	中央政法工作会议	完善统一权威的司法鉴定体制
2014 年 10 月	党的十八届四中全会颁布《中共中央关于全面推进依法治国若干重大问题的决定》	健全统一司法鉴定管理体制
2015 年 1 月	中共中央办公厅颁布《贯彻实施党的十八届四中全会决定重要举措 2015 年工作要点》	明确国务院司法行政部门作为第一牵头单位，提出健全统一司法鉴定管理体制试点方案的改革工作任务
2015 年 1 月	中共中央办公厅印发《党的十八届四中全会重要举措实施计划（2015—2020）》	制定建立完善司法鉴定管理与使用相衔接运行机制的意见、制定将环境损害司法鉴定纳入统一登记管理范围的通知、制定健全统一司法鉴定管理体制的试点方案、制定人体损伤致残程度鉴定标准、制定健全统一司法鉴定管理体制的实施意见
2017 年 7 月	中央全面深化改革领导小组审议通过《关于健全统一司法鉴定管理体制的实施意见》	健全统一司法鉴定管理体制，要适应以审判为中心的诉讼制度改革，完善工作机制，严格执业责任，强化监督管理，加强司法鉴定与诉讼程序的衔接，不断提高司法鉴定质量和公信力，保障诉讼活动顺利进行，促进司法公正。

第一，禁止法院越权管理四大类鉴定机构、鉴定人。法院一旦集司法鉴定管理权与使用权于一体，则能凭借司法鉴定使用者的强势地位及其对鉴定机构、鉴定人的制度性压力，一举弱化甚至架空司法行政机关对鉴定机构、鉴定人的实质化管理。① 因此，法院既不能对四大类鉴定机构、鉴定人进行形式化的统一管理（登记、编册、公告），更不能采取实质化的统一管理措施（制定管理方面的规章制度与技术规范）。

当然，面对法院系统对司法行政机关统一管理下的四大类鉴定机构、鉴定人无法提供高质量鉴定服务的批评，我们应当看到，我国司法鉴定使用过程中存在的诸多问题，实质上是法院与法官、鉴定机构与鉴定人、当事人以及司法行政机

---

① 陈如超：《论司法鉴定管理与使用的衔接机制》，《证据科学》2018 年第 3 期，第 284 页。

关多方主体共同造成的，法院同样存在不可推卸之责。① 这些问题，不可能仅凭法院管理四大类鉴定机构、鉴定人就得到解决。提高司法鉴定质量的可行方法，应在强化司法行政机关鉴定管理水平与能力的同时，在法院系统与司法行政机关之间，建立常态化的司法鉴定管理与使用的衔接机制。②

第二，司法行政机关与侦查机关之间的鉴定管理权再调整。2008 年，中央政法委确立了司法行政机关对侦查机关三大类鉴定机构、鉴定人的备案登记制度。备案登记制是典型的形式化管理模式，司法行政机关只有统一管理的"象征权威"，侦查机关才对内部鉴定机构、鉴定人进行实质化管理。就当前来看，我国政法部门的权力格局，决定了司法行政机关对侦查机关三大类鉴定机构、鉴定人进行实质性的统一管理必将举步维艰。至于将侦查机关的鉴定机构、鉴定人全部剥离出来、并交由司法行政机关统一管理，至少在当前阶段还只是人们构想的理想蓝图。③

然而，我国刑事司法当前与未来的发展趋势，必然驱使国家赋权司法行政机关推进对侦查机关鉴定机构、鉴定人采取类似社会鉴定机构、鉴定人同样的统一管理模式，即从形式化的统一管理逐步过渡到实质化的统一管理：

首先，刑事庭审实质化以及以审判为中心的司法制度改革，强化了控辩双方对鉴定意见的质证力度。与此相配套的是，鉴定人与专家辅助人出庭并交锋的场面更为常见，这意味着侦查机关鉴定机构的鉴定人与社会鉴定机构的鉴定人同时参与法庭审判的概率大幅度增加，当事人质证与专家交锋时策略性选择不同管理机构制定的技术性标准、程序规范的概率增加。④

其次，社会鉴定机构为刑事司法提供的鉴定业务量逐年增多，2017 年达到了308508 件，占社会鉴定机构鉴定业务总量的 13.57%（参见表 5 – 12）。仅以三大类社会鉴定机构的刑事鉴定量来看，2009—2011 年呈逐年增长趋势。由于司法部司法鉴定管理局不同时段统计范围不同，2012—2017 年统计的是所有社会鉴定机构的刑事鉴定量，不过，因为三大类社会鉴定机构的鉴定量占所有社会鉴定机构鉴定总量的90% 以上，所以依然可以推断，2012—2017 年三大类或四大类社会鉴定机构的刑事鉴定量同样处于上升态势。

---

① 陈如超：《民事司法鉴定中的法官行为规制》，《法商研究》2018 年第 2 期，第 127 页。

② 陈如超：《论司法鉴定管理与使用的衔接机制》，《证据科学》2018 年第 3 期，第 298 页。

③ 陈永生：《中国司法鉴定体制的进一步改革——以侦查机关鉴定机构的设置为中心》，《清华法学》2009 年第 4 期，第 90 页。

④ 就目前来看，参与刑事司法的专家辅助人主要是辩方聘请的社会鉴定机构的鉴定人。

表 5 – 12　司法行政机关管理的社会鉴定机构参与的刑事司法鉴定量

年份	检案量	检案比例
2009 年	145139 件	16.14%
2010 年	154706 件	14.83%
2011 年	171514 件	14.53%
2012 年	192148 件	12.76%
2013 年	225511 件	13.46%
2014 年	—	—
2015 年	329028 件	17.73%
2016 年	318031 件	14.92%
2017 年	308508 件	13.57%

说明：2009—2011 年只包括三大类鉴定机构的刑事鉴定量，2012—2017 年则包括司法行政机关管理的所有社会鉴定机构的刑事鉴定量。

最后，在影响性社会公案的司法鉴定中，侦查机关聘请社会鉴定机构参与鉴定从而获得鉴定公信力，已成为刑事司法常态。据司法部司法鉴定管理局报道，"在重大、敏感或具有一定社会影响的刑事案件中，社会司法鉴定机构以中立第三方介入，在案件侦查和矛盾化解方面赢得了良好的社会效果"。[1] 这在一定程度上证明，司法行政机关统一管理社会鉴定机构的制度公信力与鉴定质量获得了公安司法机关、当事人与社会认同。

上述变化趋势说明，三大类或四大类社会鉴定机构的鉴定人无论提供司法鉴定意见，还是作为专家辅助人参与法庭质证鉴定意见并与侦查机关鉴定人交锋，都要求社会鉴定机构与侦查机关鉴定机构在司法鉴定的技术标准、操作程序、鉴定人（专家辅助人）的资质条件等方面保持一致。[2] 为了避免当事人质证或专家交锋援引不同部门制定的技术规范、标准、操作程序产生分歧，国家显然有必要超

---

[1] 司法部司法鉴定管理局：《2005—2015 年我国司法鉴定发展情况分析》，《中国司法鉴定》2016 年第 2 期，第 72 页。

[2] 按照一些专家的看法，专家辅助人若要在法庭上对鉴定意见质证，一般都需要具有鉴定人资格，否则无法取得控辩双方与法官的足够信任。参见邹明理：《专家辅助人出庭协助质证实务探讨》，《中国司法鉴定》2014 年第 1 期，第 8 页；冯建红：《中国式专家证人向何处去》，《方圆》2015 年第 9 期，第 28 页。

越司法行政机关的形式化管理与侦查机关的实质化管理的二元结构，强化司法行政机关对侦查机关鉴定机构与鉴定人的实质化统一管理，具体来说包括如下措施：

第一，在制度规范层面，由司法行政机关牵头、各侦查机关积极参与，制定覆盖四大类鉴定机构、鉴定人的统一审核登记程序、统一鉴定程序、统一处罚标准等共同的管理制度。在司法鉴定资格上，根据《关于健全统一司法鉴定管理体制的实施意见》分类管理的要求，政法机关应科学合理设置不同类别鉴定机构、鉴定人的资质、资格条件，建立完善鉴定执业能力考核制度和司法鉴定机构准入专家评审制度，确保司法鉴定人和司法鉴定机构具备与从事鉴定活动相适应的条件和能力。[①] 此外，在统一司法鉴定通用程序规则的基础上，建立不同类型、不同种类鉴定的程序规则体系。

第二，在技术标准方面，建立司法行政机关主导、侦查机关积极参与的统一国家司法鉴定标准委员会，根据不同鉴定类别，分门别类制定适用于侦查机关鉴定机构与社会鉴定机构的统一的鉴定技术标准与技术操作程序、方法。

第三，在司法鉴定管理的操作层面，由侦查机关按照不同鉴定类别的统一标准，分别对侦查机关的鉴定机构、鉴定人进行资质审核，并报司法行政机关备案、登记、公告。侦查机关按照统一规范监督内部鉴定机构、鉴定人的日常运作，对违法违规的鉴定机构、鉴定人进行查处，并将鉴定机构、鉴定人的违法违规处罚情况、人员变更情况报司法行政机关备案或进行名册变更。随着司法行政机关实质化统一管理模式的推进，未来应由中立的司法行政机关，直接对侦查机关的鉴定机构、鉴定人进行审核式登记，并根据相关规定进行日常监控以及违法违规行为的查处。

（二）国家对其他类鉴定机构与鉴定人的实质化统一管理权

为了提高鉴定质量和公信力，集中资源管理四大类鉴定机构、鉴定人，解决"把关不严、监管不严"的沉疴宿疾，2017 年 11 月 22 日司法部出台《双严意见》，明确司法行政机关审核登记的管理范围为从事法医类、物证类、声像资料类与环境损害类鉴定的鉴定机构和鉴定人，而对没有法律、法规依据的其他类鉴定机构、鉴定人，一律不予准入登记。《双严意见》出台后，地方司法行政机关对"四大类"外的鉴定机构、鉴定人的管理问题作出了积极响应（参见表 5 – 13）。

[①] 郭华：《健全统一司法鉴定管理体制的实施意见的历程及解读》，《中国司法鉴定》2017 年第 5 期，第 3 页。

表 5 – 13　部分地方司法行政机关对其他类鉴定机构、鉴定人统一管理问题的回应

司法行政机关	对其他类鉴定机构、鉴定人统一管理问题的回应
贵州省司法厅	不再审核登记"四大类"外司法鉴定机构和司法鉴定人；不再延续登记"四大类"外司法鉴定机构和司法鉴定人；"四大类"外司法鉴定机构和司法鉴定人不再编入《国家司法鉴定人和司法鉴定机构名册》，不再进行公告，并于 2018 年 12 月 31 日前全部予以注销。①
安徽省司法厅	决定对法医类、物证类、声像资料和环境损害以外的司法鉴定机构到期后将不予延续登记。②
吉林省司法厅	对鉴定机构和鉴定人的登记管理范围为法医、物证、声像资料、环境损害"四大类"，其他无法律、法规依据的，司法行政机关一律不予登记，已经登记的，解除登记管理关系。③
湖北省司法厅	停止全省"四大类"外司法鉴定事项的登记管理工作，对 169 家"四大类"外司法鉴定机构、822 名鉴定人，以及 11 家综合性鉴定机构相关鉴定类别、72 名鉴定人，停止办理除注销登记外的其他审批手续，不再编入鉴定名册和对外公告。④
湖南省司法厅	全省共注销不符合规定的鉴定机构 107 家，注销 1465 人鉴定人资格。⑤
山西省司法厅	"四大类"之外的鉴定机构、鉴定人不再编入国家司法鉴定人和司法鉴定机构名册；既有"四大类"鉴定业务、又有"四大类"之外鉴定业务的鉴定机构和鉴定人，应当在注销之后 60 日内办理完成司法鉴定许可证、司法鉴定人执业证换证手续。⑥

　　司法行政机关统一管理范围的收缩，固然摆脱了管理权的正当性问题以及统一管理的形式化缺憾，但没有从根本上解决其他类鉴定机构、鉴定人需要实质化统一管理的要求。其他类鉴定同样面临四大类鉴定曾经缺乏统一管理面临的相似难题，诸如鉴定人鉴定资质参差不齐，没有统一的技术标准。事实上，在四大类鉴定机构、鉴定人受到国家严格、严密管控的强烈对照下，缺少法定鉴定资质、资格限制与统一技术标准约束以及日常制度监控的其他类鉴定机构、鉴定人，尚且问题层出不穷，其作出的鉴定意见很容易受到当事人质疑，并可能成为公安司法机关不予采纳采信的理由。

---

①　《贵州省司法厅召开全省"四大类"外司法鉴定管理工作会议》，中国政府网 2018 年 10 月 19 日发布。

②　《安徽以严格监管推进司法鉴定管理体制改革》，中国政府网 2018 年 10 月 19 日发布。

③　《吉林省出台司法鉴定　严格准入　严格监管的实施意见》，中国政府网 2018 年 6 月 5 日发布。

④　《湖北多举措并全面推进〈实施意见〉落地见效》，法制网 2018 年 8 月 5 日发布。

⑤　沙兆华：《湖南 107 家司法鉴定机构被注销》，《湖南日报》2018 年 12 月 11 日，第 16 版。

⑥　《山西省司法厅关于印发〈全省司法鉴定机构和鉴定人清理整顿工作方案〉的通知》，（晋司办〔2020〕32 号，山西省司法厅 2020 年 4 月 14 日发布。

例如，2012 年《最高人民法院关于适用〈中华人民共和国刑事诉讼法〉的解释》第 87 条就明确规定："对案件中的专门性问题需要鉴定，但没有法定司法鉴定机构，或者法律、司法解释规定可以进行检验的，可以指派、聘请有专门知识的人进行检验，检验报告可以作为定罪量刑的参考。"根据司法实践，该条所谓的非法定鉴定机构，或法律、司法解释规定可以进行检验的检验机构或检验人，其实就等同于其他类鉴定机构与鉴定人。[①] 最高法院司法解释同时规定，其他类鉴定机构、鉴定人作出的不是法定证据的鉴定意见，而是仅供法官作为定罪量刑参考的检验意见。

最高法院的上述规定波及面很广。其他类鉴定机构的鉴定量，虽然长期只有司法行政机关统一管理的鉴定机构的鉴定业务总量的 10% 左右，但其绝对数量不可忽视（参见表 5 - 14）。而且，2012—2017 年间，其他类鉴定机构与鉴定人差不多始终占据司法行政机关统一管理的鉴定机构与鉴定人的半壁江山，三大类或四大类鉴定机构同时从事其他类鉴定的比例也超过 6%（参见表 5 - 9）。纵向来看，全国其他类鉴定机构从 2007 年完成 8.20 万件鉴定量，增加到 2014 年完成 23.17 万件鉴定量，2007—2014 年的 8 年时间，其他类鉴定机构累计完成司法鉴定量 123.97 万件，年均增幅 16%。[②] 其中一些鉴定类型的增幅明显偏高，如 2012 年涉农类鉴定比 2011 年增长 460%，司法会计鉴定、知识产权鉴定、文物鉴定也分别增长 35.7%、15.7%、6.9%。[③] 另外需要提醒的是，2017 年其他类鉴定机构的鉴定量有所降低，可能是受到环境损害鉴定纳入统一管理范围的影响。可以预料的是，随着科技对司法渗透程度的加深，未来其他类鉴定的鉴定机构类型与鉴定数量都会同步增长。

表 5 - 14 2012—2017 年司法行政机关管理的其他类鉴定机构的鉴定业务量

年份	其他类鉴定机构与三、四大类鉴定机构其他类鉴定的鉴定量	其他类鉴定的业务量在全部鉴定机构鉴定业务总量中的比例
2017 年	170736 件	07.51%
2016 年	219339 件	10.43%
2015 年	199001 件	10.29%
2014 年	231743 件	12.49%
2013 年	—	—
2012 年	177692 件	11.8%

说明：其他类鉴定机构，2016 年之前指三大类，2016—2017 年指四大类。

---

① 涂舜、陈如超：《刑事检验报告制度的实证研究》，《甘肃政法学院学报》2018 年第 3 期，第 104 - 105 页。
② 司法部司法鉴定管理局：《2005—2015 年我国司法鉴定发展情况分析》，《中国司法鉴定》2016 年第 2 期，第 72 页。
③ 李禹、党凌云：《2012 年度全国司法鉴定情况统计分析》，《中国司法鉴定》2013 年第 4 期，第 114 页。

所以，把其他类鉴定机构、鉴定人纳入统一管理范围，能够提高鉴定意见质量，解决鉴定意见的证据资格问题，落实 2017 年党和国家在《关于健全统一司法鉴定管理体制的实施意见》中对司法鉴定管理制度的政治、法律定位——"帮助司法机关查明案件事实的司法保障制度"。况且，国家对其他类鉴定鉴定机构、鉴定人进行统一管理，还能降低公安、司法机关以及当事人在特定案件中搜索、筛选、甄别鉴定机构与鉴定人的信息成本，同时也避免了其他类鉴定机构、鉴定人因为没有统一管理的约束而缺乏制度公信力带来的系列弊端。换言之，国家的统一管理为其他类鉴定机构、鉴定人带来了基于制度的信任。[1]

既然如此，2005 年《关于司法鉴定管理问题的决定》为何把司法鉴定统一管理范围限制在三大类？这主要基于两个考虑：第一，三大类鉴定在司法实践中最为常见，鉴定量在司法鉴定总量中居高不下。但三大类鉴定同时暴露的问题又最多，一直为人所诟病，纳入国家统一登记管理在当时可谓势所必然。第二，《〈全国人民代表大会常务委员会关于司法鉴定管理问题的决定〉释义》第 2 条指出："对其他鉴定种类不实行登记制度，主要还是考虑到司法鉴定涉及的专门性问题十分广泛，将各行各业的技术部门全部纳入登记管理范围不现实也不可能，管不好也管不了。"而三大类鉴定机构隶属关系相对单一，各政法机关也累积了一些统一管理经验，何况三大类鉴定机构、鉴定人确实存在比较突出的问题需要及时解决，这必然驱使国家采取抓大放小的管理策略。[2]

当然，《关于司法鉴定管理问题的决定》保持了开放性，即根据诉讼需要，对在司法实践中出现的适用广泛的鉴定种类，国务院司法行政部门经与最高人民法院、最高人民检察院商定，可以纳入统一管理。所以对其他类鉴定机构、鉴定人进行统一管理，具有法律层面的合法性。但司法部的《双严规定》已经表态，对四大类之外的其他类鉴定机构、鉴定人一律不予准入登记。现在流传的说法是，法院系统要求其他类鉴定机构、鉴定人，如果自愿接受法院的司法鉴定委托，则应到省高级人民法院申请注册、登记。看来，司法行政机关的撤出，已经驱动法院基于司法实践的需要，立即跟进对其他类鉴定机构、鉴定人的统一管理，这也印证了对其他类鉴定机构、鉴定人统一管理的必要性。

相比法院，司法行政机关显然更具有优势。第一，司法行政机关已经自中央

① 张维迎：《信息、信任与法律》，生活·读书·新知三联书店 2003 年版，第 6-7 页。

② 2015 年，司法行政机关管理的鉴定机构中，68.33% 的三大类鉴定机构依托卫生、教育、科研部门设立，但 84.24% 的其他类鉴定机构却依托不同的企业设立。参见党凌云、郑振玉：《2015 年度全国司法鉴定情况统计分析》，《中国司法鉴定》2016 年第 3 期，第 79 页。

到地方组建起一套完整的科层制管理机构，逐步培育出专业的管理人才队伍。第二，司法行政机关建构了较为完备、系统的管理规章制度（参见表5-15），这同样适用于其他类鉴定机构与鉴定人的管理。第三，司法行政机关已经拥有管理其他类鉴定机构与鉴定人的经验。2015年12月21日，《最高人民法院、最高人民检察院、司法部关于将环境损害司法鉴定纳入统一登记管理范围的通知》已将环境损害司法鉴定纳入了司法行政机关统一登记管理范围，这是《关于司法鉴定管理问题的决定》实施十余年以来，司法行政机关统一管理范围的首次突破，司法行政机关通过部门协调与出台制度规范，树立了管理其他类鉴定机构、鉴定人的典范模式。因此，由司法行政机关统一管理其他类鉴定机构、鉴定人是当前最为合理的选择。

表5-15　司法部关于司法鉴定管理的部分主要规章、规范性文件

年份	规章、规范性文件
2005年	《司法鉴定机构登记管理办法》
2005年	《司法鉴定人登记管理办法》
2010年	《司法鉴定执业活动投诉处理办法》
2007年（2016年修订）	《司法鉴定程序通则》
2007年	《司法鉴定教育培训规定》
2009年	《司法鉴定职业道德基本规范》
2010年	《司法鉴定许可证和司法鉴定人执业证管理办法》
2010年	《司法鉴定高级专业技术职务任职资格评审细则》
2010年	《司法鉴定人和司法鉴定机构名册管理办法》
2011年	《司法鉴定机构仪器设备配置标准》
2014年	《司法鉴定机构内部管理规范》

当然，司法行政机关对其他类鉴定机构、鉴定人的统一管理必须注意几个问题：一则应该逐步推进，且实现司法鉴定的分类管理，就如环境损害鉴定管理一样，分类制定不同鉴定类别鉴定机构、鉴定人的资格资质条件、技术标准；二则是加强司法行政机关自身的管理能力建设，例如专门机构的建立以及专门人才的招录与培养，同时强化司法行政机关统一管理面对的鉴定风险。

同时，虽然2015年12月21日《最高人民法院、最高人民检察院、司法部关于将环境损害司法鉴定纳入统一登记管理范围的通知》将环境损害司法鉴定纳入了司法行政机关统一登记管理范围，却没有根本解决参与司法鉴定的其他类鉴定机构、鉴定人的统一管理问题及其作出的鉴定意见在司法实践中面临的证据资格问题，而地方司法行政机关对部分其他类鉴定机构、鉴定人的管理，也面临管理权的合法性、正当性与有效性问题。

小结

清末，清王朝在警察机关与法院分别配置了鉴定资源，司法鉴定分散管理的雏形初现。① 1911—1949 年，分散管理模式在民国得到延续与发展。② 1949 年中华人民共和国成立后，在学习苏联与批判继承民国鉴定遗产的基础上，国家依然选择了分别配置分散管理的鉴定体制，并持续到 2005 年。经过百余年的历史积淀与利益分化，分散管理的鉴定格局已演变为超稳定的"历史—结构性"力量与公检法机关强大的习惯性依赖，成为他们辩护分散管理的合理/法性资源。③

2005 年《关于司法鉴定管理问题的决定》颁布后面临的新老问题，很大程度上就受制于上述历史—结构性力量。因此，2014 年以来，党和国家反复提出要"健全统一司法鉴定管理体制"，就需要统筹规划，而不能满足于细枝末节的修补；但也应该认识到，司法鉴定的行政管理（包括行业管理）仅仅是保障司法鉴定机构（人）提供客观可靠的鉴定意见的部分机制，而诉讼与证据制度对司法鉴定的规范更不可或缺。

然而，当前诉讼法对相关主体涉鉴行为的规制过于原则与宽泛，缺乏保障当事人鉴定权利与制约法院、法官涉鉴行为的法律规范。④ 法官在鉴定人选任、鉴定人出庭、鉴定委托、鉴定意见采信采纳等事项中的权力规制，在当前法律中几乎是空白；⑤ 同时，法律也没有赋予当事人广泛的参与权，需要借助"过程导向信任"的鉴定机制，以个案鉴定有效性，累积司法鉴定的整体合法性。

---

① 清末警察机关设置了相应的技术人员；同时清末法医建制设在法院内，法医由法院委任。黄瑞亭、陈新山：《百年中国法医学》，《中国法医学杂志》2005 年第 5 期，第 318 页。

② 仅以法医体制为例，民国法医研究所培养出来的"法医师"分配到各省高等法院，"检验员"分配到各省地方法院和警署，在全国形成了以上海法医研究所为中心、以法院系统为主的多系统法医鉴定体系。黄瑞亭、陈新山：《百年中国法医学》，《中国法医学杂志》2005 年第 5 期，第 318 页。

③ 《公安部关于贯彻实施〈公安机关鉴定机构登记管理办法〉和〈公安机关鉴定人登记管理办法〉有关问题的通知》，公府字〔2006〕30 号，颁布日期为 2006 年 3 月 20 日，执行日期为 2006 年 3 月 20 日。

④ 孟勤国：《司法鉴定规则应重在规范法官行为》，《法学评论》2013 年第 1 期，第 92 - 93 页。

⑤ 我从事司法鉴定三四年，接触了大量法院委托的案件，一些法院法官极其不负责任，该收集样本不收集、该补充取证不补充，收集的样本经常不符合条件。而且，由于体制上的原因，目前法院技术部门的法官与审判法官的合作有时并不顺畅，常常扯皮，导致鉴定质量受到影响。

后 记

2007 年，我受学科带着人孙长永教授的委托，面向西南政法大学刑事诉讼方向博士生开设"司法改革前沿问题专题"课程，设 8 个专题，授课时间 32 学时。这个课程一直开到我离开西南政法大学前的 2019 年，一开就是 12 年。在讲授上述课程时，我会事前备课和整理资料、形成讲义，由于每年更新，至今，这个讲义在我的电脑里已经留下了 10 多个版本。

由于"司法改革前沿问题专题"讲义有对于某一项改革措施的历史沿革的综述，在 2018 年庆祝改革开放 40 周年的时候，我萌生了将讲义的部分内容整理成一本《司法改革 40 年》的著作的想法，此后，我着手设计和完成书稿，我打算和我指导的博士生陈恋二人合著这本书，并在 2018、2019 年连续发表了《检察改革 40 年的回顾与思考》《人民法院改革 40 年的回顾与思考》《司法改革四十年变迁及其时代特征》《新中国检察职权的演变与展望》等论文。

我后来发现，司法改革涉及公、检、法、司四家的各种改革措施，凭我们二人之力，无法完成这样一项巨大工程。这样，我又动员了我在校的和部分已经毕业的研究生、几位西南政法大学的青年教师参与到这个工程中来，准备以《司法改革 40 年》为名出版，但由于出版社的拖延，这本书没有在 2019 年如期出版，而2019 年以后的几年中，中央密集出台了一系列司法改革政策和措施，于是我将书名改为不设时间限制的《中国司法改革历程》，将其交湖南师范大学出版社出版。

本书的出版首先要感谢陈恋博士和我指导的其他博士、硕士生，他们无怨无悔，本书需要什么，他们就根据我的指定分工承担什么，使本书能够做到基本内容完备、资料准确、信息全面。在后期的校对过程中，我在广西大学指导的研究生汪灏、黄勉鹏、章丰秋、陈雅琪、杨念文、莫采如、李欢、米雪承担了校对工作，在此一并致谢。

本书的出版还要感谢 2007—2019 年在西南政法大学选修我的"司法改革前沿

问题专题"课程的同学，他们不仅包括刑事诉讼法方向的博士生，还有刑法、民事诉讼法、经济法等专业的同学，他们的课堂讨论使我深受启发，这一课程他们中有的人成了司法改革研究的专家，如在德州学院任教的徐丽红教授，本来学习的是经济法专业，后来出版了司法改革的专著，至今还是我讨论司法改革的学友。

本书的出版还要感谢我的大学同学和挚友、湖南师范大学出版社社长吴真文教授，他通读全书并对书稿提出了宝贵意见。当然，我还要感谢本书的责任编辑孙雪姣老师，她认真细致的工作才使本书能够以最快速度、最好质量顺利出版。

作为一本合作的著作，这本书是大家的共同成果。

特意附上本书的所有作者的相关简介：

高一飞，广西大学教授、博士生导师；

陈　恋，西南石油大学讲师、法学博士；

李海玲，广西大学期刊社编辑；

欧　静，广西大学法学院硕士研究生；

李雅艺，常德市医疗保障局干部；

梅俊广，北京市东卫（重庆）律师事务所高级合伙人；

相晓璐，重庆市綦江区人民法院法官助理；

李永航，重庆市江北区人民检察院研究室主任；

张希平，河南工学院副教授，法学博士生；

马登科，西南政法大学教授、博士生导师；

毋爱斌，西南政法大学副教授、博士生导师；

蒙韵如，广西大学法学院硕士研究生；

高艳燕，广东省检察院检察官助理、法学博士生；

李海蛟，北京市东卫（重庆）律师事务所律师；

朱　倩，山东省济宁市人民检察院检察官助理；

高　建，长沙市纪委监委干部；

郭　莹，广西大学法学院硕士研究生；

闵丰锦，中国人民大学博士后；

蒋　稳，桂林市秀峰区人民检察院检察官助理；

陈俊芳，上海锦天城（重庆）律师事务所律师；

贺红强，西北政法大学教授、法学博士；

贺毓榕，中共保定市纪委监委；

赵一恋，四川明炬律师事务所律师；

陈如超，西南政法大学教授、博士生导师；

李超琼，广西大学法学院硕士研究生。

本书的具体分工如下：

第一章　中国司法改革变迁及其时代特征（高一飞）

第二章　人民法院改革

　　第一节　人民法院司法改革的历程（高一飞、陈恋）

　　第二节　司法公开改革（李海玲、欧静）

　　第三节　人民法院司法责任制改革（李海玲、李雅艺）

　　第四节　专业法官会议制度（高一飞、梅俊广、郭莹）

　　第五节　法院类案检索机制（高一飞、相晓璐）

　　第六节　人民陪审制改革（高一飞）

　　第七节　以审判为中心的诉讼制度改革（高一飞、李海玲）

　　第八节　简易速度裁程序与认罪认罚从宽制度改革（李永航、李海玲）

　　第九节　人民法院审判管理制度改革（张希平）

　　第十节　人民法院执行权改革（毋爱斌、马登科）

第三章　检察改革

　　第一节　检察改革的历程（高一飞、陈恋）

　　第二节　中国检察机关职权的演变与展望（高一飞、陈恋）

　　第三节　检察机关司法责任制改革（高一飞、蒙韵如）

　　第四节　中国的检务公开改革（高一飞、李海玲）

　　第五节　人民监督员制度（高一飞、李海玲）

　　第六节　检察机关案件管理（高一飞、高艳燕）

　　第七节　检察公益诉讼制度改革（李海蛟）

第四章　公安机关司法改革

　　第一节　公安机关司法改革的历程（张希平）

　　第二节　公安机关权力运行机制改革（朱倩）

　　第三节　公安机关刑事立案改革（高建）

　　第四节　看守所隶属关系改革（高一飞、李海玲）

　　第五节　警务公开改革（高一飞、李海玲）

第五章　司法行政机关司法改革

高一飞

2022 年 7 月 4 日于广西大学东高 9 栋